灭绝的年代

THE YEARS OF EXTERMINATION

1939－1945

纳粹德国与犹太人
NAZI GERMANY AND THE JEWS

著：【美】索尔·弗里德兰德尔

翻译：卢彦名 胡浩 孙燕 王苗

审校：徐新

中国青年出版社

（京）新登字083号

图书在版编目（CIP）数据

灭绝的年代:纳粹德国与犹太人,1939-1945/[美]弗里德兰德尔著;卢彦名等译. —2版
—北京:中国青年出版社,2015.9
书名原文:The Years Of Extermination:Nazi
Germany And The Jews 1939~1945
ISBN 978-7-5153-3790-6

Ⅰ.①灭...　Ⅱ.①弗...②卢...　Ⅲ.①犹太人—史料—1939-1945　Ⅳ.①K152②K18
中国版本图书馆CIP数据核字（2015）第205293号

THE YEARS OF EXTERMINATION: Nazi Germany and the Jews, 1939–1945
By Saul Friedlander
Copyright © 2007 by Saul Friedlander
Published by arrangement with Georges Borchardt, Inc.
Simplified Chinese translate copyright © (2015 year)
By China Youth Press
All RIGHTS RESERVED

北京市版权局著作权合同登记 图字:01-2009-4740

出版发行:中国青年出版社
社　　　址:北京东四十二条21号
邮政编码:100708
网　　　址:www.cyp.com.cn
责任编辑:李　茹 liruice@163.com
编 辑 部:(010) 57350508
门 市 部:(010) 57350370
印　　　刷:三河市君旺印务有限公司
经　　　销:全国新华书店
开　　　本:700×1000 1/16
印　　　张:35.5
插　　　页:5
字　　　数:598千字
版　　　次:2015年10月北京第2版
印　　　次:2020年4月第2次印刷
定　　　价:68.00元

本图书如有印装质量问题,请凭购书发票与质检部联系调换
联系电话:(010)57350337

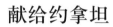

献给约拿坦

自救的努力希望渺茫……但没有关系。因为我可以将我的记述留给永远，同时坚信这些文字在适当时候势必会重见天日……从而让人们了解这段历史……人们可能会问：这是事情真相吗？我要提前回答他们：不，这并非真相，这仅仅是真相的一小部分，或者是其中的沧海一粟……也许即使拿起如椽大笔也不足以描绘出事情的全部、本来与核心的面目。

斯特凡·厄尼斯特
《华沙犹太人区》
1943 年秘密写作于华沙"雅利安人"区

目　录

致中国读者

对于大多数中国读者而言，本书讲述和解读的一系列事件也许并不十分熟悉。这些事件的极端性本质，以及在西方世界历史意识中成为极端恶象征的事实，引起了人们对这些具有极其深刻意义事件的关注。

由纳粹德国策划并实施、针对欧洲犹太人的系统灭绝行动，将受害者中的绝大多数从德占欧洲最边远角落遭送至为杀害他们而专门建造起来灭绝营的行动，是一项持续多年、日复一日不断实施的行动。极端的意识形态以及先进的技术使得这一残酷的屠杀行径得以在一个非常大的规模上展开。

尽管纳粹当局希望以最隐秘的方式实施其在欧洲的"犹太问题最终解决方案"，屠杀行径还是很快被人们察觉。最初以传闻的形式从东欧传到德国，最终传遍整个欧洲大陆。然而，对这一广为流传消息的反应不是漠不关心，就是无动于衷，甚至常常被策略性地欣然接受，当然在反犹主义盛行的国家还获得了明里暗里的支持。所有这一切导致了人们对纳粹时期与纳粹当局大范围的合作以及数量巨大民众漠不关心心态的总体关注。

在书中，本人一直试图用一种融合法讲述这一历史，即最大限度地利用留存下来的各种日记和信件，同时从迫害者的角度、周围社会的角度以及受害者的角度进行叙述。所有从不同角度审视的事件都是通过一连串极其短暂的时间单位来反映的。由于是通过个体的声音，特别是通过那些讲述自身当时的希望、幻想，理解的缺失，以及极度颓丧心情受害者的个体声音来讲述的，事件的讲述不可避免会出现停顿或中断。

本书讲述的一系列事件早已成为当代西方历史的有机组成部分。不过,其历史教训和具有的普世意义,应该对每一位读者,无论其身在何地,都具有参照作用。若能够给他们以心灵上的触动,则是本人的最大希望。

索尔·弗里德兰德尔

2010 年岁末于美国洛杉矶

中译本序

20 世纪对于犹太民族而言是一个不同寻常的世纪,特别是 1933 年以来,随着希特勒登上德国的政治舞台,一场以犹太民族为主要迫害对象的历史大屠杀便拉开了序幕,以纳粹德国为首的反犹主义罪恶势力把对犹太人的迫害和屠杀推向极端。从 1933 年至 1945 年的 12 年间,被纳粹屠杀的犹太人达 600 万,其中仅儿童就超过 100 万。被屠杀的犹太人数占当时全世界犹太人总人口的三分之一以上。而在欧洲,平均每 7 个犹太人中就有 5 个遭杀害。

纳粹屠犹事件被认为是人类屠杀史上一个十分独特的事件,不同于历史上发生过的任何一场大屠杀。其特征主要在于它是一场当权者利用手中的权力、掌握的国家机器,以及现代科学技术手段对一个生活在其中(和其外)的民族——犹太人——整体实施有组织、有计划的大规模迫害和屠杀。在人类历史上,没有一个民族经历过如此残暴的行径,没有任何民族经受过如此巨大的浩劫。

"二战"结束后,国际社会对纳粹的暴行进行了审判。纽伦堡国际法庭的判决书指出,按照德国保安总局犹太事务处头目艾希曼的统计,在被纳粹屠杀的 600 万犹太人中有 400 万是在专门的杀人点上被杀的。纳粹德国灭绝犹太人的真相终于大白于天下。

纳粹屠犹这一暴行显然是 20 世纪犹太民族的悲剧,不仅改变了犹太人的历史,而且动摇了现代社会的基石。

为了真实记录和反映纳粹屠犹这一事件,在过去的几十年,无数历史学家和档案学家倾注了自己的心血收集了在数量上无与伦比的文献和证据,其中包括大量的原始日记、信件、声明、目击者证言和那个时代的其他文件资料。现有的文献资料已经表明,历史上很少有比纳粹屠犹得到更周全记录的迫害、屠杀事件了。

如何记录和讲述这一历史?如何超越具体的历史事件,从全球与人类的视野来展示这场劫难?这显然是战后历史学家面临的一项艰巨任务和挑战。许多历史学家和学者在叙述大屠杀种种独特的历史事件中,尝试寻找适当的表述形式,纪实文学或传记的手法被大量运用来描述那些惨绝人寰的经过,同时把对犹太人的屠杀上升到人类生存困境的高度来认识。

在若干已经出版的记录和反映纳粹屠犹事件的重要著作中,这部由弗里德兰德尔撰写的《灭绝的年代:1939—1945》①可以说是具有独特地位的。作者在书中大量使用了"原初叙事"资料,即大量来自原始日记、信件、声明、目击者证言和那个时代的其他文件的内容,并在写作过程中把历史学家的叙事与受害者和幸存者的叙事糅合在一起,从而实现了历史著作在记录历史时可能达到的高度和深度。

作为历史学家,弗里德兰德尔以十分严谨的态度撰写纳粹屠犹历史,可以说是用铁的事实记录了这场惨绝人寰的大屠杀历史。

该书之所以呈现这一特点,与作者本人的经历和历史观息息相关。索尔·弗里德兰德尔本人就是大屠杀的一名受害者和幸存者。他出生在布拉格一个说德语的犹太人家,童年随家人在纳粹德国占领下的法国度过。1942 年至 1944 年间隐瞒自己的犹太身份进入法国一所天主教寄宿学校上学,从而躲过了纳粹的迫害。然而,在法国对犹太人的迫害加剧时,其父母试图逃往瑞士,遭到维希政府的逮捕,在交给德国占领当局后被遣送至奥斯维辛集中营,并在那里被毒气杀害。直至 1946 年,弗里德兰德尔才获悉父母遇害的消息。成长中的他开始意识自己犹太身份的意义,成为一名犹太复国主义者,并于 1948 年移居以色列。高中毕业后进入以色列国防军服役。从军队复员后进入大学学习,在 50 年代末当过以色列政治组织和人物的秘书或助手,其中包括当过现任以色列总统佩雷斯的助手。1963 年获得博士学位,先后在希伯来大学和特拉维夫大学任教。1988 年以来成为美国加州大学洛杉矶分校历史学教授。作为纳粹屠犹的受害者和幸存者,弗里

---

① 本书是著名犹太历史学家索尔·弗里德兰德尔撰写的大屠杀史(总书名为《纳粹德国与犹太人》的第二卷,第一卷名为《迫害的年代,1933—1939》)。

德兰德尔决心通过自己的研究和写作揭示纳粹屠犹历史。

弗里德兰德尔认为："大屠杀的历史"不能仅限于对导致这一场最系统和最持久种族灭绝行动德国人的政策、决定和方法的叙述;它必须包括周边世界的反应和受害者的态度,因为从本质上说,我们所称的大屠杀事件是由这些不同因素聚合而成的总体性事件。此外,揭示和反映纳粹屠犹历史仅仅使用数字、抽象评判性的语言是远远不够的,应该在一点一滴中显现大屠杀,即在一个又一个的故事,一段又一段的记忆中去直面那段历史。大屠杀意味着的不是受害者的数字,而是一个个鲜活的、有名有姓、有思想、有生活的人。正如美国历史学家舒衡哲所言:"仅把大屠杀数字化和抽象化的所谓客观公正的政治与学术倾向则可能使大屠杀成为远离我们切身性的一种轻飘飘的存在。"因此,弗里德兰德尔记述的不但有发生的事情,更有"在场"的当事人对事情的直接描写记录,帮助读者了解受害者是怎样感受和理解发生在他们周围的事件的,为读者提供了一种感同身受的历史,在读者的心灵上造成持久的影响。

弗里德兰德尔的这一写法使得《灭绝的年代:纳粹德国与犹太人,1939—1945》"给人以'你就在那里'的印象,它将普通的男女老幼的哭喊与窃窃私语同希特勒及其党徒(再加上怀着卑鄙欲望和恶毒偏见和诸多帮凶)的狂虐施暴一并展现,从而见证了一幅千变万化的历史全景。通过目击者的生动回忆,这些故事共同织就了一幅生与死的画面"。(《华盛顿时报》的评论)

《犹太图书世界》发表的评论或许更加精辟地概括出了弗里德兰德尔的贡献和作品的特点:"这部作品将铸就他作为今日最具影响力和最敏锐的大屠杀写作历史学家的声誉。……通过遇难者的书信和日记,弗里德兰德尔赋予了遇难者的话语以生命。他或许比其他任何一位学者都更广泛和更熟练地使用了这些资料,这有助于他以小说家对悲剧人性方面的感觉来书写历史。弗里德兰德尔强烈地意识到,历史知识的作用在于化解怀疑和使历史变得通俗易懂,因此,在不消除或不压制任何一位读者都必须面对的长久不息的冲击感和怀疑感的情况下,他为我们提供了一部杰出的研究作品。"

鉴于当代国际政治的复杂多变,在过去的 20 年,世界上出现了一股不大不小否定大屠杀的逆流,有政治上的,也有学术上的,尽管这一逆流的矛头所向主要是或为了否定现代以色列国出现的合法性,或是为希特勒招魂,但应该足以引起世人的警惕。因为否认纳粹屠犹不仅仅是对纳粹屠杀犹太人的否认,而是对人类历史的否认,对人类生存尊严、人类正义和秩序的否认。如果让否认纳粹屠犹的现象大行其道,让否认的流言四处传播而不进行有力的抵制和制裁,那么未来世界里对一切历史的否认和歪曲都会变得微不足道,杀戮、暴行、诽谤将不再是禁忌,世界也将会变得更加堕落和疯狂,人类将无文明可言。因为历史上很少有比纳粹屠犹得到更周全记录的事件了。

为了坚定地抗击纳粹屠杀否定派,欧盟成员国在斯德哥尔摩国际论坛通过如下关于大屠杀的宣言:"纳粹德国对犹太人的屠杀从本质上说是对文明基础的否定。大屠杀史无前例的特征使之永具全球意义。……由纳粹策划和执行的大屠杀的严重性必须铭刻在我们的集体记忆中。……在人类社会仍然面临有计划的屠杀、种族灭绝、种族主义、反犹主义以及排外行径的情况下,国际社会必须承担与这些邪恶行径做斗争的神圣职责。我们必须一道坚持大屠杀这一铁定事实,反对否认大屠杀发生的各类分子。我们必须加强人民的道德义务以及各国政府的政治承诺,确保后代子孙能够理解大屠杀发生的原因和对大屠杀后果的反思。"

在纳粹屠犹过后 70 余年的今天,我们正处于过去的"现实"即将转化为"历史"的关键时刻,弗里德兰德尔的书以铁录的方式记载和记录着纳粹屠犹事件和历史,在对否定大屠杀逆流做出最好的回击的同时,无疑为人们提供了一种值得阅读的关涉大屠杀的读本。

我们衷心希望通过对《灭绝的年代:纳粹德国与犹太人,1939—1945》一书的翻译和介绍,不仅为中国读者提供一个反映纳粹屠犹事件的"鲜活"读本,而且为我们如何记录和反映发生在我们身边的"南京大屠杀"事件提供了一个不可多得的重要参照,更希望中国历史学家以及有志致力于撰写南京大屠杀历史的学者能够从本书中汲取有益的营养,撰写出可以与之媲美的作品,为人们不忘南京大屠杀历史,牢记南京大屠杀历史做出贡献。

最后,还希望交代一下本书的译事过程。中国青年出版社购买了本书的中文版版权,南京大学犹太文化研究所承担了译事。尽管本人是本书翻译活动的组织者,但具体翻译是犹太文化研究所的研究生们进行的。他们是:正在研究所从事博士后研究的卢彦名博士(序言、原书第1~194页,以及王苗翻译部分的初校),已经在河南大学执教的胡浩博士(原书第195~356页),在读博士生孙燕(原书第356~520页),以及硕士生王苗(原书第520~663页)。在读博士生葛淑珍协助对孙燕翻译的部分进行了初校。本人负责全书的校对和统稿。

由于本书篇幅大,所有参与者均是在学习、工作之余参与到这一翻译活动中来的,因此,译文的疏漏在所难免,敬请读者不吝指正。

徐新

于金陵

致 谢

本书的写作在很大程度上得益于加利福尼亚大学洛杉矶分校 (UCLA) 的"1939 年俱乐部"所提供的研究资金,尤其受惠于"约翰·D.和凯瑟琳·T.麦克阿瑟基金会"。在此我谨向"1939 年俱乐部"和麦克阿瑟基金会表达最诚挚的感谢。

首先,我想缅怀那些所有与我分享这段历史的许多有思想但已故的朋友:列昂·波利亚科夫、乌里尔·塔尔、阿莫斯·方肯斯坦和乔治·莫瑟。

本书定稿之前承蒙米歇尔·维尔德特教授(汉堡社会研究所)的指正,我非常感激他所做的评论。他与(慕尼黑)现代史研究所的迪特尔·波尔博士以及埃伯哈德·雅克尔教授(斯图加特大学)一起将我的注意力引导到最近德国学界的研究领域,帮助我避免了一些错误。同样,我还要感谢奥默尔·巴托夫教授(布朗大学)、丹·迪纳教授(耶路撒冷的希伯来大学与莱比锡的西蒙杜布诺夫学会)和诺尔伯特·弗赖教授(耶拿大学)对本书各部分分别做出的评论。

尽管我经常陷入疑惑,但我还是在许多同行的反复鼓励之下完成了该项目,其中特别要感谢耶胡达·鲍尔教授、多夫·库尔卡教授、斯蒂夫·阿什海姆教授(以上三位均来自耶路撒冷希伯来大学)、舒拉米特·伏尔科夫教授(特拉维夫大学)和菲利普·布林教授(日内瓦国际研究学院主任),最后还有西比尔·米尔顿博士,一位杰出的学者和最无私的同行,他的离去是一个令人哀伤的损失。

当然,不言而喻,文中留存的错误(必定会有很多)完全由我个人负责。

整个课题还有赖于一系列研究生的协助。在此我要感谢我最近的研究助理:狄波拉·布朗、阿米尔·科南和约舒亚·斯特恩费尔德。

在文稿勘印的过程中,哈珀科林斯出版社的苏珊·H.莱韦林和大卫·科拉尔运用了大量的语言学技巧。我非常感激他们,当然,最需要感谢的是我的责任编辑休·范·杜森,长期以来对我的关注和鼓励。助理编辑罗布·克劳福德一直以超乎其职责的耐心应对着我的频繁要求。我还希望向我的朋友乔治、安妮和瓦勒里克·博尔哈德再次表达我衷心的感谢。我与乔治和安妮的个人关系和职业关系要回溯到1966年我第一本著作在美国出版的时候。

奥尔纳·科南的情感支持和智力支持对本书的贡献是我难以言表的;她分享了我的生活。谨以本书献给我新近出生的第四个孙子。

序　言

　　1942 年 9 月 18 日,大卫·莫菲在阿姆斯特丹大学获得了医学学位。在一张当时拍摄的照片中,莫菲的导师 C.U.阿里恩斯·卡珀斯教授和 H.T.迪尔曼教授站在这位新医学硕士的右边,助理 D.格拉纳特站在左边。另一位医学院教员,从背影看很像医学院院长,就站在一张大课桌的后面。还有一些人聚集在非常狭窄的门厅里,这些人无疑是家属或者好友,他们的面容在暗淡的背景下难以辨认。教员穿着他们的学位袍,而莫菲和格拉纳特则穿着打着白色领结的晚礼服。莫菲在他的短上衣左侧别有一个手掌心大小的大卫星犹太标志,上面印有“犹太人”字样。莫菲是德国人占领之下阿姆斯特丹大学的最后一名犹太学生。

　　按照学术传统,一定会有惯例性的称赞和致谢。我们不知道是否还有别的评论。这之后不久莫菲就被送往奥斯维辛—比尔克瑙集中营。像荷兰 20%的犹太人一样,莫菲幸存了下来。不过,根据同样的统计数据,在场的大部分犹太人不会幸免。

　　这张照片引发了一些问题。比如,当犹太学生已经在 1942 年 9 月 8 日被悉数开除出荷兰各大学的时候,这场典礼又是如何得以在 1942 年 9 月 18 日举行的?《摄影与大屠杀》的编辑找到了答案:1941—1942 学年的最后一天是 1942 年 9 月 18 日的星期五;而 1942—1943 学年始于 9 月 21 日的星期一。在针对犹太学生的禁令成为强制性措施之前,莫菲还有三天的间歇可以接受学位。

　　实际上,这一间歇刚好处在一个周末(9 月 18 日星期五到 9 月 21 日星期一),这意味着校方同意了利用校历来对抗德国人的法令。这个决定显示出了 1940 年秋季以来荷兰各大学的普遍态度;这张照片记录下了在占领者的法律和法令边缘的一次抵抗行动。

　　还有更多的问题。荷兰对犹太人的遣送行动始于 1942 年 7 月 14 日。德国人和当地警察几乎每天都在荷兰城市的大街小巷搜捕犹太人,以完成每周的定额。莫菲不可能在没有特殊豁免证的情况下参加这次公开的学术典礼,德国人向这座城市的犹太委员会发放了 1.7 万张这样的特殊豁免证。因此,这张照片间接地触及了围绕犹太委员会领导层做法的争议,一些阿姆斯特丹犹太人得到(至少是暂时的)保护,而绝大多数犹太人的命运却被弃之不顾。

从最一般的意义上来说,我们正在目击一场普通得不能再普通的典礼,这一点显而易见。在温馨的喜庆场景中,一位年轻人接受了赋予他行医资质的证书,从此他可以照顾病患,还可以尽可能地运用他的专业知识恢复病人的健康。但是,我们知道,别在莫菲外套上的"犹太人"字样传达的是这样的信息:和他在整个欧洲大陆的"种族"同胞一样,这位新医学硕士被打上了屠杀的记号。

尽管看不太清楚,这个"犹太人"字样似乎并不是黑体字或者用其他常用字体写的。这几个字母是为这一特殊场合设计的(驱逐犹太人的各国都用类似的字体书写"Jude"、"Juif"、"Jood"),用的是一种弯弯曲曲的、令人不快的和隐约具有危险感的字体,为的是在容易辨认的同时使人联想起希伯来字母。正是通过这种字体及独特的设计,这张照片浓缩地展现出当时的形势:德国人正决意消灭作为个体的犹太人以及抹去大卫星和上面字母所代表的那个群体——"犹太民族"。

在这里,我们只感受到了对猛烈冲击的最微弱的回应。这种冲击旨在消除一切"犹太特征"的痕迹、一切"犹太精神"的印记,以及在政治、社会、文化和历史领域中的一切犹太存在(真实的和想象的)的留存。为此,纳粹在德国和整个欧洲被占领地区实际上动用了现有的各种消除和注销手段,在宣传、教育、研究、出版、电影、放逐、禁忌以及社会文化各领域发动反犹攻势,从修改被犹太性"玷污"的宗教文本或歌剧剧本到更改带有犹太人名街道的名称,从禁止由犹太艺术家或作家创作的音乐作品或文学作品的公演到拆毁纪念碑,从消除"犹太科学"到清洗图书馆(正如海因里希·海涅的著名格言所预言的那样),从焚烧书籍到焚烧人。

一

"大屠杀的历史"不能仅限于对导致这一场最系统和最持久种族灭绝行动的德国人的政策、决定和方法的叙述;它必须包括周边世界的反应(有时候是主动行为）和受害者的态度，因为从本质上说，我们所称的大屠杀事件是由这些不同因素聚合而成的总体性事件。

这段历史在许多情况下被书写成了德国历史，这是情有可原的。德国人、他们的帮凶以及他们的仆从是迫害政策与灭绝政策的制定者、煽动者，而且在大多数情况下，还是执行者。此外，随着第三帝国的战败，关于其政策和措施的德文文献变得触手可及。再加上 20 世纪 80 年代后期以来，苏东阵营档案馆里保存的浩繁卷宗重见天日，自然进一步加强了这段历史编纂学界对德国方面的关注。在大多数历史学家的眼中，相比从遇难者和周边世界的角度来书写这段历史，则专注于德国层面似乎更加中规中矩和更加容易进行比较研究，换言之，更少"门户之见"。

这种以德国为中心的取向在某种程度上当然无可厚非，但如前所说，大屠杀的历史需要一个宽泛得多的视野。在欧洲被占领地区，德国措施的执行在每一个阶段都要依靠政治当局的顺从、当地警察或其他力量的协助以及当地民众（主要是政治精英与思想精英）的消极服从或积极支持。此外，还要依赖受害者或者是为了缓解德国人的限制措施，或者是为了争取时间摆脱德国人的无情钳制而心甘情愿服从命令的意愿。因此，大屠杀的历史应当是一部综合完整的历史。

没有哪个单一的概念化框架可以涵盖这一段历史的多样性与综合性。即使是其德国维度也无法从单一的概念化角度加以阐释。历史学家面对着非常多样的长期因素和短期因素的互动，每一个因素都可以单独定义和解释，将它们聚合起来才能进行总体分析。在过去的 60 年中，有许多想法被提出，几年后又被抛弃，之后又被重新发现，如此往复，特别是关于纳粹的政策本身。"最后解决"的起源已经被归结为德国历史的一段"特殊的历程"，被打上了德国反犹主义、种族—生理学思想、官僚主义政治学、极权主义、法西斯主义、现代性、"欧洲内战"（从左派和右派的立场看起来都是如此）之类的特殊烙印。

回顾这些概念需要看一看另一本书。在这篇序言中我基本上仅限于说明这里所要走的路径。不过，对于当前历史研究中两种截然相反的趋势，无论是涉及第三帝国的总体，还是涉及"最后解决"的个体，在此有必要做出一些评论。

第一种趋势是把灭绝犹太人看作德国政策的一个主要目标，但这种研究着眼于新的视角：中间层面参与者的活动、有限区域内事件的详细分析、特定的制度和官僚机制分析——所有这些都为我们了解整个灭绝体系的运作提供了一些新的启示。这种方法对我们的知识和理解都大有裨益:我已经把他们的许多发现整合进了我自己的更加着眼全球的探究之中。

另一种趋势与此不同。多年以来,这一思潮使许多新的轨迹得以发现。就大屠杀研究而言,每一道这样的轨迹都是从同一个起点分岔的:对欧洲犹太人的迫害和灭绝只不过是德国人主要政策的次级结果而已。这些政策目标中最经常被提及的包括通过杀戮多余的人口来保持欧洲被占领地区的经济均衡和人口均衡、通过种族重组和种族清洗来加强德国对东方占领地区的控制,以及通过系统地掠夺犹太人来减轻发动战争给德国社会 (或者更准确地说,给希特勒的民族—种族国家)所造成的沉重负担。尽管这样的研究有时也能开阔我们的视野,但是它们的总体取向与我本人的阐释所隐含的核心假设显然是格格不入的。

就像在《迫害的年代》中一样,我在本卷中选择了关注作为纳粹犹太政策主要动因的意识形态—文化因素的核心要素,这当然是根据具体情况、制度机制而定的,并随着战争的发展而变化,尤其是在本书涉及的时段。

我们正在涉及的历史是"意识形态时代"的一个组成部分,更准确和更肯定地说,是这个时代的晚期阶段——欧洲大陆自由主义的危机时期的组成部分。从19世纪晚期到"二战"结束之前,自由社会受到了来自革命的社会主义左翼(在俄国成为布尔什维主义,在全世界成为共产主义)的攻击;在"一战"之后又受到了革命的右翼(在意大利和其他地方成为法西斯主义,在德国成为纳粹主义)的攻击。在整个欧洲,犹太人被等同于自由主义者,并且经常被贴上社会主义的革命标签。在这种反自由主义与反社会主义(或反共产主义)的意识形态环境之下,那些披着各种外衣的革命右翼将犹太人视为他们与之战斗的世界观的代表,并将他们看作那些世界观的煽动者和传播者。

后来,在1918年战败之后民族仇恨高涨的气氛之下,由于全国(以及全世界)的经济动荡,这种主张在德国得以抬头。不过,如果没有希特勒痴迷反犹主义和他的个人影响力,那些年里德国普遍存在的反犹主义或许不会在1933年1月之后,在国家的层面上,汇合为反犹的政治行动,也肯定不会造成后来的结局。

作为反犹主义意识形态来源,自由主义的危机和对共产主义的回应在德国被推向了极端,对整个欧洲的毒化也越来越严重。纳粹所传达的信号得到了许多欧洲人的积极响应,并且还在旧大陆以外赢得了为数众多的支持者。更有甚者,反自由主义与反共产主义还暗合了主流的基督教会所采取的立场,传统的基督教反犹主义很容易与形形色色的专制政权、法西斯运动和纳粹主义同流合污并成为其意识形态原则的支持者。

最后，这一自由社会的危机及其意识形态基础造成了整个大陆上的犹太人越来越虚弱和孤立，尽管在同一片土地上，自由主义的进程曾使他们获得了解放并增强了他们的社会能力。因此，这里所描述的意识形态背景构成了这段历史的三个主要角色(国家社会主义的德国、周边的欧洲世界以及分散于整个大陆的犹太社团)之间的间接联系。然而，尽管我扼要地提到了德国的嬗变，但是这些背景要素还不足以说明发生在德国那些事件的特定过程。

二

国家社会主义反犹过程的特别之处源于希特勒自身反犹主义的情结，源于希特勒与德国社会各个阶层的结合（主要是 20 世纪 30 年代中期以后)，源于 1939 年以后纳粹政权反犹主义所导致的政治制度的工具化，源于 1939 年 9 月以后战争形势的发展。在《迫害的年代》中，我把希特勒式的反犹仇恨定义为"拯救反犹主义"。换句话说，这一反犹主义超越了与自由主义和共产主义之间直接的意识形态对峙，在纳粹领导人眼里，这两种意识形态都是犹太人为了自身利益创造出来的世界观。希特勒把自己的使命看成是一种以消灭犹太人的方式拯救世界的"十字军"运动。这位纳粹元首视犹太人为西方社会和历史中恶的源头。如果不进行一次必胜的拯救斗争，犹太人将会最终支配这个世界。这一在总体上属于后历史主义立场导致希特勒的政治意识形态愈加具体化。

按照希特勒的看法，在生物、政治和文化的层面上，犹太人企图通过散播种族污染、破坏国家结构，特别是制造 19、20 世纪主要意识形态灾祸的方式来瓦解各民族。而 19、20 世纪主要意识形态灾祸包括：布尔什维主义、富豪政治、民主政治、国际主义、和平主义以及各式各样的其他危险。通过使用五花八门的手段和手法，犹太人企图瓦解他们居住国的凝聚力——特别是日耳曼民族的凝聚力，从而篡夺世界统治权。自从国家社会主义政权在德国建立以来，犹太人就察觉正在觉醒的第三帝国给他们带来的威胁，准备以发动一场新的世界大战来摧毁阻碍他们实现最终目标的挑战。

反犹意识形态的不同内涵可以用一种最简洁的方式归纳和总结为：对于所有民族，尤其对于雅利安种族和日耳曼民族来说，犹太人都是一种致命而活跃的威胁。重点不仅在于"致命",更在于"活跃"。由于受到纳粹政权敌视的所有其他群体(精神病人、"反社会分子"、同性恋,包括吉卜赛人和斯拉夫人在内的劣等民族)基本上都只是消极的威胁(只要斯拉夫人不受犹太人的领导),犹太人自步入历史以来,就是唯一的一个不断阴谋征服全人类的群体。

纳粹最高层的这一反犹狂热并非发出无果。从1941年秋天开始,希特勒经常指控犹太人是"世界的纵火者"。实际上,这位纳粹领袖所点燃和煽起的火焰必然会以燎原之势熊熊燃烧,这是因为,由于前面已经提到的原因,无论是在欧洲内部还是欧洲以外,各种意识形态因素和文化因素就如同密集的干柴般易燃。如果没有纵火者,这场大火就不会着起来;如果没有薪柴,它就不会以燎原之势摧毁整个世界。就像在《迫害的年代》中一样,希特勒与他置身其中制度之间的持续互动关系将在本书中得到分析和阐释。不过,这里的制度不仅限于德国,而是渗透进了欧洲空间的方方面面。

对于纳粹政权来说,反犹圣战也提供了许多政治—制度层面的实际利益。对于一个依赖持续动员的政权来说,犹太人正好被用来作为这种持续动员的神话。随着纳粹政权目标的激进化和战争的扩大化,反犹行动变得更加极端。正是在这种情况下,我们才得以确定"最后解决"是如何出台的。正如我们将看到的那样,根据其策略目标,希特勒亲自炮制出了针对犹太人的行动计划,一旦战局显露出败象,犹太人立刻就成为纳粹政权宣传的核心议题,以便在即将到来的垂死挣扎中,鼓舞德意志的士气。

作为利用犹太人进行动员的结果,许多普通德国士兵、警察或平民对犹太人进行虐待和谋杀行为既不像丹尼尔·约拿·戈尔德哈根认为的那样是源于历史上根深蒂固的德国反犹传统;也不像克利斯朵夫·R.布朗宁认为的那样是独立于意识形态动机以外的一整套共同的社会—心理的强化、约束和群体动态过程的结果。

作为一个整体,纳粹体制已经制造出了一种"反犹文化",这种文化部分根植于历史上德国和欧洲的基督教反犹主义,当然也是由纳粹政权通过对集体和个人行为的直接影响而刻意扶植起来并推向白热化阶段的。"普通的德国人"可能是恍惚地意识到了这一进程,但更可能已经在不知不觉中将作为意识形态的反犹意象和反犹信仰内化为他们的主观意识,而国家宣传和各种反犹措施又加深了这种主观意识。

纳粹政权及其执行机构大肆利用犹太人这一基本动员功能的同时，第二种同样重要的功能也被进一步地利用了起来。希特勒的领导地位经常被描绘为"超凡魅力型"，就像所有受大众拥戴的魅力型领袖都被赋予了准天意的权威一样。我们将在接下来的几章深入探讨纳粹领袖、纳粹党和公众之间的联系。在此要提到的是，正如希特勒的讲话内容所表达的那样，希特勒个人对绝大多数德国人的掌控都来源于三个不同的前历史主义救赎纲领：最大限度的种族群体纯洁性、最大限度粉碎布尔什维主义和富豪统治，以及最终的千年救赎（众所周知都是从基督教借用过来的主题）。在这些纲领的每一条中，犹太人在本质上代表着恶。从这一意义上讲，由于希特勒在这三条战线上与同一个敌人（犹太人）进行战斗，他自然就成了受命于天的领袖。

在德国和（德国控制下的）欧洲的大环境之中，政治上的争权夺利、邀功争宠和社会因素的影响助长了意识形态的狂热。前两个因素已经在许多研究中频频得到描述和解释，它们也将贯穿于下面几章的始终；而很少被提及的第三个因素在我看来是这段历史的一个基本的方面。

在高度发达的德国社会和部分被占领的欧洲地区，希特勒和纳粹党领导层在实施任何一项措施的时候都必须考虑到大众的根本利益，还必须考虑到党政机关、工业、教会、农民、小商业等方面的根本利益。换言之，反犹意识形态的命令必须与各种各样根深蒂固的结构性障碍以及现代社会的各种社会力量进行调和。

没有人能够怀疑如此明显的一点，其重要性产生于一个基本的事实：在德国和整个欧洲，没有一个社会群体，没有一个宗教社团，没有一个学术机构或职业协会宣称要与犹太人站在一起（一些基督教会宣称皈依的犹太人是其信众的一部分，仅止于此）；相反，许多社会组织，许多有实权的团体都卷入对犹太人的剥夺行动中，并且出于贪婪欲望而希望他们全部消失。因此，纳粹和相关的反犹政策可以在不触犯这些人重要利益的情况下推行到极致。

三

1945年6月27日，世界知名的犹太裔奥地利化学家利塞·迈特纳给前同事与朋友奥托·哈恩去信。迈特纳已经在1939年从德国移居到了瑞典，而哈恩仍然在德国继续工作。在谈到他和德国科学群体已经知道许多不断恶化的反犹迫害之后,迈特纳继续说:"你们所有人都在为纳粹德国工作,从来没有试图做出哪怕是消极的抵制。当然,为了抚慰自己的良心,你们也偶尔帮助了一些需要帮助的个人,但是你们容忍了对数百万无辜人群的谋杀,甚至没有任何的抗议。"迈特纳通过哈恩向最知名德国科学家表达的强烈批评适用于整个德国的知识界与精神领域的精英团体(当然也有一些例外),甚至也适用于那些被占领地区或者是欧洲卫星国的广大精英集团,尽管这些人都不是当地的活跃分子,也没有卷入犯罪活动。适用于精英集团的批评更加适用于大众(同样也有一些例外)。正像上文已经谈到的,就此领域而言,纳粹的制度是和欧洲的氛围紧密相连的。

至于旁观者的态度和反应,一些基本问题的答案依然晦暗不明,这部分是由于问题的本质使然,部分是由于缺乏基本文献资料。比如说,形形色色的旁观民众对事件的感知程度依然是个未知数。大量的文献资料显示,到 1943 年年末,甚至 1944 年年初,西欧、斯堪的纳维亚和巴尔干诸国的许多民众对于遭驱逐犹太人的命运仍然懵然不觉。当然,在德国本土和东欧地区情况并非如此。毋庸赘言,至此到 1942 年年底或 1943 年年初,大批德国人、波兰人、白俄罗斯人、乌克兰人和波罗的海东南岸地区的居民对犹太人即将遭到彻底灭绝一事心知肚明。

更加困难的是这些信息的后续结果。随着战争、迫害和遣送行动进入最后阶段,随着灭绝行动的消息进一步广泛传播,反犹主义也在整个欧洲大陆进一步升温。当代学者注意到了这种矛盾的趋势,对此的解释将成为本书第三部分的一个主导议题。

尽管存在着所有这些解读的问题,旁观者的态度和反应还是有充足记录的。帝国保安部(SD)的绝密报告(由党卫军安全部门提交的关于帝国公众意见状况的报告)和其他党政机关的报告都为我们提供了一幅完全可靠的关于德国人态度的图景。作为希特勒反犹偏执主要参考资料之一的戈培尔日记也系统地阐明了纳粹政权高层眼中德国公众对犹太问题的反应。而士兵的家信则可以说是底层所表达态度的样本。在大多数被占领国或卫星国,德国外交报告提供了对公众面对遣送行动时心态的定期调查报告,当地政府的官方文件也如此,比如法国的各省报告。旁观者的个人反应和犹太日记作家的记录一样,也是完整图景的一部分。以波兰医生齐格蒙德·克卢克夫斯基为例,贯穿于这一时代始终的地方日记有时为我们提供了个人对整个形势变化洞察的一幅生动图景。

在所有由于基本文献的缺失造成我们对旁观者感到困惑的问题上，梵蒂冈的态度，尤其是教皇庇护十二世的态度，至今依然是重中之重。尽管有大量二手文献和一些新资料的出现，历史学家们却依然无法走进大门紧锁的梵蒂冈档案馆，这无疑是一个重大障碍。我将在目前资料允许的情况下尽可能完整地阐释教皇的态度，但是历史学家所面对的障碍还是无法消除。

除了德国政策和措施的详细历史以及旁观者的态度和反应之外，受害者的历史在自身的框架内也被痛苦地记录了下来，最初是在战争年代，当然主要是自战争结束以来。尽管这些记录确实包括了对统治政策和谋杀政策的考察，但那只是梗概而已。着重点从一开始就落在了完整收集关于犹太人生死的文献踪迹和证言上：犹太领导层的态度和策略、犹太劳工的奴役和毁灭、各种犹太人党派和政治性青年团体的活动、隔都的日常生活、遣送行动、武装抵抗以及分布于欧洲各屠杀地点的大规模死亡。尽管激烈的争论和系统的阐释以及不间断的踪迹寻觅从战争一结束就成为这段历史研究的一个组成部分，但是这些犹太人的历史却依然是一个自我封闭的体系，基本上是犹太历史学家的领域。大屠杀时期的犹太历史当然不等于大屠杀的历史；然而，如果没有它，这些事件的全面历史也无法书写。

在那本极具争议的著作《耶路撒冷的艾希曼》中，汉娜·阿伦特坦率地将欧洲犹太人遭灭绝的部分责任归咎到不同层面犹太领导群体——犹太委员会的头上。这篇很大程度上无实在证据的论著将犹太人变成了自取灭亡的帮凶。实际上，在通往牺牲的道路上，受害者自身的任何影响力都只是边缘性的，虽然在少数国家确实出现过一些干预（不论是好是坏）。因而，为数不多的此类背景下，在国家当局做出决定的过程中，犹太领导者发挥了有限的和并非完全不重要的（积极或消极的）影响力。我们应当看到，在维希，在布达佩斯，在布加勒斯特，在索菲亚，在布拉迪斯拉发，在犹太人代表与盟国政府或中立国政府的关系中，这一点都是值得我们注意的。此外，华沙、特布林卡和索比博尔等地犹太人的武装抵抗，有时候是犹太共产主义抵抗组织发动的，比如柏林的小规模的鲍姆团体，有可能是以一种特别悲剧性的方式加速了剩余犹太奴工的灭绝（至少在1944年中之前是如此），尽管深陷战争泥潭的第三帝国此时急缺劳动力。

就其基本历史重要性来说，欧洲被占领国和卫星国的犹太人、德国人和周围民众之间的互动在一个更深的层面上进行着。从灭绝政策开始推行之时起,犹太人为了阻止纳粹灭绝所有犹太人的企图而采取的每一做法都应视为一种直接的反抗,无论那是在多么渺小的个人层面上:包括贿赂官员、警察或告发者;为隐藏儿童或大人而向保护家庭支付金钱;逃入丛林或山上;藏身于小村庄;皈依基督教;加入抵抗运动;偷盗食物——任何可以想到的求生手段都意味着在德国人的目标面前设置了障碍。正是在这一微观层面上,犹太人与在"最后解决"执行过程中发挥作用的各种势力之间进行了最基本、最持久的互动;正是在这一微观层面上,互动关系最需要研究;也正是在这一微观层面上,文献资料最为丰富。

个体层面上欧洲犹太人遭毁灭的历史不仅可以从基于战后证言(法庭证词、访谈和回忆录)的受害者视角重构,也可以从后来几十年陆续发现的大量写于大屠杀期间日记的视角重构。这些日记和信件是由生活在德国人直接统治之下或者在更大范围迫害之下的欧洲各国、各行各业、各年龄段的犹太人写的。当然,利用这些日记时必须像利用其他文献时一样非常小心,尤其是当这些日记是由幸存的作者或者作者的幸存家属在战后出版的话。不过,作为《迫害的年代》和《灭绝的年代》中犹太人生活史的一个资料来源,它们仍然是至关重要和无价的证言。[①]

我们很难知道是否大多数犹太日记作家从战争初期开始记日记是为将来的历史保留记录;但是随着迫害变得越来越严酷,他们中的大多数人都意识到了他们作为自己时代的编年史家和回忆录作者的角色,也意识到了他们作为个人命运阐释者和评论者的角色。很快就有数以百计(或许数以千计)的目击者在他们私人日记中记录了自己的所见所闻。由于这些记日记者的记录,重要的事件、众多的日常琐事、周围世界的态度和反应交织成为一幅越趋全面但有时自相矛盾的图景。他们窥探了政治最高层的态度(例如在法国和罗马尼亚);他们非常详细地记录了行凶者的主动行径和每日暴行、公众的反应以及自己所在社区的生活与毁灭,他们还记录下了他们自己的日常世界:希望的强烈表达、幻觉的出现、广泛流传的谣言、对某些事件最癫狂的解读,都被认为是可信的(至少在一段时间内是如此)。对许多人来说,灾难性的事件成了对他们先前信仰的检验,成了对他

---

① 我不同意劳尔希尔伯格对这些日记作为我们用来理解那些事件的有效原始资料的怀疑,当具体到个案时,其中一些日记的问题很容易被认识到。

们的意识形态和宗教献身精神的检验,成了对指导他们生活价值观的检验。

除了一般历史意义之外,这些个人记录犹如闪电一般照亮了一方景象。它们确认了人的直觉,告诫我们不要轻易地进行笼统概括。有时它们以无可比拟的说服力证实了我们已知的东西。用沃尔特·拉克尔的话来说:"有一些特定的情形是如此极端,以至于需要特别的努力才能理解那些人的暴行,除非有一个人正好在场。"

此时此刻,个体的声音还主要作为一种痕迹,一种犹太人留下为自身命运做证、证实和描述自身命运的痕迹被人们感知。但是,在接下来的章节里,日记作者的声音将成为另一种角色。借助人性和自由,个体的声音将突然出现在普通历史事件叙事中,如本书呈现的事件。它们可以将严丝合缝的解释撕碎,并且可以截穿学术超然和"客观性"的(大多数情况下是不经意间的)骄矜。这一解构作用对于法国大革命前夜小麦价格史而言可能无关宏旨,但对于在"一般历史编纂学工作"中必须加以通俗化和"扁平化"的大规模灭绝以及其他一系列大规模受难事件而言,确是至关重要的。

我们每一个人都以不同的方式感受到了个体声音的冲击,每个人都受到了当时出乎意料"叫喊声和窃窃私语"的挑战,这迫使我们停留在我们的轨迹之中。对已经众所周知的事件,做一些偶然的反思也许就足够了,要么是由于它们的强大说服力,要么是由于它们无用的粗陋;而目击者那恐怖、绝望或者找寻不到出路的哭喊声的直观性却经常会引起我们自己的情绪反应并且动摇我们先前对极端历史事件的严密表述。

让我们回到莫菲的照片,回到缝在他外套上的大卫星和那令人反感的文字,回到其具有的意义:就像其他佩戴了这一犹太标记的人一样,这位新诞生的硕士必定会被从地球表面抹去。一旦这一不祥之兆被人理解,这张照片引发的将是怀疑(信仰的丧失)。这种怀疑是一种准本能的反应,是在知识尚未进入对其进行窒息前出现的反应。"怀疑"在此意味着某种产生于一个人对世界及时感知的深层之处,产生于所谓的平凡,产生于所谓的"不可信"。历史知识的目的是消除怀疑,用解释的办法消解怀疑。在本书中,本人将在不消除或不消解怀疑最根本含义的同时提供对欧洲犹太人灭绝过程的完整历史研究。

第一部分

恐　怖

1939 年秋至 1941 年夏

狂虐的机器肆无忌惮地蹂躏着我们。

——维克多·克伦佩勒,1939 年 12 月 9 日

第一章 (1939 年 9 月至 1940 年 5 月)

"9 月 1 日星期五早晨,那个卖肉的小伙子过来告诉我们:广播里的一则声明说我们已经占领了但泽和走廊地带,同波兰的战争正在展开,英国和法国仍然保持中立。"维克多·克伦佩勒在 9 月 3 日的日记中这样写道,"我跟伊娃说,对于我们来讲,注射吗啡或者类似的东西是最好的归宿,我们的生活已经结束。"

克伦佩勒是犹太人出身,年轻时皈依了基督新教,后来又娶了一位信仰新教的"雅利安人"。1935 年,在德累斯顿工学院教授拉丁语言文学的他被校方开除,但仍然生活在该市,并且用心地记录着他的亲身遭遇以及周边发生的事情。在那两天,英国人和法国人对德国人攻击行动的回应依然晦暗不明。"安玛丽带来了两瓶发泡酒庆祝伊娃的生日,"克伦佩勒在 9 月 4 日记录道,"我们喝了一瓶,并决定留下另一瓶到英国人宣战的那天再喝。因此今天轮到喝第二瓶了。"

在华沙,一所希伯来语学校的校长哈伊姆·卡普兰坚信此时的英国人和法国人决不会像在 1938 年背叛捷克斯洛伐克那样背叛他们的盟友。在战争的头一天,卡普兰就已经感觉到了这次新冲突所具有的世界末日般的本质:"我们正在目睹一个世界历史新纪元的开端。这场战争将给人类文明带来真正的破坏。然而,正是这个文明孕育了毁灭和破坏。"卡普兰确信,纳粹主义终将被击败,但是战争将使所有人都蒙受巨大的损失。

这位希伯来语学校的校长还意识到战争的爆发对犹太人所造成的特殊威胁。同样是在 9 月 1 日,他补充道:"对于犹太人而言,他们面临着数倍于此的危险。只要是希特勒踏足的地方,那里的犹太人就肯定没有了希望。"卡普兰引用了希特勒在 1939 年 1 月 30 日发表的臭名昭著的演说,纳粹领袖在那篇演说中威胁道,如果发生世界大战,犹太人将会被消灭。因此,犹太人比大多数人都更加热衷于参与公共防务的建设:"每当有号召每一位城市居民建隐蔽所以防御空袭的命令发布,都会有为数众多的犹太人响应。我也是其中之一。"

9月8日,纳粹国防军占领了波兰第二大城市罗兹:"突然传来了可怕的消息:罗兹失陷了!"年仅15岁的犹太青年大卫·希拉科维亚克这样记录道,"所有的交谈都停止了;街道行人渐稀;人们的脸上和心中都为阴霾、冷酷和敌意所笼罩。从市中心回来的戈拉宾斯基先生告诉我们当地德国人是如何欢迎他们的同胞的。德军总参谋部将要进驻的大饭店里装饰满了各种花环;(德国裔的)市民——小伙子和姑娘们欢呼着'希特勒万岁!'跳上了行进中的战车。街道上响彻着大声的德语交谈声。以前被隐藏的与(德意志)爱国主义和民族主义有关的一切现在都露出了庐山真面目。"

还是在华沙,波兰外贸票据交换所的一名雇员同时也是当地犹太社团的一名活跃成员亚当·策尔尼亚科夫正在组织成立一个与波兰政府合作的犹太市民委员会。"首都华沙犹太市民委员会,"他在9月13日写道,"受到了法律认可并在社区大楼中宣告成立。"他在9月23日进一步写道:"斯塔钦斯基市长任命我担任华沙犹太市民委员会的主席。在一个被围困的城市里,这是一个历史性的角色。我将勉力为之。"四天之后,波兰投降了。

——

在本书中我们将听到许多犹太编年史记录者的声音。这些声音千差万别,使我们得以一窥处于毁灭边缘的欧洲犹太人世界的异常多样性。在经历了一段宗教传统不可逆转的衰落和文化—族裔犹太性的不确定性不断增长期之后,已经找不到对遍布整个欧洲大陆的形形色色自认为(或被认为)是犹太人派别、社团、群体以及九百多万个体都适用的明显的共同特征了。这种多样性是在各自不同的国家历史、大规模的移民运动和以城市为中心的生活的影响之下造成的。在面对周围的敌视和偏见时,或者在面对自由的环境所提供的机会时,无数个体所采取的不同策略促进了持续的经济变动和社会变动。这些持续的变化造成了大流散的犹太人社团内部前所未有的巨大分裂,尤其是在从19世纪末到第二次世界大战前夜的几十年间。

举例说来,如何定位罗兹的那位年轻的日记作者希拉科维亚克呢?通过阅读他在战争爆发前不久开始撰写的日记,我们发现了一个深受犹太传统浸润的工匠家庭。大卫本人非常熟悉这一传统,与此同时他又对共产主义怀有强烈的信仰。(他在稍后写道:"最重要的事情是学校的功课和对马克思主义理论的学习。")有着希拉科维亚克这种分裂世界观的不乏其人,相互矛盾的主张在战争前夜犹太社会的各种小团体中彼此共存:形形色色大同小异的自由主义者、社会民主党人、亲纳粹派、托派、斯大林主义者、各派别的犹太复国主义者,守教的犹太人围绕无边无际的宗教教条或者"宗族"争执争吵不已。直到 1938 年年底,特别是在墨索里尼统治下的意大利,犹太人中竟然还有数千名法西斯党徒。①不过,对于西欧的许多犹太人来说,主要的关切是在保持"犹太身份"的一些要素的同时,与周围的社会实现社会生活同化和文化的趋同,不管那究竟意味着什么。

所有这些趋势和运动都因国家或地区间的特征以及自相残杀的内部生存斗争加倍增长。当然,有时候还要把臭名昭著的个体怪癖也计算在内。老迈且病入膏肓的西格蒙德·弗洛伊德在德奥合并(德国对奥地利的吞并)之后从维也纳避难到了伦敦。就在"二战"爆发前不久,他终于亲眼看到了他的最后一部著作《摩西和一神教》的出版。就在所有人都感受到不同寻常危险的前夜,这位经常强调自身犹太性的精神分析学的奠基人却正在否认他的民族所珍视的一条信仰:在他看来摩西不是一个犹太人。

尽管面临着更为巨大的威胁,许多国家的犹太人还是做出了强烈的反应:"我在本地报刊中读到了你关于摩西不是犹太人的说法," 一位来自波士顿的匿名作家咆哮道,"很遗憾你将不能不自取其辱地进入你的坟墓。你这个老蠢货……德国强盗没把你送进集中营真是太令人遗憾了,那里才是你的归宿。"

尽管如此,两次世界大战之间的欧洲犹太人还是有一些根本性的特征。主要的分界线是在东欧犹太人和西欧犹太人之间;尽管这在某种意义上是地理的区分,但其明显的表现却是文化上的。东欧犹太人(除了 1918 年之后在新政权提供的规则和机会下继续发展的苏俄犹太人之外)主要指巴尔干地区的国家、波兰、捷克斯洛伐克东部、匈牙利(除了大城市之外)以及 1918 年之后罗马尼亚东部省份的犹太社群。生活在保加利亚、希腊和南斯拉夫部分地区的主要为"西班牙"(塞法迪)裔犹太人,代表着属于他们自己的不同世界。东欧犹太人不太与

---

① 若干欧洲法西斯主义政党中有一些犹太人——当然不是在纳粹党中——但是在意大利的 4.7 万名当地犹太人中似乎至少有五分之一的人依附于墨索里尼的政党。

他们周围的社会相融合，在宗教上更加固守传统——有时候简直属于严格的正统派，通常操意第绪语，偶尔也讲流利的希伯来语。简言之，相比他们的西欧同胞，他们是更为传统的"犹太人"（尽管许多生活在维尔纳、华沙、罗兹和雅西的犹太人与生活在维也纳、柏林、布拉格和巴黎的犹太人同样的"西方"）。尽管在经济方面，大多数东欧犹太人都徘徊在贫困的边缘，他们还是培育出了一种独特的、充满活力的和多姿多彩的犹太生活。

虽然有这一系列特别之处，东欧犹太人还是在两次世界大战之间加速了文化适应和世俗化的过程。正如历史学家以斯拉·门德尔松指出的那样："文化适应的过程并没有改善犹太人和非犹太人之间的关系，反而给陈旧的指控提供了新的口实，即东欧犹太的文化分离要对反犹主义的存在负主要责任。……这样的偏见在匈牙利尤为强烈，那里的犹太社团是中东欧犹太人文化适应程度最高的；而在立陶宛则相对较低，那里的犹太社团是最排斥与当地文化的融入。"事实上，这种错综复杂的情况应当在更为宽泛的语境下加以解释。

在波兰、罗马尼亚和匈牙利，犹太人从人数上讲是重要的少数民族。他们的集体权利主要依靠"一战"后的和约以及"少数民族条约"保证，并且大体上是依靠国际联盟去强制实施的。然而，面对不断强化升级的波兰、罗马尼亚和匈牙利民族主义，国际保证毫无意义：如同其他少数民族一样，犹太人被本地人视为对完整的和不受拘束的国家自我表达构成了障碍。并且，由于犹太人在城市中产阶级特别是商业和自由职业中占有很高的比例，本地人在经济方面和社会方面对中产阶级身份和职业的渴求导致越来越多的犹太人被逐出了他们原先的行业。这种逐出通常是在国家施加的各种压力之下完成的。这一趋势造成了犹太人社群的日益贫困化，随着世界经济危机的扩散以及大部分国家移民大门的关闭，还形成了"冗余的犹太人口"（主要是在波兰）。当然，相比那些依然深深植根于农村经济和传统社会结构的国家（其中就有巴尔干诸国），在正经历着快速经济现代化的中东欧国家（波兰、罗马尼亚、匈牙利），犹太人以及他们与周边环境之间关系的这些负面蜕变表现得更为剧烈——这一区别实际上可以解释文化适应对反犹主义情绪所造成自相矛盾的影响。

尽管面临的困难与日俱增，东欧犹太人向西欧的移民在进入20世纪30年代以后还是持续进行着。由于根深蒂固的文化差异和社会差异，西欧犹太人与东欧犹太人彼此之间的隔阂越来越深。在东欧犹太人看来，西欧犹太人缺乏犹太性;而在西欧犹太人看来,尽管东欧犹太人的"本真的犹太生活"有一些理想化,但他们显然是"落后的"、"原始的",并且越来越成为尴尬和耻辱的罪魁祸首。

20世纪30年代东欧犹太人的移民主要加入法国、英国或荷兰的犹太社群。随着希特勒的上台,中欧的犹太难民也加入移民潮。首先是来自德国,然后是来自奥地利,最终在1938年以后,德国的所谓保护国波西米亚和摩拉维亚的犹太人也接踵而至。文化上的隔阂因经济地位的巨大差别而得到强化:在这些还没有从大萧条中恢复过来的国家里,新来的移民和难民通常缺乏谋生手段。另一方面,本地犹太人大部分属于中产阶级,甚至还有少数人属于大资本家,越来越频繁的通婚已经使他们更接近于彻底同化了。结果,在面对日益高涨的反犹主义时,整个西欧的当地犹太人正准备以牺牲他们初来乍到的"兄弟"的利益为代价来保全他们的地位。他们总是敦促那些移民转向到其他国家去。

不管西欧犹太人和东欧犹太人之间在战争前夜的隔阂程度有多深,犹太移民流和难民流无疑对西欧各国的反犹主义浪潮起到了推波助澜的作用。但是,正如我们将在以下章节看到,犹太移民——正如法国著名剧作家、战争初期的情报部长让·季洛杜在他臭名昭著的电影《绝对权力》中将那些新来的犹太人称为"阿什肯纳兹流民"那样——成为黑暗场景的一个投影。在最通常的意义上说来,西方世界的犹太人危机是自由社会的危机和整个西方反民主势力兴起的直接后果和表现。毫无疑问,纳粹的宣传已经找到其进行反犹主义谩骂的理想依据:犹太人是投机分子、财阀,从根本上来说是一伙为了一己私利和最终统治世界而想把欧洲国家拖入另一场世界冲突的战争贩子。

实际上,这个时期欧洲犹太人——不管他们居住在哪里,也不管某些个人的政治、经济或文化成就如何——并不具有任何重要的集体政治影响力。犹太人的这种无权无势状态并没有得到周围社会的认可,个体的成功经常被解释为犹太人企图破坏和主导周围社会集体行动的征兆。

比如说,德国犹太人在金融方面举足轻重,在政治上世故老到,一些成员还对主流社会的自由主义和左翼报刊施加着相当大的影响力,但是随着纳粹主义的兴起,他们与他们的天然政治盟友——自由主义者和社会民主党人一道被轻而易举地收拾了。在法国,作为犹太人的社会党人莱昂·勃鲁姆在1936年当选总理,反犹主义的激烈反应对犹太社群的存在所造成的影响远大于勃鲁姆短期任内对法国政府所造成的影响。在像英国和美国这样稳定的民主国家里,一些犹太人虽然有进入权力中心的通道,但因为意识到反犹主义在他们国家的兴起,同时因为他们所能够取得的成果非常有限,他们也不大愿意为了帮助欧洲大陆上正在遭受威胁的犹太社团而实施干预,在移民问题上尤其如此。

与他们的软弱无力相比,大多数欧洲犹太人在评估他们所面临的威胁时所表现出来的无能同样明显。从1933年1月开始,在希特勒上台的最初5年,尽管迫害和侮辱在日复一日、年复一年地升级,但却只有三分之一的德国犹太人移民境外。直到1838年11月9日和10日的大范围迫害(所谓的水晶之夜)期间,纳粹展开了大规模的暴力活动,犹太人的真正觉醒才姗姗来迟,产生了必须逃离的欲望。数以万计的犹太人在想方设法移民,然而对于其中的许多人来说,他们已经不可能获得签证或者凑足必要的逃生盘缠了。在1938年3月德奥合并之前,没有多少犹太人离开奥地利,也没有多少波希米亚犹太人和摩拉维亚犹太人在1939年3月德国人占领之前离开那里。尽管所有的警告信号都一清二楚,尽管有希特勒狂怒的反犹威胁和当地人敌对情绪的甚嚣尘上,东欧犹太人向外的缓慢移民并没有显著增长。在德国人大开杀戒之前,西欧的犹太人几乎就没有离开的。

回想起来,在面对迫在眉睫的危险时,这种明显的消极反应看似难以理解。虽然前面提到的犹太移民所面临的与日俱增的困难可以部分地解释这一现象,但是还有一个更深层的原因在临战前以及随后的数周和数月之内发挥着作用。在东欧,但主要是在西欧(除了德国之外),大多数犹太人完全误判了他们从与之共同对敌的本国政府和地方当局那里所能期望获得的支持。让我们回忆一下,在1939年9月的华沙,卡普兰和策尔尼亚科夫都是共同斗争的自豪参与者。

正如我们即将看到的,在西方,对形势的误判更为极端,主要是在西欧,"在文明的笛卡尔主义幽灵盘踞的世界里",犹太人相信抽象原则和普世价值的有效性。换言之,他们相信法治,哪怕是德国人的法治。法律为他们面对严酷的折磨以及规划每日的生活和长久的生存(换言之——未来)提供了稳定的框架。因而,犹太人并不知道"犹太人"已经被排除在自然关系和契约关系之外,德国犹太哲学家汉娜·阿伦特在她战时的论文"被遗弃的犹太人"中借用了弗朗兹·卡夫卡《城堡》中的一句话形容这种处境:"你不属于城堡,你不属于村庄,你什么都不是。"

尽管犹太复国主义正在随着德国和欧洲的反犹主义而日益壮大，但是在战争前夜的犹太人舞台上，犹太复国主义者依然只是相对的少数派。1939 年 5 月，在英国人、阿拉伯人和犹太复国主义者之间召开的圣詹姆斯会议失败后不久，伦敦发表了一份白皮书，将未来 5 年移民巴勒斯坦的人数限制在 7.5 万人，并且实际上终结了犹太复国主义者在以色列地购买土地的努力。自《贝尔福宣言》发表以来，犹太复国主义者距离自己的目标从未如此遥远过。

1939 年 8 月 16 日在日内瓦召开的第 21 届犹太复国主义者大会由于战争的迫近而被缩短会期。8 月 22 日，世界犹太复国主义组织主席哈伊姆·魏兹曼在对与会代表所做的总结演讲中用意第绪语简短地说道："黑暗笼罩着我们，我们无法看透阴云。我是怀着沉重的心情向大家道别的。……假如我们能够劫后余生，假如我们的工作能够继续下去，我希望是如此，谁知道呢——或许新的光芒将会从浓密的阴霾里射出，照到我们身上……或许我们会再次见面。我们必须在为了我们的土地和人民的共同努力中再次见面……有些事情不能不发生，而有些事情如果缺少了世界就无法想象。幸存的人要继续工作，继续战斗，继续活下去，直到更美好日子的黎明到来。我将在那一黎明到来时迎接你们。愿我们在和平中重逢。"

二

9 月 29 日，希特勒在与他最早期的同伙、纳粹党的理论家阿尔弗雷德·罗森堡的一次交谈中尝试性地概括了他对在东欧新征服的人口和领土的看法。这位纳粹党魁宣称："波兰人只有着薄薄的一层日耳曼血统，内里却是可怕的物质。而犹太人是我们所能想象的最令人毛骨悚然的民族。波兰的城镇充满了污垢。他(希特勒)在过去的这几周里领教了许多。……现在所需要的就是一种坚决而强硬的统治手腕。他想要把波兰这块土地分成三块：(1) 维斯瓦河与布格河之间：这里将容纳全部犹太人(包括第三帝国的犹太人)和其他所有不可靠的分子。要在维斯瓦河上建造一座无法跨越的高墙——甚至比西线(面向法国的齐格飞防线)还要坚固。(2) 沿着先前的边境建立一个广阔的缓冲地带，留待日后德意志化和殖民化。这将成为国家的一项主要任务：打造一座德国的粮仓，培育一个强壮的农民阶级，重新安置来自全世界各地的优秀德意志人。(3) 在这两者之间是某种形式的波兰人国家。至于几十年后殖民安置地的警戒线是否要进一步向东推进，那要留待将来决定。"

这个阶段的希特勒计划只涉及前波兰的一半领土,最远到维斯瓦河与布格河。苏联已经根据 1939 年 8 月 23 日苏德协定的秘密附加议定书的主要条款在 9 月 17 日入侵了波兰的东部。并且,德国人已经承认了苏联在巴尔干诸国、芬兰、保加利亚以及罗马尼亚两个省的"特殊利益"。对于双方来说,8 月签订的条约以及 9 月 27 日签订的进一步秘密协议都是策略性的举动。希特勒和斯大林都知道,武装对决最终必将到来。而在 1939 年的 9 月,没人知道纳粹的国家社会主义与布尔什维主义之间的"休战"能维持多久。

10 月 6 日,希特勒在国会大厦的庆功演说中提出了所谓的和平倡议,他在其中实实在在地谈到了德国边界和苏德分界线之间的重新划分问题。他的安置计划是基于民族的原则,解决国家中的少数民族问题,包括"在当下的情况下解决犹太人问题的努力"。

重建一个波兰国家被作为一种可能性提出。但此时英国和法国已经熟悉了希特勒的伎俩,"和平倡议"被拒绝。于是,建立某种形式的波兰主权国家的想法被抛得无影无踪,德国占领下的波兰遭到了进一步的瓜分。帝国吞并了沿着其东部边境的几个地区:这是一个由瓦尔塔河沿岸(瓦尔塔州①)、上西里西亚东部(最终成了上西里西亚州的一部分)、但泽和波兰走廊(但泽—西普鲁士州)以及东普鲁士的一小块向南延伸的土地构成的广阔区域。德国因而新增了 1600 万人口,其中大约有 750 万德意志人。根据一份建立一个自治的"残余波兰"的简要过渡计划,包括华沙市、克拉科夫市和卢布林市在内的剩余波兰领土变成了"总督辖区",管理着大约 1200 万人,由德国官员统治,处于德军的占领之下。总督辖区本身分为四个地区:华沙、拉多姆、克拉科夫和卢布林。加里西亚地区于德军入侵苏联之后的 1941 年 8 月并入总督辖区。

10 月 17 日,从和平倡议伎俩中脱身的纳粹党魁又回到了正题上。希特勒与一群军事将领以及党的高层人士举行了一次会议,在场的军官记录下了希特勒对在波兰要实现的目标发表的评论:"严酷的民族斗争不允许受到任何法律的约

---

① 最初被称为波森州,这一地区在 1940 年 1 月成为瓦尔塔州。居住着 50 万波兰人和 30 万犹太人的罗兹地区在 1939 年 11 月被并入波森州,纳粹设想将波兰人和犹太人迁移到总督辖区,以便德国人占据他们腾出的城市地区。

束。我们所要采取的手段将会与我们的原则相抵牾。……要防止波兰的知识分子成为领导群体……新旧领土上的犹太人、波兰人以及其他乌合之众都必须得到清除。"

这里的核心思想是"民族斗争",即族裔—种族之间的斗争。它不应该受到"司法约束"的限制,所要使用的手段将"与我们的原则相抵牾"。在这个基本点上,希特勒的政策与威廉帝国晚期所广泛采取的泛德意志扩张主义的目标相去甚远。"民族斗争"不仅仅意味着军事胜利和政治统治,其目标是毁灭敌人的民族—种族群体的生存力,换言之,它暗示了大规模的谋杀。为了德意志的种族优越性而对界定明确的群体实施谋杀成了合法的政策手段。在被占领的波兰,两个特定的群体成了打击目标:犹太人和"波兰精英"。在现阶段,谋杀犹太人是偶发事件,谋杀波兰精英则更为系统。

战前被纳粹收集到姓名的大约6万名波兰人按计划遭到了杀害,这场屠杀行动是在保障军队安全和被占领区安全指令的掩盖之下进行的。党卫军头目海因里希·希姆莱选择"坦能堡"作为这次恐怖行动的代号,这个代号使人想起了1914年德军在东普鲁士的坦能堡对俄军所取得的胜利,也代表了对15世纪早期条顿骑士团在同一地点所遭受的彻底失败的象征性报复。

当然,屠杀的原始命令来自希特勒。自1939年9月中旬以后一直担任党卫军帝国保安总局(缩写RSHA)首脑的莱恩哈德·海德里希在1940年7月写给他的党卫军同僚、秩序警察部队(缩写ORPO)首脑库尔特·达吕格的信中提到,在波兰战役即将展开之际,希特勒给了他一道"非常重要的命令……清除波兰领导层的各个派系,杀死的人可以以千计数"。国防军最高司令威廉·凯特尔将军对于这道命令也一清二楚。9月12日,他在给军事情报首脑威廉·卡纳里斯海军上将的信中写道:"(处决波兰精英的)事情已由元首做出决断,陆军司令已被告知。如果国防军拒绝参与,他们将受到来自党卫军和盖世太保方面的压力。因此,在每一个军区都需要任命文职指挥官去承担执行种族灭绝的责任。"(此处用铅笔加以补充:政治清洗。)

海德里希具体负责坦能堡行动,虽然还有几支党卫军"骷髅"部队在集中营总监西奥多·艾克的指挥下独立参与"反恐"行动。为了这一谋杀行动,海德里希从一开始就已经设立了五个"行动组"以及一个"肩负特殊目的行动组";最终有七个"行动组"涉及其中。一些基本的简要命令在即将发动攻击时就已经下达了。随着行动的开始,海德里希两次清楚地说明了行动的目标。"应当使大众的领导阶层变得无害,"他在 9 月 7 日对行动组的指挥官们如是说。在 9 月 27 日的另一次会议上,他宣称波兰的精英还剩有 3%,"应当使他们也变得无害"。有时候,特殊的谋杀行动需要柏林的授权。比如说,1939 年年底,党卫军旅长、哥尼斯堡保安警察司令奥托·拉什询问是否可以将东普鲁士佐尔道集中营里关押的波兰人——主要是学者、商人、教师和神甫就地清除而非驱逐流放,海德里希同意了。①

在战争初期,为了报复袭击德军的波兰平民,也为了报复谋杀当地德意志人的波兰凶手,就地处决是最通常的做法,比如说在比得哥煦就就地处决了当地的精英,不过,也会采用其他手段。1939 年 11 月 3 日,位于克拉科夫的亚格隆尼大学的 183 名教职人员被盖世太保召集起来逮捕并送往柏林附近的萨克森豪森集中营。几个月之后,年长的学者获释,年轻的学者被送往达豪集中营。那时候已经有 13 位被囚禁的学者死去,而获释者中没有一个是犹太人。②

三

"民族斗争"的胜利要通过对东欧非日耳曼民族实施无情的打击来获得,同时也要通过对日耳曼生存空间里所有种族群体实施同样残酷的清洗来获得。同样需要被根除的还包括精神病患者、吉卜赛人以及仍然属于德意志民族的其他各种"种族异己"分子,尽管他们中的许多人已经被运送到集中营里去了。

波美拉尼亚、东普鲁士以及瓦尔塔的波森地区的精神病院里数以千计的精神病患者在德国入侵波兰后不久就被消灭了。③根据希姆莱的命令,这些人遭到处决,为的是腾出他们居住的房屋作为党卫军士兵的住所和容纳伤员,或许也是为了重新安置从邻近东欧国家来的德意志人。

波美拉尼亚的病人被火车运往但泽—诺依施塔特,埃曼党卫军冲锋队(以

---

① 根据德国的学术常规,双博士意味着拉什不止有一个博士学位(他已经获得了法学和政治学的博士学位)。

② 根据博格丹·穆夏尔的说法,遇害者的数目是 3.95 万名波兰人和 7000 名犹太人,尽管我不同意穆夏尔以及其书中的一些投稿者的许多解释,但是某几篇论文所包含的细节还是有价值的。

③ 高兹·阿里估算这些遇难者的人数在 1 万到 1.5 万。

其首领库尔特·埃曼的名字命名)把他们带到树林中射杀。尸体被扔进先前由施图特霍夫集中营的囚犯挖掘的墓穴中。日复一日,一批接一批的遇难者,到午后的时候"工作"完成,除了遇难者的衣物之外,运送精神病患者的卡车空空如也地返回火车站。不久之后,挖掘墓穴的集中营囚犯也被干掉了。被库尔特·埃曼部队杀害的准确人数一直不为人知,不过,其在 1941 年 1 月的一份报告提到了三千多名遇难者。

有严重缺陷的新生婴儿在战前就已经成了清除的目标。"安乐死"行动(代号为 T4,实际上是该行动柏林总部地址的首字母缩写)按照希特勒的命令从 1939 年 10 月起开始秘密执行。该行动也延伸到成人人群。它是在"国社党元首办公室"(KdF)的直接授权之下,以菲利普·布勒为首开展起来的。布勒任命元首办公室二处的主管维克托·布拉克直接负责杀戮行动。由于 T4 行动计划,从战争开始到 1941 年 8 月种族灭绝制度的结构发生改变为止,大约有 7 万名精神病人被集合到 6 所精神病院中并遭到谋杀。

从 19 世纪末开始,优生学已经在鼓吹通过各种社会手段和医学手段改善人种以促进民族群体的生理健康。与在盎格鲁—撒克逊国家和斯堪的纳维亚国家一样,这样的理论和手段在德国也风靡一时。第一次世界大战结束之后,有一种观点在魏玛德国越来越流行,那就是,帝国的战争造成了种族生理的损耗,经济上的困难将促使扶植"积极的"优生手段的大规模社会政策的出台,也使得从民族生理蓄水池中清除病弱个体成为必需。这些观念在"斗争的年代"变成了纳粹的意识形态。

在登上总理宝座之初的几个月里,希特勒制定了一条新的法律,规定对患有遗传病的个人实施强制性绝育。是的,直至 1935 年 9 月,这位纳粹党魁还拒绝采取接下来"合乎逻辑"的一个步骤:谋杀那些"不配活下去"的个人。公众与教会在这一问题上的负面反应是可以预见的——希特勒还不准备冒这个风险。到了 1938 年年末,主要是在 1939 年,纳粹党魁在这一问题上前进的决心与日俱增——就像他对外侵略的决心一样,战争一开始,最后的授权就做出了;从绝育到直接集体清除的关键一步已经迈出。

在每一座由医疗机构改造而成的杀戮中心里,医生和警官都联手负责。清除是按照标准化的程序进行的:主治医师核对文件,给受害者拍照片,然后把他们送进充满一氧化碳气体的毒气室,让他们窒息而死。金牙被拔出,尸体被焚化。

杀死犹太病人是从 1940 年 6 月开始的,他们先前已经被遣送至数座专门关押犹太人的收容所。他们在没有办理任何手续的情况下就被杀害了,关于他们的医疗记录无人关心。尽管如此,他们的死还是被隐瞒了起来,以致德国犹太人委员会不得不一直为遇难者支付在一座子虚乌有的医院——卢布林附近的霍尔姆国家医院中住院的费用。1940 年 8 月,完全相同的信件从霍尔姆寄送到各个病人的家属手中,通知说他们的亲人在同一天突然死亡,死亡的原因未加说明。

四

正如我们在序言中所看到的那样,在希特勒的观念中,犹太人是一个最活跃的(并且最终是致命的)威胁。在波兰战役爆发之时,德国人对东方犹太人的第一反应就是厌恶和强烈的蔑视。9 月 10 日,希特勒巡视了基尔采的犹太区,他的首席新闻发言人奥托·迪特里赫在该年年底发行的一本宣传册里这样描述此行的印象:"如果说我们曾经自以为了解犹太人,那么在这里我们很快就得到了教训。……这些人的样子简直难以想象。……生理上的厌恶阻止了我们进行新闻调查。……波兰犹太人决不穷,但他们却生活在如此不可思议的污垢之中。在德国,没有哪个流浪汉会愿意在这样的棚屋里过夜。"

10 月 7 日,宣传部部长戈培尔在谈到希特勒对波兰之行印象的描述时补充道:"犹太问题将会成为最难解决的问题。这些犹太人不再是人类。(他们是)拥有冷酷、智能的掠食动物,必须进行无害化处理。"11 月 2 日,戈培尔向希特勒报告了他本人的波兰之行。"首先,"戈培尔在他的日记中记录道,"我对犹太问题的描述获得了他(希特勒)的充分肯定。犹太人是一种废物。与其说犹太问题是一个社会问题,毋宁说是一个医学问题。"

在纳粹的术语中,"无害化处理"的意思就是杀戮。虽然到 1939 年的秋天还没有这一具体计划,但是对犹太人实施谋杀的想法显然正在酝酿之中。不过,最残酷的方式未必会得到全体纳粹精英的支持:弗里克(内政部部长)报告了波兰的犹太人问题,"戈培尔在 11 月 8 日记录道,"他赞成用温和一些的方式。我和莱伊(指罗伯特·莱伊,劳工部部长兼德国劳动阵线首脑)都表示反对。"从其职业生涯开始起,希特勒对犹太问题的思考就不时地进入更玄虚的领域:"我们再次谈到了宗教议题,"戈培尔在 12 月 9 日记录道,"元首在宗教方面造诣极深,但却是完全反对基督教的。他把基督教看作是一种衰落症。确实如此。它是犹太种族的沉淀物，从宗教礼仪的相似性也可以看出这一点。两者都与动物无关，这将最终毁灭他们。"

虽然希特勒在与戈培尔、罗森堡以及其他党内部下的交谈中不断抛出反犹主义的高谈阔论，但他在战争开始的那几个月的时间里唯一一次公开的反犹怒火发作却是在英法卷入冲突的那一天。9月3日下午，德国电台广播了阿道夫·希特勒的四条宣言：第一条是致德国人民的，第二条和第三条是致东线和西线的武装部队的，最后和最重要的一条是致国家社会党的。这位纳粹首脑在第一条宣言中猛烈抨击了那些挑起这次战争的人，需要对此负责的不是英国人民，而是"那些企图将地球上各民族都变成其忠顺奴仆的犹太财阀和民主主义统治阶级"。在致德国人民的宣言中，对"犹太财阀"的攻击出现在演讲的中段，而在致全党的宣言中，开头就说道："我们的犹太—民主世界的敌人已经成功地把英国拖进了对德国的战争之中。"真正的"世界敌人"再一次被清楚地指认出来，纳粹党和国家必须出去行动。"这个时候，"希特勒带着威胁的口吻警告说，"那些妄图暗中破坏共同事业的人将被毫不留情地彻底消灭。"

这些可怕的威胁是纳粹即将采取下一步措施的信号，还仅仅是仪式化情绪的发作，是一个有待进一步探讨的问题。希特勒在公开场合的持续克制是出于一些明显的政治原因（首先是希望与法国和英国达成协议，随后是希望单独与英国达成协议）。无论是在1939年11月8日致纳粹党"老战士"的年度讲演中还是在同一天晚上刺杀希特勒的未遂企图之后发表的官方声明中，都没有提及犹太人。

在1940年向全党发出的新年致辞中，希特勒仅仅暗示说绝不能忘了犹太人："与反动势力相勾结的犹太—国际资本主义挑唆民主国家反对德国。"这个"犹太—资本主义世界的敌人"只有一个目标，那就是"摧毁德国人民"。不过，希特勒宣称："犹太资本主义世界撑不过20世纪。"在1月30日举行的纪念纳粹党上台的年度演讲中，这种克制甚至更为明显。在此前一年的同样场合，希特勒就已经宣称，一场世界大战将导致欧洲犹太人的灭绝；此后一年的1941年1月30日，他又重申了他的威胁。而在1940年1月30日，犹太人却根本未曾被提及。

也许一个同样重要的事实是,1940年2月24日,在纪念纳粹党纲("犹太问题"在其中已经被放大)发表20周年的演说中,希特勒只有一次特别提到犹太人。他曾对在慕尼黑啤酒馆集会的党员说,当犹太人辱骂他的时候,他感到荣幸之至。他在同一场演讲中进一步含沙射影地提到了这个众所周知的民族,他说这个民族在过去八年里一直在他们之中生活,没有哪个德国人听得懂这群人的行话,没有哪个德国人能够忍受这些人的存在,这个民族只知道如何撒谎。即使是最愚钝的党员也明白希特勒指的是谁,但是与这位纳粹党魁一向的修辞习惯迥然不同的是,"犹太人"一词却未被提及。

五

尽管在这个阶段纳粹大部分的反犹宣传针对的是德国公众,但是戈培尔从未忘记其在帝国边界以外(主要是在德国的敌对国家)的潜在影响。通过无休止地重复这场战争是一场"犹太人的战争",是犹太人为了自身的利益和统治世界终极目的而策划和挑起的一场战争,戈培尔希望能削弱敌人的抵抗决心并逐渐促使其与德国达成协议。

11月2日,就在这位宣传部部长向希特勒报告其波兰之行并将犹太人描绘为"废物"、"与其说是一个社会问题,毋宁说是一个医学问题"的那次交谈中,两人均认为,针对外部世界的反犹宣传应当得到实质性的加强。这位宣传部部长记录道:"我们思考了是否应当在我们的对法宣传中强调犹太复国主义议定书【原文如此】(《锡安贤士议定书》)。"在整个战争期间,主要是在战争末期,《议定书》一词反复出现在戈培尔的计划之中。他不止一次地与元首讨论这一问题。偶尔地,纳粹犹太神话的双重性和自相矛盾之处会在下面这一情况下突出地显示出来:一方面,犹太人是"废物"和"医学问题";另一方面,雅利安人却面临着犹太人统治世界的危险……

就在战争开始之后,戈培尔下令拍摄三部重要的反犹电影:《罗思柴尔德家族》、《犹太人苏思》和《永恒的犹太人》。《罗思柴尔德家族》项目是由环球电影股份公司(UFA)电影制片厂董事会于1939年9月向这位宣传部部长提交的,他批准了这部电影的拍摄。《永恒的犹太人》是戈培尔自己的主意,在1939年10月到1940年9月之间,它成了耗资最为巨大的反犹宣传项目。10月,宣传部电影处的头目弗里茨·希普勒受命制作这部电影;11月,法伊特·哈兰被选中担任《犹太人苏思》的导演。

这三部纳粹电影拍摄项目有着一段奇特的前史。所有这三部电影的主题——实际上连同它们的片名或许都是戈培尔选定的,为的是提供英国和美国在1933年和1934年制作同名电影的暴虐反犹版本,因为原先那三部电影中的每一部传达的信息都是指责历史上对犹太人的迫害。20世纪30年代初的这三部电影中的犹太人当然都是以高度正面的形象呈现出来的。《罗思柴尔德家族》是20世纪福克斯电影公司于1933年制作的;《永恒的犹太人》1934年出自高蒙—特威肯汉姆电影制片厂;同年高蒙—英国公司起用流亡的德国演员康拉德·法伊特为主角(法伊特已于1933年离开德国,其妻子有一半犹太血统)拍摄了《犹太人苏思》。《罗思柴尔德家族》和《犹太人苏思》在美国、英国和若干个欧洲国家都获得了相对的成功。不用说,这两部电影在德国都遭到了禁映。《犹太人苏思》在维也纳短期放映之后也遭到了奥地利当局的禁映。《犹太人苏思》在英国得到的基本上是积极的评价,尽管它也招致一些激烈的反犹主义文章的发表。如《笨拙》警告蒂佛里剧院(电影在此剧院首映):"它自身必须开始雅利安化,否则将被世人当作希伯来名人聚集的巢穴……受蒂佛里集体迫害——我指的是在电影中的影响——出现一些非犹太化变化并非不受欢迎。"我会在稍后回到戈培尔的《犹太人苏思》上。

在1934年的英国版中,《永恒的犹太人》谴责了宗教裁判所时期对犹太人的迫害。大约与此同时,为了1937年秋季开幕的慕尼黑反犹展览(同样以"永恒的犹太人"为主题),制作的同名电影由沃尔特·伯切尔剪辑完成。这是第一部纳粹版的电影。与这部纳粹党的电影没有任何关系的戈培尔并不喜欢这部电影。他甚至在1937年11月5日提到,这部电影违背了他的指示。而1937年取名为《摘下面具的犹太人》的电影所使用的表现方式则更符合戈培尔的旨趣:犹太人"外在表现出来"的形象与他们"真实"的形象是吻合的。

《永恒的犹太人》的第二个来源是拍摄于波兰的一部反犹主义纪录片的素材,其拍摄日期差不多就在波兰战役结束后的数日。戈培尔在10月6日记录道:"同希特勒和陶伯特讨论了一部隔都电影;影片的素材目前正在波兰拍摄。它将成为第一流的宣传电影。……它必须在三至四星期之内完成。"戈培尔并不知道,这部经典反犹电影的发行还要等上一年。

1939年年底到1940年年初,这位部长始终专注这部"犹太电影"——他就是这样称呼《永恒的犹太人》的。10月16日，他向希特勒提到了这部电影，后者"显示出了极大的兴趣"。第二天，他在日记里又回顾这个话题："电影尝试使用了……从隔都拍摄的镜头。这是前所未有的。其细节的描绘是如此恐怖和残酷，令人为之窒息。如此之多的野蛮行为使观者毛骨悚然。这些犹太人必须被根除。"10月24日的日记写道："元首审看了我们的犹太电影。来自犹太会堂的影像意义非同寻常。为了制作一部最杰出的宣传作品，我们一直在为这部电影而忙碌。"10月28日的日记写道："审看我们的犹太电影。令人震撼。这部电影将成为我们重拳出击的力作。"

11月2日，戈培尔飞抵波兰，首站是罗兹："我们视察了整个隔都。我们下车对那里的一切进行了仔细观察。简直无法形容。住在那里的不能再算是人，是动物。因此，需要的不是一次人道主义的任务，而是一次外科手术。必须以激进的手段在这里实施切除。否则，欧洲必将亡于犹太疾病。"11月19日："我向元首报告了我们的犹太电影的有关情况。他提出了一些建议。"这事一直持续到1939年年底。

"犹太会堂的影像"已经在罗兹的威尔克尔犹太会堂拍摄完毕。德国人集结了会众，命令他们披戴祈祷披肩和经匣上演全程的祈祷仪式。西蒙·胡伯班德后来记录下了此次事件的所有细节。这些资料就保存在华沙的地下历史档案馆中（我们将在后面提到）。"来了一大批高级军衔的德国军官，"胡伯班德记录道，"他们拍摄了宗教仪式的全部过程，用电影的形式使之永存！！"之后，德国人命令他们取出《托拉》经卷并诵读上面的内容："从各个不同的角度对《托拉》经卷进行拍摄——盖着经卷套的《托拉》经卷，系着和解开带子的《托拉》经卷，展开和卷起的《托拉》经卷。《托拉》诵读者、一位睿智的犹太人，在开始诵读之前用希伯来语说：'今天是星期二。'这意味着告诉子孙后代，他们诵读《托拉》是迫于无奈，因为通常《托拉》不在星期二诵读。"

德国人在犹太人屠宰场重复了他们的拍摄行动："头戴无檐圆顶帽、身着饰带从事可食肉的屠夫遵命屠宰了数头牲畜，念诵祝祷词，他们一边闭着眼睛一边以宗教的热情摇晃着身体。按要求他们检查牲畜的肺部，割除连接肺部的网状物。"在接下来的日子里，德国人焚毁了一座又一座犹太会堂，宣称这是波兰人对犹太人毁坏波兰民族英雄与抗俄自由斗士科什乌兹科纪念碑的报复行动。

影片《永恒的犹太人》迟迟未完成并不意味着德国民众需要等待有关"犹太

人"的视觉资料。自波兰战役开始以来，国防军宣传处就已经着手为环球电影公司每周的新闻影片拍摄犹太人。该处属国防军最高统帅部管辖，但经常由纳粹宣传部选派人员。10月2日，国防军宣传处收到了来自戈培尔宣传部的紧急指令："当务之急是拍摄能展现形形色色犹太人的电影镜头。我们比以往任何时候都更加需要来自华沙和其他占领地区的资料。我们需要犹太人工作的镜头和形象，这些素材将用来加强我们在国内外的反犹宣传。"早在9月14日，然后分别在10月4日和10月18日，有关犹太人的电影镜头已经出现在新闻影片之中。其中的一些素材后来用到《永恒的犹太人》中。

对报刊的指示基本上都处于戈培尔的控制之下，尽管也有一些来自罗森堡和帝国新闻主管奥托·迪特里赫的竞争。作为戈培尔宣传部的一位国务秘书，迪特里赫还任希特勒的新闻官员和帝国委员（该头衔在纳粹党内的地位相当于"部长"），因此他既是戈培尔的部下又与戈培尔平级。1940年1月，迪特里赫向他的下属发出了绝密指示。"可以说，"他抱怨道，"还很少有新闻媒体懂得如何在他们每天的报道工作中突出强调元首新年致辞传达的'誓言'（主旋律），即致力于这场在资本主义民主国家中反对犹太反动战争贩子的战斗。反犹主题是日常新闻素材的一部分，要清楚地揭露那些妄图通过这场战争趁火打劫的金融寡头民主派的社会反动性。……新闻编辑们唯有强调犹太 — 资本主义的主题，并对这一主题给予最密切的关注，才能实现这一必要的长期宣传效果。"[①]

宣传部的指导方针有时会申斥新闻报刊不尊重行业的最基本规则：努力核实所有细节以确保最大限度地接近事件的真相。（当然，如此的训诫无意中造成了新闻媒体拙劣地假装发现了事实，这在另一情况下看是十分可笑的。）因此，1940年1月9日的第53号指示对《民族观察报》把主要篇幅用来报道英国政治家犹太血统的做法表示"痛惜"："所提供细节的大部分是虚假的。称（犹太人）霍尔—贝利沙和（犹太人）菲利普·沙逊爵士在被解职之后依然是军事工业首脑的说法是不实的。沙逊已经去世，达夫·库珀的妻子不是犹太人，《民族观察报》对此报道不实。她是苏格兰贵族中所能找到的最纯正的雅利安人。称达拉第夫人为犹太人的说法也不实，因为达拉第长期以来一直是寡居。宣传部也许得发布有关某

---

① 在引述纽伦堡审判文件的原始译本时，我基本上保持其原貌，尽管其中一些翻译的质量非常糟糕。

些英国政治家犹太血统的新材料了。"而《民族观察报》的主编正好是戈培尔的主要对手阿尔弗雷德·罗森堡。

实际上,不管希特勒本人在战争初始阶段保持克制的权宜动机是什么,"犹太人"在大量的出版物、演说、训令和禁令中无所不在,以至于渗透进了德国人的日常生活。每一位现任纳粹党领导人都以自己的方式处理"犹太问题",任何一位这样的领导人都有广泛的支持者,他们就是这些长篇攻击性演说的自愿或被迫的受众。以罗伯特·莱伊为例,数以百万计的工人以及在培训中心接受培训纳粹党的未来干部都接受了他的演讲和出版物。从1934年起,他就建立并控制了这些培训中心。因此,当莱伊在1940年出版《我们的社会主义:世界的仇恨》一书时,他的声音在许多德国人的头脑中引起了共鸣。用他的传记作者的话来说,在他看来,富豪阶层就是"犹太敌人的一条触须",犹太富豪的统治就是"控制金钱和财富,压迫并奴役人民,违背一切自然价值,排斥理性和洞察力,宣扬迷信的神秘黑暗性……以及人的荒淫野蛮的卑劣"。这一恶与国家社会主义"民族共同体"善之间不存在任何共同之处:在这两个世界之间"没有妥协与和解。赞成其中一方就必须憎恨另一方,支持其中一方就必须摧毁另一方"。

然而,有时候又必须避免反犹煽动导致的"逻辑"后果超出一定的限制,因为某些措施可能会在民众中造成负面反应。因此,戈培尔、罗森堡以及他们的元首在1940年3月6日得出共同结论,认为不应当禁止教会举行某些礼拜仪式,哪怕这些仪式赞扬了犹太人:"我们现在还不能在此类事上走得太远。"比如在德累斯顿,锡安教堂——其周边地区也因之得名"锡安区",在整个战争期间都没有更名。

六

截至1939年9月底,落到德国人手中的大约220万波兰犹太人中只有极少一部分属于资产阶级。不管是生活在城市还是小城镇,绝大多数犹太人都是属于中下阶层的小业主和工匠。如前所说,由于持续的经济危机和周边与日俱增的敌对情绪,他们正变得越来越贫困化。比如说,在20世纪30年代初的罗兹,70%的犹太劳动阶层家庭(平均每户5人至8人)生活在单人房之中。这些单人房中的20%是在阁楼上或是在地下室,有一部分既是生产间又是生活间。华沙、维尔纳和比亚维斯托克的犹太人也并不比罗兹的犹太人好到哪里去。1934年,波兰犹太人中超过四分之一的人需要救济，这一比重在 30 年代末一直呈上升趋势。用埃兹拉·门德尔松的话来说，战争前夜的波兰犹太人"是一个无望扭转其经济快速衰退的贫困社群"。

我们来回想一下，这一群体中的相当一部分人（尽管正在减少中）在文化——包括语言(希伯来语或意第绪语)和各种程度的宗教活动上依然保持着犹太人的自我意识。[①]在两次世界大战之间，犹太人的文化分离倾向——这一点与生活在新生波兰国家的其他少数族裔并无二致——加剧了本地人业已根深蒂固的反犹主义。这种敌视的态度受到传统天主教反犹主义的滋润，并且受到越来越强烈的经济驱动，波兰人试图将犹太人逐出他们的行业和职业。与此同时，敌视的态度还产生于一个子虚乌有的说法，即犹太人一直从事着违背波兰民族追求和权利的颠覆活动。[②]

在这个狂热的天主教国家，教会所扮演的角色是决定性的。一份对两次世界大战之间天主教报刊的研究报告开宗明义地说道："所有的天主教新闻记者都一致认同……确实存在'犹太问题'，波兰的犹太少数族裔对波兰民族认同以及波兰国家的独立构成了威胁。"发表在天主教报刊上的文章表达了一种普遍隐喻的恐惧：平息波兰人与犹太人之间冲突的一切努力都是不现实的。甚至有人建议放弃承认犹太人与波兰人有平等公民权的现有政策。天主教报刊警告说不可对这一局面掉以轻心："波兰的土地上不能有两个主人，特别是在犹太人社群造成了波兰人的堕落，抢夺了波兰人的工作与收入，并且正在破坏波兰民族文化的情况下。"这样一种理论前提一旦被接受，唯一的分歧点是在反犹斗争中该采用何种方式。虽然有一部分天主教报刊(以及教士阶层)鼓吹与"犹太思想"而非作为人群的犹太人进行斗争，但是其他的报刊和教士却走得更远，他们宣扬"自卫"，哪怕造成犹太生命的损失也在所不惜。

新闻界的煽动正是教会教士集团在两次世界大战之间(以及之前)态度的集

---

① 波兰犹太人文化自治最重要的指标之一可以在教育统计中发现。在小学阶段，大量的犹太儿童仍然在参加传统的犹太儿童宗教学校，几乎有 20% 的犹太小学生进入了意第绪语或希伯来语学校；大约有 50% 的犹太中学生进入了意第绪语或希伯来语学校，在职业学校的学生中，这个比例达到 60%。

② 犹太历史学家和波兰历史学家各自对大屠杀前波兰人的反犹主义和犹太人的反波兰态度的针锋相对的阐释并未随着时间的推移而有所缓和。

中反映。即便有人不认为最极端的反犹抨击来自波兰的教士阶层,其中某些神甫——比如说斯坦尼斯拉夫·切恰克神甫的声音已经具有足够威胁性了。正因如此,在 1920 年,也就是波苏战争期间,一群波兰主教就犹太人在此次战争中扮演的角色发表了如下声明:"这个掌握着布尔什维主义领导权的种族在过去已经用金钱和银行征服了世界,而如今,在血管中涌动的无休止的帝国主义贪婪欲的驱使下,这个种族又妄图最终征服处于其统治枷锁之下的各民族。"

在 1936 年 2 月 29 日发出的一封致教区居民的公开信中,天主教会在波兰的最高权威、枢机主教奥古斯特·赫隆德试图制止与日俱增的反犹暴力浪潮:"确实,"这位枢机主教说道,"犹太人正在发动反对天主教会的战争,他们沉浸在自由思想之中,构成了无神论、布尔什维克运动和革命活动的先锋力量。确实,犹太人对道德造成了败坏的影响,他们的出版物中充满了淫秽。没错,犹太人弄虚作假、放高利贷和卖淫嫖娼。……但我们要公平对待,并非每一个犹太人都是如此。……我们可以更加爱国,但不可以仇恨任何人,包括犹太人在内。……我们应当拒斥犹太人对道德的有害影响,远离他们的反基督教文化,特别是要抵制犹太报刊和犹太出版物,但是,绝不该袭击、殴打、伤害或辱骂犹太人。"

波兰最极端、最暴力的反犹政治组织民族民主党第一个主张将犹太人排斥在波兰的政治、文化和经济生活之外。该组织成立于 19 世纪 90 年代,其创立者罗曼·德莫夫斯基直到 20 世纪 30 年代末仍然领导该党。该组织否认同化犹太人的可能性(声称这种同化并非真正的同化或"深度"的同化),将犹太人与共产主义视为一体(造出了犹太共产主义)一词,最后还认为,犹太人大规模移出或者被逐出波兰是解决犹太问题的唯一方案。

除了"一战"刚结束时期爆发的大规模集体迫害之外,20 世纪 20 年代波兰的反犹袭击行动一直处于战后民主政府以及其后的约瑟夫·毕苏斯基元帅独裁政权的控制之下。①但是,毕苏斯基死后,主要是自 1936 年以后,反犹攻击行动在波兰各地不断高涨。普遍的肢体暴力、经济抵制、大学里的无数冲突以及教会的煽动都得到了右翼政府的鼓励。因此,"二战"爆发时,早已经深受周边敌对行为伤害的欧洲最大犹太人社群落入了纳粹的天罗地网。

---

① 例如,波兰政府在 1929 年强力干预了在利沃夫发生的因虚构犹太人亵渎天主教仪式事件而引发的反犹主义暴乱。

以总指挥乌多·冯·沃伊尔施率领的"特殊目的行动队"为主的党卫军第一、第四、第五特别行动队负责对犹太人实施恐怖统治。与专门针对波兰精英的行动不同,纳粹针对犹太人发动的肆意谋杀和摧毁行动并不以清算犹太人中的某个特殊群体作为系统目标,而是显示出了纳粹对犹太人整体的仇恨,以及通过展示暴力,迫使犹太人离开那些即将并入帝国的地区,比如东部的上西里西亚。更普遍的情况是,特别行动队也许已经接到了指示,要他们将尽可能多的犹太人驱赶到即将成为苏联占领区的桑河以东地区。

沃伊尔施的人马是由帝国保安部 (SD) 特别行动队和秩序警察部队的精锐混编而成的。在桑河附近的迪诺夫,隶属这一群体的秩序警察特遣队在当地犹太会堂中烧死了十来名犹太人,而后又在附近的森林中射杀了另外 60 名犹太人。这样的谋杀行动在几个邻近的村庄和城镇不断重复着 (9 月 19 日,有 100 多名犹太人在普热科帕纳被杀)。到 9 月 20 日为止,这个小分队已经谋杀了 500 至 600 名犹太人。

对于国防军来说,沃伊尔施已经逾越了一切可以容忍的限度。第十四军的指挥官要求撤回特别行动队。盖世太保总部出人意料地立即同意了这一要求。9 月 22 日,特别行动队被拉回到卡托维兹。沃伊尔施案例是极端的个案,更为普遍的情况是,国防军和党卫军之间的紧张关系并不会导致像这样针对党卫军的措施出台,军方最多只会抱怨海德里希的部下缺乏纪律:"一支全副武装的党卫军炮兵小分队把犹太人赶进一座教堂并且屠杀了他们,"总参谋部的弗朗茨·哈尔德将军在他的工作日记中记录道,"军事法庭判处他们入狱一年。库赫勒 (第三军和第十八军总司令格奥尔格·冯·库赫勒将军) 尚未批准这一判决,因为他们理应被处以更严厉的惩罚。"10 月 10 日,他再次记录道:"屠杀犹太人——纪律!"

国防军或许把屠杀犹太人视为某种需要以军纪约束的行动,但是国防军的士兵们和党卫军的人员都以折磨犹太人为乐事。他们的目标受害者是正统派犹太人,这是由于他们外貌和服饰与众不同。他们被射杀;他们被逼迫往彼此身上涂抹粪便;他们被逼迫跳、爬、唱、用祈祷披巾擦洗粪便、在燃烧《托拉》经卷的篝火周围跳舞。他们被鞭笞,被逼着吃猪肉,或者在前额刻上大卫星标志。"胡须游戏"是最受欢迎的娱乐:胡须和鬓角遭到剪割、扯拽、点火,有时连皮带肉地被割下,为的是取悦大群欢呼雀跃的围观士兵。在 1939 年的赎罪日,军队中的这种娱乐活动尤为活跃。

一部分入侵部队已经被深深的意识形态化，甚至在战争的初始阶段就是如此。在陆军总司令沃尔特·冯·布劳希奇将军发布的一份"波兰被占领地区德国士兵行动准则的传单"中，士兵们被告诫要注意"所有'非德意志族裔'平民""内心深处的敌意"。此外，布劳希奇的"传单"进一步宣称："对于帝国的士兵来说，无须特别提及对犹太人的行动规范。"因而，正是基于这样一种受到认可的思想，一位士兵在他的日记中写道："我们在这里认识到了以激进方式解决犹太问题的必要性。我们在这里看到了人形的禽兽所占住的房屋。他们的胡须和长衫以及他们那魔鬼般的脸庞给我们留下了可憎的印象。任何一个尚未成为激进反犹主义者的人到了这里都必将变成这样的人。"

和他们的元首一样，士兵和军官普遍怀着极大的厌恶和憎恨看待犹太人："当你看到这些人的时候，"列兵 FP 在 9 月 21 日的一封写给妻子的信中说道，"你不敢相信 20 世纪竟然还存在这样的人。犹太人想要吻我们的手，但是——我们掏出了手枪，只听到一声'上帝救救我'——他们撒腿就跑了。"回到维也纳的下士 JE 在写于 12 月 30 日的信中记录下了他从战役中得出的印象："说到犹太人——我很少看到如此不堪的人在四下走动。他们衣衫褴褛、肮脏龌龊、满身油污。在我们看来，他们就像害虫一样。他们猥琐的外貌、狡诈的提问和行为方式经常导致我们拔出手枪……以提醒他们要识时务。"这样的印象和反应在士兵中司空见惯，这种出自内心的仇恨距离暴行和谋杀只有一步之遥。

然而，劫掠行动并不需要任何意识形态的激情："他们上午 11 点来敲门，"谢拉考维克在 10 月 22 日记录道，"……一名德国军官、两名警察和督察走了进来。那位军官问有多少人住在公寓里，察看了床铺，询问有没有臭虫的事，还问我们是否有收音机。他没有发现任何值得带走的东西，最后悻悻地离开了。在隔壁人家(他们自然只去犹太人的家里)，他们带走了收音机、床垫、羊毛围巾、地毯等。他们还带走了戈拉宾斯基唯一的一条羽绒被。"

扎莫希奇附近的斯雷布里斯文镇医院的院长波兰人齐格蒙德·克卢克夫斯基医生在 1939 年 10 月 13 日的日记中记录道："德国人张贴出了一些新的规定。我在此仅举几条：'所有年龄在 15 岁到 60 岁之间信仰犹太教的男子必须带上扫帚、铁铲和水桶于 10 月 14 日早晨 8 点到市政厅报到。他们要清扫街道。'"第二天他又补充道："德国人正在残酷地对待犹太人。他们剪掉犹太人的胡须；有时候直接拔掉他们的头发。"德国人在 15 日更是变本加厉，但此时已经有了略微不同的想法："目前担任本城长官的一名德国少校告诉新'警察'（一支由德国人组织起来的辅助性波兰警察分队），要容忍所有针对犹太人的暴力行为，因为这与德国反犹政策一致，这些暴力行为都是来自上峰的命令。德国人一直找新的活让犹太人做。他们命令犹太人在干活前必须做半小时令人精疲力竭的体能运动，这可能是致命的，尤其是对年长者而言。犹太人在前往指定干活地点时，必须大声高唱波兰民族歌曲。"在接下来的一天，克卢克夫斯基开门见山地记录了一切："对犹太人的迫害正在加剧。德国人无缘无故地殴打犹太人，有时只是为了取乐。几个臀部被打得皮开肉绽的犹太人被送到医院来。我只能做一些简单处理，因为医院已经接到指示，不得接收犹太人。"（当然，其他各地都在发生同样的事情。）谢拉考维克在 12 月 3 日写道："今天下午我外出了一会儿，拜访了埃拉·瓦尔德曼。就像所有的犹太人一样，她已经被赶出了学校。他们还在城市的街道上无情地殴打犹太人。通常，他们会对路过的犹太人上去就扇耳光、拳打脚踢、吐唾沫，诸如此类。"写到这里，这位年轻的日记作者又提出了一个令人困惑的问题："这是否说明德国人的末日或许很快就要来临了呢？"

国防军如此暴虐的行为显示出了德军在战争开始之初的态度和行动与进攻苏联之后的杀戮行为之间存在着某种程度的连续性。不过，在波兰战役期间，对于军方最高层来说，依然可以用传统的军规军纪，以及在某些情况下，用道德的自律来冲抵希特勒的训令。因此，东线总指挥约翰内斯·布拉什科维茨将军曾直接向希特勒表达了抗议。布拉什科维茨被海德里希部下的行为和军队的暴行震惊了。他在 1940 年 2 月 6 日写道："目前正在发生的屠杀数万名犹太人和波兰人的行动完全是受了误导；这种方式既不能铲除波兰民族主义，也不能将犹太人从民众中清除。"希特勒对这种抱怨置若罔闻。到 10 月中旬为止，国防军已经被剥夺了其在波兰占领区的民事管辖权。

海德里希已经发现了国防军内部正在发生的变化。在前面提及他于 1940 年 7 月写给达吕格的信中，他暗示了自己与"军队上层指挥官"之间的棘手之处，但另一方面又表示说"与军队下级之间的合作，以及在许多情况下军队本身不同军官的合作，在总体上是良好的"。他补充道："如果要比较陆军和党卫军所犯下的身体伤害、劫掠事件和野蛮暴行的数量，党卫军和警察的表现看上去并不太糟。"

七

1939 年 9 月 21 日，海德里希已经向特别行动队的指挥官发布了如下的指导方针：他们的任务包括：(1)"为了实现终极目标"，围捕并关押铁路沿线城市大型犹太社区的犹太人；(2)在每一个犹太社区中建立犹太人委员会，作为德国当局与犹太民众之间的行政联系纽带；(3)在一切与犹太人有关的事务中实现军事指挥与民事管理的合作。

这个语境下的"终极目标"或许指的是按照此刻希特勒的模糊指示，将瓦尔塔州 (Warthegau) 以及先前波兰中西部的犹太人驱逐到位于总督辖区最东部的卢布林地区。几天以后，即 9 月 27 日，在帝国中央保安总局的首脑与特别行动队的头目举行的一次会议上，海德里希又补充了一条此前尚未被提出的目标：元首已经授权将犹太人驱赶到 (德占波兰与苏占波兰) 军事分界线以东。这样的授权意味着德国人在这个早期阶段并没有明确的计划。他们针对前波兰领土上犹太人的政策看上去与他们在战前 (主要是 1938 年以后) 针对帝国内犹太人已采取的措施是一脉相承的——当然，德国人如今施加了更多的暴力：甄别、隔离、剥夺、关押、移民或驱逐 (就波兰犹太人而言，直到 1940 年年初移民海外还是被允许的)。

正是在这个语境下，海德里希 9 月 29 日到达吕格的一封信的含义似乎与此前几天提及的"终极目标"的含义一样扑朔迷离。"最终，"海德里希写道，"正如你已经知道的那样，犹太问题将以特殊的方式加以解决。"

然而，到了这个时候，一个新的因素已经成为这一画面的一部分，并且极大地影响了德国人对犹太人和波兰人采取的措施 (在并入帝国地区尤其如此)：来自东欧和东南欧的德意志血统人的大规模聚集。犹太人和波兰人将被驱逐，德意志人将迁入这些地方。10 月 17 日，希姆莱被任命为管理这些人口迁移工作的新办事机构——"巩固德意志民族委员会" (RKFDV) 的首脑。

1939 年 9 月之后开始的这一东欧人口的民族 — 种族大清洗只不过是纳粹在战前已经发动的将奥地利、苏台德、默默尔、但泽等地德意志人的"家园并入帝国"行动的又一个步骤而已。在纳粹的幻觉中，只要新的政治形势和军事形势许可，1939 年年底所规划的清洗将最终使日耳曼人在更遥远广阔的东方实现全新的殖民。

近年来，许多历史学家已经发现这些计划与"最终解决"的发端存在着某种联系。不过,我们应当进一步看到,这些行动显然是有区别的,是产生于不同的动机和计划。虽然如此,在 1939 年到 1942 年之间,希姆莱的人口迁移还是直接导致了数十万波兰人和犹太人,主要是从瓦尔塔州,被驱赶和流放到总督辖区。

    德国的东方计划并非肇始于学术研究,但是德国学术界却自告奋勇地为激发德意志民族扩张的新远景提供历史证明和专业建议。事实上,这一扩张计划中的部分就是 20 世纪 20 年代末以来一直进行的"东方研究"的一部分。换言之,这个"东方研究"是一个重大的民族主义项目,虽然这个学科越来越与纳粹有染,但却是自发地在学术上支持德国的扩张计划,并且最终提出了各种实际建议。在证明这一计划的历史合法性方面,哥尼斯堡大学的一位犹太学者、历史学家汉斯·罗特费尔斯扮演了一个具有特殊影响力的角色。当然,他提出的民族主义并没有保护他在 20 世纪 30 年代免于被开除和被迫移民海外的命运。①

    罗特费尔斯的两位学生,已声名显赫的沃纳·康策和他的同僚特奥多尔·席德尔(两人都注定成为 1945 年后德国历史学界的支柱)在战争开始之后扮演了重要的顾问角色——提出了激进的反犹措施。康策在一篇为参加计划于 1939 年 8 月 29 日在布达佩斯召开的国际社会学大会而撰写的论文中,用了很大篇幅讨论东欧的人口过剩问题;他建议,通过"城镇和集市的去犹太化,从而使农民的后代参与到商业和手工业中来",人口过剩问题就能得以缓解了。随着波兰沦陷于德国人之手,康策的建议很快就被付诸实施。

    1939 年的秋天,作为当时隶属于北德意志与东德意志研究协会 (NODFG) "哥尼斯堡分会"成员的席德尔在协会同僚的要求下起草了一份关于"德意志在东方的民族边界和种族边界"的备忘录,该备忘录是为新占领领土上的政治当局和行政当局服务的。备忘录文本于 10 月 7 日呈交给了希姆莱。

    在这份备忘录中,席德尔建议没收波兰人土地并将被吞并领土上的部分波兰人迁移到该国的东部,以便为德国定居者让路。为了促使波兰人的迁移,这位年轻的哥尼斯堡学者呼吁将犹太人逐出波兰城市,接下来的一步甚至比康策还要激进——"在波兰其余地区完全去犹太化"。遭到驱逐的犹太人可以被遣送海外。鉴于希特勒、希姆莱和海德里希仍然在考虑将波兰犹太人放逐到卢布林地区

---

    ①   关于罗特费尔斯。

的一块保留地或者越过军事分界线的苏占区一边，席德尔和他的同事正准备提出一个在数月后注定成为纳粹下一步领土计划的海外领土解决方案。

从功能上来说，北德意志与东德意志研究协会与历史更为悠久的柏林出版社存在着千丝万缕的联系，其最主要的专家从战争的第一天起就开始自告奋勇了："我们必须运用我们多年努力获得的经验，"赫尔曼·奥宾在1939年9月18日致信出版社社长阿尔弗雷德·布拉克曼，"学术不能仅仅等待召唤，而是必须让自己的声音被世人听到。"奥宾没有理由为此担心。9月23日，布拉克曼致信其同事梅茨称："北德意志与东德意志研究协会及其出版社现在事实上已经成了为外交部、内务部、陆军最高指挥部 (OKH)、党的宣传部和一系列党卫军机构提供科学谏言的核心机构。对于我们来说，看到这一点确实是极大的满足。现在我们确信，我们会在未来的边界划定问题方面一直发挥咨询作用。"

出版社与研究协会的学者从一开始就在各方面着手研究被占波兰地区的犹太问题。比如说，统计学家克罗斯特曼计算出了万人以上波兰城镇的犹太人比重，这项研究是为盖世太保准备的。奥托·莱舍教授提供了一份题为"论旨在保障德国东部安全的人口政策"的研究报告。这份研究报告由布拉克曼转呈党卫军高级官员，再由后者交给希姆莱。研究报告的主要思想与席德尔提出的观点大同小异，所不同的是，其深入阐述的细节是那位哥尼斯堡的历史学家所未曾强调的。举例说来，在大规模驱逐波兰人和犹太人的问题上，莱舍建议允许波兰人带走他们的财产："而对于犹太人则不必如此慷慨。"除了这些早期研究外，另一位学者——一位研究大区域人口组织规划的专家康拉德·梅耶－赫特林教授正在为希姆莱殖民计划开展自己的研究；该计划即将成为"东方总计划"。

按照计划，实现东方被吞并领土的日耳曼化 (以及后来东方更远地区的殖民化) 就需要消灭波兰的精英，将境外或帝国内的德意志人迁移到新的领土上，当然还要驱逐当地的种族异己居民：波兰人和犹太人。那些无法驱赶的波兰人将与德国殖民者严格分离开来，"一小部分幸运的人"，主要是那些通过检查属于日耳曼人血统的儿童，将被融入日耳曼民族共同体。

正如我们所察，希姆莱的"巩固德意志民族委员会"和"帝国中央保安总局"负责这些行动。有关前波兰地区的总体驱逐计划又被海德里希细分为一系列短期计划，这些计划从1939年年底开始实施。然而，针对犹太人的驱逐计划却有一个例外。在高度工业化的上西里西亚，生活在将卡托维兹地区划分为两个行政区城"警戒线"以东的犹太人得以留住。他们在 1940 年被迁入强制劳动营,为当地的工业或建筑工程干活。希姆莱任命负责这一强制劳动行动的党卫军军官是布雷斯劳的前警察头目、党卫军区队长阿尔布雷希特·施梅尔特。该行动在短短几个月内便雇用了大约 1.7 万名犹太人。

除了"施梅尔特犹太人",驱逐计划既涵盖了波兰被吞并领土上的犹太人,也涵盖了帝国的犹太人和保护国波希米亚与莫拉维亚的犹太人。这些发生在 1939 年秋到 1940 年春的驱逐行动以失败而告终。

1939 年 10 月,将犹太人从维也纳、奥斯特劳和卡托维兹驱逐到尼斯科(卢布林附近桑河上的一座小城)的行动开始了。这些得到希特勒首肯的驱逐行动是在当地地方长官的要求之下采取的,其目的主要是夺取犹太人的住宅。此外,就维也纳而言,这座城市借此恢复其质朴的雅利安本质。数千名犹太人遭到了驱逐,但这次行动在几天之内就中止了,因为国防军需要使用铁路将军队从波兰运往西线。

另外两次遣送行动在同时进行,目的也都是一样。(按照纳粹的标准来说)规模较小的一次是 1940 年 2 月将波罗的海沿岸德国城市斯特丁和施奈德缪尔的犹太人驱逐到卢布林。第二次行动是一场极端残暴的可怕行动:其目的是在几个月的时间内将数以十万计的波兰人和犹太人从被吞并的瓦尔塔州驱逐到总督辖区。被驱逐者所放弃的房屋和农场将被重新分配给来自波罗的海诸国、沃利尼亚和布科维纳的德意志人。德国早就后者的离开与"回归帝国"与苏联进行了谈判。

在白雪皑皑的卢布林地区,德国人没有为来自斯特丁和施奈德缪尔的犹太人准备任何东西,他们要么是居住在临时的兵营内,要么是被当地的犹太社区接纳。对于新任命的卢布林地区党卫军与警察首脑奥蒂洛·格罗博科尼克来说,这一做法并不存在任何特别的问题。他在 1940 年 2 月 16 日宣称:"被疏散的犹太人应当自食其力或者接受他们同胞的救济,因为这些犹太人有的是'食物'。如果做不到这一点,就应该让他们挨饿。"

由于冰天雪地的气候以及紊乱的往来调度,超载的列车多日停滞不前,瓦尔塔州的驱逐行动很快就在一片混乱中陷入了泥潭。这些驱逐行动主要由帝国中央保安总局的阿道夫·艾希曼组织,此人在转移和疏散犹太人方面是行家。此次他与新成立的"巩固德意志民族委员会"展开合作,但是,驱逐行动的残酷无情并不能抵消因完全缺乏规划和缺乏最起码的接纳准备造成的混乱状况。

在迁移行动的最初几周里，刚刚在首府克拉科夫一座有数百年历史的雅盖隆尼安王朝时代的城堡中安顿下来的总督汉斯·弗兰克似乎对突然拥入的移民毫不担心。1939 年 11 月 25 日，在拉多姆举行的一次演讲中，他甚至显示出了对犹太人的拥入感到兴高采烈："最终有机会从形体上了解犹太种族，这是一件开心的事。他们死得越多越好。对于我们的帝国来说，打击他们就是一场胜利。要让犹太人感觉到我们在这里。我们要接受维斯瓦河以东所有犹太人中的一半到四分之三，接受来自帝国、维也纳和其他各地的犹太人。这些犹太人对于帝国来说毫无用处。在维斯瓦河一线，在该线以外的地方将不再有犹太人。"

但是，弗兰克的兴高采烈并没能持续多久。1940 年 2 月初，在累计大约 20 万名新抵达者进入总督辖区之后，弗兰克赶往柏林，从戈林处获得了一道中止迁移行动的命令。受到此次成功的鼓舞，弗兰克开始自行其是：1940 年 4 月 12 日，他宣布了要清空克拉科夫 6.6 万名犹太人中大多数的意图。这位总督振振有词："如果我们想要保持国社党帝国的权威，就不能让帝国的代表在进出家门的时候遇到犹太人，就不能让他们受到传染病的威胁。"这座城市在 1940 年 11 月 1 日之前清除了其中的大部分犹太人，除了 5000 到 10000 名"急需的工匠（之外）……克拉科夫必须成为总督辖区内清除犹太人最彻底的城市。只有这样才能将它建设得像德国的都城"。他打算允许在 8 月 15 日之前自愿离开的犹太人带走他们所有的财产，当然"除了那些他们盗取的物品之外"。然后，隔都将被清洗，有可能建立起清洁的德国人生活区，人们可以在那里呼吸到德国的空气。

到 1941 年年初，大约有 4.5 万名犹太居民自愿或被驱赶离开了这座城市，剩下来的集中到了波德戈尔策区的犹太隔都。至于那些被赶出去的犹太人，他们不可能走得很远。按照德国行政当局的法律，他们只能定居在弗兰克的总督辖区首府的周围。至少对于总督以及克拉科夫的德国民事当局和军事当局来说，总算是将大多数犹太人赶出了他们的视野之外。在这前后，拉多姆和卢布林的犹太人也遭受了与克拉科夫犹太人相同的命运。①

随着 1939 年 10 月 12 日总督辖区的建立和 14 天后汉斯·弗兰克被任命为

---

① 在 1941 年年初的拉多姆和卢布林，在准备进攻苏联的过程中，为德国国防军安排住处便于驱逐与隔都化。

总督，一套德国的行政机构在波兰的中心建立了起来。正如前面所提到的，在1941年6月之前，总督辖区管辖着1200万居民；而在对苏联进攻和吞并东加里西亚之后，它总共管辖了1700万居民。

尽管弗兰克直接从属希特勒本人，但是他本人的权威还是经常受到希姆莱及其部下的掣肘。从德国人发起恐怖袭击之日起，这位党卫军领袖就顺理成章地管理着总督辖区内所有的安全事务。希姆莱委派的代理人弗里德里希·威廉·克吕格尔担任"党卫军兼警察部队高级指挥"(HSSPF)一职。克吕格尔虽然需要征求弗兰克的意见，但在总督辖区下四个地区的层面，党卫军和警察部队的首脑只听从克吕格尔的命令——也就是希姆莱的命令。并且，正如我们看到的那样，作为"巩固德意志民族委员会"的首长，希姆莱一直接管将波兰人和犹太人赶进总督辖区的行动，直到这一行动暂停为止。因此，无论是在安全事务上还是在驱逐和"安置"事务上，当地的党卫军指挥官都唯希姆莱马首是瞻。在1940年开始的时候，总督辖区施行的是事实上的双重管理：弗兰克的民事管理体系和希姆莱的安全与人口迁移事务党卫军管理体系。两者之间的关系很快变得越来越紧张，主要是在地区层面，特别是在卢布林地区，希姆莱任命的代理人、臭名昭著的格罗博科尼克建立了一块准独立的地盘，公然藐视地区总督恩斯特·策纳的权威。

出人意料的是，弗兰克赢得了第一轮权力斗争的胜利。这位总督不仅成功地中止了向他的地盘遭送波兰人和犹太人，而且还在卢布林地区迫使格罗博科尼克解散了其私自在当地德意志人中招募的警察武装——自卫队。格罗博科尼克的自卫队在几周内就发展到了无法无天的地步，以至于连克吕格尔和希姆莱都不能再纵容他。自卫队解散了，弗兰克将其成员编入新的警察武装：特务团。然而，这只不过是第一轮较量，格罗博科尼克很快就在一个更大范围上重新实施其恐怖行动。

八

"早晨，我佩戴着臂章穿行在大街小巷。"新任华沙犹太委员会主席策尔尼亚科夫在1939年12月3日记录道，"鉴于有人谣传佩戴臂章的命令将被取消，这样的展示是十分必要的。"从12月1日起，总督辖区内所有年龄在10岁以上的犹太人都必须在右臂佩戴有蓝色大卫星的白色臂章。尽管德国人在占领波兰之后事实上是根据纽伦堡法定义"犹太人"的，但是直到1939年年底瓦尔塔州才第一次正式颁布这样的法令,而在弗兰克的地盘上,法令的颁布是在 1940 年 7 月 27 日。

紧随着佩戴臂章的法令而来的是禁止变更住所的法令、禁止从事一系列职业的法令、禁止使用公共交通工具以及禁止进入餐馆、公园等设施的法令。不过,尽管犹太人越来越集中于各城镇的特定区域,海德里希与弗兰克却一直没有发布全面建立封闭犹太隔都的法令。隔都化的过程因各地具体情况而异。这个过程从 1939 年 10 月(皮奥科夫 — 特雷布纳尔斯基)一直延续到 1941 年 3 月(卢布林与克拉科夫),有的地方要到 1942 年,甚至要到 1943 年(上西里西亚)。在某些情况下,直到开始向灭绝营移送犹太人前夕,隔都还没能建立起来。罗兹的犹太隔都建立于 1940 年 4 月,华沙的犹太隔都建立于 1940 年 11 月。在华沙,封闭犹太隔都的借口主要是卫生问题(德国人对瘟疫的恐惧);而在罗兹,犹太隔都的设立与来自波罗的海诸国德意志人的重新安置问题有关,后者搬进了犹太人腾出来的住宅。

一开始,犹太隔都只是被认为是一种在驱逐行动之前将犹太人隔离开来的临时措施。然而,一旦它们成为永久性的设施,其功能之一就成了以尽可能低的成本对犹太人开展残酷无情和系统性的剥削,使之服务于帝国利益(主要是满足国防军的需求)。并且,通过挤压食品供应和(在罗兹)以一种特殊的隔都货币代替常规货币,德国人伸手窃取了被赶进生存条件悲惨的隔都犹太人随身携带的大多数现金和贵重物品。

在纳粹的秩序中,犹太隔都还起着一种有用的心理"教育"功能:它们很快就成为犹太人悲惨和贫困的展示场所,为德国观众提供了纪录片的情节,从而加深对犹太人已有的憎恶和仇恨;不断有怀着同样兴奋情绪的德国游客(士兵和一些平民)的队列出现在这里。

"你所看到的,"瓦尔塔州党部领袖的女儿格莱瑟小姐在 1940 年 4 月中旬参观罗兹犹太隔都之后写道,"基本上是乌合之众,他们就在附近游荡……瘟疫正在传播,空气的味道令人恶心,因为所有的一切都排入了下水管道。这里没有水,犹太人不得不花 10 芬尼买一桶;他们肯定比平时更少清洗自己。……须知,你是不会对这些人真正怜悯的。我想,他们的情感与我们的完全不同,因此他们感觉不到这种羞辱以及其他所有的一切。……他们肯定也仇恨我们,尽管是出于其他原因。"那天晚上,这位年轻的女士回到城里参加了一个盛大的晚会。"下午的隔都和晚上的晚会相比,同一座城市内的反差之大在德国的其他任何地方是绝对不敢想象的。……要知道,我再次由衷地感到愉悦,并以身为德国人而骄傲。"

斯图加特的一位官员爱德华·克内坎普在 1939 年 12 月参观了几个犹太人居住区。在一封致友人的书信中,克内坎普表现得并不比格莱瑟小姐更克制:"这个亚人类群体的灭绝将符合整个世界的利益。然而,进行这一灭绝是最令人棘手的难题之一。靠枪决是不够的。并且,人们不能容许对妇女和儿童的枪决。不时有人指望遭送过程中的人员减损;例如,在一次运输 1000 名卢布林犹太人(克内坎普的意思大概说是运往卢布林)的行动中,450 人死于途中。所有处理犹太问题的机构都知道这些措施的效率不高。解决这一复杂问题的方法至今还没有找到。"

犹太委员会是德国人控制犹太人的最有效工具。不过,"犹太委员会"的英文名称却是一个误译。1939 年 9 月 21 日,海德里希下令要求设立"犹太长老委员会",但根据弗兰克 11 月 28 日的训令,这个名称很快就在大多数场合变成了带有蔑称意味的"犹太委员会"。这类犹太委员会很快就在所有犹太人中心,无论是大是小,建立了起来。

这些犹太委员会当然是德国人为了自身目的而建立起来的,但在战争初期,社区的活动却是为了满足犹太人自身基本需求而以不同方式自行组织开展的。正如历史学家阿哈龙·魏斯所指出的那样:"一方面是德国人有意建立一个犹太人的代表机构,并对此施加了压力,另一方面犹太人也有建立一个能够代表自身机构的需要和愿望,两者的结合形成了犹太委员会这一错综复杂的问题。"[①]

就德国政策而言,(海德里希与弗兰克的) 两套基本法令表明安全警察部队和总督辖区的民事行政当局从一开始就在争夺对犹太委员会的控制权。1940 年 5 月,海德里希在克拉科夫的代表、党卫军旅长布鲁诺·施特雷肯巴赫公然主张安全警察部队优先。虽然弗兰克没有让步,但是党卫军机构事实上,不论是正式的还是非正式的,越来越多地控制着犹太委员会的人事任命和组织结构,而弗兰克任命的人大部分只在驱逐行动开始之前参与隔都的行政和经济生活。驱逐行动开始后,党卫军机构则完全接管此项工作。

---

① 同样的两面性实际上在德国犹太人中也很显著。

委员会的 12 或 24 名成员(视犹太社区的规模而定)原则上是从传统的犹太人精英和公认的社区领袖中挑选。在大批屠杀波兰人精英的同时,海德里希放过犹太人精英的命令或许是基于两个假设:首先,犹太人精英不会成为煽动者和叛乱领袖,而是会成为顺从的代理人;此外,作为委员会代表的犹太人精英能得到公众的接受和服从。换言之,波兰人精英之所以被杀害是因为他们可能煽动反德行动;犹太人精英之所以被保留是因为他们会屈服并确保他人也屈服。

实际上,委员会的成员在很多情况下并不属于他们社区的最高领导阶层,他们中的许多人只是在过去积极参与了公众事务而已。同样的,犹太委员会是传统犹太人社区组织开希拉框架内已有千年历史的自治组织的翻版。许多加入犹太委员会的成员真的相信他们的参与对于社群有好处。

事后想来,犹太委员会最早奉德国人之命执行的任务就有不祥之兆;其中最具潜在致命性任务莫过于人口普查。策尔尼亚科夫日记的开头部分显示,海德里希命令的人口普查看上去与任何其他行政措施并没有什么不同,尽管困难重重但并没有特别的危险。“12 点到 2 点,在统计办公室,”这位主席在 10 月 21 日记录道,“下午 3 点到 5 点,在党卫军那儿……我指出 11 月的第一天是‘万圣节’,第二天是‘万灵节’,因此犹太人的人口普查应当被推迟到 3 日以后。……一次漫长而困难的会议。会议决定,人口普查将在(10 月)28 日开展。……人口普查所使用的表格讨论通过。我必须确保德国人的公告张贴在全城大街小巷的墙上。”

实际上,为了确认手里掌握的劳工数量,同时为了住房、福利、食品配给和其他目的,犹太委员会本身也需要人口普查;眼前的需要比任何长期的后果都要紧和迫切得多。而卡普兰却比其他任何一位日记作家都更有远见,他对德国人的意图产生了怀疑,察觉到人口登记可能包含的危险:“今天,有告示通知华沙的犹太人,”他在 10 月 25 日记录道,“下个周六(10 月 29 日)将对犹太居民进行人口普查。工程师策尔尼亚科夫领导下的犹太委员会被要求执行此项命令。我们的心里有不祥的预感——对于华沙犹太人来说,这次人口普查一定潜藏着某种灾难。否则德国人是不会需要它的。”

1940 年 1 月 24 日,总督辖区内的犹太企业被置于“托管”之下;它们还可能在为了"公共利益"的情况下被没收。同一天,弗兰克下令登记所有的犹太人财产:未登记财产将被作为"无主"财产没收。随后更多的征收措施出台,最终在1940年9月17日,戈林下令没收除个人物品和1000帝国马克现金之外犹太人的一切财产和资产。

这些没收法令为被吞并的波兰省份以及总督辖区内的各级德国行政当局打开了大规模牟取暴利和中饱私囊的方便之门。充斥在帝国、被吞并的奥地利和各保护国各个角落的腐败现象正在被占领的波兰领土上蔓延,并将在整个战争期间不断蔓延。1940年1月1日,日记作家伊曼纽尔·林格尔布鲁姆——我们将详细地谈到这个人——记录道:"贵族老爷和主人并不那么坏。如果你恰当地施以贿赂,就能与他们融洽相处了。"在1939年11月的后半月,策尔尼亚科夫一直在忙着筹集30万兹罗提的赎金,为的是从华沙的党卫军那里解救一群人质。

贿赂成了德国人和他们受害者之间关系不可或缺的一部分。犹太委员会经常不得不满足各种的要求,为形形色色的德国官员改建和安装办公设施、娱乐场所以及私人公寓,还要准备贵重礼品等。在处理隔都事务的时候,每个官员都自认为有权从该隔都的委员会获得酬劳。另一方面,为了让隔都的上司"变得心慈手软",或者为了赢得某些"好德国人"对隔都居民的好感,委员会本身也在实施一套错综复杂的贿赂制度。这一切加剧了犹太人的贫困化。贿赂行为也许能延迟某些危险的到来和拯救某些个人,但是正如后来的岁月所显示的那样,贿赂行为从未改变德国人的政策,在大多数情况下也没有改变其主要的实施步骤。此外,贿赂德国人或他们的帮凶也导致了受害者内部腐败肆虐:一个犹太投机商和黑市商人的"新阶层"踩着悲惨多数民众的肩膀兴起。

用那些金钱可以换取的直接好处之一是能够免予强迫劳动。从1939年10月中旬开始,以华沙和罗兹地区为主的犹太委员会自愿承担了向德国人交出一定数量劳工的任务,为的是结束已经成为常见惯例的野蛮搜捕和持续围捕。可以想象,民众中最贫穷的那部分人在这一新安排中首当其冲;社区中有钱人要么是向委员会交钱,要么就是贿赂德国人。根据林格尔布鲁姆档案中发现的统计数据,在1940年4月的华沙,"大约有10.7万人成为强制劳工,而在接下来的6个月中,有3.3万人通过出钱受到豁免"。

"犹太公众"从德国占领第一天起是如何对付施加在他们身上的暴风骤雨

般肉体打击和精神打击呢?当然,每个个体的反应都是不同的。但是,如果我们在多数人中寻找公分母,那么我们会发现普遍的反应就是相信传闻,哪怕是最荒诞的传闻,只要能给人以希望:德国人在法国遭受了惨重的损失、英军已经占领汉堡、希特勒死了、德国士兵正大批开小差……诸如此类传闻。无底的绝望导致了癫狂般的期望,有时候在同一天内就能循环往复。"犹太人已经到了迷信弥赛亚预言的地步,"谢拉考维克在 1939 年 12 月 9 日记录道,"据说一位从戈拉—卡尔瓦里来的拉比宣称,解放的奇迹将会出现在哈努卡节的第六天。我的舅舅说现在街上很少能看见士兵和德国人。这种无厘头的自我安慰之风气令我哭笑不得。最好什么都不说。晚上,一则关于停战的谣言又开始传播。"这样的情况一直在持续。

九

当德国人在瓦尔塔州和总督辖区加紧控制犹太人的同时,在苏联占领的波兰地区,120 万当地犹太人和 30 万到 35 万来自该国西部的犹太难民正在领教斯大林主义的铁腕。9 月 7 日广播的一则号召人们在该国东部集结语焉不详的波兰军方声明引发了向东的大逃亡,随着德国人的快速挺进,逃亡也在加速。到了 17 日,难民和当地人突然发现他们已处于苏联的统治之下。有少量的犹太人直到 12 月份还在逃入苏占区,极少数难民直到 1941 年 6 月还设法越过了新边界。波兰的犹太精英——知识分子、宗教领袖、犹太复国主义者以及崩得分子——尽管逃出德国人的魔掌,但在苏军的迫害下却并未感到安全:他们从波兰东部逃往立陶宛,特别是来到维尔纳。

毫无疑问,由于面临德国人的威胁和长期遭受波兰人的欺侮,许多当地犹太人和犹太难民都对苏军的到来表示欢迎。许多乌克兰人也是如此。摩西·克莱恩鲍姆[也就是后来担任巴勒斯坦犹太人地下武装(哈加纳)指挥官的著名的摩西·斯内,尽管他以中右翼自由派的面貌开始政治活动,但最终成为以色列共产党的领导人]在 1940 年 3 月 12 日记录道,他当时所在的卢克地区犹太人像其他人一样怀着好奇之心注视着苏联红军的滚滚到来。年轻的犹太共产党人,尽管人数并不特别多,表现很不招人喜欢:"他们那天的举止因喧哗特别惹眼,比其他任何群体发出的声音都要大。按照这样的情况,人们有可能会得出一个错误的印象,即犹太人是这一欢迎活动中最欢快的客人。"

犹太人中的解脱感肯定比克莱恩鲍姆认为的更加普遍,他们对苏联人的最初态度也比他所记录的更加热情。我们应当进一步看看波兰人是怎样看待这个现象的。在20世纪70年代末,历史学家以赛亚·特伦克对犹太共产党人的评价比克莱恩鲍姆的评价更严厉。按照特伦克的说法,这些犹太共产党人既不明智也不可靠:他们的热情带有一种不可一世的色彩,他们渗透进了当地的苏联机构,并且迫不及待地向苏联内卫军 [(NKVD),苏联秘密警察机构,克格勃的前身]告发波兰人和犹太人("资本家"或者"社会党人")。特伦克的苛刻评价也许是受到他本人作为崩得分子仇视共产主义思想的影响,因此也需要做某些修正。

评估犹太人在最初数周和数月内对苏联占领行动的反应之所以困难重重,部分原因是苏联统治下的全体犹太人发自内心的解脱感与犹太裔共产党人出于不同动机的激动情感暂时纠葛在了一起。比如说,根据卡普兰日记稍后的记载,当华沙犹太人中流传着他们很可能是在苏占区时,他们的热情无比高涨。卡普兰在政治上属于保守派,是一个非常憎恨苏联政权的正统派犹太人。然而,他在1939年10月13日的日记中是这样描述犹太人的反应的:"俄国根本就没有任何犹太性的痕迹。然而,当布尔什维克逼近华沙的消息传到我们耳朵里的时候,我们充满着无限的欢乐。我们憧憬着这事;我们认为自己是幸运的。成千上万的年轻人徒步奔向布尔什维克的俄国;也就是说,奔向被俄国征服的地区。他们把布尔什维克视为拯救他们的弥赛亚。甚至那些在布尔什维主义统治下很可能会变穷的富人都选择俄国人而不是德国人。两面都有劫掠,但俄国人把你当作公民和人来劫掠,而纳粹把你作为犹太人来劫掠。前波兰政府从未善待过我们,但与此同时也从未公开地单独折磨过我们。而纳粹却是虐待狂。他们对犹太人的仇恨是一种变态心理。他们从中寻找乐趣。他们通过折磨受害者来安慰自己的灵魂,特别是当受害者是犹太人时更是如此。"

卡普兰触及了犹太公众最根本的动机。犹太共产党人的作用是比较复杂的;关于他们对苏联压迫制度的参与程度已经有了各种各样的评估。根据历史学家简·T.格罗斯的研究,来自苏联占领区的一些波兰难民(这些人在1941年6月德国发动进攻后逃离该地区)填写的问卷似乎并不支持这一普遍的指控。"其中,"格罗斯写道,"我们了解到几十位村民委员会成员和地区民兵机构官员的名字——犹太人只是偶尔被提及(原文强调)。我们还了解到了当地苏联行政当局的县级或市级官员的名字,他们都是从东方来的官员,虽然其中有犹太人,但其数量并不比苏联内地行政机构中的犹太人数量更多。"另一方面,亚历山大·B.
罗西诺援引伊扎克·阿拉德和多夫·莱温的研究以及简·T.格罗斯在较早时候的
研究,并主要参考了叶夫根尼·罗森布拉特对比亚维斯托克附近的平斯克地区的
研究报告,提供了一幅与格罗斯不同的图景:"在他对当地社会各阶层的研究中,
罗森布拉特发现,尽管犹太人只占当地人口的10%,但是他们却占据了平斯克地
区行政领导职位的49.5%,包括司法和警察部门的41.2%。"

　　然而,许多犹太人很快就对新的统治者不再痴迷:经济的困苦在蔓延;犹
太人的宗教、教育和政治体制被禁止;苏联内卫军的监视无所不在。1940年春,
以所谓敌对势力为目标的大规模驱逐行动开始把一部分犹太人,如较为富裕
的犹太人、不愿意接受苏联公民身份的人以及那些宣称想在战争结束后返回
故乡的人也囊括了进来。鉴于苏占区内不断恶化的条件,有数以千计的犹太人
甚至想到,或者设法返回德国人占领的区域。"这真是不可思议,"汉斯·弗兰克
在1940年5月10日评论道,"竟然有许多犹太人宁可返回第三帝国(帝国控制
的领土)也不愿留在俄国。"摩西·格罗斯曼的回忆录讲到了一列满载犹太人向
东的火车在一座边境车站遇到了一列向西行进的火车。当从布里斯克(位于苏
占区)方向来的犹太人看见抵达那里的犹太人时,竟大声喊叫道:"你们疯了,
你们要去哪里?"那些从华沙来的犹太人带着同样的惊诧回应道:"你们疯了,
你们要去哪里?"这个故事显然不足为信,但它却生动地展示了波兰两个被瓜
分地区犹太人面临的困境和迷茫,以及在波兰以外地区,蔓延在全欧洲犹太人
中的混乱局面。与此同时,在新的国际气候大背景下,与盖世太保展开合作
的苏联内卫军正将关押在苏联监狱中包括犹太人在内的大批德国共产党
(KPD)成员移交德方。

　　根据一位来自波兰名叫简·卡斯基的年轻谍报人员1940年2月写给流亡政
府的一份综合报告,处于德军占领下的绝大多数波兰人对德国控制区内的犹太
人依然充满敌视,并且对该国苏占区内"犹太人的行为"表达出愤怒。这份报告指
出,德国人正在试图通过利用反犹主义来获取波兰大众的屈服与合作。卡斯基
补充道:"必须承认他们在这一点上是成功的。犹太人不断地掏钱,掏钱,掏钱
……波兰的农民、劳工以及没有受到多少教育、无知愚昧、意志消沉的市民阶层
则大声宣称:'现在他们(指德国人)终于教训了他们。''我们要学习他们。''犹太

人的末日到了。''不管发生什么，我们要感谢上帝让德国人来管教犹太人。'……诸如此类。"

卡斯基的评论有着非同寻常的预见性："尽管国民在道德上极为憎恶他们（德国人），但是这个问题（犹太人的问题）正在架设一座狭窄的沟通桥梁，德国人和很大一部分波兰人正借此达成共识。……当前的形势正在造成波兰人内部的分裂，一部分人鄙视和憎恨德国人的野蛮行径……另一部分人则以猎奇、时常欣喜之情看待这些措施（以及德国人！），并谴责前一部分人'对一个如此重要的问题无动于衷'。"①

卡斯基报告中更加令人不安的部分描述了波兰人是如何认知该国东部犹太人对苏联占领军反应的："人们普遍认为犹太人背叛了波兰和波兰人，他们基本上都是共产党人，他们大张旗鼓地公然投靠布尔什维克。……可以肯定的是，犹太共产党人对布尔什维克确实是采取了这样一种热烈欢迎的姿态，不管他们来自什么社会阶层。"不过，卡斯基试图把犹太工人阶级中普遍而显著的满足感解释为他们曾经遭受过波兰人的迫害。令他震惊的是，他发现许多犹太人缺乏忠诚，他们毫不犹豫地向苏联警察及其同类告发波兰人。卡斯基并没有把犹太知识分子包括进不忠诚的多数人之列，他说知识分子和较为富裕的犹太人更倾向想要一个能够再次独立的波兰国家。

他报告的结论部分充满着不祥的预感："总的来说，犹太人在这里已经造成了这样一种局面：波兰人认为他们效忠布尔什维克，并且，可以打包票地说，他们在等待着报复犹太人的时机到来。实际上所有的波兰人都怀恨在心，对他们与犹太人的关系感到失望；他们中的大多数人（首当其冲的当然是年轻人）都在期待一个'血债血偿'的机会。"

波兰流亡政府肯定在收到卡斯基报告之前就已经很清楚民众的反犹情绪了，因此它正面临一个与日俱增的两难窘境。一方面，总理乌拉迪斯拉夫·西科尔斯基的政府一派的人知道，谴责国内的反犹主义必将使其在国内民众中的影响力受损；另一方面，支持波兰人的反犹仇恨意味着招致巴黎、伦敦和美国方面的批评。波兰政府认为，尤其在美国，犹太人是无所不能的。至于波兰人—犹太人

---

① 卡斯基认为德国将反犹主义作为获得波兰人支持的一种方法，而伦敦外交部在1940年收到的许多报告也确认了这一点。

关系的未来,西科尔斯基的同僚在 1940 年似乎已经对让犹太人帮助他们收复苏联人占领的领土不抱什么希望了。更有甚者,其中一些人断然否决了卡斯基备忘录的意见。

在 1939 年 12 月 8 日发出的一份致流亡政府的关于波兰东部形势的报告中,一位当地的地下组织成员写道:"犹太人正在如此恐怖地迫害波兰人以及苏联瓜分区内一切与波兰有关的事物,以至于这里包括老人和妇孺在内的全体波兰人只要一有机会就将对犹太人采取报复行动,其可怕程度将是任何反犹主义者都无法想象的。"西科尔斯基的政府很快就任命前波兰驻柏林大使罗曼·克诺尔担任派往地下组织的政治代表团的高级职务。克诺尔并不隐瞒自己对波兰犹太人命运的看法:"我们所面对的不再是犹太复国主义与前国家之间的选择,而是另一种选择——是犹太复国主义还是灭绝。"

✛

战争爆发时依然生活在德国和被吞并的奥地利有大约 25 万犹太人,他们是一个以中老年人为主的贫困潦倒的犹太群体。①部分男性人口已经被拉去强制劳动,越来越多的家庭依靠社会救济生活(主要是由德国犹太人委员会救助)。全国"犹太人住宅"(根据当局的命令仅由犹太人居住的房屋)的数量正在增长,禁止犹太人进入的区域也在扩大。第三帝国的犹太人成了与 8000 万德国人以及奥地利人完全隔离的贱民。移民海外是他们一直存有但正在迅速破灭的希望。

德国的犹太人在战争爆发的第一天就被禁止在晚上 8 点以后离开他们的家。"帝国所有的警察部门都在执行这一禁令,"纳粹当局在给新闻界的一道绝密指令中解释道,"因为经常发生犹太人利用黑夜掩护骚扰雅利安妇女的事件。"

波兰特别行动队自然会想起的赎罪日在帝国也同样没有被忘记。赎罪日当天(9 月 23 日),犹太人被迫上交了他们的收音机。9 月 12 日,全帝国的犹太人接到命令,他们只能到属于"可靠雅利安人"开设的特殊商店中购物。帝国中央保安部在 9 月 29 日收到来自科隆的报告称,一些商店的店主拒绝接待犹太人,除非

---

① 在战争开始时,"旧帝国"的犹太人口大约包括了 19 万"完全犹太人";根据 1939 年 5 月的人口统计,还有 46928 名"半犹太人"和 32669 名"四分之一犹太人"生活在德国。在被吞并的奥地利,战争开始时共有 66260 名属于犹太社团的"完全犹太人",此外还有 8359 名不属于犹太社团的"完全犹太人"。

他们被告知不会因此而遭受任何麻烦。就在同一座城市,犹太人只能在上午 8 点到 9 点半之间购物。①"长长的队伍中全都是犹太人,感觉就像是挑衅。"比勒费尔德的盖世太保在 9 月 13 日解释道,"你无法要求一个德国人与犹太人一起站在商店门前。"五天之后,犹太人被命令修建他们自己的防空洞。

10 月份,任何一位志愿消防员都必须接受"犹太观"的指导并宣誓他不是犹太人。11 月份,党卫军帝国保安总局想到,犹太人在收音机被没收之后还可以购买新的收音机,于是便下令新收音机购买者的姓名和住址必须登记在册。收音机问题很快就成了官僚政治的混乱之源:该规定如何应用于通婚家庭的非犹太配偶一方?对于犹太人和非犹太人杂居住宅中的收音机应当如何处理?那些嫁给雅利安人其丈夫正在为祖国战斗的犹太妻子又有怎样的权利:她们的收音机是否可以保留?最后,在 1940 年 7 月 1 日发布的一份详细指导意见表上,海德里希试图对这些因犹太人收听广播而引起的棘手问题给出明确答复;至于它是否平息了每个人心中的疑虑就不得而知了。关于被罚没收音机的分配问题,由于不得不考虑到军队单位、党政要员和地方显贵的权利,因此一套精细的等级制和优先权机制被建立起来。(例如,在 1939 年 10 月 4 日,1000 台收音机被划拨给了驻扎在威斯巴登的 C 集团军。)

强加在犹太人头上的购物限制甚至宵禁造成了同样错综复杂的问题。对于后一个问题,海德里希在 1940 年 7 月 1 日做出决定,对那些其丈夫或儿子正在国防军服役的犹太妇女可以免除宵禁,"这是因为迄今并没有不利于她们的负面迹象,特别是没有理由认为她们会利用豁免权来挑衅德国民众"。

那些仍旧保留着办公场所的犹太儿科护理工作者不得不在她们的门牌上标明她们是犹太婴儿和儿童的护理人员。从 1939 年 12 月中旬到 1940 年 1 月中旬,犹太人被剥夺了节假日的特殊食物配给,他们得到的肉类和黄油比以前更少了,并且根本得不到可可粉或大米。从 1 月 3 日起不允许他们买肉类或蔬菜,直至 2 月 4 日。先前的几个星期,符腾堡州的食品与农业部部长下令不允许犹太人购买任何巧克力制品或姜饼,其他各州的食品与农业部长们很快纷纷效仿。

一些反犹措施(或者毋宁说是安全措施)显示出了真正的创造性思维。1939 年 10 月 20 日,帝国的教育与科学部宣布:"在博士论文中,只有当基于科学依

---

① 犹太人的购物时间因地而异,但通常都限定在两小时以内。

据而不可避免的情况下才能引用犹太作者的文章。不过,在这种情况下必须说明该被引用文献的作者是犹太人。在参考书目一栏,犹太作者和德国作者必须分开列出。"不过,这一清洗德国科学界的重大举措遭遇了严重的阻碍。根据帝国保安部 1940 年 4 月 10 日的一份报告中提到的"大学消息来源",学生在写论文时经常不知道引用文献的作者是否为犹太人,种族辨别往往是极为困难的。因此,"大学消息来源"建议教育与科学部应当制定"对犹太科学家范围给出管理上的辨别标准。这些标准不仅可以用于论文写作,也可以用于其他所有的科学工作"。1940 年 2 月 17 日,内务部的一道政令授权可以培养犹太女医师或医师助理,但仅仅是为犹太机构服务。然而,她们却不被允许进行(实验室)活体细菌的培养。

1940 年 2 月 23 日,"保护德意志血统与荣誉法"的一道补充法令重申了该法自 1935 年 9 月 15 日生效以来就已经暗含的一项规定:在种族耻辱(雅利安人与犹太人之间的性关系)的情况下,只有男性一方负有责任并将受到惩罚。如果女方是犹太人而男方是雅利安人——前面已经几次提到过这种情况——女方将被判短期入狱或者被送往"改造营"——也就是集中营。因此,只有雅利安妇女才享有豁免权。

美国驻柏林临时代办亚历山大·基尔克在向华盛顿方面呈交这项法令的文本时或许已经揭露了它的主要意图:"我们已经注意到,(德国)妇女在这方面被赋予的绝对豁免权增加了利用这一特定的反犹法律来告发与勒索(犹太人)的机会。"对于盖世太保来说,告发是极为重要的。当然,在大多数情况下,是犹太男人勾引正直雅利安妇女的既有观念为该法令提供了虚幻的依据。

1935 年 9 月的纽伦堡种族法所规定的"完全犹太人"是纳粹政权迫害政策的主要对象。更为复杂的情况是通婚家庭的配偶和子女,当这一大堆问题又碰上混血儿问题时,那简直就是对纳粹智力的终极挑战了。实际上,在"混合"的概念中,潜在的变量是无休无止的。以德国作家和虔诚的新教徒约亨·克莱珀为例。克莱珀的妻子汉妮先前曾嫁过一位犹太人,因此汉妮第一次婚姻所生的两个女儿布丽吉特和莱纳特是犹太人。长女布丽吉特在战前就已前往英国,但是莱纳特(莱妮)还与父母一起生活在柏林。从原则上来讲,虽然约亨·克莱珀个人可以免受驱逐或者更糟的待遇,但是根本无法保证汉妮或莱妮的安全。

从战争一开始,克莱珀的主要目标就是为莱妮离开帝国寻找出路。"对于汉妮和我来说,"克莱珀在 1939 年 11 月 28 日的日记中写道,"最近(为女儿制订)的海外移民计划让我们殚精竭虑,因为我们每个月都在为政府的波兰方案(在 1939 年 10 月维也纳的驱逐行动之后,帝国内的犹太人中流传着全体犹太人将被驱逐到波兰去的说法)而苦恼;每一次分配食品或购物券的时候,我们都担心莱妮将不在其列。"

战争一爆发,有关一级混血儿和二级混血儿(二分之一犹太人和四分之一犹太人)问题的指导方针就变得空前混乱:这些混血儿被允许在国防军服役,甚至可以因作战勇敢而获得授勋,但是他们被禁止担任实权职务。至于他们家里的犹太成员,则一点也没少受到常规侮辱。"我的儿子(三名士兵)因为我的原因而成了混血儿,"一位嫁入军事贵族家庭并且皈依了基督教名叫克拉拉·冯·梅滕海姆的犹太妇女在 1939 年 12 月致信陆军总司令布劳希奇道,"战争期间,当我的儿子在波兰打仗时,我们却在家庭战线受到折磨,仿佛战争期间没有更重要的任务要完成一样。……请停止(这种对二分之一犹太人士兵及其父母的虐待)。"她还补充道,"我恳求您使用您的影响力确保党放过那些混血儿……这些被当作二等士兵对待的人所吃的苦头已经够多了,不应当让他们在前线作战时还要担心他们家人的安危。"

还有一种情况的发生频率小得多但本质上与之大同小异,那就是已经焦头烂额的党卫军帝国领袖希姆莱所面临的有关他的某些部下的决定。以党卫军三级突击队中队长库赫林不幸案件为例。他的一位母系祖先亚伯拉罕·雷瑙,在"三十年"战争 (Thirty Years' War) 后,被证明是一个犹太人。1940 年 4 月 3 日,希姆莱不得不通知库赫林,这一种族污点使他不可以继续留在党卫军内。然而,事情又有了转机,进一步的调查让库赫林有可能得以重新回到党卫军内:雷瑙的女儿嫁给了旅店老板约翰·赫尔曼,此人经营的旅店名为"野人之家"。根据帝国元首的说法,这家旅店名称表明那是一个秘密异教组织成员(老日耳曼人),因此雷瑙兴许压根就不是犹太人。

毋庸置疑,希特勒总是出现在这些折磨行动的背后。在 1939 年 12 月 6 日的一份备忘录中,汉森博士向一位名叫弗里德里希的党员(此人或许是党务部成员)传达了戈培尔和党卫军帝国保安总局谋划的几项反犹新措施:"党卫军帝国领袖将直接与元首讨论所有的反犹措施。"

<h1 style="text-align:center">十一</h1>

大多数德国人在战争的最初几个月里是否关注犹太人在帝国和波兰所遭受的迫害? 在德国,反犹措施是公开的和"官方的";波兰犹太人的命运也不是什么秘密。除了在德国国内看到的媒体报道和新闻纪录片之外,还不断有包括士兵和平民在内的德国人探访隔都并拍摄下各种有价值的景象或场景:乞讨的儿童、胡子拉碴憔悴消瘦的犹太男子、恭顺地向德国主人脱帽敬礼的犹太人以及(至少在华沙)犹太人的墓地和堆积如山有待埋葬尸体的停尸房。

(来自帝国保安部或当地政府的)各种秘密民意报告给人的印象是,总体而言公众对犹太人的敌意正越来越深,但报告也提及了间或出现的友善行为或者民众不时流露的对报复的恐惧。根据1939年9月6日来自明斯特地区的一份报告,民众要求监禁犹太人,甚至提出每死1个德国人就枪决10名犹太人。9月中旬来自沃尔姆斯的一份报告指出,民众对犹太人与德国人一样进入食品店感到不舒服。

另一方面,1939年10月初, 在拉尔地区出席者众多的教堂礼拜仪式上,年长者通常把战争解释为上帝对迫害犹太人行为的惩罚。1939年12月底,马尔堡附近的一位农夫被捕,罪名是他向一名为他做工的犹太人示好,以及邀请该犹太人和一些波兰囚犯一起共餐。1940年4月,同样的情况发生在符兹堡地区的两名德国人身上,这两个人被指控对犹太人表达了友善的态度。在波茨坦,1940年6月的一场法庭审判判决允许一位犹太妇女(根据遗嘱)成为一位去世的雅利安人的唯一继承人,这一判决引起了公愤:认为裁决有悖于"健康的公众直觉"。

对于许多"民族同志"来说,十足的贪婪或某些物质上的不公平感(主要与住房有关)加剧了正在露头的反犹仇恨。马丁·路德成长的埃森纳赫市市民写给纳粹党地区领袖赫尔曼·克勒的一大批信件就是很好的例子。1939年10月,当雅利安人芬克女士被赶出她的公寓时, 她的邻居、82岁的犹太妇女格吕恩伯格却获准在她的公寓里继续生活了3个月 (她终生都生活在这栋公寓里并依法获准在此了其余生),事情由此变得一团糟。"怎么会是这样,"芬克在给克勒的信中写道,"在第三帝国一个犹太人受到法律保护,而作为一个德国人的我却得不到保护?……作为第三帝国的一个德意志人,我至少应当有权要求拥有与一个犹太女人同等的权利!"房东保罗·米斯是在20世纪30年代从房屋先前的犹太主人那里得到这栋公寓的,此时他也急于想赶走格吕恩伯格。其律师提出的论据是"主导性的公众意见"。

"自从原告(米斯)于1937年5月成为纳粹党员以来,他试图赶走这名犹太妇女的决心便变得愈加迫不及待。……根据主导性的公众意见,亦即禁止犹太人与雅利安人(特别是纳粹党员)生活在同一栋房屋中,原告不再有向那位犹太人妇女提供住所的义务。那位犹太妇女的年龄和她的居住年限均不能成为考虑的因素。这类问题是不能靠感情解决的。……"而埃森纳赫看上去并不是一个特别反犹的城镇。

普通犹太人与德国人之间的个人关系经常显示出自相矛盾之处。在1940年的春天,克伦佩勒夫妇不得不以远低于实际价值的钱卖掉了他们在多尔茨申村自己建造的房屋。"将获得我们房屋的店老板博格,"克伦佩勒在1940年5月8日写道,"……每天至少来这里一次。他真是一位心地善良的人,经常用蜂蜜代用品之类的物品接济我们。他还是一位彻底的反希特勒人士。当然,对于这桩合算的交易他还是很高兴的。"

根据市长P的一份日期为1939年11月21日的报告:"尤利乌斯·以色列·伯恩海姆,是阿道夫·希特勒广场上最后一个拥有房产的犹太人。居民们经常质疑为什么这个犹太人还没有离开。屋前的街道上贴满了各种标语,到了晚上,窗户被砸碎。……伯恩海姆终于卖掉了房屋,1939年10月2日,搬进了犹太人养老院。"

在战争最初的几个月里,针对犹太人和波兰人凶残暴力活动的细节频繁出现在德军内部反对派成员的日记中。消息经常是来自国防军最高层和军事情报官员,他们中的一些人是纳粹政权的死敌。针对希特勒的"阴谋活动"十分活跃,一些军队指挥官认为,纳粹党魁在结束波兰战役之后下令在西线立即发动攻势无疑会以一次军事灾难而告终。因此,有关纳粹在波兰犯下罪行的细节将为证明纳粹主义道德卑劣提供充分依据。"仅从道德上看,该政权的灾难性特征正越来越清晰。"德国驻意大利大使乌尔利希·冯·哈塞尔在1940年2月17日的日记中记录了他所听的一场关于波兰之行的报告。报告人是前莱比锡市长、反对派主要人士卡尔·戈尔德勒。戈尔德勒提到了"(1940 年 1 月或 2 月)包括妇女和儿童在内的约 1500 名犹太人被装上来回行驶的敞篷货车,直到他们全部死亡为止。大约 200 名农民被命令(为犹太人)挖掘一个大坟场,他们自己随后也遭到射杀"。哈塞尔在同一篇日记里还提到了一位德国寡妇,她的丈夫是一名军官,被波兰人杀了,然而她却就针对犹太人和波兰人的暴行向戈林提出抗议。哈塞尔相信,戈林对此一定会印象深刻。

然而,没有一种对国家社会主义的真正敌视与形形色色的反犹主义阴影的持续存在一刀两断。因此,当国防军的高级军官在 1939 年年底和 1940 年年初酝酿推翻希特勒及其政权的军事政变时,当戈尔德勒和其他反对派成员在讨论后纳粹时代德国宪法时,纳粹政权的这些保守派政敌普遍赞同将来的德国公民权只能授予那些世代居住在该国的犹太人;新近到来者必须离开。戈尔德勒的反犹主义至死都未改变。

就反犹主义观念和态度在德国和整个西方世界的持续和扩散而言,基督教会的作用当然是决定性的。在德国,在 20 世纪 30 和 40 年代,大约 95% 的"民族同志"依然是经常去做礼拜的人。①尽管纳粹党的精英普遍敌视基督教信仰和有组织的(政治性)教会活动,但是宗教反犹主义还是为纳粹的反犹主义宣传和反犹主义措施提供了有用的背景依据。

在普遍赞同路德宗强烈反犹立场的德国新教徒之中,以纳粹主义与他们自创的"雅利安(或日耳曼)基督教"相结合为目标的"德国基督徒"在 1932 年的教会选举中获得了三分之二的选票。1933 年的秋天,"德国基督徒"的势力受到了来自新建立的反对派"认信教会"的挑战。尽管"认信教会"拒绝了"德国基督徒"的种族反犹主义并奋力捍卫《旧约》(不过,经常是将其作为反犹教导的材料),但是它却未能脱离传统路德宗的反犹敌视态度。

许多德国新教徒并不属于这两个对立团体中的任何一个,但是这种"中立"的中间立场与"德国基督教"的某些立场并无二致,在对待皈依犹太人问题上也是如此。如我们即将看到的,除了在灭绝行动的高潮期采取的措施有所谨慎,"认信教会"多次设法捍卫皈依者的权利(不过对犹太皈依者就不那么有力了)。

---

① 德国基督教会三分之二的受洗成员是新教徒,三分之一是天主教徒。

　　大多数路德派福音教会中的无所不在的反犹主义在臭名昭著的《哥德斯堡宣言》中得到了清楚的表达。这部企图为"德国基督徒"和福音教会的大部分"中立"信众奠定共同基础的宣言于 1939 年 4 月 4 日正式公布,受到了帝国大部分地区教会的广泛支持。其中的第三点(共 5 点)道:"有鉴于犹太种族对我们的民族生活所造成的政治影响和精神影响,国家社会主义党的世界观已经与之做了无情的斗争。充分谨守神圣的创世原则的福音教会确认其净化我们民族的责任。除此之外,在信仰领域,再也没有比耶稣基督的福音和犹太律法及其政治上的弥赛亚期盼之间的对立更为尖锐的了。"

　　"认信教会"于 1939 年 5 月做出了回应,通过一个本身明显就模棱两可的例子:"在信仰领域,耶稣基督及其门徒的福音与犹太人的律法主义宗教和政治弥赛亚期盼之间存在着尖锐的对立,后者在《旧约》中已经受到了重点批判。在(民族)生活领域,要保持我们民族纯洁性就必须采取认真负责的种族政策。"

　　随着《哥德斯堡宣言》的发表,这一年的 5 月,"研究和消除犹太人对德国教会生活影响协会"成立,耶拿大学的《新约》与国民神学教授沃尔特·格伦德曼被任命为该协会的科学指导。该协会吸引了众多神学家与其他学者成为其会员,并且在战争的第一年就出版了一本去犹太化的《新约》、一本去犹太化的《上帝福音》(卖出 25 万册),以及一本去犹太化的赞美诗集,在 1941 年又出版了一本去犹太化的教义问答手册。我们在稍后将会看到大多数德国新教徒采取的立场以及格伦德曼的那个协会后来出版的作品。

　　1940 年 11 月 22 日,布累斯劳的社区管理者联合会向本地的福音教会理事会提交了一份报告,提到了皈依犹太人的安葬问题:"在布累斯劳的约翰内斯公墓安放受洗犹太人的骨灰盒时,多次令人不愉快地出现了来访者流露愤慨情绪的场面。有两次,由于(安葬着'雅利安人')邻近墓主家庭的反对,非雅利安人的骨灰盒不得不被挖出,重新安放到偏远的角落。……由于雅利安人成员的反对,一位来自保卢斯教区几十年前就已经受洗的犹太人无法被安葬在罗布吕克教区公墓。"

　　在这一背景之下,对犹太人的个人帮助(哪怕是一种间接的表达),通常是来自普通牧师和一些神职人员,就具有了特殊的意义。在 1939 年 10 月的一次布道活动中,哥尼斯堡的教堂执事里德塞尔毫不犹豫地讲述了好人撒玛利亚的故事,并且选择了犹太人作为唯一的一位愿意向躺在路边的受伤者提供帮助的路人。

告密者的报告补充道:"州警方已被知之。"1939 年 12 月 1 日,胡恩茨巴赫地区认信教会牧师艾伯勒在一次布道中宣称:"我们教会的上帝就是犹太人的上帝,我是在向雅各的上帝表明信仰。"根据报告,参加圣礼的士兵中有不满躁动的迹象。1940 年 3 月,基尔大学神学院也被报告说有间接的亲犹太言论,结果导致了神学院院长颁布处罚决定。

相比新教教会,德国的天主教会较少受纳粹理论影响。不过,与新教教会一样,德国的天主教社团及其神职人员绝大多数都对传统的宗教反犹主义持开放态度。并且,尽管教皇庇护十一世在他在位的最后几年里对希特勒政权采取了越来越敌视的立场,但是德国的天主教会仍然避免与当局发生任何大的冲突。由于其自俾斯麦时代的"文化斗争"以来少数派地位和政治上的脆弱性,受到纳粹党和国家频繁侵扰的德国天主教会一直谨小慎微。

不过,德国的天主教徒有时也会大胆地采取行动,尽管是以自相矛盾的方式。在整个 30 年代,直至 1942 年,天主教会的激进纳粹对手 (罗森堡之流) 大量使用一份 19 世纪的著名的反天主教小册子——奥托·冯·科尔文的《潘芬之镜》。为了应对这种反教会的宣传,众多的天主教作家、神学家、神甫甚至主教多年以来都在喋喋不休地争论说,科尔文是犹太人,或是具有部分犹太血统,或者是犹太人的朋友。正如其中一位天主教作家指出的那样,即便科尔文不是犹太人,他也很有可能是犹太人的后裔。当然,对于纳粹来说,科尔文是一位血统方面无可怀疑的新教徒雅利安人。

1939 年 3 月 2 日庇护十二世当选教皇,开启了天主教绥靖希特勒政权的新阶段。尽管天主教僧侣集团一直努力在帝国以及被占领的欧洲地区向皈依的犹太人提供帮助,但是他们从不敢越过这一严格的限定。圣拉斐尔善会——一个为帮助移民而建立的天主教机构——照看一些"非雅利安人天主教徒"的离去;与此同时,创立于 20 世纪 30 年代的"保卢斯同盟"照顾他们在帝国内的需求。

在整个战争期间领导着德国天主教的布累斯劳老资格红衣主教阿道夫·贝尔特拉姆显示出了对德国元首和祖国的坚定忠诚,并且正如我们将看到的那样,直到最后他都与希特勒保持着热诚的个人关系。他的政治立场也正是德国教士阶层大部分人的政治立场,总的说来,这些都得到了庇护十二世的同意。与贝尔特拉姆的立场越来越针锋相对的是以康拉德·康特·普雷辛主教为首的一小群主教以及其他有影响力的神职人员。教会在犹太问题上的内部对立很晚才出现,它并没有改变大多数人的消极态度或者导致采取任何公开的立场。

十二

德国的犹太人社区在 1933 年秋天战争爆发时选出的领导阶层依然在任。1939 年年初,德意志帝国犹太人协会取代了原先松散联合的德国犹太人权益委员会。这是一个由犹太领导阶层自己发起建立的集中管理机构,目的是获得更高的效率。虽然协会的活动从一开始就完全被盖世太保(特别是艾希曼的犹太事务处)所控制,但是从它的一切意图和目的来看它都是一个全国级别的犹太委员会。犹太人协会通常是通过唯一获批准发行的犹太报刊《犹太通讯》向犹太社群传达盖世太保的各项指示。

除柏林外,在帝国的大部分地区,当地方犹太社团的办事机构越来越少的时候,它们已经被整合进了当地的犹太人协会分支机构。这些分支机构服从于来自柏林总部的指示,而后者还要向党卫军帝国保安总局报告每一步行动。在首都,"犹太人权益委员会"被允许保留其独立的办事机构和独立的活动。这种情况经常造成这两个犹太人组织之间的关系紧张。

直到 1941 年 10 月,协会的主要功能一直是鼓励和组织犹太人从德国移民海外。但是它从一开始就没少涉及社会救济和教育方面的事务。它设在柏林奥拉宁堡大街的办事机构和理事会由年迈的利奥·拜克拉比主持(正如 1933 年以来他一直主持前一样),与德国各大主要城市的地方办事机构一样,这里是剩余犹太人的主要生命线。

直接的物质帮助成为关注的中心。战争爆发后,急需帮助的犹太人所获得的国家救济锐减,大部分救济不得不依靠帝国犹太人协会筹集。数以万计被强征的犹太劳工所得的可怜"薪水"不足以缓解越来越严重的物资匮乏。有时连党卫军帝国保安总局也不得不站在犹太人协会一边,干预地方当局对犹太人的无情剥削。并且,由于犹太裔学生在 1938 年 11 月以后就已经被赶出德国人的学校,因此犹太人协会单独承担了帝国内 9500 名左右犹太儿童和青少年的教育。

在面临日益加剧日常负担的同时,帝国犹太人协会依然不能摆脱其与犹太个人或群体之间的剧烈内部冲突,有时结果会十分悲惨。1939 年的秋天,大约有 11500 名波兰犹太人依然生活在帝国境内。其中一些人逃脱了 1938 年 10 月的驱逐行动,其他一些人则被允许临时回来打理他们的生意。1939 年 9 月 8 日,盖世太保下令将他们作为敌侨加以逮捕并关押在布痕瓦尔德、奥拉宁堡和（后来的）萨克森豪森集中营。萨克森豪森囚犯的死亡率很快就达到了触目惊心的程度。正是在这种情况下，犹太代办处（巴勒斯坦犹太社团的代表机构）驻柏林的一位主管青年移民的女性官员雷哈·弗莱尔将一些受到威胁的波兰犹太人放在优先送往巴勒斯坦的名单之列，试图通过这种方式解救他们。帝国犹太人协会的官员们——尤其是行政主管奥托·希尔施——决定将所有的移民名额全部留给德国犹太人，并且坚持将波兰犹太人送往总督辖区。显然，希尔施以盖世太保来威胁弗莱尔。她成功地逃脱了，并且设法在返回巴勒斯坦的途中（使用伪造的文件）送出了一批人。但是，她并没有原谅柏林的犹太机构。利奥·拜克也成了弗莱尔发泄怒火的对象。她在战后写道，她当时渴望着"这位被捧为英雄的人头上的光环被清除"那一天的到来。

1939年12月9日，克伦佩勒记录道："我在军械库大街3号的犹太社区会所（帝国犹太人协会在德累斯顿的办公机构）——被焚毁和夷为平地的犹太会堂的旁边——缴纳我的税款和冬季救济捐。值得深思的举动：姜饼券和巧克力券被从食品配给证上剪去。……布证也必须上交：犹太人只有向社团提出特殊申请才能得到布料。这些都属于无须再计较的不愉快小事。一位在场的纳粹党官员找我谈话：……你必须在4月1日之前搬出你的房子。你可以卖掉它、租掉它、腾空它，那是你的事。唯一要做的是你必须搬出去，你只配住一间房间。由于你的妻子是雅利安人，你有可能分到两间房。此人并非粗野无礼，他完全理解我们将面临的困难，其结果是没有人能够从中受益——狂虐的机器肆无忌惮地践踏着我们。"

在德国，犹太领导层有着一定的连续性；而在波兰，随着德国人对这个国家的占领以及许多社团领袖的逃离，战前波兰大多数犹太领导层都被他人取代。华沙的亚当·策尔尼亚科夫和罗兹的查姆·鲁姆考夫斯基都是新任最高领导，两人现在都被各自所在城市的犹太委员会任命为主席。

从表面上来看，策尔尼亚科夫最引人注目的特点就是他的平凡无奇。他的日记就显示出他只是一个普通人而已。在一个极端残酷无情的年代，策尔尼亚科夫的庄重风度是令人印象深刻的。他不仅每天全身心地为他的社区服务，而且还特别照顾他那40万受包围人中最卑微和最羸弱的群体：儿童、乞丐、疯癫者。

作为一名受过培训的工程师(他曾在华沙和德累斯顿学习过),策尔尼亚科夫多年以来担任过许多无关紧要的职务,也曾涉足过华沙市的政治和华沙犹太人的政治。他曾是华沙市政委员会的成员和华沙市犹太社团委员会的成员。当犹太社团区主席毛雷奇·马塞尔在战争爆发时逃离后,市长斯蒂芬·斯塔钦斯基任命策尔尼亚科夫取代其职位。1939年10月4日,第四特别行动队任命59岁的策尔尼亚科夫为华沙犹太委员会主任。

似乎策尔尼亚科夫在确保能够获得这最后一项任命时使用了一些策略。这纯粹出于野心吗?如果是这样,那么很快他就懂得其角色的实质以及他所面临的巨大挑战。他了解了德国人,也很快失去了对波兰人的许多幻想:"在犹太公墓,连一棵树也不剩,"他在1940年4月28日记录道,"全都被连根刨了。墓碑被砸成碎片,栅栏连同其橡木桩子一起被掠走了。反观附近的波瓦斯基公墓(基督徒公墓),树木却完好无损。"他把一些最严厉的评论留给了他的犹太人同胞,尽管他从未忘记他们共同处于日益增加的恐怖中。

策尔尼亚科夫本可以离开,但他却留了下来。在1939年10月,他显然无法预见未来3年会发生些什么,而他的一些俏皮话倒是有未卜先知的语气:"克拉科夫的驱逐行动,"他在1940年5月22日写道,"是乐观、悲观还是诡辩。"在希伯来语中,"诡辩"的意思是"终结"。据一位名叫阿波里纳利·哈特格拉斯的目击者叙述,在首次召开的委员会会议上,策尔尼亚科夫让几位委员会成员看了看他办公桌的一个抽屉。他在里面放了"一个装有24粒氰化物片剂的小瓶子(我们每人一片),然后又给我们看了可以找到抽屉钥匙的地方,以防将来不测"。

我们会看到,策尔尼亚科夫尽管也有性格上的缺陷,但那只是一些可以一笑置之的小缺点而已。在他担任这座仅次于纽约的世界第二大犹太人聚居城市傀儡偏长官期间,尽管这位温和的管理者备受指责和憎恨,然而那些邪恶的措施既不是由他制定,也不是他能够改变的。

与策尔尼亚科夫那庄重体面和自我牺牲形象形成鲜明对比的是许多日记作者、回忆录作者以及后来的不少历史学家对波兰第二大犹太社群的领袖——罗兹的"长老"莫迪凯·查姆·鲁姆考夫斯基的描绘。鲁姆考夫斯基62岁之前的人生无任何特别之处:在生意上显然失败过好多回,在罗兹的犹太复国主义政治圈里他也没有过什么影响,甚至连他在几家孤儿院的管理都受到同代人的批评。

和华沙一样,战前罗兹的社区领袖莱昂明兹伯格逃离海外。他的位置由他的副手取代,鲁姆考夫斯基被提升为社区副主席。然而,德国人却选择了鲁姆考夫斯基来领导罗兹的犹太人。这位新"长老"任命了一个31人的委员会。不到一个月,所有委员会成员均遭到盖世太保逮捕并被枪决了。由于鲁姆考夫斯基日后招致的众怨极深,因此在他死后多年,作为最早和最著名大屠杀史学家之一的菲利普·弗里德曼含沙射影地评论了此事:"鲁姆考夫斯基在最初委员会的命运中扮演了什么角色?他是否曾向德国人抱怨委员会成员的不妥协态度?如果是的话,他是否知道他们将面临什么?这些都是重大严肃的问题,我们还无法根据我们掌握的证据回答这些问题。"第二个委员会于1940年2月组建。

策尔尼亚科夫对他的这位罗兹同僚没有多少敬意:"罗兹的鲁姆考夫斯基显然发行了自己的货币'查姆基';他因此获得了'可怕的查姆'诨名。"这位华沙犹太委员会主席在1940年8月29日记录道。9月7日,林格尔布鲁姆记录了鲁姆考夫斯基的华沙之行:"今天,人称'查姆王'的查姆·鲁姆考夫斯基从罗兹抵达这里,这是个70多岁的老头,野心勃勃又极为古怪。他炫耀了他隔都的宏伟。他拥有一个有着400名警察和3座监狱的犹太王国。他还有一个外事部和其他各部门。当他被问及,如果那里真的这么好,为什么死亡率这么高时,他没有做出回答。他自以为自己是天命所归。"

许多同时代的人都异口同声地谴责鲁姆考夫斯基的野心、对手下犹太人的暴虐以及古怪的自大狂。然而,一位生活在罗兹隔都、目光敏锐的观察者雅各布·苏曼(死于1942年年初,大规模驱逐行动前夕)在1941年写的回忆录里一方面承认和列举了这位长老的一些特别令人厌恶之处,同时以赞赏的口吻将他的施政与策尔尼亚科夫做了对比。实际上,对华沙和罗兹的这两位犹太人领袖之间对比还应当更深入些。历史学家以色列·古特曼争论说,鲁姆考夫斯基在隔都造成了一种社会平等的态势,"富人在那里是能有一块面包的人。……另一方面,虽然策尔尼亚科夫无可争辩的是一位正直的人物,但却对华沙隔都中一连串可耻事件频频妥协退让"。

犹太日记作家——他们的编年史,他们的沉思,他们的目击——将占据本书的核心舞台。这些日记作家是一个纷繁复杂的群体。克伦佩勒是一位改革派拉比的儿子。他本人皈依了基督新教,娶了一位基督徒妻子,清晰地显示了他的目标:全盘同化。卡普兰与犹太性的关系就完全不同了:他在密尔经学院接受了塔木德教育(后来又在维尔纳教育学院接受了专门的培训)为他终身从事的事业——希伯来语教育打下了基础。卡普兰于1902年在华沙建立了一所希伯来语小学,并担任校长40年。克伦佩勒的散文具有他所崇拜的伏尔泰反讽风格的淡淡色彩,而卡普兰的日记写作——从1933年就已经开始了——则带有《圣经》希伯来语的一些显著风格。和策尔尼亚科夫一样,卡普兰是一个犹太复国主义者,当有人向他提供去巴勒斯坦签证时他拒绝离开他的华沙社区。另一方面,克伦佩勒却十分痛恨犹太复国主义,在愤怒时甚至将其比作纳粹主义。然而,这位以自我为中心并且有些神经质的学者以完全的诚实来书写他人和自己。

在这些犹太目击者中,林格尔布鲁姆是唯一一位受过训练的历史学家。他以一篇题为"1527年大驱逐前华沙犹太史"的论文在华沙大学获得了博士学位。他从1927年到1939年一直在华沙高级中学教历史。在战前的岁月里,他还帮助建立了维尔纳意第绪语科学研究所(YIVO)华沙分会以及一个年轻历史学家的圈子。林格尔布鲁姆是一位活跃的社会主义者和忠实的左翼犹太复国主义者。基于自己的政治立场,他从一开始就对犹太委员会充满敌意,在他眼里那是一个腐败的"机构",是一位全身心投入的"犹太大众"代言人。

约亨·克莱珀的日记就不同了:充满了浓烈的基督教宗教性,不能以阅读犹太编年史作家日记方式阅读他的日记。由于其犹太裔妻子,克莱珀先是丢掉了在德国广播电台的工作,然后又遭乌尔施泰因出版社开除。然而,当局有一段时间的确对他的身份归属产生过犹豫,再加上他是一位成功小说家,还是民族主义畅销书《父亲》的作者,以及普鲁士国王弗里德里希·威廉一世的传记作者。因此,克莱珀饱受折磨的生活使他成为非同寻常目击证人中的一员,他既经历了受害者的命运,又在某种程度上作为一个德国人和基督徒在栅栏外感受着这一切。

会有更多的犹太日记作家用自己的声音加入至此已经提及者的行列,他们分别来自西方和东方,来自生活的各个行业,年龄也各不相同。罗兹的高中生日记作家达维德·谢拉考维克将与最年轻的日记作家、来自总督辖区基尔采相邻地区12岁的达维德·鲁比诺维奇会合;加入的还有维尔纳的高中生日记作家伊霍克·鲁道什维斯克、布鲁塞尔的少年摩西·弗林克、阿姆斯特丹的13岁少女安妮·弗兰克。其他青少年的声音也会被简短地听到。他们中没有一个幸存下来,成年的日记作家也很少有人幸存下来,但是数以百计隐匿的日记已经重见天日。这些日记作家实现了他们的初衷,尽管是以悲剧的方式。

第二章 (1940 年 5 月至 1940 年 12 月)

1940 年 10 月 22 日, 德国巴登州和萨尔 — 巴拉丁州的 6500 名犹太人突然被驱逐到未被占领的法国。根据曼海姆地方检察署的一份报告,那天上午有 8 名犹太人自杀:古斯塔夫·以色列·列弗,74 岁,和他的妻子萨拉·列弗,65 岁,煤气自杀;克拉拉·萨拉·绍尔夫,64 岁,和她的弟弟奥托·以色列·施特劳斯,54 岁,煤气自杀;奥尔加·萨拉·施特劳斯,61 岁,安眠药自杀;燕妮·萨拉·德雷福斯,47 岁,安眠药自杀;纳内特·萨拉·费伊特勒,73 岁,在浴室门梁上吊自杀;阿尔弗雷德·以色列·博登海默,69 岁,安眠药自杀。

对被驱逐者留下财产的登记工作是滴水不漏的。海德堡区的沃尔多夫宪兵队部在 10 月 23 日报告说,在布兰卡·所罗门的家里找到了 9 只母鸡、4 只公鸡和 1 只鹅;萨拉·迈耶有 10 只母鸡和 3 只公鸡;阿尔伯特·以色列·福格尔有 4 只母鸡;萨拉·维尔有 3 只母鸡和 1 只公鸡。至于莫利兹·迈耶,他拥有一只名叫"巴尔多"的德国牧羊犬。1940 年 12 月 7 日,格拉本的宪兵打开并搜查了 4 位被驱逐者先前共同居住的公寓,这 4 个人分别是:两位犹太寡妇索菲·赫尔茨和卡洛林·奥特以及名叫普拉戈尔的夫妇。官员登记在册的包括 2 枚金质奖章——巴黎埃菲尔铁塔 — 1889 和巴黎 — 1878,1 条镀金腕表链、1 枚镀金的胸针、3 枚金戒指、7 枚外国铜币、6 把银质餐刀、7 把银质咖啡匙,等等。

— 一 —

从波兰战役结束到 1940 年 4 月初,没有什么重要的军事行动发生。随着苏联在 1939 年 12 月对芬兰发动攻击而开始的"冬季战争",在 1940 年 3 月以芬兰割让卡累利阿省满足苏联的领土要求而结束。除了很可能加深了希特勒对苏联红军的低估之外,这次的北欧冲突对主要的对峙方没有产生任何直接的影响。同样是在这几个月里,由于西线无战事(虚张声势的战争),伦敦和巴黎洋溢着乐观的气氛,结果导致与西方国家政府保持联系的犹太官员也同样乐观。1939 年 11

月4日，世界犹太人大会驻日内瓦代表那鸿·戈尔德曼向在纽约的世界犹太人大会主席斯蒂芬·怀斯报告说，在伦敦和巴黎，消息灵通的人期待值极高。戈尔德曼本人要稍微谨慎一些：“我不能同意某些人的说法，即希特勒已经穷途末路，不过，似乎第三帝国的确正处于一个风雨飘摇的境地。意大利肯定不会再站在轴心国一边。……明年春天盟国将拥有两倍或三倍于德国的飞机，而且后者的飞机似乎也比盟国的飞机低劣。……法国和英国的那些在一个月前还认为这将是一场非常漫长战争的人现在已不这么认为了。一些非常重要的人士认为战争在明年春天或者夏天就可以结束。德国的内部形势似乎非常糟糕。这与德国在1917年年底的情况极为相似。”

4月9日，德军以迅雷不及掩耳之势占领了丹麦并在挪威登陆。5月10日，德国国防军在西线发动了攻击。15日，荷兰投降；18日，比利时紧随其后投降。5月13日，德国人已经跨过了马斯河；20日，敦刻尔克附近的海峡沿岸已经进入了他们的视野。大约34万英军和法军士兵被撤回了英国，部分原因是希特勒在攻击和占领敦刻尔克之前三天命令停止前进。用德国人的话来讲，这个决定在当时显得“无关宏旨”。事后来看，这可能是战争的转折点之一。

国防军在6月初向南推进。10日，墨索里尼参战加入了希特勒一方。14日，德军进入了巴黎。17日，法国总理保罗·雷诺辞职，他的副手、“一战”老英雄亨利—菲利普·贝当元帅继任。在未与法国人的英国盟友协商的情况下，贝当请求休战。德国人和意大利人的条件被接受，6月25日午夜过后不久，停战协议生效。与此同时，英国政府重组。5月10日，德国人在西线发动进攻的当天，内维尔·张伯伦被迫辞职，新任首相是温斯顿·丘吉尔。

7月19日，希特勒在德国国会发表的胜利演说中以一项“和平提议”嘲弄了英国人。三天之后，英国外交大臣哈利法克斯勋爵（他在此前一个月还是“和平妥协”的支持者）通过广播拒绝了德国人的提议并誓言他的国家将不惜一切代价战斗到底。英国是否有足够军事资源，其民众和领导是否有决心单独进行战争？这些在1940年的夏初都不明朗。绥靖派的阵营虽然失去了哈利法克斯勋爵这样一位斗士，但是仍然在发出他们的声音，还有一些显赫人物——尤其是温莎公爵——毫不隐瞒他们与希特勒德国达成妥协的愿望。

在法国崩溃的那些日子里，斯大林已经占领了波罗的海沿岸诸国并从罗马尼亚攫取了比萨拉比亚和北布科维纳,并对于丘吉尔措辞非常谨慎的示好请求表现出了慢待、冷落。美国的情景是矛盾的。罗斯福这位坚定的"干涉主义者",如果在美国还存在的话,在7月19日的芝加哥大会上再次被提名为民主党的总统候选人。他的对手、共和党的温德尔·威尔基同样也是一位坚定的干涉主义者。干涉主义十分看好英国。然而,在国会和美国民众中,孤立主义依然盛行;很快,"美国至上委员会"将为它提供一个坚实的政治基础以及一个富于战斗性的宣传机构。在此阶段,甚至连罗斯福的再次当选都不能保证美国向着战争更进一步。

在整个欧洲,在被占领国和中立国,大多数政治精英,或许大多数民众都不怀疑德国将在1940年夏天会迅速获胜。许多人开始追求"新秩序",对"法西斯主义的诱惑"敞开大门。这股反自由主义恶浪的起源比德国人军事力量的直接影响还要深远;正如在本书序言中暗示的那样,它们是一个逐渐演进过程的产物,这个过程在此前的五六十年就已经开始了。

大量的文献已经描述和分析了19世纪末以来欧洲反自由主义的来龙去脉以及新"革命右翼"(和左翼)的兴起。这里所说的"新右翼"是相对传统的保守主义右翼而言的。目前一般认为,在此旗帜下该运动的广泛流行非仅仅由于狭窄的社会背景(中产阶级的下层),而主要由来自两个相反方面的恐惧所激发:一方面是对有组织左翼力量兴起的恐惧;另一方面是对自由资本主义无常起伏的恐惧。"新右翼"的社会背景十分广泛,延伸到了部分对现实不满的工人阶级以及中产阶级上层和原先贵族阶层的成员。它既对自由主义和"1789年理想"表达出强烈反对,又对社会民主主义,主要是马克思主义(以及后来的共产主义和布尔什维主义)极端仇视,而且还反对与民主现状进行妥协的保守政策。它寻求一条既可以克服无产阶级革命威胁又可以克服资本主义掌权威胁的"第三条道路"。在新的革命者眼中,这"第三条道路"必须是威权主义的;带有自己的神秘性,通常是民族主义的一种极端表现,对反物质至上主义社会革新的一种模糊渴望。

在"一战"之前的欧洲,右翼和左翼都是以反物质至上主义和反资产阶级的精神面貌出现在世人面前的,因此无论是在天主教徒还是在新教徒中都得到了强有力的支持。这两种精神与战后恶性膨胀的民族主义以及与之相关的集体主义、英雄主义和死亡崇拜相结合,成为新右翼和早期法西斯主义的理想养分。

1917年革命之后,对布尔什维主义的恐惧又为大难将至的感觉增添了预示性的依据。正是在这种情况下,很多人的心里越来越向往一种可以由一位能够拯救因受自由民主主义毒害而软弱、腐化、瘫痪世界的政治救星领导的"新秩序"(如"第三条道路"做出的政治表达)。

20世纪30年代的经济危机仅仅是让此前几十年的恐惧和欲望浮出了水面而已:1922年10月,随着本尼托·墨索里尼所谓的向罗马进军,意大利的法西斯政权最先粉墨登场,接着是后来居上的更为有力强大的纳粹现象:"新秩序"正在成为可怕的政治和军事现实。法国的战败似乎证明了新秩序比旧秩序的优越性,证明了新价值观较之那些已经彻底失败旧价值观的优越性。

已经被德国操纵的丹麦政府在1940年7月发布了一项声明,表达了其对"德国伟大胜利"的"崇敬",并称这一胜利"为欧洲开启了一个新时代,将最终实现德国领导下的政治和经济新秩序"。在伦敦流亡的比利时政府好几个月来一直考虑重新加入由(留在国内的)国王利奥波德三世领导政府、接受德国人控制的可能性,直到1940年10月才最终选择了抵抗和流亡。在那个时候,贝当元帅的政府已经公开选择了与第三帝国合作的道路。至于西欧大多数国家的民众,他们很快适应了占领军的存在,这支占领军因为其端正甚至是彬彬有礼的行为而广受称赞。

知识分子对新秩序的适应和知识分子与新秩序的合作将是本书一个反复出现的主题。在这里要重点提到的是,不仅仅是欧洲知识分子中的极右翼希望看到德国的胜利,相当一部分基督教思想家都在欢呼物质至上主义和现代性的死亡,为"新精神"的出现喝彩。在一封信函中,耶稣会的一位古生物学者、1945年后巴黎的哲学家德日进表达了他对新时代的令人惊叹的理解:"在个人层面上,我坚持自己的理念,即我们所注视的与其是一个世界的死亡,不如说是一个世界的诞生。……和平不是别的而是征服的一种更高过程……这个世界注定属于其最积极的成员。……现在,德国人获胜是注定的,这是因为,不管他们的精神是如何糟糕杂乱,他们比世界上所有其他民族拥有更多的精神力量。"

德日进的声音仅仅是来自天主教左翼的诸多声音之一。"欧洲反对自身的分裂正导致一种新秩序的诞生,或许这不仅是欧洲的新秩序,也是世界的新秩序。"法国左翼天主教思想家埃曼努埃尔·穆尼耶在1940年10月写道,"只有一场思想革命和一次与法西斯主义革命相匹配的体制重生才能挽救法国,使之免于毁灭。……德国之于西方,正如斯巴达之于雅典、艰苦的生活之于安逸的生活。"穆尼耶预言,重生的欧洲"将是一个威权主义的欧洲,因为欧洲已经自由得太久了"。

比一些基督教思想家更热切做好接受"新秩序"准备的是欧洲大陆上的大多数右翼威权主义政权,他们已经与这一新秩序的传送者结成了同盟。正如德国的民族主义右翼已经成为国家社会主义在"夺权"前后的天然盟友并在后来成为新帝国的忠实伙伴一样,30年代的欧洲右翼在希特勒最初胜利之后的表现也同样如此,甚至是怀着更大的热情。如同在德国和意大利一样,共同的敌人(主要是布尔什维主义和自由民主主义)取代了传统精英与纳粹主义或意大利法西斯主义之间的对立。为了实现与其主要在中东欧的保守主义伙伴和解,希特勒多次支持威权主义——保守主义政府镇压国内的法西斯主义反对派。例如,在1941年1月罗马尼亚铁卫军的未遂政变期间,这位纳粹领袖支持杨·安东内斯库元帅的政权镇压了霍里亚·西玛的铁卫军。

"新秩序"的意识形态野心以及纳粹——法西斯主义势力与威权主义势力的联盟从一开始就受到反对力量的破坏,它最初微弱,但随着时间的推移逐渐加强。当局势——英国不会退让,美国将动员其工业力量支持英国战争努力——变得越来越明朗时,对德国人能否最终获胜的质疑也开始不断浮出水面。对德国的仇恨在蔓延,在波兰越来越强烈,然后是巴尔干诸国,最后缓慢但不断地在西欧蔓延。总的说来,在战争的最初几年里,也就是在德国对苏联发动进攻之前,大多数欧洲人既没有在心理上也没有在实践上为某种形式的反德抵抗做好准备(尽管在波兰和其后的塞尔维亚有过武装反抗德国国防军的行动)。特别是在西欧,民众专注于克服日常的困难和选择各种各样的"适应"策略。

助长欧洲大陆民众与现有的强权联盟进行妥协的重要因素之一是传统上保守的基督教会——从影响力上来看尤其是天主教会——的和解态度。前面已经提到,在30年代德国纳粹上台前后的那段时间,希特勒的政治运动及其政权与天主教会之间的紧张程度是相当严重的;不过,正如我们即将看到的,庇护十二世继任教皇之位一事表明,梵蒂冈方面有与第三帝国达成和解的坚决要求。天主教在教义(洗礼的神圣性及其相对于种族观念的优先性)或教会法规方面不会妥协,但是政治考量压倒了任何与法西斯主义——威权主义阵线分庭抗礼的想法。

同样是在这些年里,安东尼奥·德·萨拉查的葡萄牙、弗朗西斯科·佛朗哥的西班牙、后毕苏斯基的波兰政府、米克洛什·霍尔蒂的匈牙利以及1939年3月以后约瑟夫·蒂索的斯洛伐克都显示出了基督教会与威权主义右翼政权之间的各种联盟,其目的是对抗双方共同的敌人亦即共产主义、自由主义和"物质至上主义"。很快,安东内斯库的罗马尼亚也将步他们的后尘,甚至更加暴力和凶恶,安特·帕维里奇的克罗地亚也是如此。至于维希法国,其威权主义和天主教特性俨然是阴魂不散的"古代政权"回归——只不过没有君主而已。

正如我们看到的那样,反对共产主义、自由主义和"物质至上主义"的联盟鱼龙混杂,其中就包含了一些近代反犹仇恨的主要成分。其中还应该加上纳粹的宣传和各种民族反犹主义:波兰的民族民主党、匈牙利的箭十字党、斯洛伐克的林卡卫队、克罗地亚的乌斯塔沙、罗马尼亚的铁卫军、"法兰西行动"以及1940年夏天的那些依然在流亡的乌克兰民族主义者组织(OUN)和巴尔干诸国的地下民族主义武装分子咆哮所散播的东西。因而,"新秩序"本质上也就成了反犹的新秩序。不过,在1940年,这股仇恨恶浪的最终结果还无法被人觉察;其通常的目标只是驱逐和隔离而已。

在这一重大意识形态演进背景之下,在整个西方世界不断扩大化的战争和不断紧张化的政治危机与道德危机中,教皇的影响力发挥了重要的作用。如我们先前提到的庇护十一世去世前几个月,这位对纳粹政权越来越不满的教皇已经要求起草一份教皇通谕,谴责纳粹的种族主义和反犹主义。他在弥留之际收到了《论人类团结》的草稿。他的继任者肯定知道这份文件的存在,却决定将它束之高阁。

庇护十二世对德国的态度和对犹太人的态度常与他前任的态度形成鲜明对照,因此给人造成的印象是,庇护十二世的政策在许多方面是异乎寻常的,甚至是离经叛道的。事实上,作为"一战"刚结束时罗马教廷派驻波兰的使节,他的前任庇护十一世就毫不掩饰地公开表达过反犹态度,这与他的大多数近现代前任如出一辙。导致《论人类团结》出台并造成罗马教廷日益分裂的一系列变化发生在庇护十一世的暮年,主角是罗马耶稣会的期刊《天主教文明》和梵蒂冈日报《罗马观察报》,或许还有他的国务秘书埃格涅欧·帕切利,也就是后来的庇护十二世。因此,可以有把握地说,作为国务秘书和后来教皇的帕切利本人只是在遵循一条既定的路线,尽管他也许已经洞察到他周边的世界正在发生根本性的变化。然而,新教皇还是在成熟的传统中留下了个人的印迹和首创。

帕切利冷漠、专制,沉浸在对自己智力和精神的优越感之中,他在政治上的立场和在教会事务上的立场一样极端保守。虽然如此,在他担任教廷驻慕尼黑公使期间(1916—1920 年)和在 20 世纪 20 年代担任驻柏林公使期间,他依然被认为是一位得力的外交官。他的集权欲望和控制凌驾于各国教会之上,梵蒂冈官僚机构的欲望促使他努力与德国达成一项宗教事务协定,哪怕以牺牲德国天主教中央党为代价也在所不惜。协定在 1933 年 7 月签署并在 9 月得到批准。德方的签名是阿道夫·希特勒。作为回报,天主教中央党在 1933 年 3 月 23 日投票支持赋予这位纳粹领袖全权,对于天主教中央党来说,这意味着其自身的死亡和德意志共和国的最终死亡。

庇护十一世和纳粹德国的表面良好关系并没有持续多久。从 1936 年起,当纳粹的种族政策对天主教教义构成的威胁越来越清晰时,当宗教事务协定中有关天主教机构(青年运动和宗教等级)和教会财产的一些重要条款被柏林方面漠视时,当纳粹针对教士和修女的捏造指控表明了其直接迫害天主教会的可能性增大时,庇护十一世对新的第三帝国越来越敌视。这位教皇在 1937 年的通谕《极度关切》中凸显了存在的紧张关系。毫无疑问,国务秘书帕切利参与了这份教皇通谕的起草,也和庇护十一世一样对纳粹政策感到愤怒。很有可能就是在这种情况下,帕切利于 1938 年 4 月向来罗马参加会晤的美国驻伦敦大使约瑟夫·P.肯尼迪递交了一份备忘录。备忘录中称,与纳粹妥协是不可能的。大约与此同时,在一次与美国驻柏林总领事阿尔弗雷德·W.克里弗斯的会谈中,据说帕切利曾声称“他(帕切利)坚定地反对与国家社会主义进行任何妥协。他认为希特勒不仅是一个不值得信任的无赖,还是一个邪恶透顶的人。他不相信希特勒能够有所节制”。

然而,一旦帕切利当选教皇,他的一些最初行动(包括将《论人类团结》束之高阁)进一步证实了天主教会极端保守主义立场的顽固性以及安抚德国的明确愿望。因此,在 1939 年 4 月中旬,教皇通过一次广播祝贺了西班牙人民重返和平与获得胜利(当然是佛朗哥的胜利),还补充说西班牙“已经再一次向唯物主义无神论的先知们提供了其牢不可破的天主教信仰的高贵证明”。几个月之后,庇护十二世撤销了他的前任对奉行反共和主义、保皇主义、极端民族主义和反犹主义的"法兰西行动"组织的惩罚。宗教法庭已经在1939年7月7日撤销了谴责，但此项决定却是在7月15日的《罗马观察报》上宣布的，这天正是攻克巴士底狱纪念日的次日：日期的选择也许纯属巧合。

3月6日，新教皇以一封特别长的信函向希特勒告知他的当选（根据传统）。这封信最初是用拉丁文书写，但是他显然已经亲自重写了这封信的德文版本并签上了名字（这可不是传统）。

另一方面，纳粹—苏联协定必定强化了庇护十二世个人对纳粹领袖的不信任；这也许可以解释为什么教皇在1939年秋天与谋划反希特勒政变的德国国内反对派保持接触。然而，教皇从一开始就面临着一个非常困难和非常紧迫的问题：在面对纳粹更大规模罪行的时候，他又当做出何种外交反应和公开反应呢？

庇护十二世向他的随从清楚地表示，他将亲自负责与希特勒德国的关系。他有意地让亲纳粹和反犹的切萨雷·奥尔塞尼戈续任教廷驻柏林公使。在涉及纳粹罪行的整个过程中，庇护十二世在战争初期的政策可以被解释为选择性绥靖的一次实践。对于杀害精神病患者的行为，教皇并没有采取公开的立场，但是在1939年10月22日的教皇通谕中为"深爱的波兰人民"祈祷（尽管对于波兰主教和波兰驻梵蒂冈公使来说这显然是不够的）。至于波兰天主教徒命运问题，梵蒂冈也通过其公使或者以紧急请求的方式向柏林方面提出了呼吁。在1940年12月致布累斯劳的贝尔特拉姆红衣主教和柏林的普雷辛主教的信中，庇护十二世表达了他对杀戮精神病患者行为的震惊。然而，他在信中并未提到任何关于迫害犹太人的事。

1940年6月11日，法国的欧仁·蒂斯朗红衣主教从梵蒂冈寄信给他的巴黎同人埃马纽埃尔·叙阿尔红衣主教。尽管这封信应当放到40年代的语境下来阅读，此刻法国正在崩溃，一天之后墨索里尼参战，但是它还是有不同寻常的深刻意义："我们的政府（民主政府）拒绝理解冲突的真实本质并且坚持把这场战争想象成和以往的战争一样。但是法西斯主义的意识形态和希特勒主义已经转化为年轻人的意识，那些35岁以下的人愿意在他们领袖的命令之下犯下任何罪行。自从11月初以来，我已经请求宗座发布一道教皇通谕，重申服从良知指导的个人责任,因为现在对基督教来说正是至关重要的时刻。……我担心历史将会责备宗座采取了一条权宜的政策。这将是极为悲哀的,尤其是生活在庇护十一世的时代。"

二

德国的占领因国而异。在1943年夏天之前,丹麦一直保持着表面上的自由。而挪威与荷兰——尽管是"种族血统关联"的国家——则是由纳粹党指派的帝国专员治理,这些帝国专员既是总督也是意识形态的特使。比利时和法国北部(罗亚尔河以北与大西洋沿岸)依然处于德国国防军的管理之下,沿比利时边界的两块法国地区被置于布鲁塞尔的军事指挥下。另一方面,贝当元帅领导下的法国中南部被赋予一定程度的自治,从而成为"维希法国"。德国事实上吞并了卢森堡以及法国的阿尔萨斯省和洛林省。作为给墨索里尼的回报,法国东南一部分地区由意大利军队占领。

管理欧洲被占领地区的是一大批德国代理人和受任命者,他们彼此独立但都完全服从元首的单一中央权威。在一套错综复杂的权力分配体制中,没有一个机构在1940年或者此后单独负责犹太问题。自1938年年初以来,国家机构越来越受到纳粹党及其组织的排挤,直至处于从属地位。(德国和奥地利的)纳粹党元老对一切与占领或反犹政策有关事务的控制可以说是无孔不入。只有军队由于战争的原因才多多少少保留了独立的地位。然而正如我们看到的那样,在波兰,德国国防军对民事事务的控制权在战役结束之后不久就已经被剥夺。不过,国防军在几个被占领的西欧国家依然拥有实施反犹措施的主导权威。它还在其占领的苏联领土和巴尔干诸国积极参与压迫和大规模杀戮行动。

另外,从地盘和功能的意义上来说,纳粹党及其组织几乎掌握着一切权力。汉斯·弗兰克掌控着总督辖区,亚瑟·戈里瑟在瓦尔塔州,亚瑟·赛斯—英夸特在荷兰,康斯坦丁·冯·诺伊拉特(唯一开头的例外)、莱恩哈德·海德里希和赫尔曼·弗兰克在保护国,约瑟夫·特博文在挪威,亨利希·洛泽在"东方土地"以及埃里希·科赫在乌克兰也都是如此。他们都是纳粹党的死硬分子。从功能方面来说,赫尔曼·戈林监督着经济剥削和掠夺;弗里茨·绍克尔和阿尔贝特·施佩尔管理着国外劳工;阿尔弗雷德·罗森堡洗劫艺术和文化资产(后来他还负责"东方占领土地"的民事管理);约瑟夫·戈培尔当然控制着宣传及其各分支;约阿希姆·冯·里宾特洛甫处理外交事务；海因里希·希姆莱及其爪牙控制着人口迁移和"殖民化"，以及与之相关的逮捕、处决、驱逐和灭绝行动。①

德国人对欧洲大陆的控制完全依赖于当地人的某种配合，这种合作部分是出于"理性的"权衡，但是这些人之所以会自愿地甚至是热情地接受德国的霸权，通常是出于某种意识形态和权力—政治的原因。这样的合作涉及诸多国家机关与地方机构，以及形形色色的政治支持团体和独立机构，参与者涵盖了从政客到公务员，从知识分子到警察部门和铁路部门，从记者到工业家，从青年运动到农民联盟，从教会到大学，从有组织的杀手团伙到自发形成的匪帮。随着战争变得越来越激烈和抵抗运动变得越来越活跃，死硬的通敌者在搜捕纳粹德国的敌人和受害者的过程中也变得越来越野蛮残忍。

当希特勒在西线获得胜利的时候，纳粹的恐怖制度直接控制了 25 万名到 28 万名留在帝国境内的犹太人，在其卫星国协助下还控制了保护国的 9 万名犹太人、斯洛伐克的 9 万名犹太人、德国占领或吞并的前波兰地区的 220 万名犹太人、荷兰的 14 万名犹太人、比利时的 65000 名犹太人、法国南北两区的 33 万名犹太人、丹麦的 7000 到 8000 名犹太人以及挪威的 1700 名犹太人。因此，在 1940 年夏初，实际上已经有总共 320 万名犹太人落入了希特勒的魔掌。

希特勒的新胜利在欧洲犹太人中引发了巨大的恐惧。"埃菲尔铁塔上升起了卐字旗，"罗马尼亚的犹太作家米哈伊尔·塞巴斯蒂安在巴黎陷落后两天的日记中记录道，"凡尔赛宫设了德国人的岗哨；在凯旋门，'无名战士'纪念碑旁站着的是一个德国的'荣誉卫士'。但可怕之处并不是战利品或者挑衅行为；这些多少还

---

① 在希特勒的帝国里，"党卫军帝国保安总局"建立于 1939 年 9 月 27 日，该局被置于希姆莱的指挥下，构成了一个专门的安全与警察机关（帝国保安部、盖世太保和刑警）的机构框架，这些机关自 1936 年起已经开始互相协作。海德里希（以及后来的卡尔滕布龙纳）的总部成了纳粹政权在希特勒所确立的总体政策框架内规划和实施反犹措施的中心之一。新的行动计划常常是由党卫军帝国保安总局制定并呈交给希姆莱，再由希特勒最终批准。我们应当看到的是，由于政治和军事的制约，该中心的计划在许多情况下都被驳回或者被勒令修改。在欧洲大陆的每一个被占领国家，执行任务的保安总局特派员经常与德国国防军或其他代理机构关系紧张，这得归因于他们的我行我素和对既定管理体系的熟视无睹。1940 年，党卫军帝国保安总局的基本架构寿终正寝。对于犹太人事务，有两个机构具有特殊的重要性：第四局（Amt IV）和第五局（Amt V）。海因里希·穆勒管理的第四局实际上隶属盖世太保。艾希曼的第四局 B-4 课成了执行更高层制定的反犹政策的机构。

能激起或维持法国民众的生存愿望。让我更害怕的是随之而来的'和谐'行动。新闻报刊、宣言和政治党派会将把希特勒描绘成法国的朋友和忠实的保护人。一旦那个时候到来,所有的恐慌和仇恨都将在一次漫长的集体迫害中找到发泄。波尔蒂(塞巴斯蒂安生活在巴黎的弟弟)能到哪里去呢?他将做些什么呢?他将变得怎样呢? 我们这里又将变得怎样呢?"

1940 年,33 岁的塞巴斯蒂安已经是罗马尼亚文学界的一位著名的小说家和剧作家。他生活在布达佩斯,与当地的知识分子精英密切接触——其中的一些成员诸如 E.M. 乔兰和米尔恰·伊利亚德在战后的岁月中获得世界声誉——这是一个沉溺于罗马尼亚式法西斯主义的精英群体,很多人持有最粗野和最强烈的反犹主义。然而很奇怪的是,塞巴斯蒂安却努力在为他先前好友们的无礼行为寻找理由与合理解释。不管塞巴斯蒂安的宽仁是多么令人匪夷所思,他的日记提供了这样一幅真实可信的图景:一个政权即将实施纳粹式的举措并参与大规模的屠杀,而这个社会却广泛地支持这种行为。

在华沙,策尔尼亚科夫在没有添加任何评论的情况下记录着急速变化的形势。而林格尔布鲁姆和谢拉考维克则没有留下那几个月里的任何记录,卡普兰从愤怒转向绝望,又从绝望转向非常短暂的希望。6 月 11 日,他记录下了对墨索里尼的愤怒:"第二个流氓也已铤而走险! 很难说他是自愿还是被迫,但不管怎么说,贝尼托·墨索里尼——这个背信弃义的家伙,这条'元首'的走狗,这个意大利民族的顽劣领袖——已经对英国和法国开战了。"同一篇日记中还提到了对法国迅速溃败景象的想象,"法国人正在像狮子一样竭尽全力地战斗。但是,英勇的行动也有极限。法国是否还有足以抵御纳粹军事力量的实力,这是很令人生疑的。"之后就传来了巴黎陷落和法国请求停战的可怕新闻:"即使是最悲观的人,"卡普兰在 6 月 17 日记录道,"其中就包括了我自己,也从未预料到如此可怕的消息。"不可回避的问题随之而来:"英国会继续战斗吗?"卡普兰一开始疑虑重重,但在三天之后就充满了强烈的希望:"战争还没有结束! 英国人正在继续战斗,就连法国人也会在其遍布世界各地殖民地的土地上进行战斗。"卡普兰还补充了一点敏锐的洞察:"德国人固然是战争的英雄,但他们需要的是短期的战争,用他们的话来讲就是'闪电战'。他们无法在持久战中生存。时间是他们最大的敌人。"

就像在之前几个月一样,灾难再次滋生了弥赛亚梦想。"一些人看到了拯救即将来临的神秘证据。"卡普兰在 1940 年 6 月 28 日记录道，"今年是希伯来历的 5700 年。众所周知以色列的救赎将在第六个千禧年纪末到来。因此根据这一计算，还缺 300 年。但这是可以解释的！一些计算弥赛亚时代日期的人早就失望过了，但这并不妨碍人们寻找更多的证据，也不妨碍其他人相信这些证据。他们需要弥赛亚，会有人出来引领弥赛亚的到来。"

在暗示了犹太人的沮丧和德国人中普遍存在的"在夏末之前"肯定取得最终胜利之后，克伦佩勒在 7 月 7 日还记录了一次事件，它可能显示出许多德国人对于受迫害生活在他们中间犹太人的复杂个人情感："昨天上午，希塞尔巴特夫人身着黑衣来看望了我们——她的丈夫在圣昆廷附近阵亡了。……她给我带来了袜子、衬衫和短裤。'你需要这些，对我来讲它们已经没有用了。'我们真的收下了这些东西。同情？非常强烈……(但是)只限于对这位妇女。我并不认识她的丈夫，他最初是自己开业的律师，后来为地区农民协会服务，因而是在直接为纳粹党工作。"

和任何地方的犹太人一样，克伦佩勒的情绪也随着每一条消息、每一句流言甚至每一偶然出现的评论从希望到绝望，又从绝望看到希望。在英国拒绝了希特勒的"和平提议"之后，在德国人(以及许多犹太人)中普遍流传这一看法，认为英国注定要失败："在犹太人的圈子里，"克伦佩勒在 7 月 24 日记录道，"我总是扮演着乐观主义者的角色。但是我对我的立场根本就没有什么把握。……那当然是江湖骗子的语言(指希特勒 7 月 19 日在国会的演讲)，但迄今为止这个江湖骗子的每一项宣言都已经实现了。就连纳切夫(克伦佩勒的一位朋友)现在也情绪低落地说：'我无法想象他怎样会成功的——但迄今为止他在每一件事情上都已经成功了。'"

在同一天的日记里，克伦佩勒意味深长地继续写道："犹太人的圈子真是怪。我们每一个人都想了解民众的情绪，以至于要依靠从理发师和屠夫那里获得最后评论过日子。(我也是这样！)昨天一位睿智的钢琴调音师就在这里说：战争将持续很长一段时间，英国是一个世界性的帝国——哪怕登陆迫在眉睫……我的心立刻轻松了许多。"

卡普兰夫妇对希特勒胜利所做出的最出人意料的反应是他们会对此表示欢迎："我们在想，"约亨·卡普兰在 1940 年 7 月 24 日记录道(表明他的妻子汉妮持有同样的观点)，"对于我们来说，在我们的特殊处境下，再也没有比一场其起因被归咎于世界犹太人的失败战争更危险的了。我们不得不为此付出代价。我们可能同样无法避免为一场胜利的战争付出代价,但是那种代价不会如此可怕。"

三

整个 1940 年,纳粹元首一直在公开场合下对犹太问题三缄其口,尽管这个问题从战争一开始就已经显而易见。虽然他在 1940 年 7 月 19 日的胜利演讲中提到了犹太人,但那只不过是标准的纳粹修辞提法"犹太资本家"和"国际犹太世界的毒药",与共济会、军工商、战争投机分子之类相提并论。9 月 4 日,在发起每年一度救济穷人的冬季慈善活动时,希特勒几乎同样是偶然地提到了犹太人。12 月 10 日,在向一家柏林军工厂工人发表的演讲中,希特勒再次罗列了第三帝国的敌人,而这一次犹太人也只不过是"那个一直相信可以用杰里科号角消灭敌国的民族"。换言之,当希特勒处于胜利喜悦的高潮时,他对德意志民族和全世界反复发表的演说只是轻描淡写地提到了犹太问题。然而,这个问题并未被遗忘。

4 月 13 日,希特勒向挪威的维德昆·吉斯林合作政府商务部部长威廉·哈格林宣称,瑞典犹太人在反德宣传中"发挥的作用巨大"。7 月 26 日,这位纳粹元首试图宽慰来访的罗马尼亚新任首相伊翁·吉古塔,后者害怕如果犹太人被迅速消灭罗马尼亚的经济就会崩溃。希特勒向他宣称:"根据德国发展的大量例证,与所有的说法刚好相反,犹太人是可有可无的。"

希特勒的劝诫当然并不局限于与盟友分享关于犹太人在经济中作用理论的观点。7 月 28 日,他和他的外交部部长里宾特洛甫在萨尔茨堡会见了斯洛伐克人。同一天,里宾特洛甫迫使约瑟夫·蒂索改组斯洛伐克政府:兼任外交部部长和内务部部长的费迪南德·德康斯基被两个狂热的亲纳粹政客取代,亚历山大·马赫接管了内务部,沃伊泰克·图卡接管了外交部。与此同时,一位前冲锋队领袖曼弗雷德·冯·基林格被任命为驻布拉迪斯拉发的大使。最后,党卫军队长迪特尔·维斯利策尼在 1940 年 9 月 1 日成为斯洛伐克政府的"犹太事务顾问",他曾是艾希曼 IVB-4 科的成员 (更早的时候是在帝国保安部管理犹太事务)。

希特勒、蒂索、图卡和马赫的会谈最为彬彬有礼:纳粹元首向他的斯洛伐克客人建议,他们应当让他们的国内政策与帝国的政策保持一致。他解释说,德国旨在建立一个"不受国际犹太人诈骗"的经济集团。之后,希特勒告诉斯洛伐克人,在欧洲有一些势力(犹太人、共济会以及类似的阴谋分子)企图阻止他们两国之间的合作。蒂索对此表示赞同,还补充了他自己对犹太人、马扎尔人和捷克人的评论。

就在这几个月,纳粹元首还禁止在德国领土上甚至是德国工人中使用犹太劳工。与此同时,当希姆莱正忙于再安置计划的时候,希特勒对这位党徒在1940年5月27日递交的题为"关于处置东方异己民族的一些想法"的备忘录表示了默许。德国控制下的"渣滓民族"将被运送到总督辖区,而犹太人,在希姆莱眼中连"渣滓民族"都不如,则应该被运送到"非洲或者别处"的某个殖民地。根据这位党卫军领袖的说法,肉体灭绝,作为"布尔什维克的一种方法","是非德国式的"。

希特勒似乎接受了希姆莱的观点。在6月下旬的几次会议上,他支持将欧洲犹太人运往某个非洲殖民地的方案。他在8月3日向他派往巴黎的特使奥托·阿贝茨披露,"他想在战后将所有的犹太人清除出欧洲"。属于战败的法国的马达加斯加岛似乎是一个明显的目的地;这一驱逐计划几十年来一直是为各种反犹叫嚣者所喜爱的计划。

在与希特勒就法国停战问题进行讨论的时候,墨索里尼显然已经从第三帝国的主人那里得到了这一愉快的信息。几个月之后的11月20日,匈牙利首相分享了同样的特殊待遇。这一多少有些姗姗来迟的声明,连同后来的一些声明,显示出希特勒想利用马达加斯加计划作为将犹太人逐出欧洲大陆的模糊隐喻。

威廉大街方面和党卫军保安总局方面很快就将准备工作提上高速挡,至少在纸面上是这样。德国科的主要"规划者"之一弗朗茨·拉德马赫是一位狂热的反犹主义分子,是仅次于(负责犹太事务的)马丁·弗朗茨·卢瑟的第二指挥。我们应当记住拉德马赫在7月3日的长篇备忘录中写下的一句话:"(在马达加斯加的)犹太人仍将处于德国的掌控之下,以作为将来换取他们在美国同胞良好行为的保证。"

艾希曼在7月初通知维也纳和布拉格犹太人社区代表,将有大约400万犹太人要被转移到某个未明确指出的国家。在华沙,盖世太保警官格哈德·蒙德向策尔尼亚科夫传达了这个好消息。策尔尼亚科夫在7月1日的日记中记录道:"蒙德宣称战争将在一个月内结束,我们都将离开这里去马达加斯加。犹太复国主义的梦想将通过这种方式成为现实。"

7月12日,弗兰克向他的总督辖区首脑传达了这个消息:整个"犹太部族"很快就将踏上前往马达加斯加的行程。几天之后,在卢布林的一次演讲中,这位总督甚至出人意料地显示出了艺人般的口才,描绘犹太人将如何"一点一点、一个男人接一个男人、一个女人接一个女人、一个女孩接一个女孩地"被运送走。听众爆发出了笑声。这位总督还下令将他辖区内所有隔都建设一律停止。而格莱瑟却从一开始就对此疑虑重重:他怀疑犹太人能否在冬季到来之前被清空。在他看来,将瓦尔塔州的犹太人驱逐到总督辖区是唯一立竿见影和能够实现的选择。为了寻求妥协,格莱瑟和弗兰克于7月底在克拉科夫会面,但这次会面无济于事。①

由于英国的战败遥遥无期,马达加斯加的构想在几个月之后被抛弃了。

四

帝国和被占领国家犹太人移民海外的活动在战争开始后仍在继续。正如前面提到的那样,1939年1月24日,戈林派海德里希负责犹太移民事务。盖世太保长官海因里希·缪勒成为海德里希指挥下的柏林"中央移民事务局"首脑。日常行动由艾希曼负责:他实际上成了主管驱逐犹太人和犹太移民事务(在纳粹眼中,两者在这个阶段是一回事情)的"行动首领"。正如前面一章提到的那样,1939年秋天,卢布林的犹太人经常被党卫军驱赶到苏联军事占领线的另一侧或者获准进入苏占区,这些行动符合驱逐犹太人的总体政策并得到了希特勒的明确同意。然而,到了1939年10月中旬,这种可能性越来越小,主要是由

---

① 格莱瑟在讨论的开头就提到了(马达加斯加)新计划,他对此表示欢迎,但对他的瓦尔塔州来说,犹太问题必须在冬季之前解决。"显然,这完全依赖于战争的持续时间。如果战争还要继续,那么我们将不得不寻找过渡的解决方案。"在这一点上,格莱瑟还有更详细的说法:他强调说,可以预见的是,里兹曼施塔特(罗兹)隔都的25万犹太人将被迁移进总督辖区。由于缺乏食物以及瘟疫的威胁,这些犹太人不可能在整个冬天都留在里兹曼施塔特。弗兰克的态度是强硬的:希特勒已经向他许诺,不会再有犹太人被驱逐进入总督辖区,他已经将希特勒的决定"正式"告知希姆莱。希姆莱在总督辖区的首席代表、党卫军将军弗里德里希·威廉·克吕格尔也提到了马达加斯加计划。他强调说,向海外疏散犹太人的计划应当优先于里兹曼施塔特的形势。而克吕格尔在瓦尔塔州的同僚威廉·科佩又将讨论拉回到对当前形势的讨论。他认为,建立里兹曼施塔特隔都的前提是,将犹太人疏散进总督辖区的行动"最迟在本年的年中"开始。

于苏联庇护政策的变更。还有一条越过波匈边界进入匈牙利的半秘密路线；它使数千名犹太人得以逃离，不过，我们将看到的是，这并没有给他们以持久的安全。

在战争的最初几个月里，波兰或被吞并波兰地区的犹太人还可以通过申请签证的方式离开，在第三帝国和保护国也是如此。因此，被吞并的东上西里西亚地区的奥斯维辛犹太人委员会在 1940 年 1 月 4 日向设在阿姆斯特丹的犹太人救济组织"联合分配委员会"抱怨没有向他们发放用于移民的必要资金："您也许知道，"犹太人委员会的信件开头写道，"在主管当局的批准之下，负责整个卡托维兹地区的中央移民事务局已经在奥斯维辛建立起来了。这个移民机构下辖一个向海外国家移民的部门和一个向巴勒斯坦移民的部门。……为了将民众从各个集中营里解救出来，就必须提供移民的可能性。……有大量未使用的巴勒斯坦证件和几书架的美国宣誓书亟待处理。"对钱款的需求是紧迫的。

德国人很快确立了他们的轻重缓急政策。1940 年 4 月，随着离境和越界变得越来越困难，海德里希发布了第一套指导方针：加强帝国犹太人海外移民，除了服役年龄的男子以外；限制和控制向巴勒斯坦的移民；禁止集中营里的波兰人或前波兰犹太人移民海外；不再向总督辖区迁移（或自由迁徙）犹太人。[①]

1940 年 10 月 25 日，总督辖区内犹太人的移民活动遭到禁止，主要是为了尽量放开帝国犹太人向海外的移民。海德里希补充了一些听上去是发自内心的评论："东方犹太人的迁徙意味着世界犹太人持续的精神重建。由于这些持正统宗教观的犹太人构成犹太拉比、《塔木德》教师一类人的大多数，对他们的需求很大，活跃在美国的犹太人组织特别需要这些人。对于这些美国犹太人组织而言，每一个正统派犹太人都能为美国犹太社群的精神复兴和进一步的团结添砖加瓦。美国犹太人的目标是，依靠这些新近从东欧来的犹太人，创建一个新的平台，以不断增强的力量展开反德斗争。"事实上，对于身陷前波兰的犹太人来说，除了那些能设法逃到苏占区和其他地方的幸运儿之外，去美国的机会可以说微乎其微。

---

① 禁止将犹太人赶入总督辖区的命令在几天以后就被撤销了。同年 5 月，美国驻柏林临时代办亚历山大·基尔克通知华盛顿方面，根据一位德国高级官员的说法，"德国的政策依然是鼓励德国、奥地利和捷克的犹太人分别从旧帝国、奥地利和保护国移民海外"。至于波兰犹太人，只有在他们不妨碍帝国犹太人离境的情况下才能获得移民准许。混合地区将获得相对于总督辖区的优先权。

战争一开始，发放给来自德国或被德国占领国家难民的美国签证就陡然减少，远低于美国配额制已经限制的数额。为了协助难民(从临时避难的法国南部)移民，紧急救援委员会(ERC)——一个特别的委员会——于 1940 年 6 月 25 日成立。其中一些人对美国来说具有特殊价值，或者根据法德停战协定第 19 条规定有被移交给盖世太保的危险。

一开始，总部在纽约的紧急救援委员会遵守维希当局的规定，制定了新的筛选程序，排斥一切在政治上不受欢迎的移民，这一做法制造出的困难并不亚于解决的困难。不过，1940 年 8 月，紧急救援委员会决定派遣外交政策协会的一位成员瓦里安·福莱前往法国执行短暂的调查任务。福莱并没有返回美国，而是在马赛建立起了美国紧急援救中心，协助最身陷危险的个人离开这个国家。在面对法国人，还包括西班牙人和葡萄牙人，设置的重重障碍时，福莱钻了许多法律的空子，实际上还使用了明显非法的方式(如伪造出境和过境签证等)。数以百计的难民——犹太人和非犹太人——在他的帮助下转危为安。1941 年 8 月，福莱被法国人短暂逮捕，接着被召回。

不时，一些有名望的个人以自己的方式着手干预。1940 年 7 月 9 日，世界闻名的小说家斯蒂凡·茨威格(在纽约)写信给纽约联合银行的阿道夫·赫尔德，请求他解救"我的前妻弗里德里克·玛丽亚·茨威格和她的两个女儿，积极从事许多反纳粹活动的胡戈·西蒙先生，《柏林日报》的前主编提奥多尔·沃尔夫先生及其家人，著名的奥地利作家阿尔弗雷德·波尔加先生"。所有这些人都滞留在法国西南部小城蒙托邦。①

到 1940 年夏，在大多数情况下，移民美国成了无望的奢求。显然，对敌方特工以难民身份渗透进本国的担心极大地影响了美国人的决策：试图逃离的人中有许多是犹太人这一事实并没有减轻美国人的疑虑。官僚层面(国务院)和政治层面(总统)并不存在政策冲突。在报界歇斯底里的新闻战影响之下，罗斯福的顾问们相信美国正面临"第五纵队"的严重威胁，大多数民众也持有这种观点。在 1940 年的 5 月间的一天当中，联邦调查局就收到了 2900 宗间谍指控。

---

① 最离奇的拯救行动之一是将卢巴维切·莱伯·约瑟夫·施内尔松及其大家庭从华沙经柏林、里加、斯德哥尔摩送到美国。卷入其中的有国务卿科代尔·赫尔。

　　最活跃的限制主义者之一是美国国务院"特别问题小组"首脑、助理国务卿布雷肯里奇·朗。他的日记公开揭示,他的这一态度源于对犹太人的敌视。尽管朗的反犹主义并不激烈也不极端,但毋庸置疑这位助理国务卿是在不遗余力最大限度地限制犹太移民,甚至到了关键的 1942—1943 年,他还在竭力破坏任何援救方案。

　　随着时间的推移,形势越来越糟糕。罗斯福于 1941 年 6 月 20 日签署的《布鲁姆—范努伊斯法案》授权美国(领事)官员拒绝向那些有可能"危害公共安全"的人发放任何形式的签证。实际上,和犹太人一样,纳粹特工进入美国并"对公共安全构成威胁"的可能性虽然存在,但却是微乎其微的。[①]在关键性的大选前夜,罗斯福本人在这个问题上的考量或许是政治至上的。一些美国犹太人领袖似乎知道总统的想法(他们将其形容为友人的算盘),愿意与之保持一致。世界犹太人大会主席斯蒂芬·魏斯拉比于 1940 年 9 月写给罗斯福的犹太裔经济顾问之一奥托·纳坦信的主旨正是如此:"关于政治避难者的问题,我们正处于最大的困局之中,这是一个几乎无法处理的难题。一方面,国务院向我们许下各种诺言并接受了我们所列的全部名单,接着我们却获悉领事不作为。虽然有一些人侥幸逃出,但是我们担心,这绝对是最私密之言,领事是接到国务院发出的秘密指示而不作为。这一做法是极端不得人心的。我怀疑,在整个事情的背后是船长(罗斯福)在国务院的朋友担心接受激进分子入境将为反对党在大选中攻击他提供口实。正如我以前对你说的那样,他的再次当选比什么都重要,哪怕拒绝允许一些人入境也是值得的,不管他们面临的危险有多么迫在眉睫。"

---

　　① 实际上,一些犹太难民是美国国家安全相当可靠的保障。阿尔伯特·爱因斯坦显然是希特勒爬上总理宝座后离开德国的最著名的移民。希特勒上台的时候,爱因斯坦正在结束美国之行返回德国的路上。他中断了在比利时的行程,在稍作犹豫之后接受了普林斯顿大学的邀请,赴美继续从事研究。直到那时爱因斯坦还是一位坚定的和平主义者,但他很快就意识到,这种意识形态选择在面对纳粹主义时是无法维持的。和其他的犹太流亡物理学家一样,对他来说,在捷克斯洛伐克被接手之后,纳粹的威胁已经变得势不可当。德国人现在控制了欧洲储量最丰富的铀矿,发现了核裂变原理的奥托·哈恩和弗里茨·斯特拉斯曼在德国继续工作。希特勒的第三帝国最终可能制造核武器。

　　1939 年 8 月,列奥齐拉特、爱德华·泰勒和尤金·魏格纳这三位新抵达的犹太流亡者请求爱因斯坦接近总统并提示他注意迫在眉睫的威胁。爱因斯坦(用德语)写了一份致总统信函的草稿,由泰勒翻译成了最终的英文版,爱因斯坦在上面签下了名字。在描述了铀的核裂变原理的主要方面及其军事重要性并提出应对挑战的一系列措施之后,这封信以不祥的语气结束。"我知道,"爱因斯坦写道,"德国实际上已经停止销售它所接管的捷克斯洛伐克铀矿出产的铀。"

对入境美国的严格限制也连带影响了西半球其他国家政策。战争爆发后想离开德国的犹太人经常设法获得诸如智利、巴西、墨西哥和古巴这样的拉美国家的签证。最终的结果通常是贿赂和纯粹运气的问题。但是在1940年,智利和巴西关上了大门,部分的原因是国际政治压力使然,还因为美国已经警告两国,德国特工可能伪装成犹太难民进入了他们国家。此时,绝望的移民申请人无助地眼望西半球,除了极少数幸运儿之外,入境越来越难了。①

在犹太难民成功抵达拉丁美洲的传奇故事中特殊的一章是巴西签发给"非雅利安人天主教徒"的签证。1939年的春天,在圣拉斐尔善会(帮助天主教移民尤其是皈依犹太人的德国天主教组织)的反复请求之下,庇护十二世为皈依者从巴西取得了3000张签证的发放保证。然而,巴西当局很快增添了新的条件,而梵蒂冈似乎并未努力敦促盖图利奥·瓦加斯政府兑现其承诺。最终只有不到1000张签证得到了使用。教廷向奔赴自由的难民资助了路费——用的是美国犹太人组织为此目的而存入的钱。正如我们将看到的那样,教皇在战争期间一直津津乐道于他所做的努力和他为帮助犹太移民而花的钱。战后,整个巴西行动的3000张签证和资助都被堂而皇之地归功于教皇的关心和慷慨。

还有三条可行的路线:非法地移民巴勒斯坦;半合法地通过西班牙、葡萄牙、立陶宛、苏联、日本或伪满洲国和上海(到那时只有很少的人了)转道去海外目的地;美国或西半球其他一些国家依然是最主要目的地。②

1941年1月23日,美国犹太人联合分配委员会纽约总部通知"上海救助欧洲犹太难民委员会",500名未获有效签证的犹太人正在从立陶宛去日本的路上。联合分配委员会向上海的委员会保证,其中许多人最终将获得美国签证,要求上海方面尽一切可能为他们取得进入上海的临时许可,以避免与日本产生严重麻烦。上海委员会2月7日的回复为成千上万正试图从各个方向逃离欧洲的犹太人点亮了明灯。"我们将你们的消息传达给了我们在横滨的朋友,"上海的委员会写道,"收到了电话回复,大意是,已经约有300名持库拉索岛和南非共和国

———————
① 关于一个德国犹太人家庭申请赴美未果之后转投智利和巴西仍未果,最后再次申请赴美又失败的经历。

② 西半球最敌视犹太移民活动的国家或许是加拿大(尽管该国总理威廉·麦肯齐·金怀有支持态度),这是由魁北克省当局和民众的(激进天主教)排外主义和反犹主义态度造成的。

签证的波兰和立陶宛难民在日本。……毫无疑问，这正将我们在日本的朋友置于非常严重的困境之中，因为南非共和国已经禁止犹太移民继续入境。

"您一定知道，一艘运载着 500 名移民前往海地的船只仍然在到处游弋无法靠岸卸客。……如果这艘船不能让这些不幸的人上岸，那么船运公司将不得不带着他们回到日本的出发港口。……随着另外 500 多名难民的到来，再加上已经到达的 300 人以及未能在南美上岸的 500 人，我们在日本将面临非常严重的问题。日本签证的有效期只有 14 天，这更是雪上加霜。由于每一座港口实际上都对我们的难民关闭，并且上海现在也已经开始实施限制，我们不知道该做些什么才能让这些正在全世界徘徊、没有任何希望的不幸的人到达他们最终的目的地。"①

想把犹太移民吸引至以色列地的"伊休夫（巴勒斯坦犹太人社团）"领导人和想把犹太人逐出帝国的纳粹之间令人不快却又必需的合作早在 1933 年就开始了。这一合作经历了不同的阶段，但于 1938 年再次得到希特勒本人认可。这一共同的孤注一掷在 1939 年年初发生了突然变化。那一年，由于担心将阿拉伯人推向轴心国怀抱，英国人关闭了对大批犹太移民开放的巴勒斯坦大门。于是，海德里希与"伊休夫"的密使联起手来组织将犹太人非法从欧洲运送至以色列地。在德国方面，艾希曼负责这一行动的实际操作。

战争刚一开始，将中立国荷兰的港口用作出发基地的宏大计划就制订了出来。所谓的荷兰计划以失败告终。接着，意大利被看做是替补出发地，但也没有成功。剩下的可能是乘船沿多瑙河抵达罗马尼亚港口、穿越黑海通过博斯普鲁斯海峡进入地中海、在避开英国人的侦查之后抵达巴勒斯坦沿岸。在这些行动中，艾希曼主要利用布科维纳出生的奥地利犹太人贝特霍尔德·斯托费尔作为代理人和信使与犹太人组织进行谈判。这些犹太人组织包括：摩萨德阿利亚之屋（由巴勒斯坦的犹太人为非法移民而建立的机构）、右翼的"犹太复国主义修正派"以及为援救行动提供主要资金的联合分配委员会等。

对于在巴勒斯坦的摩萨德活动分子和政治领导层来说，战争的爆发造成了一种无法解决的两难困境：如何在帮助犹太人逃离欧洲前往以色列地问题上与

---

① 在 1940 年和 1941 年，共有 2178 名波兰犹太人抵达日本，其中许多人是犹太宗教学校的极端正统派拉比。大多数人不得不前往上海并在整个战争期间待在那里。

英国人对着干，而在对德国和意大利斗争中帮助英国人。两者之间并没有清晰的优先，在通常情况下，摩萨德的行动到了几乎不计鲁莽后果的程度。克拉多沃事件就是这样的一个案例。1939年夏，摩萨德在维也纳的特使埃胡德·伊伯罗尔坚持要让一批2000人的难民（主要是犹太复国主义青年运动成员）在事先未获得船只的情况下迅速起程经罗马尼亚前往巴勒斯坦。这群人在布拉迪斯拉发遭遇滞留后，沿多瑙河抵达了南斯拉夫的一处地方，却再也无法前行了。在穿越黑海和地中海的船只没有准备到位的情况下，罗马尼亚方面不允许他们入境。寻找船只的一切尝试都失败了，当摩萨德终于搞到一条船的时候，它又花了几个月的时间筹划将这条船用于英国在巴尔干地区的一次秘密行动。与此同时，克拉多沃的那群人正冰天雪地生活在多瑙河上一艘没有供暖的驳船上。直到多瑙河解冻也没有找到什么解决方案。一个由大约110名儿童组成的小团队被辗转送往巴勒斯坦；其余的1000名犹太人在德国人征服南斯拉夫之后即被抓获，并很快遭到杀害。在战争开始之后，总共只有不到1.3万名犹太人设法离开了德国及其保护国前往巴勒斯坦，其中只有一部分人抵达了他们的目的地。1941年3月，德国人终止了这一合作。

　　考虑到阿拉伯人可能做出的反应，英国在巴勒斯坦的当局、殖民部和外交部从一开始就决心挫败任何此类非法移民企图。许多高级官员，尤其是在殖民部，远非亲犹派，这更加使得英国在面对这一幕迅速恶化的人间悲剧时所推行的政策的冷酷无情。殖民部副大臣约翰·舒克伯格爵士在1940年4月的一份关于巴勒斯坦犹太人的备忘录中表达了这种反犹主义的集中体现和执白的国家利益取向："我确信，他们正从内心深处仇恨我们并且一直仇恨着我们；他们仇恨所有的非犹太人。……相比犹太复国主义，他们对大英帝国的关心是如此之少，以至于他们甚至不能停下非法移民的勾当。他们必须意识到，当我们在为生死存亡而战斗的时候，非法移民对我们来说是一种非常严重的麻烦。"

　　英国政府中并非每个人——在内阁中为数甚至更少——都像殖民部的官僚那样强烈敌视犹太人及其逃离纳粹占领下欧洲的企图。后者的一些官员比起舒克伯格有过之而无不及，他们认为犹太人正在阴谋破坏大英帝国，是比德国人更可怕的敌人。

　　虽然对犹太人状况的同情依旧存在于伦敦，但是一旦英国人单独战斗时，他们还是决心采取用海军封锁巴勒斯坦海岸的方式阻止难民的措施。1940年秋，殖民部决定，那些成功抵达巴勒斯坦的非法移民将被放逐到印度洋上的毛里求斯岛并被置于铁丝网围绕的军营之内。

作为回应，(主要是在美国)伊休夫的领导层希望通过一次挑衅行动唤起公众的关注。1940年11月，(装载非法移民驶往毛里求斯的)"帕特里亚"号上被安装了炸药，为的是使其瘫痪并阻止其出发。这艘船沉没了，267名难民溺水身亡。"帕特里亚"号上剩余的乘客被允许留在巴勒斯坦，这是流放政策的唯一一次例外。

最后，还有一条翻越比利牛斯山的路线。在法德停战的前后，这是最简便的一条离开法国的通道，主要的关口是昂达伊。法国记者兼作家阿尔弗雷德·法布尔—卢斯对"昂达伊之路"的评论反映了在其同胞中盛行的立场："你会发现，"他记录道，"以色列人的世界比你想象的要大得多。它不仅包含了犹太人，还包含了所有那些受他们腐化和诱惑的人。这位画家可能有一个犹太情妇，那位金融家可能持有种族主义理念，这些国际新闻记者可能不敢与美国犹太人争吵。他们都可以找到踏上昂达伊之路的绝佳理由。不要听信他们的宣言；而是观察他们：你会发现他们身上的某个地方打着以色列的印记。在这些令人恐慌的日子里，再也没有比对反犹迫害恐惧或迫切希望反犹迫害出现更强烈的情绪了。"

每天有25至50名持有效护照和最终目的地国签证的难民获准越过西班牙边界。然而正如我们所看见的那样，由于法国当局的作梗，过境西班牙变得困难重重，获得法国出境签证需要数月的时间。其他一些限制接踵而来：从1940年11月起，每一张西班牙过境签证都需要马德里方面的许可；马赛美国领事馆的批准不再有效。尽管1942年出现的新困难，西班牙的这些规定在整个战争期间一直维持着，并且不分犹太人和非犹太人。但是不管怎么说，对于成千上万犹太人而言，过境西班牙就意味着得救。①

然而，西班牙只允许短期过境；葡萄牙的限制则更多。不过，当葡萄牙的独裁者萨拉查由于害怕"在意识形态方面具有危险性"的个人拥入该国而下令采取严

---

① 对于持有西班牙护照和生活在被德国占领国家的犹太人，西班牙的政策显然是较为缄默的。从更普遍的方面来说，佛朗哥拒绝附和希特勒的军事计划，这保全了直布罗陀并帮助了英国人在北非和地中海的行动。1940年10月4日，恼羞成怒的希特勒告诉墨索里尼，他(希特勒)在一次与佛朗哥的交谈中"表现得就像一个在为人类神圣的财产讨价还价的小犹太人"。

苛的反移民和严格控制过境签证的措施的时候，葡萄牙在几个欧洲国家的领事馆却决定违背里斯本的明确指示发放了数以千计的签证。其中一些人，比如驻波尔多总领事阿里斯蒂德斯·德苏斯·门德斯，打算为勇气而豁出自己的仕途。

作为典范的民主国家，瑞士和瑞典这两个中立国的表现甚至还不如西班牙和葡萄牙亲法西斯政权所显示出来的有限慷慨。瑞士当局在1938年德奥合并之后就立刻禁止了犹太移民的进入，要求在第三帝国犹太人的护照上加盖一个特殊的记号。德国人默认了这一点，从1938年秋天开始，他们发放的每一张犹太人护照上都盖上了无法去除的红色字母"J"（瑞士人确保它无法擦除）。因而，出于各种实用目的，瑞士拒绝了犹太人的一切合法入境，而此时正是他们急需过境许可和庇护的时候。瑞典也希望在犹太人护照上加盖"J"字，并准备在瑞士之后向德国提出要求。事实上，在1942年深秋之前，瑞典针对犹太难民的移民政策和瑞士一样严苛。正如我们看到的那样，斯德哥尔摩方面在1942年年末发生了变化。

有人也许还记得，克莱珀夫妇从战争一开始就想让他们的女儿莱妮去瑞士。克莱珀的妻子汉妮已经皈依了新教，莱妮也打算走同样的道路。苏黎世的一个姓塔波莱特的虔诚信教家庭准备接纳这个年轻的姑娘并让她停留尽可能长的时间。瑞士驻柏林大使馆的一位官员已答应提供帮助。克莱珀在1940年1月20日记录道，这位官员正在与他的一位在瑞士政府中担任秘书的亲戚联络。但是，他（那位秘书）"希望首先保护瑞士免遭外国人侵扰"。

在2月份斯特丁的驱逐行动之后，柏林流传着所有的犹太人将被送往卢布林的谣言。莱妮的出发似乎比以往任何时候都更迫切了。塔波莱特夫妇每天都写到他们在与地方当局打交道时碰上的麻烦事。3月17日，克莱珀拜见了国际联盟前驻但泽高级特使、著名的瑞士历史学家和外交官卡尔·布克哈特，后者答应进行干预。布克哈特显然向瑞士驻柏林大使弗洛赫里舍尔提起此事，弗洛赫里舍尔似乎准备提供帮助。3月27日，瑞士使馆寄出了表格和问卷。

4月25日，塔波莱特夫妇转发了一封刚刚收到的卡尔·布克哈特来信："很不幸，我感到施泰因小姐的事遇到非常麻烦的情形。我本人已经多次被要求为入境和居住申请提供帮助，我的信誉已暂时用完了。"4月28日，克莱珀被告知莱妮的申请已经到了伯尔尼。5月15日，随着德国在西线的接连胜利，塔波莱特夫妇写道，申请已经遭到了拒绝："任何进一步的努力都将是毫无希望的。……由于严峻的战争形势,当局现在的目标是驱逐那些得到居住许可的外国人。甚至连布克哈特教授这样的人也帮不上什么忙。"

克莱珀曾经请求格吕伯尔牧师的办事处安排莱妮的离境,但是无果而终。格吕伯尔的办事处是"认信教会"为帮助"非雅利安人"新教徒移民在战争爆发前不久设立的,目的是为这些人提供救助并满足他们宗教和教育需求。该办事处与帮助"非雅利安人"天主教徒的圣拉斐尔善会以及帝国犹太人协会开展合作,盖世太保一度容忍他们的活动。1940 年 12 月,格吕伯尔因使用伪造护照的罪名被捕并被送进萨克森豪森集中营,之后又被送往达豪。在格吕伯尔同事沃纳·叙尔特恩的指导下受限制的行动一直在进行。叙尔特恩是一位皈依的"荣誉犹太人"。1941 年 2 月,叙尔特恩也遭到逮捕并被送往达豪集中营,办事处就此关闭。格吕伯尔在战争中幸存下来,叙尔特恩惨遭杀害。

艾希曼密切监视着日益减少的海外移民。在 1940 年 12 月 4 日的一份为希姆莱在 12 月 10 日州长和纳粹党全国领袖柏林年会上演讲而准备的内部备忘录中,他估算已经离开帝国、奥地利和保护国的犹太人总数为 501711 人。死亡人数超过出生人数使剩余的犹太人口减少了 57036 人。因而,根据艾希曼的计算,有 315642 名纽伦堡法定义的犹太人仍然留在大第三帝国(包括保护国)内。接下来,党卫军帝国保安总局犹太科的头目翻到报告的第二部分,题为"犹太问题的最后解决方案"。内容非常简略:"它将通过把犹太人逐出日耳曼民族在欧洲的经济空间并迁移到一块有待确定土地的方式实现;这一计划涉及的人数大约是 580 万犹太人。"[①]

正当第三帝国和东欧的犹太人拼命试图离开欧洲大陆的时候,希特勒出人意料地突然下令驱逐德国两个州的犹太人,我们在本章开头已经提到此事。1940 年 10 月,这位纳粹元首批准了对巴登州和萨尔—巴拉丁州犹太人的驱逐行动。两州的州长约瑟夫·比克尔和罗伯特·瓦格纳领导了这场由党卫军帝国保安总局组织的行动。行动平稳进行,几乎没有引起公众的注意。

① 这份文件由约瑟夫·汉克博士在科布伦茨档案馆发现。经过辨认,文件末尾的签名缩写字母为阿道夫·艾希曼所署。

两州主要城镇的集合地点已经被指定,车辆已经就位,当局在每一辆汽车上都派了一名刑警。为了以防万一,警察分队随时待命。犹太人按照名单登上汽车:他们获准每人携带一只不超过 50 公斤重的行李箱（儿童的不超过 30 公斤）、一条毯子、几天的食物、餐具和 100 帝国马克现金,以及必要的身份证明。贵重物品必须留下;食品上交给国家社会主义福利组织(NSV)的代表;在水、煤气和供电被切断之后,公寓被封闭、贴上封条;宠物"照章"交给党代表。最后,禁止虐待被驱逐者。

在没有与维希协商的情况下, 党卫军帝国保安总局用船将被驱逐者运送到了非占领区。法国人继续将他们送往集中营,主要是去古尔、里韦萨尔特、勒韦尔内和雷米勒。在那里,寒冷的气候、食物的匮乏、最基本卫生条件的缺失造成了死亡人数的增长。根据瑞士《巴塞尔新闻》1941 年 2 月 14 日的一篇报道,即使是在没有任何重大瘟疫的情况下,古尔的一半人口将在两年内消失。德国人向法国当局解释说,这些犹太人将在不久的将来被送往马达加斯加。

希特勒似乎已经决定利用法德停战协定中将阿尔萨斯—洛林地区犹太人驱赶到非占领区的条款。1940 年 10 月的驱逐行动是将该条款延伸到与这两个即将变成德国新州的法国省份毗邻的巴登、巴拉丁和萨尔等地。阿尔萨斯—洛林的犹太人在 1940 年 7 月 16 日已经遭到了驱逐。因此,这两个新州将是完全的"无犹太人区"。①

1941 年 4 月 4 日,根据希姆莱的命令,这两个州和波美拉尼亚地区(斯特丁市和施奈德缪尔市)所驱逐的犹太人财产和资产被没收。这位党卫军头目的决定是根据国会纵火案第二天颁布的法令做出的。1933 年 2 月 28 日,该法令将保护民族和国家的非常行政权力授予帝国总理。1941 年 5 月 29 日,希特勒命令地方当局将所罚没的所有财产上交帝国。

在驱逐行动开始后两天,弗赖堡红衣主教康拉德·格罗伯致信柏林的教皇特使切萨雷·奥尔塞尼戈:"阁下可能已经听说过去几天发生的与犹太人有关的事件。令作为天主教主教的我最感痛心的是,有大量皈依天主教的犹太人被迫放弃

---

① 在阿尔萨斯—洛林地区, 数以万计被认为是法国民族主义者的非犹太人在 1940 年夏天也遭到了驱逐。

家和工作,仅身带50公斤的行李和100帝国马克去面对前途未卜的将来。这些人大多是虔诚的天主教徒。他们通过我的信向圣父发出请求,请圣父尽可能地改变他们的处境,或者至少是改善它。……我急切地请求阁下将这些天主教徒的命运告知教宗。同时,我也请求阁下动用您个人的外交影响力。"既无特使的答复也无教皇的答复记录在案。

五

在考虑将欧洲所有犹太人都驱逐到马达加斯加并命令将德国两个州的犹太人驱赶到维希法国的同时,德意志帝国的最高元首并没有忽略生活在自己后院犹太人命运的任何细节。1940年4月8日,希特勒下令,将现役的"二分之一血统犹太人"——甚至包括娶了犹太配偶或二分之一血统犹太人配偶的"雅利安"男子——转为国防军预备役。四分之一血统犹太人可以继续服现役甚至得到晋升。这条命令只是到了西线战局发生转变时才颁布:许多具有部分犹太血统的人因作战勇敢而获得嘉奖。在无可选择的情况下,纳粹元首于1940年10月将他们转为"完全血统的日耳曼人",与其他德国士兵地位同等。然而,他们犹太亲属的地位依旧没有改变。

与此同时,德国大多数党政机关正在争先恐后地加紧施虐,第三帝国犹太人的生活变得前所未有的艰苦。1940年7月7日,帝国邮政和通信部部长禁止犹太人拥有电话,"除了'顾问'(1938年后给犹太律师的头衔)、'病患护理员'(同一年开始对犹太医生的称呼)以及属于享有特权异族通婚的人"。10月4日,犹太人在司法程序中作为债权人的剩余权利也被取消了。10月7日,作为空军司令的戈林下令,在防空掩蔽所中,"以另外设定一块特殊区域或者在同一区域内加以分隔的方式来确保犹太人与其他居民的分开"。实际上,隔离措施已经在许多掩蔽所中实施了,正如哥伦比亚广播公司驻柏林通讯记者威廉·夏勒在1940年9月24日的日记中所记录的那样:"如果希特勒拥有柏林最好的防空洞,那么犹太人的防空洞就是最差的。在许多情况下他们根本就没有藏身之处。在设施允许的地方,犹太人有他们自己的特别避难所,通常是'雅利安人'集中防空主体部分旁的一个小地下室。但是柏林许多防空洞只有一间。那是给'雅利安人'用的。犹太人不得不在地面一层避难。……如果炸弹击中屋顶,这里还是安全的。……但是,如果炸弹落在外面的街道上,这里是整栋建筑里最危险的地方。"在 1940 年的秋天,英国人的炸弹还不是柏林的主要问题;后来,当盟军空袭成为德国城市所面临的主要威胁时,已很少有犹太人为掩蔽所问题发愁了。

1940 年 11 月 13 日,为了缓解德国鞋匠的一些压力,犹太鞋匠获准重新工作,但他们只能接待犹太客户。那些属于纳粹党或纳粹党附属组织的鞋匠不得为犹太人修理鞋子。那些非党员则"要根据他们的良知做出决定"。在服装和鞋子问题上,犹太人无论老幼都被迫进行复杂的策略规划。在战前几个月,汉堡的一位母亲从犹太社团那里为她未成年的儿子得到了一件冬衣。1940 年 5 月,社团给了他一双鞋并用一件使用过的外套交换了他的外套;1941 年 1 月,他最后一次获准修理他的鞋。"到了 1942 年,"根据历史学家马里翁·卡普兰的说法,"急需帮助的犹太人有时会从自杀或者遭驱逐的邻居那里得到旧衣物。接收这类衣物明显属于非法,因为所有犹太人的财产归政府。"

1940 年 11 月 15 日,希姆莱指示所有的德国警察都要在冬季观看电影《犹太人苏思》。12 月 12 日,这位内务部部长命令将所有患精神疾病的犹太人都监禁到科布伦茨地区的本道夫—萨因医院,这是一所属于敌国犹太人协会的机构。由于自这一年 6 月以来已经有许多犹太精神病人被送上了死亡之路,因此这道命令在技术上是有可能执行的。

1940 年 7 月 4 日,柏林的警察总监发布了一道命令,将犹太人的购物时间限定在下午 4 点到 5 点的一小时之内。这道法令指出:"根据该警察法令,犹太人就是那些食品卡上盖有字母'J'或'犹太人'字样的人。"在德累斯顿,犹太人的购物时间在 1940 年夏季开始之前还未受限定,但是"J"字卡一直是个问题。克伦佩勒在 7 月 6 日记录道:"对于我来说,出示'J'字卡一直是件可怕的事。有些商店拒绝接收这样的卡片。总是有人站在我旁边看'J'字。我尽可能地用伊娃的'雅利安人'食品卡。……我们在晚餐之后外出散步,用完了 9 点整(犹太人的夏季宵禁时间)之前的每一分钟。我一直诚惶诚恐,唯恐回家太迟!卡茨坚持认为我们不应该在车站用餐。没人准确知道什么是允许的,人们感觉威胁无处不在。连动物都比我们自由,都比我们受到更多的法律保护。"

当然,所有的重要法令都在整个第三帝国统一实施,但是地方当局在具体操作时却发明了五花八门难以想象的反犹迫害形式。根据布累斯劳一所中学历史教师威利·科恩的日记,他所在城市的官员并不缺乏想象力。"1940 年 1 月 30

日,犹太人出行需要得到许可;1940 年 3 月 27 日,只有早晨 9 点前可以获得理发服务;1940 年 6 月 14 日, 海外邮件必须由本人到邮局领取;1940 年 6 月 20 日,犹太人被禁止坐在一切公用长凳上。(三个月之前的 4 月 1 日,科恩曾评说,沿着码头地区还有几张供犹太人歇脚用的长凳。)1940 年 7 月 29 日,犹太人不再得到水果;1940 年 11 月 2 日,一位店主因为被指控向科恩的妻子出售水果而受到了警方的传唤。"

在她的非犹太裔前夫的帮助之下,赫莎·费纳在水晶之夜后立即成功地将他们的两个十几岁的女儿玛丽恩和英格送往瑞士的一所寄宿学校。她本人脱险的机会实际上已经等于零 (1940 年春, 她申请美国签证的登记号排在第 77454 位)。作为柏林一所犹太人学校的教师,她的日常生活和工作变得越来越困难:在 1940 年年初冰冷刺骨的日子里,教室依然没有供暖;很快,她的电话也被取走了。在赫莎困窘状况中,一条基本生命线维持着:与女儿们的定期通信。在接下来的两年里,她以时而公开,但大多数是隐秘的暗示,向她们描绘了她走向一个始料未及终点的历程。

"首先我想告诉你们,"她在 1940 年 10 月 16 日写道,"我们已经不再在我们美丽的学校了。昨天我们搬进了一座旧房子,可能还得再次离开。是的,是的,评论是多余的。我们不知道我们将去哪里教书。我班里有 46 名学生。"几个星期之后,她给女儿写信说道,她将在接下来的日子里开始学习女帽头饰课程(一位女帽头饰制作者可能比一位学校教师更有机会获得美国签证):"我们一起开一家时装店好吗?"她问道。

在各级政府部门如暴风骤雨般发布的各项新规定之下, 第三帝国的犹太人根本无所适从,不知什么是允许的,什么是被禁止的。甚至连现在成为帝国犹太人协会一部分的"犹太文化协会"也经常对其活动计划应包括哪些内容茫然不知所措。因而,1939 年 9 月中旬,在与犹太文化协会活动的直接监管者、宣传部的埃里希·科哈诺夫斯基进行了初次会晤之后,协会的新任艺术指导弗里茨·维斯滕以嘲讽口吻记录下了前者给他下达自相矛盾的荒诞指令。费伦茨·莫尔纳的戏剧《面点师的妻子》以及其他有"同化"("同化"意味着鼓励犹太人留在德国并融入其社会和文化)倾向的戏剧遭到了禁演。"我看不出,"维斯滕写道,"《面点师的妻子》有任何同化的目的。"

1940 年 1 月 5 日,维斯滕接到了新的指示。犹太文化协会被禁止演奏包括亨德尔(其人大部分时间生活在英国)在内的所有德国作曲家的音乐曲目,除了是为德国犹太人演奏的。所有外国作曲家的作品都可以演奏。同样的原则也应用于戏剧舞台,但是当代英国的剧目除外。"没有关于莎士比亚的保留剧目。所有日耳曼人后裔或者属于第三帝国戏剧理事会的作家都不在考虑之列。"6 个月之后,科哈诺夫斯基批准犹太文化协会表演李斯特和西贝柳斯的作品,这直接鼓励了维斯滕提出演奏其他的匈牙利和北欧作曲家的申请。王尔德的一些戏剧是可以接受的,但这需要做出许多说明,正如维斯滕在 1941 年 1 月 3 日的日记中记录的那样:"我请求允许表演王尔德的《不可儿戏》。与此同时,我强调了王尔德是爱尔兰人,生活一个在远离我们的时代,其英国氛围应该不会引起任何冒犯。"

科哈诺夫斯基的指示来自宣传部最高层,有可能是来自戈培尔本人。犹太人已经被禁止为德国观众演出。自纳粹上台伊始,犹太作曲家和作家的作品就因其内在"缺乏质量",更重要的是"对日耳曼人心智的潜在威胁"而遭到禁止。后来,犹太人又被禁止与雅利安人观众共同观看戏剧表演或音乐会,以免由于他们的在场影响到雅利安人观众的艺术敏锐。因此,文化协会只能用犹太人的表演满足犹太人的文化需求。在这些彼此隔离的情况下,为什么不准许犹太人聆听德国音乐或表演德国戏剧呢? 显然,禁令的意思是,犹太人聆听德国音乐就是以某种神秘的方式在亵渎它,或者换言之,由犹太人表演或阅读会使这些音乐、戏剧和诗歌遭到亵渎。实际上,这里已经跨进了巫术思维的门槛:日耳曼精神和犹太人(哪怕犹太人只是一个被隔离和被动的接受者)的任何接触都将玷污和威胁作品本身。

尽管那位无处不在的宣传部部长可能是这些下达给犹太人文化协会变化无常指示的始作俑者,但 1940 年整个上半年(自 1939 年 10 月以来),戈培尔的注意力似乎都集中在三部反犹主义电影的制作上。正如我们在前面一章所看到的那样,希特勒会定期得到咨询并提出修改要求,对那部《永恒的犹太人》更是如此。

1940 年 4 月 4 日,那位部长再次记录道:"犹太电影的新版本。现在好了,可以按此给元首放映了。"一定是出了什么问题,戈培尔在 6 月 9 日的日记中指出:

"犹太电影的内容再次做了修改。"这位部长至少对《犹太人苏思》感到满意："一部梦寐以求的反犹电影。我为之感到高兴。"他在 8 月 18 日这样写道。与此同时，埃里希·瓦施内克的《罗思柴尔德家族》在 7 月首映。然而不到两个星期，这部电影就不得不做出修改和调整。当它在一年之后再次面世时，它最终采用了一个完整的标题："罗思柴尔德家族：滑铁卢的股份"。这是一个关于犹太人在全世界的金融势力以及通过剥削穷人和发动战争投机发财的故事："我们只有通过更多的血才能赚取更多的钱。"

德国最好的演员以及 120 名犹太裔临时演员参与了纳粹最具影响力的反犹影片《犹太人苏思》的拍摄。在这部电影中，苏思得到了哈布斯堡王朝的一位沙场英雄卡尔·亚历山大王子(1772 年成为符腾堡公爵)的器重；他任命苏思为他的财务顾问。纳粹电影最基本的反犹主旋律就是精彩地导演和表演虚构的"历史"。由著名演员费迪南德·马里安饰演的苏思为成群结队的犹太人打开了进入斯图加特的大门。他用最狡猾的方式从卡尔·亚历山大的臣民那里榨取钱财，还诱奸了许多漂亮的德国女士，特别是玛丽亚·多萝提娅·施图姆。她为了保护自己的丈夫、年轻的公证人达利乌斯·法贝尔免受苏思威胁而被迫就范。在委身于这个犹太人之后，玛丽亚·多萝提娅自杀了。当卡尔·亚历山大突然死于中风之后，苏思遭到了逮捕并被判处死刑，他被绞死在监狱里。犹太人被驱逐出符腾堡。为了让犹太人看起来更加邪恶，哈尔兰使用了犹太教神秘主义喀巴拉派勒夫拉比的形象，作为苏思罪恶勾当背后的神秘致命力量，他在故事的背景中时隐时现。

根据哈尔兰未出版的回忆录的摘选记载，在一幕臭名昭著的犹太会堂场景中，"哈西德派宗教仪式具有一种魔鬼般的效果。……异教徒以极大的活力进行表演，非常具有启发意义……就像一次驱邪作法一样"。对于这一幕场景以及犹太人来到斯图加特和后来遭驱逐的场景，导演都选用了"种族纯正的犹太演员"。这些犹太人并非来自卢布林隔都(尽管导演最初有此意图)，而是来自布拉格犹太社团。对于反犹的哈尔兰和激情澎湃的观众主体来说，影片的效果完全一样。

《犹太人苏思》在 1940 年 9 月的维也纳电影节上首映发行并大受赞誉，它获得了"金狮"奖以及大量的影评。"我们可以毫不犹豫地说，如果这是宣传，那么我们欢迎宣传，"米开朗基罗·安东尼奥写道，"它是一部有力、深刻、极具感染力的电影。……电影中没有一个孤立的时刻，没有一个情节与其他情节不谐调。这是一部充分统一和平衡的电影。……苏思侵犯那位年轻姑娘的情节处理得极具技巧性。"①9月24日，戈培尔在乌法电影宫参加了柏林首映式。"大量的观众，几乎整个帝国内阁成员都参加了。电影获得了巨大的成功。听到的全部是热情洋溢的评论。观众们处于极度激动之中。这正是我想要的效果。"到了第二天，这位宣传部部长更加自豪了："元首对《犹太人苏思》的成功所打动。每一个人对这部电影赞不绝口，它实至名归。"

影片公映成功势不可当："虽然上个星期《犹太人苏思》的上座率已经被认为是非常出色，"《比勒费尔德时报》在1940年10月15日报道称，"现在它已经超出了所有的预期。还没有哪部电影对公众产生过如此广泛的影响。即使是那些很少去或者从来不去电影院的人也不想错过这部电影。"哈尔兰作品的效果可以从该报先前的报道得以窥见："这部影片如实地展现出了一个犹太人的本来面目，"一位工人宣称，"我真想扭断他的脖子。"前面已经提到，1940年9月30日，希姆莱命令所有党卫军和警察在即将到来的冬季观看这部电影。到1943年，这部电影的观众人数已经到了2030万人。

就在党卫军领袖认可了哈尔兰电影出色教育价值的10天后，反犹攻势的第三部主要银幕作品也完成了："《永恒的犹太人》终于完工。现在它可以令人安心地面世了。我们已经为它花了足够长的时间。"戈培尔在10月11日这样记录道。11月29日，这部极端反犹宣传片在第三帝国各地公映。影片制作人为这部电影准备了两个不同版本：一个原始版本和另一个删减了礼定屠宰场景的版本。单在柏林一地，就有66家电影院同时放映。首映之夜的海报上写着如下警示："由于晚6点放映的影片如实呈现了犹太人兽性屠宰景象，特此向感情易激动者推荐下午4点放映的删节版。妇女只可观看下午4点放映的影片。"

每一座城市都有自己的海报。在贝茨多夫，在阿尔滕基尔亨地区，《永恒的犹太人》被描绘为"一部关于世界犹太人的纪录片"："它是独一无二的，因为它不是想象的产物，而是绝对饶有兴趣的事实。"然后又是通常的警示语，不过这回是当地的版本："即使有成年人的陪伴，未成年人也不得观看夜场电影。而只有夜场电影才放映波兰犹太人屠杀动物的原始画面，显示了他们的真实面目——残酷和

---

① 安东尼奥尼依然是著名的导演，他的代表作有《奇遇》和《放大》。

恐怖。"①犹太祈祷吟唱和犹太会堂领唱者的吟咏被拿来比照展现雅利安基督徒之美的巴赫的《托卡塔》与《赋格曲》。王子、骑士和贤人的尊贵面容与纳粹在隔都拍摄的最丑陋犹太人体貌被放到了一起。

在一个特别令人毛骨悚然的片段里，成群的老鼠穿梭于地窖和下水道，然后快速切换为成群的犹太人从巴勒斯坦迁徙到全世界最偏远的角落。内容如出一辙："老鼠出没之处，它们传播疾病，带来灭绝。它们狡猾、怯懦而又残忍；它们成群结队地移动，犹如人群中的犹太人一样。"更恶毒的是表现礼定屠宰场景：牛羊缓慢痛苦的死亡，它们倒在血泊之中，头被部分割开，咽喉被切断，犹太礼定屠宰师的笑脸与这些垂死动物的可怜眼神反复形成对比。

尽管"种族意义上理想的"雅利安人与这些特别令人生厌的犹太人形象形成鲜明对照，但是导演并没有使用在柏林街头随意拍摄的场景，而是精心选择了莱妮·里芬施塔尔拍摄的关于1934年纽伦堡集会的宣传片《意志的凯旋》中的镜头。叙述者强调了第一条训诫：保持种族的纯洁。这部电影以希特勒1939年1月30日的国会演讲为结束，希特勒宣称，如果下一场战争爆发，被灭绝的将不是欧洲的民族，而是犹太人。

在柏林首映之后，《德意志民众报》11月29日评论道："直到电影结束时，观众才长舒了一口气。……从最深的沉浸中缓过神来。"《影讯画报》则说："通过与此（成群的老鼠）显著对比，这部电影在最恐怖画面（应该是礼定屠宰场面）后用日耳曼民族的形象作为影片的结尾，使得观众充满了有幸成为这个民族一分子最深厚的自豪感。他们的领袖正从根本上解决犹太问题。"

尽管有这类恪尽职守的正面新闻评论，若以公众对《永恒的犹太人》的反应评判，影片无疑是一次商业上的失败。德国和奥地利许多地区给帝国保安部的报

---

① 这部电影完全基于图解式的展示，将不同来源的图像和片段加以混合：纳粹在波兰（例如在罗兹）拍摄的犹太人影像；意第绪语电影片段；各种表现德国犹太人生活和战后革命场景的新闻影片；莱妮·里芬施塔尔的电影场景和德国人日常生活的影片。为了展示同化为西方人的隔都犹太人是多么令人厌恶，导演使用了复杂的镜头交切技术。这些犹太人脱下传统服装穿上西装，剪去了鬓角和胡须，摇身一变成为现代社会的成功人士。银行家和股市大亨扩展着他们对各国生产力的严密控制，犹太革命者煽动大众反对统治秩序。犹太人对新闻、文化和艺术的支配都导致了同样的蜕变。"相对论犹太人"阿尔伯特·爱因斯坦和"舞台独裁者"马克斯·莱因哈特都是一路货色。在每年的普林节（犹太教节日），全世界犹太人都要庆祝他们对他们在波斯宫廷中的敌人的残忍报复，共有7.5万人遭到杀戮。

告都异口同声:恐怖的场景令观众感到厌恶。这部纪录片被认为是折磨神经。由于前不久刚刚观看了《犹太人苏思》,大部分民众感到已经受够了"犹太人的污秽",等等。

《犹太人苏思》在商业上的成功和《永恒的犹太人》相形见绌的商业表现就戈培尔的用意而言不应被视为是迥异的结果。两部电影的画面被纳粹的反犹主义海报或出版物无数次复制,传播到帝国和欧洲被占国家各地。《永恒的犹太人》中穿梭的老鼠、被恶意歪曲的犹太人形象给欧洲观众所留下的集体印象可能比《犹太人苏思》中犹太阴谋所留下的印象还要深。两种情形,一个目的:煽动恐惧、厌恶、仇恨。在这一开门见山层面上,这两部电影应该被视为是层出不穷反犹恐怖故事的两张不同面孔。

针对"犹太人"的攻势在多条战线上同时展开。在国内,戈培尔和罗森堡之间的对立更加频繁。反犹意识形态战争的两位主要设计师(同时也是纳粹意识形态纯洁性的两位卫道士)之间的持续敌对早在希特勒登上总理宝座之前就开始了,并且在 20 世纪整个 30 年代一直激烈进行着。正如我们所看到的,这场争斗并没有随着战争的开始而偃旗息鼓。由于戈培尔占据了政治高地并且比他的对手聪明能干得多,罗森堡不得不在一系列问题上采取更为严格的意识形态路线。因此,当那位宣传部部长在 30 年代初反对为了删除音乐作品里的犹太内容而修改乐曲主题,尤其是亨德尔的作品时,罗森堡却在自行其是。1939 年,他指使自己的亲信、德国首席作曲家赫尔曼·斯特凡尼将亨德尔的《犹大·马加比》加以改编并重新命名为《军事领袖》。1940 年 5 月,戈培尔一改初衷,决定扩展宣传部音乐处的职能,自己组织着手对歌剧和合唱文本的改编。显然,亨德尔的宗教剧再一次受到了更大幅度的修改,从而变成了 1941 年在汉堡首演的《威廉·冯·拿骚》。与此同时,斯特凡尼正忙于修改莫扎特的《安魂曲》:"锡安的上帝"和"千万军马"两章消失了。接下来是亨德尔的《耶弗他》:斗争就这样继续着。

面对他们所遭受的前所未有的沉重打击和持续诽谤,德国犹太人无力抵抗。犹太人协会的态度通常是温顺和卑躬屈膝的;事后看来,即便在当时的情况下,它的逆来顺受有时候也是过分了。在讨论马达加斯加计划的时候,党卫军帝国保安总局命令德国犹太人领导层与他们合作规划犹太社群的大规模迁移。为表恭顺，协会执行主任奥托·希尔施提交了一份详细的备忘录——显然已经过了各团体的政治代表和宗教代表在执委会内部的长时间讨论——内容是关于对即将被驱逐到该岛的犹太人进行教育。希尔施起草方案的最终原则是："这一教育的目的是为犹太人定居点的生活做准备。我们真诚希望这一定居能够在巴勒斯坦犹太人的土地上实现。不过，这些原则对于在任何犹太定居点生活的教育准备都有效，不管是在何处。"不过，这样的卑躬屈膝也有例外的情况。

犹太人协会已经对斯特丁和施奈德缪尔德驱逐行动提出了抗议。在巴登和萨尔—巴拉丁的犹太人突然被驱赶到维希法国之后，协会向第三帝国所有的犹太人社团发出通知，告诫这两州离家在外的犹太人在围捕期间不要回家。[①]协会的领导成员在犹太会堂演讲中公开发出对新驱逐行动的抗议。他们宣布禁食一天，取消所有文化活动一周。奥托·希尔施甚至向党卫军帝国保安总局提出了抱怨。纳粹的反应是可以预见的：协会的领导成员之一尤利乌斯·塞利格松遭到了逮捕并被送往萨克森豪森集中营。他不久之后就死去了。至于奥托·希尔施，盖世太保等待了几个月：他于1941年2月遭到逮捕并在5月被发配到毛特豪森集中营。他的死亡日期按记录是在1941年6月19日，死因是"大肠溃疡"。

六

1940年5月1日，德国人秘密封闭了罗兹最破败不堪的巴卢提区，搬到那里的16.3万名犹太居民被切断了与外界的联系。该隔都的周围都是无人区，这使得逃脱没有任何实际可能。由于越来越多的帝国日耳曼人和境外日耳曼人（其中大多数是狂热的纳粹支持者）的拥入，罗兹城日益德国化，这也注定了犹太人再无藏身之处。因此，比华沙隔都有过之而无不及的是，罗兹隔都变成了一座与其周边断绝了政治联系或经济联系的巨大城市集中营和劳动营，铁丝网高墙内的犹太人对墙外犹太人生与死的命运几乎一无所知。至于隔都的居住条件，让数据来说话：有排水系统的公寓，613间；有自来水管和排水系统的公寓，382间；有厕所的公寓，294间；有厕所、排水系统和浴室的公寓，49间；缺乏这些设施的公寓，30624间。

---

① 与第三帝国的其他地方一样，凭借犹太人档案，盖世太保掌握着巴登州和萨尔—巴拉丁州所有犹太人的住址。

在总督辖区，由于相信马达加斯加计划即将付诸实施，弗兰克，一个会被记住的人，在 1940 年夏天停止了隔都围墙的建造。到了 9 月，他才清醒了一些。9 月 12 日，在与他的行政首脑进行的会议上，弗兰克宣布了他关于华沙的决定："就我们对犹太人的处理而言，我同意关闭华沙的隔都，主要是由于……这 50 万犹太人构成的危险是太大，我们必须消除他们造成危害的任何可能性。"

10 月 2 日，犹太新年除夕，华沙地区总督路德维希·菲舍尔命令在城里建立一块与外界隔绝的犹太人区域。"今天，华沙南部一些街区的波兰人开始被迁走，"林格尔布鲁姆记录道，"犹太公众极度不安，没人知道明天是否还能安睡在自己的床上。城南的人们整天待在家里等待着他们来驱逐犹太人的那一刻。"第二天犹太人再次乐观了起来："隔都的恐惧过去了。……坊间传言说此事已经被推迟。"卡普兰这样记录道。但他还补充说："隔都的念头已经让我们的神经高度紧张。朝不保夕的生活是很艰难的，没有比等待更令人受折磨的了。这就是被判死刑人遭受的折磨。"

10 月 12 日，也就是赎罪日那天，策尔尼亚科夫获知了最终的决定。这位主席被带到几位德国官员的面前："于是，他们以人道主义的名义并且遵照总督和更高层当局的命令宣称计划建立一座隔都。他们给了我一张隔都的地图。地图上显示隔都边界的街道划归给了波兰人。……在 10 月 31 日之前重新安置是自愿的，在那之后就将是强制性的。所有的家具都必须留在原地。"

该隔都在 11 月 16 日被正式围了起来。围墙的建造花了几个月的时间并且是由犹太委员会出资。生活在这一区域的波兰人离开了，这一区域以外的犹太人搬了进来。现在大约有 38 万名犹太人与世隔绝（这一数字随着不断从小城镇或者瓦尔塔州来的新抵达者而膨胀，尽管死亡率居高不下，隔都人口还是在 1941 年 5 月时达到了峰值的 44.5 万人）。隔都被分成了一大一小两个部分，由一座跨越"雅利安人区"克洛德纳大街的木质天桥连接起来。整个隔都区仅占城区面积的 4.5%，即便这块地盘后来也被削减了。根据特伦克的记载："1941 年 3 月，华沙隔都的人口密度达到了每百平方米 1309 人，平均 7.2 人分享一间屋子；相比之下在同一座城市的'雅利安人区'，平均 3.2 人分享一间屋子。这些是平均数字，有时候多达 25 人甚至 30 人挤在一间 6 米长 4 米宽的屋子里。"

从所有的记录来看，华沙隔都是一个地地道道的肉体死亡陷阱。但是，切断华沙与世界的联系也意味着破坏了波兰犹太人和波兰以外犹太人生活的文化和精神中心。隔都大门被封约 6 个月之后的 1940 年 3 月 12 日,克莱因鲍姆在他的备忘录中以概括的语句总结了当前的形势:"随着波兰犹太社团遭到破坏,全世界犹太人共享的依托基础也遭到了严重损害,因为无论是美国犹太人还是巴勒斯坦犹太人都从波兰犹太人那里获得精神力量,这其中包括了犹太民族文化和流行文化。……在近来,波兰犹太人已经实现了俄国犹太人在较早时候所实现的犹太民族生活目标。目前,这两个社团都已遭破坏,东欧犹太人的角色成为空缺。"

1939 年 10 月,林格尔布鲁姆已经开始系统地记录降临到波兰犹太人头上的命运。其他人很快加入进来。尽管其聚会通常是在周六下午,这个群体还是采用了"安息日狂欢"作为代用名。1940 年 5 月,这一群体的组织架构完成了,赫尔施·瓦塞尔被指派为书记,负责协调工作。诡异的是,隔都的门一关上,"安息日狂欢"的活动就得到了扩展:"我们得出了结论,"林格尔布鲁姆记录道,"德国人对于犹太人内部在做些什么毫无兴趣。……犹太盖世太保代理忙于寻找囤积商品和从事走私的犹太富人。他们对政治没有兴趣。……在隔都奴役者这一'自由'的境况之下,无怪乎'安息日狂欢'活动可以如此成功地开展。"

和同时期其他犹太编年史作家一样,这些"安息日狂欢"者正在为自己最后时日的历史积攒素材,不管他们在这一过程的初期意识到这一点与否。

最年轻的日记作者、12 岁达维德·鲁比诺维奇微弱的声音并不具有那种普遍存在的紧迫感,其日记也不是为了系统地记事。在他那简洁、不装腔作势的和直白的记录中,鲁比诺维奇的 5 本学校练习簿揭示了 1940 年 3 月到 1942 年 6 月间总督辖区内犹太人生活不同寻常的一面。达维德生活在基尔采地区博曾滕市附近一座叫克拉伊诺村庄的一户五口之家里(达维德有一个哥哥和一个姐姐)。他的父亲买下了一小块土地,然后又买了一家乳品店。达维德开始写作时,鲁比诺维奇家还拥有一头奶牛(从日记中看不出他们是否曾经拥有过一头以上的奶牛)。达维德在 1940 年 3 月 21 日的日记开头提到了一条新的法令:"清晨,我穿过我们生活的村庄。从老远我就看见了商店墙上的一则告示。我迅速上前看了看。这则新告示说,犹太人在任何情况下都不得乘坐交通工具旅行。"(铁路旅行在很早之前就已经被禁止了)于是,4 月 4 日,这个男孩徒步去了基尔采:"今天我早早地起了床,因为我必须去基尔采。我在早餐后离开。独自一个人沿着田间小路走真是难受。4 小时之后我到了基尔采。当我走进叔叔家时看见所有的人都愁眉苦脸地坐着,我这才知道各条街道的犹太人都将被赶进隔都,我也越来越忧伤。晚上,我外出上街买一些东西。"

达维德以纪实的方式记录着他每天生活中的小事以及发生在他身边的他所能够理解和不能理解的其他事件。1940年8月5日,他写道:"昨天,本地的政府官员来找我们村的村长,说犹太人和他们的家属必须去农村地区办事处登记。早上7点,我们来到村办事处。我们在那里待了几个小时,因为大人们正在选举犹太长老会。然后我们就回家了。"9月1日,战争爆发的周年,达维德思考着战争带来的痛苦和广泛的失业:"以我们为例,"他写道,"我们曾经拥有一家乳品店,而现在我们完全失业了。只有非常少量的战前库存留了下来;我们还在使用它,但已经快要用完了,我们不知道接下来要做些什么。"

"到处都是污秽,犹太人本身就充满了污秽,"驻扎在前波兰某地的德国国防军士兵E在1940年11月17日的信中告诉他的家人,"真是滑稽:犹太人都向我们敬礼,尽管我们对此不做反应也不允许做任何反应。他们弯腰鞠躬的幅度使得帽子都快要朝地面了。实际上,这种问候方式并非强制性的,只不过是党卫军时代以来的遗风而已;是他们训练犹太人的结果。如果你看一眼这些人,你就会得出一个印象,那就是他们真的不配生活在上帝创造的地球上。你只有亲眼看到这一幕,否则你是不会相信的。"1940年8月,下士W驻扎在苏德军事分界线附近,他在家信中也写到了一些关于犹太人的内容:"这座城镇(西德尔策镇)里有4万居民,其中3万是犹太人。半数房屋已经被俄国人摧毁了。犹太人像猪一样躺在大街上,成了'上帝的选民'。……无论我们在哪里为大德意志祖国服役,我们都为能够协助元首而感到自豪。这个时代的伟大之处只有在许多代人之后才能得到认识。但是我们都希望豪情满怀地站在历史面前,履行着我们的使命。"1941年3月,下士LB总结了他所在的波兰地区的犹太人状况:"这里有许多犹太人,你应当看一看党卫军是如何照看这些猪猡的。……他们总想取下臂章,好让自己看不出是犹太人。但是他们已经从党卫军那里领教了许多,变得胆小如鼠,这些犹太猪。"

七

签署停火协议后一个月,也就是第三共和国寿终正寝之后的第七天,贝当元帅的新政权主动出台了第一批反犹措施。在法国犹太人获得解放的 150 年之后，历史的车轮开始倒退了。

战前法国的大约 33 万犹太人之中差不多有一半是外国人或者系外国父母所生。在这些外国人中有 55 万人是在 1933 年到 1939 年之间到达的 (其中 4 万人是在 1935 年以后到达的)。①反犹主义是整个 19 世纪法国人——首先是左翼，然后越来越多的是保守派和激进右翼——意识形态图景的一部分，德雷福斯事件使之成为 19 世纪 90 年代和世纪之交法国政治的核心议题。不过，第一次世界大战使得反犹煽动大为收敛 (与德国的情况刚好相反)，而战争刚结束的那几年似乎是法国本土犹太人与周边社会同化新阶段的开端。"以色列法国人"作为法兰西精神主体的一部分找到了属于自己的位置。

由于根深蒂固的反犹传统 (即便是蛰伏了几年)，由于一系列牵涉到犹太人的金融—政治丑闻 (其中包括史塔维斯基事件)，由于犹太裔社会民主主义者莱昂·勃鲁姆领导的"人民阵线" (左翼和中左翼政党联盟) 的兴起以及勃鲁姆的短期政府所造成的"威胁"，再加上纳粹煽动的影响和外国犹太人大规模移民法国，从 20 世纪 30 年代初开始，甚嚣尘上的反犹主义开始卷土重来。本土犹太人产生了一种新的不安感，促使他们指责非法国裔"同胞"威胁到他们的处境。从那以后，本土犹太人比以往任何时候都更强烈地坚持与新来者划清界限，尽管他们确实为犹太难民设立了援助机构。

战争爆发前数月，法国政府曾认真考虑过以建立在法国建制内作战的外籍部队 (不同于海外军团) 的方式将犹太人和其他难民编入军队这个最神圣的国家组织的可能性。大多数外籍人士也早已为参加对抗希特勒德国的战斗而摩拳擦掌了。但是，希特勒和斯大林的协定一经签署，形势急转直下：难民 (不管是不是共产主义者或犹太人) 立刻成了受到怀疑的对象；对"第五纵队"歇斯底里的恐惧使得法国人把反纳粹的活跃分子当成了潜在的敌人。他们的容身之所不是在军队，而是在临时收容营。

1939 年 11 月 18 日出台的一条法律命令监禁那些"对国防具有危险性的人"。这个月底，大约有 2 万名外国人——其中许多是德国 (或奥地利) 犹太男性

---

① 1940 秋天的犹太人口包括了来自荷兰和比利时的难民，1940 年 10 月以后还包括了从巴登和萨尔—巴拉丁驱赶出来的犹太人。1940 年 6 月以后计算出的这些数字不包括 1 万到 1.5 万名战俘，也不包括数以千计的未登记外国人。

难民——被送往收容营或类似收容营的场所。接下来的几周，在这些人的反纳粹身份获得证实后，大部分被监禁者获得了释放。然而，随着德国开始在西线发动攻势，他们的自由好景不长。正如犹太裔德国作家利翁·福伊希特万格所描述的那样，广播里播放着新政府的命令："居住在巴黎附近的所有德国国民（无论男女）以及所有年龄在 17 到 55 岁之间出生在德国但没有德国国籍的人都要到收容所报到。"实际上，这一措施适用整个国家。因此，在德国摧毁法国防御之日，成千上万从希特勒德国逃出来的犹太人和其他难民再一次被集中到勒韦尔内、雷米勒、古尔、里韦萨尔特、孔拜涅和其他收容营。部分被监禁者设法逃脱了陷阱。其他人则始终未能幸免：对于他们来说，死亡之路在 1940 年春天的法国收容营已经开始了。

随着法国的土崩瓦解，大约 10 万名犹太人在彻底的混乱和"大溃败"的恐慌中加入了 800 万到 1000 万向南逃亡的民众大军。在这之前，已经有大约 1.5 万名来自阿尔萨斯 — 洛林的犹太人和 4 万名来自荷兰、比利时、卢森堡的犹太人开始了大逃亡。这场灾难总体上被认为是国家意义上的灾难，相比后来的情况，当时的犹太人只是对溃败之后可能产生的可怕变化感到了隐约的焦虑。

7 月 10 日，法兰西共和国自行消亡了。上下两院授予贝当完全的行政权。在这个国家的非占领区，这位 83 岁的元帅成了一个威权主义政体的领袖，同时是国家和政府的元首。由于位于该国的地理中心，阿列地区的度假胜地维希小城被选中成为新国家的首都。"法兰西国"的箴言"工作、家庭、祖国"取代了共和国的"自由、平等、博爱"。

纳粹主义和反犹主义的大多数法国铁杆崇尚者都留在了巴黎。对于他们来说，维希政权太保守、太教权主义了，对德国还不够恭顺，在反犹斗争方面踌躇不决。这些极端主义的偏激分子无所不为。作家路易斯 — 费迪南德·塞琳要求与德国结盟，在他看来德国是种族上的亲缘国家。他声称："法国只不过是因为一次意外受挫和战败而偶然成为拉丁国家。……它是一个凯尔特人的、四分之三日尔曼血统的国家。……我们害怕兼并吗？我们从来没有像现在这样应当被兼并。我们要继续当犹太人的奴隶，还是要再次成为日耳曼人？"尽管塞琳的无政府 — 纳粹主义和他的反犹主义风格一样在很多方面自成一体，但他对犹太人的仇恨却是与其他许多聒噪的作家、记者和公众人物之流如出一辙。这些论调日复一日、周复一周地喷涌着,以至于反犹主义成了各种报纸和期刊的核心信息,其数量之大令人瞠目结舌。(在战争前夕,有47份这样的出版物在系统地散播反犹宣传。)"与犹太人划清界限!"卢西恩·勒巴太以这样一个题目在1940年12月6日的《人民呼声报》上刊登了一篇文章:犹太人是臭虫、老鼠,"但较之有害得多";不过,由于他们是人形两足动物,"我们不要求消灭他们"。他们应当被逐出欧洲,受到惩罚,等等。更糟的事还在后面。反犹的狂暴情绪在一系列通敌政党(例如雅克·多里奥特的法国人民党、马塞尔·德阿特的全国人民联盟和夏尔·莫拉斯的法兰西行动)那里找到了有组织的政治表达。

1940年的夏天,在维希还很少听到刺耳的通敌言论,但是传统的本土反犹主义从一开始就盛行着。1940年8月16日,美国驻贝当政府首都的临时代办罗伯特·墨菲向国内报告了根据维希新政府命令的驱逐行动,他补充道:"毫无疑问,(这次行动的)目的之一是造成犹太人的离境。赖伐尔(副总理)告诉我,这些人聚集在维希,到了令人担忧的程度。他认为他们会酿成麻烦,并使此地的名声受辱。他说他要清除这些人。"

维希政府的第一项反犹法令发布于1940年7月17日。新法律规定,只有父亲是法国人的公民才能担任公职。7月22日,以司法部部长拉斐尔·阿利贝尔为首的一个委员会开始核查1927年之后的所有移民归化案件。[①]8月27日,维希当局废除了1939年4月21日制定的旨在禁止种族煽动或宗教煽动的《马尔尚多法》:反犹主义宣传的闸门再次打开。8月16日,全国医师协会成立,其成员必须是法国父亲所生者。9月10日,同样的限制也被应用于司法业。1940年10月3日,维希当局再一次主动出台了《犹太人条例》。

在条例的开头段落,犹太人被定义为祖父母辈至少有三人是"犹太种族"的人,或者(如果其配偶为犹太人)其祖父母辈有两人是"犹太种族"的人(德国的定义所指的是其祖父母的宗教信仰,法国的定义所指的是种族)。接下来的一段列举了禁止犹太人从事的公共事业。第五段将犹太人排除在新闻、戏剧和电影业的一切所有权和职位之外。在阿利贝尔监督下起草的这一条例由贝当和全体内阁成员签署生效。第二天,10月4日,另一条法律规定,只要有关部门做出决定,就

---

① 1927年的法律减少了移民归化的程序。阿利贝尔委员会的意图是明显的:被取消资格的归化者中的40%是犹太人。

可以将外籍犹太人监禁于特别收容营。一个管理这些收容营的委员会成立了。地方政府也有权强迫外籍犹太人居住在当局制定的区域。

除了一些细微的个人意见差别之外,1940 年 10 月的条例得到了法国政府成员的一致同意。虽然贝当在之前和之后都没有公开地抨击过犹太人,但他在通常的意识形态用语中暗指了犹太人是"反法势力";并且,他在内阁讨论期间强烈支持这些新措施。①赖伐尔似乎是最有影响力的内阁成员,尽管他不是一个公开的反犹主义者,但他主要想到的是从与德国人的交易中获得好处。与他不同的是,海军上将弗朗索瓦·达尔朗则公开表现出法国天主教保守派传统的反犹主义。至于阿利贝尔,他对犹太人的仇恨更接近于巴黎那些通敌分子的类型,而不像是传统的维希模式。②

10 月 18 日,在一封发给维希政府驻华盛顿大使加斯顿·亨利—哈耶的电报中,维希政府外交部秘书长表达了用来向美国人解释新条例的观点。责任当然是在犹太人自身。莱昂·勃鲁姆分子或让·扎伊(勃鲁姆政府的教育部部长)分子被指控宣扬了反民族和超道德原则;而且他们还帮助"成千上万同党"进入了这个国家,诸如此类。电文还说,新的立法条例既不针对个人的基本权利,也不威胁到私人财产。"新立法条例的目的只是为了坚决而冷静地解决一个严峻的问题,并且让某些异议分子能够在法国和平地存在下去。当这些异议分子过度频繁地出现在国家政治管理生活中的时候,他们的种族特性就变成了一种威胁。"

维希政府的反犹立法大体上得到了非占领区多数公众的接受。我们在接下来几章将越来越明显地看到,由于战败,法国民众的反犹主义情绪高涨,并且在接下来的几年持续不衰。1940 年 10 月 9 日,电话通信中央控制局——换言之,一个监听机构——报告称"对犹太人的敌对情绪依然存在";11 月 2 日,该机构表示,条例得到了广泛认可,人们甚至认为它在某些方面还不够严厉。尽管 42 名省长中只有 14 人报告了公众对条例的反应,其中有 9 人表示反应是积极的,一人报告说毁誉参半。在这样一种人心惶惶的大环境下,公众的意见理所当然会倾

①　贝当个人的反犹主义显然是受到他的妻子玛蕾夏尔以及私人医生伯纳德·梅内特雷尔的影响。

②　已经有大量的关于这些问题以及这一时期法国反犹政策的学术研究。出于必要,本书提到了其中的一些。

向于服从那位作为救星和保护者的"老元帅"所采取的一切措施。并且,相当一部分民众比以往任何时候都更关注天主教会所提供的精神指导。

就在天主教反犹主义卷土重来的同时,20世纪30年代的一些有威望的思想家——例如雅克·马里丹、埃曼努埃尔·穆尼耶和畅销小说作家天主教徒弗朗索瓦·莫里亚克,以及颇具影响力的日报《十字架》都在反对传统的天主教反犹态度。不过,即便是在这些自由天主教反犹主义的人士中,隐蔽的反犹主题也在战前差不多浮出水面。因此,当莫里亚克在1937年加入《正义誓言》——一份致力于同日益高涨的反犹仇恨进行斗争的期刊——的时候,他致信杂志主编奥斯卡·德·费伦茨解释了自己的立场。"对于天主教徒来说,"莫里亚克说道,"反犹主义不仅仅是对仁慈的公然侵犯。我们与以色列连为一体,不管我们希望与否,我们都是与之联系在一起的。"说了这番话后,莫里亚克话锋一转谈起了犹太人自身对周边憎恨情绪应负的责任。当然,他提到了犹太人的"种族排外性",但是还不止于这些:"他们无法在控制国际金融的同时不给人们一种受他们控制的感觉。他们无法在从各处拥入一个地方(勃鲁姆的政府部门)的同时不引起仇恨,因为他们自己就沉湎于报复行为。一些德国犹太人在我面前承认,德国确实存在一个需要解决的犹太问题。我担心这个问题最终也会存在于法国。"至于穆尼耶,他写了一篇关于犹太人的文章并发表在1939年3月1日的《近卫军》上。这篇文章旨在保护犹太人免受右翼的攻击。它在某种程度上确实是这样做的,但是文章又补充道,犹太人在某些方面对他们自身的困境负有部分责任。这和莫里亚克所采取的立场一样,两人都在老调重弹,重复可能引起仇恨的陈词滥调。

最终起作用的是教会所采取的官方立场。1940年的夏天,天主教僧侣阶层已经获知了即将出台的条例。1940年8月31日,当枢机主教和大主教在里昂集会的时候,"犹太问题"被提上了议事日程。康布雷大主教埃米尔·格里总结了大会的官方立场:"从政治方面来说,这个问题是由一个禁止其个体成员参与一切同化、分散与民族融合活动的社团(犹太人的)所引起的。为了确保这个团体的顽固不化不会对民族福祉造成危害,国家有权利和有责任保持积极的警惕,就像对待一个少数民族或者跨国政治联盟一样。在此,我们并不是在说外籍犹太人,但是如果国家认为有必要采取警惕措施,它仍然有责任尊重司法原则,将那些已经是公民的犹太人与其他公民一视同仁:他们和其他公民拥有同等的权利,只要他们谨守法律。在这种情况下,国家所制定的法令必须产生于正义和仁慈的准则。"

①换言之,与会的法国天主教会领袖认可了一个月后由政府颁布的法令。当官方声明颁布时,自然没有一位天主教神职人员提出抗议。一些主教甚至公开支持这些反犹措施。

法国天主教会采取这一立场的最直接原因来自贝当和新的"法兰西国"政府给予他们的绝对支持,天主教因此得以重新进入法国的公众生活,特别是在教育方面。相对于法兰西共和国确立政教分离政策,禁止用国家资金支持宗教学校,维希政府废止了政教分离政策以及所有的实际后果。在许多方面天主教成了新政权的官方宗教。然而,事情还不止于此。

自从法国大革命以来,法国天主教部分人士仍然对"1789 年理想"持顽固敌视的态度,他们把这一理想看成是企图摧毁基督教的犹太 — 共济会阴谋。当德雷福斯事件发生的时候,好战的天主教在后来由夏尔·莫拉斯创立的极端民族主义和反犹主义政党"法兰西行动党"那里找到了其在当代的政治声音。"法兰西行动党"在 20 世纪 20 年代遭到了教会的惩罚,但是许多天主教徒依然与之保持紧密的联系,庇护十二世在战争爆发前夕解除了此项禁令。正是"法兰西行动党"促成了维希当局出台《犹太人条例》,1940 年法国教会中相当一部分有影响的人物也持有同样的反犹主义意识形态立场。

最后,基督教宗教反犹主义的一些最极端信条开始在法国天主教徒中重新抬头,当然是以一种较为温和的形式(相对波兰的情况而言),但终究是重新抬头了。因此,已经在 20 世纪二三十年代放弃了世纪之交时(主要是德雷福斯事件期间)激烈反犹谩骂的报刊《十字架》未能抵御住新形势的诱惑。"犹太人是否受到了上帝的诅咒?"成了 1940 年 11 月 30 日刊登的一篇文章的标题。在为新条例进行了辩护之后,化名 C.马特的作者提醒他的读者,自从犹太人声称耶稣的血"归到我们和我们的子孙身上",诅咒事实上就已经存在了。逃避的方法只有一种:皈依。

较为弱小的法国归正宗(加尔文宗)派教会也受到了这个国家整体的文化 — 意识形态立场的影响,尽管其领袖马克·伯格纳牧师后来成了维希政府反犹法律仗义执言的批评者。而在 1941 年夏天,伯格纳本人多次强调,他的支持只给予法

---

①　在 1947 年出版的《被占领时期的法国天主教会》一书中,格里主教阁下亲自复述了宣言的要旨,可能并没有意识到其中有疑问的方面。

国犹太人。在他看来,犹太移民的拥入已经造成了一个很大的问题。

在被占领区,德国人也没有闲着。第一项反犹行动的命令既不是来自"安全警察和帝国保安部代表"赫尔穆特·克诺亨,也不是来自军方,而是来自德国在巴黎的使馆。8月17日,在与希特勒会晤之后,奥托·阿贝茨大使要求军方总部的民事管理部门首脑沃纳·贝斯特制定一套初步的反犹措施。贝斯特对阿贝茨的提议感到吃惊,不过还是草拟了以下的指示:"(1)不能允许向南逃亡的犹太人再返回被占领区,立即执行;(2) 开始着手准备将占领区内所有的犹太人遣送出去;(3)没收犹太人财产的可能性必须提到议事日程上来。"8月26日,里宾特洛甫通知阿贝茨,希特勒已经同意这些"紧急措施"。所有的人都各就各位。

1940年9月中旬,陆军总司令布劳希奇下达了正式的行动命令。27日,"第一号犹太法令"发布,该法令将犹太人定义为其祖父母辈有两人以上信仰犹太宗教的人,或者其祖父母辈有两人信仰犹太宗教并且其本人信仰犹太教或者其配偶为犹太人的人。这项法令禁止逃入维希法国地区的犹太人返回被占领区,指示法国各省开始全面登记在被占领区的所有犹太人(为遣送做准备),同时确定犹太人的生意和登记犹太人的资产(为了日后没收)。10月16日,"第二号犹太法令"命令犹太人在10月31日之前登记他们的企业。从那一天起,犹太人的商店贴上了印有"犹太商业机构"的黄色标志。

被占领区所有犹太人的登记工作在10月3日犹太新年那天展开。它以字母顺序进行,在10月19日完成。在巴黎,犹太人到他们所在地区的警察局登记;在巴黎以外,犹太人到省政府登记。绝大多数犹太人(超过90%)——无论是法国犹太人还是外籍犹太人——都毫不犹豫地服从了命令。一些人甚至将登记变成了陈述。病入膏肓的哲学家亨利·柏格森尽管可以免于登记并且多年来他对天主教的亲近甚于犹太教,还是穿着拖鞋和睡袍来到巴黎的帕西警察局作为犹太人登记;一位名叫皮埃尔·布里萨克的下士全副戎装地前来登记。

到1940年10月底,已经有149734名犹太人登记在册。接下来的几周和几个月陆续又有几千名犹太人零星地进行了补登:总共有86664名法国犹太人,65707名外籍犹太人。前部长和埃罗省参议员皮埃尔·马赛在10月20日致信贝当:"我服从我国的法律,哪怕它是由侵略者强加的。"他还在信中询问那位老元帅,是否要收回他历代祖先自拿破仑战争以来为国效劳获得的军功奖章。

甄别"普通犹太人"同样要依靠这些人的主动登记。而对于犹太作家,不论是在世的还是已故的,甄别则没有这样的困难。反犹主义者已经深谙如何确定作家、艺术家、知识分子的身份,尽管初看上去并不能辨认出这些人中的犹太人;与在其他地方一样,这在法国是通常的做法。因此,当法国出版商协会在 1940 年 9 月向驻巴黎的德国使馆许诺不会再有犹太作家(连同其他被排除在外群体)的作品出版或再版时,他们已经准备好了一份名单。出版商从那时起就已经实行严格的自我审查。几天之内,第一份禁书名单"伯恩哈德名单"公之于众,紧接着是"奥托名单"。在此之前,出版商协会发表了一份简短的声明:"这些书充斥着欺骗和偏见,已经系统地毒害了法国公众的思想。特别是那些有负于法国善待的政治流亡者或犹太作家的出版物肆无忌惮地煽动战争情绪,以借此达到他们的自私目的。"

一些法国出版商主动采取了新的步骤。尽管法国水星出版社正在计划出版《我的奋斗》中自传部分的法文译本,但是伯纳德·格拉塞特还是担心自己无法获准重开他在巴黎的出版社,他通过中间人告诉德国人,"就是把我家的两条线查遍,你们也绝不会发现一个犹太男子或犹太女人"。

在所有西欧的都城中,巴黎很快成为知识分子和艺术家通敌活动的最主要温床。在德军占领的最初时期,一些主动行为既卑鄙又荒唐可笑。1940 年 7 月,法国舞蹈明星泽格·利法尔得到了来巴黎访问的戈培尔赏识,于是他就开始一遍又一遍地请求德国使馆安排他与纳粹宣传部部长的二次见面。用历史学家菲利普·布兰的话来讲,"利法尔幻想着成为欧洲舞蹈界元首的机会"。与此同时,德国人担心利法尔的雅利安血统。在这位舞蹈家澄清了犹太血统的污名之后,他被邀请到大使馆——不是为戈培尔之流表演——但至少算是为布劳希奇的名誉表演。

维希当局 1940 年夏秋之际颁布的法令导致 140 名犹太人出身的大学教师被禁止执教,这一人数约占全国大学教师的 10%。14 位特别杰出的犹太学者得以豁免,但条件是他们只能在维希政府控制地区继续执教。法国学术界对此予以了默认。① 在这个国家最负盛名的学术机构——法兰西学院,4 位犹太教授根据

---

① 一些教职员工对反犹措施表达了抗议,但是在冷漠和容忍的大气候之下,这些只是例外的情况而已。

新法令遭到了开除。

学院院长埃德蒙·法拉尔并没有坐等新的法律。1941 年 1 月,在一份给维希政府赴被占法国地区代表团的报告中,法拉尔迫不及待地提到了他自己的主动措施:"犹太问题:自从本学年开始以来,已经没有犹太人在法兰西学院执教。这个决定是在 10 月 3 日的法律出台之前就已做出的。"报告草稿的最后一句(后来被删去了)是:"行政部门已经采纳了那个决定。"当犹太人不再允许留在学院执教的时候,他们的"雅利安"同事没有一个人提出过抗议。同样的情况发生在法国所有的高等学府。在颇负盛名的巴黎自由政治学院,副院长罗歇·塞杜在德国驻巴黎使馆文化处处长卡尔·艾普廷的授意下驱逐了所有的犹太裔教授。没有任何试图获得例外的努力。

社区的两位主要领袖,法国犹太人的传统代表机构中央协会的负责人和巴黎犹太人协会的负责人爱德华·罗思柴尔德和罗伯特·罗思柴尔德已在 1940 年 6 月离开了这个国家。他俩的离去使得法国犹太人处于极度的混乱之中,犹太协会的大多数成员到非占领区避难去了,新当选的法国大拉比伊萨耶·施瓦茨和留存的协会成员无力进行管理。

早在停火协议生效之前,大拉比就得到预示未来局势发展的一些暗示:6 月 20 日,波尔多大主教向法国天主教徒发表了广播讲话;伯格纳牧师在 23 日向新教社区发表了广播讲话。接下来本应该轮到施瓦茨出场,但是他却没有得到邀请。作为对他质询的回应,他被告知从今往后犹太宗教节目被电台取消了。

法国本土犹太人当中普遍弥漫着说不清的不祥预感,外籍犹太人中更是如此,不管他们是生活在被占领区还是非占领区。事实上,到了 1940 年的夏天,没人知道期望的是什么,惧怕的是什么。两位截然不同的记事者记录了"相反"视角下的同一些事件。一位是阿尔萨斯犹太人家庭出身法国本土犹太人雷蒙—拉乌尔·兰贝特;另一位是出生于维捷布斯克的雅克·比林基,他经历过 1903 年的基辅大迫害并因秘密的社会主义活动而被关进过俄国的监狱,1909 年他作为政治难民来到法国。对于维希当局和德国人来说,两人都是彻头彻尾的犹太人。兰贝特是地地道道的法国人:在法国上的学,第一次世界大战期间是获得授勋的前线军官,短期任职于外交部。然而,他也是一个自觉的犹太人,甚至是个活跃的犹太人。他在 1933 年之后组织过对德国犹太人的援助并被任命为犹太协会主要期刊

《犹太人世界》的主编。战争爆发后,兰贝特再次穿上了戎装,这次是作为预备役军官。

比林基在 1927 年已经归化,因此和兰贝特一样属于归化国法国的公民。然而在接下来的事件中,比林基的声音在某种程度上却是一个外籍犹太人的声音,一个东方犹太人的声音。作为一名记者,他为许多犹太报刊工作过。尽管他所受的教育只有黑德尔(传统的犹太宗教小学)程度,但他掌握了扎实的绘画知识,作为一名记者,他写过许多介绍巴黎艺术圈的文章。1940 年到 1943 年之间,兰贝特所走的人生道路与比林基的人生道路并不相同,然而他们的最终命运却是一样的。

"法国犹太人生活在一种特别焦虑的状态下。"1940 年 7 月 14 日,尚在军中的兰贝特这样记录道,"如果是所有的人都吃苦头,那倒还可以接受。只怕敌人会要求进一步的歧视。这种焦虑使我和我儿子们的未来都格外危险,但是我仍然有信心。法国不会接受任何要求。一个多世纪以来,我的祖先们长眠于这片土地,我参加了两场战争,都是为了法国。我不能想象我自己、妻子和儿子在另一片天空下生活的可能性,连根拔出比断枝更糟糕。"

实际上,在 1940 年的夏秋之际,犹太人的生活似乎在一定程度上回到了正常状态,甚至在德国直接占领下的巴黎也是如此。1940 年 10 月初,所有的社区福利机构已经恢复了运行。在这个阶段,他们还有能力满足移民社团的相当一部分需求。法国犹太人求助于犹太协会,8 月,巴黎的大拉比朱利恩·韦尔回到法国首都。法国犹太人对未来的焦虑似乎正在消退。但是,这一缓和好景不长。

1940 年 10 月 2 日,兰贝特从报纸的暗示中获得即将出台《犹太人条例》的消息。"这是我一生中最悲伤的记忆,"他在日记中写道,"据此,我在几天之内就可能会变成二等公民。我的儿子,尽管在出生、文化和信仰上都已法国化,将被法国社会粗暴地拒之门外。……这可能吗?我不敢相信。法国不再是法国了。"几周之后,痛苦有增无减,但是拯救的方子出现了:"一位朋友在给我的信中说:人不会在母亲不公正时对母亲说三道四。受难时只有等待。因此,我们法国犹太人必须低下头来忍受痛苦。"兰贝特在 10 月 16 日的日记中补充道:"我赞同!"

继续生活在巴黎的比林基简单地记录了《条例》颁布一事。两天后的 10 月 4 日,在参加了犹太新年祈祷后,他提到了大量的礼拜者和犹太会堂周围的警察;但是没有制造麻烦的人。仪式结束后他走进一家咖啡馆。店主是"一位百分之一百的天主教徒,慷慨激昂地表达他对迫害犹太人行径的愤慨。他(店主)宣称,作为地地道道的法国人和巴黎人，虽然本地民众对罗思柴尔德家族的命运漠不关心，但是会公开支持处于困境中犹太民众的"。

在法国犹太人的当选领袖中，首先对《条例》做出反应的是大拉比施瓦茨。在1940年10月22日的一封致贝当的信中，他提醒这位国家元首，被排斥在一切公共职位之外的法国犹太人一直是"祖国的忠实仆人。……我们总是呼吁为法国的光荣和伟大祈祷。……作为法国人，我们从来没有将我们先辈的宗教与对祖国的爱分割，我们会继续服从国家的法律。……对于一则排他性的法律，我们会以对祖国的不懈忠诚来做出回答"。贝当简略的回信赞许了"对法律的服从"。

与此同时，艾希曼驻巴黎的特使、帝国保安部负责犹太事务的官员提奥多尔·丹内克尔正开始着手建立一个全国性的犹太委员会。丹内克尔并没有简单地通过指令强迫建立委员会，这个狡猾的德国人使用了迂回的方法：他说服了犹太人协会和外籍犹太人组织在单一的框架内合作开展他们的福利工作，并许诺说这不会受到德国人的干涉。他们同意了。

1941年1月30日，协调委员会成立了。大多数犹太人并不明白丹内克尔的意图。然而，当这位艾希曼的特使带来两位维也纳犹太委员会前任成员以色列·以色列洛维茨和威廉·比贝尔施泰因并将他们作为"顾问"安排进委员会的时候，即便是那些贸然轻信了丹内克尔不干涉许诺的人也感到了迫在眉睫的威胁。1941年4月，几乎完全由这两位奥地利犹太人撰写的《犹太信息》第一期——用比林基的话来讲，通篇是"蹩脚的法语"——出版了。越来越明显的是，丹内克尔在巴黎的犹太代理将接管这一新机构。

八

随着德国国防军突破了荷兰人的防线，如潮般的恐慌席卷了这个国家的14万名犹太人。5月13日和14日，数以千计的犹太人拥向北海海岸，想找到抵达英国的途径。他们的恐慌在德国士兵HZ下士1940年6月2日的家信中得到了憎恨的响应，他描述了发生在比利时或法国北部的一次事件："你们应当看一看那些在德军推进途中的犹太人。我看见一个带行李的犹太人站在一辆出租车旁，提议只要司机带他去海边，他就付6000法郎（合600帝国马克），这样他仍然有可能赶上去英国的轮船。正在那时，来了另一位犹太人，为同一段路程出价7000法郎；然后又来了第三个犹太人，双膝颤抖，精神完全错乱，连声道：拜托，拜托，请带上我,我会给你 10000 法郎。"在阿姆斯特丹,1939 年到 1940 年的自杀人数翻了三番:大部分自杀者很有可能是犹太人。根据各种统计,在 5 月 15 日开始的一周内就有大约 200 名犹太人自杀。

在德国人占领之初,荷兰犹太人的境况在两个方面不同于其他西欧国家。比利时犹太人主要是外籍,法国犹太社团的半数不是本国人,而在 1940 年 5 月的荷兰,2 万名外籍犹太人仅占荷兰犹太人口的七分之一。并且,虽然某种程度的传统宗教反犹主义依然在荷兰农村地区徘徊,但在阿姆斯特丹——该国半数犹太人集中在这座城市和其他大城市,总的来说反犹情绪并没有导致公众的不宽容,尽管大多数荷兰新教徒和天主教徒坚持在宗教上反对犹太教。甚至连安东·穆塞特的荷兰纳粹党在德国人到来之前还有一些犹太裔成员(大约 100 名)。

在占领的最初几个月里,德国人的统治似乎是相对温和的。荷兰人被认为是一个亲缘种族并且最终将融入北欧民族大家庭。纳粹派往荷兰的两位最高特使(两人都是奥地利人)——帝国特派员阿瑟·赛斯—英夸特和党卫军高官兼警察首脑汉斯·阿尔宾·劳特尔(希姆莱派驻海牙代表)——并没有预见到在对待荷兰人和其中犹太人时会出现大问题。威廉敏娜女王与荷兰政府已经流亡英国,但是一套模范官僚体制依然在井井有条地处理着当前的事务。这套官僚体制是在所谓"秘书长(各部最高级官员)联席会议"的指导之下运行的,并且得到了一支忠诚热心的文职队伍、一支高效的警察力量的帮助,以及所有地方政府的充分合作。德国人成了这套平稳运行行政制度的监督者。

荷兰人的政治场景并非不受到占领者喜欢。穆塞特的荷兰纳粹党(NSB)从未成为一支重要的政治力量;它是德国人的传声筒和走狗,但是终究是边缘力量,多少有点像法国被占领区的通敌党派。不过,战败之后不久,一个获得民众广泛支持的新政党荷兰联盟得到了德国人的临时承认,它主动出台了一套与维希政权差别不大的温和通敌政策。

德国人推行的第一批反犹措施正是在这种"和解"气氛下在 1940 年夏天出台的。这些措施看上去并没有太多不祥之兆:防空袭保护范围不再包括犹太人;犹太人被禁止在德国工作;文职人员中的犹太人得不到晋升;不允许再任命新的犹太人。但是到了 10 月,第一项标准的德国式措施出台了:本月中旬以前,所有的文职人员必须填表登记他们的原始种族身份。1940 年 10 月 22 日,定义犹太人的法令公布了。

除了认定混血儿的取舍日期之外，新法令对犹太人的定义与纽伦堡法基本一致：一个人的祖父母辈中如果有三人以上信仰犹太宗教，他就被认定为犹太人。一个人如果只有两位祖父母是犹太人并且在 1940 年 5 月 9 日(德国在西线发动攻击的前夜)没有犹太配偶或不信仰犹太宗教，被认定为是第一等混血儿；否则那个人就是犹太人。

秘书长和文职人员从一开始就整体上表现出顺从的姿态，这将在后来导致可怕的后果。尽管一些文职人员对种族出身登记表的违背宪法之处提出了疑虑，但最高层官员还是决定使用这些表格。内政部秘书长 K.J. 弗里德里克斯带了头：在大约 24 万名文职人员中，只有不到 20 人拒绝填写问卷。到 1 月中旬，所有犹太裔文职人员都遭到解雇，荷兰最高法院以 12:5 的多数投票开除了自身的主席：犹太人洛德韦克·E.维塞。

1940 年 10 月 21 日，犹太人生身份的登记工作开始了。随之而来的是 1941 年 1 月 10 日对犹太人自身进行的强制性登记，差不多每个人都顺从了。并且，在荷兰，个人身份识别已经成了一套非常精密和十分简单的体系，由于"国家人口登记检查员"雅各布·伦茨的"热情"和"才干"，(在德国颁布登记命令之后)犹太人登记工作甚至比普通人口登记工作有了进一步的"改进"。直到战争的最后一年，伪造身份文件都几乎是不可能的事。

在阿姆斯特丹，市参议会和市政官员一开始对德国人的要求言听计从：尽管荷兰法律并没有强迫他们填写雅利安人出身的声明，但他们却在 1941 年 1 月无一例外这样做了。而当德国人提出在该市建立犹太隔都可能性的时候，参议会表示了反对。不过，与此同时，形势的发展却越来越有利于德国人的计划。得到德国人支持的穆塞特麾下荷兰纳粹分子——尤其是赛斯 — 英夸特在阿姆斯特丹的代表 H.博姆克尔博士，在该市的犹太人居住区发动了混战。1941 年 1 月 19 日，科可冰淇淋店的老板误将一个德国警察小分队当作荷兰纳粹并向他们喷洒了氨气。三天之后，德国人封锁了该市的犹太社区并逮捕了 389 名犹太年轻人。这些人先被送往布痕瓦尔德，接着又被送往毛特豪森，只有一人幸存了下来。

1940 年 11 月 26 日，就在所有犹太文职人员被开除后不久，荷兰历史最悠久的大学，莱顿大学的法学院院长 R.P.克莱夫里恩加教授在学校大礼堂主持了一场会议，到会师生济济一堂，以至于不得不用扩音器向毗邻的大厅广播。他在演讲中向他的犹太裔同僚迈 E.M.耶尔什教授表达了敬意,后者与其他所有的犹太文职人员一样已经于 10 月 15 日在德国人的命令之下遭到了开除。"他们(德国人)的行动是可耻的,"克莱夫里恩加说,"我只要求依据我们自己的良知而不是高层的压力做出我们的决定,我们今天在这里集会就是为了向那位熠熠生辉的学者表达敬意。……我们人民的这位高尚儿子,这位汉子,这位学生的好父亲,已经被篡权者暂停了职务。……我们所有的人都知道,这个人属于这里。在上帝的许可下,他一定会回到我们身边。"那天下午,莱顿大学和代尔夫特大学的学生开始罢课。在德国人的勒令下,这两所大学在 1940 年 11 月 29 日被关闭,包括克莱夫里恩加院长在内的一些抗议者遭到了逮捕。

德国人自有他们解释当前形势的方式。在 1941 年 1 月 16 日的一份报告中,外交部驻海牙代表奥托·贝内就荷兰的形势致信威廉大街(外交部所在地),描述了两所大学发生的事件:"反犹法律的出台激起了相当大的骚动,这都是由于犹太人在荷兰知识分子生活中的强大影响力,尤其是在莱顿大学和代尔夫特大学,在犹太裔学生的领导下学生开始了闹事,幕后或许还有犹太裔教授的操纵,唆使他们发动了导致两校关闭的示威。"

但是,抗议不仅限于学术精英阶层。在莱顿大学抗争的一个月之后,荷兰新教教会(归正宗教会)和再洗礼派教徒——荷兰路德宗(绝大多数德国新教徒也属于该宗)教会与荷兰天主教会显然不在此列——向赛斯—英夸特发去了一封联名签署的信件。在呼吁基督徒的仁慈和提到了皈依犹太人的问题之后,这封信继续道:"最后,这个问题(犹太人条例和在公职部门驱逐犹太人)还造成了极大的恐慌,因为它针对的人群是出救世主以及所有基督徒祈祷对象的那个民族。基于所有这些原因,我们紧急请求阁下采取必要手段撤销前面提到的措施。"

对于那位帝国特派员来说,信的最后一句或许尤为令人恼火:"此外,我们希望阁下回想一下你的庄严承诺,即尊重我们的民族身份并且不强迫我们接受外来的思维方式。"

接下来的星期天,归正宗所有教堂的布道坛都宣读了这封信的内容。与此同时,第一篇抗议文章也出现在荷兰的秘密刊物上。亲共产主义的《真理》在 1940 年 12 月的一期上直言不讳地说:"荷兰工人和所有爱好自由的荷兰人都应该与这种反犹仇恨的舶来毒药做斗争。"几个月之后的 1941 年 2 月,《誓言报》也加入抗议中来,荷兰所有的主要秘密出版物也相继参与进来。正如我们将在下一章看到的那样,荷兰工人于 1941 年 2 月在阿姆斯特丹和其他城市发起罢工抗议德国人的反犹暴行。

而在法国,几乎没有发生任何类似的事情,这不能不说是一个历史的谜团。从各高校校长提交教育部的报告中可以看出,所有的犹太裔教授都"未出纰漏地"离开了——也就是说,在同事和学生中没有任何人公开表达同情或公开的抗议。[①]正如我们所见,法国高等教育的学术机构在驱逐其犹太裔教员一事上走在了维希政权和德国人的前面;出版商和出版社竞相献宠,以获得德国人或维希当局允许他们恢复活动的授权,他们公开摆出了准备"自我审查"的姿态。我们还注意到,法国枢机主教和大主教会议在维希当局出台条例之前就赞同对犹太人的权利进行限制。法国的学生联合会的确于 1940 年 11 月 11 日在巴黎组织了亲戴高乐的集会,然而,在集会中散发的传单上没有一个字提到该国南北两区推行的反犹措施。

九

当克伦佩勒一家于 1940 年 5 月被迫迁入"犹太之家"的时候,维克多评论道:"这里是否能成为我们的容身之所还不得而知。"

1940 年夏天,对于前波兰犹太社区或犹太隔都的居民来说,"容身"有着极为不同的含义;对于第三帝国各种类型的犹太人而言也有着不同的含义——其中有些人尽管被认定为百分之百犹太人,但却生活在"特权异族婚姻"状态下;还有一些人分别属于第一等或第二等混血儿。[②]对于生活在德国人直接控制之下的西方国家的犹太人、维希法国的犹太人以及那些已经设法在意大利占领下的法国南部地区定居下来的犹太人(这些人应该说是最幸运的)来说,这个词也有着不同的含义。不过,总的来说,日渐加剧的孤立、对暗淡前景的焦虑、对未来的完

---

① 私下里当然有许多人表达过同情,巴黎教育部门的高级官员古斯塔夫·莫诺还以辞职来抗议反犹措施。

② 特免的异族通婚是指那些其子女不被作为犹太人养育的婚姻,其家庭成员可以免于反犹措施的制裁。非特免的异族通婚是指那些其子女被作为犹太人养育的婚姻,或像克伦佩勒夫妇这样的无子女婚姻。通常情况下,如果犹太人一方是皈依者或者犹太人一方是妻子,那么即便是非特免的异族通婚也可得以延后驱逐。

全不确定感已渗透进了犹太人的日常生活。

东欧被占领地区的犹太人越来越相信没有人关心他们的命运。因此，在1940年12月的一封从华沙发出寄给其在以色列地运动成员的信中，吉维娅·洛贝金——她在两年后成为华沙隔都起义的组织者之一，表达了她对这种被抛弃状况越来越绝望的情绪："我不止一次地决定不再给你们写信。……在此我不想描绘我正在经受的一切，但我想让你们知道，从你们那里哪怕获得一句安慰就已经足够了。……然而，很遗憾的是，我不得不接受你们的沉默，但是我永远不会忘记这一点。"

德国哲学家、文艺学者瓦尔特·本雅明从法国寄出的信中有一个持续而克制的主题同样是对未来的不确定和恐惧，同样是感到生活在自由世界最亲近的人对自己的遭遇坐视不救。在德国人占领巴黎之后，他在靠近西班牙边境的法国小镇劳德临时避难。

"我亲爱的泰迪，"他在1940年8月2日给他的老朋友、从德国经巴黎移民纽约的哲学家特奥多尔·阿多诺的信中写道，"几周以来，对于明天将要发生什么、对于下一小时会发生什么的完全不确定感已经主导了我的存在。阅读每一份报纸（它们被印在一张纸上）对我来说都是一种煎熬，仿佛它们是直接针对我的通告，我感到每一天的电台广播都是不幸消息的传声筒。到目前为止已经有相当一段时间了，外国人已经不可能获准变更住所了。因此，我完全仰仗你在外面所能做到的一切。……恐怕我们拥有的时间比我们想象的要少得多。"

本雅明从马赛的美国领事馆获得了签证，很可能是在紧急救援委员会设立的非配额范畴内的签证。他还拿到了经西班牙去葡萄牙的过境签证。在正常情况下，他应该毫无困难地越过法西边境，尽管法国当局拒绝发放出境签证。但是他的运气实在是糟透了，1940年9月26日，就在本雅明一行人抵达边境城市波港的时候，西班牙守卫拒绝认可美国驻马赛领事馆发放的签证。

早在1940年1月，当时还无所畏惧的本雅明曾敦促他的朋友、犹太神秘主义历史学家格肖姆·舍勒姆出版他在纽约的演讲集："我们今天出版的每一行文字——我们不能确定未来是否还可以传递这些信息——都是对黑暗势力的一次胜利。"此刻在西班牙边境，由于一个装有未出版手稿的手提箱不翼而飞，加之疾病缠身和精疲力竭，主要还是由于对再次试图穿越边界感到彻底绝望，本雅明自杀身亡了。

第三章（1940 年 12 月至 1941 年 6 月）

1941 年 6 月 15 日下午，即德国发动对苏联进攻前一周，戈培尔被召到德国总理府。看起来似乎是希特勒希望从他最狂热忠诚的下属那里获得道义支持。

这位纳粹领袖的思考完全就是自我安慰。"这将是历史上前所未有的最强大攻势，"宣传部部长记录道，"发生在拿破仑身上的事情不会重演。……元首估计整个战役将大约耗时四个月；而我认为耗时将少得多。我们正站在无与伦比胜利的前夜。"在戈培尔看来，无论是出于全球战略还是意识形态考虑，这次进攻都是非常必要的："并不是要将沙皇制度带回俄国，而是要用真正的社会主义取代犹太——布尔什维主义。每一位老纳粹成员都将为有幸目睹这些事件而欢欣鼓舞。与俄国人的协约实际上只是我们盾牌上的一块污点而已。……我们现在就要消灭我们终生与之战斗的敌人了。我对元首说了这番话，元首完全赞同我的观点。"

希特勒忽然出人意料地补充了一点反常的评论："元首说，"戈培尔记录道，"不管我们对与错，我们都必须打赢战争。这是唯一的出路。并且这是正当的、道德的和必需的。一旦我们获胜，谁还会质问我们使用的方式呢？无论如何，我们对必须打赢战争的依赖太大了，否则我们的整个民族——首先是我们，以及我们所热爱的一切——都将被消灭。"换言之，从这一观点出发，没有回头路可走。

一

希特勒在 1940 年夏天是否曾认真考虑过入侵不列颠群岛（海狮行动）仍然是个悬而未决的问题。德国空军在那几个月里对英国海防所发动的攻击并没有获得登陆作战所需的基本条件：控制英国南部的制空权。接下来对城市，主要是伦敦（闪电战式）的狂轰滥炸也并没有瓦解民众的士气。到秋天，不列颠战役已经转向对英国皇家空军有利的局面。

与此同时，希特勒正在考虑改变策略。在法国战败和英国拒绝了他的"和平倡议"之后，这位纳粹元首多次——特别是在 1940 年 7 月 31 日的伯格霍夫军事会议上，提到了攻击苏联所能造成的全球战略影响。根据哈德尔的记录，希特勒的论证如下："英国的希望在于俄国和美国。如果对俄国的希望破灭了，那么对美国的希望也将破灭，因为俄国的灭亡将导致日本在远东重要性的巨大提升。"

正如我们将看到的那样，纳粹整体的战略框架当然是与希特勒对布尔什维主义（他所认为的犹太—布尔什维主义）一成不变的意识形态仇恨密不可分的，也是与德国更为传统的统治东方空间及其无限原料资源野心密不可分的。唯有控制了这些经济潜能才能使第三帝国成为主导世界的不可战胜的力量。

1940 年 9 月 27 日签署的德意日三国协定中对美国的警告丝毫不逊于对苏联的警告。①但是，当苏联外交部部长维亚切斯拉夫·莫洛托夫于 1940 年 11 月中旬抵达柏林进行谈判，希特勒提议通过将三国协定变为"四国协定"建立起一个对英国和美国的共同阵线时，这位纳粹首脑或许已经打定了主意。莫洛托夫毫不动摇地将讨论拉回到具体议题上：充分兑现 1939 年协议中关于苏联"势力范围"——主要是在巴尔干地区（保加利亚）和芬兰的条款。

莫洛托夫的强硬立场反映出，斯大林对德国有进攻苏联的可能性以及将苏联的战略防线向西推进的必要性坚信不疑，在法国出人意料地崩溃之后更是如此。苏联的决定只能是坚定了希特勒消灭东方巨人的决心。1940 年 12 月 18 日，这位纳粹元首签署了第 21 号指令，将进攻苏联行动的代号由弗里茨更改为巴巴罗萨。进攻将在 1941 年 5 月 15 日开始。

对于柏林来说，迅速行动还有另一个原因。11 月，罗斯福第三次当选美国总统。12 月 14 日，在一次记者招待会上，这位总统使用了花园水龙带的隐喻：如果邻居家的房子着火了，水龙带的主人不会说："用我的花园水龙带要花 15 美元，你必须在使用前就付给我这笔钱。"他只会借出水龙带帮助救火，然后再把水龙带拿回来。罗斯福说，美国将来会向一些国家租借他们所急需的装备，好让他们保卫他们的生命和自由。12 月 17 日，就在签署第 21 号指令的前夜，希特勒告诉总参谋长阿尔弗雷德·约德尔将军，德国应当在 1941 年解决欧洲大陆的所有问题，"因为美国会在 1942 年为干涉做好准备"。纳粹元首比以往任何时候都更坚信美国总统的政策是受犹太人控制的。

---

①　至少在协定的草案上暗示了"美国"是其主要目标。

始料未及的事件改变了为东线战役设定的日程。1941 年 3 月 27 日，就在南斯拉夫加入三国协定的两天后，贝尔格莱德的亲德政府在军事政变中被推翻。希特勒下令立刻进行报复：贝尔格莱德被炸成一片废墟，德国国防军向南挺进。南斯拉夫和希腊被占领，保加利亚加入了轴心国，在希腊登陆的英国军队被逐出了欧洲大陆和克里特岛。然而，进攻苏联的计划却不得不被推迟了几周。现在这个日子被定在 6 月 22 日，一年中白天最长的一天。

屠杀苏联领土内犹太人的步骤在战役准备阶段就已经计划好了，这些步骤最初看起来只是作为粉碎苏联的抵抗，加速苏联体系整体瓦解的额外手段，符合纳粹把布尔什维主义及其精英和机构与无所不在的犹太人势力相提并论的立场。在其他方面，希特勒在 1941 年下半年的公开演说中并没有表示反犹本身是战役的目的。

1941 年 1 月 30 日，在他的年度国会演讲中，这位纳粹领袖回顾了他在 1939 年对欧洲犹太人的最终命运所做出的可怕预言。但在此时——不管用词的变化是有意还是无心——他并没有直白地提到灭绝，而是预言战争将会"终结犹太人在欧洲扮演的角色"。他的用词可以意味着完全隔离、驱逐——或真正的整体灭绝。在 1940 年的最后几个月和 1941 年 6 月 22 日之前的军事部署时期，希特勒在与外国政要的会晤中或者演讲中对犹太人的提及还只是敷衍了事，并且总的来讲非常简短。

不过，在 1941 年 3 月 3 日，希特勒发回了国防军最高统帅部制定的战役方针的第一份草案，在其他要点之外，他增加了"作为以往压迫者的犹太—布尔什维克知识分子必须得到清除"。3 月 30 日，这位纳粹领袖对他的最高将领所做的臭名昭著演讲的主旨基本上措辞相同，但是并没有太多地提到犹太人。"两种世界观的斗争（原文在此进行了强调）"，陆军总参谋长哈尔德总结道，"对布尔什维主义的控诉性评判：不是别的，是地地道道的以自我为中心的罪。共产主义对未来有着巨大的威胁。我们必须放弃战斗情谊的观念。共产党人在'战争'之前和之后都不是我们的同志。这是一场灭绝战争。如果我们不认识到这一点，那么我们现在虽然可以取得对敌人的胜利，但是共产党人在 30 年内还会东山再起站出来反对我们。我们不是在发动姑息敌人的战争。……布尔什维克政委和布尔什维克知识分子必须被消灭。……必须进行针对瓦解军心毒药的斗争。这不是军事法庭的事情。军官们必须知道危险在哪里。……士兵们必须警惕敌人攻击他们的方式……这场战斗将与西线的战斗截然不同。"

　　希特勒的讲话向那些曾受到 1939 年苏德条约愚弄的人清楚地表明了他的反布尔什维主义激情是不可妥协的。即将到来的"灭绝战争"从规模上和残酷程度上都远远超过其战略目的，是欧洲现代历史上一场空前的意识形态"十字军东征"和"民族斗争"。并且，对于希特勒而言，摧毁苏联的力量也意味着摧毁犹太人的力量；两者是同一场斗争。

　　早在 1923 年，希特勒诸方面的意识形态导师迪特里赫·艾卡特在一本题为"从摩西到列宁的布尔什维主义：希特勒与我的一次对话"的小册中已经强调了（各种伪装下的）布尔什维主义与犹太人之间的内在联系。在《我的奋斗》中，在他的"第二本书"（希特勒写于 20 世纪 20 年代末、战后才出版的无标题手稿）中，在他无数的演讲中，希特勒重复着相同的主题：苏联的斯拉夫人是劣等民族，在苏联革命之前，一直由日耳曼精英阶层领导。犹太布尔什维克消灭了传统的统治阶级，变成了这个庞大国家的主人，作为他们通往世界革命和统治世界道路上的第一步。对于这位纳粹领袖来说，屠杀"苏联知识分子"和政治委员意味着消灭犹太统治精英阶层。没有了这一阶层的控制，苏联的体制必然崩溃。①

　　只要我们回忆一下，希特勒的反布尔什维主义信条很自然地与泛日耳曼主义的一个同样重要的主题结合在一起：从种族上和战略上来说日耳曼民族都必须控制一直延伸到乌拉尔山这一片广阔的东方生存空间。被征服的空间将向日尔曼人殖民活动开放并将为帝国提供一切所需的原材料和食物。至于当地民众，他们将被奴役，其中一些人将被处死，或者将被遣送至西伯利亚（这是本次战役的"民族斗争"部分）。战胜苏联后，庞大的东方殖民计划将被启动。

　　正如我们看到的那样，希特勒将战役的代号从"弗里茨"（指的应该是普鲁士国王弗里德里克大帝）更改为"巴巴罗萨"（12 世纪霍亨施陶芬王朝的皇帝弗里德里克一世的诨名），也许是这位纳粹领袖希望唤起人们对巴巴罗萨的历史和传奇的回忆。那位霍亨施陶芬王朝的皇帝曾经对东方的异教徒发动过一场十字军

---

　　①　希特勒的说法有时会给人一个印象，那就是，斯大林已经肃清了部分犹太—布尔什维主义，特别是在政治委员中。因而，他在 1941 年 1 月 7 日对保加利亚首相próba格丹·菲洛夫说："首先，布尔什维主义者安置了犹太政委，他们将先前的反对者折磨致死。然后就轮到俄国政委替代犹太人了。"当然，这只是以间接的方式表达了他对苏联的安排：它将不再属于犹太人。

东征。随着时间的推移,德国人已经把巴巴罗萨变成了一位神话般的人物:他是一位秘密的救世主,沉睡于图林根的基夫豪泽尔山脉中,当他的人民最需要他的时候,就会醒来领导他们走向胜利和救赎。

因此,更换代码显示出即将发动的战役在希特勒心中的准神话色彩,以及他自己想要在德国历史的重要关头扮演救世主角色的心理。为什么希特勒会选择一个在十字军东征途中溺死在小亚细亚萨累弗河里皇帝的名字? 这与他为什么偏好瓦格纳的歌剧《黎恩济》一样神秘,后者讲述的是中世纪晚期一位罗马民众领袖在起义遭镇压后点火自焚壮烈牺牲的故事。

1941 年 3 月 26 日, 在希特勒的命令之下, 海德里希和陆军总参谋长爱德华·瓦格纳将军起草了一份协议书(作为凯特尔的命令于 4 月 28 日发布),赋予党卫军在新占领土上维持前线安全的全权。①5 月 13 日,凯特尔签署命令限制军事法庭制裁军队在战斗中对敌使用的非常手段。野战部队因而得以自行决定就地处死嫌犯。5 月 19 日,这位国防军最高统帅部司令发布了在苏联(原文如此)作战部队行为规范的指导原则,命令官兵对犹太—布尔什维主义意识形态的执行者采取“无情的行动”。作为这些“无情”措施的对象,犹太人在指导原则中两次被提到。6 月 4 日,凯特尔的指示下达到师一级;进攻发起之前,传达到所有的部队。最终,“处置政治委员的原则”由国防军最高统帅部代参谋长阿尔弗雷德·约德尔将军于 6 月 6 日签署:政治委员将被处决。

陆军花了很大的力气宣传这些指导原则, 使每一名士兵都耳熟能详。例如,在 1941 年 6 月刊的《军情》上,士兵被告知:“任何人从红军政委的脸上就一眼能看出布尔什维克是什么样的人,无须更多的理论解释。他们中的犹太人占很高比例。如果细数这些人的兽性特征,那简直是对动物的侮辱。……在这些政治委员身上,我们看到了低等人种对高贵血统的侵凌。”这份《军情》杂志是由国防军最高统帅部宣传处制作的;它们是这场灭绝战争中军队思想灌输行动的一部分。②

----

① 党卫军和陆军之间的谈判比我们长期以来所认为的要早得多。1941 年 2 月,讨论已经在进行中了。

② 1941 年年底,每期《军情》印制 75 万份。

所有恐怖行动和受意识形态指导的任务都在希特勒的主要党徒(希姆莱、戈林和罗森堡)的掌控之中。通过将被占领的苏联土地上安全事务权力赋予党卫军帝国领袖,希特勒实际上是使自己全权掌控对当地民众的征服,对意识形态敌人和游击敌人展开斗争,以及实施针对犹太人的各项决定。但是,正像前面已经指出的那样,关于希特勒对具体反犹措施究竟做出了什么样的指示,这方面并没有太多的记录。

我们所知的在这两个星期针对犹太人的命令是由海德里希分两次向“行动队”发布的:一次是6月17日前后在各部队指挥官的柏林会议上;另一次是不久之后在“行动队”驻地小城普雷茨什。我们并不清楚他具体说了些什么。很长时间以来,我们依然不清楚海德里希是否下达了消灭苏联犹太人的命令,抑或最初的命令较为有节制。我们将在下一章看到,海德里希本人于7月2日向党卫军高级官员和警察头目总结了他给“行动队”下达的一系列命令;进一步的命令于7月17日直接传达给了党卫军部队。这些命令似乎是针对一些特定的犹太人,但也为屠杀行动的迅速扩展而允许采用的方式开了方便之门。

与此同时,随着攻击准备的全面展开,一项新的关涉犹太人的“领土计划”作为一可能的结局也浮出水面。1940年12月10日,在向纳粹党各州党部领袖和全国领袖所做的演讲中,希姆莱对于总督辖区内200万犹太人的命运依然语焉不详,按照他的说法,这些犹太人将被清除出总督辖区。不过,与此同时,纳粹在这方面的计划已经变得越来越具体。1941年3月26日,海德里希与戈林进行了会晤(就在与瓦格纳签署协议之后):“关于犹太问题的解决方案,”海德里希在同一天记录道,“我简要地向帝国元帅(戈林)做了报告并呈递了我的方案;他在关于罗森堡的责任部分做了一处修改之后表示了同意,要求重新呈交修改后的方案。”

到1941年3月底,罗森堡已经被选定为东部占领地区的“特别顾问”。鉴于戈林提到了罗森堡,海德里希这位党卫军保安总局首脑提交的方案显然与俄国有关,并且意味着要将欧洲犹太人驱逐到德军征服的苏联领土上,很可能是俄国的最北部,而非马达加斯加。罗森堡本人在3月28日的一次演讲中也暗示要“在警察的监视下”将欧洲犹太人驱逐到欧洲以外的一块“暂时还不能说”的土地上。

6月20日,进攻开始前两天,戈培尔的一则日记以一种多少有些含糊的方式确认了这些计划。这位宣传部部长在与希特勒就即将打响的战役进行的会见中（汉斯·弗兰克也参加了这次会见）报告说："弗兰克博士（原文如此）提到了总督辖区的情况。那里的人们对犹太人即将被送走而欢欣鼓舞。波兰犹太人将逐渐被瓦解。"在戈培尔看来，这是对犹太人恶行的正当惩罚。元首则预言，这将是犹太人的命运。

在战役开始之后，希特勒反复提到新的领土计划。①此前的1941年6月2日，这位纳粹领袖在勃伦纳山口与墨索里尼会晤。在排除了保留卢布林隔都的可能性之后［"由于他们（犹太人）太肮脏，已经成了疾病之源，因此出于卫生的考虑，他们不能留在那里。"］，马达加斯加作为一个具体的选择被再次提及。似乎可以肯定的是，希特勒想等东线战事结束后再做决定。与此同时，帝国犹太人依然可以向外移民。然而，到了1941年5月20日，"有鉴于即将出台的犹太问题最后解决"，党卫军帝国保安总局奉戈林的命令禁止了比利时和法国犹太人向外移民。②

罗森堡是希特勒管理新征服地区平民事务长官的人选。这位全国领袖在4、5月间制订了关于东方领土未来的一系列"计划"。1941年5月7日，这位首席理论家在最新的纲领中声称："在按惯例将犹太人清除出所有公共部门之后，犹太问题将不得不通过隔都或劳动营体制的方案加以解决。要引入强制劳动的做法。"

这位未来东方占领区的首长或许认为，既然希特勒已经决定采纳了他（罗森堡）从纳粹党创建之初就开始宣扬的反布尔什维主义政策，他就可以自行其是了。但是，这位首席理论家低估了希特勒的狡猾，或者说是高估了元首对自己（罗森堡）能力的评价。在一封日期为1941年5月25日的信函中，希姆莱告诉纳粹党全国领袖马丁·博尔曼，在他离开总部之前，希特勒已经对他重申在工作中他无须受制于罗森堡。这位党卫军首脑还补充说："与罗森堡共事或者在罗森堡手

---

① 并没有直接的证据表明海德里希是在哪一天接到戈林的命令（也就是希特勒的命令）开始制定一份取代"马达加斯加计划"的新方案。但是，根据艾希曼派驻巴黎的代表提奥多尔·丹内克尔以及艾希曼本人的记录，这一命令肯定是在1940年年底的某个时候发布的。

② 这一措施或许是为使帝国犹太人和保护国犹太人的移民可能性达到最大化。至于即将出台的犹太问题最后解决方案，在这一时期还只是一句含糊的套话。

下做事绝对是国社党内最困难的事情。"

希姆莱给博尔曼信中的讽刺性评论揭示出了两位阴谋大师（两人都是极为干练的组织者）在争权夺利过程中心照不宣的联盟。博尔曼刚刚被任命为纳粹党办的头，以接替飞往苏格兰的鲁道夫·赫斯。希姆莱—博尔曼的联盟足以抵御任何可能来自国家机构或军方的干预。希姆莱和博尔曼都只服从一个更高的权威，那就是阿道夫·希特勒的权威。

除了将要在未来管辖交战地区的军队指挥官、管辖党卫军和警察部队（包括地方的辅助武装力量）的希姆莱，以及管理民事的罗森堡之外，还有第四个机构在这套错综复杂、越来越混乱的制度中扮演着重要的角色：东方经济参谋部。尽管隶属于戈林的最高权威，但东方经济参谋部事实上是以战争经济和装备局局长格奥尔格·托马斯将军挂帅。该部门的职能是夺取和掠得苏联的战争工业和原材料。在希特勒的大力支持下（尽管其本人的战略观念并没有特别注重对经济资源的控制），托马斯开始计划与总参谋长瓦格纳将军和国务秘书、食品供应部的强力人物赫伯特·拜克合作开展经济掠夺行动。

（拜克起草的）旨在加强对东方战线部队和德国民众食品供应的饥饿计划已经在 1941 年 1 月得到了希特勒和戈林的批准；从 1941 年 2 月起，该计划得到了国防军的配合。这些计划设想让苏联西部和乌克兰的城市居民挨饿，而首当其冲的是犹太人。

6 月 12 日到 15 日，希姆莱和他的高层部属们在萨克森州的韦维尔斯堡别墅也饶有兴致地讨论了大范围饥饿的想法。这一次希姆莱邀请了党卫军中将库尔特·达吕格、巴赫—齐列夫斯基、卡尔·沃尔夫、海德里希、鲁道夫·勃兰特、沃纳·洛伦茨、弗里德里希·耶克恩、汉斯·阿道夫·普鲁茨曼，或许还有作家汉斯·约斯特。根据巴赫的纽伦堡证词，他们每天晚上坐在火炉边，这位党卫军元首谈到了他对未来的设想。俄国战役将决定德国的命运：要么做永远的强国，要么灭亡。像希特勒这样的领袖人物在历史上一千年才出现一个；这一代人必须面对挑战。在征服苏联的欧洲部分之后，欧洲大陆上的所有犹太人都将处于德国的掌控之下：他们将被赶出欧洲。至于斯拉夫民族，他们必须被削减到两千万到三千万人。①

---

① 希姆莱的长期计划（这和他的殖民计划有关联）构想与大本营讨论的"饥饿计划"并没有必然联系，后者的目标是满足东方战线部队的食品供应。

二

尽管到 1941 年春,纳粹政权的核心还没有最终确定长远的反犹计划,但越来越多有限自发行动不断发生。1941 年 1 月,海德里希重新拾起了先前被搁置的计划,他通知汉斯·弗兰克,为了重新安置日耳曼人和为国防军腾出训练地区,他将从被吞并地区驱赶大约 100 万名波兰人和犹太人进入总督辖区。

可能是在 3 月 17 日与希特勒的一次会谈中,弗兰克再一次设法驳回了新的驱逐计划。就在同一次会晤中,纳粹元首对于在未来 15 至 20 年内实现总督辖区的日耳曼化兴致勃勃,他向弗兰克许诺,战争结束之后弗兰克的地盘将是占领区中第一个清空犹太人的地区。

不过,在此期间,以总督辖区为目的地的“小规模”驱逐行动是不可避免的。维也纳的纳粹领导层已经反复要求尽可能多地占用留存的犹太人住房(在 1938 年 3 月占用了 7 万犹太人住房中的 1.2 万到 1.4 万套),其手法要么是通过系统地强迫居民迁入犹太人住宅, 要么是通过驱逐仍然生活在该市的 6 万名老弱贫苦犹太人中的大多数。1940 年 10 月 2 日,维也纳地方党部领袖巴尔杜尔·冯·席拉赫亲自向希特勒提出了这一请求。

三个月之后,总理府国务秘书汉斯—海因里希·拉默斯将最终的决定通知了席拉赫:“由于住房危机,元首决定对仍住在维也纳犹太人驱逐到总督辖区的行动提速,即使在战争期间也照常执行。我已经将元首的决定通知克拉科夫的总督府以及党卫军帝国领袖,在此我也想把这个决定告诉你。”驱逐行动始于 1941 年 2 月,两个月之内就有大约 7000 名维也纳犹太人被遣送到总督辖区,大部分是遣送至卢布林地区。不过,到了 1941 年 3 月中旬,越来越频繁与巴巴罗萨计划有关的军事运输使这一驱逐行动停止了下来,就像 1939 年 10 月的情况一样。

一种更为简便的没收犹太人住房的办法在巴伐利亚州的首府发展了起来;它来源于慕尼黑纳粹党部的“雅利安化事务处”,并得到了市政当局的配合。在 1941 年的春天,该市的犹太人被迫自掏腰包在米尔伯特绍芬郊区建起了一座棚户营地。大约 1100 名犹太人被重新安置到这座营地。从那时起直至那年 11 月他们被驱逐到东方为止,他们一直处于当地警方的监控之下。他们先前的住宅被分派给了纳粹党员和其他“理当居住”的德国人。

1941 年 2 月,克伦佩勒一家被勒令卖掉了他们 20 世纪 30 年代中期想办法买到的车,尽管从 1938 年年底以来他们已经不允许再开这辆车了(犹太人的驾驶执照已在那年年底被吊销了)。"可预见的下一个打击是,"克伦佩勒写道,"没收打字机。只有一种方法可以保全:必须说是由一雅利安所有者借给我的。"虽说有可能能够找到"出借者",但是他们都害怕不敢接手。"每个人都害怕惹上同情犹太人的嫌疑,这种恐惧总是有增无减。"

在这一体制的各个层面上,涉及犹太的商议、会议和决定从未停止过。当某些行政部门在为是否要赔偿外籍犹太人的战争损失而无休止地争论的同时,公民权法的第 11 条正在反复草拟,而一些更为具体的措施没费什么周折就出台了:1941 年 1 月,犹太人被排斥在柏林鞋匠的客户名单之外,只有一家公司(阿尔西鞋业)及其分店例外。2、3 月间,柏林犹太社团和帝国犹太人协会的 2700 名雇员中有 1000 人被运送去强制劳动。3 月底的时候,根据总督辖区建筑总监阿尔贝特·施佩尔的命令,犹太房客必须腾出他们的住宅,让给那些住宅在首府大型建设工程开始之后被拆除的雅利安人。4 月,柏林的犹太社团不得不将自己的名称改为"柏林犹太宗教协会"。

一条法令要求所有的雅利安人企业和公司将其名称去犹太化。通常情况下,这一措施不会造成什么问题。然而,对于世界闻名的罗森塔尔陶瓷公司来说,它的雅利安裔新主人提出了异议:接下来是一场漫长的交锋,先后涉及该公司、司法部、宣传部和总理府。1941 年 6 月 7 日,该公司证明了董事会里的犹太人早就已经大幅减少(1931 年,7 人董事会里有 3 名犹太人;1932 年,5 人董事会里有 2 名犹太人;1933 年,8 人董事会里有 1 名犹太人)。宣传部意识到了保持"罗森塔尔"名称的重要性,司法部和总理府也意识到了这一点。到 1941 年 8 月此事得以解决。

最棘手的是混血儿问题,它不仅仅存在于国防军中。希特勒频繁地进行干预。有时候,他做出了指示,却又推迟执行,原因不详。5 月 7 日,内务部国务秘书汉斯·普丰特纳通知各部门,元首希望禁止一等混血儿与纯日耳曼人发生性关系,或者禁止一等混血儿互相之间发生性关系。但是到了 1941 年 9 月 25 日,拉默斯却告诉弗里克,希特勒想延期执行。没有提供任何解释。

纳粹元首在东方战役前夕不得不做出的关于混血问题决定当中的一些内容是直截了当的:1941 年 4 月,拉默斯通知农业部部长沃尔特·达里,希特勒并不反对拥有赛马或种马场的二等混血儿。这样，有四分之一犹太血统的奥本海姆兄弟所拥有的一匹名叫施伦德汉的马就可以被出售给帝国的种马管理部门了。

与一等混血儿有关的最频繁议题是大学就读申请陈情书。作为混血儿，这些人通常是在服役期满退伍之后申请上大学。根据希特勒 1940 年 10 月的敕令，那些因作战英勇而获得嘉奖的人大部分都会被录取，而其他的人则大多被拒绝，哪怕他们来自特别显赫的家族。1941 年 2 月 1 日，元首的副手办公室不得不就于尔根·冯·什未林的陈情书做出决定，此人的父系祖先是普鲁士最古老的贵族。问题来自他的母亲一方：什未林的外祖父是门德尔松 — 巴托尔迪家族的一位成员，是一位与俾斯麦密切合作的银行家。当然，这个姓氏也显示出他与著名的犹太裔作曲家扯上一些关联。尽管他的外祖父已经皈依基督教，但什未林还是背有门德尔松这个名字的负担。经过长期不懈的努力，他总算是得到了录取。

门德尔松 — 巴托尔迪家族后代的案子相比起慕尼黑大学教授卡尔·里特·冯·弗里希教授的案子还算是相对容易。后者是一位二等混血儿（他的外祖母是一位"完全犹太人"）。根据文职法第 72 条的规定，弗里希必须在 1941 年 3 月 8 日退休；教育部部长将对他实施该法的决定通知他的同僚、内务部部长威廉·弗里克以及那位无处不在的马丁·博尔曼。要补充说明的是，弗里希是慕尼黑大学动物学研究所的所长和一位世界知名的蜜蜂专家。蜜蜂不仅对于食品制造来说至关重要，而且根据档案所附一篇报刊文章的披露，1941 年春的一场瘟疫使德国的蜜蜂成批死亡，除了弗里希之外，没有任何专家能够提出适当的应对措施。

而在博尔曼看来，这样做并没有什么问题。1941 年 7 月 11 日，他通知教育部部长，根据第 72 条的规定，更为重要的是弗里希在 1933 年之后仍与犹太人保持着诸多联系，声称德国科学因犹太人的离开受到了损害，另外还企图赶走其研究所里持反犹主义观点的人，基于上述理由，弗里希必须退休。但是，在 1942 年 1 月 31 日的一封信中，博尔曼又补充说，弗里希即便退休后还可以继续他的研究工作。还不清楚是什么原因迫使这位全权的纳粹党魁改变自己的主意。不过，在得到了新消息说退休会损害弗里希的研究工作之后，博尔曼在 1942 年 4 月 27 日指示教育部部长将此事推迟到战争结束之后。

正在进行的反犹迫害行动事无巨细都要得到希特勒的同意才能确定下来。正如我们看到的那样，是希特勒在 1940 年 8 月为法国被占领区的反犹措施开了绿灯。与此同时,纳粹元首授权纳粹党地区领袖古斯塔夫·西蒙在被占领的卢森堡执行反犹法。10 月,他命令将巴登和萨尔—巴拉丁的犹太人驱逐到维希法国;1941 年 1 月,他同意了维也纳的驱逐行动。差不多就在同一时期,希特勒授权在荷兰开始"雅利安化":"在帝国特派员(赛斯—英夸特)做了陈述之后,"威廉大街的经济部部长在 3 月 1 日记录道,"元首在三个月之前已经原则上决定实行雅利安化的计划。全国领袖博尔曼知道当前的现状。"这方面更明显的例子是一个从 1938 年以来就讨论过、在 1940 年重新提出的议题:用特别的标志来标志生活在德国的犹太人。

1941 年 4、5 月间,在海德里希和戈培尔的提议下,这个问题再次被放到桌面上来讨论(很可能牵涉即将在东部开始的战役)。两人都请示戈林,但都未置可否。进攻开始之后几天,这位帝国元帅通知两人,此事必须上呈希特勒,于是海德里希要求博尔曼安排与希特勒的会见以陈述此事。戈培尔,从自己的角度,也向这位全国领袖传递信息,强调说他认为此事"异常迫切和必要"。在解释了如果不能从外表辨认犹太人将极大地增加反犹措施的执行难度之后,戈培尔在备忘录中总结了他的观点:"由于在短期之内不能指望犹太人离开,因此让犹太人佩戴标记是十分必要的。……这样可以避免他们影响国民士气的企图。"正如我们看到的那样,希特勒在 8 月同意了戈培尔的请求,不久之后又勒令犹太人"离开"。

全德国的犹太人都在周围越来越强烈的反犹煽动面前胆战心惊,当局以无休止的反犹新措施伤害和羞辱着他们。"我们生活在一个如此不安的年代,"赫莎·费娜在 1941 年 3 月 11 日给她女儿的信中写道,"我的一切渴望都无所谓,因为我很高兴你已经逃离了这里并且可以安静地工作。……许多教师已经被解职:在 230 名教师中,只有 100 名留了下来,其中许多人是拥有永久职位的(他们在 1928 年以前就为社区工作了)。你可以想象我继续教书的前景是多么危机四伏。最终的决定将在 4 月 1 日做出。这些忧虑以及更多的忧虑并没有影响我静下心来阅读。"

她暂时获准留了下来。"在学校工作是十分疲劳的,"她在 1941 年 6 月 1 日说道,"这是由于教师的解职,学生的数量增加了,而我们的薪水却减少了。但是,社区的情况很糟糕,大家都无可奈何。"一个星期之后,费娜继续描述着困扰着她的日常生活:"我很高兴没有什么特别的事情发生,因为很少有好事。伊尔玛姨妈在一家工厂工作。她喜欢这份工作,即便收入很微薄,因为她和她的母亲必须谋生。……她们得到了美国的宣誓书,可能会在半年之内移民。我与戈尔德斯坦夫妇进行了交谈。……他们的女儿在巴勒斯坦,却音信全无。"

1940 年 12 月,约亨·克莱珀被国防军征兵入伍,接下来 10 个月他的日记中断了。

三

尽管总督辖区建立隔都的过程不是很顺利,但在 1941 年年初,犹太人在分离村镇区域集聚现象发展得十分广泛。"上午 10 点有个犹太人从基尔采来找亲戚,"达维德·鲁比诺维奇在 4 月 1 日记述道,"在同一天,凡是在隔都以外有亲属的犹太人全都离开基尔采去他们的亲属家了……从基尔采来的叔叔也在考虑他该怎么办。爸爸建议他应该暂时住在我们家;我们怎样生活,他就怎样生活。于是叔叔去预定了一辆第二天用的马车。"到达鲁比诺维奇家的第一位叔叔是在 4 月 3 日的清晨;在当天的晚些时候,另一位叔叔也到达了:"我真不知道他们在我家还能不能找到住的地方。"达维德在 3 日记述道。但是,出乎所有人意料的是,第二位到达的叔叔"重新考虑了一下,就又赶车返回了隔都。我们都为他感到忧虑,因为大家都清楚,他在那儿是弄不到食物的"。

实际上,在那几个月里,几十万犹太人一直挣扎在饥饿边缘,主要是在瓦尔塔州和总督辖区最大隔都中的犹太人。德国官员想出了两种截然相反的应对危机方案。一种是由罗兹隔都的新任长官汉斯·比博提出的,他赞同根据经济活动的水平为隔都中的人提供起码的物资,而比博的副手并不介意让这些犹太人全都饿死。格莱瑟倾向于前者;于是,比博的副手亚历山大·帕尔芬格尔被调往华沙。

在地方长官明确表示支持这种被克利斯朵夫·布朗宁称作"生产主义"的政策之后,重组的方案仍然不明确。格莱瑟展现了一种在榨取方面的罕见天才:他对所有犹太人的工资征收 65% 的税。不仅如此,当地的德国代理和商业机构克扣给隔都的原料及食物(或者向他们提供不合格产品和私吞差价)。只是到了 1941 年春天快要结束的时候,比博才强制实行他主张的限量标准:"对干活的犹太人,'波兰人的定量'应该是最低限度;而不干活的犹太人只能获得长期以来一直允诺的'监狱份额'。"

鲁姆考夫斯基的错误加剧了这种延续的饥饿。根据战争刚结束时对一位隔都幸存者的采访,当时人们被土豆事件激怒了。"大量土豆被运到了隔都,"以色列·U 在 1946 年接受美国心理学家大卫·博德采访时说,"当人们质问鲁姆考夫斯基为什么不分发土豆时,他就回答道:'你们无权干涉我的决定,我只有在想分土豆的时候才分。'结果下雪了,土豆开始变烂,他们只好把土豆给扔了,埋在了地下。在其后的三年里,不断有人去埋土豆的地方挖掘。而且,人们纷纷议论,甚至认为这样的土豆更好吃一些,因为土豆的水分已经挥发掉了。"

然而,证词证明,随着时间的推移,这位专制主席颁布了不少涉及食品分发体制的命令:"一开始每座公寓都成立了一个委员会,接收派发给整座公寓的物资,然后分发给其中所有的人。这一做法糟透了,有人偷物资。但鲁姆考夫斯基做出了补救措施。根据街道共设立了 43 个地区仓库。每个人有 1 张面包卡,1 张蔬菜卡……比如说今天,一定数量的面包运到了,人就去仓库,卡被剪去了一节,(领面包的记录也)就被记下了。"

鲁姆考夫斯基食物分发方法的"合理性"也就只能是如此,因为外来供给都要有德国人授权;尽管 1941 年的春天发生了一波由隔都工人发起的游行抗议浪潮,但这位长官仍然在居民中强迫实施了体现平等的政策,这与上面提到的华沙情况形成对比。就连这位"长者"最固执的意识形态对手也以一种无形中体现出来的较为缓和的嘲笑态度来评价他的首创精神:"鲁姆考夫斯基正在去华沙带来一些医生,重新构建隔都的食物分配制度,"谢拉考维克在 5 月 13 日写道,"提供食物的部门数量在增加,单独提供蔬菜的部门正在建立,提供面包以及其他食物的单位正在被合并。新广场、新绿地,甚至新鹅卵石路都在建设中,隔都内'春天计划'在'通往最高成就的辉煌道路'上进行着。"

虽然有各种"生产性"努力,该努力在罗兹得到很大规模的开展,但对大部分人来说,食物供给从未获得改善,长期忍饥挨饿是再正常不过了。一些个人的记载对我们了解当时情况有一些帮助,但更多内容的提供,尤其是 1941 年 1 月到 1944 年 7 月的这段,主要来自于一群"官方"的日记作者(由鲁姆考夫斯基指定的日记作者)。他们定期写下了他们认为对于"后世历史学家"有意义的事件。日记作者最初都是罗兹地区的犹太人,但维也纳和布拉格的犹太人在 1941 年晚些时候被逐出德国和保护国之后也加入了这个最初的群体。这些日记作者记录下了每天发生的事件，使用了收集在隔都档案里文献，是可获得信息的大汇集，反映了隔都的生活，记载着自以为是的鲁姆考夫斯基的生活和工作。尽管日记作者避免对这些资料做评论，但这些日记作者——通过他们对事实的陈述——讲述了一些读者不应该错过的故事。

日记的作者在"日记"的第一篇记录了 1941 年 1 月 12 日发生的两个不重要却又具有特殊意义的事情。"一个 8 岁男孩出现在排队领食物的地方，递上一份报告，指控他的亲生父母没有按配额给他应得的面包。他要求调查这一事件并对当事人进行惩罚。"日记接下来记录了另外一件奇怪的事："早上醒来，一栋楼的居民惊慌失措地发现他们的楼梯、栏杆、扶手等在夜里竟然被盗了，盗窃者是谁无人知晓。"

在 1941 年 3 月的华沙，食品匮缺同样是灾难性的。像他在瓦尔塔州的同事一样，弗兰克必须制定一项政策。他与格莱瑟一样做出了相同的选择。4 月 19 日的法令确认了隔都内的德国管理机构：省长路德维希·菲舍尔任命年轻检察官海因茨·奥斯瓦尔德(曾任总督辖区内务部官员)为"华沙犹太区特派员"，直接听从他的领导。此外，"监督隔都与外界经济联系"的机构也建立了起来，作为银行家马克斯·比绍夫管理下的一个独立机构。不用说，新的权力机构很难控制无处不在的安全警察和帝国保安部人员发出的指令和行动。

正是在这一管理的大背景下，比绍夫出台了他的新经济政策，取得了一定的成功。根据劳尔·赫尔伯格和斯坦尼斯拉夫·斯塔龙的记载，隔都输出的货物价值从 1941 年 6 月的 40 万兹罗提增长到了 1942 年 7 月驱逐开始的 1500 万兹罗提。大多数货物都是由犹太人的公司而非隔都内雇佣犹太人的德国公司生产的。同一数据显示，隔都内雇佣犹太人的数量从 1941 年 9 月的 3.4 万人增长到了 1942 年 6 月的 9.5 万人。

尽管罗兹的这一"经济发展"，但整个隔都的最低食物供应却一直没有保障。波兰地下出版物《信息公告》在 1941 年 5 月 23 日头版发表了一篇文章，从"外界"的角度对隔都内的生活情况进行了令人信服的描述。"过度的拥挤导致了疾病、饥饿以及极度的贫困，一群群苍白憔悴的人们漫无目的地徘徊在拥挤的街道上，街角躺着乞丐，到处是饿得奄奄一息的人。弃儿收容所每天要接受十来个弃婴，每天暴尸街头的人也不在少数。传染病在人群中蔓延开来，尤其是结核病。与此同时，德国人没有停止对富裕犹太人的掠夺，一如既往地以非人道手法对待他们，丧心病狂地折磨奴役他们，并以此为乐。"

在这一情形下，隔都内大多数人的本能反应就是专注于个人或者是家人亲友的幸存。据崩得领导人、隔都斗士马雷克·艾德尔曼，以及其他许多人的敏锐观察，这确实是华沙每一位隔都居民的共同行为举止（在其他任何被占区的犹太社区中都一样）。这种基本态度与外界开展的众多援助努力形成对照。为了拯救群体中最弱势的成员、青年儿童和意识形态（政治和宗教）方面的志同道合者而展开了各种各样的自救，为个人利益的间接努力，以及主要的集体救援活动。

外界的援助，来自联合分配委员会的大规模援助，使得内部的福利机构规模很大。所以"犹太人社会自助会"开始了与全波兰先前独立的犹太救济机构的协调工作。"犹太人社会自助会"使命重大，尽管它试图分轻重缓急，从救助最需要帮助的群体：儿童和老人入手。在第一年里，仅通过分发食物及其他生活必需品，他们就在华沙对 16 万人进行了救助。

犹太委员会与华沙犹太人社会自助会的关系很快变得紧张起来，后者为了避免受委员会的管理而不断抗争。犹太人社会自助会在总体上与隔都人群打交道，"住房委员会"——正如其名称所示——在住房层面展开自救。联合分配委员会是犹太人社会自助会经费的主要来源，而"住房委员会"的活动则是由犹太人社会自助会以及那些支付得起房租的房客交的租金支持的。其他的一些战前成立的救济机构，比如致力于孤儿院事业的 CENTOS，关注职业技能培训的 ORT，继续着他们的活动。在华沙，如果没有偷运物资，那些自救活动和救济机构的正常运行是无法想象的。

"听说最不可思议的偷运是取道犹太墓地进行的。一天晚上他们通过那里运了 26 头奶牛。"林格尔布鲁姆在 1941 年 1 月 11 日记录道。几周后卡普兰补充了新的见闻："偷运一般是通过围墙的裂口墙洞、隔都边界楼房的地下室连接通道，以及一切那些外国占领者所不熟悉的地方进行的。雅利安人电车售票员收入颇丰……电车在隔都内尽管不停靠，但那丝毫不是障碍。偷运物资的袋子会在指定地点被扔出车外，由可靠的人接应。他们就是这么将猪油特别运进的，宗教领袖也允许在这个艰难的时期食用猪油。"负责偷运或夹带这些物品的人首先从中获益，德国和波兰的守卫会获得相当的贿赂，甚至犹太隔都内的警察也会获得一些好处，尽管量要小得多。

　　面对这种情况，德国管理机构一直与偷运斗争，隔都的犹太委员会也采取措施增加非法偷运的难度。但"在大多数情况下，偷运是可容忍的。采取的制止措施只意味着限制其规模"。对于犹太委员会来说，对此十分理解，考虑到食品供应形势，偷运决不可以，也决不能停止。

　　各种形式的偷运和投机活动催生出了一个新的阶层：华沙暴发户突然增多——尽管只存在一段时间。他们开设饭店和夜总会，在那里，尽管周围惨状笼罩，他们和那些德国人、波兰人，通常还有他们的同伙人一道享受着这种转瞬即逝的富裕生活。"在莱兹诺大街 2 号，"崩得分子雅各布·塞莱明斯基回忆道，"有一家叫作斯祖卡的夜总会……我们到那里时街道已经黑了。护送我的人突然对我说'小心别踩到尸体'。当我推开门的时候几乎被灯光眩晕了。汽油灯在拥挤夜总会的各个角落里照耀着，每张桌子都铺上了白色桌布。一些脑满肠肥的家伙坐在桌边大口咀嚼着鸡鸭鱼肉，桌上美酒盈樽。夜总会中央是管弦乐队，坐在一个小舞台上，乐队旁有一位歌手在演唱。这些都是曾经在波兰公众面前演出过的人。……挤在桌旁的观众是隔都有头有脸的人物——大走私者、波兰高官，以及各类大人物。与犹太人有生意往来的德国人穿着平民衣服也坐在那里。……他们有吃有喝，笑着闹着，仿佛根本就没有任何烦恼。"

　　当然，隔都中的这个"新阶层"仅代表一小部分人。尽管有偷运、有自救，有住房委员会的协助，以及在 1941 年 6 月前，主要来自苏联或苏占波兰地区的食物包裹，大多数人然还是在忍饥挨饿。久而久之，像罗兹一样，土豆成了基本的食物。"对我来说，""安息日欢宴"的秘书兼协调员赫尔施·瓦塞尔在 1941 年 1 月 3 号写道，"经济基础就只剩下了许许多多的土豆丝饼店（土豆丝饼是犹太人的一种食物，经常在哈努卡节食用）……人们经常吃两个土豆丝饼，取代了早、中、晚三餐，但还是饿。面包连想都不要想，一顿热午餐简直就是一个白日梦。如果土豆丝饼成了一种民族餐，那形势一定十分严峻了。"

　　饥荒在来自各省的难民中蔓延。因疾病或饥荒而死的人数，从 1940 年 11 月封闭隔都算起，到 1942 年 7 月遭送行动开始为止，多达十万（与此同时，这一人口空缺由各省而来的一批批难民潮给"填补"了起来，到了 1942 年春，由从德国被驱逐出来的人"填补"了起来）。即便是在这种极度困难的条件下，隔都对儿童和青少年一代的教育也都一直没有中断，并在一定程度上卓有成效。

到 1941 年为止,军事当局禁止犹太学校上课。在弗兰克同意恢复犹太教育后,教育成为官方行为,根据当地德国人命令,由犹太委员会逐步接管。罗兹的学校在 1941 年春复课了,而华沙的学校到 11 月才上课。在华沙学校被禁两年左右的时间里,由一些战前曾在教育机构任过课的老师开办的地下学校遍布隔都,十分普遍。

由于有年幼的孩子,这些教育和活动中心机构面临饥饿难题。林格尔布鲁姆档案馆保留着教师及社会工作者面临这一难题时送来的大量材料。“你如何能让一个已被饥饿折磨得既麻木又饥肠辘辘、满脑子只想着面包的孩子去关注其他事情呢?”一人发出这一疑问。另一位则写道:“其实我们更希望孩子能去吃一顿饭,而不是参加什么其他的活动。”有一位在战争爆发后才成为志愿教师的人写道:“我想为和我住在同一个院子里的孩子提供学费,但我的想法失败了,因为他们在挨饿。”

尽管如此,中学,甚至小学教育还是在照常运行。在讲三种语言的隔都里,还是有许多读者在地下图书馆里阅读着各种书籍。孩子们都有自己的喜爱:白奈蒂的《小方特洛男爵》和亚米契斯的《爱的教育》。对于这些孩子中的许多人来说,“正常”世界的相当部分是未知的。一位幸存者的证词说道:“被困在隔都中的孩子对动植物几乎一无所知,他们甚至不清楚奶牛究竟长什么样。”

隔都成年人最喜欢的书是弗朗兹·魏弗尔的《摩沙达四十天》,一部以“一战”期间土耳其人对亚美尼亚人进行种族灭绝为背景的小说,讲述了一个亚美尼亚团体的顽强忍耐精神、英雄主义行为,以及他们不屈不挠援救行动的故事。总的来说,这时候的文化活动、思想活动,以及任何对“生存信念”的表达,都已成为一种本能和无限渴望的反应,就如同在日益黑暗的道路上寻觅一线微弱的曙光。

音乐在一些较大隔都,主要是在华沙和罗兹,起着一种特别的作用。管弦乐队纷纷成立,密集丰富的音乐活动在不断开展。在华沙,几个音乐家甚至提议成立一个交响乐团。不过,赖希—拉尼奇写道,他们是想“提供高雅艺术,还是为了他人的愉悦快乐呢?其实都不是——他们只是想挣点钱,以缓解自己的饥饿罢了”。这从另外的角度说明了隔都生活中什么是最紧迫的。

赖希—拉尼奇满腔热情地对隔都音乐家的技艺进行点评,并以维克多·哈特的笔名为获得德国批准的《犹太报》写一些音乐评论。1941 年已 21 岁的赖希—拉尼奇生于一个来弗洛克拉维的犹太家庭，1938年秋，在纳粹驱逐德国境内波兰犹太人之前，他已经在柏林读高中了，但还是被纳粹遣送回波兰，他们家也搬到了华沙。当犹太委员会成立之后，赖希—拉尼奇凭着一口流利的德语，很快在刚成立的"通信编译局"里当了主任。

他对于人们渴望参加音乐会这一现象的评论，使人们对隔都内文化生活状况有了清晰的了解。"人们怀着饥饿和愤怒的心情来到音乐厅里，并不是要蔑视什么，而是急切地寻求抚慰——尽管这一说法有些老掉牙了，但事实确实如此。那些无休止为生活担忧的人、那些对单调生活乏味的人无一不在寻找避难所，能够躲避一两小时的避难所，寻找某种形式的安全，或者某种形式的喜悦。他们需要一个对立的世界。"

同样，罗兹的音乐生活也颇为丰富。例如，1941年3月的前三个星期，隔都《纪事报》提到了在1日、5日、8日、11日和13日举办的音乐会。"13日正好是普珥节，"《纪事报》记录道，"有一场布罗尼斯瓦娃·罗特斯才特女士的小提琴演奏和由达维德·拜格尔曼指挥的交响音乐会的演出，夜莺合唱队也参与其中。3月15日，星期六，为了邀请的客人，委员会主席也位列其中，重演了一次13日的节目。这场演出达到极为专业的水准，持续到晚上10点。3月17日，学校部为学生组织了一场音乐演出。3月18日、20日、22日，是专门为工厂工人举办的交响音乐会。而最后一场，22日的交响音乐会是古典音乐专场，由提奥多尔·赖德尔指挥。"

草根大众的思想（意识形态）活动或许比公开的文化表演更加频繁。1941年5月8日，谢拉考维克记录说他打算在这一天和其他三个属于（信仰共产主义的）"全青年演说家小组"的高中生见面，一起"讨论列宁的名著《国家与革命》……还要向隔都的其他进步青年小组宣讲《国家与革命》"。5月10日，"齐乌拉·克雷格尔同志论述了第一个五一劳动节的意义……下午，"谢拉考维克补充道，"我们和女青年看了一个会，会上我们当中最积极分子尼乌泰克、耶祖克和我在解释剩余价值理论上花了很大的力气。"

在罗兹隔都的年轻马克思主义者中间，思想指导伴随着有组织的行动，而行动本身是由痛苦引发的："昨天，一个和我们同年级的学生死于饥饿和劳累，"谢拉考维克在5月13日记录道，"他是这个班的第三位遇难者。"谢拉考维克发起了针对学校领导的抗议活动，目的是得到额外的食物。他获得胜利，至少在道义上是如此。16 日，他接受了校医的检查："她对我的骨瘦如柴感到担忧，她立即让我转诊进行 X 射线检查。也许现在我能够在学校得到双份的汤。事实上，五份这样的汤更好，但两份对我的身体来讲也很不错了。无论如何，一份汤是微不足道的。"

总的来说，在政治性组织"青年运动"中，意识形态教育和通识教育活动最为普遍和系统。从占领之初到 1941 年年底，这类活动几乎没有受到干预，德国人对此不感兴趣。因此，在较大的隔都，青年运动创造了一种独特的亚文化：反犹太复国主义崩得青年运动"未来"、修正派犹太复国主义组织"贝塔"、中左翼（主要是左翼）"先锋"的犹太复国主义青年运动，每一个组织都打下了各自的一片天地。

在战争开始时，随着以色列地的特使以及高层政治领袖或社团领袖的仓皇撤离，组织起来的犹太青年不得不自行决定自己的策略。在被占领的波兰（或者稍后在苏联），崩得派青年与留下的高层领导保持密切的联系。犹太复国主义者青年运动逐渐和在巴勒斯坦的党的总部失去了联系，尽管他们反复请求保持联络和获取帮助。这一犹太复国主义青年运动的意识形态热情并没有消退——这种热情有可能因周围的环境而高涨起来。不过，来自以色列地的答复急剧减少，取而代之的是不断增加的不切实际和例行公事式的建议和指示，并且经常杳无音信，正如我们从吉维亚·洛贝金信中看到的那样。这样的漠然制造了一个持续恶化的裂缝，很快在当地的青年领导层中转变为孤注一掷的独立意识，而他们中的年龄最大者最多刚过 20 岁。

例如，导致运动分裂的持续且激烈争论所持的观点与犹太复国主义—社会主义派的立场相同（像哈肖默·哈扎尔、戈登尼亚，或德罗尔的立场一样），从事后的认识来看，这似乎让人难以理解。人们在这些意识形态—文化活动中投入了很多精力，一大批用波兰语、意第绪语、希伯来语出版的地下报纸和期刊（同样面向普通的犹太民众）变成了一种抵抗方式，或许为后来的武装抵抗做了必要的心理准备。

犹太委员会一直是隔都生活的中心。举例说来，到 1941 年年中，华沙的犹太居民理事会成为无孔不入的政府机构，各个部门（某些时期达到 30 个）共雇用了 6000 名工作人员，正如前面已经提到的那样，确实它的作为乏善可陈，大多数犹太人对它不满,而且这种不满与日俱增。"社区理事会在所有华沙犹太社区居民心目中都是面目可憎的,"尖刻的卡普兰在 1941 年 4 月 23 日记录道,"当理事会被多次提起时,每个人开始热血沸腾。如果不是对当局的畏惧,肯定会爆发一场虐杀……按照流言,主席是一个正直的人。但他周围的人是人渣。其中有两三个是例外,没有受到影响……其余的是犹太公众中的败类……他们被认为是无赖恶棍和贪赃舞弊之人,即使是在战前这样的时刻他们也还进行肮脏的交易……每件事都以主席的名义进行,但事实上,每件事都是在他不知情甚至是不同意,或者是违反他的决定和意愿的状况下进行的。"西蒙·胡伯班德记载的一个社区笑话,说明了民众态度的要旨:"一则当代犹太人祈祷词——主啊,请让我成为主席或者副主席吧,这样我就能给自己发放资金。"除了普遍腐败引发的愤怒外,民众的怨恨主要集中在强征劳工、税收和犹太警察的残酷上。

隔都工厂雇用的犹太工人日益增多,理事会建立的"劳动营",每天步行去工作。然而,让我们牢记,在上西里西亚,成千上万的当地犹太人在特别劳动营"施梅尔特组织"中历尽艰辛,在军政府统治区的东部,主要是在格洛博奇尼克的卢布林地区,犹太苦役受到纳粹党卫军的残酷驱使。那里的劳工一直挖反坦克战壕和为军事目的不清的项目建造防线。德国陆军最高统帅部同意这个计划,但它的实施完全交给了希姆莱的追随者。①

波兰东部,与其他地区一样,在强征劳工。起初是在犹太区或隔都的街道上抓夫,然后是根据 1939 年 10 月 26 日的弗兰克法令强制征募,正如我们看到的那样,后来由理事会征集。许多人被运往卢布林的劳动营,在那里劳动数周或数月不等。1940 年 9 月,一个医学委员会卢在布林地区的贝乌热茨囚犯劳动营进行了调查,依据他们的报告,"工棚容纳这么多人是极其不合适的。棚内昏暗、肮脏、虱子蔓延。大约 30% 的工人没有鞋子、裤子或衬衣。所有人都睡在地上,没有草垫。屋顶布满裂缝,窗户没有玻璃。空间极度缺乏,例如,在 5 米乘 6 米的空

① 波兰战役刚一结束,希姆来就宣称:"要动用 250 万犹太人沿苏德军事分割线开挖反坦克壕沟。"还有另一种方法将数以十万计的犹太人送去强制劳动。1941 年年初,格莱瑟采取了一次在意识形态上非同寻常的举措:他向帝国劳工部长提供了他辖区内的 7 万名犹太劳工。随着对苏作战的准备工作紧锣密鼓地进行,德国的战争经济需求不断增长,因此戈林同意了这一举措。这位帝国元帅通知所有的地区长官不要阻挠新劳力的使用。所有这些计划都在 1941 年 4 月搁浅了:希特勒禁止犹太人从东方进入帝国,哪怕用于战争工业。

间,睡了 75 个人,简直是人摞人……没有肥皂,甚至水也很难得到。病人和健康的人住在一起。晚上禁止离开工棚,这样所有上厕所的事只能在工棚内解决。因此,疾病的蔓延并不奇怪。请假是极其困难的,即便是请假一天也不行。每个人,包括病人,都必须报到上工"。

策尔尼亚科夫对劳动营的状况十分了解。卢布林地区劳动营的状况最糟糕,但华沙地区劳动营的状况也好不到哪里去。1941 年 5 月 10 日,策尔尼亚科夫收到一份报告,这份报告来自两名理事会成员,他们刚刚获准对劳动营进行了短暂的访问,在收到报告后,策尔尼亚科夫写下:"工棚铺着烂稻草,狂风穿透墙壁,夜间工人被冻得瑟瑟发抖。没有淋浴和洗手间。工人的靴子上满是潮湿的沙子和泥土。没有药品和绷带。许多地区的劳动营守卫对待工人很粗暴。迈斯纳(访问发生地——堪匹诺斯工棚的守卫指挥官)的确签署了命令禁止殴打工人。"然而,隔都的穷人不断自愿报名,以期得到几个钱财和食物。在同一天日记中,策尔尼亚科夫进行了补充:"没有支付工资……一切都与营养有关。"而只是答应发放食物的一小部分。

有钱可以使你免进劳动营。"假如你还没有出现在(征召的)委员会面前,"1941 年 4 月 28 日瓦瑟的记载,"你可以找一个医生,付 150 兹罗提的费用,他将找出一些身体上的原因提出豁免你的请求……多付 200 兹罗提,一张工作证将奇迹般地到你家里,没有痛苦折磨。如果,愿上帝不许,你已经做过体检——唉——被认为是'有能力的',再想换取一张豁免证书,那不管怎么说,也得花上大约 500 兹罗提。"

至于税收,特别是在华沙,是明显的不公平。委员会倾向对犹太隔都最基本的商品和服务征收间接税,而不是对富有居民征收直接税;它意味着民众中最贫穷的那部分人(占大多数)要承担最沉重的税赋。有钱居民,大走私商,各类投机分子,几乎能够逃避对他们财产的所有直接征税。

民众发泄愤怒最常见的目标可能就是犹太警察了。犹太人一致"服从命令",理论上是服从委员会和德国人的命令。在华沙,犹太隔都的警察由大约 2000 名强壮的男子组成,领导是一个叛依者,波兰警察的前陆军中尉,约瑟夫·塞尔伦斯基。

警察大多来自"较好"阶层的青年,有时也来自知识阶层。他们有得到令人垂涎工作的必要门路。一旦穿上制服,他们会毫不犹豫地执行委员会,或者德国人

签署的最不得人心的命令(征税,押送男子去强制劳动,看守犹太隔都内的栅栏,
没收财物等),经常很野蛮。虽然警察在当时(以及在战后)争论说,如果他们干的
工作全部由德国人或波兰人去执行,事情会更糟,但是,毋庸讳言,"隔都警察中
相当一部分在道德或物质上是堕落的,在执行分配给他们的任务时,通过压迫和
迫害被关押的人,肥了自身"。

在卡莱尔·佩雷科德尼克回忆录中,显然这种耻辱毫无意义。他是一名来自
奥特沃茨克(华沙附近)的犹太警察,他死于城市中"雅利安人"居住区。在他去世
前不久的1944年他撰写了自己的回忆录。准确地说,就回忆录中涉及的驱逐前
时期部分而言(1942年夏天之前),毫无意义。"1941年2月,"佩雷科德尼克记录
道,"在看到战争不会结束,为了不受送往劳动营的围捕,我加入了隔都警察行
列。"这名来自奥特沃茨克的犹太警察极少讲述他的日常活动:"这段时间我做了
什么? 实事求是地说,什么也没做。我没有出去抓取民众,因为我发现这种行为
很不适宜。我担心人们的议论。无论如何,对此我缺乏'光明正大的天性'……我
在犹太人面包房收集面包配额券……在指挥所发放,或发放给隔都警察局的官
员。"是否太过于平淡而不值得完全信赖? 很可能。

对德国人而言,犹太警察和其他犹太人一样卑劣。一名叫玛丽·贝格的犹太
女子和她的美国籍母亲住在犹太隔都 (1941年获准移民),她在1941年1月4
日记载道:"昨天,我亲眼看到了一名纳粹宪兵在 Chlodna 街道连接小隔离区到
大隔离区的通道旁'训练'一名犹太警察。那个年轻人已经喘不过气来,但纳粹宪
兵仍然强迫他倒下爬起,倒下爬起,直至他瘫倒在血泊中。"[①]

德国人还绕开华沙犹太委员会和犹太警察,支持他们自己的犹太代理人,这
些人卷入盖世太保的程度不一。比如,"十三派"(名称来自其总部地址莱什诺大
街13号),这是一个由大约300名不法之徒组成的团体,在一个名叫亚伯拉罕·
甘兹潍柴的指挥下。甘兹潍柴的官方职责是打击价格上涨和其他形式的腐败。甘
兹潍柴是一名告密者,马车服务公司的拥有人科恩和海勒,也是告密者。虽然通
过在社区支持"社会工作"和"文化活动",甘兹潍柴设法获取一些合法性,但他还
是受到捷尼亚科夫和其他人的严重怀疑。大多数告密者,无论是大是小,都不报
告隔都的政治生活。他们指控那些藏匿珠宝或现金的居民,通常从德国人那里获

---

① 贝格的日记可能已经经过了作者和出版商的彻底重编,因此很难用于此项研究。

取对他们服务的"补偿"。

疾病和饥饿的威胁从未消失。有两份有关华沙隔都食品和健康状况的报告，一份是一个德国人写的，另一份由一个犹太人撰写，两份报告写作的时间大致相同，都是 1941 年 9 月。由奥尔斯瓦尔德政委签署的德国人报告涵盖了那一年的前八个月，提供的数据与隔都的统计学家提出的数据相当一致。每月的死亡人数大约增长了六倍，从 1941 年 1 月 (的 898 人) 到 8 月 (的 5560 人)。在两份报告中，8 月和 9 月的形势都很稳定。

犹太统计学家主要比较 15 岁以下儿童和成年人的死亡率。依据从 1941 年 1 月到 9 月收集到的数据，起初儿童的死亡人数增长较为缓慢，但它忽视了后四个月总人口的增长。按照隔都统计学家的解释，开始父母还是能够使儿童免于挨饿；不过，很快由于食品状况的总体恶化使父母的努力成为不可能。

1941 年夏天开始，儿童状况的急剧恶化，在日记作者的记录中有一直接的说明。"一种特殊的乞讨者，"林格尔布鲁姆在 1941 年 7 月 11 日记录道，"那些人是由晚上 9 点以后开始的乞讨者组成。只要站在窗前，你就会突然间看到新面孔，是整个白天从未见过的乞讨者。他们出来走在街道的中央，讨面包。他们中的大多数是儿童。在夜晚的寂静中，饥饿乞讨孩子的乞讨声持续不断，让人揪心。不管你是如何铁石心肠，你终将会向他们投去面包——或离开房间。那些乞讨者完全不在乎宵禁，你能在晚上 11 点甚至 12 点听到他们的声音。他们不怕任何事，也不怕任何人……这些乞讨的孩子夜间死在人行道上是很平常的一件事。我曾听说了这样恐怖的一幕……一个 6 岁的乞讨男童整夜躺着喘气，由于过于虚弱而无法翻身去拿一片从阳台上投给他的面包。"①

如果 1941 年夏季这种状况在华沙隔都很普遍，然而，儿童或成年人的死亡却日益成为一件为人所淡漠的事。斑疹伤寒流行，医院——按照隔都健康部负责人的说法那是"刑场"——基本束手无策：在医院的病人不是死于流行病就是死于食物的缺乏。

---

①　每个隔都的犹太人健康状况都不相同。比如说，在维尔纳，1941 年秋天 (隔都建立之后) 的因病死亡率稳定在一个相对较低的水平上。这种反常的情况可能是一系列孤立因素的结果：(夏季和秋季灭绝行动之后) 剩余的人口大多是年轻人，食品供应比华沙或罗兹更充足，隔都的医生数量相对较多，犹太委员会的卫生部门执行了较为严格的卫生条例。

"在科洛赫马尔纳大街 16 号前面，"捷尼亚科夫 1941 年 7 月 24 日记录道，"我被一个军事医疗队的指挥官拦住，让我看了一具已经高度腐烂的儿童尸体。根据现场获得的信息，这具已经腐烂的尸体是昨天丢弃在那里的。在随后调查的基础上，证实这具尸体是其母胡德萨·伯伦兹泰因丢弃的……儿童的名字是莫泽克，6 岁。在同一公寓里还有 43 岁的莫尔卡·鲁达的遗体，尸体还没有僵硬，在同一座房子的院落里躺着钱德尔·热兹滕赞的尸体……医疗队拦下了一辆路过的殡葬车，该车属于'永恒'殡葬公司，命令它将尸体全部运走。"

因为从 1940 年夏天开始，在建设东方的早期阶段，进驻波兰的国防军部队数量再次增多，士兵对他们所遭遇的犹太人描绘不断传回德国。9 月 11 日，士兵 HN 用一般的措辞描述了他不停遇到的成千犹太人"令人厌恶的面孔"。他所描绘的大多数是正统派犹太人，那些人显然在进行一场表演，为四周站立的成群士兵提供消遣，主要是在这些犹太人被迫干完繁重劳动时。士兵 E 对犹太人的观察使他得出一些激进的结论："看着这些人"，他在 11 月 17 日写道，"获得的印象是他们真的根本不配生活在神的土地上。"更加激进的观点无疑十分普遍，正如下士 WH 写于 1941 年 5 月 28 日的一封信中所指出："在用晚餐时，我们的话题转到军政府和世界面临的犹太问题上，对我而言，听着这样的谈话很有趣。让我震惊的是，最后每个人都赞同犹太人必须彻底从世界上消失。"

1940 年 9 月 9 日，齐格蒙德·克卢克夫斯基博士记录了医院门前发生的一件事。一个上了年纪的犹太人站在街对面和某个犹太妇女交谈。一群德国士兵经过："突然一个士兵抓住这个老人，将他头朝地扔进了一幢烧毁房子的地窖（那个犹太妇女就站在房子跟前）……士兵若无其事地离开了。我对这个事件感到困惑，几分钟后那位老人被送来让我治疗。我这才听说是在那群德国人路过时他忘记脱帽了……在过去的几天，德国人再一次在街道上殴打犹太人。"

大型隔都的状况和"外省"隔都的状况没有多大差别。1941 年 2 月 14 日，卡普兰注意到在卡尔梅里卡大街上发生的一件事。整日人声鼎沸的街道突然空无一人，出现了两个德国人，其中一个人手中握有一根鞭子。他们发现一个小贩没有及时躲避。"这位不幸的小贩成了这两个残忍野兽施暴的对象。他当时就倒在地上。一名士兵扬长而去，但他的同伴却没有罢手。受害者羸弱的身体使这个士兵劲头大增。小贩倒地后，他开始踩他，用鞭子无情地抽打他。……被打者倒地不起，奄奄一息。但是施暴者还是不放过他。毫不夸张地说，在大约 20 分钟的时间里,对他的殴打从未停止,没有丝毫的怜悯。很难理解这种施虐现象到底是为什么。"

在 1941 年 5 月 10 日的一则与此没有关联的日记中,林格尔布鲁姆描述了死去的犹太人是如何成为德国游客一道不容错过的风景:"死尸在夜间 1 点到清晨 5 点之间被埋葬到万人坑,没有裹尸布,只盖有一张后来要被拿走的白纸。"林格尔布鲁姆在 1941 年 5 月 10 日记录道,"各式各样的德国游客群体——军人、市民——都不断地前来坟墓观看。他们中的大多数人根本没有显示出对犹太人的任何同情。相反,他们中的一些人坚持认为犹太人的死亡率还是太低了。其他人拍摄着各种照片。有数十尸体排列等待夜间下葬的停尸棚尤为受欢迎。"

四

当德国人仍然在寻找将犹太人驱逐出欧洲大陆的方式时,反对"犹太人"的斗争已经迅速开展起来了。正如我们看到的,尽管罗森堡、希姆莱和里宾特洛甫从没有放弃踏足那位孜孜不倦的宣传部部长的领域,但是反犹宣传和反犹政治煽动的主途径还是主要由戈培尔掌控。我们同样记得,除了他的那几部主要反犹电影,戈培尔控制数百万德国人最有效的途径之一是环球电影公司每周的纪录片。1941 年上半年,当对苏联的攻击越来越临近时,最高统帅部宣传小组积极地从被占波兰收集素材(罗兹隔都似乎已经成了 PK 电影拍摄人员的最爱)。在战役开始之后,这些素材将起到重要作用。很难评判对犹太人的媒体泛滥攻击和不断发展的对令人生厌形象的攻击哪个更有效,或是否两者也如不间断的反犹广播宣传一样奏效,然而,无论是直接或间接地,这一宣传攻势的整体安排一直遵循宣传部的指令。

当然,有时宣传部部长不得不维护他的存在。所以,当 1940 年 5 月《帝国》创刊时,作为德国的高级血统、在一定程度上独立的政治文化周刊,戈培尔没有在涉及罗尔夫·莱恩哈德主编决定问题上的直接发言权。不过,没有多久,宣传部部长开始签发在这份宣传出版物中最成功周刊上发表的每周社论,而这些社论包括他写下的主要反犹攻击内容(通常在当天的广播中播出)。当然《帝国》从来没有在反犹煽动问题方面缺少自身的贡献。1941 年春,一名叫作伊丽莎白·内勒的记者在犹太人主导的美国媒体上发了一篇文章,她的同事埃里希 — 皮特·

诺伊曼对华沙隔都进行了"煽动性"极强的描述，这两人有着千丝万缕的联系，在战后西德成了公共舆论研究中的名人。对隔都犹太人深度研究的普遍语气可以从胡贝特·诺伊恩撰写的一篇报道中推断出来，这篇报道发表在 1941 年 3 月 9 日的《帝国》上，内容是关于华沙隔都的状况，诺伊恩告诉他的德国读者："欧洲大陆上无疑没有一个这样的地方能够向我们展示在闪米特(犹太人)群体上体现出的混乱和堕落的形象结合。只要看上一眼，就可以获得大量东方犹太型的令人厌恶特征：不合群的聚集体，从肮脏的房子和充满油污的商店中蜂拥而出，在街区游荡，窗子后面一张张留着胡须戴眼镜的拉比式脸，构成了一幅可怕的全景。"

实际上，戈培尔的关切延伸到了活动的显而易见范围之外。在那些不属于他掌管的势力范围，部长支持格伦德曼学院开展的在基督教教育中"去犹太化"的运动。当宣传头目在政治领域诋毁犹太人时，另一位名人、耶拿神职人员和格伦德曼学院的同事沃尔夫·迈尔—埃拉赫在巡游欧洲被占领国家，攻击犹太教通过英国的宗教改革运动已经毒害了英格兰：它解释了英国对德国的战争。这些演说由戈培尔的宣传部如悉发表。

当然，这一政权对"犹太"的持续斗争需要对其对象的持续研究——而研究是存在的。它包括了每一个能够想象的领域，从物理学、数学到音乐学，从神学到历史学，从谱系学、人类学到哲学和文学。它利用主要从 19 世纪后期开始积累的数量可怕的"学术成就"，在魏玛时期发展壮大，并且在战前希特勒政权形成了一股难以遏制的洪流。这项研究的一部分开始与进两个主要且相互敌对的机构之一发生了联系；而这两个机构，每一个都拥有自己的政党保护人、官僚支持者和海外联系。

1935 年，在教育部部长的支持下，瓦尔特·弗兰克的"新德国历史研究所"在柏林的成立并没有带来任何问题，它的慕尼黑分部同样也没有。慕尼黑分部由年轻、雄心勃勃的威廉·格劳博士领导，完全致力于研究犹太人问题。然而，到了 1938 年，可能是被格劳的妄自尊大和日益增长的独立倾向所激怒，弗兰克将其辞退了。格劳很快找到了通向新中心的路。该中心就是在法兰克福开展活动的罗森堡"犹太问题研究所"。研究所得到了法兰克福市长弗利茨克莱布斯的积极支持。法兰克福研究所是党校的第一部分，也是罗森堡青睐的计划。

该研究所于 1941 年 3 月 25 日正式成立，它的执行所长正是威廉·格劳。研究所成立的当晚，欧洲反犹太名人(罗马尼亚的亚历山大·库扎、斯洛伐克的萨诺·马赫、挪威的维德昆·奎斯林、荷兰的贝尼托·墨索里尼等)和政党权贵——尽管不是顶级的大人物——在罗马厅济济一堂，聆听罗森堡对"犹太毒瘤"的攻击，"犹太毒瘤"其时正受到德国科学界的严厉分析。罗森堡强调，国防军的胜利已经允许在法兰克福建立"世界上最大的犹太资料图书馆"。两天后，这位全国领袖在闭幕致辞中描述了德国在犹太人问题上所要实现的政治目标：将他们从欧洲彻底清除出去。成立典礼的科学部分在 3 月 26、27 日两日进行。

格劳与纳粹的东欧犹太问题主要专家海因茨 — 彼得·泽拉菲姆一道，接管了专事"反犹斗争"党内杂志《世界斗争》，使其成为新研究所的官方出版物。该杂志自 1924 年创刊以来历经了一系列变化，现在有了"学术性"；不过，它的副标题"犹太问题的历史与现状"表明它的办刊方针并无二致。格劳第一篇社论中写道："《世界斗争》正成为德国和欧洲学术的旗帜……今天，学术比以往任何时候更加将反犹工作视为一场世界斗争，一场意识到自身特性民族无法回避的战争。"

在成立大会的演讲中，泽拉菲姆并没有给他的听众留有任何怀疑：隔都化和东方犹太"保留地"都不能视为是解决方法：城市隔都既不能为自身提供商品、原材料、燃料，也不能提供食物。结果，整个供应不得不依靠外界提供。尽管这些进口的物品分给每个人的量可以很小，不超过维持生存的最低量，然而，其总量代表了一个大负担；总之，犹太人得由非犹太人来养活和支持。

这些困难有可能通过给犹太人分配更大一片领土得到解决，例如卢布林保留地。泽拉菲姆承认，"这一方案初看很不错，但同样存在需要解决的困难，领土不可能自给自足。而且，如果向这一保留地迁入 500 万犹太人，那么，就必须向外迁出 270 万非犹太人。然而，欧洲并没有这些人的保留地。"他愤慨地说道，"这意味着为了在欧洲安置犹太人，非犹太人就不得不从欧洲迁出。"除此之外，看守这个巨大隔都的边界将涉及庞大的开支。泽拉菲姆最后强调："通过立法和行政管理措施，城市中的犹太人应当由非犹太人取代，取代的程度应达到合格非犹太人可能取代的程度……犹太人在任何地方腾出的位子必须与合格的非犹太人可能进入数相当。"

其他的演讲者则更加肆无忌惮。纳粹党种族政策部领导人瓦尔特·格罗斯声称："犹太人在欧洲的危险影响可能只有通过集体地理迁移的方式来消除。"对于威廉·格劳来说,"尽管20世纪初见证了犹太人处于权力的巅峰,不过,在20世纪结束时将不会再见到以色列人,因为犹太人将从欧洲消失。"

从一开始,法兰克福研究所就寻求和德国以外的亲缘机构结盟。因此,格劳公开支持在克拉科夫的德国东欧研究所中开展对东欧犹太人的研究,这一研究所设在雅盖洛尼安大学的一座大楼里,由弗里茨·阿尔特和海因里希·戈通领导。

面对罗森堡的强大攻势,瓦尔特·弗兰克并没有轻易言败。德国研究所的《犹太问题研究》第五卷、第六卷被赶印出来,并在罗森堡的研究所正式成立之前公开地呈交到凯特尔之手。罗森堡试图通过德国媒体来抵制弗兰克,然而,戈培尔却把"犹太人与战争"一文交给了弗兰克,作为开篇之作发表在《帝国》上。

1940年12月,罗森堡的盟友、法兰克福市长克莱布斯派了他的两名博物馆负责人去巴黎做一趟巡查之行。这两个特使得到了明确的指令:他们必须确保"属于法兰克福的艺术不能落入他人之手"。利用法兰克福市提供的经费,法兰克福的两个特使开始在法国、比利时和荷兰购买艺术品。他们很清楚,在德国,这些艺术品可以卖出五到六倍的价格。

1941年春,这种潜在的利润变得更高,克莱布斯的代表分别在2月、3月、4月返回巴黎。3月31日,市长向市政委员会介绍了收购狂热:"在我访问法国和比利时时,我从各种渠道听说,艺术品商人朝圣般地拥入巴黎,收购能够买到的任何东西。对商人而言便宜的对市政府来说就是该买的。这就是我们也去寻找艺术宝藏的原因。法兰克福必须利用这一有利形势……我知道,其他市政府正在收购他们所能获得的……我们到现在为止到手的东西已经是获利的。"市长无须解释为这一简单的小聪明提供便利的外在环境:市场上充斥着犹太人想出手的艺术品,为了活命,他们正在逃亡。

克莱布斯正在跟随比德国市政府胃口更大收藏家的步伐。1940年6月30日,也就是与法国停战后五天,凯特尔将军指示巴黎的军事指挥官,"元首要求保护好所有属于个人,特别是犹太人的艺术品和历史文件"。这一指令实际上是由希特勒发布给里宾特洛甫的,里宾特洛甫将其转给了新任命的德国驻法大使奥托阿贝茨。数周内,阿贝茨的人突击查抄了艺术品收藏地(为保护这些艺术品,法国人已经将其转移到了卢瓦尔河要塞),并没收了属于犹太人的任何东西,特别是属于罗思柴尔德家族的财产。在夏季结束前,大约1500件犹太人所拥有的绘画被转移到了一个属于大使馆的仓库,一个来自柏林的博物馆馆长开始清点战利品。1940 年 9 月 17 日,希特勒授权罗森堡和他的指挥官没收"无主财产"。

到 1941 年 3 月,罗森堡可以向他的上司报告,由戈林授权使用的专列满载着曾经属于法国犹太人的艺术品到达了(位于巴伐利亚的)瑙施万施泰因。25 辆货运卡车运来大约 4000 件"具有极高艺术价值的"艺术品。此外,这位帝国元帅已向慕尼黑发送了两列"货运专车",其中主要艺术品的一部分属于罗思柴尔德家族。希特勒斩获艺术品的一部分被拨存至他计划在林茨建造的超级博物馆中;其他的被当作礼物分发给了他的德国和国外的追随者;一部分最好的则据为己有。

这一劫掠行动并没有被掩盖。1941 年 5 月 18 日,乌尔里希·冯·哈塞尔提到,埃尔莎·布鲁克曼(希特勒最早的支持者之一)告知他,数量可观的法国古典家具在慕尼黑普林茨—卡尔宫内被装进了卡车。她认识的这一搬家公司老板告诉她,这些家具正运往上萨尔茨堡(希特勒的山间休养所)。她问道,是被买下的吗? 他回答:"说是买的,但如果你给我 100 帝国马克来买这张路易十六的办公桌,那将是一个好价钱。"

对普通的德国国防军成员而言,这样的战利品也许不是那么重要的,但作为一名占领者就有优势了。1940 年 8 月 13 日,HH 中士从法国写信说道:"我们现在住在一座先前属于犹太移民的房子里。大量的银餐具无疑找到了新的主人。我想,这些东西慢慢地就会到达祖国。这就是战争。"

党卫军帝国元首并没有收集艺术品或银餐具。他的劫掠更为直接地与其职业活动相关:1940 年年末,他将 18 世纪科学家弗朗茨·约瑟夫·加尔收集的所有头盖骨藏品从法国转运到图宾根大学种族—生物研究所。

五

在 1941 年 1 月 30 日的演讲中,希特勒通过表达希望有越来越多的欧洲人跟随德国的反犹主义引领,总结了他在反犹回报问题上的预言:"现在,"他宣称,"我们的种族意识已经深入一个又一个民族的心,我希望那些今天仍然站在我们对立面的人有朝一日能够认清他们内部更大的敌人并加入我们的共同阵线:反对国际犹太剥削和反对民族堕落的共同阵线。"当提及反犹主义力量在壮大时，这位纳粹领袖也许想到了几天前发生在布加勒斯特的事件。

1941 年 1 月 21 日，罗马尼亚首都风声鹤唳，纳粹支持的铁卫军发动了企图从其盟友、独裁领袖安东内斯库元帅那里夺取权力的政变，这场短暂的政变以流产告终。在三天的暴乱中，霍里亚·西玛的"兵团"首当其冲地蹂躏了城内的犹太人。"布加勒斯特血案的令人震惊之处，"米哈伊尔·塞巴斯蒂安在事件发生几天后记录道，"在于其极其残忍的野蛮性，甚至连官方的声明也冷漠无情。声明称，21 日也就是星期二那天的晚上，共有 93 人（这是最近官方对犹太人的委婉称呼）在吉拉瓦森林遭到了杀害。但是民众的说法要比这严重得多。现在可以确认的是，在斯特劳莱斯蒂屠宰场遭杀害的犹太人是被通常用来钩牛骨架的钩子钩住脖子而绞死的。每一具尸体上都被贴上了一张'可食肉'字样的纸。至于那些在吉拉瓦森林遇害的人，他们先是被脱光了衣服（一件衣服都没留下），然后被枪杀，一个摞一个地被扔到沟里。"①铁卫军被粉碎了，其领导人逃往德国，但是他们的反犹暴行却深深地烙在了罗马尼亚社会。

在罗马尼亚的大多数地方，当地的反犹主义与欧洲大陆东部（苏联除外）的反犹煽动在基本方面是相同的。不过，正如已经提及的，在那些不断现代化的国家和地区和那些基本上依然是传统农业社会的国家和地区之间，反犹主义还是有些许差异的。在罗马尼亚，"老王国"属于前一类范畴的地区，而布科维纳和比萨拉比亚等"后进省份"则属于后一类范畴的地区。从这种意义上来说，在该国较为发达的地区，在当地不成熟的中产阶级中，在学生和知识分子中，在极端民族主义的部队中，罗马尼亚的反犹主义得到了某种最残酷的展示和表达。

人们普遍认为，对于 1940 年 7 月比萨拉比亚和布科维纳落入苏联之手以及特兰西瓦尼亚落入匈牙利之手，1941 年年初生活在罗马尼亚的 37.5 万名犹太人难辞其咎。不用说，这一领土变动是德国人通过苏德秘密协议和 1940 年夏罗匈边界仲裁的结果。无论如何，这些对犹太人的最新指控只不过是罗马尼亚反犹仇恨的冰山一角罢了。

---

① 关于残忍暴行的更为详细的描述，特别参见美国驻布加勒斯特大使巩特尔 1941 年 1 月 30 日发给国务卿的报告德国驻罗马尼亚大使曼弗雷德·冯·基林格在 23 日的报告中提到，安东内斯库描述了"这些令人难以置信的野蛮行为……693 名被监禁在吉拉瓦的犹太人被以最不体面的酷刑处死了"。

和其他东欧国家一样,罗马尼亚人对犹太人态度的根本原因是强烈的宗教反犹太教思想培育的结果,在这一事件中,是罗马尼亚东正教会灌输的结果。这种宗教上的敌视情绪首先是在农民阶层中大行其道,其后又蔓延到新兴的城市中产阶级中间,在那里又增加了经济和民族主义的维度。在争夺被认为理所当然归属大罗马尼亚边境省份控制权的斗争中,"罗马尼亚主义"主要针对的是种族上和文化上的少数派群体。对于"罗马尼亚主义"而言,犹太人注定是种族和文化两方面的外来者和敌对势力,因此,他们被指责站在了匈牙利人或俄国人的一边。

甚至在第一次世界大战之前,以深受爱戴的知识分子亚历山大·库扎和尼古拉·约加为首的国家基督教党也曾提出将犹太人完全逐出罗马尼亚社会。在俄国发生布尔什维克革命和匈牙利建立短暂的贝拉·库恩共产党政权后,犹太—共产主义又为业已甚嚣尘上的反犹情绪提供了一重要的口实。用 1928 年罗马尼亚社会学家安德烈·彼得写下的话来说:"我们的年轻人把民族主义特别限定在反犹主义上。……他们更倾向于赋予其破坏性的而非创造性、建设性的作用。……他们要求解决犹太问题,即便是以暴力的方式也在所不惜,要求立即出台法律措施把犹太人清除出军队和行政部门。……要求制定配额条令限制大学中的犹太人数量,因为那里是培养国家统治阶层的地方。"

就在彼得写下他的这些分析前不久,在最激进的反犹主义学生中诞生了一个运动组织,该组织由其领导人科尔内留·泽莱亚·科德雷亚努起名为"天使长米迦勒军团",为反犹仇恨的最极端表达提供了一个新的政治框架。军团后来演变成为众所周知的"铁卫军"并很快在从农民到城市知识分子的罗马尼亚社会各群体中扩张开来。铁卫军意识形态最显著的特征之一就是其对罗马尼亚东正教狂热和对准神秘主义的认同,这其中就包括了基督教对犹太人最恶毒的仇恨。因此,在 1941 年 9 月,记者米哈伊·米雷斯库写了一篇题为"学生教会"的重要社论,在文中他强调:"年青一代的反犹主义不仅仅是种族斗争,它表达了精神战的必要性。犹太人代表了不道德的物质主义,唯一的拯救之道就在基督教。"[①]

[①]　在年轻的铁卫军反犹主义知识分子中,后来世界闻名的宗教历史学家米尔恰·伊利亚德或许是最激进的一个。当 1939 年 9 月华沙在德国人的攻击之下成为一片瓦砾的时候,伊利亚德宣称"波兰人在华沙的抵抗就是犹太人的抵抗。只有犹太人才会把妇女儿童放到前线以利用德国人的迟疑。……布科维纳边境发生的事情是一件丑闻,因为新的一批犹太人正在拥入这个国家。与其让罗马尼亚遭受犹太人的侵略,还不如将其置于德国人的保护之下"。

纳粹的夺权鼓舞了科德雷亚努的队伍。罗马尼亚国王卡罗尔二世在 20 世纪 30 年代中期任命了一个公开反犹的右翼政府(以亚历山大·库扎和屋大维·高加为首的库扎—高加政府)。该政府并没有能让"军团"停止运作,尽管前者出台了大量反犹法令。于是国王决定镇压激进的反对派:科德雷亚努在 1938 年年末遇刺,随后大批铁卫军成员被处死。

转向采取独裁措施并没能挽救卡罗尔的政权。1940 年 7 月比萨拉比亚和布科维纳落入苏联之手加速了君权的崩溃。他利用反犹主义措施安抚其右翼敌人的做法也逐渐失效:"有理由相信,"美国驻布加勒斯特大使弗兰克林·默特·巩特尔在 1940 年 7 月 2 日评论道,对于反犹措施"一些较为严谨的领导人建议保持冷静和谨慎……而另一些政府官员则力主利用东南欧传统的反犹煽动政策来遮掩政府的无能和不称职。政府正在发布非常严格的指令,以避免挑衅的行动。"

1940 年 9 月 6 日,由军队和铁卫军发动的一场政变赶走了国王,陆军总司令杨安东内斯库和铁卫军新领导人霍里亚·西玛被拥戴为新政权的首脑。10 月 1 日,巩特尔报告了他与这位铁卫军领袖、如今的部长委员会副主席之间的一次交谈:"我们的交谈主要集中在犹太人这一主题。令我感到惊讶的是,他声称罗马尼亚倒向轴心国是因为轴心国的反犹立场,之后,他继续道,他个人反犹是因为犹太人成功控制了罗马尼亚生活的方方面面。他告诫我说,犹太人在美国可能正在试图做同样的事情。他不相信美国不存在严重的犹太问题。"霍里亚·西玛向巩特尔保证,任何反犹措施将以"和平的手段"执行。

1941 年 1 月的大屠杀之后,巩特尔无法抑制他的愤怒,即便在正式的信函中也是这样。他在 1 月 30 日致信国务卿的信中说:"将此事归到一个国家头上的做法令人从心底里感到厌恶,因为这类事件随时都能发生,即便煽动和纵容的真正过错是在其他地方(德国)。"

随着对苏战争的开始,1941 年年初在罗马尼亚发生的反犹暴行只不过是即将在东欧和巴尔干许多地方发生事件的先兆而已。在各地和不同政治军事环境下,当地人对犹太人的仇恨很快与德国的谋杀政策融为一体,成为一种特别危险的合谋。

六

1940 年 10 月 24 日,希特勒与贝当在蒙特瓦尔小镇会面,维希法国和第三帝国正式宣告"合作"。但是,12月13日赖伐尔被老帅团撤职,出现了短暂的混乱。德国的压力和内部制约让维希重新执政。1941年年初,达尔朗取代温和的皮埃尔—埃蒂安·弗朗丹成为政府首脑,与德国的"合作"得到了加强。反犹措施继续扩大。

1941年2月,法国集中关押4.7万名外国人,其中4万名是犹太人。①雅利安化进展迅速。犹太人的生意越来越被置于法国"监管特派员"的监管之下,事实上,这些监管者掌握着决定这些生意命运的全权。一旦被这些监管者接管,黄色犹太标志即换成了红色。这样当然就鼓励各种各样的无赖以价格的数分之一从犹太商人手上买走剩余物品(甚或生意本身)。同时,法国最大的银行也千方百计以最宽泛的方式自行解释德国法令。这样,在占领区,德国人允许撤销牵涉犹太人财产的协议(1940年10月18日的法令第4款),但是没有涉及犹太人持有的银行账户。里昂信贷银行利用法令的沉默剥夺了犹太存款人非必要的行动自由。1940年11月21日,第一个内部指示出台:"根据(1940年10月18日的)法令,犹太人持有的财产,尽管未被冻结,可以由特殊政策支配,因此要求我们必须谨慎处理我们与它们之间的关系。我们不认为收回法国债券或资本会受到法令第4款的影响,但必须确保,如果我们在1940年5月23日前没有收到正规担保,账户不能显示借方余额。不过,其他操作,如折扣、预付款、债券销售、代表的指定等,在实施之前应该仔细地核实。"

1941年2月,里昂信贷银行收紧了钳制措施:"就现金而言,犹太人财产原则上不受限制。但是,不能进行大额支取……其他操作……如果涉及大额,有可能造成资产流失,原则上都必须拒绝,除非得到德国当局的授权。"

雅利安化进展神速,但并非没有一些想象不到的曲折。比如法国最大香水企业之一属于弗朗索瓦·科蒂。20世纪20年代,科蒂资助一个叫作"团结法兰西"的法西斯运动以及该运动的期刊《人民之友》,《人民之友》鼓吹暴力反犹主义。1929年,科蒂离婚,但当他1934年死时,其资产仍然有一大笔归前妻所有,这笔财产是以"科蒂"股份的名义发放的。科蒂前妻因此成为主要的股东和该公司的拥有人。她再次结婚,这次嫁的是一个皈依的罗马尼亚犹太人莱昂·科特讷雷亚务。对于推行雅利安化的官僚当局而言,科蒂香水公司受到了犹太人的影响,更

---

① 1941年2月2日,在德国大使馆的一次会议上,丹内克尔确认了这些数据。

为甚者的是,董事会有两名犹太人。所有者之间复杂的交易和过户开始了,在美国和一些欧洲国家,使用了一些其他辅助手段,以便消除任何有犹太人参与的痕迹。1941年8月,德国接手的科蒂香水公司已经经历了必要的净化,到10月,正式再次成为一家雅利安企业。弗朗索瓦·科蒂可以瞑目了。

1941年4月,犹太人被禁止担任他们可能与公众接触的任何职业——从彩票销售到执教。只有很少"有特殊贡献的知识分子"得以不受这一全面职业隔离的限制。绝大多数法国人民并没有任何反应。反犹宣传得到了强化,反犹暴力行为数量在增多。个人表达同情的声音并不算少,但是都出现在私下,远离公众的视线。

维希政权以减少与犹太人职业接触的方式保护法国人,用不让犹太人进入由德国国防军军人光顾酒吧的方式保护被占领区德国国防军军人,这在1940年新年除夕成了个问题。在"屋顶上的公牛"酒吧和加莱酒吧,当德国士兵正为新年干杯的时候,犹太人也在那里。更糟糕的是,在"三首圆舞曲"这个德国国防军军官最喜欢的地方,一首乐队演奏的德国歌曲遭到法国饮酒狂欢者的嘘声,而他们中间就有犹太人。告密者报告了这一系列事件,建议所有这些有国防军光顾的酒吧立一牌子,禁止犹太人进入。至于这些建议当时有没有受到重视,不得而知。

1941年年初,德国人决定,有必要进一步协调法国两个区域之间的反犹措施。1月30日,在巴黎军事总部举行了一次由沃纳·贝斯特主持的会议,克诺亨的代表库尔特·利施卡和提奥多尔·丹内克尔通报与会者,法国必须建立一个管理犹太事务的中央机构以实施确定下来的解决欧洲犹太问题措施。该机构的职能将是处理有关逮捕、监视和登记犹太人的一切警备事务;实行经济控制(将犹太人排除在经济生活之外,着手将犹太人的产业"重组"转入雅利安人之手);组织宣传活动(在法国民众中传播反犹宣传),以及建立一个反犹研究机构。与此同时,巴黎大区的警察署做好行使了这些职能的准备。新机构的建立将留给法国当局去完成,以防止出现对德国动议的反对;德国人应该把自己约束在提"建议"的层面。所有的人都表示赞同。

即便这个新机构被证明并不如他们所期望的那样强有力 (主要是在处理本地犹太人问题上),德国人还是信心十足,因为随着时间的推移他们是能够迫使该机构全面执行其政策。阿贝茨在1941年3月6日递交给柏林的一份报告中记录了他与达尔朗就新机构进行的一次谈话,达尔朗转达了贝当希望保护本地犹太人的想法。阿贝茨拿出了必须克服法国保留意见的方法，这位大使写道："要求法国政府建立这样机构是明智的。……这样一来，将奠定一个有效的法律基础，其活动可以通过德国影响在占领区大力开展，直至未占领区被迫在措施执行上与占领区保持一致。"

1941 年 3 月 29 日，维希政府设立了犹太事务中央办事处（CGQI），该处第一任首脑为格扎维埃·瓦拉。瓦拉属于"法兰西行动"的民族主义反犹传统派，并不赞同纳粹的种族反犹主义。不过，犹太事务中央办事处很快就成了迅速扩展反犹活动的大本营。①其立竿见影的主要"成果"是 1940 年 10 月 3 日重新制定了犹太人身份条例。新的犹太人身份条例得到了政府的采纳并在 1941 年 6 月 2 日成为法律。奇怪的是，对于虔诚的天主教徒瓦拉来说，洗礼似乎无关紧要，与生俱来的种族—文化因素才是他所认为的犹太人概念的核心。

新的条例旨在弥补 1940 年 10 月法令存在的若干明显漏洞。比如，对于有两位犹太祖父母皈依另一宗教法国"混血儿"而言，皈依的有效截止日期被定为 1940 年 6 月 25 日，亦即德法正式停火日。并且，只有当皈依者加入的是 1905 年 12 月法国实行政教分离之前的教派时，皈依才被认为是有效的。只有犹太事务中央办事处才有权发放非犹太种族成员的证明。

就像 1940 年 10 月的身份条例一样，1941 年 6 月的条例并没有在本土犹太人和外来犹太人之间划定任何区别。实际上，当瓦拉在 4 月 3 日与阿贝茨通话的时候，这位德国大使曾建议法国制定一部法律，将那些"其行动与法兰西民族社会利益和自然权利背道而驰的"长期定居法国的犹太人也宣布为"外国人"。这样一部法律将意味着法国犹太人的公民身份被取消，或者将意味着刚刚归化法国的犹太人将被重新剥夺他们的公民权，而这样的条款并没有包含在新法令中。另一方面，阿贝茨所关注的有利于法国犹太人的法律漏洞也没有出现在新法令之中。

正当法国当局发布他们的新法令时，丹内克尔在 1941 年年初也决定利用法国反犹主义者小群体"法兰西联盟"建立一个由保罗·泽齐勒上尉领导的"犹太问题研究所"。建立这个所谓研究所的主要目的是以法国身份为掩护来散播纳粹式

---

①　这位专员甚至建立了自己的警察部队（PQJ），但是只过了一年时间，德国人和法国人就觉得这支特殊的警察武装并没有开展系统行动的手段，于是就将它作为别动队编入普通的警察武装。

的反犹主义宣传。该研究所并不隶属于瓦拉的犹太事务中央办事处，而是完全充当了丹内克尔的代理人以及德国驻巴黎使馆的工具。

抑或是该研究所活动的一个结果，抑或是作为德国大使馆提议的结果，1941年春反犹海报贴满了巴黎的大街小巷：其中一幅描绘了一位无名士兵从其坟墓中跳出来，死死卡住犹太人和共济会的咽喉；另一幅展现了一只骷髅手正伸出来试图攫取权杖和王冠，直接引用了当时正在巴黎两家最大剧院上映的《犹太人苏思》中的场景。

法国的影评家似乎都倾向于强调哈尔兰作品的艺术质量，而对于其意识形态的意义则做了低调处理。当然，在汉奸派的报刊上，这部电影所传达的信息获得了热情洋溢的评论："这是一部充满了真实告白的电影，对于根除多年来一直蒙蔽我们的谎言具有不可估量的作用。"勒巴太用文诺伊尔的笔名在3月2日的《巴黎呼声报》上撰文写道，"每个人都可以透过它传达的信息吸取教训，不仅法国人在思考这一问题的解决方案，整个欧洲都在思考。"

左翼天主教徒（特别是那些与穆尼耶的《心灵》杂志有联系的人）则做出了与此不同的反应。我们已经看到了穆尼耶先前的犹豫不决。到1941年的年中，他的立场已经变得明朗。在《心灵》杂志的7月刊上，他用以下的话语总结了他自己对这部电影的评价："战前的法国影片已经使我们习惯于不那么沉重，习惯于逻辑性强的判断，习惯于不那么不健康内容……法语影片尤其如此。在法国的外省城市，这部影片甚至引发了一些抗议和突发事件。"

1941年5月14日，在丹内克尔的命令下，法国警察逮捕了3733名犹太移民。这一轮风暴或许给协调委员会带来了更大的压力，建立一个对法国犹太人和外来犹太人一视同仁的执行委员会已经提上议事日程，而这一动向遭到了法国本土犹太人的坚决反对。第二天，汉奸报刊《巴黎中央报》为"大巴黎五千条寄生虫的消失"而欢呼。（除了犹太人的报纸以外）没有任何其他报刊觉得这一事件值得一提。

让·盖埃诺在他的日记中发出了来自左翼的声音："昨天，"他记录道，"在法国法律的名义之下，有5000名犹太人被送往集中营。这些来自波兰、奥地利、捷克斯洛伐克的贫苦犹太人，这些依靠微薄生意过活的赤贫者一定是对国家构成了极大的威胁。这就是所谓的'清洗'。在孔潘斯大街，几个男子被带走。他们的妻子、儿女向警察乞求、哭喊、哀告……目击这些撕心裂肺场景的普通巴黎人无一不感到厌恶和羞耻。"然而，尽管有盖埃诺提到的这些反应，却没有人公开地发出抗议声，专员只收到了一封表达愤怒的信件。

《巴黎人民之声》也许传达了盖埃诺所描述的同情。另外，根据 6 月 17 日的一则日记，排队购买食品的别林斯基也获得了差不多相同的印象："'你知道吗，塞莱斯汀，'一位家庭主妇告诉另一位家庭主妇，'那个小波兰人是我儿子的朋友，他们一起上学。因此今天他非常伤心——为什么呢？——因为他的兄弟被抓走了，显然是被送往集中营，尽管他们都是那么善良和诚实。那个可怜的孩子究竟做了什么？……什么都没做，仅仅因为他是一名犹太人。'……'真是可怜的民族啊，'另一个人感伤地说道。队伍向着土豆摊缓慢地挪动着。"

有争论认为，维希政府的反犹措施及其与德国人的密切合作是一种总体协作框架之下的"理性"策略，为的是尽可能地保持其对被占领区的控制，也是为了获得更有利的讨价还价的立场，在希特勒的新欧洲中谋求法国未来的地位。换言之，维希政权之所以接受纳粹制定的目标或许并不是出于意识形态的考虑（国家合作毕竟不同于某些狂热的汉奸行为），而是为了获取现实的利益回报。

政治上的算计无疑是整体图景的一部分，但是维希政府的政策还是受到了右翼反犹主义传统的左右，后者也是"民族革命"的一部分。并且，"国家合作"的范畴还不包括天主教会。法国的主教团早在 1940 年 8 月就对犹太人被逐出公共生活持欢迎态度。在大部分的农村民众和各省的天主教中产阶级之中，持有反犹主义立场的并不只限于一小撮人，而是很普遍。因此，尽管维希政府的立法并非由法国"合作者"的热情所支配，但它还是反映了公众的情绪和意识形态——制度性利益，比如说教会的利益。

在总体上，持反犹主义的人远远比不上完全无动于衷的人多，但并非在涉及具体利益上。正如赫尔穆特·克诺亨在 1941 年 1 月指出的那样："要想在法国人当中培育基于意识形态的反犹主义情感，这几乎是不可能的事情，而以经济利益为诱饵鼓动对反犹行动的支持同情则要容易得多。"

法国人对犹太人的态度与本土犹太人的代表对外来犹太人或新近归化犹太人的态度有着惊人的关联（不过，在当时很可能并没有认识到）。本土犹太人归属犹太社区,由"犹太人协会"及其当地分支代表,而外来犹太人——以及新近归化的犹太人——则是松散联系在庇护组织"法国犹太人联合会"之下。该联合会是由各种各样的政治社团以及与之相关的福利组织组成的。这个庇护组织的一部分后来以"阿麦洛大街"("法国犹太人联合会"最高委员会总部在巴黎的地址)闻名。

在罗思柴尔德家族逃离这个国家之后,协会执行副主席雅克·赫尔布罗纳成了本土法国犹太人事实上的领袖("阿麦洛大街"更多是由各社团的领袖进行集体领导)。在很多方面,赫尔布罗纳是法国犹太精英集团的一位独断专行的代言人:他是"一战"中的杰出军官,头脑敏锐,年轻时就被推举进入国家委员会(法国公务员最高机构)。赫尔布罗纳与法国最有钱的犹太人联姻,属于典型的法国犹太人资产阶级高层,那是一群几乎完全被法国非犹太人群体认可的法国人。尽管他本人确实对犹太事务感兴趣——这使他在协会中表现活跃——但是和他的同代人一样,赫尔布罗纳首先是把自己看成法国人。特别是,他自"一战"以来就一直与贝当元帅关系密切。当时,作为国防部人事处的主管,他被派去向贝当宣布其已被委任为大元帅(法国三军最高司令)的任命。他的另一位朋友是里昂红衣主教和法国天主教会的首脑尤勒斯—马里·热里埃尔。1941年3月,赫尔布罗纳被任命为协会的主席。

很少有本土犹太人能达到赫尔布罗纳那样的社会地位,但是绝大多数人和他一样感到自己已经深深融入了法国社会,因此也持有和他一样的立场:法国被认为是他们唯一可接受的民族家园和文化家园,尽管这里出台了不公正的新法律。在他们看来,20世纪30年代不断高涨的反犹主义和随战败而来的暴力宣泄很大程度上是由外来犹太人的拥入造成的;因此,只要严格地区分"单独的"法国本土犹太人和生活在该国的外来犹太人,由此造成的局面就可以得到缓解。维希政府不能不认可这一基本点。

赫尔布罗纳在1940年11月(当第一部条例以及附件已经敲定后)致贝当的备忘录试图向贝当说明的正是这一差异。在他的题为"犹太问题纪要"的声明中,这位未来的协会主席争辩说,犹太人不是一个种族,也不是两千年前生活在巴勒斯坦犹太人的后裔,而是一个由许多种族组成的共同体,就法国而言,犹太人这个群体已经完全融入了自己的国家。问题是随着外来犹太人的到来而出现的,这些人"开始侵入我们的土地"。战后政府门户开放政策铸成了错误,结果就是"现在古老的法国以色列家庭成了常态反犹主义的牺牲品"。赫尔布罗纳接下来建议采取一系列措施将本土犹太人而不是外来的犹太人或者新近归化的犹太人从法令的桎梏中解救出来。……赫尔布罗纳的备忘录没有得到回复。

在接下来的几个月里，这位协会的首脑和许多同僚一直在徒劳而丢脸地乞求着。无论是上书维希政府还是维希之行，外来犹太人的命运依然被他们所漠视，他们只为法国本土犹太人呼吁。这种行动路线的一个缩影也许就是包括法国大拉比在内的协会全体领导向贝当元帅呈递的一份正式的请愿书。结尾一段清楚无误地表明了对非法国裔犹太人的忽略："犹太裔法国人仍然希望相信，以他们为目标的迫害行动完全是由占领者当局强加在法兰西国家身上的，法国的民意代表正在竭尽所能地消减其造成的伤害。……如果他们无法保障自己的未来，甚至无法保障自己子孙生命的话，犹太裔法国人只有凭借他们那光荣的姓氏要求国家元首认可他们庄严的抗议，这是正处于虚弱中的他们手里唯一的武器。而作为一位伟大的战士，作为一位虔诚的基督徒，这位元首在他们看来完全就是祖国的化身。犹太裔法国人比以往任何时候都更加忠诚，他们对于法兰西以及法兰西的命运依然满怀希望和信心。"维希政府的第二部犹太人条例就是对这份请愿书的回应。

法国犹太人中部分拥有最显贵姓氏的人一再确认，外来犹太人的命运不关他们的事。于是，当丹内克尔在1941年春开始施压建立统一的犹太委员会的时候，犹太人协会的一位重要成员勒内·迈尔(他在战后成为法国总理)要求瓦拉鼓励外来犹太人向外移民。当时最杰出的历史学家马克·布洛赫也提出了同样的要求。

1941年4月，作为对协会提出的建立一个犹太研究中心方案的回应，布洛赫主张将所有的法国犹太人都考虑进来，但是对于生活在法国的外来犹太人，他的立场是清楚的："他们的目标不完全是我们的目标。"尽管无法积极参与中心的规划，布洛赫还是建议说，建立中心的主要目的之一应该是克服某个危险的观念，那就是"所有的犹太人要形成一个牢固的同质化的群体，要赋予同一性的特征，要经受共同的命运"。在布洛赫看来，中心的规划者们应当意识到存在着两个不同的犹太社群：同化的(法国的)和未同化的(外来的)。前者的命运依赖其完全地融入和对法律誓言的遵守，后者的幸存者或许要靠"某种形式的向外移民"。

七

1941 年 2 月 22 日，为了抗议德国人虐待在科可冷饮店事件之后在大街上遭逮捕的数以百计阿姆斯特丹犹太人,荷兰公众发动了一场小规模的抗议行动。共产党呼吁总罢工;2 月 25 日那天阿姆斯特丹瘫痪了，罢工很快波及了附近的城市。德国人以极端的暴力对付示威者,使用了枪支和手雷;数人死亡,数十人受伤,大量示威者被捕。罢工遭到了镇压。荷兰人懂得了德国人会毫不犹豫地以无情手段推行他们的反犹政策;德国人也意识到,要让荷兰人接受纳粹国家社会主义绝非易事。

在阿姆斯特丹事件之后的数周和数月内,就德国本土机构和荷兰实施者而言,两种不同的发展思路重塑了针对荷兰犹太人的政策。德国在荷兰的非军事机构被分为两个彼此竞争的阵营,就像在总督辖区一样。一方面,帝国特派员赛斯—英夸特及其在阿姆斯特丹的主要代表 D.H.博姆克尔、负责行政和司法的高级专员弗里德里希·维默尔、负责金融和经济的高级专员汉斯·费希伯克和负责党务的高级专员弗里茨·施密特想要继续完全控制犹太事务;另一方面,汉斯·阿尔宾·劳特尔及其副手、安全警察首脑威廉·哈斯特领导下的党卫军系统也企图接手他们认为应该归自己管的领域。

无论是否是阿姆斯特丹事件 (这一事件可视为是博姆克尔企图在荷兰建立隔都和利用荷兰纳粹分子进行挑衅政策的失败) 的结果,还是先前计划的结果,海德里希(以及劳特尔)决定以 1938 年在维也纳建立的机构和 1939 年在柏林和布拉格建立的机构为样板, 在阿姆斯特丹建立一个负责犹太移民事务的中央机构。通常情况下,这一由党卫军帝国保安总局控制并且与艾希曼的第四局 B-4课关系密切的机构将接管犹太人口登记、财产登记以及出境登记(以此扣押被弃财物)方面的工作。在阿姆斯特丹建立类似办事机构将使劳特尔、哈斯特以及他们在阿姆斯特丹的爪牙维利·拉热斯得以最终控制荷兰犹太人事务的所有重要方面。

1941 年 4 月,中心机构真的建立起来,但最初的作用十分有限,并且,赛斯—英夸特并没有让步。5 月初,这位帝国特派员召集了一次会议,与此同时他还获得了希特勒授予的全面负责的权力。所有的与会者不得不同意他可以全面监督所有的犹太事务。事实上,情况将在 1942 年年初发生变化,那时哈斯特将让他的

校友威利·措普夫在海牙建立第四局 B-4 课的一个分部,不过,主要是因为
1942 年 7 月驱逐行动的开始。

犹太人财产的雅利安化已经开始了。费希伯克的工作起了推波助澜的作用,
许多德国公司企图通过先获取那些属于犹太人股份的方式来获取一些重要荷兰
公司的股份。一些德国银行尤其是汉德尔信托银行(德累斯顿银行的一家地方附
属银行)成了这些行动的主要中介方。为了加速行动,中央机构允许大企业的犹
太所有者离境,这些人将会把他们的企业出售给德国竞标者。这样,德国企业,作
为合法的拥有人,可以行使对相关海外资产的权利,避免任何形式的诉讼,特别
是在美国。这样的交易使少数犹太幸运者(大约 30 户)得以在财产交割的几周时
间内不受阻碍地移民海外。后来,其他若干国家的犹太人也面临相似的敲诈,他
们的离境是以大笔外汇作为交换的。最终,这一做法于 1944 年应用在了匈牙利
的曼弗雷德·魏斯联合企业上。

最终,按照纳粹的欧洲经济"新秩序"计划,德国人接管了犹太人的财产,相
比在法国被占领区,此项工作在荷兰进行得更为系统。荷兰经济注定要被完全整
合进德国体系,不管荷兰人愿意与否。意识形态信条和经济贪婪再一次结合在一
起。1941 年 8 月,荷兰犹太人接到命令到先前犹太人所拥有的利普曼—罗森塔
尔银行去登记他们所有的财产;9 月 15 日,房地产也包括在登记之列。

至于荷兰的"实施者",1941 年 2 月的事件导致了阿姆斯特丹市政委员会被
解散并代之以一个完全卑躬屈膝的新委员会。主要是任命了阿姆斯特丹警察署
的一位新署长,原先在荷兰东印度殖民军队的一位军官西普瑞恩·图尔普受到委
任。图尔普对于种族歧视熟视无睹;作为穆塞特的荷兰纳粹党党员,他有着相匹
配的意识形态倾向,更有甚者,他是德国国家社会主义,尤其是阿道夫·希特勒的
狂热崇拜者。

与此同时,在科可事件之前,随着德国人的围捕和荷兰人的反抗,博姆克尔
已经考虑在阿姆斯特丹的犹太人街区建立一座隔都。他向包括亚伯拉罕·阿舍尔
在内的犹太名人传达了希望建立该市统一犹太人代表机构的想法。现在还不清
楚,到底是赛斯—英夸特的代表,还是阿舍尔,最先使用了"犹太委员会"这一名
称。实际的情况是,阿舍尔自告奋勇主持这个新机构的工作,并请求任命大卫·柯
亨为两主席之一。而后,阿舍尔和柯亨又挑选了其他成员,大部分是他们自己的

圈内人士和来自阿姆斯特丹不大的富裕犹太资本家群体。2月12日,委员会召开了第一次会议。第二天,在博姆克尔的命令下,阿舍尔在犹太工人集会上讲话,要求他们上缴持有的任何武器。正如历史学家鲍勃·摩尔指出的那样:"就效果而言,犹太人与德国人合作的第一步实际上已经开始了,犹太委员会里那些自我任命的精英扮演了纳粹传声筒的角色。"

不管对荷兰犹太委员会的早期行为应当做出何种评价,德国人在没有征求委员会同意的情况下就将400名在阿姆斯特丹抗议行动后被捕的年轻犹太男子送上了死亡之路。最初他们被遣送到布痕瓦尔德集中营,然后又被转移到毛特豪森集中营。他们于1941年6月17日抵达毛特豪森。有50人当即被处死:"他们赤身裸体地被从浴室驱赶到电网围墙下。"其他人在集中营的最大采石场"维尔纳壕沟"遭到杀害。根据德国目击者欧根·科贡的说法,这些犹太人不允许使用通往采石场底部的阶梯。"他们不得不在侧面随着松软的碎石滑下坡去,仅在这里,就有不少人死亡或者严重受伤。幸存者不得不用肩膀背起煤筐,纳粹强迫两名囚犯给每个犹太人的煤筐装上非常沉重的石头。这些犹太人要登上186级台阶。时常背的石块突然滚下山坡,砸断了走在后面人的腿。在那种情况下,任何掉下石头的犹太人都会遭到野蛮的殴打,石块会重新压在他的肩头。许多犹太人在第一天就因陷入绝望而跳进沟底自寻短见。第三天,党卫军打开了所谓的'死亡之门',用可怕的密集火力驱赶犹太人越过警戒线,哨塔上的卫兵则用机关枪成堆地射杀了他们。接下来一天,剩余的犹太人不再单独地跳崖,而是手拉着手,其中一人拉着9或12名同伴走到崖边一起纵身跳进深渊。营地里的犹太人终于在短短三周而非六周时间内被'清除干净'。这348名囚徒要么自杀身亡,要么被射杀、被打死,或者死于其他酷刑。"当地一家报纸询问这些荷兰犹太人是否已经适应了繁重的工作,集中营指挥官齐雷斯回答道:"咳,几乎一个活下的都没有。"

当这第一批阿姆斯特丹犹太人死亡的消息辗转传回荷兰的时候,1941年6月3日有人对西普霍尔机场的空军电话中转站展开了袭击,一名士兵身受重伤。作为报复,德国人诱使犹太委员会成员柯亨与格特鲁德·范·蒂金交出了他们手中的200名德国年轻犹太难民的地址。这些人连同其他阿姆斯特丹年轻的犹太人一起遭到逮捕,然后被送往毛特豪森并惨遭杀害。

委员会应当做些什么呢?在6月12日召开的一个紧急会议上,阿舍尔提议集体辞职;由于害怕德国人的进一步报复,柯亨表示反对。他争辩说,如果委员会辞职不干,还有谁会帮助社团呢?是否有其他不同做法,如解散委员会,能够牵制德国人或帮助犹太人呢?

在 1941 年春的这几个月里,艾蒂·海勒申还是阿姆斯特丹大学斯拉夫语言专业的一名年轻女学生。艾蒂的父亲多年担任德温特(荷兰的一个中等城市)市立寄宿中学的校长;而她的母亲似乎为荷兰沉闷的资产阶级氛围带来了俄国犹太人强烈的个人气息。艾蒂的两位兄弟都才华横溢:哥哥米沙从 6 岁起就是一位出色的钢琴家,弟弟雅普 17 岁就发现了一种新的维生素,从而成为一位崭露头角的生物化学家。至于艾蒂,她是一位与生俱来的作家,具有一种自由精神。在她与其他几位犹太朋友合租的阿姆斯特丹的住所里,她展开一种复杂的爱情生活,同时向几个方向发展,探索一种带有基督教气息以及一些神秘主义因素的精神之路。她开始不断地写日记。

"有时,当我在报上看到或听到人们谈论发生在周围的一切,"艾蒂在 1941 年 3 月 15 日记录道,"我会突然怒不可遏,谴责和咒骂德国人。我知道我这样做是故意的,为的是伤害凯特(住在这间房子里的德国女厨师),为的是尽可能地发泄我的愤怒。……所有这些都是在我很清楚地知道她和我一样憎恶所谓新秩序并且对她的同胞所作所为感到羞愧的情况下发生的。但她毕竟是她那个民族的一员,我有时对此不能容忍,整个民族必须被彻底清除。我有时候会怒不可遏地说:'他们都是渣滓。'但与此同时我又感到非常羞耻和十分难过。但即便知道这些都是不对的,我还是忍不住这样做。"

艾蒂努力想在与日俱增的动乱之中获得平和之情被新一轮的逮捕击得粉碎:"更多的逮捕,更多的恐怖,集中营,父母、姐妹、兄弟的离散。"她在 6 月 14 日记录道,"一切似乎是那样地危机四伏和前景堪忧,总是让人感到无能为力。"

犹太委员会的建立、雅利安化的驱动以及两轮逮捕都只不过是德国人恐怖行动的一个方面而已;另一个处心积虑和系统性的目标就是切断犹太人和他们周边荷兰民众之间的联系,加速孤立他们,尽管公开处置他们仍然是一年以后的事。1941 年 5 月底,随着天气越来越炎热,德国人不但禁止犹太人进入公园、温泉和宾馆,而且还禁止他们进入公共海滩和游泳池。再往后不久,犹太裔的小学生和中学生被命令填写特殊的登记表格。很快他们就被逐出荷兰人的学校,只能在犹太人的学校念书。

在与父母从海牙逃亡到布鲁塞尔之后,15 岁的摩西·弗林克在他的日记首页回忆了他在荷兰学年的最后一个学期:"去年我(在海牙的犹太学校)经历了越来越多强加在我们身上的限制。在学年结束前数月,我们被迫把自己的自行车交到警察局,之后,我只有乘街车上学。然而在放假前的一两天不允许犹太人乘街车了。我只得步行上学,要走一个半小时。在余下的日子里,我一直步行到学校。"弗林克补充道:"因为我想拿到成绩报告单,看看能否升入下一个年级。当时我一直以为我会在假期后回到学校上学,但是,我错了。尽管如此,我必须说明我的确升入下一个年级了。"

1933 年的下半年,安妮·弗兰克,她的妹妹玛格特,父亲奥托,母亲艾迪丝从法兰克福移居到了阿姆斯特丹。父亲是一位拥有从法兰克福珀莫辛—沃克特公司获得特许经营权的果冻果胶经营商。经过一段时间,弗兰克在普林森格拉特263 号的不大生意,由于一群人数不大的荷兰雇员的忠诚,一直十分稳定。

12 岁的安妮·弗兰克在给她住在巴塞尔的祖母的信中对于禁止使用游泳池的法令进行了评论:"我们不大可能被晒伤,因为我们去不了游泳池。……糟透了,但是我们没有办法。"

八

就日益剧烈的反犹措施而言,欧洲大陆各国的天主教会和梵蒂冈教会的官方立场没有什么本质上的差别。正如我们看到的,在法国,1940 年 8 月红衣主教和主教会议欢迎强加在法国犹太人身上的限制。天主教各阶层成员对 1940 年10 月和 1941 年 6 月的法令进行过抗议。在邻国比利时,约瑟夫—厄内斯特·梵·罗伊红衣主教对 1940 和 1941 年的反犹法令同样保持沉默(事实上梵·罗伊直到1943 年都没有吭声);红衣主教以此和自己宗教的上层保持了一致,他既不能也不愿反对弗兰德斯激进好战的右翼天主教民族主义者的反犹主张。这些弗兰德斯激进右派主要活跃在安特卫普地区。

在中欧的东部地区,波兰天主教会拥有地理优势。正如我们看到的,波兰的反犹主义在战前就已是臭名昭著。在德国占领后,它变本加厉。在灭绝政策实施之前的阶段,波兰的教士已经经常在拨旺反犹的火种。

一份来自波兰教会本身的报告被《代表》杂志传播给在伦敦的波兰流亡政

府,这份报告述及了从 1941 年 6 月 1 日到 7 月 15 日这六周时间发生的事件。就极端性而言,这份报告并不代表波兰天主教会对犹太人的普遍态度,然而其半官方性质显示地下领导层在一些合作措施问题上与已表达出观点的一致性。"解决犹太人问题的需要是迫切的,"报告这样宣称,"世界上没有其他哪个地区的犹太问题达到如此高度,因为有四百多万(原文如此)极其有害、依任何标准都十分危险的因素生活在波兰,或者更准确地说,生活在波兰外围。"

正像被古特曼和克拉科夫斯基引用和翻译的那样,这份报告延续着同样的倾向:"就犹太问题而言,它必须被看作是上帝单一的意旨,德国已经开了一个好头,这与他们在我国犯下和继续犯下的所有恶行并无关联。他们已经表明把波兰社会从犹太瘟疫中解放出来是可能的。他们已经为我们照亮了道路,现在必须得到遵循。虽然应该不那么残酷和野蛮,但(它)应该坚持下去是不应该有疑问的。很清楚, 一个人可以从占领者就解决这一迫切问题所做的贡献中看到上帝之手。"报告继而把犹太人对波兰和基督教社会的危害扩大。在对大量犹太人行为进行冗长的描述后,这份报告转向未来。第一,它鼓励犹太人离开这个国家。但是,"如果这一点无法做到,把犹太人从波兰社会广泛地隔离将成为必须"。种种隔离措施列举了出来,然而作者并没有低估这一挑战面临的困难:"所有这一切将是非常困难的。可以预见,受到共济会和犹太人影响的流亡政府和目前正在国内组织起来的人之间将会出现摩擦。但是在上帝干预下重建起来的祖国的健康,在很大程度上取决于这些措施。"

如果不考虑极端反犹憎恨的一些特殊表达,波兰天主教的报告与西方天主教、与梵蒂冈所采取的立场有一个共同特征:根据每一国家的法令,犹太人再一次和基督教社会部分分离了。

就教皇本人当时的态度以及梵蒂冈一些最主要权威人士就反犹措施所采取立场而言,两个产生于 1941 年前半年的文件揭示了一些内情。"圣座一定知悉犹太人在德国和毗邻国家中的状况,"柏林的普雷辛主教在 1941 年 1 月 17 日致庇护十二世的信中说,"谨想报告,"主教继续说,"我想说的是,无论是天主教徒或者是新教徒都问我圣座是否在这件事情上真的无能为力,是否能发布一个同情这些不幸人们的通谕?"

3 月 19 日,教皇回复了普雷辛主教的几封信,特别赞扬了柏林主教在 3 月 6 日在圣海德维希教堂驳斥安乐死的布道,教皇还较为详尽地评价了普雷辛主教反映的两件改宗天主教的事件:教会向改宗者敞开了大门。然而,教皇一个词也没有涉及普雷辛主教就教皇回应对犹太人迫害提出的明确请求。

第二份文件尽管在许多方面也含糊其词,但确认了梵蒂冈和国家主教会议,特别是法国红衣主教和主教会议,对不断出台的反犹措施抱有相似的观点。在收到贝当政府1941年8月的询问之后,维希政府驻梵蒂冈的大使莱昂·贝拉尔在9月2日做了详尽的回复。首先,这位法国外交官通报贝当元帅,虽然在种族理论和教会教义之间存在着根本冲突,它并不表示教会一定要批判某些国家采取的每一反犹措施。贝拉尔表示,基本的原则是,一旦犹太人受洗,他就不再是犹太人了。然而,大使继续说道,教会认识到宗教并不是犹太人唯一的特征,也有一些特殊的民族——并非种族——因素使他们与众不同。从历史方面来说,教会几个世纪的实践和感情一直是犹太人不应该有凌驾于基督徒之上的权威。因此,把他们从某些公职部门排除出去和限制他们进入大学和从事某些职业是合法的。他还回顾了教会法过去要求犹太人穿戴有独特标志的服饰。

这位大使继续说,核心问题之一是婚姻问题。意大利和其他地区新的种族法令禁止基督徒和犹太人之间通婚。教会认为,如果犹太伴侣已经受洗或者获得了教会的赦免,教会有权为这样的婚姻举行结婚仪式。贝拉尔认为,在法国,因为环境不同(犹太和非犹太人并没有基于种族因素被禁止通婚),相似的问题并不存在。对贝当来说,贝拉尔的报告一定是让人舒了一口气。[①]

就要点而言,贝拉尔的报告显然是值得信赖的。换句话说,在"最后解决"启动之前的几个月里,保守传统排他主义的假定主宰着欧洲天主教对犹太人的态度,而改宗犹太人的权利得到了捍卫。不过,关键问题仍然没有解决:在即将出现的特殊挑战面前,教宗怎样回应并最后影响不同国家教会和数以千万计去教堂的天主教徒?

九

事后看来,德国人在其统治区,主要是在前波兰地区,掀起的针对犹太人暴

---

① 贝拉尔报告的文本最初刊登在一本杂志上,根据梵蒂冈出版的节选文件,为了替自己的政策辩护,贝当向教廷大使瓦莱里奥·瓦莱里提到并出示了贝拉尔报告。瓦莱里抗议说,这只是贝当元帅的解释,并不代表梵蒂冈的立场。这一报告可能表达了国务秘书吉奥瓦尼·巴蒂斯塔·蒙提尼和多梅尼克·塔尔蒂尼或者多明我会其他高级领导的意见。该报告可能是具有权威性的。

力行动是一个连续不断的过程,它从战争之初一直延续到"最后解决"。特别行动队在波兰战役一开始所进行的凶残袭击和随后的持续恐怖似乎正昭示了这种一脉相承。与此同时,我们看到,纳粹并没有制订能够决定其统治之下犹太人最终命运的明确计划纲要,更不要说具体的细节了。海德里希在 1939 年 9 月 21 日下达给特别行动队的指示中提到了一个悬而未决的"最终目标"。在这之后的差不多两年,尽管希特勒已经十分清楚地表示犹太人必须"从欧洲消失",但是这个最终目标依然飘忽不定。

最早的"领土计划"(卢布林计划和马达加斯加计划)很显然过于不切实际,根本经不起时间的推敲。第三份计划——将欧洲犹太人驱逐到俄国北部——似乎更为实际,但是其付诸实施还要依靠东方战役的结果。就我们所知,这一计划在 1941 年 6 月之前并没有得到批准,但是"领土计划"无疑意味着要在战争胜利后将犹太人完全逐出欧洲的土地。

这种明确计划的缺乏和对犹太世界威胁的感知直接反映在战争初期希特勒关于"犹太问题"的零星咆哮之中。这在被占领国家和卫星国实行的具体措施中也表现了出来。这些措施复制了第三帝国从上台之初到战争第一阶段所创立的整套反犹制度(在西欧表现得相对不那么残暴,在东欧则十分野蛮)。换言之,在所有被占领国推行的纳粹反犹政策并没有什么新花样,只不过是"帝国模式"延展到了整个欧洲而已。

我们可以在战争最初两年 (处理所有欧洲犹太人的) 驱逐—移民计划中发现,纳粹此时并没有系统地制订一个精密的计划。在德国以及在后来的大德国和保护国实行的向外移民和驱逐行动以明确同样的目标应用在了新近被吞并的波兰地区(尤其是瓦尔塔州和上西里西亚)、阿尔萨斯和洛林、巴登、威斯特伐里亚和萨尔。

进一步的举措表明,"帝国模式"的推广包括对身份识别、犹太人登记、雅利安化、中央或地方犹太委员会的建立、在限定的城市区域集中安置犹太人、在波兰(在德国不十分残酷)实行的强迫劳动以及犹太人劳动"产品化"等具体措施的模仿。以劳动交换最少量食品供应的"产品化"政策表明,在战争之初的这个阶段,灭绝的计划还不明显:否则制造大规模的饥饿会是最简便不过了。

至于为对苏作战而谋划的屠杀行动, 针对的只是特定范畴的犹太人。其目的,如所暗示的,是为了加速苏联红军和整个苏维埃制度的崩溃。战役开始之前特别行动队似乎并没有收到在苏联领土上大规模灭绝犹太人的命令，尽管一些部队指挥官在战后提供过相左的证词。我们将在下一章更加详细地讨论这个问题。因此，就东方新战役之前的政策决定、行政措施和有选择的谋杀计划而言，"欧洲犹太问题的最后解决"的轮廓到1941年6月初仍然不明确。犹太人还在离开德国和欧洲大陆，甚至最初还得到过党卫军帝国保安总局的协助，之后是得到其授权，尽管人数越来越少。

不过，在思考1939年9月到1941年6月之间纳粹反犹政策总目标时，我们认识到，在被占领波兰地区持续的暴力开创了一个屠杀是允许的区域。尽管这并不是计划之中的，但却将促使越来越多系统屠杀措施的出台。反犹宣传及其对德国公众和欧洲公众的影响也是如此。一种深深根植于基督教和西方文明的反犹主义文化从一开始就滋养着纳粹政权，并且在德国内外不断兴风作浪。让我们回忆一下，在戈培尔的《永恒的犹太人》中，犹太人被描绘成了带着病菌的害虫；这位宣传部部长在与希特勒的交谈中提到，这一犹太毒瘤需要动大手术——这是必须的——以拯救雅利安人免遭致命的威胁。正如我们看到的那样，希特勒对于1940年这部电影的制作给予了异乎寻常的关注，清楚希特勒选择的形象，包括他本人在1939年1月预言在世界大战爆发的形势下犹太人将遭灭绝的演讲。势不两立的反犹仇恨和大规模杀戮的愿望明白无误地充斥于公共领域。尽管"最后解决"最终和最核心的轮廓，如前所说，在巴巴罗萨行动前夕还不明朗，但是希特勒在1941年3月已经清晰地勾勒了这场战役的目标：这将是一场灭绝的战争，只要敌人还在战斗，只要敌人还在可以触及的范围内，定义上的大规模杀戮就将持续。换言之，在特殊的情势之下，在特定的环境之中，德国正在踏上一条最终导致做出灭绝所有欧洲犹太人决定之路。

德国人对犹太人的政策并不依赖德国和欧洲舆论的反犹主义。但是他们却高度关注(各个领域的)宣传，系统地报告公众的态度(特别是涉及犹太事件的看法)，其目的是找到处置混血儿、处置通婚、处置因在前线作战勇敢而获得嘉奖的犹太士兵的"正确方法"。这显示出纳粹政权对于潜在的公众反应并非无动于衷(这一点将很快在安乐死问题上得到了验证)。

因此，强化业已存在的反犹主义，尽可能地动员其力量以支撑纳粹政权所需要的神话，并且在万一需要指出决定时，推动进一步措施的出台，就变得非常重要。普通德国国防军士兵表现出的反犹狂热,即便是在战争之初,充分证明了无休止的语言和描绘的密集轰炸有效地造就了"犹太人"的邪恶形象。

在众多方面,这一策略被运用在了被占国和卫星国。正如我们看到的那样,在波兰,德国人利用了本土的反犹主义,至少是在开始时,造就了主人和奴隶之间有限的共同立场。在荷兰,为了避免与公众对立,最早的反犹措施经过了缜密的谋划。但是,当冲突还是在 1941 年 2 月发生时,德国人实施了野蛮的报复并继续推进其政策。换言之,反犹措施将被引入并扩展到有德国人的地方或者德国影响所及的地方。不过,在早期,被占领国家潜在的公众反应并没有被忽视,只要它们没有转化为大规模的敌对行动(像在荷兰一样)。总的说来,公众接受反犹措施的程度是可以预见的。这种接受也延伸到了骚乱被镇压之后的荷兰。法国没有出现这一情况,维希政府在公众没有来得及反应的情况下抢先推行了德国人的措施。

从西欧的地方政府和公众的角度来看,一切反犹措施的公分母也许可以被概括为是犹太人在一切公共生活领域平等权利的终结,或者,换言之,是一个重新隔离的过程。在德国,重新隔离在战争开始时已经完成,接下来的措施基本上公开地指向了使所有犹太人从德国的进一步消失。在前波兰,可以感觉到的是最终导致大规模死亡的与日加剧剥削和无情暴力。换言之,没有一个地方的情况是静止的,而是一个导致前所未有不祥结局的过程。然而,这并没有引发公开的抗议(先前提到的荷兰算是一个例外)。实际上,相反的情况变得越来越清晰:反犹措施被大多数民众、精神精英和知识精英接受甚至赞同,最无耻的接受来自基督教会。被法国教会所默许的做法得到了波兰教士的公开欢迎,获得一部分德国新教徒的热情支持,以及德国国内基督教会余民的谨慎支持。对各种程度反犹迫害的宗教支持或纵容理所当然地帮助平息了任何质疑,特别是在一个大多数欧洲人仍然深受基督教会影响并且迫切寻求指引的时代。

民众对于重新隔离的广泛接受当然会对将要发生的事件产生明显的影响。如果对犹太人的孤立没有引发任何有影响的抗议——甚至受到很多人的欢迎的话,那么将他们隔离在欧洲以外或者在欧洲大陆一些偏远地方就仅仅是技术性的了。一些法则必须得到尊重:比如说,家庭应当在一起,无疑犹太人得有工作。

战争爆发以来犹太领导阶层在一系列事件中所扮演的角色引发了许多关

注。有人认为，全国或地方级别的犹太领导层并没有认识到纳粹迫害的总体特征。这种论点还认为，他们继续着传统的反应模式而非采用全新的策略。如果接受了这种观点，即在战争的早期(本章所涉及的时期)没有激进的纳粹主义新措施出台，重新隔离对于犹太人自身只是一种熟悉的历史情况，那么犹太委员会和类似的犹太领导集团就可以堂而皇之地用以前对付类似情况的方法回应现实危机，而且在现实环境下看起来也是唯一的理性选择。

并且，正如我们看到的那样，在德国、在保护国和在被占的西欧国家，当地的犹太人和长期定居的移民已经习惯于遵从权威和"法律"，即便他们意识到针对他们的法令是完全不公正的、是会伤害他们的。前面已经提到，这些犹太人中的大多数都相信，加之于他们日常生活之上的法律、法令代表了一套稳定的制度，允许他们生存下去。他们在这一制度下向压迫者求情，有时候是成功的。通常他们日复一日地坚持着，希望有可能移民他处，或者在东部的犹太人坚持只要犹太工人为德国的战争经济生产足够产品，他们肉体生存是起码能够维持的。

与此同时，犹太委员会或者相当于委员会的机构正向越来越多沦于赤贫的犹太人分配可能获得的救济品。虽然处在盖世太保的不间断的控制之下，在这一阶段，这些犹太人领袖在福利活动中并没有受到干扰，因为他们所能提供的所有援助几乎都来自犹太基金。除此之外，正如我们看到的，在仍然被允许的情况下，他们协助处理移民的事；在公立学校对犹太儿童关闭的地方和时期，应对教育问题。

当时解散犹太委员会并不是一种可行的选择。这不仅意味着所有福利活动可能会土崩瓦解，还意味着德国会针对任何人质进行报复，并且会立刻任命一个新的犹太群体来领导犹太社区。当然，对领导层选择的限制并没有被应用到犹太个人身上，至少在西欧是如此。从 1940 年年末或 1941 年年初起，他们能够不去登记而选择非法地生活。事后想来，这应该是一个正确的决定，但是在当时，对于绝大多数人来说，这一风险与直接面对的困境相比是不成比例的。

犹太人生存状况急剧变化中的一个引人瞩目的方面也许是犹太人整体团结的不断瓦解，尽管到这个时候为止这一团结依然存在。1939 年年末到 1940 年年初，为了保持所有移民通道只向德国犹太人开放，德国犹太人领导层试图禁止身处险境的波兰犹太人从德国迁移至巴勒斯坦；法国犹太人领导层则从未停止过要求在本土犹太人与外来犹太人的地位和待遇之间进行明确的区分。在波兰特别是华沙——犹太委员会将所有的特权给了那些有能力向他们行贿的人，而那些来自各省的穷人、难民，以及那些没有任何影响或资源的民众正越来越被迫成为奴隶劳工或遭受饥馑，最终因虚弱而死亡。

反过来，人际关系也有在加强的，这出现在具有特定政治或宗教背景的小群体内部。在隔都的青年政治团体中，以及在法国的犹太童子军中，当然，在正统派犹太人这样或那样的团体中这一情况更是突出。这些新情况并没有导致对涉及面很广的福利救助努力的忽视，也没有影响教育或文化活动向所有人开放；然而，有一种趋势开始变得越来越明显：那就是在外部威胁增长的情况下这一人际关系得到越来越多的强化。

十

在主要的基督教教堂对未皈依的犹太人没有提供任何实质性援助的情况下，私人机构以及个人(虽然有时候是不可能的)的作用变得重要起来。犹太组织发挥了非常杰出的作用，特别是联合分配委员会、康复与培训组织(ORT)、德希克尔斯辅助儿童组织(OSE)，还有更直接归属犹太政治党派(例如犹太复国主义者、正统派、崩得派、共产党)或西欧各种犹太移民协会的组织。非犹太慈善机构也给予了慷慨的帮助，如"美国友好服务委员会"、"基督教青年联合会"(YM-CA)、"被疏散人员内部行动委员会"(CIMADE)，以及其他组织。

个人的主动行为具有一种特殊的道德价值。即便是在这一阶段的初期，即便是在德国之外，这一个人主动行为包含的风险也常常是巨大的，更不用说在职业和社会的层面。例如，法国新教社区领袖马克·伯格纳牧师对于维希政府的反犹政策所持有的保留立场已危及其在自己群体中的地位；在战争爆发前夕，由于纵容犹太人越过瑞士边境的偷渡行为，保罗·格鲁宁格结束了在圣加仑当边境警察的职业生涯。数名瑞士领事馆官员，主要是派驻意大利的领事，因为无视有关犹太人移民法而遭到了斥责。正如已经提到的，在法国战败后，尽管有来自里斯本相反的指令，葡萄牙驻波尔多总领事阿里斯蒂德斯·德苏斯·门德斯仍开始向犹太人发放入境签证。他因此被召回国并被开除出外交部门。与格鲁宁格一样，他是在战争结束的几十年后才被恢复声誉。正如我们所知，瓦利安·弗莱偷偷放行身陷特殊困境且有"价值"的犹太人离开维希法国之举具有各种违法风险，并导致他在这一行为一年之后被召回和除名。不过,出于多种考虑,最不可思议的例子是日本驻立陶宛首府考纳斯领事杉原千亩的事迹。

1939 年 10 月,杉原由赫尔辛基调任到考纳斯。当立陶宛被苏联吞并后,这里的日本领事馆只好关闭。1940 年 8 月 31 日,杉原被派到柏林任职,然后到布拉格,后来被派到哥尼斯堡。从一开始,杉原的真正使命是观察部队行动以及相关的军事动态。但是,为了掩盖真实身份,他肩负一个真正领事的所有正常职能:主要是签发签证。在 1940 年 8 月 10 日,杉原违背东京外务省的指示(或是在没有接到任何明确指示的情况下),开始向所有到其领事馆来的犹太人发放日本的过境签证。这些犹太人中几乎没有一个人拥有到最终目的地国家的入境许可,许多人甚至连有效护照也没有。

没过两天,来自东京的警告发到了这位任性的领事手上:"最近我们发现了拥有由你签发过境签证的立陶宛人,"8 月 16 日的电报这样写道,"他们正在前往美国和加拿大。他们中有一部分人并没有足够的钱,而且根本就没有完成获得目的地国家入境签证的手续。我们无法允许他们上岸。在这些情况中有一些令我们感到困惑的案例,我们不知道如何处理……你务必确保他们已完成获得入境签证的手续,并且他们还必须有足够的旅费,或者在日本停留期间所需要的费用。否则,你不应该给他们过境签证。"

杉原仍旧我行我素;甚至通过他和家人前往柏林已经开动火车的车窗,继续签发签证。在布拉格,也可能在哥尼斯堡,他签发了更多的签证。当然,德国并不阻止犹太人从德国领土非法出境的行为。杉原可能总共签发了一万张签证,而获得其签证的犹太人很可能有一半设法存活了下来。对于他的想法和动机,并没有具体的线索:"我并不注意(后果),"他在一篇战后回忆录中写道,"只是在根据我的人性正义感行事,出于对人的爱。"

第二部分

大屠杀

（1941 年夏至 1942 年夏）

生与死的位置已经发生了急剧的变化。以往，当生存占据首要地位、是人的核心关注时，死亡只是一种边缘现象，对生而言是第二位的，是生的终结。而现在，死亡支配着一切，生存在厚厚的灰烬下很难再发光，甚至仅存一点生命之光也显得那样虚弱、悲凉和贫乏，无任何自由之气息，无来自精神的火花。灵魂，无论个体的还是集体的，似乎都已经缺失或消亡，都已经麻木或萎缩。有的只是躯体的基本需求，而那充其量只能算是一种有机体的生理存在。

——亚伯拉罕·莱温，
"纪念伊萨克·梅厄·魏森贝格的悼词"，1941 年 9 月 31 日

第四章 (1941 年 6 月至 1941 年 9 月)

1941 年 9 月 29 日，德国人在这座城市附近的巴比雅尔沟枪杀了 33700 名基辅犹太人。当屠杀的传闻传开时，一些乌克兰人最初的反应是怀疑。"我只知道一件事，"伊里纳·柯罗舒诺瓦在她当天的日记里写道，"某种可怕、恐怖的事情正在发生，在继续，完全不可想象，也是不可理解或解释的。"几天后，她的怀疑消除了："一名俄国女孩陪同她的女友去墓地（在沟的入口处），不过她得从沟的另一侧爬过栅栏。她看到了很多赤身裸体的人被带往巴比雅尔，之后又听到了机枪的扫射声。这样的传闻和讲述越来越多，恐怖得让人难以置信。但是我们又不得不信，因为犹太人被枪杀是事实。这是一种让我们感到精神错乱的事实。人们简直无法忍受这样的传闻。我们周围的妇女在哭泣。而我们呢？在 9 月 29 日那天我们也哭过，尽管当时我们还以为她们是被带去一个集中营。可现在，我们真的能哭出来吗？我正在记日记，而我的头发已经竖了起来。"此时，东线的战争正进入第四个月。

达维德·鲁比诺维奇以为，德国发动的进攻最初只不过是一种喧闹事件，"当时天色还很暗，"他在 6 月 22 日记述道，"父亲把我们全部喊醒，叫我们听从东北方向传过来的可怕声音。那是让大地震动的喧嚣声。一整天我们都能听到这种如雷鸣的喧嚣声。傍晚时分，从基尔采过来的犹太人来到我们家，说苏联人已经和德国人开战了。在那时，我才明白为什么一整天都那么喧闹。"

罗兹的地方志必然只能忠于最严峻的事实："由于与苏联的战争，带包装物品的价格在 6 月的最后十天急剧上涨，这是因为隔都能够获得的货物主要来自苏维埃社会主义联盟共和国。"地方志在 1941 年 6 月 20 日至 30 日做了这样的记载。地方志没有对刚刚提到的德国在东线的进攻做进一步的评论。不过，强加在官方隔都地方志撰写者身上的限制并没有对私人日记作者产生影响。年轻的谢拉考维克得意忘形："太不可思议,太好的消息!"在22日那天,他如此写道。尽管他尚不能完全确定"自由的、敬爱的、伟大的苏联"是不是受到德国和英国的联合进攻。23日,他得意地确认:"这一切都是事实……整个隔都像蜂箱一样嗡嗡响着。每个人都感到解放终将会来到。"

不是所有的犹太日记作者都像谢拉考维克那样兴高采烈。在加入了反布尔什维克十字军的罗马尼亚,担忧普遍蔓延开来:"傍晚,我们早早地聚在屋子里,"塞巴斯蒂安6月22日记述道,"随着百叶窗的关上以及电话中止服务,我们越来越感到不安和愤怒。什么会发生在我们身上?我几乎没有勇气问。你也不敢想象下一天、下一周、下个月你会是个什么样子。"两天后,塞巴斯蒂安描述了张贴在街道上的一张海报,上面写着"谁是布尔什维主义的主人?"海报上画着"一名穿着红袍,留着鬈发,戴着无边圆帽,蓄着胡须,一手拿着锤子,一手拿着镰刀的犹太人。在他的大衣底下隐藏着三个苏联士兵。我听说这些海报是警察张贴的"。

在维尔纳,赫尔曼·克鲁克也不像谢拉考维克那样显得有热情。克鲁克在战争开始后几天就从华沙逃到了立陶宛。在波兰首都,他活跃于意第绪文化圈并负责崩得青年运动——未来以及中央意第绪图书馆的文化活动。1941年6月22日,他曾想再次逃离但没有成功。看来,他注定是要留下来,记录即将发生的事情:"我做了一个坚强的决定,"1941年6月23日,他记录道,"我将自己托付给仁慈的上帝;我就待在这里。当即,我又做了另一个决定:如果我无论如何必须待下来,如果我一定要成为法西斯主义的牺牲品,我将拿起我手中的笔,记下这座城市的历史。很显然,维尔纳也可能被占领。德国人将把这座城市变为法西斯城。犹太人将进入隔都——而我将记录这一切。我记录的历史一定得让人们看到、听到,成为反映巨大灾难和艰难时世的镜子和良知。"

在华沙隔都,就像在罗兹一样,人们关心的主要是新的战争对日常生活的直接影响。"有一份报纸专门刊登与苏联的战争,"切尔尼霍夫6月22日记录道,"必须全天上班,甚至没有一个人可以在夜间休息。"几天下来,华沙主席几乎不再提在俄国的战争,他有其他更为迫切的忧虑。"在大街上,工人不得不在隔都外找工作,很少有人愿意干一份只有2.8兹罗提薪水且不提供食物的工作,"他在7月8日写道,"我到卡姆拉那里为他们争取食物。至今也没有结果。面对可怕困境,犹太民众显得镇定而沉着。"

在德国人当中,正如克伦佩勒观察到的,人们很快得知了东线行动的消息:"到处都是笑脸,"他在 6 月 22 日写道,"它成为一种新的娱乐,一种新的情感上的期待,俄国战争是新的民族自豪感的源泉,他们昔日的抱怨不再。"事实上,大多数观察家都不同意克伦佩勒的观点:进攻的消息,尽管并不完全出人意料,仍然不时地造成惊恐。

———

在这场行动的最初几天和最初几个星期,德国的进攻似乎再一次表明势不可当。尽管来自多种渠道的消息(包括几个苏联控制的间谍电话)一再发出警告,斯大林和苏联红军还是对德国的进攻感到震惊。"我们还有几场硬仗要打,"希特勒在 7 月 8 日告诉戈培尔,"但是布尔什维克武装力量将不能从目前一系列的失败中恢复过来。"尽管当时的所有观察家都没有察觉和想象不到,德国走向失败之路已经开始。

乐观主义情绪弥漫在希特勒司令部于 7 月 16 日召开的高层会议上,戈林、博尔曼、拉默斯、凯特尔和罗森伯格参加了这次会议。那位"历史上最伟大的军事领导人"(凯特尔语)以一种不可一世的气概,为苏联被占领土制定了德国政策纲领:"总体而言,我们必须立即分割这块巨大的蛋糕,首先是统治它,其次是管理它,再次是利用它。"正是在这一背景下,这位纳粹头子将 7 月 3 日斯大林向苏联红军士兵发出的在德国战线后方开始游击战的呼吁看作是一种更加有利的发展态势:"这种游击战对我们而言是一种优势,使得我们能够摧毁我们前进道路上的一切……在这片广袤的区域,和平必须尽快实现,而为了实现和平,有必要处决任何不顺从我们的人。"

就在同一次会议上,阿尔弗雷德·罗森伯格被正式任命为帝国在东部占领区的部长;而希姆莱负责该地区内部安全一事也得到再次确认。根据第二天希特勒确认的正式任命安排,罗森伯格委任的官员,即帝国专员,对希姆莱所辖区域的代表应该有司法管理权,但是事实上,高级党卫队兼警察高级领袖(HSSPF)可以直接从帝国元首那里获得行动指令。这种安排意在确保希姆莱和罗森伯格各自权威的同时,也是保持一种内部制衡的手腕。尽管两大统治系统之间的紧张关系——这一紧张关系在争夺对总督辖区控制权上也一直存在——不时表现得很激烈,但事实上,"结果"证明,两大系统在执行手头任务,特别是有关大规模屠杀的任务时,通常是合作大于竞争。毕竟,罗森伯格所任命的官员(帝国行政专员海因里希·洛泽是奥斯兰地区石勒苏益格 — 荷尔斯泰因州前任州长,而帝国行政专员科赫·埃里奇是乌克兰地区东普鲁士州长)以及他们下面的行政区头目都来自纳粹政党的内部核心团体。地方州长和帝国保安局代表——高级党卫军和警卫队的汉斯 — 阿道夫·普鲁茨曼(北俄),埃里奇·冯·巴赫·齐列夫斯基(俄中部),弗里德里希·耶克恩(南俄),以及格特·科施曼(极南俄和高加索)——都持有同样信念和共同目标:和纳粹国防军一道,超越其他一切分歧,将德国的统治、利用以及恐怖在新征服的领土上贯彻。

几周过去了,苏联红军和斯大林政权并没有崩塌;而纳粹国防军的进展却迟缓下来,德国的伤亡在不断增加。8 月中旬,在同高层军事统帅进行紧张的讨论后,希特勒反对他的手下提出的将所有可利用军事力量用于进攻莫斯科的建议,决定在再次转向北面对苏联首都莫斯科发起最后进攻之前,将向南征服乌克兰,尽管中央集团军群在东线自己的战略地盘上已经取得了相当的进展。9 月 19 日基辅投降,超过 60 万名俄国士兵,连同他们的武器装备落入了德国之手。希特勒热情高涨;不过用于进攻苏联权力中心的时间在急剧减少。

与此同时,随着罗斯福总统对希特勒的政策和意图系统了解,国际形势变得对德国愈加不利。在再次当选之后,罗斯福在 1940 年 12 月 17 日的新闻发布会上使用了"花园软管"的隐喻,12 月 29 日,这位美国总统在电台的"炉边闲话"里宣布美国将成为"民主的大弹药库",1941 年 3 月 11 日,罗斯福签署了《租借法案》。这一法案于 3 月 26 日生效。在几天时间内,装载着"租借"来的美国武器和补给的英国商船穿越大西洋。初夏,美国对苏联的援助也开始了。对于华盛顿来说,主要问题不是是否该援助受到德国侵略的共产主义苏联,而是,面对德国潜艇不断成功袭击的情况下,让美国补给运抵目的地。

1941 年 4 月,援引门罗主义,出于捍卫西半球安全的需要,罗斯福向格陵兰岛派遣了美国军队;两个月后,美国武装力量在冰岛建立了基地。接着,在 8 月中旬,罗斯福和丘吉尔在纽芬兰外海举行了会晤。会晤结束时发表了措辞模糊、被称为《大西洋宪章》的政策声明。在柏林,同其他地方一样,这次会晤被解释为美国和大不列颠之间结成了事实上的同盟关系。罗斯福的确私下向丘吉尔允诺,美国海军至少为穿越大西洋的英国船队提供半程护航。到9月,美国海军舰队同德国潜艇之间爆发激烈冲突已不可避免。

1941年仲夏,德国民众流露出一些不安的征兆。东线的战争并没有如预计的那样取得快速进展,伤亡在不断增加,而日常食品供应开始成为棘手的问题。正是在这一形势下,纳粹领导层酝酿与美国大规模冲突的事件。

8月3日星期天,红衣主教克莱门斯·冯·加伦公然挑衅希特勒当局。在蒙斯特大教堂的一次布道中,这位红衣主教猛烈抨击当局对精神病患者和残疾人的有组织谋杀。而在这次布道的4个星期前,德国主教区就已经发表了一封主教致教区信徒的信件,这封信件曾在德国每一个讲道坛公开宣读,旨在谴责当局对"无辜生命"的剥夺。新教的抗议声,包括乌腾堡的主教特奥菲尔·武二姆以及其他教会人士的抗议声,不断增强。希特勒不得不做出回应。

纳粹头目决定在战争的关键阶段不加强报复。他声称,与教会之间的账以后再算。尽管T4行动(安乐死计划)被正式中止,但对"不值得存活生命"的灭绝行动事实上仍在继续,只是手段更加隐蔽而已。之后,受害者主要来自集中营的犯人:波兰人、犹太人、"反(雅利安)种族犯"、"反社会分子"、残疾人等。在贯彻14F13法令的名义下,希姆莱于1941年4月已经在萨克森豪森集中营开始了这样的屠杀。1941年8月中旬后,这一法令成为一种掩饰的安乐死行动。更有甚者,在精神病研究机构,"野蛮的安乐死"夺走了成千上万被长期关押犯人的生命。然而,尽管纳粹在迂回搜寻杀戮对象并展开屠杀,在第三帝国历史上,这是唯一的一次德国基督教会的著名人士对纳粹政权犯下的罪行发出的公开谴责。

二

看来在这次新行动最初几个月,希特勒已经决定暂时搁置欧洲犹太人命运问题,留待东线战斗取得最终胜利再去解决。从1941年6月到10月,这个纳粹头目在公开演讲中每每提及犹太敌人问题时只不过是摆摆样子,和战争开始时如出一辙。

当然,对犹太人的威胁并没有被遗忘。希特勒在6月22日对德国民众的广播讲话中,把犹太人列为第三帝国的敌人之首;并与民主主义分子、布尔什维克以及反动分子相提并论。在演讲的最后,犹太人再次被提及,希特勒解释并证明对犹太人已经开始攻击的合理性:"现在是对这场战争的犹太—盎格鲁·撒克逊煽动者的图谋以及莫斯科布尔什维克司令部的犹太领导人采取必要反击的时候了。"根据希特勒的标准,这几乎完全是陈词滥调。

在东线行动完成后,这位纳粹领导人在7月21日的一次会议上向克罗地亚统帅斯拉夫科夫·克瓦特尼克宣布,欧洲犹太人将被遣送至马达加斯加,或者西伯利亚。希特勒明白无误地使用"马达加斯加"一词,实际是其对犹政策最终目标的一种权威陈述,即将犹太人驱逐出欧洲。8月12日,离任的西班牙大使欧金尼奥·埃斯皮诺萨遭到希特勒一贯的恶语诽谤,被污蔑为"罗斯福,罗斯福的同党,罗斯福的犹太人,彻头彻尾的犹太布尔什维克分子"。几天之后,8月25日,在同墨索里尼的一次会晤中,希特勒又回到同一话题,他对聚集在罗斯福周围、盘剥美国人的犹太集团进行了详细的分析。他声称,无论如何他都不会生活在像美国那样的国家。这个国家的生活观念受到庸俗重商主义的腐蚀,没有丝毫高尚人类精神的表达和感受。

同样,在东普鲁士拉斯登堡(接着在乌克兰的文尼察,后来又在拉斯登堡)附近的纳粹老巢,这位纳粹头目对聚集在其公寓中的来宾和常客发表长篇大论,不过,在1941年夏季,希特勒并没有过分谈论关于犹太人的话题。7月10日那天,他把自己与发现肺结核杆菌的罗伯特·科赫相比较,称正是他,叫希特勒的人,揭示了犹太人是所有社会分裂的因素。他论证了国家(指德意志)没有犹太人也能够生存。第二天,这位纳粹头目又提出自己关于宗教和世界历史的理论:"对人类打击最为严重的是基督教,布尔什维克只是基督教的一个杂种。而这两者都是犹太人制造出的畸形产物。"9月初,希特勒提到了德国人的"极端敏感性":他辩解道,将60万犹太人从第三帝国领土上驱逐出去被认为是极端野蛮的行径,然而,(第一次世界大战末期)80万德国人被波兰人从东普鲁士驱逐出去却没有引起任何人的关注。这就是1941年夏天的情况。

这位纳粹领导人很可能希望在公众面前保持伟大政治家和战略家的形象,希望自己取得的伟大成就成为这个时代他的臣民的谈资。然而,只要苏联的抵抗成为可怕的障碍,同时,只要罗斯福决意把美国拖入与德国更直接的对抗,这位元首的高傲恐怕就将会不复存在。不过,希特勒的部下被逼行动。当7月8日戈培尔在总部会见了希特勒后,他被授意要最大限度地强化反布尔什维克宣传。"我们的宣传路线是明确的,"这位部长第二天记录道,"我们必须不间断地揭露布尔什维克与财阀之间的合作,而现在应着重强调这一共同战线的犹太一面。过几天,反犹战役将会打响,不过,开头要慢。我确信,通过这一方式,我们能够很快地使世界舆论站在我们一边。"

事实上,早在东线战斗打响的第一天,即6月22日,德国新闻长官迪特里赫在面向德国媒体发表的"当日主题"讲话中,强调了布尔什维克敌人的犹太因素:"必须指出的是,犹太人在幕后操纵苏联这一事实没有改变,他们采用的方式和手段也没有变。……财阀和布尔什维克有着相同的出发点:让犹太人获得对世界的控制。"7月5日,这位帝国新闻长官再一次散布这每日的发布:"有史以来最大的犹太谎言现在已被揭露出来:所谓的'工人天堂'只不过是一个巨大的骗局,是一种剥削制度。这是摆在全世界面前的事实。"在描述了苏联生活的可怕情形后,迪特里赫回到了他的主题:"犹太人通过恶魔般的布尔什维克制度将苏联人民推入了无法言说的痛苦深渊。"

宣传的基调就这样确定了下来。虽然手法千差万别,但基调始终不变,直到最后。戈培尔个人在反犹宣传上的最初贡献是在7月20日。在《帝国》中,他以"模仿"为标题发表了大量的反犹言论。在这位部长的笔下,犹太人成了最典型的模仿小丑:"人们很难察觉出他们世故狡猾的手法……莫斯科的犹太人发明了谎言和残暴,伦敦的犹太人则加以引用,将它们编成迎合天真资产阶级趣味的故事。"这一说法的意图很明显:犹太人伪装自己,进入地下,目的是在幕后操纵。戈培尔对犹太人连篇累牍攻击的目的是显而易见的:被欺骗的民众将会看到光明。"地球的每一个角落将发出'犹太人有罪!犹太人有罪!'的呼喊。对犹太人的惩罚将是严厉的。我们不需要做任何事来诱导这一惩罚,"这位部长预言道,"惩罚将自动到来,因为它必须到来。正如觉醒的德意志拳头砸烂了这一人种的败类一样,总有一天觉醒的欧洲拳头也将会砸烂这一人种败类。"从那时起至1941年的整个夏天,这位部长在每一可能的场合都会不停地重复这一同样的主题。

在那些日子里,戈培尔发现了两份能引起"轰动"的材料:一是穿着共济会服的罗斯福的照片;二是这位美国总统是犹太人考夫曼罪恶反德观念的导师。第一份材料是在挪威档案中发现的,"毋庸置疑地证明了好战的罗斯福是受犹太共济会的控制",向媒体宣布的是共济会的指示。7月23日,《民族观察报》整版刊登了题为"共济会高层人士罗斯福,世界犹太人的最主要工具"的文章,所有德国主要报纸都以此为标题。

犹太—共济会引起的轰动相比对西奥多·N.考夫曼的揭露是不足挂齿的。31 岁的考夫曼(他名字中间的字母 N.代表的是"Newman",但在纳粹看来,它代表的是"Nathan"①)是新泽西州人士,在纽瓦克经营一家小的广告公司,主要出售戏剧门票。1941 年年初,为了出版自己写的一本小册子《德国必须灭亡》,他一人创办了雅阁出版社。他要求对所有德国男人进行绝育,将德国肢解为五个部分,分别并入其邻国。在小册子印出后,考夫曼亲自包装寄给媒体。这本小册子几乎没有产生什么反响,只是在 1941 年 3 月 24 日,《时代》杂志以反讽的标题《一项谨慎的提议》发表了一篇赞扬的评论性的文章。文章透露了作者的一些细节以及他的一人出版社。从那以后,考夫曼逐渐为人们所淡忘,不过那是在美国,而不是在德国。

1941 年 7 月 24 日,《民族观察报》以令人毛骨悚然的标题"罗斯福要求对德国人实行绝育",副标题更令人震惊:"一项恐怖的犹太灭绝计划,罗斯福的政策纲领"在头版的位置刊登了有关这一小册子的报道。西奥多·N.考夫曼变成了罗斯福的主要演讲撰稿人——犹太人塞缪尔·罗森曼 (他是美国犹太人的领袖人物)的亲密朋友。根据该报的说法,罗斯福总统成了考夫曼思想的真正来源;"甚至亲自口授了这一卑鄙小册子的部分内容。罗斯福的介入明白无误地揭示了这样一个事实:犹太人考夫曼的罪恶计划代表了美国总统的政治信条"。

德国报纸和电台无休止地炒作考夫曼的故事,把它说成是 8 月中旬丘吉尔和罗斯福会晤的一个隐藏议程。9 月,戈培尔的一位主要助手——宣传部所辖的新闻广播部头目沃尔夫冈·迪沃吉——出版了一本包括考夫曼文本节选译文和评论的小册子。该小册子印了几百万本,而当时正好是第三帝国犹太人被强制佩戴印有大卫星犹太标志的时期。当考夫曼的故事在无情地传播的时候,对布尔什维克暴行的报道也通过戈培尔的所有舆论渠道不间断地向公众散播。当然,这些暴行都归罪于犹太刽子手。

根据 1941 年 7 月 31 日纳粹党卫队安全部 (SD) 的一份报告:"美国的形势在当时受到了公众最广泛关注。这场战争有可能演变为一场真正的世界大战的观点不断流传……犹太人考夫曼的文章节选以及对它的评论显示,这场战争是真正的生与死较量。考夫曼的计划甚至给那些最偏执的怀疑论者都留下了深刻

---

① 即拿单,旧约里大卫和所罗门统治时期的一位预言家。——译者注

印象。"

为了反击罗斯福的路线,狡猾的里宾特洛甫决定采取措施直接影响美国人的立场,甚至美国犹太人的立场。1941年7月19日,他向他在华盛顿的临时代办汉斯·汤姆森解释道:"所有的美国民众,当然也包括犹太人,最不希望美国参战……人们将很快就会明白犹太人是头号好战者,必须让他们对所有的损失负责。最后的结局是,终有一天,美国所有的犹太人将被打死。"

根据7月24日的帝国保安局报告,放映"监禁对谋杀负有责任的犹太人"(在东线)新闻片在观众中引起了强烈反响,人们喊出"他们(犹太人)受到的对待太好了"的声音。当新闻片播放犹太人清理碎石场面时,甚至在被德国兼并的法国洛林省(特别在其主要城市梅斯)也诱发了观众的巨大"满足感"……"里加民众要求对犹太折磨者进行私刑审判的形象被支持的喊叫声取代"。

在过去一些年已经司空见惯的是,对犹太人的种种政治谴责和其他众所周知对作为犹太人或者犹太人影响的诽谤呼唤着对社会进行严格的调查。1941年6月18日,施特赖歇尔通过小报《攻击者》向帝国作家理事会发出了一份要求对部分德国作家以及15位著名作家的犹太性进行调查,其中包括厄普顿·辛克莱、列维斯·辛克莱、罗曼·罗兰、H.G.威尔斯、柯莱特、查尔斯·狄更斯、埃米尔·左拉、维克托·雨果、西奥多·德莱赛以及丹尼斯·狄德罗。7月3日,德国作家理事会的迈耶尔忠实地做出了回答。在两位德国作家(弗兰克·蒂斯和恩斯特·格拉泽)中,一位是理事会成员,另一位为宣传部工作……在目前受到关注的外国作家中,没有人是犹太人,理事会确认道,不过,其中的三名美国人"以一种典型的美国式心智进行创作"。据信,除了一位叫威廉·施派尔的外,没有人有犹太血统。

<h2 style="text-align:center">三</h2>

1941年6、7月,几份由海德里希签署的文件勾勒了对居住在新近被占领区域内的犹太人所采取的措施。在一则6月29日发给特别行动队军官的信息中,这位帝国安全总部主任提到了17日在柏林举行的会议并强调私下鼓励鼓动当地集体屠杀犹太人(海德里希称之为自我清洗)的必要性。同时,党卫军各战斗队准备从地方"复仇者"那里接管权力。接着,在7月2日给希姆莱个人派驻不同国

家和地区代表(高级党卫军和警察领导人)的信件中,海德里希总结了先前给特别行动队的指令:所有犹太政党及国家官员都必须被处死,鼓励各地对犹太人进行集体杀戮。最后,在 7 月 17 日,海德里希下令处死所有的犹太战俘。

事实正是如此。在最初几周里,被处死的主要是犹太男子,之后所有的犹太人都不加分别地被党卫军特别行动队和其他党卫军战斗队杀害,被数量更大的秩序纠察队杀害。这些刽子手从一开始就得到地方帮派团体的协助,然后获得由德国人组织的地方辅助战斗团的协助,通常还得到纳粹正规国防军的支持。

与人们长期认为的相反,希姆莱在 8 月 15 日视察明斯克时并没有发布对苏联境内所有犹太人实行普遍灭绝的指令。当时,根据他自己的要求,他亲临了在该城市郊区实施的对犹太人大规模屠杀的行动。从有选择的屠杀到大规模屠杀的转变在早些时候就开始了,很可能是希特勒在 7 月 16 日召开的反游击行动引起的"可能性"会议上发表讲话的结果。尽管在德国人看来,并不是所有犹太人都是游击队员,但是为什么不这样认为,即如果他们能够的话,他们是会向游击队提供援助的。

8 月初发生的变化已经十分明显,如希姆莱下令消灭白俄罗斯明斯克地区的所有犹太人。8 月 2 日或者 3 日,这位帝国元首向党卫军第二骑兵旅长官弗兰茨·马吉尔发出在明斯克和普里皮亚特河沼泽地附近开展行动的特别命令:"所有在被轰炸地区发现的 14 岁或 14 岁以上的犹太人必须枪毙;犹太妇女和儿童则应被赶进沼泽(他们将在那里被溺死)。这些犹太人是游击队的后备力量;他们支持游击队……在明斯克市,枪决犹太人的行动由第一和第四骑兵连执行……这一行动必须立即开始,必须提交执行这一行动的报告。"由于沼泽地太浅,明斯克的犹太妇女和儿童一度得以逃脱死亡;但命令明确地暗示他们应该去死。对"游击队员"的再次提及表明 7 月 16 日会议与扩大屠杀范围之间的联系。尽管妇女和儿童尚没有像男子那样遭到枪杀 (大概是为了照顾参与行动战斗队的情感),但是他们终究还是遭到了杀害。这种区分迅速消失。

可能其中一些杀戮与有计划地削减对苏联战俘、犹太人以及范围更广的斯拉夫人的食物供给直接相关,是为了保障被誉为"东线德军消防队"的大德意志师的食品供给。这种"为食品供给而杀戮"的策略可以系统地应用到对战俘的处理上,但很显然不是 1941 年夏天对犹太人进行杀戮的决定性因素。假如是的话,那么这一杀戮从一开始就不会是有选择性的，而且有关这些计划的蛛丝马迹也会在海德里希的指令或者特别行动队和纠察队的报告中有所流露。

苏联对东欧的吞并使原先就生活在苏维埃社会主义共和国本土境内的 300 万犹太人的数字增加了 200 万。大约有 400 万犹太人生活在德占区；其中，有 150 万人设法逃了出去。剩余犹太人成为纳粹相对容易对付的猎物，当然，那也是他们在城市聚居的后果。

在"第一次扫荡"(从 1941 年 6 月到年底)期间，有部分犹太人幸存下来。集中屠杀的程度根据各地情况的不同而有所不同。这与极不平衡的犹太隔都化进程，特别是 1939 年之前苏联领土上的犹太隔都化进程密切相关。那在明斯克和罗夫诺这类较大城市建立起来的隔都在接下来的 18 个月纳粹进行的几次大的杀戮行动中被彻底夷平；而较小的犹太隔都则通常在几个星期里被摧毁。部分压根就没有住在隔都中的犹太人则在第一次或者第二次纳粹扫荡 (贯穿 1942 年全年) 中被就地处决。对在苏联领土上犹太人的灭绝行动我们会在稍后的章节中再表述。这里已经有足够的资料说明，到 1941 年年底，在德国新征服的东部区域，有大约 60 万犹太人被屠杀。

在非隔都化的犹太人群中，占领者能够使用任何被挑选的犹太人作为家奴。"我们没收了一座属于犹太人的公寓，"赫尔曼·G.，一位维和纠察预备队 105 分队的成员在 1941 年 7 月 7 日给家人的信中写道，"住在里面的犹太人在星期天上午一早就被一群党卫军前进队队员叫醒，其中绝大多数人必须离开他们的家和公寓，以让给我们使用。第一件事是彻底地清扫这些地方。所有的犹太妇女和女孩都被勒令工作：那是星期天早晨的一次大清扫。每天早晨 7 点钟，这些上帝的选民必须出现并为我们做所有的事情……我们不再需要干任何事情了。H.F. 和我共有 1 名犹太男子，各自还拥有 1 名犹太女子，一个 15 岁，另一个 19 岁；一个叫埃伊德，另一个叫夏娃。我们要他们干什么他们就干什么，完全为我们服务……他们还配有证照，为的是当他们回家时，不会被其他人抓走。犹太人是很好的猎物。每个人都可以在大街上抓他们并占有他们。我是无论如何都不愿有一副犹太人的长相。任何开门营业的商店都不会卖东西给犹太人。他们靠什么活，我真不知道。我们给他们一些面包以及其他一些物品。我实在不忍心。人也许只能善意忠告犹太人：别生孩子。他们没有未来。"

这封信的作者看起来不像是天生的谋杀者或彻头彻尾的反犹人士，更像是一位协同者，享受着他新近获得的权力。这很可能是大德意志师中大多数士兵的实际状态。然而，除了普通士兵的卷入，纳粹国防军的对当地居民和犹太人所犯下的罪行是不容否定的，尽管他们卷入的程度是可以深入争论的。

部分高级军官对党卫军在波兰行动中犯下谋杀罪行提出抗议的举动在对苏联战争开始后并没有再次出现。甚至在这一小军官组织中，大部分人都属于普鲁士贵族，他们集结在以冯·亨宁·特雷斯科为首的中路集团军周围，尽管他们在不同程度上反对纳粹主义，但是他们还是感到有必要推翻布尔什维克制度，所以，对于1941年春纳粹所发布的命令全盘接受，没有任何人提出实质性的质疑。此外，很显然，自对俄行动开始以来，这些军官中的部分人就已经充分了解到阿图尔·奈比特别行动队 B 在其区域内进行的罪恶活动，只不过没有公开承认这一点罢了。在 10 月 20—21 日波里索夫犹太人被灭绝后的数月，这个反希特勒的军事集团才清楚地认识到发生在他们周围的大规模屠杀行动并开始得出自己的结论。

尽管有小的军人组织逐渐认识到纳粹的罪恶行动，但是正如我们稍后会看到的，国防军还是广泛参与了这些行动，而且大德意志师的一些最高领导人还间接鼓励了这些行动。就这样，在 1941 年 10 月 10 日这一天，陆军元帅沃尔特·冯·赖歇瑙，一位彻头彻尾的纳粹，给最高军事指挥官行动定下了基调："每一个士兵必须认识到对犹太这一劣等人种实行严厉但正义救赎的必要性。掐断国防军后的反叛萌芽是更长远的目标。根据经验，这类反叛总是犹太人在幕后策划的。"希特勒对赖歇瑙的言论表示赞许，要求将之传达给在东部前线作战的所有部队。在短短几周时间里，这位纳粹陆军元帅的言论为帝国将军埃里希·冯·曼施泰因和施蒂尔普纳格尔以及第 17 军团的司令官赫尔曼·霍特所效仿。不过陆军元帅、北路军团的指挥官威廉·瑞特尔·冯·莱布并不相信犹太人问题可以通过大规模屠杀解决，"最可靠的解决方式是对所有的犹太男子进行绝育"。

有些军事指挥官则保持缄默。1941 年 9 月 24 日，南路军团司令官、陆军元帅吉德·冯·伦德施泰特明确表示，对付共产分子、犹太这类敌人的行动只是特别行动队的任务。"国防军部队单独执行或参与乌克兰人针对犹太人的无节制行动"遭到禁止。而且还禁止国防军成员在特别行动队根据特别命令采取特别措施时"观看或拍照"，不过，这道禁令只是部分得到遵守。

与此同时，国防军宣传队仍不遗余力地在苏联红军和苏联人中进行反犹叫嚣和宣传。1941 年 7 月初，国防军宣传队开始向苏联境内空投数以百万计的反犹传单。"犹太罪犯、犹太谋杀行径、犹太背叛图谋"，诸如此类的指控是传单的主要内容，体现了对犹太人的无尽的深仇大恨。这样的宣传比进攻波兰时的宣传还要恶毒，士兵的信件显示了反犹蛊惑和宣传造成的影响日益增强。

进攻苏联前夕，驻扎在总督辖区的士兵理查德·M.在给女友的信中这样描述了他在当地遇到的犹太人："这一土匪、吉卜赛人式（这一表达毫无夸张成分）的民族整天在街头巷尾游手好闲，他们拒绝主动工作……他们在偷窃和讨价还价方面显示出过人的技巧……更有甚者，这帮畜生衣衫褴褛，染有各种疾病……他们住在茅草木屋里。透过窗户，便可以清楚地看出，那是藏垢纳污之所。"进攻的第二天，中士 A.N.在写给家人的信中道："现在犹太人已经全线向我们宣战，从一头到另一头，从伦敦、纽约的犹太财阀到布尔什维克分子。"他还补充道，"在犹太人控制下的所有的人都站在反对我们的共同战线上。"

7 月 3 日，下士 F.经过一东加利西亚小镇（很可能是卢斯科）："这里，人们目睹了犹太人和布尔什维克的残忍，残忍的程度简直令人难以置信。"在描述了苏联人离开前对当地监牢囚犯进行大屠杀行径后，他评论道："这类事件呼唤着复仇，而这正是我们付诸实施的。"在同一地区，下士 W.H.把犹太区的房屋描绘成"强盗窝"，把他遇到的犹太人形容为最危险的生物。他的战友赫尔穆特表达了他们共同的感受："这样一个种族怎么可能声称自己有资格统治世界所有其他的民族呢？"

8 月 4 日，士兵卡尔·福克斯确信"对这些劣等人种（犹太人把他们推到了极度癫狂的境地）的战争不仅必要，而且正逢其时。我们的元首已经将欧洲从特定的混乱中拯救出来"。7 月中旬一位军士写的信同样充满陈词滥调："德国民众应当极大地感激我们的元首，倘若这群野兽，我们的敌人，进入德国，那么这类屠杀就一定会以前所未有的方式发生……读到的这份《先锋报》，看到的这些图片，只不过是对我们这里所看到的以及这里犹太人所犯下罪行的一种最弱化的描述。"普通士兵很可能是从这些一般性反犹宣传和流行思想中形成对犹太人的认识，执行屠杀任务的军队则经历了正规的洗脑教育，以应对执行任务时遭遇的困难。

四

在从东加利西亚撤退之前,苏联秘密警察,即NKVD,由于无法转移所有被监禁的乌克兰民族主义分子(以及部分波兰和犹太人),于是决定就地处决。当德国人在乌克兰军队的配合下进入该地区主要城镇利沃夫、佐洛乔夫、特尔诺波尔和布劳迪的时候,在监牢里,以及一些仓促挖掘的大型墓穴中,发现了数以百计,可能是数以千计的受害者。很自然,乌克兰人指控当地犹太人不仅在总体上与苏联占领当局为伍,更具体协同苏联秘密警察疯狂屠杀乌克兰精英。

现在只是过去几个世纪历史的最新阶段。在过去几百年间,出现了多次大规模残暴的杀戮:包括由17世纪博格丹·切米尔尼基、18世纪哈伊达马克斯,以及第一次世界大战期间西蒙·彼得留拉分别制造的屠杀。乌克兰与波兰之间,乌克兰与俄国之间,以及波兰与俄国之间的传统仇恨在这些群体对待犹太人,特别是像加利西亚地区(那里乌克兰人、波兰人、犹太人一起生活在规模的社区中,先是处在哈布斯堡王朝统治下,"一战"之后又处在波兰统治下,最后,从1939年到1941年处在苏联统治下,直到德国占领该地区为止)对待犹太人的态度上加入了极为不利的因素。

在乌克兰,基督教传统的反犹敌意因犹太人常常受雇于波兰贵族成为其地产代理人,进而被视为波兰统治乌克兰农民的代理人和执行者而得到强化。由于这一敌意的存在,现代乌克兰民族主义分子指控犹太人"一战"后在争夺对东加利西亚地区控制的斗争中与波兰人狼狈为奸(与此同时我们看到,波兰人则指控犹太人与乌克兰人狼狈为奸),而且犹太人在两次世界大战期间被指控是布尔什维克压迫体制的一部分,是波兰以区域画线对乌克兰少数民族实行高压控制的帮凶。1926年5月25日,作为对战后反犹屠杀的报复,一位名叫肖洛姆·施瓦岑巴特的乌克兰犹太人在巴黎暗杀了备受拥戴的彼得留拉。这一事件进一步强化了乌克兰民族主义分子激烈的反犹主义。

在乌克兰民族主义运动内部,由斯特潘·班代拉领导并得到德国支持的极端派势力要强于温和派势力。班代拉的人领导着乌克兰民族主义者组织——班代拉派的后备武装,1941年6月,这支部队同纳粹国防军一道进入了东加利西亚地区。

在利沃夫,乌克兰人将当地的犹太人集中起来,强迫他们从葬坑中挖出被苏联秘密警察杀害者的尸体,或从监狱中将尸体拖出。然后,这些犹太人必须把这些新近被杀害人的尸体和已经高度腐烂的尸体一道排列在敞口葬坑里。之后,他们自身会遭到枪杀倒入葬坑中,间或他们在监狱和军事驻地被杀,或者在东加利西亚主要城镇的广场和街道被杀害。

在佐洛乔夫,杀人者主要来自乌克兰民族主义组织和党卫军武装"维京"师,而特别行动队 C 队第四特别命令部队在动员乌克兰人方面的作用相对要小(在此事上,党卫军武装师实际不需要进行任何鼓励)。屠杀在第 295 步兵旅的监视下进行。直到屠杀行动遭到该旅参谋长的抗议(他向第 17 军团司令部表达了自己的不满),对犹太人的杀戮才停下来,不过是暂时的。

1943 年 7 月 7 日,科沃尔的一名犹太人在自己日记的开篇描绘了 1941 年 6 月发生特尔诺波尔的事件:"战争(与苏联的战争)爆发前一天,我到住在科沃尔的小姨家做客。在(德国)入侵的第三天,一场持续了三天的屠杀以如下的方式发生了。德国人、乌克兰人也加入其中,挨家挨户地搜查犹太人。通常是乌克兰人将犹太人从房子里面拖出来,等在外面的德国人则进行杀戮,或者在房子前就地解决,或者是将这些受害者运到一个特定的地点,然后全部处死。大约有 5000 人就这样被杀害,大部分是男人。至于妇女和儿童,他们只有在特殊的情况下才会被杀害。我本人和妻子当时逃脱一劫,原因仅仅是我们住在一条基督徒居住的街道上,当地基督徒称我们的房子里没有犹太人。"

7 月 6 日,士兵弗兰泽尔也记下了发生在特尔诺波尔的事件,目的是让他在维也纳的父母娱乐。由于发现了被肢解的德意志人和乌克兰人的尸体,导致了对当地犹太人的复仇行动:他们被迫从地窖里把那些尸体抬出来,然后放到新挖的墓穴中排列整齐。之后,这些犹太人将被警棍和铲子打死。"到目前为止,"弗兰泽尔继续写道,"我们已经掩埋了大约 1000 名犹太人,但距被他们杀害的数字还相差很远。"弗兰泽尔在要求父母将这一消息发布出去后,以一则许诺结束自己的书信:"如不信,我们将带回照片。那样,就不会再有人怀疑了。"

东加利西亚的一些较小镇在被占领的头几天,大多数残忍的反犹暴行是在没有明显德国人卷入的情况下发生的。布热济内(在佐洛乔夫南边的一个小镇)的一名目击者在数十年后描述了该事件发生时的情景:德国人进入该镇时,"乌克兰人欣喜若狂。成群的乌克兰农民,主要是年轻人,挥舞着装饰有乌克兰三叉戟的黄蓝色旗帜,挤满了街道。他们来自乌克兰村庄,穿着乌克兰民族服装,唱着乌克兰民歌"。在监狱和监狱外面,被苏联秘密警察杀害的乌克兰激进分子的尸体被挖掘出来:"场景简直无法形容,尸体散发出来的臭味令人作呕。这些尸体排列在监狱的地下室的地上。有些尸体则浮在佐拉塔—里帕河上。人们将之归罪于苏联秘密警察和犹太人。"接下来发生的事是意料之中的:"那天在布热济内死掉的犹太人大多数是被带钉的帚柄活活抽死的⋯⋯有两排乌克兰匪帮,手持棍棒。他们强迫犹太人站在两排人中间,然后冷血一般地用棍子将他们打死。"越是往东民众在屠杀犹太人问题上越是漠不关心。

1941 年 8 月 1 日,东加利西亚合并进入帝国总督区,成为加利西亚行政区的一部分,而利沃夫成为行政中心。在合并前,大约有 2.4 万名犹太人被杀害;合并后,在这个新行政区内的犹太人的命运在一段时间里由于帝国总督区其他一些区域所处的不同形势而有所不同。曾经有几个月,弗兰克禁止建犹太隔都,预留了将这些多余犹太人遣送"到东部"去的选择,最终的目标是遣送至皮里皮亚特河的沼泽地带。

例如,在利沃夫,设立隔都的事到了 1941 年 11 月才开始。这位总督将军清除新近获得的犹太人的欲望是如此强烈,以至于他几乎没有阻止成千上万的犹太人逃往罗马尼亚和匈牙利。另外,有成千上万来自加利西亚的犹太男子很快被遣送至劳动营。这些人主要通过连接利沃夫与乌克兰南部直至黑海地区新的战略要道遣送。这条臭名昭著的第四遣送线后来对国防军和希姆莱的殖民计划非常有用。1941 年夏末,正是这一计划真正开始了以苦役方式系统灭绝犹太人的行动。

1941 年 8 月初,基辅南部的热尔科夫·别拉亚小镇被南路军团第 295 步兵师占领。国防军地区长官里德尔上校下令登记所有该地区的犹太居民并要求党卫军特别命令队 4a 队(特别行动队 C 队下属的一个分队,该分队当时已从东加利西亚地区进入 1939 年之前苏维埃统治的乌克兰地区)杀害他们。

8 月 8 日,由党卫军二级突击中队长奥古斯特·哈夫纳率领的特别命令队到达该镇。从 8 月 8 日到 19 日,隶属于特别命令队的党卫军武装师的一个连枪杀了 800 到 900 名当地犹太人,只有一群 5 岁以下的儿童幸免于难。这些儿童被留弃在靠近驻军兵营城郊的一幢建筑物里,没有任何食物和饮用水。8 月 19 日,其中许多孩子由 3 辆卡车拉走,并在附近的一个步枪打靶场被射杀;有 90 名儿童仍然被关在那幢建筑物里,由一些乌克兰人看守。

很快,这 90 名儿童的叫喊声让人感到无法忍受,于是,士兵叫来两名战地牧师,一名新教牧师和一名天主教牧师,对他们进行"诊疗行动"。这两名牧师发现这些儿童半身赤裸,身上叮满了苍蝇,躺在自己的粪便上。一些岁数大一点的孩子在吃从墙上掉落的灰泥,而婴儿大多处在昏睡状态。这两位随军牧师感到震惊,在对孩子检查后,他们将此事报告给该师的首席长官,陆军少尉赫尔穆特·格罗斯库尔特。

格罗斯库尔特视察了那栋建筑物。在那里,他遇到了党卫军武装师下属战斗部队的长官佳吉尔,该部队早先屠杀了这个城镇的其他犹太人。佳吉尔告之他剩下的儿童很快被"清除"。战地长官里德尔上校确认了这一消息并补充说此事掌握在纳粹党卫队安全部(SD)手中,特别行动队已经从最高当局接到了动手的指令。

就在此刻,格罗斯库尔特下令暂缓一天执行屠杀行动,尽管哈夫纳威胁要向有关当局控诉。格罗斯库尔特甚至叫来武装的士兵包围一辆装满犹太儿童的卡车,以阻止其离开。他和南路军团的参谋长进行了交涉。这件事被移交给第六军团,很可能是因为特别行动队 4a 队负责该区域的行动。就在同一天晚上,第六军团司令官、战地元帅赖歇瑙亲自决定"这一行动必须以适当的方式完成。"

第二天晨,也就是 8 月 21 日晨,格罗斯库尔特应召参加在当地司令部举行的会议,与会的有:里德尔上校、卢雷中尉,还有一位已经向赖歇瑙元帅报告整个事件过程的反情报官员、党卫军二级突击中队长以及特别行动队 4a 队队长哈夫纳,前规划师、党卫队旗队长保罗·布洛贝尔等人。卢雷在会上宣称,尽管他是一名新教徒,但他认为"战地牧师应将自己的职责限定在士兵福祉上";在战地司令官的全力支持下,卢雷指控战地牧师"制造混乱"。

根据格罗斯库尔特的报告,里德尔"设法将会议的讨论引向意识形态……清除犹太妇女和儿童",他解释道:"无论采取何种形式,都是十分必要的。"里德尔指责该师自作主张地将处决行动推迟了 24 小时。正如格罗斯库尔特后来所描述的,此时,一直保持沉默的布洛贝尔终于说话了,他插话道:他支持里德尔的指责,并"补充说倘若那些侦察部队亲自执行处决行动,倘若那些阻止采取行动的指挥官能够控制这些部队,就最理想了"。"我反对这一观点,但没有开口,"格罗斯库尔特写道,"不持任何立场,因为我希望免遭任何人身攻击。"最后格罗斯库尔特提到了赖歇瑙的态度:"当我们讨论应该采取进一步措施时,党卫队旗队长宣称,(赖歇瑙)总司令认识到清除犹太儿童的必要性并希望一旦该行动被执行就能够立即报告他。"

8 月 22 日,这些儿童被处决。哈夫纳描述了他所亲临的这一屠杀行动的最后情节:"我出来独自走入森林。国防军已经挖好了一个埋葬坑。孩子们由一辆拖拉机运过来。乌克兰人有些发抖地站在四周。孩子们被从拖拉机上带下来,沿着坑顶站着,枪声响起,他们顷刻间跌入坑中。那些乌克兰人并没有瞄准这些孩子身体的任何特定部位……哭喊声难以形容……我特别记得一个长着一头美发的小女孩用手死死地抓着我。她后来也被枪杀了。"第二天,卢雷中尉向第六军团司令部报告说任务已经完成,随即获得晋升的推荐。

第一批有权直面这 90 名犹太儿童命运的德国人是这几位牧师。战地牧师通常富有同情心,而师部的牧师则要差一些。无论如何,这几位牧师在向上级呈送了报告后,人们再也没有听到关于他们的消息。

对犹太成人和儿童的屠杀是公开的。在战后法庭的证词中,一位军校士官(在别拉亚·热比科夫屠杀事件发生时,他就驻扎在那里)描述了一批 150 名到 160 名犹太成人被屠杀的细节,令人毛骨悚然。他对此做了如下评论:"这些士兵都了解这类屠杀,我还记得我们中的一位说他获准参加……所有在别拉亚·热比科夫的士兵都知道正在发生什么。每天晚上,我驻扎在那里的所有时间,都能听到步枪射击的声音,尽管在附近并没有敌人。"不过,这位军校士官同时补充道,"驱使我去观看处决行动并不是因为好奇,而是因为我不相信真会有此类事发生。我的战友们也惊骇于这样的屠杀。"

在别拉亚·热比科夫事件中,赫尔穆特·格罗斯库尔特少尉在若干问题上可以视为一个核心人物。作为一名虔诚的新教徒、一位保守的民族主义者,他并不完全拒绝纳粹的纲领,不过,他对纳粹体制开始不满,并亲近以行政长官威廉·卡纳里斯和路德维希·拜克为首的反对派组织。他鄙视党卫军,在日记中将海德里希描写成"罪犯"。尽管有哈夫纳的威胁,他还是将对别拉亚·热比科夫犹太儿童的处决推迟了一整天,然后派士兵阻止已经装满犹太儿童的卡车离开,这些无疑是他勇气的力证。

此外,格罗斯库尔特在他报告结论部分毫不犹豫地表达了对这些杀戮行动的批评,他写道:"这类针对妇女和儿童的行动与敌人对我们采取的暴行(我们的部队一直被告知这类暴行)毫无二致。这类事件不可避免地会传到国内,人们必定会将之和莱蒙伯格(利沃夫)暴行相提并论。"(这很可能是对苏联秘密警察所犯的杀戮罪行的暗示)由于这些评论,格罗斯库尔特几天后受到赖歇瑙元帅的训斥。然而,他的基本态度仍然是有待探讨的。

在提及赖歇瑙下令屠杀犹太儿童时,格罗斯库尔特补充说:"我们制定了如何执行屠杀的细节。行动计划在 8 月 22 日晚上执行。我本人没有卷入细节的讨论。"报告最恼人的部分出现在结尾,"如果战地司令部和地方军队指挥机构采取必要措施使军队远离执行现场的话,那么处决行动将在不会出现任何骚乱的情况下完成……根据处决该镇所有犹太人的指令,自然必须消灭犹太儿童,特别是婴儿。婴儿和儿童必须立即清除以免造成非人道的痛苦。"

格罗斯库尔与第六军团的剩余士兵和军官一道在斯大林格勒被俄国人俘获。他在此后不久,即 1943 年 4 月,死于苏联的战俘营。

五

在立陶宛,成为纳粹德国第一批受害者的是边境小镇加尔斯登的 201 名犹太人(绝大多数为男子,只有一名妇女),这一屠杀行动是在 6 月 24 日由来自提尔希特的特别命令队和来自默默尔的保安警察署即 SCHUPO 实施的。党卫队特别行动队 A 部(提尔希特的特别命令队直接从盖世太保头目弥勒那里获得指令)长官弗朗茨·沃尔特·施塔勒克旅长全权指挥了这次行动。最初犹太妇女和儿童(大约有 300 名)幸免,被关在粮库里,后在 9 月中旬被枪杀。

几天后,在立陶宛的主要城市,如维尔纳和科夫诺,开始了屠杀行动。屠杀在夏、秋两季持续了好几波。与此同时,小城镇和乡村的犹太人口被全部灭绝。立陶宛犹太人的毁灭开始了。维尔纳靠近华沙,被视为"立陶宛的耶路撒冷",在德国占领前夕生活着大约 6 万名犹太人,几个世纪以来一直是东欧最重要的犹太生活中心。18 世纪,伊利亚·本·所罗门拉比,"维尔纳加昂",将犹太宗教学术提升到无与伦比的水平;尽管存在着激烈反对哈西德主义的严格正统派知识传统,激情、民众化的犹太复国主义同时在乌克兰边陲勃兴。也正是在维尔纳,犹太劳工党"崩得"于 19 世纪末得以创建。正如我们所知,尽管"崩得"热情地倡导国际无产阶级斗争,却坚定地反对布尔什维主义。它倡导在东欧实行犹太文化(意第绪文化)和政治(社会主义)自治,从而反对犹太复国主义标榜的犹太民族主义。它可能是两次世界大战期间最具有原创性、影响最广泛的犹太政治运动,当然也是最不切实际的运动。

在第一次世界大战爆发的第二天,波罗的海国家宣布独立,但立陶宛却失去了维尔纳。维尔纳为波兰所有。在立陶宛民族主义者表达不满和憎恨,走向法西斯边缘的那个阶段,铁狼运动在本质上是针对波兰人的,而不是针对犹太人的。事实上,短期内,犹太人在这个新国家走向繁荣(政府甚至成立了犹太事务部),犹太社区人口达到15万之多,完全能够形成自己的教育体系,甚至在更具广泛的意义上,有可能形成高度自治的自身文化生活。但是,1923年,犹太事务部被撤销,犹太教育和文化机构不再获得政府的支持。从1926年开始,立陶宛逐渐向右转,先是在安塔纳斯·斯梅托纳和奥古斯丁·沃尔德马拉斯的统治下,后又处在斯梅托纳的独裁统治下。不过,立陶宛的政治强人并没有制定任何反犹法律或者反犹措施。

在上述相同年代,犹太人作为少数民族在波兰控制下的维尔纳极大地发展了他们的文化和内部政治生活。除了一套庞大的意第绪语、希伯来语和波兰语学校体系外,维尔纳犹太社区自豪地拥有一座意第绪剧院、一大批报纸杂志、俱乐部、图书馆以及其他文化和社会机构。该城市成为卓越意第绪语作家和艺术家的家园,也是成立于1925年,致力于犹太人文社会科学研究的意第绪科学研究中心(YIVO)(一所正在形成中的犹太大学)的所在地。

随着1940年7月苏联吞并波罗的海国家,这一地区的政治形势发生了急剧变化:犹太宗教机构以及像崩得或犹太复国主义修正派组织贝塔(Betar)这样的犹太政党很快成为苏联秘密警察打击的目标。正如我们在波兰东部所看到的那样,任何对犹太人在新的政治体系卷入程度的平衡估计都被犹太人在诸多领域的咄咄逼人的地位所抵消:犹太人在公办学校拥有很好的入学率,在中层警察、高等教育以及其他各类管理部门占有职位的比率也很高。这种情形在其他两个波罗的海国家没有什么不同。这样,那些逃到柏林的立陶宛右翼政治流亡者,同德国人一道,在自己的祖国策划反苏行动;他们以夸张和扭曲的数据谎称犹太人和布尔什维克结盟。清除立陶宛的犹太人成为地下组织"立陶宛激进者阵线"(LAF)的一大目标。在德国占领立陶宛的前一周,苏联秘密警察将大约3.5万名立陶宛人遭送至苏联境内,犹太人因此被广泛指控为代理人和告密者。

纳粹国防军在6月24日清晨数小时内就占领了维尔纳。在特别命令队9队到达该地后两天，在该城市实施有计划的杀戮便开始了。立陶宛匪帮（自我标榜为"游击队"）开始围捕数以百计的犹太男子，他们或是被就地处决，或是在城市附近的波纳尔森林被杀害。只要德国人公开介入，他们就立即扩大和组织反犹行动，立陶宛人成了德国杀戮行动中的自愿帮凶。7月13日关于特别行动队A部行动的21号报告这样记录道："立陶宛纪律安全警察在特别命令队的指挥下……接受指令，参与到灭绝犹太人行动中。结果，150名立陶宛人参与了逮捕犹太人和将犹太人送进集中营的行动（一天后，犹太人在那里受到'特别对待'）。"

7月，大约5000名维尔纳犹太男子在波纳尔遇害，成了整个夏秋持续不断的系列大规模杀戮的序曲。自8月以来，妇女和儿童也被纳入屠杀对象中。德国的目标似乎是要灭绝那些没有劳动能力的人，而工人及其家庭则存留下来。伊霍克·鲁道什维斯克是维尔纳的一名在校男生，1941年夏天的时候还未满14岁。他在很可能从6月份开始的日记中描述了赎罪日抓捕（正像犹太人以前在隔都里那样）情景："今天，隔都到处是纳粹突击队员。他们知道犹太人今天不会去工作，所以来隔都抓他们。夜里，情况突然变得混乱不堪。人们纷纷起来。屋门打开了。紧接着是一阵喧嚣声。立陶宛人来了。我朝着院子里看去，看到他们将犹太人捆起来带走。我听到靴子踩踏楼梯的声音。不过，很快，形势平息下来。立陶宛人在获得金钱之后离开了。毫无抵抗力的犹太人只能用这种方式来救自己。上午，可怕的消息就传开了。那天夜里有几千人从隔都中被清除。那些人再也没有回来。"鲁道什维斯克的最后一句话显示，这一日的日记是稍后根据记忆写成的。不过，它仍然清晰地表明，无论是他还是那些被带走的犹太人对正在发生的事以及他们将被带到哪里全然不知。到1941年12月，在这一系列行动结束之时，大约有3.3万名维尔纳犹太居民遭到杀害。

对于很多立陶宛人来说，能够轻松地进行掠夺是他们参与杀戮犹太人行动的主要动机。一位住在波纳尔附近观察运送犹太财物的波兰人敏锐地写道："对于德国人而言，三百个犹太人意味着三百个人类的敌人。对于立陶宛人而言，则意味着三百条裤子，三百双靴子。"这位波兰观察者很可能当时有所不知，在杀害这些犹太人之前，德国人已经抢劫了这些"人类的敌人"，比立陶宛人更为彻底。7月13日特别行动队的同一份报告这样记录："每天大约有500名犹太人被清洗。有大约46万卢布的现金以及属于那些将受到特别对待的犹太人的贵重物品作为帝国敌人的财产被充公。"

在科夫诺,立陶宛谋杀小分队(所谓的"游击队")在德国占领初期肆虐横行。第 562 贝克斯连(当时该连进驻科夫诺,目击了这类屠杀)的一名德国士兵在战后陈述中主动发表一段评说,传达的信息要远远大于评说所要表达的内容:"从我站的地方看去,我看到立陶宛平民正在用各种不同类型的武器殴打一群平民,直到被殴打的平民不再有一点点生命的迹象。真不知道为什么这些人会被如此残忍地殴打致死,我开口问了一下站在我身边医务军士……他对我说这些被打死的人全是犹太人……为什么这些犹太人要被打死,我还是没有弄明白。"另外一些报告则描述了立陶宛民众(许多带着孩子的妇女那天挤在"前排"观看杀戮)的热情参与以及德国士兵群集的情景,所有这些人都以自己叫喊声和掌声鼓励着杀戮者。在接下来的几天,成群的犹太人被运到城市周围的城堡(特别是 7 号和 4 号城堡),在那里被枪杀。

在一些德国士兵还没有弄明白在犹太人身上究竟发生了什么的同时,许多犹太人自己也不能理解发生了什么。这样,7 月 2 日那天,一位名叫米拉·舍尔的科夫诺犹太妇女写信给安全警察长询问为什么在 6 月 26 日那天立陶宛的"游击队"逮捕了她的大部分家庭成员,包括她的孙女玛拉(13 岁)、弗里大(8 岁)以及她的孙子本杰明(4 岁)。由于"上面提到的所有人都绝对无辜",舍尔女士补充道:"我真诚地恳求释放他们。"就在同一天,博库斯·弗里德曼也给同一当局发去了类似的信件,他的妻子以萨(42 岁)、女儿以斯帖(16 岁)、儿子埃利亚胡(2 岁半)也都被"游击队"逮捕了。弗里德曼向安全警察长保证,他全家庭从来不属于任何党派,都是合法的公民。

不过在东加利西亚,乌克兰民族主义者组织的游击队从占领第一天就开始了自己屠杀的行动,尽管在波罗的海国家,德国人的某种激励和鼓动可能时不时是必要的。在 1941 年 10 月 15 日关于特别行动队 A 部在波罗的海国家行动臭名昭著的报告中,施塔勒克反复坚持这一点。"本土的反犹势力在(德国)占领最初的数小时之内就受诱导开始了针对犹太人的屠杀行动,"施塔勒克在报告的导言部分这样写道,"尽管要证明这一诱导是很困难的(这里加了着重号)。"施塔勒克在描述了发生在立陶宛的屠杀事件时重申了他的观点:"这(指当地人介入屠杀行径一事)首先是由在科夫诺的游击分子实现的。出乎我们意料的是,提议对犹太人实施大规模集体迫害起初是相当困难的(这里加了着重号)。游击队领导人克里马蒂斯……主要被利用实现这一目的的家伙,在科夫诺行动的一小撮(纳粹)特遣部队的授意下,成功开始了对当地犹太人的杀戮行动。这样一来外人是不会注意到行动是根据德国人的指令,是受到德国人的煽动开展的。"

施塔勒克完全可以强调开始这些行动的困难以凸显他的劝说才能;根据施塔勒克自己的判断,立陶宛人的缄默无论如何不会长久,正像在科夫诺,当地的匪帮在纳粹占领的当晚就屠杀了大约 1500 名犹太人。

吞没绝大多数立陶宛犹太人的灭绝暴行也在另外两个波罗的海国家上演。到 1941 年年底,爱沙尼亚的 2000 名犹太人几乎全部被杀害。一年之后,拉脱维亚将近 6.6 万名犹太人几乎完全被灭绝(有大约 1.2 万名犹太人存留在拉脱维亚领土上,他们当中的 8000 人是来自德意志帝国的被逐犹太人)。

屠杀暴行遍及被占领的东部地区。甚至是遭到德意志帝国践踏的受害者波兰人也参与了大规模屠杀犹太人的行动。最著名的是 7 月 10 日发生在比亚韦斯托克区、拉兹洛夫镇和德瓦布尼镇的屠杀事件。在国防军占领该地区后,这些小镇的居民以殴打、枪杀以及在当地粮仓中放火活烧等方式灭绝了大部分他们的犹太邻居。这些基本的事实看起来是无可争议的,但是一些相关的问题需要进一步调查。很显然,有很大一批持激进反犹立场的牧师在德瓦布尼地区教唆了他们的民众。这种高分贝反犹主义仇恨会不会与德国的煽动,与德国的直接干预,以及苏联占领期间比亚韦斯托克地区犹太共产党官员所扮演的角色有关?在整个煽动和屠杀过程中,提供最大帮助的是原籍为德意志的人。他们最大限度地协助他们的新主子实施屠杀任务。

不过,有时候,地方民众拒绝参与反犹暴行。例如,在布列斯特 — 利托夫斯基,白俄罗斯人和波兰人几乎是公开表达了他们对犹太受害者的同情和对德国人,"犹太人的刽子手","野蛮"行径的厌恶。同样不愿对犹太人进行杀戮的情况在乌克兰也可以看到,例如在日托米尔地区。根据特别行动队 C 部 1941 年 8 月到 9 月初的报告,"几乎没有任何一个地方的民众能够经过诱导积极做出迫害犹太人的行动"。德国人和乌克兰民兵不得不以各种方式带头煽动挑起反犹暴力。类似的态度还可以从纳粹国防军关于反犹宣传运动对俄国民众影响的报告中得到间接确认。"在对德国宣传迄今收效相对甚微背后的原因进行分析后,"1941年 8 月一份中路集团军的报告显示,"看来德国的宣传并没有激起普通俄国人真正的兴趣,而反犹宣传更是如此。试图煽动屠杀犹太人的宣传没有任何效果。原因在于,在普通俄国人眼中,犹太人过着一种无产阶级的生活,不应成为打击的目标。"

随着时间一周一周,一月一月地过去,对于被占东部地区的民众来说,一个基本事实变得越来越明显:没有任何法律、没有任何章程、没有任何措施可以保护犹太人,连儿童也明白这一点。10月21日,一个名叫格奥尔格·马森纳斯的波兰在校男生写信给平斯克的地区行政代表:"我现在13岁了,很想帮助我的妈妈,因为她目前面临困难,很难挣钱养家。我因上学无法打工,但是我可以通过参加城市乐队挣点钱,因为城市乐队是在晚间演出。遗憾的是,我没有手风琴,尽管我会演奏。我认识一位有手风琴的犹太人,所以我恳求你允许将这部手风琴没收,或者是送给或者是借给城市乐队。那样的话,我将有机会实现我的心愿,成为一个对家庭有用的人。"

六

正当德国人及其地方帮凶在东线的北部、中部和南部积极展开杀戮犹太人行动之际,罗马尼亚军队和宪兵队做得比奥托·欧莱恩道夫的特别行动队D部更加"出色"。在一年多的时间里,罗马尼亚人屠杀了28万到38万犹太人。他们在杀戮的总人数上当然不能和德国人相比,但是像拉脱维亚人、立陶宛人,乌克兰和克罗地亚人一样,他们是"天才的"施暴者和刽子手。

对罗马尼亚犹太人最早的大规模屠杀发生在罗马尼亚固有领土上,在"失去的省份"(比萨拉比亚和北布科维纳)被(德国)重新占领之前,特别发生在摩尔达维亚的首府雅西。1941年6月26日,在对苏联的两次报复性空袭和"镇压犹太起义"中,由罗马尼亚和德国军事情报官员和地方警察部队组织的针对犹太人的屠杀行动开始了。在这座城市的几千名犹太人被杀害后,又有几千名犹太人被装进两列密封火车车厢中,开始了没有目标的旅程,这一旅程持续了好几天。在第一列车中,1400名犹太人死于窒息或者干渴;在第二列车上发现了1194具尸体。人们对雅西屠杀事件中确切的受害者数字仍有争论,但很有可能超过了万人。

对比萨拉比亚和布科维纳犹太人的大规模杀戮一开始是当地人主动所为(主要是在乡村),接着是由来自布加勒斯特(罗马尼亚首都)的指令。7月8日,杨·安东内斯库对他的部长慷慨激昂地说:"我恳求你们,一定要看到问题的不可调和性。过分情感化和不切实际的人道主义在这里是没有市场的。我冒着有可能造成你们中一些传统主义者误解的风险说,我是赞同将所有犹太分子从比萨拉比亚和布科维纳强制清除出去的,犹太人必须被赶出国境!"在下令对乌克兰人和其他不可信任分子采取类似措施后,安东内斯库话锋转到历史先例和民族主义动机作为其行动合法性的最佳证明:"罗马帝国对它同时代的许多民族采取了一系列野蛮的行径,但却建立了最了不起的政治伟业。在我们的历史上,没有任何其他时代能与之相媲美。如果需要,一定要用你的机关枪扫射。我要说的是,在这一问题上是没有法的……我负全责。告诉你们,这里没有法!"这位最高领导人还援引历史,提及历史上政府首脑米哈依·安东内斯库(和杨·安东内斯库没有关系),再次以铁卫军的口吻,重复着基督教的憎犹陈词滥调:"我们的军队受到(因苏联占领)的羞辱——被迫穿越蛮敌控制的卡夫丁峡谷——还受到布尔什维克同谋背叛的嘲弄,这些家伙在基督十字架上添加犹太式的攻击。"现在是对那些"在我们先祖土地上玷污我们圣坛的人,对那些洗劫主耶稣圣殿的犹太佬和布尔什维克发动圣战的时候了,是把其信仰钉在惩处其恶行的十字架上的时候了"。

对犹太人的杀戮每天都在进行;数以万计的犹太人被赶入隔都(最主要的隔都在比萨拉比亚重要城市基什尼奥夫)。直到秋天,他们在罗马尼亚军队的驱赶下,越过德涅斯特河,进入罗马尼亚占领并控制的南乌克兰地区。这一地区被称为"特朗斯尼斯蒂尔"(指德涅斯特河沿岸地区)。

1941年10月16日,罗马尼亚军队进入敖德萨。几天后,也就是在10月22日,军队司令部被苏联秘密警察策划的一起爆炸炸毁。占领军当然将歇斯底里的愤怒发泄到犹太人身上。在敖德萨港口地区屠杀了1.9万名犹太人(根据德国人的估计)之后,罗马尼亚人将另外2.5万到3万名犹太人驱使到附近的达尔尼克地区。在那里,他们以枪杀、爆炸或者活活烧死的方式处决了这批犹太人。

1941年10月,罗马尼亚犹太社区联盟主席威廉·菲尔德曼和大拉比亚历山大·沙夫兰几度向安东内斯库求情,要求阻止将犹太人驱赶到特朗斯尼斯蒂尔,并改善比萨拉比亚和布科维纳犹太人的生存状况。10月19日,在一份向媒体公开、充满暴力言辞的答复中,安东内斯库指控罗马尼亚犹太人背叛他们的国家,必须对被苏联犹太人(罗马尼亚人的同胞兄弟)抓捕的罗马尼亚官员假定遇害一事负责。安东内斯库继续说道："根据你们一贯的做法，现在你们想把自己从被告变为控告，你们这样做好像忘记了造成你们现在所抱怨处境的原因……每天，我们从基希讷乌（基什涅夫）的地下室中，将我们英烈的遗体拖出来。那些可怕的被毁尸体成了对友爱之手的奖赏。20 年来，他们将友爱之手伸给了那些不知感恩的野兽……如果你们真的有良心的话，不要怜悯那些不值得怜悯的人。"

和安东内斯库的信一样，屠杀犹太人的消息从一开始就很公开。"我在艾丽斯家同一个名叫希拉德骑兵中尉吃饭，他昨天刚从乌克兰前线回来，"1941 年 8 月 21 日，塞巴斯蒂安记述道，"在德涅斯特河两岸发生了许多屠杀犹太人的事件。犹太人数以十计、数以百计，甚至数以千计地被枪杀。他，一个骑兵中尉，就可以杀掉或者下令杀掉任意数量的犹太人。连把他们送到雅西的司机本人也杀了4 个犹太人。"

随着时间的推移，更多关于屠杀的细节传到了布加勒斯特。"通往比萨拉比亚和布科维纳的路上到处从家里被驱赶到乌克兰犹太人的尸体，"塞巴斯蒂安在 10 月 20 日记道，"这是一场歇斯底里式的反犹暴行，没有任何力量可以阻止它的发生。它没有间歇、没有规则，毫无理由……这是一种彻头彻尾、不受控制的兽行，毫无羞耻之心，毫无良知，既没有目标，也没有目的。什么样的事，绝对是什么样的事都可能发生。"

塞巴斯蒂安对这些事件的洞察为在罗马尼亚首都的美国牧师所确认，只不过，他更加强调杨·安东内斯库在屠杀事件中所起到的关键作用："有越来越明显的证据表明，"巩特尔在 11 月 4 日写道，"罗马尼亚人，显然是在德国人的道德支持下，正在利用当下的机会以自己的方式处理犹太人问题。我有权威证据可以佐证这一点，那就是安东内斯库元帅所说的：'现在是战争时期，是一劳永逸解决犹太人问题的最佳时机。'"

在德国征服巴尔干半岛后，南斯拉夫遭到肢解：德国占领了塞尔维亚，意大利则占领达尔马提亚海滨的广阔地带；匈牙利获得了巴奇卡和巴兰尼亚地区，保加利亚人则获得马其顿。一个独立的克罗地亚国家在帕韦利克·安特及其乌斯塔沙运动的领导下建立起来。而克罗地亚的达尔马提亚海滨仍然部分地处于意大利的控制之下，一些德国部队也驻扎在克罗地亚境内。

在塞尔维亚，德国人建立了一个以狂热的反共产分子米兰·奈迪奇为首相的汉奸政府。不过,奈迪奇很难成事,甚至在德国进攻苏联之前,对政府的武装抵抗就已经在乡村开始了。在整个夏季,规模相对较小且未经训练的国防军在与分别属于铁托(约瑟普·布罗兹)和德拉查·米哈依洛维奇的塞尔维亚共产党和民族主义者游击队发动的起义战斗中节节失利。尽管德国人大批地枪杀人质(塞尔维亚人,主要是犹太人),摧毁村庄,杀戮乡村居民,但是起义仍然在蔓延。9月,在战地元帅、负责巴尔干半岛军事的国防军司令官李斯特的推荐下,希特勒任命臭名昭著的仇视塞尔维亚的奥地利将军弗朗茨·伯梅为驻扎在塞尔维亚武装力量的总指挥官,并赋予其自由使用"严厉措施"重新控制局势的权力。伯梅满腔热情地做到了这一点。

在克罗地亚,帕维利奇一结束在意大利流亡回国后,便马上建立起自己的新政府——一种法西斯与虔诚天主教结合的政体——接着,正如德国驻达札格拉布使节埃德蒙·冯·格莱泽·霍斯特瑙所报告的:"乌斯塔沙走向了疯狂。"这位poglavnik(在塞尔维亚—克罗地亚语中指领导人)发动了对生活在克罗地亚领土上的 220 万东正教塞尔维亚人(塞尔维亚总人口约为 670 万)以及这个国家的 4.5 万名犹太人,特别是种族混杂的波斯尼亚的大屠杀。信奉天主教的乌斯塔沙并不介意穆斯林和新教徒的继续存在,但是塞尔维亚人和犹太人必须改宗,或者离开、死亡。根据历史学家乔纳森·施泰因贝格的记述:"塞尔维亚和犹太男子、妇女、儿童统统被处死。整个村庄被夷为平地,村庄里的人赶进到仓库,乌斯塔沙人放火将他们烧死。在意大利外交部的档案中存有一大摞当时用于砍杀塞尔维亚受难者的屠刀、吊钩和斧子的照片。还有乳房被刀割掉塞尔维亚妇女的照片,眼睛被挖出、被阉割、被肢解男子的照片。"

克罗地亚天主教会领袖、大主教阿洛伊斯·什捷皮纳克在过了数月之后才公开谴责这场野蛮的屠杀行径,而一些地方主教则为清除这些分裂分子和犹太人,或者强迫他们改宗感到高兴。用莫士达天主教主教的话说,"对于我们来说,从来没有像现在这样好的时机来帮助克罗地亚拯救无数迷失的灵魂"。当主教庆贺这一拯救灵魂的特殊时刻时,一些圣芳济会的修道士则在大多数罪恶的屠杀行动,特别是在克罗地亚亚塞诺瓦茨灭绝营大规模杀害塞尔维亚人和犹太人的行动中扮演了主要角色。

梵蒂冈当然对这个新天主教国家正在犯下的暴行知道得一清二楚。然而,对于教皇元老院或到札格拉布的圣座使徒访问的本笃会修道院院长朱塞佩·拉米罗·马尔科内来说,不是所有的事情都带有负面色彩。1941 年 5 月,在帕维利奇全境就已经推行了反犹法和强迫犹太人佩戴带有 Z 字(代表 Zidov,指犹太人)的大卫星犹太标志。8 月 23 日,在马尔科内到达不久,他向梵蒂冈国务秘书路易吉·马廖内报告说:"难以忍受的犹太标志、克罗地亚人对他们(犹太人)的憎恨以及注定遭受的经济上困难常常使得犹太人萌发了皈依天主教会的念头。超自然的动机以及这种神佑的默默行动不能只停留在推理和假设的层面。我们的牧师帮助他们实现皈依,认为至少他们的孩子将会在天主教学校接受教育,因此会成为更加虔诚的基督徒。"

在 1941 年 9 月 3 日的答复中,马廖内并没有对皈依过程中上帝之手的作用进行评论,也没有指示他的代表抗议针对塞尔维亚人和犹太人的做法:"如果圣座能够找到一种适当的场合,他应当以一种谨慎、不会被解释为官方呼吁的方式建议对克罗地亚境内犹太人采取温和措施。圣座应当确保牧师所致力的带有政治色彩活动不应该引发党派之间的摩擦,而且应当注意保持与行政当局合作,对行政当局忠诚的印象。"从 1941 年到 1942 年年初,克罗地亚人灭绝了 30 万到 40 万塞尔维亚人以及境内 4.5 万名犹太人中的绝大多数(以直接或将他们移交给德国人的方式)。在整个过程中,教皇本人对乌斯塔沙屠杀犹太人事件未置一词。

与此同时,试图在意大利区避难的塞尔维亚人和犹太人数量越来越多,而克罗地亚人也日渐被墨索里尼军队视为敌人。不久,意大利人采取了进一步行动,结束了乌斯塔沙的罪行,意大利军事力量深入了克罗地亚境内。1941 年 9 月 7 日,意大利第二军团司令官维托利奥·安布罗西奥发布意大利对这个新占领区进行统治的公告;公告的最后道:"我们号召所有由于各种原因离开国家的人重新回到这个国家。意大利武装力量是他们安全、自由和财产的监护人。"德国人对此愤怒不已;意大利人公开保护塞尔维亚人和犹太人。意大利的声明几乎毫无掩饰地表达了对克罗地亚人行为的鄙视和厌恶,更表达了对他们德国主子的鄙视和厌恶。

克罗地亚的乌斯塔沙、罗马尼亚的铁卫军甚至安东内斯库当局在许多方面有共同之处,它们都是基督教信仰、法西斯政策以及进行野蛮屠杀的混合体。乌克兰民族主义分子,主要是其内部的班代拉集团以及立陶宛和拉脱维亚"游击队"各式各样群体也具有相同的极端主义成分。正如我们所看到的,对于所有这些极端杀戮群体来说,当地的犹太人是主要目标。斯洛伐克人民党也具有类似的意识形态色彩。该党由天主教牧师,安德烈·赫林卡神甫,创建于"一战"前。他还创建了人民党的武装——赫林卡卫队。赫林卡死于1938年,一直为斯洛伐克自治以及捍卫教会权益而战。从一开始,人民党就分裂为传统保守派和由沃伊泰克·图卡(伯拉第斯拉瓦大学的前法律教授)领导的军事准法西斯翼,图卡是一位狂热的民族主义者,也是一位极端反犹主义者。在赫林卡死后,一保守派牧师,约瑟夫·季索博士,成为该党主席,并担任1939年3月独立的斯洛伐克国家总统。而图卡更为认同国家社会主义,很快被任命为这个新国家的总理。当然,这个新的斯洛伐克政权没有有违其柏林主子的信任——它也不会那样;它执行的反犹主义源于宗教传统,明显受到德国的直接影响。

斯洛伐克有人口260万左右,主要生活在乡村,其中绝大多数是虔诚的天主教徒。基督教福音派社区大约占总人口的15%,到1940年年底,犹太人的人数(在南斯洛伐克省被划归匈牙利之后)大约为8万,也就是说,约占总人口的3.3%。

人们可能记得,当1940年7月28日,希特勒在接见季索、图卡以及内政部部长萨诺·马赫时,提出了斯洛伐克同党必须调整其反犹立法的要求。不久,党卫军一级突击队中队长迪特尔·维斯利策尼作为"犹太事务顾问"来到伯拉第斯拉瓦。建立了"中央经济办公室",监督犹太财产的雅利安化,负责将犹太人排除在重要的商业活动之外。设立了一个犹太委员会,并在1941年9月颁布了《犹太法》,一整套的反犹法令。新的法令包括规定犹太人必须佩戴印有大卫星的犹太标志(这一措施刚刚在德国及其保护国推行)、充当劳工。所有这些措施几乎照搬了已经在德国实行的反犹立法。这样一个反犹立法阶段为后续行动奠定了基础,使得信奉天主教的斯洛伐克成为继纳粹德国之后第一个驱逐其境内犹太人的国家。

匈牙利保持着相对平静。到1941年,有大约82.5万名犹太人生活在这个国家。依据当年人口统计,其中包括1938年秋以来在德国支持下吞并的一些省份:南斯洛伐克的一部分、外喀尔巴仟俄罗斯(先前为捷克斯洛伐克的一部分)北外西瓦尼亚(在德国的"仲裁"下,由罗马尼亚转给匈牙利),最后是巴纳特(之前为南斯拉夫的一个省,1941年4月战役后获得)。这样,这些新省份中的大约40万犹太人加入1938年之前生活在匈牙利(所谓的特立安农匈牙利)的40万犹太人之中。在 1938 年前匈牙利的大城市——主要是在布达佩斯——大多数犹太人生活在高度同化的社区中,在"一战"结束前,这些社区欣欣向荣,与该国的社会精英处在一种和谐共生的状态中。

1918 年,匈牙利的政治形势发生了剧变。一个战败和"遭肢解"的匈牙利为革命的洪流所吞没。尽管贝拉·昆领导的共产党专制只持续了 133 天,但是他本人的犹太出生以及政府中大批犹太人的存在还是引发了剧烈的反犹报复和"白色恐怖",致使成千上万的犹太人成为牺牲品。此外,一个重要的未被同化少数民族,主要是波兰犹太人,助长了社会反犹敌意。这种反犹敌意在随后年代由于国家修正主义、武装反共产主义,以及日益强大的纳粹主义的煽动而增强。

不过,在两次世界大战之间,匈牙利执政者米克拉斯·贺西上将成功地维护了保守派政权,成功地避开了费伦克·绍洛希的箭十字党法西斯分子以及疯狂的反犹运动。贺西以及传统保守派采取的一系列做法中,有一项导致了箭十字党的兴起,那就是颁布了歧视性反犹法。1920 年的一项早期法律规定在大学实行具有反犹性质的配额制,这是战后欧洲的第一个反犹法。这一法律尽管获得通过,但并没有得到严格的执行。但是,1938 年和 1939 年的法律则具体限制了犹太人参与国家的政治和经济生活。这些法律至少关系到犹太中产阶级的利益(犹太银行家和工业精英在总体上没受影响)。1941 年 8 月颁布的"第三法案"是纽伦堡激进反犹法案的复制品。贺西的大多数政策得到了匈牙利天主教会和新教教会的支持。匈牙利主教团乐于接受 1938 和 1939 年的反犹法令,但是,正如人们意料的那样,不过,他们阻止实施 1941 年 8 月的法律,因为该法律具有明显的种族主义倾向,对犹太皈依者构成了威胁。

成千上万生活在匈牙利的外来犹太人不得不为执政者的绥靖策略付出代价。在 1941 年 8 月这一个月中,1.8 万名这些外来犹太人(几乎全是波兰人,其中一些人好不容易从被占领的东加利西亚地区逃出)遭匈牙利警察围捕,移交给了在西乌克兰克罗迈安和卡梅涅茨——波多利斯基地区的党卫军。8 月 27 日到 28 日,这些被遣送者和几千名当地犹太人(总共 23600 人左右)被灭绝。[①]当大屠

---

① 在党卫军兼高级警察领袖弗里德里希·耶克恩意欲杀害从匈牙利驱逐出来的 2.7 万名犹太人的同时,从罗马尼亚被驱逐至德国控制区的 2.7 万多名犹太人被特别行动队 D 部推回到罗马尼亚控制区。这些相互矛盾的举动说明到 1941 年 8 月,在关于此类大规模犹太群体(指的是非地方性犹太社区)命运问题上,尚且还没有清晰而全面的政策出台。

杀的消息传到匈牙利,匈牙利内政部部长下令中止移交犹太人的行动。不过,与此同时,先是数千名,后是数万名犹太男子在被占领的乌克兰被强征为劳工。到1941 年年底,大约有 5 万名犹太人被征募入伍;大约有 4 万名第一批被征用的犹太人再也没有回来。尽管德国人一再催促,贺西显然不打算使他的反犹措施超出一定的限度。从 1942 年 3 月开始,当相对自由的米洛斯·卡拉伊取代亲德国的拉斯洛·巴尔多希成为政府首脑时,匈牙利勉强形成的稳定才得以一直持续到1944 年 3 月德国对它的占领。

七

对于党卫军首脑来说,征服东部广袤地区的首要意义是实现其殖民梦突然有了可能。由种族主义思想坚定好战农民组成的党卫军据点将是从帝国总督辖区的卢布林地区到乌拉尔山一线德国统治的基础。敌对群体(俄国人和乌克兰人)不是被征服、被驱逐(波兰人口的一部分),就是通过流放到北俄罗斯荒芜极地的方式或大规模屠杀行动(犹太人)的方式加以消灭。实现这一非凡目标需要立即采取行动。

在希特勒 7 月 16 日决定划分党卫军首领希姆莱和罗森贝格的权力后,希姆莱在 17 日与拉默斯和布罗伊蒂加姆的谈话中最终确定了行政手段。7 月 20 日,他来到卢布林。很可能就在那里,他约见了格罗博科尼克和奥斯瓦尔德·波尔(党卫军经济和管理中央办公室主任),敲定了新方案需要采取的最初措施。①位于卢布林里波瓦大街的现存工厂(有犹太人强迫劳工)将被扩大;一个针对犹太人、波兰人和俄国人新的、规模更大的苦役营将在该城市(卢布林—马伊达内克)设立,在该地区的扎莫希奇区域安置第一批德意志人的定居计划得到了讨论。

当然,这一庞大殖民计划的密切相关方面必须同时实施:被认为对新近征服地区安全构成最大威胁的群体——犹太人必须被消灭。希姆莱的计划非常适合在这一战役之初立即实施的各类屠杀行动,也和希特勒针对"游击队"的新指示十分吻合。基于这一点,屠杀行动从犹太男子到整个犹太社区的迅速扩展是政策合力的结果;屠杀范围的这一新扩张反过来需要最高效的大规模屠杀方式。在希

① 7 月 17 日,希姆莱已经任命格罗博科尼克为"帝国党卫军领袖在新近占领的东部地区建立党卫军和警察部队据点的代表"。

姆莱看来,处决妇女和儿童对他的突击队员来说似乎造成的压力太大;毒气是一种更诱人的方式。

在安乐死计划中,就已经在使用其他杀害方式的同时对精神病人使用过毒气,将一氧化碳从瓶子倒入固定的毒气室或者封闭货车(第一次使用是 1940 年夏在瓦尔塔州)。1941 年 9 月,帝国保安总局下属的犯罪技术研究所对用于实施安乐死的毒气货车进行了技术上的改进,从而提供了新的杀人可能。重新设计的货车车厢(装有强大发动机的苏拉型)实际上是一个移动的窒息机,每车每次可以处理大约 40 人。将连接着排气管的金属管插入密封的车厢,启动发动机,车内的人很快窒息而亡。这种车厢最先在萨克森豪森集中营的苏联囚犯身上试用。1941 年 11 月在保罗·布罗贝尔额特别命令队 4a (该队隶属于与马克斯·托马斯的特别行动队 C 部)的直接指挥下,第一批这样的车厢在乌克兰南部的波尔塔瓦投入了使用。

在战后的证词中,突击队员劳尔是这样描述这一过程的:"(在波尔塔瓦)有两辆车供使用……它们开进监狱的院子,犹太人——男人、女人和儿童——被逼着从牢房径直走进车厢……毒气被注入车厢里面。我仍然能够听到犹太人捶打车厢的声音和撕心裂肺的叫喊声——'尊敬的德国人,让我们出去!……'车厢的门一关上,司机就发动车子。他把车开到波尔塔瓦外的一个地方。当车到达的时候,我就在那里。车门打开时,一股浓烟溢出,接下来是一堆挤压成团的尸体。那是令人惊骇的一幕。"在几个月的时间里,有大约 30 辆毒气车在波罗的海国家、白俄罗斯、乌克兰、瓦尔塔州、塞尔维亚等地承担了绝灭犹太人的任务。

从毒气车到固定毒气室不过是一步之遥,它们有着同样的技术原理:使用由附属的发动机生产的一氧化碳。正如我们将要看到的,当 1941 年 12 月初以来几辆毒气车被用于在瓦尔塔州的切姆诺绝灭场地的时候,毒气室的建设——使用各式各样发动机废气作为支撑——于 11 月在未来的贝乌热茨灭绝营场地上开始了。而稍早的 1941 年 9 月,一套不同的使用毒气实施屠杀的实验已经在奥斯维辛集中营开始了。

奥斯维辛作为关押波兰政治囚犯的集中营自 1940 年 6 月开门启用以来经历了几个发展阶段。它位于同名地奥斯维辛市 (其 1.4 万居民中有一半是犹太人)的上西里西亚镇的东面。它地理位置优越,介于维斯瓦河和索拉河之间,紧靠一重要的铁路枢纽。1940 年 4 月 27 日,希姆莱决定建造这座集中营,5 月 4 日,曾负责达豪集中营的鲁道夫·霍斯被调来负责这座集中营。6 月 14 日,当德国国防军进入巴黎时,第一批来自加利西亚塔诺夫的 728 名波兰政治犯被运抵这座新集中营。

1940 年 9 月,波尔在访问奥斯维辛期间,注意到集中营位于沙石坑边缘可能提供的价值。他命令霍斯将现存的临时性住房每幢再加高一层;新入住的人将成为生产建筑材料的劳工,这对于补贴集中营折磨和处决犯人所需的花费是非常有益的。

波尔的计划很快被规模完全不在同一等级上的计划湮没。1941 年 3 月,轮到希姆莱访问上西里西亚集中营。他在化学工业巨头法本化学工业公司代表陪同下进行了这次访问。访问之前,正值法本化学工业公司与戈林四年计划管理部官员和党卫军之间进行艰难的谈判。与英国战争的继续以及对苏联发动进攻的计划促使得希特勒和戈林坚信合成橡胶和汽油的生产应当被置于最优先地位。法本化学工业公司作为德国在这一领域的先驱——接到了要求大幅度扩大生产能力的指令。必须尽可能快地建起一座新的工厂。

法本化学工业公司橡胶和塑料委员会主任奥托·安布罗斯已有相当一段时间意识到在奥斯维辛地区建一座新工厂的有利条件(充足的水源、平坦的土地、靠近铁路枢纽)。不过,公司的董事会在把工人和工程师派往这个破败的波兰小镇问题上犹豫不决。在 1941 年 3—4 月,希姆莱许诺向该公司提供廉价的劳工(从奥斯维辛以及其他集中营),建造足够供德国工程人员居住的房子,从而最终敲定了这一合约。霍斯受命将集中营的规模从 1.1 万人扩展到 3 万人。奥斯维辛镇的犹太人被驱逐出去,房子被征用,而波兰人则被围捕,从事建造集中营和法本化学工业公司未来的在德沃利的布纳工厂。[①]

随着大规模的扩建计划付诸实施,加上德国在东部新战役的开始,这座集中营作为大规模屠杀中心的功能逐渐显现。也许是出于偶然,就在对俄国战争打响的同时,奥斯维辛消毒团队"发现"强效的杀虫剂齐克隆 B(一直用于船体和军营

---

① 与霍斯的证词相反,在这次访问中,希姆莱并没有下令在毕尔科瑙为未来苏联战俘建造一座集中营。毕尔科瑙战俘营的建造开始于 1941 年 10 月,而且,正如人们后来进一步看到的,就在几个月后,它变成了一座灭绝营。

消毒,并在奥斯维辛普遍使用)能杀死动物,从而,被推断能杀死人。①1941 年 9 月初在主营 11 区的牢房对一小部分苏联战俘进行了实验,实验取得了成功。根据集中营编年史作者达努塔·采奇的记述,接着进行了一场大范围的实验。这一次,受害者首先从集中营的医院中遴选出来(一些人是用担架抬出来的),被一起送进 11 区的地窖,那里所有的窗户都被封了起来。"接下来,"采奇报告说,"大约 600 名俄国战俘、军官和政委被盖世太保的特别部队从战俘营中遴选出来,推进地窖。在囚犯被推进去后,党卫军人员开始向地窖里施放齐克隆 B 气体,地窖的门是关上的,与外隔绝。这一行动通常发生在集中营晚间点名的时候。在那之后,是集中营的宵禁期:这意味着关押在集中营中的人是禁止离开他们的住地和在集中营中走动。"如果第二天地窖中还有囚犯仍然活着的话,这样的行动还会重复。

　　即便在毒气车和毒气室受到最大限度应用时,德国人从来也没有放弃使用枪杀或者饥饿的方式进行大规模处决行动,这主要发生在被占领的苏联领土,以及波兰,甚至靠近灭绝营的地方。受害者不仅是犹太人,有 350 万俄国战俘,在军需官爱德华·瓦格纳将军的专业指导下,被国防军活活饿死。成千上万俄国平民被国防军或特别行动队随意杀害。再往西,对波兰平民的杀戮尽管没有达到同样的规模,但是,从一开始就在"反抵抗行动"借口下成为家常便饭之事。在那一情

---

①　从第一次世界大战开始,氰酸——接着又被称为齐克隆 B 作为一种强效杀虫剂日益被用于消毒和灭菌。1939 年 9 月,在 T4 行动(安乐死行动)开始的时候,齐克隆 B 被看作是杀死精神病患者的一种可能的途径,不过后来还是没有采取这种方式,而是采用了一氧化碳,因为一氧化碳被认为更加有效。尽管齐克隆 B 在杀人方面的潜在功效一开始被低估,但是,它还是广泛地被用作灭菌剂。这样,在 1940 年年初,随着当局做出在奥斯维辛建立集中营的决定,齐克隆 B 被用于这座新营地第一批建筑物的灭菌工作。在接下来的一年半时间里,奥斯维辛,像所有其他的集中营一样,通常都使用齐克隆 B 进行消毒。

初夏的时候,在齐克隆生产商德国有害物控制协会的建议下,更小的消毒房间(这样会有效得多)开始使用齐克隆 B 来处理衣服、毯子以及诸如此类的物品。根据战后的供词,在这样的一次行动中,负责实施任务的苦工和他们的党卫队监督者注意到待在其中一个小房间中的猫迅速死掉。"为什么不将它用到人类身上呢?"这位监督者想当然地评论道。一个在 1939 年被草率废弃的念头又再次出现。

有大批可供实验的居民。我们看到,主要在 1941 年 8 月后,在 14f13 号屠杀计划出台的背景下,羁押在集中营里的人成百地被遴选出来,并被送往 T4(安乐死)执行机构,被执行安乐死。尽管这些机构之中有些到战争结束的时候仍然在运作,但是,显然,就地屠杀,在集中营里屠杀效率更高。另外,随着对苏联进攻的开始,对苏联政治人物、共产党官员以及所有犹太战俘的屠杀开始了。盖世太保在战俘营里进行搜寻,那些预定要被处死的人活着就地被杀害,活着被转移到附近的集中营并在那里被处决。屠杀的程序各个集中营会有所不同;射击颈背部分看来是最普遍的屠杀方式,但是执行者可以不采用此种方式,他们可以发明更多的执行死刑的方式。在奥斯维辛,齐克隆 B 被选择用以执行死刑。

况下,解剖学家、波森帝国大学教授赫尔曼·沃斯的日记几乎没有留有任何想象的空间。他在1941年6月5日记录道:"昨天我查看了存放尸体的地窖和置于地窖里面的焚尸炉。建这个焚尸炉是为了销毁遭肢解后留下的人体部位。现在它被用于焚烧被处死的波兰人。灰色的车和灰色的人——来自盖世太保的党卫军员——几乎每天都为焚尸炉带来原材料。"9月30日,沃斯获得了一个好消息:"今天我同首席执行官海西博士围绕如何为解剖研究所获得尸体来源进行了饶有兴趣的讨论。柯尼斯堡研究所和布莱斯劳研究所也从这里获得了尸体。这里有这么多的人被处死,足够所有三个研究所使用了。"

八

在进行大规模处决的同时,屠杀方式的技术改进取得了长足进展,然而,在整个1941年夏季,纳粹最高领导层在犹太问题的数种"解决方案"之间一直犹豫不决。正如我们所见,在被占领的苏联领土上,灭绝首先针对的是作为苏联制度传播者的犹太人,接下来是那些作为潜在游击队员的犹太人,最后是生活在计划要成为德国殖民地上敌对因素的犹太人。当然,这三种类型的犹太人最终会会合为一种类型,但是至少在1941年夏秋,尚未运用在整个欧洲大陆。就大规模屠杀而言,稍后发展成"欧洲犹太问题最后解决"的第一阶段是在苏联领土上开始的,但是有可能当时尚未被视为是全面灭绝欧洲所有犹太人计划的一部分。接下来,我们应当如何解读1941年7月31日戈林写给海德里希的信件呢?

"在当前条件下,为了完成1939年1月24日命令中下达给你的任务:以尽可能便捷的迁移或驱逐犹太人的方式解决犹太问题,"戈林写道,"我在此委任你负责,为实施在德国影响范围内的欧洲全面解决犹太问题一事做组织上、实践上和财力上的所有必要准备。"这封信继续写道,"其他中央组织将在力所能及的范围内配合你。我进一步要求你尽快向我提交一份为执行既定的最终解决犹太问题而采取的组织、实践和财政措施的全面计划。"

戈林的这一信件是由海德里希起草、呈这位帝国元帅签发的。有关细节可以从艾希曼在1961年耶路撒冷审判时的证词了解到。很明显,这份文件意味着要确保希姆莱(还有海德里希)在涉及犹太人命运问题上的权威,包括所有在俄国领土上展开的行动以及计划中胜利后在东部对犹太人的驱逐。与1941年3月的情况相反(正如我们在前一章所看到的),这一次戈林没有将罗森贝格的名字包

第二部分 大屠杀

括在内,确切地说,很可能是因为他想制约这位新部长的野心。这封信的目的是要告知所有相关人士,在实际操作上,解决犹太人问题属于希姆莱的职权范围(当然,他必须接受希特勒的指令)。

戈林信件在涉及最后解决的具体时间段上恰到好处地含糊其词,因为希特勒似乎仍坚持其观点,即将犹太人大规模迁到俄罗斯北部须在对俄国军事行动结束之后。这一点在 1941 年 8 月初的一次纳粹宣传部高级官员会议上由艾希曼所证实,召集这次会议旨在为戈培尔即将觐见元首做准备。“这位元首”,艾希曼声称,“否决了党卫军地区总队长海德里希提出的在战争期间迁出犹太人的正式请求”。结果,海德里希提出了在主要城市部分地迁出犹太人的建议。①8 月 18 日,当戈培尔在拉斯登堡见希特勒时,曾提出了这样的想法,正如我们马上看到的,这样的想法也遭到了否决。

根据戈培尔 8 月 19 日日记(其中记录了前一天发生的事情)的记载,希特勒同意让帝国境内犹太人佩戴“大得清晰可见的犹太标志”,但是在驱逐犹太人的问题上,他只是表明,一旦运输手段允许,将把犹太人从柏林迁往东方。“在东方恶劣的气候条件下,他们会受不了的。”第二天(8 月 20 日),戈培尔再次提及了他 18 日与希特勒的讨论,而这　次,他借用希特勒的话,承诺柏林犹太人将在“东线行动结束后”被逐出。这两个时间段事实上是一次谈话的两种补充:在东部战役胜利后,一旦拥有运输手段,犹太人将会被驱逐。根据希特勒对军事形势的估计,意味着驱逐行动要等到 1941 年 10 月中旬。

在 8 月 18 日的谈话中,这位纳粹领导人再一次“预言”,犹太人将为引发战争付出代价。“元首确信,”戈培尔记录道,“他在帝国国会上做出的预言(如果犹太人再次成功引发一次世界大战争,战争将以犹太人的灭绝结束)正在实现。这一预言在最近几周和几个月里正在被证实,而且看起来是出奇的准确。在东线,犹太人正在付出代价;在德国,他们已经付出了部分代价,而且在未来还会付出更大的代价。他们的最后避难地是北美,不过,他们在那里迟早也将付出代价。犹太人在文明民族中是一个异质群体,在过去的 30 年,其活动是如此的具有破坏性以至于人们对他们的反击是绝对必要的、可以理解的、几乎可以说是最为自然的。无论如何,在即将到来的世界里,犹太人大概笑不出来了。今天,在欧洲,已经

---

① 内政部犹太事务顾问伯恩哈德·劳森纳对这次会议做了记录。

· 195 ·

有相当一部分地区结成了反犹联合阵线。"

值得注意的是，希特勒在发表这一抨击犹太人的长篇演说后马上又提到了罗斯福—丘吉尔宣言(《大西洋宪章》)的八点主张。接着,他再次回到犹太话题:"在犹太人问题上,可以确切地说,像安东内斯库这样的人今天实际上已经走在了我们前面,他比我们迄今为止所做的一切都要激进。不过,在这一问题上,我是不会停下来的,直至我们能够确切地知道犹太人的最终结果。"

希特勒对戈培尔的宣布的确具有高度威胁性;不过需要注意的是,这些威胁仍然还不明朗。德国犹太人"在未来还会付出更大的代价"可以意味着在东线胜利后,德国犹太人将被驱赶到俄国的北部地区,在那里"恶劣气候条件下,他们会受不了的"。希特勒的话语中暗示着大规模死亡;不过,在这一阶段,这位纳粹领导人的声明不像是意味着对犹太人实行有组织、普遍化和即刻的灭绝。①

九

在叙述被德国人及其盟友新近占领土地上的反犹行动时,有件事既令人特

---

① 海德里希准备立即开始驱逐德意志帝国犹太人的行动,但是,我们看到,希特勒否决了任何采取立即行动的步骤,正如他否决立即贯彻执行戈培尔迁徙犹太人的计划一样。这样,我们就很难信服克里斯多佛·布朗宁对戈林的信件的解释,他认为,戈林信件是"海德里希的宪章",指导着这位帝国保安总局的头子对大规模屠杀欧洲犹太人的可行性进行研究。"海德里希需要1941年7月的授权,因为他现在面临着一项新的可怕的任务,这项任务比对苏联领土上犹太人进行系统屠杀显得重要得多。"两份支持"可行性研究"议题的文件也可以以不同的方式加以解读。8月28日,艾希曼拒绝了威廉·斯塔西提出的允许迁移被德国占领的西方国家的犹太人的请求,"按照即将到来的'最终解决'方案,现在是准备时期"。然而,这种方案可以为将所有欧洲犹太人迁徙到俄国北部做准备或者为对于他们(犹太人)的灭绝行动做准备。但是,因为没有我们所了解的准备,艾希曼可能就简单地使用了一般的方式以解释他的拒绝。

第二份文件是波森的移民中央办事处的负责人、党卫军少校罗尔夫·海因茨·霍普奈尔在9月3日发给艾希曼的备忘录,这份备忘录确认这些"准备工作"的目标是将欧洲犹太人驱逐到俄国北部。霍普奈尔建议柏林中央移民办事处的工作应扩展到全部欧洲犹太人;他还建议应该将对"接收区域"的控制权赋予新的中央代办处。但是,正是这份文件表明尚未做出决定:"我完全可以想象,"霍普奈尔写道,"目前苏俄的广袤区域"正在准备接收更大范围的德意志殖民区域转移过来的不受欢迎的民族成分。进一步探究这些接收区域的细节只是幻想,因为首先必须做出基本的决定。顺便说一下,在这方面,根本的问题是要彻底弄清楚那些从广大的德意志殖民区域迁徙过来的不受欢迎的民族的最终命运是什么。迁徙他们目标是要让他们长远地生存下来,还是要将他们整体上根除掉。

在9月备忘录的另外一个部分,霍普奈尔强调,"他关于'接收区域'(俄国)的建议此刻还是'零碎想法的集合',因为他尚且不知道希特勒、希姆莱和海德里希的意图。假如当霍普奈尔写他的备忘录的时候,关于总体灭绝犹太人的"可行性研究"已经在准备之中的话,艾希曼很可能会暗示这一点,而整个备忘录也不会如此具有试探性和不确定性。

别烦恼但又令人很快麻木。历史似乎成了一系列大规模屠杀行动的记录,起码在表面上看不可能是别的。特别命令队 3 队 (隶属特别行动队 A 部) 的队长、臭名昭著的党卫军上校卡尔·雅各报告说,到 1941 年 9 月 10 日,在 76355 名被杀害的人之中,几乎全部是犹太人;到 1941 年 12 月 1 日,犹太人被杀数目增加到 137346 人。两个月之后,特别行动队 A 部长官施塔勒克报告了他的部队所取得的战绩 (不包括在里加的大规模屠杀):到 1942 年 2 月 1 日,已杀害了 218050 名犹太人。所有报告中提供的屠杀数字显然都是上升曲线,无论是在北部、中部、南部还是最南面。而另一种历史则揭示,从战前几年或几十年到战争爆发的那一刻之间或长或短的时间里,历史正在屠杀深渊的边缘展开。

在战前相当长的时间里,尽管存在着我们所提到的政治和社会紧张关系,但是也存在建立在个人基础上的犹太人与非犹太邻里之间的密切关系;间或,在德国征服之后,这种密切关系甚至包括占领者。因此,在一些较小的社区,杀戮者,无论是当地的帮凶还是德国人,常常是认识受害者的,为屠杀增加了一层恐怖色彩。无论如何,每一个社区,不论是大是小,都有它自身的存在状态,正如每一个犹太委员会,每一个抵抗组织,或者,每一个居民那样。在有些情况下,在罗兹或者明斯克出现的"东西会合"(从中欧被驱逐过来的犹太人和当地犹太人)现象也会制造出一些棘手的问题,给受害者的历史增加了另一个维度。至于隔都人口的灭绝,则发生在不同的地点、不同的时间和不同的背景之下,所有这一切对历史学家来说都是重要且有意义的——但是这些灭绝行动在解放力量到达之前还是无情地发生了,包括在战争的最后几个月。

在维尔纳,第一个犹太委员会于 7 月建立起来;它的大多数成员属于 9 月初被杀犹太人中的一部分。第二委员会受命组成,主席由阿纳托尔·弗里德担任;不过,实权逐渐被犹太警负责人雅各布·根斯所掌控。他在 1942 年 7 月成为这个委员会的主席。1941 年 9 月 6 日,剩余的犹太人被勒令搬进隔都。

"他们于今天拂晓前到达,"克鲁克记述道,"有半小时的时间收拾行装,可以带上能够带走的任何东西。来了不少四轮马车,停在那些已集合在院子里的人群前,人们忙着从被遗弃的家中搬出最后几件家具……从家里被赶出到迁入隔都的令人哀伤的路程有好几个小时。"鲁道什维斯克也记录了犹太人离开城市迁入隔都时的悲惨情景:"住在我们院子里一小群犹太人忙着将行李包袱拖到门口。非犹太居民站在那里，和我们一样难过……人们手忙脚乱地将行李包袱用绳子系住，拖过马路。有人跌倒，行李散落在地。我面前是一位妇女，在行李的重压下，她的身子体压弯了。行李中的米从包袱的一条细缝不断流出，撒得满街都是。"

这位年轻的日记作者接下来描述了隔都生活的最初几个小时："新来者开始安顿自己，每个人只有一丁点的空间，他们坐在自己的行李上。不断有另外的犹太人增加进来。我们待在分配给我们的地方。除了我们4个之外，这个房间还有另外11个人。房间既脏又闷，拥挤不堪。这是我们的第一个隔都之夜，我们4个一起睡在两扇门板上……我听着由那些自己被突然扔入其中的人发出的躁动不安的呼吸声，这些人和我们一样是突然从自己家被赶到这里的。"该隔都所在地，先前大约只住有4000人，现在成了2.9万名犹太人的家。

在科夫纳，经历了第一波的杀戮之后，剩下的3万名犹太人被赶入斯罗波德卡破旧的犹太郊区。在斯罗波德卡河的对岸，一座隔都于1941年7月10日正式建成。对犹太人的隔都化当然是德国的一项措施，但是在科夫纳，就像在东欧大多数城镇一样，完全得到了地方当局和民众的支持。亚伯拉罕·托里，先前是法律事务所的一名职员，从1941年6月22日起成为科夫纳的编年作者，记录了新近被任命为立陶宛财政部部长的约纳斯·马图利奥尼斯与一位名叫雅各布·戈德堡的科夫纳犹太名人之间的谈话："立陶宛人在犹太问题上观点不同，"马图利奥尼斯解释道，"主要有三种观点：最极端的观点认为，所有生活在立陶宛的犹太人都应当灭绝；相对温和的观点要求建立一座集中营，将犹太人关在里面用自己的血汗为曾经犯下的反立陶宛罪行赎罪。那么第三种观点呢？我是一名守教的罗马天主教徒。我——以及其他像我一样的信仰者——认为一个人不能要求另一个人的生活像他自己的一样……但是在苏联统治期间，我和朋友意识到我们和犹太人过去没有有过共同的道路，而且将来也不会有。在我们看来，立陶宛人和犹太人应当彼此分开，而且越早越好。鉴此，设立隔都是必要的。在隔都你们将被隔离，不再能够伤害到我们。这就是一个基督徒的立场。"

7月底，德国人下令必须任命一名"犹太头领"。8月4日，犹太社区代表开会选出了他们的主要代表。根据托里的记录："候选人只有一名，没有人打算放他一马。此人就是埃尔查南·艾尔克。"艾尔克是一名医生，他坚持说自己缺乏担任这一职位的经验。就在那时，一位与会成员，舒姆科勒尔拉比站了起来，发表了一通令人印象深刻的话:"科夫纳犹太社区正处在灾难的边缘……德国当局坚持要我们任命一犹太头领,但是我们需要的是一名'社区领袖',一位可信赖的公仆。在这一不幸时刻最适合这一职位的人无疑是艾尔克医生。因此我们把目光投向了你并且说:'艾尔克医生,你可以为任何希望把你看成我们头领的人来充当我们的头领,但是对于我们来说,你将是我们社区的领袖。我们都知道,你的道路将充满艰辛和危险,但是我们将一路上与你同行,愿上帝和我们站在一起。'"

艾尔克接受了大家的推举,但是他几乎不能做什么来阻止或者削弱德国从一开始就不断强加给隔都居民的一系列法令。这些法令主要是由纳粹冲锋队队长、该镇指挥官的发言人约丹·弗里茨颁布的。在 8 月 10 日颁布的第一批法令中,有一条法令禁止犹太人"在维里加河滨散步",也不能"在街道上行走时将手插在衣袋里"。

还在那几天,即 1941 年 8 月末,克卢克夫斯基请了一周的假,去了华沙。"我几次经过这个犹太隔都,"他在日记中写道,"几乎无法想象这样的事居然会发生。每个出入口都有德国人把守。四周高高的砖墙将犹太隔都与该城的其他部分分割开来。街上的交通十分拥挤;许多店铺都开着门。这是从街车上看到的情景。从朋友那里了解到隔都人口的死亡率非常高,特别是在贫困的犹太人中,因为他们生活在非常恶劣的环境中。"

克卢克夫斯基从街车看到在高墙的另一面,除了普通人日常生活的艰辛之外,没有任何其他不当之处。据回忆,1941 年 8 月,隔都每月死亡人数都稳定在 5500 人左右。这样,如果德国人的目标是犹太人的缓慢死亡,只要有更为严厉的控制和一定的耐心就足够了。7 月 8 日,奥斯瓦尔德对切尔尼霍夫讲得够多的了:"犹太人应当通过自愿充当劳工释放出善意。否则,隔都将会被铁丝网围起来。而铁丝网有的是,是在俄国缴获的战利品。隔都的圈子会越收越紧,所有的犹太人都将慢慢地死掉。"斑疹伤寒的暴发加剧了隔都犹太人的死亡率,没有人能够幸免,连隔都主席本人也是如此。"昨天夜里,"7 月 10 日他写道,"我在睡衣上发现了一只跳蚤,一只白色、多脚、令人作呕的跳蚤。"

在这种令人沮丧的背景下,犹太人之间本不该再有任何经常性的权力之争,本不该再有不信任,本应该忘却一切原先因恶语攻击而造成的憎恨——可事实却恰恰相反。德国人将皈依基督教的犹太人与其"种族兄弟"关在一起，按说，这些皈依者理应在隔都中获得好一些的职位。在有些情况下，的确如此（他们担任了犹太警察警官、健康委员会主席、隔都医院院长等职务），因为他们先前受过一些培训，具有一定职业能力。这样的理由并不能安抚犹太社区中较为激进成员的不满情绪。"拉比表现出了愤怒，"切尔尼霍夫在 7 月 2 日记述道，"因为获得刑事律师一职的埃特林格（亚当·埃特林格博士，华沙自由大学犯罪学前教授）是一位皈依基督教的犹太人。"

对于皈依者本人而言——截至 1941 年 1 月 1 日，隔都居民中登记为皈依者的人有 1761 名——无论他们是属于战前基督教社区的知识精英，还是由于教育程度和社会地位较低而新近皈依基督教的犹太人——大多数都希望尽可能使自己远离犹太大众。这两类皈依者中的每一类都聚集在自己的教堂，由自己的牧师带领（全圣公会教堂和高特莱夫斯基神甫为老皈依者服务，而圣母马利亚教堂和鲍姆拉维斯基神甫则为新近皈依者服务）。高特莱夫斯基和鲍姆拉维斯基两人均为皈依基督教的犹太人，均长期以来持反犹立场。皈依者尽管因为他们的特殊地位可以获得一些好处（如组织更好、更加系统的福利救助，在宗教活动和基督教节日期间可以暂时从隔都生活的压力中摆脱出来，有自己的支持组织，可以被葬在隔都高墙之外的基督徒公墓），但是他们无法摆脱一个基本事实，即对德国人来说，他们是地地道道的犹太人并被作为犹太人对待。正如一份地下隔都报纸所指出的："作为一种异质实体，他们在隔都中处于双重流亡的境地。犹太民众中的绝大多数都不与这些'犹太人'接触。他们与犹太民众的文化、希望与诉求格格不入，却作为不幸中不受欢迎的同伴承受着犹太人的不幸。"

部分受洗犹太人表现出的反犹主义是恶毒和不加掩饰的。"我回访了鲍姆拉维斯基牧师，他曾邀请我一起讨论帮助犹太基督徒这一问题，"切尔尼霍夫在 1941 年 7 月 24 日记录道，"他进而对我说：他看见上帝之手正伸向隔都。战后，他会像刚到那儿一样地丢弃反犹。犹太乞丐（儿童）具有相当的表演才能，甚至能在街上装死。"

对于部分犹太儿童来说，憎恨不是相互的，即使憎恨真的存在，也不会排斥在全圣公会教堂花园里安享和平与宁静的愿望。因此，一些来自雅努什·科尔恰克孤儿院的孩子给高特莱夫斯基神甫写了一封信。

"致全圣公会教堂的主教,尊敬的神甫:

我们真诚地请求神甫大人准许我们在周六上午(如果可能,尽量早点,在6:30到10:00之间)去教堂公园几次。

我们十分渴望能够呼吸点新鲜空气,看到一些绿色植物。我们待的地方既闷又挤。我们希望接触自然和自然交朋友。我们不会损坏一草一木。请不要拒绝我们。签名者:齐格穆斯、萨曼伊、汉卡、阿伦奈克。"

对该信的答复——如果有的话——没有人知道。

1941年6月6日,希姆莱访问了罗兹隔都。在鲁姆考斯克的陪同下,这位党卫军领袖视察了位于雅库巴街的大型服装厂,显然他对该厂为国防军做的工作表示满意。第二天隔都管理当局答应给那里的居民增加食物供给,但是承诺并没有兑现。8月4日,罗兹的日记作者记述了"一桩极为典型"的案例。"犯人"供认他们割下了一匹死马后腿及臀部上的肉,而这匹死马已经被扔在垃圾堆上并喷洒过氯化物准备埋掉。

自从罗兹成为德意志帝国的一部分以来,原有或者新型的安乐死方式就开始应用到隔都的精神院。1940年3月,大约有40名住院病人被转移,并在附近的森林里被杀害。1941年5月,一个德国医疗委员会再次转移了病人,而在7月29日,又发生了一次人员转移。在最后一次检查时,有一名德国医生在场。根据罗兹日记作者的记载,鲁姆考斯克当时也在场并恳求将70名病人中12名已经治愈的人回家。不过,那位德国医生决定这些病人(将被清除)中有一个名叫艾尔斯伯格的人(显然鲁姆考斯克认识)列入将被处决者的名单中。求情是没有用的。"尽管这些病人精神有毛病,"日记作者记述道,"但他们都意识到等待他们的将是怎样的命运。例如,他们知道为什么要在夜里给他们注射镇静剂……他们多次反抗……一支五人组穿制服的护卫小分队过来秘密地把他们带走。由于医院人员的无私工作,令人感到悲哀的转运病人的工作以有序的方式完成。"

三天之后,日记作者给这件事追加了一段后记。随便怎么看,后记都明显是一种评论:"尽管都知道等待精神病患者的悲惨命运是什么,但是那些因为精神病符合住院条件人的家人还是要求医院接收,因为对于这些家庭来说,隔都的空间是如此的狭小,环境又是那样的糟糕,让他们患精神病的家人住进医院实际是一种解脱。显然,自最近一次清洗以来,第一批病人已经被接收进去。"[1]

　　在较大的隔都,犹太委员会以为生产效率是唯一的幸存之路。只要有可能,隔都都愿意为国防军工作。数位犹太委员会领导人,如比亚韦斯托克的埃弗拉伊姆·巴拉什(以及稍后维尔纳的雅各布·根斯),一度成功地带领隔都沿着工作策略前行,就像罗兹的鲁姆考斯克所做的那样。原材料的获得是最大难题之一。在比亚韦斯托克,这一难题由于当地犹太人的聪明才智得以解决:组织隔都拾破烂、捡废品小组填补了部分原材料上的空缺;破旧衣物也从周围地区偷运进来。不过,最主要的是德国人自己做好了向为军队服务的工厂提供大批原材料的准备。按照1941年8月28日在比亚韦斯托克犹太委员会一次会议上发言人所说,"当局乐于提供保证工业产出的一切必要物资"。

　　在比亚韦斯托克为国防军工作的工厂,雇工人数在1942年3月为1730名,然而到了同年7月就增长到8600名。在1943年4月遣送事件之后,生产能力被推到了极限,隔都留存下来总数为2.8万人口中的43%被当地工厂企业雇用。

　　德国的闪电进攻使得出生并一直生活在东加利西亚地区德罗霍毕茨镇的49岁犹太裔波兰小说家布鲁诺·舒尔茨被捕。虽然舒尔茨的国际声誉来得较迟("二战"之后),但早在1930年代中期,随着两卷本短篇小说集《肉桂店》以及稍后的《用漏斗计时器做招牌的疗养院》的出版,他已经受到波兰文坛的认可。这位心理上羞怯、谦卑的高中教师的深切不安、梦境般的世界在他的素描和油画中得到了进一步的表达。在他的作品中,童话故事是通过刻画拜倒在华丽女人(这些女人对其"追求者"表现出强烈的性优越、掌控力和鄙视)脚下猎奇、心理扭曲男人的拙劣表演表达的。

　　正是画家舒尔茨,在德国占领后不久,引起了德罗霍毕茨镇"犹太事务协调员"、党卫军一级小队长费利克斯·兰道的注意。兰道是一个少年孩子的父亲,他同该少年及其母亲——他的女友生活在一起。该党卫军一级小队长是一个有艺术鉴赏力的男子,除了有出了名的嗜好——从他的窗户射杀犹太工人,据目击者

---

[1]　7月29日,就是病人被转移出去的那天,鲁姆考斯克的秘书族穆尔·罗森斯塔恩在他的日记中简洁地记述道:"主席挽救精神病人的所有努力都是徒劳的。今天上午11点钟,一辆毒气车到达位于威索拉街3号的医院,并且带走了58人。他们已经被注射了用于镇静的东莨菪碱。"

称，几乎没有失过手——他吩咐舒尔茨用童话故事画为他的儿子装点墙壁，用"壁画"来装饰盖世太保办公室的墙，回报是食物。舒尔茨遵命不误。因此，从1941年7月到1942年年初，舒尔茨"相安无事"。

在以北的里加城，落入了德国人之手的是当时最著名的犹太历史学家西蒙·杜布诺。1941年年初，当德国人占领拉脱维亚时，杜布诺已经81岁了。他的多卷本《犹太史》以及《俄国和波兰的犹太人历史》为他赢得了世界性声誉和赞扬。杜布诺一直是一位坚定倡导在流散中实行犹太文化自治的人士，因此，在多方面同崩得保持着密切联系。不过，在1930年代，面对日渐严重的危险，他开始批评崩得激进的反犹太复国主义立场。在1938年6月出版的《未来》杂志上刊登的一篇文章显示了杜布诺立场的变化，同时也反映了出现在犹太政治圈内部的争论，尽管当时的世界形势越来越危险。"崩得最大的罪在于它走向孤立的倾向……尽管犹太复国主义确实遭遇了一些失败……但不能因此而妨碍犹太人采取一些联合行动。我们已经看到出现在一些欧洲国家中的'大众统一阵线'，社会所有进步力量的联合，犹太人也需要有一个'大众统一阵线'，以便与愈演愈烈的反犹主义以及世界范围内的反动逆流做斗争。"

在德国占领后不久，里加的犹太人被赶进了隔都。享有盛名的杜布诺一直遭到盖世太保追缉：他试图藏匿起来，但还是被抓住，被监禁。他曾被释放，但被再次监禁。最后，由于身体不支，他也被赶入隔都。1934年，杜布诺为世界犹太人代表大会的新闻公报写了一篇反映欧洲犹太人正在陷入日渐严重悲惨境地的短文。《民族观察报》在援引杜布诺的话"以色列之家正在燃烧"时，补充道："这正是我们所要的！"

十

苏联的犹太人对发生在德意志帝国的反犹迫害以及对发生在1939年9月被德国占领波兰的反犹行动充分了解。在希特勒和斯大林签署秘密协定之前，苏联媒体对纳粹的反犹政策和暴行进行了充分的报道。尽管从1939年8月底到1941年6月22日官方停止了这方面的报道，但是到达波兰东部地区或波罗的海国家的犹太难民潮还是传递了有关德国人所到之处的所作所为。

在德国对苏联发动进攻数日后，苏联媒体恢复了对入侵者德国反犹行动的报道。德国空军向苏联境内空投传单，德国广播也对准了苏联。如我们所见，矛头无疑对准的是德国人所理解的布尔什维克体系中的犹太敌人。按照德国人的话说，犹太人正打算毁灭世界。不过，似乎有不少犹太人，主要是"小的犹太社团"，并不相信犹太人在德国占领下的生活会比以前更糟。据称，有些人甚至认为他们的生存状况会有所改善。许多人留下来是因为他们的家人不能随他们一起出逃，或者是因为他们不愿放弃他们经过艰辛劳动和努力获得的房子和财产。当德国国防军进入后，所有这些希望和犹豫迅速消失，不过，到那时，一切已为时太晚。

很快，苏联所有的犹太人都意识到，他们自身的幸存现在有赖于他们国家的幸存。对许多犹太人来说，认同苏联体制是自然的、不容置疑的，而且经常是满腔热情的。从一开始，这个诞生于1917年革命的政权是作为一种自由力量出现的，它将犹太民众从沙俄压迫和"栅栏区"区域隔绝状态中解放出来，禁止反犹主义，给予所有犹太人平等机会。苏联最初的计划是鼓励国内的各民族群体实行管理上的自治和文化上的认同——在这一框架中，苏联政府鼓励在比罗比詹（犹太自治州）发展意第绪文化和实行犹太自治，但到了20世纪30年代初，这一计划逐渐走向终结。这个国家惊人的现代化过程为相对接受过良好教育的犹太公民提供了巨大的机遇。到1939年，犹太人已经成为一个城市人群，尽管他们在总人口中的比例还不到2%，但他们在中产阶级职业（工程师、会计、医生）中的比例占到7.5%，在大学生群体，主要是在科学领域中占到13%。在第二次世界大战前夕，犹太人成为苏联大约100个民族中"受教育程度最高的民族群体"。与此同时，许多犹太人，主要是年青一代，放弃了他们的宗教纽带，热情地拥抱允许他们走向完全同化、极大改善其社会地位的制度。

毫无疑问，犹太人在苏联社会和文化精英中所占比例是这个国家其他族群的许多倍。这一优势甚至在苏联国家机器最敏感的一些部门也表现得十分明显。根据历史学家尤里·斯列兹金研究，"到1934年，当格伯乌（苏联国家秘密警察的旧称）转变为苏联秘密警察（NKVD）时，'根据民族划分'犹太人构成了苏联秘密警察领导层中最大的一个单一群体（37名为犹太裔，30名为俄罗斯裔，7名为拉脱维亚裔，5名为乌克兰裔，4名为波兰裔，3名为格鲁吉亚裔，3名为白俄罗斯裔，2名为德裔，还有5名属于其他族群）"。由于苏联布尔什维克领导人中有相当数量的人具有犹太背景（主要是在第一代领导人当中），构成了一个显而易见的事实，这自然给反犹舆论宣传以口实，不仅是在德国，而且在整个西方。连列宁也有一个犹太人的祖父（根据斯大林的命令，这一点一直作为国家机密加以保守)。然而,反犹主义却忽视了最为重要的一个简单事实,即在苏联体制的所有层面,苏联犹太人首先是苏联的公民,忠诚于苏联的思想和目标,忽视自己的根——直至德国的入侵。1941 年 6 月 22 日这一天将许多这些“不是犹太人的犹太人”(根据以萨克·多伊彻声名狼藉的公式)转变成为苏联犹太人,让他们突然意识到他们的根——并为作为犹太人而自豪:“我在一座俄国城市长大,”一位名叫伊利亚·艾伦伯格的作家和记者在 1941 年 8 月的一次演讲中声称,“我的母语是俄语。我是一名俄国作家。现在,像所有俄国人一样,我正在保卫我的国家。但是纳粹使我意识到一些别的东西:我母亲的名字叫汉娜。我是一名犹太人。我是带着自豪之情说这一点的。希特勒对我们的憎恨超过对任何其他人的憎恨。那真是我们的一种荣耀。”

在苏联社会的所有层面,犹太人成了反纳粹斗争的最活跃参与者。无论人们如何看待艾伦伯格在斯大林的苏联所走遭扭曲的道路,他一系列主要发表在红军报纸《红星报》上的文章一直鼓舞着苏联士兵和民众。在苏联红军中,有 16 万名犹太士兵因为勇敢受到表彰 (在苏联武装力量中服役的有 50 万犹太士兵,其中 20 万战死或报告失踪);50 名犹太军官被提升为将军,123 名犹太军官受到最高军事荣誉——“苏联英雄”称号的嘉奖。然而,斯大林曾轻蔑地对波兰将军瓦迪斯瓦夫·安德尔斯说:“犹太人都是穷当兵的。”

很快,在苏联被占领土的隔都和森林中,第一批犹太抵抗团体组织了起来。几个月后(主要在 1942 年夏天),其中的一些团体,如比尔斯基兄弟,获得了传奇性的声誉。而 1941 年 10 月 26 日,在明斯克,可能是最早且最有名的苏联抵抗斗士之一、18 岁的玛莎·布鲁斯金纳同她的两位战友一道被德国人公开绞死。但她的犹太血统一直不为德国人所知。苏联的出版物,无论是在战争期间还是在战后,均未提及这一点。[①]

斯大林——他战后的反犹主义很可能在 20 世纪 30 年代末就已经开始流露,1945 年后,他亲自发动了大规模的反犹运动——认为苏联犹太人是西方,特别是美国有用的代理人,和德国的威胁一样真实。这位苏联领导人(像希特勒一样)在想象中过分高估了美国犹太人的影响。然而,他并没有高估应召参加 1941

[①] 在明斯克,也有另外一名叫耶莱娜·马扎尼克的犹太妇女于 1943 年 9 月埋下一颗炸弹,炸死了帝国专员威廉·库贝。

年8月会议犹太名人的持久能量（他们随后建立了犹太反法西斯委员会），从1941年下半年开始，这些人在动员西方公众支持苏联方面贡献巨大。然而，这一政治努力（就像那些年其他行动一样）表明，苏联犹太人和犹太人一样，不论是东方还是西方，在本质上是无防御力的工具，甚至在属于反纳粹阵营领导人手中也是如此。埃利希—阿尔特事件就足以说明一切。

1939年秋，苏联秘密警察逮捕了两名杰出的崩得领导人，亨利克·埃利希（杜布诺的女婿）和维克托·阿尔特，他们之前逃到了波兰的苏占区。他们一次又一次地从监狱中被拖出来，一次又一次接受严刑拷打，两人在1941年6月德国进攻苏联之后不久被判处死刑。不过，到9月中旬，他们被从监狱中释放出来。苏联态度的变化很可能有数个目的：在反纳粹宣传运动中利用崩得领导人；给西方，主要是英国和美国工会人士，一种苏联奉行自由主义的印象；加强波兰流亡政府中社会主义派的力量。该派流露出与苏联达成某种协议的愿意，尽管苏联一直对波兰东部有领土要求。

埃利希和阿尔特留在了苏联，但是很快就卷入了在斯大林看来有国际范围色彩的独立犹太社会主义政治活动当中。这样，随着苏联军事形势的好转，这两位崩得领导人于1941年12月再次被捕入狱。很明显，英国人不愿意在其同莫斯科关系上制造任何紧张，因此宣布该问题纯属苏联内政。波兰流亡政府只是做了一些象征性的干预，因为它希望利用美国犹太劳工组织的愤怒来支持它同斯大林领土争端问题上所持有的立场。而美国的参战使得将任何"具有分裂性"的问题在美国公共场合提出变得不太可能。1942年5月埃利希在苏联监狱中自杀，阿尔特则于1943年2月被处决。

十一

在戈培尔得到希特勒授权后几天，让帝国犹太人佩戴"独特而清晰可见标志"的行动便开始了。1941年9月1日，内政部颁布的一项法令规定从当月19号开始，大德意志帝国及其保护国中所有年龄在6岁和6岁以上的犹太人必须佩戴黄色六角星标志，上面得写有黑色斜体字"Jude（犹太人）"字样。这个手掌心大小的犹太标志必须缝到衣服上，在靠左胸心脏的位置，以便在公共场所（被定义为任何不属于家庭圈子的地方）犹太人能够非常明晰地被识别出来。也正是从同一天（9月19日）开始，犹太人被禁止在未获得警察授权的情况下离开他们的区域或者居住地,也不被允许携带纪念章、荣誉性的装饰品以及任何其他类型的徽章。

犹太人必须从他们的社区办公室取得这些犹太标志。在发放的时候,他们通常要在一张收据上签字,收据上还包含有对相关法令的确认:"我据此确认收到一枚犹太标志,"来自巴登的古斯塔夫·以色列·哈默尔在9月20日确认道,"我被告知关于如何佩戴犹太标志以及关于禁止携带装饰品、纪念章和徽章的一系列法律规定。""我也知道,在没有获得当地警察当局书面授权的情况下,我是不能离开我的住所的。我向当局承诺小心仔细地对待这个身份标志,并确保在将它缝到衣上的时候,把犹太标志周围的纤维翻折过来,以便让标志更醒目。"

在戈培尔的观念中,犹太标志在犹太人离家外出时,能够起到全面控制犹太人的作用,能够有效保护德国人免于同犹太人发生危险的接触(主要是由于犹太人散布谣言和失败主义的言论)。但是,正像大多数反犹措施那样,这一反犹措施另外的意图是羞辱和贬损犹太受害者,当然,也是为正在进行中的反犹宣传运动进一步创造条件。迪特里赫9月26日在《假释的日子》里表达得很清楚:"有各种各样的可能性和机会去识别犹太人并以各种各样的方式去向德国民众解释采取这些措施的必要性,当然主要是指出犹太人的危害性。从明天开始,信息部门将公布犹太人已经计划好的或者正在计划中的危害德国以及德国命运的证据和材料。"[这里非常明显地涉及考夫曼的故事和迪沃吉的小册子(正如我们看到的那样,这本小册子包含着对考夫曼著作节选的评论)]

"今天,"克伦佩勒在9月19日写道,"沃斯夫人已经将犹太标志缝到了衣服上,她打算用外套遮挡它。这样做可以吗?我责备自己的怯懦。昨天,伊娃在街道上磨破了自己的脚,而现在她必须到镇上买东西,然后做饭。为什么?因为我害怕。害怕什么?从星期一开始,我打算再去商店。只有在那时(去商店的时候),我才会确切地获悉那样做会产生什么样的后果。"(伊娃是克伦佩勒的妻子,她不是犹太人,不必要佩戴犹太标志)德国民众会有怎样的反应?

据我们所看到的情况,1941年夏初,帝国保安总局对各方观点的总结显示,在德国存在着广泛蔓延的反犹敌意。反映逮捕犹太人、以强制劳动折磨犹太人,甚至对犹太人处以死刑的新闻纪录片博得了观众的大声喝彩。由于这些电影胶片通常强调犹太人是"十足的叛徒",这使得观众们对他们表示厌恶,并且经常大声地表示想知道应该对这些"游牧部落"采取什么样的措施。

引入犹太标志的做法改变了这些人的态度吗?根据9月26日帝国保安总局收到的一份来自威斯特伐利亚的报告,公众对这一新措施表示满意;但批评主要集中针对例外的存在。为什么雅利安人的犹太配偶就不需要佩戴这样的标志?随着话题的深入,出现了目前所谓的"雅利安犹太人"和"非雅利安犹太人"的区分。之前一天保安总局收到的(来自同一地区的)一份报告提到公众的普遍观点,出于更清晰识别需要,犹太人应当将犹太标志佩戴于衣服背面的位置上;这将迫使那些仍然待在德国的犹太人"消失"。

不过,许多目击者也记录了一些不同的反应。9月20日,克伦佩勒描述了发生在克伦海因夫人身上的事情:"后者昨天乘电车——她站在月台前端。电车司机问:为什么她不坐汽车呢?克伦海因夫人身材瘦小、驼背,头发已经完全白了。作为一名犹太妇女,她是被禁止乘坐汽车的。这位司机捏着拳头使劲地捶打电车的操作板:'多么卑劣的事情!'他为此感到非常难过。"11月25日,克伦佩勒记录了同情犹太人的最特别表达:"莱亨巴赫夫人……告诉我们,一位绅士在商店门口热情地欢迎她。难道他弄错了,把她当成其他的某位朋友了?——'不,我确实不认识你,但现在,你会经常性地受到欢迎。我们是欢迎佩戴犹太标志的人群的'。"不过,就在一个月前,即10月25日,克伦佩勒写道:"我总是在问自己:在'雅利安'德国人当中,谁是不受纳粹主义影响的人?(实际上,纳粹主义思想)在所有德国人中传播和蔓延,可能这不是一种传染,而是一种基本的德意志特征。"

看来,在德国,出现同情犹太人的声音并不是偶然的:"这个国家的大多数民众并不赞同这种对犹太人的羞辱和诽谤。"伊丽莎白·弗隆德——一位柏林犹太妇女在她的回忆录中写道。她提到的一些事件同下面这位德累斯顿日记作者提到的情况很类似:"我在街道上遇到素昧平生的人,他们都很有礼貌,对我表示友好。在电车上,我可以泰然自若地坐属于我的座位,尽管我们这些佩戴犹太标志的人只有在没有雅利安人站着的情况下才可以坐电车里的空位。不过,有时候,一些流浪汉会在我身后发出谩骂声。而有时候,据说犹太人也会被殴打。有人告诉我他在城市列车上的一次经历。一位母亲看到他的小女儿坐在一个犹太人旁边:'里斯琴,坐到另一张凳子上去,你不必坐在一个犹太人旁边。'就在那时,一位雅利安工人站了起来,说:'我也不必坐在里斯琴的旁边。'"

9月30日,一份由美国驻柏林总领事莱兰·莫里斯送给国务院的报告证实了克伦佩勒和弗隆德所描述的信息。"可能值得注意的是,有很大一部分柏林人对最近要求犹太人佩戴犹太标志的法令感到尴尬,甚至同情犹太人的遭遇,他们对这样的法令并不满意。这可能是因为下面的事实:在战前,作为一个国内问题,犹太问题已经被有意地淡出了公众的视野,大部分普通民众乐于竭力遗忘这一问题。对这一措施的不赞同是如此普遍,以至于那些负责任的人士为此提出了在他们看来正当的做法(如果纳粹的做法是正当的话),即认为在美国的德国人也有义务在他们的衣服上佩戴带有字母"G"的十字记号。这一荒唐无羁的说法流传甚广,但很少获得响应。"

事实上,各方面的资料充分证明,在德国民众中有一部分人对于让犹太人佩戴独特的犹太标志这一做法表示不赞同。大卫·邦基尔的评论与一般评论有着细微的差别,他认为,正是迫害的可见性使得许多德国人做出了他们曾经做出的反应,至少暂时是这样:"如果是隐姓埋名的犹太人遭到迫害,民众就能在情感上淡化因为帮助折磨犹太人所造成的道德后果(道德上的不安),也很容易纵容甚至协助迫害,因为他们不会感到羞愧和内疚。然而,如果给受害者贴上标签,民众就成为受到(道德)责难的公开目击者,他们恰好证明,在一个谋杀系统中,顺从和调节(自身以适应权威)的代价……但这些恼人的情绪显然不会维持很久。正如其他的迫害措施一样,纳粹迫使那些同情犹太人的人对犹太人进行惩罚,这使得人们对已经司空见惯的反犹迫害越来越表现出不关心和不在乎,也日益制造了冷漠和麻木。"

不过,我们也只能接受在对给犹太人佩戴反犹标志这一问题的态度和反应上出现的不和谐的声音,1941年10月31日,一封由驻柏林的瑞典公使阿尔维德·里希特呈送给在斯德哥尔摩的瑞典外交部部长的详细报告很直白地说明了这一点。在提到德国民众对被迫接受独特"装饰品"的犹太人在态度上"值得一提的礼貌"之后,他发出了警告,"为了避免引起任何误解,我想补充的是,即便许多德国人并不喜欢对犹太人采取严酷的措施,但反犹主义看来是深深扎根于德国民众之中的"。

口述的历史既证实了德国民众对于强迫犹太人佩戴大卫星犹太标志做法的负面回应,也证实了有些德国人对这样的做法表示赞同;同时还证实,一旦采用了这样的反犹标志,许多德国人开始对他们之中竟生活着如此之多的犹太人感到震惊,而这些都印证了帝国保安总局的一份调查。根据埃里克·詹森和卡尔——

海因茨·鲁本德的研究,看起来"年龄较大的人比年轻人更不赞同给犹太人佩戴犹太之星标志,天主教徒和妇女比新教教徒和男子更加反对采取这些措施,城市里的人也比乡村地区和中等规模城镇里的人更反对这些措施。……总的来说,我们所发现的关于这方面的状况与纳粹支持者的状况 (在这份研究的另一部分做了分析) 很相似。那些最不支持纳粹主义纲领的人也是最不愿支持给犹太人佩戴犹太之星标志的人"。这些作者证实,在这一措施的批评者当中,不久就出现了冷漠的情绪:"在几天的时间里,一个人很难接受这样的事实",一位这一措施的回应者这样说。不过,接着他就会接受这样的事实。毕竟,"他不可能对这一措施做任何改变"。

事实上,上述所有的阐释看起来都印证了下述事实:部分德国民众对让犹太人佩戴犹太标志做法的负面回应是短暂的,这些回应对于改变德国人整体上对这一措施的被动接受无济于事。至于犹太人方面,也并非所有的人都对德国人在早期表现出的这种怜悯心由衷感激。1941 年深秋,刚满 12 岁的吕特·克卢格是一个出生并生活在维也纳的犹太女孩,有一次她乘坐地铁进入一个隧道的时候,一个陌生人给了他一个橘子 (她并没有注意到给她橘子的动作)。"直到过了隧道,车里重新亮堂起来时,我才把橘子从包里拿出来,"她在回忆录中写道,"我心存感激地看着这位陌生人,他带着慈爱的微笑俯视着我。但是,那时,我的心情很复杂……我不喜欢这种从一点点的善意表达中就可以得到安慰的被动受害者的角色……一个橘子,无论它代表着什么,对我来说,都是无济于事的,因为我的生活越来越受到限制,越来越陷入贫困。那只是一种情感上的姿态,而我所倚靠的只不过是这种施舍者的善意。"这位年仅 12 岁的小女孩如此复杂的情感回忆当然可能受到了接下来发生的不幸的影响:一年后,也就是 1942 年 9 月,吕特和她的母亲——当时分别是一位护士和一位理疗医生——被迫踏上了通往特莱西恩施塔特的道路;后来他们又被送到了奥斯维辛。她的父亲是一位医生,曾经为一名雅利安妇女进行过流产手术;为此,他不得不逃往意大利,之后又去了法国并在那里被捕,接着被遣送到波罗的海国家,最终被杀害。

无论是作为强迫犹太人佩戴犹太标志这一反犹措施的后续反应,还是即将到来的重大决定的早期征兆,1941 年 9 月 11 日,盖世太保解散了崩得组织。崩得的大部分文化活动在此之前就被禁止了。就这样,在 7 月份,这一组织的音乐家们最后一次集会演奏威尔第的音乐;之后,他们的乐器就被没收并被分发给纳粹冲锋队和党卫军下属部队,钢琴被送往纳粹福利组织和国防军疗养院,而他们的唱片被德国唱片工厂循环利用。在德国,最后一点获得授权的犹太文化活动残余也被扼杀了。

十二

继 1941 年 6 月宣布了新法令之后,维希政府又向前迈进了一步:7 月 22 日,依据在法国北部实施的标准和方式,"雅利安化"政策在法国非占领区也得以推行。商行遭到清洗或者被置于"法国"控制下,资产被冻结,其收益被纳入特别的政府银行即国家储蓄与信贷银行。

对于达尔朗和瓦拉来说,仅做这些事情还不够。就在六月法令颁布的当天,维希政府控制区域内的所有犹太人(根据新的关于犹太人的定义)都必须进行登记。根据瓦拉的估计,到 1942 年春,大约有 14 万名犹太人已经登记,尽管民族统计办公室负责人勒内·卡尔米莱声称登记的犹太人口要少得多,大约只有 10.9 万人。那个时代生活在维希政府统治区域内犹太人的确切数量并不清楚。随即而来更加不祥的消息是达尔朗 1941 年 12 月颁布的命令,要求登记所有在 1936 年 1 月 1 日以后进入法国的犹太人(甚至包括在那期间获得了法国公民权的犹太人);这种身份甄别是法德关于搜捕犹太人以及随即驱逐犹太人协议的必要步骤。

在六月法令颁布的次日,兰贝特记述说,贝当已经会晤了赫尔布罗纳并告诉他,德国人已经下令采取所有措施。这位将军对此并不感到意外,他评论道:"这些人是非常可怕的人!"在对这些措施做了进一步评论之后,兰贝特坦率地补充道:"人们感到,甚至连该法令的细节内容都是德国当局构想的,法国只是在接受德国的指令——因为第三帝国现在把法国解决犹太人问题的方式作为法国在贯彻与德国同盟政策方面是否忠诚的一种考验。"然而,兰贝特没敢承认主动出击的一方是法国,而且反犹法令事实上是法国与德国共谋的证据,这一共谋是维希当局自愿的行为。

不久之后,在 1941 年夏秋之间,法国犹太人面临的形势看起来每个月都在变化,变得更加危险。德国人采取了进一步的措施,试图说服法国民众相信:对犹太人的斗争具有生死攸关的必要性。9 月 5 日,巴黎举行了一次规模巨大的反犹展览。该展览由泽齐勒的"犹太问题研究所"出面组织;这样,它看起来就像是由一个纯粹的法国机构所组织的法国展览。17 日,别林基评论道:"一场反犹展览在林荫大街上的贝利兹宫开始了;报纸和墙上的反犹广告攻势大大提升了这次展览的影响力。一位看起来不像闪米特人的犹太女性朋友走进展览通道,听到人群中有人说:'在这里,可以确保不会遇到犹太人。'"这次展览一直开到 1942 年 1 月 3 日,吸引了超过 30 万人次的参观者(大多人是需要买票的)前来,其中的确有犹太人。显然,其中一些犹太参观者甚至敢于公开表达他们对展览的批评。

不过,德国人并不是只限于舆论宣传。1941 年 8 月 20 日,按照德国人的指令,巴黎警察(主要在法国第 17 行政区)逮捕了 4230 名犹太人;他们被送往德兰西集中营,这个新建立的集中营靠近法国首都巴黎。针对犹太人的这第二次搜捕很可能是对 8 月 13 日由共产主义者青年组织所组织的反德示威游行的一次报复;警察带有臆测性地注意到,在示威者之中有大量的犹太人(法国警察已经准备好了这些犹太人的名单,其中的一些人在 1939—1940 年曾在法国军队服役)。那一次,一些法国犹太人也遭到了逮捕,但主要是共产党人。

秋天,对德国军事人员的进一步攻击招致一系列的复仇行动,但起初复仇主要是针对共产主义者(不过是犹太人或者是非犹太人)。甚至在 1941 年 10 月 20 日南特战地指挥官、陆军少尉卡尔·霍尔茨被杀之后,对 50 名人质进行的处决也不是特定针对犹太人的行动。在海德里希看来,施蒂尔普纳格尔的反犹复仇太温和了,正是在这种背景下,法国亲纳粹的好战分子在克诺亨的煽动下于 10 月 3 日对三座巴黎犹太会堂进行了炸弹袭击。施蒂尔普纳格尔很快获悉这些袭击的缘由,向国防军陆军总司令部抱怨海德里希的过激行动,但并没有奏效。这位总司令官别无选择,只能让自己的反犹报复行动逐步升级。

1941 年 11 月 28 日,又发生了一起针对德国士兵的袭击。这一次,施蒂尔普纳格尔向国防军总司令部提议,从今往后,德国的报复性回应应该是大规模逮捕法国犹太人,并将他们驱逐到东方。12 月 12 日,德国警察抓捕了 743 名犹太男子,主要是法国人,且大多数属于中产阶级。他们被送往德国直接控制下的贡比涅集中营。对他们的驱逐计划本应在接下来的几周执行;不过,后来被推迟到 1942 年 3 月,那时,这群犹太人和另外一些犹太囚犯(总共 1112 人)被遣送至奥斯维辛。这样,驻法国的德国国防军司令部亲自实施了日益严厉的反犹措施。当处决法国人质引起人们疑虑的时候,通过驱逐犹太人致其死亡(巴黎的德国国防军上层越来越认识到这一点)的方式被大范围采用,当时主要由非纳粹党系统的军事精英来贯彻执行。

与此同时,随着反犹措施的增多,逮捕犹太人的行动以及早期对犹太人的遭送,丹内克尔开始对犹太组织施加越来越大的压力,将"协调委员会"转变成为完全的犹太委员会。德国人希望维希当局带头对这个新组织施加压力。显然,在1941年秋,对于犹太领导人(无论是本国的还是来自国外的)来说,他们不得不接受德国人的命令。不过,降临在所有犹太人身上的共同命运并没有弥合两大社区团体之间的裂痕。在这种内部发生严重争吵和冲突的背景下,一个由法国犹太名人组成的群体——兰贝特在他们当中逐渐扮演起非常重要的角色——决定遵从维希政府的决定并参与同瓦拉的反复协商,但这一做法违背了犹太人协会的意志,也违背了犹太"联盟"中更激进群体的意志。1941年11月29日,瓦拉签署法令,建立法国犹太人联合总会。1942年1月9日,官方正式任命了北部法国犹太人联合总会(占领区)和南部法国犹太人联合总会(维希统治区)的执行理事会成员。事实上,兰贝特成为法国南部地区历任联合总会的核心人物。

有人说,对于那些处在德国军事当局直接占领下的西欧国家和地区来说,他们采取反犹措施并不比那些处在纳粹非军事化统治之下的国家和地区来得更加心安理得。但是,在被德国军事占领的法国,情况并非如此。而比利时看起来也差不多,国防军总司令根·亚历山大·冯·法尔肯豪森对那些能够在民众中制造骚乱的反犹措施保持了缄默。在法国和荷兰颁布的反犹措施几乎也同时在比利时实行。

就这样,在1940年10月28日,德国军事管理当局给在比利时生活的6.5万到7.5万名犹太人身上强加了同法国犹太人和荷兰犹太人相似的地位。当局下令,比利时犹太人必须进行登记,同时发放有特别标志的犹太身份证;犹太商行必须登记在册,犹太裔官员遭到解雇,犹太人从合法的职业和新闻业中被驱逐出去,这同西方任何地方都一样。1941年春,所有的犹太财产被勒令登记,几乎与此同时,邻国荷兰也在贯彻进一步隔离犹太人措施。在这一年秋天,一个犹太委员会,即比利时犹太人协会建立了起来;几天之后,法国犹太人联合总会建立了起来。

不过,比利时犹太人和荷兰及法国犹太人所处的形势有些不同。1940年代,在荷兰有三分之二的犹太人,在法国有半数犹太人是本地的或者归化的公民,但在比利时，只有 6% 的犹太人是比利时公民。在德国人的存在和影响相对较弱的情况下，这三个欧洲国家发生的小规模亲纳粹运动主要是剥夺犹太人的财产和对个别犹太人进行袭击。只是在 1941 年 4 月 14 日至 17 日间，比利时才发生了类似于大屠杀那样的大规模反犹暴乱。在安特卫普，弗兰德斯人全国联盟的 700 名暴徒在复活节后的星期一观看了电影《犹太人苏思》，随后，纵火焚烧了多座犹太会堂和大拉比的住所。而到了 1941 年年末，比利时教会上层和抵抗运动都不再对德国反犹措施或者比利时极右组织（主要是弗兰德斯全国联盟）持强烈的批评态度。一份持自由主义立场的地下出版物的确曾对安特卫普暴乱表示抗议，它这样总结道："亲爱的读者——不要认为我们比利时人是亲犹太人的。情况远不是那样。不过，即便是一个犹太人，他也是人类的一员。"

在巴比雅集体屠杀事件之后，几名年老的犹太人（目击者声称有 9 人）回到基辅，就坐在他们古老的犹太会堂旁边。没有人敢靠近他们，或者给他们食物和水，因为这样的事一旦被发现就会招致立即被处决的后果。就这样，这几名犹太人一个接一个地死去，最后只剩下两个人。一位过路者走到站在街角的岗哨跟前，建议他枪杀这两个年老的犹太人，而不是看着他们饿死。"这个警卫想了一会儿，就照他说的做了。"

第五章 (1941 年 9 月至 1941 年 12 月)

1941 年 11 月 12 日，希姆莱要求东线的党卫军和警察部队高级指挥弗里德里希·耶克恩处决里加隔都内将近 3 万名犹太人。

在行动前夕，也就是 11 月 29 日，那些身强体壮的犹太人被从隔都大多数人中分离出来。11 月 30 日清晨时分，从隔都到伦布拉森林的艰难跋涉开始了。大约 1700 名警卫已经准备就绪，其中包括大约 1000 名拉脱维亚仆从部队。同时，几百名苏联囚犯在伦布拉森林的沙地上已经挖好了 6 个大坑。①

---

① 在处理 3 万名里加犹太人尸体问题上，看来征询过党卫军建筑师和其他专家的意见。

　　那些试图逃脱这次撤空隔都行动的犹太人被就地处决——在住所、在楼梯上、在街道上。当隔都居民一群一群地到达森林后，警卫们戴着固定的交叉护手将他们赶到坑边。在到达死刑现场前不久，犹太人被迫放下他们的手提箱和背包，脱掉他们的外套，最后脱掉全部衣服。接着，这些赤身裸体的受害者通过一个土坡下到坑里，面朝下趴在坑底，或者趴在将要死去的和已经死去的人身上，然后，刽子手在大约两米开外的地方朝着每一个人的后脑勺射一颗子弹，他们就这样毙命了。

　　耶克恩站在坑的边缘，旁边簇拥着帝国保安总局的人员、警察以及被邀请来的民众。帝国总督洛泽对现场进行了简短的视察，部分警察指挥官甚至是远从列宁格勒前线调来的。12 名神枪手轮流上阵，对犹太人射杀了整整一天。屠杀在下午 5 点到 7 点之间停歇了一段时间；到那时，大约已有 1.5 万名犹太人被处决。

　　一周之后，也就是在 12 月 7 日和 8 日，德国人杀害了剩余占隔都人口半数的犹太人。1942 年 1 月 14 日的帝国保安总局第 155 号报告汇总了结果："由于高级党卫军和东线警察领导人所执行的这次行动，里加隔都中的 29500 名犹太人已经被缩减至 2500 名。"

　　历史学家西蒙·杜布诺由于生病在床在第一次的集体屠杀中幸免。在第二次拉网式搜捕中，他被带走。这些生病体弱的隔都居民由汽车带到刑场，杜布诺由于上车的速度不快，一位拉脱维亚警卫在他的后脑勺开了一枪。第二天，他被葬在隔都的一个大型墓地里。据谣传——很快谣传变成了传奇——在杜布诺走向汽车的时候，他不断地重复："同胞们，不要忘记；同胞们，要讲述这一切，要记录下这一切。"几个月之后，也就是在 1942 年 6 月 26 日，党卫军二级突击队中队长、帝国保安总局犹太管理第七处 (研究部) 主任海因茨·巴伦西芬通知他的同事，在里加，他的手下"获得了""45 箱装有犹太历史学家杜布诺的档案和图书的材料"。

　　希姆莱一直担心这些大规模的屠杀行动会给他的手下在精神上造成巨大压力。1941 年 12 月 12 日，他就此再一次发布指示："高级党卫军的领导人和指挥官们的神圣职责是：他们必须主动认识到，在必须履行这项艰巨使命的我们每一个人之中，没有任何一个人会变成残酷无情的人……只要在履行官方职责时遵守最严格的纪律，在执行完艰巨任务后举办同志式晚会，就可以做到这一点。不过，同志间的聚会应当以喝得烂醉如泥告终。在这样的夜晚，只要条件允许，大家可以围坐在桌子旁，并按最优良的德国家庭传统在一块吃饭；甚至，这些夜晚应该演奏音乐，发表讲演，把我们的同志带入德国精神和情感生活的优雅境界。"

在对里加犹太人进行第一次集体屠杀当天的清晨时分，从柏林运来的1000名犹太人到达郊外的火车站。耶克恩认为，将这些新来的犹太人带到发生剧烈变化的隔都（从那里到伦布拉的跋涉在任何时刻可能开始）是不合时宜的。解决的方法就在眼前：将这些柏林犹太人从火车站直接运到森林，并在那里就地处决。

这些从第三帝国遣送到里加的犹太人只是德国遣遣送犹太人中的一部分。10月15日，希特勒突然决定，将在德国及其保护国城市中的犹太人驱逐到先前波兰或者东方的犹太隔都中。一个月前，希特勒曾告诉戈培尔，对德国犹太人（隐含的意思指所有欧洲犹太人）的驱逐将在对苏战争胜利后进行，而且这些犹太人将被直接送到俄国的北极地区。是什么导致这位纳粹领导人突然改变了主意呢？

一

希特勒决定驱逐德国犹太人的精确时间仍然不得而知。有些历史学家声称，希特勒在9月17日做出了他的决定。第二天，在给格莱瑟并抄送海德里希和瓦尔塔州党卫军兼警察高级领袖威廉·科佩的信中，希姆莱总结了"元首的希望"："元首希望古老的帝国及其保护国能够从东到西尽可能地将犹太人清除出去。因此，如果可能的话，现在我将努力实施这一计划的第一阶段，即将帝国及其保护国里的犹太人迁移到那些在两年前已经成为帝国一部分的东部土地上，然后，明年春天再把他们驱逐到更远的东方。我的计划是将帝国及其保护国接近6万名犹太人带到利茨曼隔都过冬，因为我听说那里仍然有空间容纳犹太人。我请你不仅要理解这一步骤（它必定会给你的党区带来困难和负担），而且要为了帝国的利益，尽你所能支持这一步骤的实施。负责转移犹太人的党卫军师队长将直接或者通过党卫军队长科佩及时和你联系。"

希姆莱给格莱瑟的信证明，希特勒是突然做出决定的，并没有为执行该决定做任何准备。把6万到8万名犹太人驱逐到本已非常拥挤的罗兹隔都，这显然是不可能的。很明显，将这些犹太人送到更遥远的东方也只是一时的许诺，缺乏可操作性,只不过是想避免遭到格莱瑟和罗兹当局的任何抗议而已。这样看来,这位纳粹领导人当时做出上述决定的背景更加让人感到迷惑。

开始从帝国西部地区撤离,这可能是希特勒做出上述决定的一个动机:德国西部和西北部各省长官一直要求政府提供住宅,因为在英国的轰炸中,西部和西北部房屋损坏严重。9月16日,汉堡市市长卡尔·考夫曼直接向希特勒发出特别紧急请求,请求解决住房问题。因为就在这前一天,该城市遭到了英军的猛烈空袭。而戈培尔一直所坚持的"清洗柏林犹太人"的主张强化了上述诉求。

希特勒的突然决定已经被主要地归因于一条情报:斯大林下令将伏尔加河的德国人驱逐到西伯利亚。9月14日,罗森贝格的副官奥托·布罗伊蒂加姆将这条消息报告了希特勒的司令部,他被告知,元首极为重视这一消息。在9月16日同里宾特洛甫进行磋商之后,希特勒——根据上述理解——在9月17日下定决心采取行动。不过,我们知道,戈培尔在日记中提到斯大林命令之前的6天以及之后的一天,这位纳粹宣传部门头子就记录了驱逐行动在世界范围内造成的反响。这样看来,希特勒不可能是在9月14日才获得那则消息,毫无疑问,他应该在此前一周就得到了那则消息,但直到9月14日,他才对那则消息做出反应。而且,他当然知道,以驱逐德国犹太人的方式来为伏尔加河的德国人复仇很难给斯大林那样的人留下深刻印象。当然,伏尔加河的德国人问题是促使希特勒更早做出决定的一个权宜借口,但做出这样的决定实际上有一个完全不同的理由:罗斯福正坚定不移地努力使美国卷入战争之中。

这位纳粹领导人掌握了大量关于罗斯福正在给英国提供直接援助的信息;丘吉尔与罗斯福在1941年8月的会晤进一步巩固了两国事实同盟关系的基础。柏林方面同时也密切关注到,罗斯福正决心满足斯大林的要求,使之能够继续同纳粹战斗。德国人知道罗斯福的非官方特使哈利·霍普金斯赴莫斯科的使命,也知道罗斯福甚至在不能充分满足美国军队当时之需的情况下毅然决定直接从美国生产线上往苏联派送飞机和坦克。所有这些都毫无疑问地印证了希特勒的判断,即犹太人是罗斯福身后的胁迫性力量。还有其他什么理由可以解释这位世界资本主义的领导人会如此欣然和急切地向咄咄逼人的布尔什维克堡垒提供援助呢?

1939年1月,希特勒以其臭名昭著的"预言"威胁巴黎和伦敦,但最主要的是威胁华盛顿的犹太"好战分子",目的在于恫吓民主国家政府,叫它们不要干预刚刚开始的波兰危机。1941 年 1 月,这位纳粹领导人再次采用他的预言(尽管术语稍有不同),可能是想以此回应罗斯福的再次当选,特别是回应他关于美国正在成为"民主的巨大弹药库"的炉边谈话。当演讲、诋毁和威胁看起来并没有迫使这位美国总统偏离其一贯道路时,这位纳粹领导人可能认为,对受到严密监视的犹太社群,即德国犹太人(以及任何在柏林工作的美国通信记者)采取直接的和具有高度威胁性的措施将会对罗斯福的"犹太党羽"产生一定影响。如果美国进一步介入战争的话,那么德国犹太人将成为具体的、活生生地走在悲惨命运边缘的人质。

1940 年 7 月,外交部的弗里茨·拉德马赫就马达加斯加计划表达了同样的观点:"马达加斯加犹太人将被掌握在德国人手中, 以确保在美国的他们 (犹太人)的成员在未来能规矩些做事。"①1941 年 3 月,外交部一再将针对德国犹太人措施同美国的政策联系在一起。它要求在 3 月 26 日,也就是《租借法案》生效的那天,发布一个新的法令以剥夺犹太人的公民权并没收那些离开帝国的犹太人的财产。

在 1941 年 9 月初的几天里,看起来希特勒越来越急迫地想要对罗斯福施加压力。9 月 4 日,一艘德国 U—652 潜艇试图用鱼雷攻击美国舰船,结果非常危险地遭到了美国格里尔号驱逐舰的追击——在格里尔号的导航下, 英国飞机对该潜艇进行了攻击。格里尔号和 U—652 潜艇都没有遭到损坏,后者成功逃脱了,但一周以后,也就是 9 月 11 日,罗斯福有意对这一事件进行了不实的陈述并出台了所谓的"见即动武"政策,这是美国介入同德国战争的重要步骤。"积极防御的时刻已经到了",这位总统在电台讲话中宣称。两天后,美国海军接到命令,可以随意对在美国"中立区"(美国单方面定义了该区域,该区域一直延伸到大西洋中部)内遭遇的所有轴心国船只进行射击。

人们可以这样认为,在希特勒看来,反威胁能够以两种方式发挥作用:威胁德国犹太人的做法将最终阻止罗斯福对德国的围追堵截 (因为犹太人的压力),或者,如果罗斯福和犹太人都投入同帝国的战争中——也就是说,全面战争就在眼前——那么最危险的国内敌人会被驱逐出德意志领土。

---

① 这已经成为 1933 年 4 月反犹联合抵制的借口,从 1938 年年底到战争期间,这样的借口作为一种有效的反犹策略一再被提及。

事实上,希特勒可能在9月初已经做出了决定。9月2日,这位纳粹领导人邀请希姆莱共进午餐。其他的一些问题也被提上了议事日程。那天之后,这位帝国党卫军领袖会晤了他在总督辖区的代表克吕格尔,两人讨论了驱逐帝国犹太人的问题。两天后,当格里尔号事件曝光后,这位帝国党卫军元首再次面见了希特勒。在当天晚上,他同他在瓦尔塔州的代表科佩就此事进行了讨论。实际存在的主要障碍一是弗兰克毫不妥协地反对再将波兰人和犹太人运到总督辖区,二是已经非常拥挤的罗兹隔都。

希特勒又犹豫了大约三周时间,因为对莫斯科的战役已经开始了。希特勒之所以考虑再三,很可能是估计到运输犹太人会给本已超负荷运行的帝国东线补给带来更大的压力。10月初,当德军在维亚兹马和布良斯克的战役中取得胜利之后,希特勒最终做出了驱逐犹太人的决定:驱逐行动可以开始了。罗兹行政区主席弗里德赖希·伊贝尔霍尔在该市市长沃纳·芬茨基的怂恿下斗胆对即将到来的犹太人大量拥入提出抗议,甚至指责艾希曼提供了关于隔都状况的错误信息。不过,希姆莱对此予以了坚决的反驳。

10月15日,第一批运输列车从维也纳驶往罗兹;接着在16日,从布拉格和卢森堡公国向罗兹的运输行动也开始了;18日,又有一批犹太人从柏林被运往罗兹隔都。到11月5日,20批的运输共运送了19593名犹太人,由此完成了驱逐行动的第一个阶段。同时,在10月23日,艾希曼和他的同事们审阅了有关第一阶段驱逐行动的报告,并对正在实施的计划补充了一些管理意见和实际操作措施。接着,在11月8日,第二阶段的行动开始了,并一直持续到1942年1月中旬。这一次共运送22批,总共有2.2万名犹太人被转运到更遥远的东方,如里加、科夫纳、明斯克等地(这是海德里希的建议,我们下面会进一步看到这一点)。在预定前往里加的运输中,有5批变更了行程,前往了科夫纳;这5趟列车上的5000名遭遭送者没有一个人在隔都里停留哪怕一会儿:他们一到隔都,就立即被转移到4号要塞,并于11月25日和29日分两批被处决。此前一个月,也就是10月28日,科夫纳隔都中将近1万名居民遭到杀害。11月7日,在明斯克当地的1.3万名犹太人被灭绝,另外7000名犹太人在11月20日被处决。很明显,1941年10月和11月份的大规模屠杀是为了给从帝国新来的犹太人腾出空间。不过,我们也看到,有时新来的犹太人一到目的地就被杀害了。

很快，这位帝国党卫军领袖就听到越来越多的抱怨，抱怨此次运输行动将混血的犹太人和接受过军事荣誉的战场老兵包含其中。而且，随着科夫纳集体屠杀消息的传播开来，希姆莱在11月30日匆忙下令不要急于对从柏林迁往里加的犹太人实施清洗。但命令到达里加的时候已经太迟了，一位愤怒的党卫军头子威胁要对擅自行动、自作主张的耶克恩实行惩罚。在接下来的几个月里，大规模处决从德国运过来的犹太人行动中止了，但这只不过是短暂的停歇。

二

德国国防军在10月2日发动了进攻莫斯科的"台风行动"，这是德国在冬季来临之前赢得战争的最后机会。在开始的一些日子里，胜利看来触手可及。正如在7月份那样，国防军最高统帅部以及进攻苏联首都主力的中路集团军司令费多尔·冯·博克也同希特勒一样，持非常乐观的态度。10月4日，这位纳粹元首回到柏林，在体育宫发表了重要的演说，戈培尔对此记述道："他认为自己是最卓越的，而且处在一种极度乐观的思维模式中。他浑身上下都散发着乐观主义的气息……元首相信，如果天气中途对德国有利的话，苏联将在14天内被彻底推翻。"而在10月7日，戈培尔这样记述："前线进展顺利。元首继续保持高度乐观的情绪。"

在那些日子里，希特勒的情绪的确非常狂妄，他关于苏联红军和苏联将走向崩溃的论调是如此专断和迫不及待，以至于在10月13日，新闻官迪特里赫竟公布了这样的重大消息："从军事上看，这场战争的结果已经注定。剩下来要做的事实际上只是政治方面的事情（内部的和外部的）。在某个阶段，东线的德国军队将停止推进，而边境地图将任由我们来描绘；这样的地图将保护由德国领导的大欧洲和欧洲利益共同体免受东方势力的威胁。"迪特里赫只是在重复元首对战争前景的评估，所以，这样看起来似乎是军队本身对战争的评估。

在整个欧洲，犹太人不断听到这些军事消息，就像令人感到焦虑的合唱乐一样，开始处在绝望之中，之后又抱有一些希望，接着在1941年年末又情绪大振。"据报道，希特勒发表了一次演说，声称他已经开始对东线进行规模巨大的进攻，"谢拉考维克在10月3日记述道，"我想知道事态将如何发展。看起来这一次会像以往几次一样取得胜利。"10月3日他又写道："德国人应该用他们的300万军队摧毁了俄国人的防线，正在朝着莫斯科进发。希特勒亲自到前线指挥。所以,这将是又一次成功的进攻。德国人确实是不可战胜的。我们无疑是要在隔都里腐烂掉的。"几天之后,开普兰也发出了绝望的声音:"纳粹继续在东线推进,"他在10月18日记录道,"并且已经到达了莫斯科的门口。这座城市仍然在垂死地挣扎,但它的命运已经注定——它将确定无疑地被纳粹占领……而当莫斯科陷落了,所有欧洲的首都都将落入纳粹的统治之下……纳粹的胜利意味着所有的欧洲犹太人将在精神上和物质上被彻底消灭。最近的消息甚至让我们之中最抱持希望的人也感到沮丧。看起来,这场战争还要持续几年。"10月25日,克伦佩勒只是简明扼要地提道:"德国继续在俄国推进,即使冬天已经开始了。"

其他一些日记作者则显得并不那么悲观。10月11日,原是布累斯劳高中老师的威利·科恩注意到,前一天所有的特别胜利公告看起来都是"预先设定的荣誉",他还补充道:"毕竟,整个世界是属于别人的。"10月20日,科恩提到美国国会废除"中立法案",他总结道:"这意味着,无论从短期还是长远来看,美国将介入战争。"塞巴斯蒂安注意到德国官方公报的微妙之处;在记录了德国和罗马尼亚报纸在10月10日鼓吹的胜利新闻后,第二天他注意到:"今天报纸的口气不再那样狂妄和咄咄逼人,而是有所缓和,这一点几乎很难觉察。'崩溃的时刻正在临近',报纸《世界》上的一个大字标题这样写道。昨天说崩溃已经成为一个既定的事实,但事实情况是战斗仍然在进行。"生活在更西部的犹太人当中,观点非常明显地分为两种:"在俄国,这些事件把犹太人分成两个群体,"比林基在10月14日记录道,"有人认为俄国已经战败,他们希望胜利者一方能够采取某种慷慨的姿态。其他一些人则坚定地相信俄国的抵抗能力。"

非常奇怪的是,德国方面仍然继续着对于军事形势的错误理解,特别是在德军总部,这种状况一直持续到11月初。哈德尔,这位冷静的谋划者预想着至少向莫斯科以东推进200公里,攻克斯大林格勒,控制迈克普油田。实际上,还是希特勒本人将他的将军从幻想中拉到实际,他希望能够实现更靠谱的目标,即占领莫斯科。11月1日,这位纳粹领导人下令重新开始对苏联首都莫斯科的进攻。然而,到那时,苏联的顽强抵抗、冬季装备的缺乏、温度降至零下以及军队的精疲力竭使得德国国防军被迫停止行动。到11月底,苏联红军已经夺回了德国人早几天占领的罗斯托夫;这是自从莫斯科战役开战以来苏联在军事上的第一次重大胜利。12月1日,德国人的进攻最终停止了。12月4日,苏联从远东新调过来的几个师在莫斯科前线发起反攻:在这次战役中德军开始了第一次撤退。

戈培尔的日记反映了日益增长的悲观情绪:"最高统帅部的一份关于东线交通和食品供给形势的详细报告显示,当前正面临着严重的困难,"他在 11 月 16 日写道,"气候环境迫使我们经常性地采取未经周密计划的新措施。而且,由于气候变化极度无常,这些措施有时在采取后的第二天就必须更改。我们的部队正遭遇史无前例的困难。"

就在东线的德国国防军面临严峻形势的时候,美国在一步一步地逼近参战的方向。10 月 17 日,一艘德国潜艇攻击了美国驱逐舰克尔利号,并导致 11 名船员死亡;几天后,美国商船列海号在非洲海岸被德国鱼雷击中;10 月 31 日,驱逐舰鲁本·詹姆斯号被击沉,有超过 100 名美国船员遇难。就在双方进行这种不宣而战的海战(很显然,在这种战争中,德国潜艇不会花时间去识别舰船的国籍)过程中,美国总统于 10 月 27 日宣布,他掌握的一些文件表明,希特勒有意废止所有宗教,而另一些地图则表明,德国计划将拉丁美洲划分为 5 个受纳粹控制国家。罗斯福所宣称的事情并不属实,但是他的意图却非常明显。国会——以及公众舆论——不再漠然:11 月 13 日,在很大程度上阻碍美国向英国和苏联提供援助的中立法案被废除。11 月 16 日,戈培尔评论道:"从根本上来讲,政治形势要由美国发生的一系列事件的进展来决定。美国媒体丝毫没有掩饰罗斯福的目标。他想至迟在明年年末参战。"

在柏林看来,罗斯福的一系列动作当然是犹太人阴谋的结果。"罗斯福 10 月 27 日的演讲给人以深刻影响,"意大利外交部部长加莱亚佐·齐亚诺在他 29 号的日记中记述道,"德国人已坚定地决定不做任何加速或者导致美国参战的事情。在一次时间很长的午餐上,里宾特洛甫攻击了罗斯福。'我已经命令媒体始终这样写:罗斯福,犹太人;我希望做出一个预言:那个家伙将在国会山被他的人民用石头砸死。'而我个人则认为罗斯福会老死,因为经验告诉我,不要太相信里宾特洛甫的预言。"

除了给罗斯福施加压力之外,希特勒可能还希望通过驱逐德国犹太人的方式给罗斯福周围的"犹太党羽"施加压力,避免美国参战的最好契机有赖于孤立主义运动的成功。在这个舞台上,美国至上委员会及其明星代言人、世界著名飞行员和遭绑架和杀害的儿子的悲情父亲查尔斯·A.林德贝格正领导煽动着国民的反战情绪。

9月11日,在罗斯福发表了"积极防御"的演讲后,林德贝格当着拥进德梅因体育场内大约8000名衣阿华州公民的面,以"谁是战争的煽动者"为题发表了他最具攻击性的演讲。林德贝格控诉了行政当局、英国人和犹太人。关于犹太人,他一开始对他们的不幸表示同情和理解,并因此希望推翻德国的制度。"但是,没有一个真诚的和有先见之明的人,"他补充道,"在这里坐视他们赞同战争的政策,而不顾这一政策将给我们和他们带来的危险。"

林德贝格所阐述的第二点无论如何也没有减弱第一点产生的影响:"这个国家的犹太社团不应该煽动战争,而是应当以每一种可能的方式反对战争,因为他们将是第一批感知战争(所带来的灾难性影响)的人。宽容是一种依赖和平和力量的美德。"在提到一些犹太人理解战争可能给他们带来的威胁时,林德贝格继续说道,"但是大多数犹太人仍然不明白这一点。他们对于这个国家最大的危险在于,他们在我们的动画、传媒、电台和政府等各领域占有巨大份额,发挥着重大影响力。"很可能林德贝格还没有意识到,他已经把德梅因体育场变成了反犹论坛,几乎达到了与臭名昭著的反犹煽动者、基督教布道者查尔斯·科格林的程度,甚至与戈培尔的反犹言论一样让人不齿。

其演讲中关于犹太人的第三和第四部分所隐藏的含义最具挑衅意味:"我不是在攻击犹太人或英国人,"他声称,"这两个民族,我都钦佩。但是,我要说的是,英国人和犹太人的领导人,出于在他们看来可以理解的理由(这些理由在我们看来是失策的),为了那些不代表美国民意的理由,希望将我们也卷入战争之中。我不能责备他们追求他们认为属于他们利益的东西,但是我们也应当为我们自己考虑。我们不能允许自然的激情和其他民族的偏见把我们的国家引向毁灭。"

林德贝格的一位传记作者评论道:"林德贝格已经从对犹太人友好的立场上往后退了;他提出美国犹太人为的是'其他'民族以及他们的利益,而'不是美国人的利益',这暗示的是一种'排斥',因而大大削弱了美国价值的根基。"林德贝格的演讲引起了广泛的愤怒,这不仅导致了林德贝格政治活动的终结,也证明,尽管在美国一部分人当中存在着强烈的反犹情绪,但是绝大多数美国人不认可任何排外性的言论,即便这些言论是以"合理的"术语来表达的。戈培尔没有忽视这次演讲,但是也没有对这次演讲做出回应。

"这一天,"这位部长在 9 月 14 日记录道,"林德贝格演讲的原稿被送到了这里。他已经发动了对犹太人的尖锐抨击,但是,其结果当然是被群起而攻之。纽约的媒体好像被狼蛛蜇了一样,发出了怒吼。人们必须对林德贝格表示钦佩:他正是依靠自己的力量,敢于直面这个由商业操纵者、犹太人、寡头和资产者组成的联盟。"

12 月 7 日,日本袭击了珍珠港。12 月 11 日,考虑到战争的不可避免,这位纳粹领导人首先向美国宣战。

三

1941 年秋,希特勒突然中止了在犹太问题上低调的言辞立场:前几个月的克制让位于猛烈的反犹谩骂、威胁和诽谤。这一急速转变是紧接着他做出驱逐德国犹太人决定后发生的;这一变化标志着现代历史上最为荒唐的"进攻动员令"的发布。

在暴虐行动前夕的 10 月 2 日,希特勒对着几百万的士兵发表了演说,用"这一年中最后一场最具决定性战斗"这样的话语来鼓舞他们……他指出,这最后一击将在冬季之前粉碎敌人,希特勒毫不怀疑这个"恐怖的,像野兽一样的""不仅准备消灭德国,而且准备毁灭整个欧洲"的敌人的真实身份。那些拥护这一制度(在这一制度中,布尔什维主义实际上是最丑恶资本主义的另一面)的人"就是犹太人,而且只能是犹太人!"第二天,在他于年度冬季社会救济行动开始之前的体育宫演讲中,希特勒把犹太人说成是"世界敌人"。从那开始,他的反犹谩骂一发不可收拾。

10 月 13 日,这位纳粹领导人将美国经济政策的灾难性状况归罪于"犹太人的想法"。第二天,他开始攻击犹太商业思想和做法。17 日中午和晚上,犹太人两次出现在他的谈话之中。午餐的时候,希特勒谈到了罗马尼亚的形势及其声名狼藉的腐败官员:"改变的前提条件是消灭犹太人;否则的话一个国家不可能摆脱腐败。"饭后,当着弗里茨·绍克尔和弗里茨·托特的面,讨论转向了未来德国在白俄罗斯和乌克兰的殖民:这位纳粹领导人许诺道,"具有破坏性的犹太人"将被赶走。18 日,希特勒的反犹想象力转到犹太人在英国走向参战之路过程中的角色。19 日,他提出了罗马帝国的奴隶进行的基督教"前布尔什维克"暴动,他认为犹太人操纵了这次暴动并试图破坏这个国家的机构。两天后,即 10 月 21 日,希特勒发泄了他对犹太人更猛烈的攻击:耶稣不是犹太人;犹太人保罗伪造了耶稣的教导,为的是破坏罗马帝国。犹太人的目标是通过破坏世界诸民族的种族核心来摧毁各民族。这位纳粹领导人宣称,在俄国,犹太人男子散居于各地,目的是勾引那些被遗弃的妇女。他们组织了规模巨大的杂交计划。犹太人还在布尔什维主义的名义下持续地折磨世界人民,就像犹太教的分支基督教在中世纪折磨它的对手那样。"扫罗变成了使徒保罗,而摩迪凯变成了卡尔·马克思。"接下来,这些人将面临丑恶的结局:"通过灭绝这些害人虫,我们将会促进人性的进步,我们的士兵对这一点是没有任何意见的。"希特勒早期演讲、他同迪特里赫·爱卡特的对话,特别是《我的奋斗》中所表达的歇斯底里的反犹观点有时候是以几乎完全相同的话语为支撑的。

同时,这位纳粹领导人也没有忽略对个体犹太人发泄愤怒的机会。10 月 20 日,《柏林画报》报道说一名 74 岁的汉堡犹太人马库斯·卢加斯因为在黑市贩卖鸡蛋而被判处两年监禁。当希特勒听到这一消息时,他主张卢加斯应当被判死刑。10 月 23 日,德国司法部通报这位帝国总理,卢加斯已经被移交盖世太保施行死刑了。

10 月 25 日,希特勒向他的客人希姆莱和海德里希(好像他们必须得到提醒一样)提起他臭名昭著的"预言":"我对犹太人做出预言:如果战争不可避免的话,那么犹太人将会从欧洲消失。这个满是罪犯的民族造成了世界战争死亡 200 万人的惨剧,现在已经造成无数人的犯罪。没有人应该到我跟前对我说不能将犹太人赶进东方的沼泽地!谁考虑过我们的人?公众的谣传将灭绝计划归因于我们,这倒不是件坏事。恐怖是一件有益的事。"他还以一种漠不关心的口吻补充道,"建立犹太国的企图将遭到失败。""公众谣传"的评论可以指向德国民众,但更有可能指国外传播的谣言,尤其是在美国……同一天,这位纳粹领导人对齐亚诺宣讲了犹太宣传在拉丁美洲产生的影响。就在同齐亚诺的谈话中,这位自我解嘲的外交部部长告诉东道主说,"犹太宣传"正以最阴冷的色调勾勒意大利的国内形势;当然,齐亚诺补充道,这些宣传完全不真实。

11 月初,希特勒当着他的牙医、党卫军旗队队长、博士兼教授的胡戈·布拉施克以及布拉施克的助手里希特博士的面,从历史政治角度又一次对犹太人展开了长篇累牍的谩骂。希特勒告诉他的客人,一旦欧洲人发现了犹太人的本性,他们也会理解团结一致的必要性。犹太人是这种团结的障碍;他们之所以能够幸存,只是因为欧洲人的团结并不存在:"现在他们就是要破坏团结。"在希特勒专题讨论的一开始,他就已经预言战争的结束将见证犹太人的覆灭。"他们没有精神和艺术的理解力,"他继续说道,"他们在本质上是积习成癖的说谎者和欺骗者。"

在那几周里,希特勒发表了两次重要的反犹公开演讲。第一次是 1941 年 8 月对"老战士"发表的年度演说。就在之前一年,在同样的场合,犹太人根本没有被提及。而这次,这位纳粹领导发表了成篇累牍的反犹恶毒攻击。他的很多话题不过是对以前慷慨激昂演说(尤其是 1936 到 1937 年之间的演说)的重复,也是对之前三到四周里反犹言论的再次发泄。希特勒告诉他的听众,他知道,在这场战争的背后,"人们终究须找出战争贩子,这些战争贩子依靠在各国之间进行交易为生,他们就是国际犹太人。"他喊道,"如果我没有发现这一事实的话,我就不会再是纳粹主义者。"接着,这位纳粹领导人又回忆起"一位伟大犹太人"(迪斯累利)的话,"种族是世界历史的关键"。事实上,犹太人就站在目前正在发生一系列事情的背后,用稻草人做掩护,进行血淋淋的交易。关于这一点,希特勒再次宣称:"我现在认识到,犹太人就是世界的纵火犯。"这还仅仅是序曲。

这位纳粹领导人继续描述犹太人毒害其他民族的手段(通过出版、电台、电影、戏剧),犹太人将世界各国推入战争之中,在这场战争中,资本家和民主政治家都通过他们军备工厂中的存货来赚钱。以犹太人为首的这种联合在德国已经被铲除;现在同样的敌人正站在外面,反对德意志民族和德意志帝国。在把许多国家推到这场战争的最前线后,犹太人转而依靠他们最信赖的工具。希特勒声称:"我们完全可以理解下面的事实:很明显,由犹太精神所控制的强权国家会将矛头对着我们。现在,犹太人最大的奴仆苏联正在向我们进攻。"在描述了"犹太代理人组织"——实际上是"奴隶驱使者"——统治劣等民众这一制度所造成的恐怖之后,希特勒拒绝认为俄国的民族主义者可以取胜:"这些有民族主义倾向的人不会再存在下去了,那些暂时成为这个国家主宰的人只不过是掌握在所有有权势犹太人手中的工具……当斯大林登场时,站在幕布前面时,卡冈诺维奇(拉扎尔·卡冈诺维奇是斯大林的犹太裔属下)和所有犹太人都站在他的后面……这些犹太人领导着这个庞大的帝国。"在这些反犹辱骂和威胁之间,这位纳粹领导人以启示方式预言了正在进行的斗争:"我的同志和老党员们,这场斗争不仅对德国人而言是一场殊死搏斗,而且对于整个欧洲也是如此,这是一场生存与毁灭的较量。"就在这次演讲中,希特勒再次提醒他的听众,他过去就是一个预言家。然而,这次的预言并没有指涉犹太人的灭绝(但灭绝之意包含在他通篇的讲演中),而是指向了一个非常相关的话题:1918 年 11 月,德国在背后被人捅一刀的事情是绝对不会再发生了。"一切都是可以想象的,"他声称,"除了一件事之外,那就是德国会投降!"

11 月 10 日,在希特勒给贝当的一封信中,犹太人再次被提及,尽管内容很简短。在这位纳粹领导人和这位维希政府头子以往的交流中,从来没有出现过犹太话题。"如果我没有在最后的时刻,也就是 6 月 22 日做出决定来反抗布尔什维克的威胁的话,"希特勒写道,"那么很容易发生的事情只能是,随着德国的崩溃,法国犹太人会取得胜利,但相应的法国人民就会陷入可怕的灾难之中。"

11 月 12 日,希特勒在他的巢穴又发表了激烈的反犹言论:在将犹太人赶出普鲁士问题上,国王弗里德里希二世已经执行了"可以效仿"的政策。19 日,这位纳粹领导人警告人们,不要同情那些"必须离开"的犹太人;在他看来,这些犹太人在整个世界都有着广泛的联系,而那些被迫离开他们家园的德国人则没有任何人可以帮助他们,他们只能完全依靠自己。在希特勒的圈子里(或者在这一问题上在整个德国),几乎没有人不知道犹太人已无法移居他处,只剩下被驱逐到没有任何亲人可以帮助他们开始新生活的地方。

11 月 16 日,在《帝国》报上,戈培尔发表了题为"犹太人是罪人"的文章。戈培尔应和了他的主子希特勒的声音。他提醒那些听到希特勒预言的人,犹太人将因为战争而被彻底灭绝:"我们现在正在见证预言的实现;降临在犹太人身上的命运是严酷的,比他们应得的惩罚还要严酷。在这件事情上,怜悯和愧疚是完全不适当的。"这位部长继续说道,"在发动战争的问题上,世界犹太人完全错误地估计了他们可以聚合的力量。现在,他们正逐渐地为同样的灭绝过程所吞没,我们已经计划好了这一过程,而且如果我们有能力这样做的话,我们就会毫不犹豫地让它发生。现在,世界犹太人正在按照他们自己的法则经历着毁灭的过程,这个法则就是'以眼还眼,以牙还牙!'"12 月 1 日,这位部长在柏林威廉·弗里德里希大学面对精英听众发表演讲时也发出了同样的威胁。在他的整个演讲中,这位掌控宣传的头子不断暗示,可能以屠杀的方式解决"犹太人问题"。不过,我们尚不清楚这次具有恐吓性的演讲是否提到将对所有欧洲犹太人实行持续、系统的灭绝。

11 月 21 日,希特勒回到柏林参加德国空军英雄根·恩斯特·乌迪特(他在被戈林以及希特勒要求为对英战争失败负责之后自杀)的葬礼。在同戈培尔的讨论中,这位纳粹领导人讨论了不会带来麻烦解决犹太人问题的"积极政策"。这些犹太人将从帝国的各大城市中清除出去,但是他没有提到柏林将在何时采取行动。他要求他的宣传部部长对混合婚姻进行限制,尤其是在艺术家圈子里。按照他的观点,"这些婚姻将走向消亡,一个人不可以因此而长出灰头发"。

11 月 27 日,这位纳粹领导人又对芬兰外交部部长罗尔夫·维廷发表了长篇大论:"人们应该清楚这样一个事实,即世界犹太人站在布尔什维主义一边。在任何一个公众观点受到压制并被那些归根结底催生布尔什维主义的力量所影响的国家里,是不可能出现反对派政治观点的……全部的不列颠民族知识阶层应该是反对这场战争的,因为即便是胜利也不会给英国带来任何好处。正是布尔什维克和犹太人的力量使得英国没有追求一种合理的政策。"

第二天,希特勒接见了耶路撒冷大穆夫提·哈吉·阿明·侯赛尼,这位巴勒斯坦阿拉伯领导人在拉西德·阿里·盖拉尼领导的伊拉克反英政府垮台后逃到了德国首都。希特勒很明确地告诉他的阿拉伯访问者,德国对犹太人的斗争是"毫不妥协的",包括反对犹太人在巴勒斯坦的殖民。"德国决心有计划地要求每一个欧洲国家来解决犹太人问题;德国也会在适当的时候向欧洲以外的国家发出呼吁。"同一天,这位纳粹领导人在和罗马尼亚首相米哈依·安东内斯库的会谈中也不忘进一步阐述他的反犹言论;不过,这一次,他提出了一个新的话题,官方的记录是这样陈述的:"这位帝国元首非常具体地表述了自己的观点,他对当前的形势做了一番探讨。世界犹太人同斯拉夫人,很不幸地,还同盎格鲁—撒克逊人联合在一起,正在继续着痛苦的战争。就空间来讲,德国和它的盟国面临着真正的庞然大物,这个庞然大物拥有全部的原材料和无尽的肥沃土地。另外,犹太人有着特定的破坏倾向,这一倾向在与布尔什维主义和泛斯拉夫主义的斗争中得以体现。"

泛斯拉夫主义一词的发明有点意外。比利时人首先发明了这一词汇,很快又出现在德国报纸上,泛斯拉夫主义被认为是源自"沙皇彼得大帝的遗嘱",强烈希望俄国向西扩张。希特勒很快得知这个遗嘱是伪造的,虽然如此,他还是下令把它当作真实的材料来加以利用。"这位元首在德国报刊上尽最大可能地讨论下面的话题:沙皇彼得大帝的帝国主义政策已经成为俄国的战前政策和斯大林政策的纲领。斯大林的政策是布尔什维主义世界霸权与斯拉夫帝国主义的一种结合……某个教授或者其他人从这份彼得大帝的遗嘱中发现了什么，这一点并不重要，重要的是那段历史已经证明，俄国的政策就是根据彼得大帝遗嘱所制定的原则来实施的。"报刊因此"大量地讨论这一主题，尽量让元首满意"。

11月30日夜里，在和他的密友圈谈话时，希特勒回忆起纳粹党成立之初他在纽伦堡火车站同一个犹太人打架的事，回到了他最钟情的话题。在种族主义本能的刺激下，希特勒宣称，尽管有些犹太人不是必然地打算要伤害德国人，但是，即便如此，他们也绝不会放弃他们本民族的长远利益。为什么犹太人要破坏其他民族呢？这位纳粹领导人承认，他不知道这一现象背后根本的自然—历史法则。但是，作为犹太人破坏活动的一种结果，他们在其他诸民族中创造了必要的防卫机制。希特勒补充道，迪特里赫·爱卡特曾经提到，他认识一名唯一正直的犹太人，名叫奥托·魏宁格尔，在发现自己民族的破坏性本质后，结果了自己的生命。希特勒总结道，很奇怪，第二代或者第三代犹太混血儿通常还会和犹太人走到一起。但是，他补充道，最终，自然消灭了破坏性的因素：在第七代、第八代或者第九代的时候，这些人中的犹太因素将"不再被孟德尔化"（这是一个由发现遗传规律的捷克修道士乔治·孟德尔名字得来的双关语），"种族的纯洁性得以重新确立"。

12月11日，就在珍珠港事件发生四天后，希特勒在帝国议会宣布：德国将向美国宣战。从一开始，他就提出了弥赛亚的话题："如果神意需要德国人不吝惜自我，禁受这场斗争磨难和考验的话，那么我要感谢神意委托我来领导这场历史性的对抗，这场对抗不仅将决定性地塑造我们德国人的历史，而且还将重塑欧洲的历史，实际上也将改变未来500到1000年世界的历史。"在提到苏联一直在准备对欧洲的进攻后，希特勒第一次从总体上观察和分析了正在到来的挑战，这导致他做出了一种历史的比较：罗马人和德国人已经从匈奴人手里拯救了西方文明；现在，就像当时一样，德国人不只是在为自己而战，也是在为捍卫整个欧洲大陆而战。

另外一段冗长的演讲是关于战争责任；这一演讲使得希特勒更加接近达到他召集帝国议会的目标。威尔逊和罗斯福这两位美国总统在过去20年给世界造成了无法描述的痛苦。威尔逊，这位"瘫痪的教授"不过是罗斯福政策的先驱者；但是要充分理解罗斯福及其对德国的憎恨，必须牢记一个关键的因素：这位美国政治家就任美国总统之际恰是希特勒掌握德国领导权之时。对两个人性格和两个人统治期间成就的比较必然会证明这位纳粹领导人明显的优势。希特勒进而说道："从我们民族的命运和我自己内在的真诚信念出发，支持罗斯福的力量就是我所要反对的力量。这位美国总统依靠的'智囊团'就包括我们德国人正在与之斗争的像寄生虫一样的民族，我们将着手把这一民族排除于公共生活之外。"接着，在再一次地证明罗斯福的领导将造成的巨大灾难后，希特勒得出了他论证的核心："只要一个人还想着从受到 [像犹太人(原文下面画线强调)那样只对破坏感兴趣而从来不顾秩序的恶习] 束缚和控制的灵魂(或者更恰当地说，呼唤其邪恶的灵魂)那里寻求帮助，那么美国人所走的道路就不会让人感到惊奇。"接下来的事情就是不可避免的了：为了转移人们对他的失败注意力，罗斯福——以及他背后的犹太人——必须将目光转向国外。

在这一点上，希特勒准备了非常丰富的反犹说辞，表达了他对犹太人强烈的憎恨："他(罗斯福)的政治转向受到了他周围犹太人圈子的强烈影响，那些手持《旧约》、表现疯狂的犹太人相信，美国可以成为正在日益反犹的欧洲国家准备另一个普珥节的工具。如同犹太人像魔鬼般令人讨厌地聚集在罗斯福的周围，罗斯福也同样令人厌恶地将手给了犹太人。"通过正式地向美国宣战，同时通过与日本和意大利签订《三国同盟条约》，希特勒在一场尚且不知有多狂暴的世界战争中关闭了同敌方阵营交涉的大门。

第二天，即 12 月 12 日，希特勒对纳粹党 22 位全国领袖和各大区领导人发表了秘密演讲，戈培尔对演讲进行了总结："关于犹太问题，元首决心予以彻底解决。他向犹太人发出预言，如果他们再一次卷入一场世界大战的话，那么他们将被消灭。这些话不只是说说而已。这场世界大战就在眼前，犹太人的灭绝应该是必然结果。对于这件事，不应有丝毫情感上的羁绊，必须予以正视。我们在这里不是要同情犹太人，而是要同情我们德国民众。在东线战役中，德国民众再一次牺牲了大约 16 万人，要让那些对这场流血冲突负责的人付出生命的代价。"

根据希姆莱任命日程一条标明日期为 12 月 18 日的记录，在当天的次会议上，这位纳粹领导人指示希姆莱："犹太问题／像游击队一样，必须加以彻底解决。"这段文字中间的竖线仍然没有得到解释。把犹太人当作"游击队"，这一认识显然不是指已经处在灭绝行动中六个月之久苏联领土上的犹太人。那必定是指国内的敌人，这些敌人战斗在自己国家的领土内，就像 1917—1918 年那样，他们通过密谋和通敌在帝国的背后狠狠地刺了一刀。现在,在各条战线上进行的一场新的"世界大战"又重新造成了先前有过的所有危险。而且,在1941年7月16日的大会宣言上,希特勒可能已经赋予"游击队"以最宽泛的含义:所有在德国统治范围内潜在的敌人。如我们所见,这可以理解为涵盖任何平民和整个社区。这样,希特勒给希姆莱的命令意思就很明显:不加限制的灭绝行动适用于犹太人。

12月17日,在同这位帝国党卫军首领会晤前夕,希特勒再次向戈培尔提出了犹太人问题。"元首决心继续致力于解决犹太人问题,"这位宣传部部长记录道,"不能因平庸的妇人之仁而停止这一计划。"希特勒和他的部长讨论了将犹太人从帝国驱逐出去的问题。不过,紧接着,希特勒又从总体上谈到了犹太问题:"所有的犹太人都必须转移到东方。在那里会有什么发生在他们的身上,对我们来说并不重要。他们是咎由自取;他们引发了战争,现在他们也应当为此承担代价。"接着戈培尔补充道:"令人欣慰的是,尽管元首担负着沉重的军事任务,他还是设法腾出时间……来关心这些事情,并且他对这些问题有清晰的观点。他自己正以坚强的毅力致力于这一问题的最终解决。"

在两个月的过程中,这位纳粹元首在10月19日,10月25日,12月12日,12月17日和12月18日,多次明确提到了对犹太人的灭绝行动,而且,在12月12日到16日之间,戈培尔、罗森贝格和弗兰克也间接地引述了希特勒的灭绝计划。在希特勒以前的声明中,从来没有出现过诸如此类的表述。而在12月11日以来仅仅几天的时间里,希特勒关于灭绝犹太人的陈述占到了所有关于此类陈述的七分之五。这一事实隐约传达出这样的信息:由于美国介入战争,希特勒已经做出了最后解决犹太人问题的决定。在12月28到29日夜里,希特勒提到了一个重要反犹主义者尤利乌斯·施特赖歇尔:"施特赖歇尔在《先锋报》中描述了理想化的犹太人形象。而这个犹太人比施特赖歇尔所描述的更加卑劣,更加残忍。"

另外,这位纳粹领导人在这一年最后一次公开演说中又加大了反犹威胁和侮辱的力度。根据戈培尔的记载,希特勒在12月31日通过电台口授了他的讲话,以便让他的部长(戈培尔)在当天晚上就能听到。这次讲话的总基调不同往常,具有防卫性和不安全感——这样的基调是可以理解的。这位德国元首宣称,那些把战争强加给德国的人要为阻碍希特勒(通过发起巨大的国际变革)阔步前进负责。但是胜利将在上帝的保佑(希特勒无数次借用了这一简短话语)下取得。"犹太人,恶贯满盈",这样的表述在他的讲话中被提及了不少于四次。最初,他们(犹太人)还仅仅被定义为"世界犹太 — 资本 — 布尔什维克阴谋"中的一个成分,尽管是首要成分,之后,犹太人在他的讲话中再次出现,这位纳粹领导人告诉他的民众——以及所有的欧洲人——如果"犹太 — 布尔什维主义同罗斯福和丘吉尔的结盟取得成功",一定会有可怕的命运降临到德国和欧洲人身上;接着,希特勒臭名昭著的预言再次提到犹太人:"犹太人无法将欧洲各民族铲除掉,相反,他们将成为自己攻击性行为的牺牲品";最后,在他布道式的结语部分,这位德国和欧洲的"救世主"再次用"全能的主"之名,第四次提到了犹太人,并将之形容为邪恶之源:"如果我们所有人一起忠诚地完成我们的职责,我们的命运将会像神意安排的那样实现。那些为他们民族的生命、为每天的面包、为民族的未来而战斗的人终将取得胜利! 但是那些心怀仇恨并试图在这场战争中灭绝欧洲各个民族的犹太人将会被抛弃!"最后,希特勒以再次向上帝呼吁的形式结束了他的演讲。1941 年就这样结束了,按照希特勒的话说,这应该是"世界历史上取得最伟大胜利"的一年。

四

当这位最高权威对犹太人发出的致命威胁变成一种持续、经常性反犹攻击演说时,更加凶残的针对犹太人的行动也很快得到了实施。从 1941 年仲夏开始,对德国和罗马尼亚占领的苏联领土上的犹太人集体屠杀已经达到了很大的规模。在屠杀点,包括在卡梅涅茨 — 波杜尔斯基、基辅、科夫纳、明斯克、里加以及东加利西亚的一些城镇,每一次屠杀动辄就是数千人,有时甚至是数万人。有些地方指挥官在执行任务时表现得"异常出色"。

例如,在南加利西亚的斯坦尼斯塔沃夫,地方安全警察指挥官汉斯·克吕格尔在获得加利西亚党卫军和警察部队领袖弗里德里希·卡茨曼,以及总督辖区安全警察头子卡尔·埃伯哈德·施恩格特授予的自由处置权之后,决心放手大干。[①]1941 年 12 月 12 日上午,该镇的犹太人被成群地驱赶到当地的公墓。接着,第一批 1000 名犹太人被赶入墓坑。在他们被迫脱光衣服之际,对敞口墓坑的扫射就

---

① 对于加利西亚的屠杀行动,包括 1941 年秋季发生的大规模屠杀事件的研究已经相当具体。

开始了。就在这些大型墓穴旁边,克吕格尔预备了餐桌,上面放满了食物和伏特加酒,用来慰劳那些执行屠杀行动的突击队队员(有德国警察部队、乌克兰仆从部队,以及境外德裔志愿者团体)。在犹太人队列从镇上走向公墓的时候,克吕格几乎完全无视越来越混乱的杀戮场景;这位帝国保安局的头子一手拿着意大利腊肠三明治,另一只手拿着一瓶荷兰杜松子酒,绕着他手下的人快乐地转着圈子。在惊恐之中全家人一道跳入墓坑里,在那里,他们或是被枪杀,或是被活埋;有的试图拼命沿着墓坑的壁向上爬,但最终遭射杀而亡。夜幕降临的时候,克吕格向剩下的犹太人宣布元首对他们实行缓刑。犹太人惊恐地向大门跑去,这又造成了进一步的踩踏伤亡。那天,有 1 万到 1.2 万名斯坦尼斯塔沃夫犹太人遭到杀害。剩下的人被赶进了隔都。

三个月后,一位年轻的女性日记作者叶利舍瓦(我们之后还要提到这位作者)就她的两个女友塔玛兹克和埃斯特卡在 10 月 12 日的墓地屠杀中遇害一事做出了评说。"我希望,"叶利舍瓦写道,"那种死法对于塔玛兹克来说是一种仁慈,她当即就归西了。她没有像她的同伴埃斯特卡那样受罪,而埃斯特卡是在众目睽睽之下窒息而亡。"

在第一趟从帝国出发的转移列车离开之前,海德里希于 10 月 10 日在布拉格召集了一次会议,参加者有地方党卫军最高指挥官和艾希曼。艾希曼这位帝国保安总局的头子告诉他的部下,5 万名被转移者将被送往东方(里加和明斯克),稍后加上了科夫纳。①至于该总督辖区的犹太人,海德里希准备建立两个转移营(他称之为聚集营),一个在摩拉维亚,另一个在波希米亚。在这两个聚集营里,犹太人的数量会"大幅度减少",之后,剩下的犹太人将去更远的东方。这种犹太人数量"大幅度减少"的含义没有得到进一步的说明;这可能已经成为一种即兴的表述方式(这和海德里希在 1942 年 1 月万湖会议所做的关于在苏联境内筑路的犹太苦役命运的预言如出一辙)。

根据会议草案的记载,海德里希的最后一句话是对 9 月 18 日希姆莱给格莱瑟信件中公开陈述的回应:"元首希望,"这位党卫军全国领袖写道,"帝国及其保

---

① 流放犹太人到明斯克的行动导致了对当地犹太人的大规模屠杀;屠杀当地犹太人是为了从帝国过来的犹太人腾出空间,这一点可以解释在莫吉廖夫建立灭绝点计划为什么会流产。

护国将清除犹太人。"最后,海德里希以提醒与会人员注意元首的愿望结束了 10 月 10 日的会议:"因为元首希望在本年度结束的时候应该将犹太人从德意志的生存空间中清除出去,所有尚未解决的问题必须立即得到解决。运输问题不应成为任何困难的借口。"

10 月 13 日,这位党卫军头目会见了格劳勃奇尼克和克吕格尔。很可能就在这次会见上,这位党卫军头目命令格劳勃奇尼克开始建造贝乌热茨灭绝营。我们并不确切地知晓这座灭绝营建起来是否"只是"为了给来自帝国的被转移犹太人腾出空间而灭绝卢布林地区的犹太人,或者对这一地区所有犹太人的杀戮是否也和这一区域(特别在扎莫希奇地区)的殖民计划联系在一起,是作为修改了的"东方总体计划"的第一步。兴许两个都是要实现的目标。①

另一方面,我们可以猜测,这样做根本上是为了处理从帝国流入罗兹隔都的过多犹太人,在瓦尔塔州,大规模屠杀犹太人的准备工作已经启动。一位名叫赫伯特·朗格的安乐死专家在 1941 年 10 月中旬某个时间里已经开始寻找屠杀犹太人的合适地点。这些为东方(里加、莫吉廖夫)所准备的灭绝地点很可能也是对当地犹太人实施的同样立即处决计划的一部分。

在征得希姆莱同意的情况下,在 9 月初,几名安乐死专家已经被派到了卢布林。如果希特勒驱逐帝国犹太人的命令在 9 月初已经传达给了这位党卫军全国领导人的话,那么这个时候安乐死专家的到达意味着消灭部分隔都犹太人口从一开始就被认为是解决犹太隔都过于拥挤问题的最佳办法。随着布拉克以及布尔的亲自到访,11 月 1 日,贝乌热茨集中营的建造工作也开始了。在靠近罗兹的切姆诺集中营安装的屠杀设备要简单得多:在 11 月的某个时间,帝国保安总局派人运来了三辆毒气车,到 12 月初的时候,屠杀第一批犹太人的一切准备工作

---

① 汉斯·莫姆森的意见,即格罗博科尼克在卢布林开始的灭绝行动,以及卡茨曼在加利西亚的屠杀行动开启了走向全面的"最后解决方案"的灭绝进程,是很难站得住脚的。根据这一观点,正是格罗博科尼克说服希姆莱向他派遣 T4 行动(安乐死行动)小组来处理那些不适合从事筑路工程(第四师通道)的犹太人,这也是为来自扎莫希奇的德国人腾出空间。根据同样的解释思路,格罗博科尼克的行动导致帝国总督区修建其他的灭绝营,由此引发了一系列的连锁反应,最终吞没了全部欧洲犹太人。不容置疑的是,一个格罗博科尼克,或者,一个耶克恩,或者一个格莱瑟的激进主义和狂热主义行动受到了希姆莱,当然也受到了希特勒的高度评价;然而,没有任何证据显示这些或者其他任何地方性行动作为最佳的范例被采纳,从而开启了总体灭绝犹太人的进程。整个系统中的几个格罗博科尼克只能在希姆莱设定的范围内行动,而总体灭绝计划的开始必须由希姆莱这位帝国党卫军首领从希特勒那里接受指令。

已经就绪。

至于这一系列事件发生的顺序，艾希曼在耶路撒冷审判中的证词让人感到困惑。根据艾希曼的供述，在海德里希告诉他希特勒决定灭绝欧洲所有的犹太人之后，(海德里希)曾派他去卢布林巡查。当他到达卢布林的时候，那里的树木仍然挂着秋叶。在贝乌热茨(艾希曼并不记得这个名字)，他只看到两座即将用于安装毒气设备的小木屋。当然，这与11月初(那时树叶已经失去了秋天的颜色)开始建造贝乌热茨集中营以及12月第一批板房已经准备就绪的事实并不吻合。看来艾希曼并不准确地记得海德里希什么时候下达给他"最后的命令"以及初秋时分在卢布林进行的是哪一次巡查。①

另外一些迹象，包括在技术上对贝乌热茨毒气设备的容量进行限制 (在1942年春末毒气装置升级之前) 以及1942年5月格莱瑟给希姆莱的信件 [信件表明，切姆诺集中营只是要灭绝瓦尔塔州的部分犹太人，当然也包括罗兹的部分犹太人(根据格莱瑟的说法，是1万名)]，也表明贝乌热茨和切姆诺集中营最初只起到一种"地方"集中营功能。

在希姆莱会见克吕格尔和格劳勃奇尼克的几天后，他下令停止从帝国(乃至整个欧洲大陆)向贝乌热茨遭送犹太人的行动。"考虑到即将出台的犹太人问题的'最终解决方案'"，这位党卫军领袖在10月18日发布了他的命令，由穆勒在10月23日传达给所有盖世太保分站。

而且，在希姆莱下达命令前夕，他已经采取了一个乍看起来让人感到困惑的步骤。这位帝国保安总局的头目要求卢瑟拒绝西班牙政府关于未来几个月内将在巴黎被捕的2万名西班牙籍的犹太人运送到摩洛哥的提议。海德里希辩称，西班牙人不会愿意也不能够在摩洛哥看守犹太人，而且，"这些犹太人距离太远，对于他们的基本解决方法不能直接奏效，这会导致战后仍然不能彻底地解决犹太人问题"。海德里希要求将这一解释传达给西班牙人。

事实上，允许任何例外会在相当程度上减弱刚刚开始的从帝国驱逐犹太人行动以及希姆莱中止所有犹太人遭送行动所具有的威胁性。再者，如果同意将西

---

① 为了弄清楚艾希曼的陈述，克利斯朵夫·布朗宁 (他利用艾希曼的证词说明希特勒在发布驱逐德国犹太人命令的同时，在9月的某个时间已经发布了"最终解决方案") 只得假定在卢布林灭绝营建造之前，IVB4 (盖世太保犹太人事务组) 的头子已经被派到了卢布林，而用于对犹太人施用的毒气的房间一开始被认为是充足的。没有文件显示这一推测就是事实。

班牙犹太人遣送至摩洛哥,那么,匈牙利人、罗马尼亚人,或者土耳其政府等岂不会纷纷要求对其生活在法国或者欧洲其他地方的犹太裔公民行使监护权?

在巴黎的德国驻法使馆负责犹太事务的评论员鲁道夫·施莱尔 1941 年 10 月 30 日(就在海德里希做出决定后的几天)发给威廉大街的一份电报证实,在海德里希拒绝西班牙请求的时候,他确实是因为担心开了一个恶劣的先例:"法兰西军事统帅部在 1941 年 8 月 20 日的大围捕 (因法国和法国之外的犹太人涉嫌参与共产主义和游击队活动,并试图在法国被占区域里进行针对纳粹国防军的敌对行动)过程中,已经逮捕了相当数量的犹太人,包括外国籍的犹太人。在巴黎的外国领事已经请求所在国使馆帮助释放属于各自国籍的犹太人。军事指挥官和安全部门认为, 被捕犹太人为外籍犹太人这一事实无论如何也不能影响已经采取的措施。释放这些个别的犹太人将创造先例。"至于海德里希评论的最后一部分——"这些犹太人距离太远,对于他们的基本解决方法如果不能直接奏效的话将会导致战后仍然不能彻底地解决犹太人问题"——"禁止迁徙"同即将到来的"最终解决方案"之间的联系已经成为一种标准的纳粹模式;人们可能还记得,1941 年 5 月 20 日,当戈林禁止从法国和比利时进一步迁移犹太人的时候,这一种话语模式也被采纳。

就在海德里希忙于处理同西班牙人的关系时,罗森贝格一位在东部新占领土管理部门工作的名叫埃伯哈德·韦策尔的助手竟然斗胆发布了自己的指令:他不反对通过毒气设备清除那些不能劳动的东方隔都犹太人和来自帝国同样类型的犹太人。10 月 25 日韦策尔的"消灭令"事实上已经成为总体灭绝犹太人计划的一种直接暗示,只不过韦策尔和罗森贝格都没有明说。此外,我们应当知晓的是,罗森贝格最早在 11 月中旬已经接到了总体灭绝计划(如果那时这一计划确实存在的话),否则就只能是在 12 月份接到这一计划。

大量其他文献,尽管大部分缺乏内在价值,却能力证希特勒灭绝欧洲犹太人的最终决定是在 1941 年 9 月底或者 10 月初的某个时间内做出的;相应地,其他一些材料则倾向于证明,这一决定是在美国介入战争之后做出的。[注1] 无论哪一种推断都表明,这一决定是在 1941 年最后三个月的某个时间内做出的。

如果整体灭绝的决定在 10 月份已经做出的话,那么很显然,对从德国遣送

注 1:由于此注释过长,为了便于阅读,注文放在 331 页。——出版者

来的犹太人进行地方性杀戮只是整体灭绝计划的一个部分；如果最终的决定是在后来做出的,那么从1941年12月以来,"地方性措施"就天衣无缝地成为普遍化"最终解决方案"的一部分。此外,人们可以非常合理地推断,从10月到12月,希特勒正在思考这一决定,他每日近乎疯狂地对犹太人进行攻击已经很好地说明了这一点:这位纳粹领导人不得不说服他自己,系统屠杀数百万犹太人的确是一个正确的决定。如果是那样的话,这一决定可能在10月份甚至更早的时间就初次被考虑过,而在美国参战、苏联武装力量发起反攻,一场在东线和西线两条战线同时进行的可怕"世界大战"成为现实的时候,这一决定也就成为最终的决定。

希特勒的助手和下属可能从1941年10月开始就将希特勒长篇累牍反犹谩骂理解为对他们为解决因帝国驱逐犹太人所带来问题而开展地方性屠杀行动的暗中鼓励。不过,他们还不能将之理解为开始全面灭绝欧洲犹太人的一项命令。从地方性屠杀行动到整体灭绝行动的跨越需要从最高当局获得指令性的信号。

尽管我们不清楚希特勒是何时产生立即灭绝犹太人想法的,但我们可以确定的是:希特勒做出这一决定的时间是受到形势的影响,虽然决定本身并不是。"最终解决方案"出笼的时间在一定程度上是由希特勒在1939年的预言所决定的。尽管受到政治动因的刺激(作为一种威慑),这一预言在1941年1月仍然被严肃地予以强调(尽管措辞显得更加泛泛)。当要求实现预言的时机成熟时,预言家就不能够再有丝毫的迟疑;在这样的关键时刻,一个救世主是不能够回避对犹太人进行公开和反复威胁职责的。这样,除了指控犹太人是世界大战中的危险因素外,一旦灭绝犹太人的条件成熟,希特勒就一定会兑现他的预言。犹太人可以被流放到俄国北部并在那里被成批地处决。然而,到1941年秋,这一解决犹太人问题的方式不再是希特勒的选项。犹太人必须在更靠近纳粹帝国以及新欧洲中心的区域内被处决。

就第三帝国整体而言,真实情况是,希特勒同他的党卫军之间紧密关系特别有效地促成了灭绝政策的出台。正如我们所看到的那样,在12月12日,这位纳粹元首向帝国大区领导人和纳粹党全国领导人发出了立即灭绝犹太人充满杀气的指示。希特勒是对纳粹核心圈发出这一指示的,该圈子的人都是极度狂热和忠诚的纳粹党员,他们之中的大多数人在犹太人问题上都同希特勒一样激进,而且可能也像希特勒一样做好了从屠杀到全体灭绝转变的准备。而在这一阶段,希特勒没有下达最终命令则意味着这位最高领导人还不相信纳粹这一共同信仰的最基本信条。延迟下达命令可能已经削弱了元首对他最忠诚的追随者在心灵和思想上的控制力,因为他的这些追随者随时准备站在他身边并战斗到最后一分钟。在几个月前已经开始的屠杀进程看来已经到了不可后退的地步。

此外,就当时的形势来看,在东线发动速战速决战役已经不太可能,战争正变得越来越漫长和艰巨,危险也日渐明显——此时有必要进行全民力量的总动员。正如我们已经看到的,对纳粹而言,犹太人、犹太人的危险以及毫不妥协地同犹太人进行斗争是纳粹体制的动员神话。现在已不只是宣传戈培尔"犹太人有罪"这一口号的时候,而是鼓动"民族同志"竭尽所能来同这一致命威胁进行斗争的时候,并使纳粹党的中坚分子有机会品尝犹太人遭受报应带来的快感。

最后,在对苏战争之前,希特勒对戈培尔发表的不寻常声明比以前显得更加确定和真实。如果说,在进攻苏联之前,帝国别无选择,只有赢得战争以逃脱灭亡命运的话,那么在进行了6个月史无前例对犹太人大规模屠杀之后,这样的观点显得更有说服力。越来越多来自德国社会各个领域的德国人卷入了他们完全知晓的灭绝行动的方方面面,就像纳粹党精英分子一样,他们现在成为以前从未设想过犯罪行动的共谋;胜利或战斗到最后一刻是他们的领导人、他们的政党、他们的国家以及他们自己唯一的选择。

五

在1941年秋的数周和数月日子里,在驱逐帝国境内犹太人行动开始以及发出灭绝欧洲所有犹太人信号的时候,帝国境内对犹太的"平常"迫害并没有缓和。不仅如此,涉及驱逐行动后续细节的立法获得最终通过,主要是允许顺利没收被驱逐犹太人留下的资产和财物。

1941年9月18日,帝国交通部发布了一项法令,禁止犹太人使用帝国列车的卧铺车厢和餐车;禁止他们(在他们平时住所区域之外)使用长途公共汽车或船只。只有在有足够座位的情况下,犹太人才可以使用其他公共交通工具,换言之,在交通拥堵和繁忙的时候,在非犹太人都不可以得到座位的情况下,犹太人是绝对不可以占用公共交通工具上的座位的。犹太人只可以使用最低等的交通工具出行(那时,三等是铁路运输的最低等级),他们只有"在没有其他乘客站着的情况下"才可以坐下。9月24日,帝国经济部禁止犹太人使用支票。同一天,帝国司法部禁止他们从任何具有充分公民权的德国人那里获得任何收益(财产或者资产)。"这样的收益,"这项法令声称,"与健康德国大众的情感是完全相悖的。"

一个月后,一份帝国保安总局的函件下令对任何公开向犹太人示好的德国人实施逮捕;在情节严重的情况下,冒犯该命令的雅利安人将被送到集中营关押至少三个月;而在任何一种情况下,被同情的犹太人都将被送到集中营。11月13日,犹太人必须向当局登记自己的家用电器设备;同一天,他们被迫交出了他们的打印机、自行车、照相机、双目镜等;11月4日,犹太人被禁止出售他们的书籍。

这些主要法律和法令的目的当然是取消给予仍然生活在德国的和那些已经被驱逐出德国或者即将被驱逐出德国犹太人留存的任何合法权利。帝国保安总局卷入了这些对犹太人的立法考量和决策,总理府也同样参与其中。有时,希特勒本人对此亲自进行干预。

三方面的事成为这一做法最重要考量:波兰人和犹太人的司法地位,犹太劳工的法律地位,最后,仍然是德国国民但不再生活在德意志境内犹太人的地位……到1941年10月中旬,第一项法律已经制定出台:波兰人和犹太人犯的几乎任何一项罪都可以用死刑进行惩罚。这条法律在12月4日签发生效。

新的针对犹太人的"劳动法"于11月4日发布。就像讨论全面司法地位一样,该法已经讨论了超过一年的时间。结果是再明了不过了:犹太劳工无任何权利,他可以在一夜之间被解雇。除了最低日工资外,犹太人不可以享受任何社会福利或保障。尽管如此,犹太劳工必须用自己非常微薄工资的将近一半缴纳收入税和社会公益税。①

公民权法令受到希特勒的干预。司法部、内政部、财政部以及帝国保安总局正在制定综合方案,允许国家能够没收离开帝国犹太人的任何存留资产和财物。而希特勒决定实行一种更为简便的方案。居住在帝国之外的德国犹太人将丧失他们的公民权,他们所有的资产都将成为帝国的财产。1941年11月25日,这项新的条例作为帝国公民法的第10条律令正式颁布。该律令导致了帝国财政部和

① 高兹·阿里提到了犹太劳工恩斯特·塞缪尔的案例,他在 Daimler Benz 那里工作,在扣除 24 马克的收入税后,每周只能获得 28 马克的净工资。

帝国保安总局就最终如何处置被驱德国犹太人资产和财务问题发生持久对抗。

我们看到,根据 1941 年希姆莱发布的一项命令(随后,在 1941 年 5 月 29 日,该命令经希特勒批准成为一项法律),1940 年被驱逐出德意志帝国犹太人的财产被没收。就在党卫军在行动中扣留这些财产的时候,帝国财政部声称拥有接收这些财产的权利。1941 年夏天,财政部就要求所有银行准备一份犹太人账户清单,而帝国犹太人联合会——根据帝国保安总局发出的指令——则通知说,这个国家的所有犹太人都有义务提供一份关于他们家庭、公寓和财产的详细目录;之后,任何未经批准的财产转移都将导致被捕并受到惩治。就这样,财政部和帝国保安总局(通过帝国犹太人联合会)都对实行驱逐犹太人(到俄国极北或其他地方)的行动心安理得。

11 月 4 日,帝国财政部部长建立了托管渠道,计划由该部的地方部门、区域部门或者中央部门接管被逐者的财产。这位部长强调:"特别有必要确保其他部门不发布占有和使用这些财产的命令。"然而,几天之后,帝国犹太人协会就传达了一项从帝国保安总局接到的命令,要求所有被逐犹太人将其一切值钱财物都交给协会(协会将把这些财物转移到帝国保安总局的名下)管理。他们被告知不要将这些财物登记在他们必须在聚集地点提交的表格上,他们被催促在抵达聚集地点报到之前了结财产问题。

帝国公民权法案的第 11 条律令似乎是要平息这种部门之间的争抢,以维护国家权威。"那些平时居住在帝国以外"的犹太人失去了他们的德国公民权。这一法令自其发布之日起就立即对那些居住在德国以外的犹太人以及那些后来(因转移)居住在德国以外的犹太人产生了影响。犹太人公民权的丧失使得没收犹太人资产和财物以充实帝国国库成为必须完成的任务。为了避免对"国外"这一词汇的意义产生任何误解,财政部在 12 月 3 日发出一项通知,指示这一观念也包括"被德国部队占领的地区……特别是总督辖区和由帝国专员管理的东方和乌克兰地区"。

不过,最终,帝国保安总局在处理由帝国犹太人协会征收上来的犹太资金方面坚持了自己的政策做法。保安总局声称,这些资金是确保贯彻执行所有对犹措施的财政基础。为了从犹太人那里获得更多的资金,海德里希手下的人想出了各种各样的花招,为的是进一步蛊惑并掠夺那些不加怀疑的受害者。按照他们的花招,年迈犹太人只要通过向帝国犹太人协会划拨必要的资金(这些资金将被转移到帝国保安总局名下),就可以购买"老年隔都"里的房屋。他们告知这些被逐者,这些房屋中有一些是靠近湖边的,有些是面朝公园的。实际上,这些受害者正在以这样或者那样的方式承担着被逐和最终被灭绝所需要的费用。①

这些遭被逐者丢弃的房屋导致了盖世太保和纳粹党官员之间的一种地方性合作,这和维也纳和慕尼黑出现的情况是一样的。例如,在法兰克福地区,为了防止出现紧张和争抢的局面,黑森——拿骚省省长雅各布·施普伦格任命纳粹法兰克福县党部头子作为纳粹党大区唯一代表,赋予他同盖世太保就处置犹太房屋和公寓进行谈判的权力。

不过,有时还是会出现意想不到的麻烦事。那些战争开始头两年(甚至在那之前)被迫离开自己的公寓和房屋、集中居住在"犹太人之家"的犹太人,其中的大部分是居住在他们当时只允许居住的公寓里,而这些公寓是租用的,产权属于"雅利安"房东。当驱逐行动开始后,遭逐的犹太人腾出了其中的一些公寓,而其余的公寓则暂时被(尚未遭驱逐的)犹太房客租用。一位名叫奥古斯特·斯特威、拥有这类房产房东的人于1942年8月25日给盖世太保写了一封抱怨信。在信中他抱怨说,他因一些犹太房客被逐而蒙受了租金上的巨大损失:犹太人在离开时尚未支付的部分租金,以及由于雅利安房客在部分房屋仍然由犹太人占用的情况下是不允许租用而造成的。盖世太保不否认此类经济损失的存在,但他们告诉斯特威,可以向财政部的地方机构表达自己的抱怨,因为犹太资产正在为财政部据为己有。

到1941年秋,混血犹太人的地位和命运仍然像以前那样不明朗。在德国开始驱逐犹太人行动前夕,纳粹党种族政策办公室主任格罗斯·沃尔特在同拉姆斯的一次谈话中,从"纯粹的生理学观点"提出了他希望实现的两大目标:(1)"不允许再次出现第二代混血人群——也就是说,有必要对第一代混血的犹太人(出于政治原因,他们同外族通婚是例外情况,这一点是必要的)实施绝育。"(2)有必要在第二代混血人群和德国人之间做出某种明确的区分,这样,特定的污名可以归结为"混种"这一术语。只有明确地将混血人群排斥在雅利安人的栅栏之外,才能

---

① 关于这段陈述,人们可以接受这样的假设,即德国犹太人联合会从一开始就受到欺骗,但是被骗了多长时间呢?

够保持清醒的种族意识,将来混血儿童的出生才有望被阻止。我们应当从未来民族和种族广泛接触这一观点来认真对待混血儿童出生的问题。帝国部长拉姆斯专心致志地听取了这两种观点并表明他赞成以下这一观点,即如果第一代混血犹太人想要被允许待在帝国境内的话,就必须对他们实施绝育(他强调了这一点)。他进而建议,第二代混血犹太人的婚姻必须获得官方婚姻许可,这样便于控制每一桩此类的婚姻案例对于配偶的选择。此项举措意在在所有情况下阻止第二代混合婚姻再次发生在第二代混血犹太人中,因为,根据孟德尔(遗传)法则,这样的婚姻具有传播犹太特性的危险。格罗斯补充道:"我对这一问题的回应是,人们应当彻底地审视一下,权衡在整个的德意志民族中传播犹太特性与将犹太人孤立在有限社区中(在这样的社区中,时不时地会出现具有明显犹太特征的人,但最终他们会以某种方式被根除)这两种方案,哪一种方案更好?"问题仍然悬而未决。

找出一种解决方案变得越来越迫在眉睫。首先且最重要的是放逐帝国犹太人的需要,另外,国防军中的混血犹太人是否可以继续服役或者这些人是否可以进入大学学习等问题也需要对混血犹太人的身份和地位做出清晰的界定。原则上,1940年希特勒做出的关于在国防军中服役混血人种的决定仍然有效,事实上,在法兰西战役结束之后,这一决定执行得更加严格,而且,在东线,尽管面临日益严重的困难,这一决定还是得到执行:二分之一血统的犹太人必须复员;四分之一血统的犹太人可以待在军队里,但不能够获得晋升,哪怕是晋升到士官。

在现实中,这一问题呈现的混乱状况仍然在持续。在隆美尔的非洲军团中,希特勒的这些规定似乎完全遭到漠视;在海军中,这些规定的执行也被推迟;而在陆军和空军中,只是在士兵或者军官的种族身份被公开或被发现的时候,这些规定才得以执行。希特勒本人就经常保持着将四分之一血统犹太人提升到士官和军官军衔的权力。另外,除了现有的混乱外,这位纳粹领导人还发布命令,规定如果一名混血犹太人(甚至是有二分之一犹太血统的犹太人)在战场上战死倒下,那么他的家庭应免受反犹措施的伤害。换句话说,1941年,纳粹国防军仍然征募具有二分之一犹太血统的人入伍。

可以预料的是,一些混血犹太人在他们的身份暴露后往往会受到军队指挥官或者士兵同伴的虐待。不过,后来也有很多人证实,他们在各自的战斗部队受到了人道的、友好的对待。有些混血犹太人感到自己被剥夺了正常的权利,只得离开军队;另外一些人则感到自己没有必要再为希特勒卖命了。大多数混血犹太人找到了非军事性的工作,但有时也处在高度敏感的位置上,例如在佩纳明德的导弹建造工厂的科学研究岗位。

对于第一代混血犹太人来说,进入大学仍然是极度困难的,尽管我们看到,帝国教育部接受有出色军事表现、获得军事信用证的候选人。但是,和以前一样,纳粹党行政官员及大学校长坚持强硬路线并利用每一种可能的论据（包括一些大学校长观察到这些候选人具有负面的种族特征）关闭了混血犹太人进入大学的大门。

总体上看,混血犹太人免受驱逐,如同在混合婚姻中有子女的犹太配偶一样,尽管随着时间的推移,这些犹太人的挫败感变得越来越确定和强烈,对他们的迫害也在不断地加剧,并走向激进化。

六

在第三帝国,最先传出东线对犹太人进行集体屠杀消息的是那些经常写信回家的士兵,他们对自己所目击的事实十分坦诚,也十分赞许。"在基辅,"9 月 28 日下士 LB 写道,"煤矿一个接一个地爆炸。8 天以来,该市不断地起火,而这一切都是犹太人所为。因此,所有年龄在 14 到 60 岁的犹太人都被枪杀。被枪杀的还有犹太妇女。否则的话,问题是不会得到解决的。"11 月 2 日,列兵 XM 描述了建于 1664 年的一座犹太会堂在战争中化为灰烬,现在只留下断壁残垣。"它再也不能履行先前的功能了,"XM 补充道,"我认为,在这个国家(苏联),犹太人很快就不需要任何祈祷场所了。我已经给你们讲述了不需要的原因。对于这些可怕的生物来说,这(毁掉他们的会堂)是他们实现救赎的唯一方式。"

10 月 2 日,来自蒙斯特一份党卫军安全部的报告透露了市长办公室两名官员关于俄国前线士兵信件的谈话。信件内容反映了对犹太人的敌视和无情攻击。例如,战斗之所以异常残酷源于"犹太人对所有宗教和道德情感的有意摧毁。而俄国人纯粹是受到他们犹太代理人制造的盲目恐惧所驱使。结果,俄国人殊死抵抗,像动物一样撕咬人。这就是犹太人对在俄国作战的雅利安人所做的一切……实际上,在和平时期,俄国游牧部族士兵中就有相当一部分是纯粹的蒙古人。犹太人正在策动亚洲反对欧洲。"这些在蒙斯特收到的信件反映了从东线德军中抽样出来的随机观点,具有相当代表性。

当然,关于在东线大规模灭绝犹太人的消息不只是从士兵信件中传出来的。早在1941年7月,瑞士驻帝国及其卫星国的外交和领事代表就撰写了关于集体屠杀暴行的报告;而他们所有的信息都源于德国以及与之相关的渠道。在德国各部工作的高级甚至中级官员有机会同特别行动队队员们进行交流,从而推算出遭他们屠杀犹太人令人惊愕的数目。1941年10月,德国外交部内部通信提到了这类信息,而且竟然没有将这样的信息列为绝密。①

赫尔穆特·冯·莫尔特克在写给妻子弗蕾亚的信中,流露了他对正在发生事情的清晰理解:"从东线传来的消息仍然非常可怕。我们的损失显然是非常非常惨重。如果我们不承担集体屠杀(犹太人)任务的话,还是可以承受的。不断有报告说,在所有被转移的囚犯和犹太人只有20%运抵……当这个国家作为一个整体意识到正在输掉这场战争,却不同于上次的输法时,将会发生什么呢?我想,我们的内心必定承受着此生无法救赎也无法忘却的血腥愧疚。"这段话是在1941年8月底写下的。

在那年稍迟些时候,即10月和11月,莫尔特克对驱逐犹太人的行动进行了评述:"从星期六开始,"10月21日,他在给弗蕾亚的信中写道,"柏林犹太人正在遭到围捕。他们是在晚上9点15分被抓的,在一座犹太会堂被关了整整一夜。接下来,他们被遣送至利茨曼和斯摩棱斯克的隔都,只带上他们能手提的一些东西。真是要谢天谢地没有让我们目睹他们被置于饥饿和寒冷的情景,这也是要把他们送至利茨曼和斯摩棱斯克的原因。"11月13日,"我发现自己很难再回忆那两天的情景。俄国囚犯,遭遣送的犹太人,遭遣送的犹太人,俄国囚犯……那两天,整个世界就是那个样子。昨天,我同一位享有盛名的犹太律师道别,他曾获一级和二级铁十字勋章,霍亨索伦王室授予的勋爵爵位,以及表彰受伤者的金质奖章。他和他的妻子会在今天选择自杀,因为今晚他们将要遭到逮捕。"

关于苏联被占领土上的屠杀行动,哈塞尔从国防军的经济和武器装备部(一方面,该机构在苏联被占领土上执行掠夺战利品的任务,另一方面,也致力于收集反对苏联体制的信息和资源)部长根·乔治·托马斯那里获得了许多消息。哈塞尔在 10 月 4 日记述道："与弗里达·多纳尼的谈话，与其他人的谈话，以及从前线再次归来的奥尔雷·托马斯一份报告证实，最让人憎恶的，主要是针对犹太人的暴行一直在继续，犹太人被成队地处决，处决者没有丝毫的羞愧感……指挥医疗官兵的一位司令部官员……报告说，他在处决犹太人的行动中试验了俄国人达姆弹的威力并获得了如何如何的数据；他打算继续进行这一试验，然后写一份有关该武器、可用作反苏宣传的报告！"

德国民众对集中营里正在发生的事，甚至那些最骇人听闻的事，也是十分清楚的。例如，居住在毛特豪森集中营附近的人可以看到发生在集中营里的事。1941 年 9 月 27 日，埃莉诺·古森鲍尔给毛特豪森警察站写了一封抱怨信："在毛特豪森集中营的维也纳壕沟工作点，被关押的因犯不断地遭到枪杀；那些受重伤的人会活一段时间，因此他们会数小时甚至有半天的时间躺在死去的人旁边。我的地产就在靠近维也纳壕沟的一块高地上，因此，时不时地成为这类暴行的不情愿目击者。我对此再也忍受不了了，这样的情景令人神经紧张，从长远看，我是无法承受的。我请求你们想想办法让这一不人道的行为不要再继续，或者在人们看不到的地方进行。"

至于从帝国被逐出犹太人的命运，有关信息从一开始就有所披露。1941 年 12 月 12 日，纳粹党卫军安全部报告了威斯特伐利亚州比勒费尔德附近明登镇的居民对几天前从他们自己小镇被流放到东方犹太人所遭受命运做出的评论。该镇居民谈论道："在到达华沙之前，对犹太人的遣送使用的是旅客列车。在那之后，使用的是马车牛车……在俄国，犹太人被送到以前苏联的工厂做工，而年迈的犹太人，或者生病的犹太人，则被直接处死。"

杀戮者自己并不羞于描述他们的行为，甚至在提及本该保密的 14f13 行动中大规模集体屠杀时也是如此。1941 年的最后几个月，一位直接卷入此次行动的党卫军医生弗里德里希·门内克给他的妻子——也给他的后代留下了几封臭名昭著的信件。1941 年 11 月 19 日，他从拉文斯布吕克妇女集中营向他"最亲爱的妈妈"报告说，那一天，他填写了 95 份表格(关于被杀害的犹太囚犯)，而且在完成任务后，他随即去用晚餐(三种香肠、黄油、面包和啤酒)，接着他"不可思议地"睡了一个好觉，感到非常"完美"。七天后，他从布痕瓦尔德写来信说，第一拨受害人是雅利安人。"接下来的第二拨受害人是大约 1200 名犹太人。他们不需要接受'审查'，只要从档案中发现有满足被监禁的任何理由(通常有很多这样的理由)，就马上被登记在(待杀戮)的表格中。所以，这项工作不过是一种纯假设性的任务。"几天后，这些犹太人被转移贝恩堡，被毒气毒死。

就像我们已经提到的那样，德国民众对驱逐犹太人行动以及从帝国遭送到东部地区犹太人命运的反应是多种多样的。例如，就在明登镇的一些居民对驱逐犹太人行动表示欢迎时，另外一些人则表达了他们的同情("犹太人也是上帝创造的")。也有一些人一直对犹太人抱有敌意，无论什么样的命运降临到他们身上都不介意。这样，在同一地区，许多家庭主妇对改变分配给犹太人购买食物的时间表示愤怒。因为这一改变不是迫使德国家庭主妇在不方便的时间购物，就是使得她们同犹太人一起购物。

灭绝行动的消息在东方的德国学术界人士中流传。这在一些从事"实地研究者"当中造成了恐慌。1941 年 10 月，克拉科夫东方研究所种族和民俗研究部的维也纳人艾尔弗里德·弗里特曼发现自己正处在可怕的困境之中："我们不知道在接下来的几个月里政府打算对这些被逐犹太人采取怎样的措施，"10 月 22 日，弗里特曼在给她在维也纳大学人类学系工作的密友和同事多拉·玛丽亚·卡里希的信中写道，"有可能发生的情况是，如果我们等待的时间太长，我们将失去有价值的资料，而我们的资料主要来源于犹太人的家族背景及其居住环境，与屠杀犹太人的行动在艰难环境下进行一样，我们进行照片拍摄的可能性也在很大程度上改变了(对犹太人种的照片采集将变得越来越困难)。"

弗里特曼和卡里希很快就赶到加利西亚的塔尔努夫去拍摄各类犹太家族成员的照片，和对这些人的检测。"这样，万一措施付诸实施，我们至少还能够保留一些有价值的资料。"当这些"对象"对此进行抵制的时候，拍照和检测只能在"安全警察"的"善意"协助下进行。塔尔努夫多子女的正统派家庭是主要的资料来源；他们被认为是"地道的加利西亚犹太人的典型代表"。这两位研究者都积极地朝着自己的研究目标迈进。正如接下来几周，她们在通信中所显示的那样：她们并没有隐藏他们对正在发现的"种族—人类学奇迹"的热情。这样，在回到维也纳时，正在对材料进行分析的卡里希以所有科学研究所必需的谨慎告知弗里特曼她的第一批研究结果："我应当马上确立某种正确的观点。我能确定的是，塔尔努夫的犹太人可以被归入近东种族混血的类型，这并不意味着他们不会显示其他种族的印迹。"

弗里特曼和卡里希研究的价值引起了利沃夫的纳粹党卫军安全部的进一步关切:难道塔尔努夫的犹太人不能够适当地存留更长一段时间吗?我们只能够猜测利沃夫当局对这一问题可能做出的答案。虽然如此,弗里特曼的努力还是得到了初步的结果。这些结果刊登在《德国东方研究》的一篇题为"关于塔尔努夫犹太家庭人类学照片初步报告"的文章上。

就在像卡里希和弗里特曼这样的德国学者正越来越担心他们"材料"消失的时候,在 1941 年年末和 1942 年 1 月,历史学家席德正在撰写一份关于新近被德国吞并的比亚维斯托克地区种族关系的"秘密调查",他在 1939 年就已经建议处理波兰犹太人了。与前两位女性人类学家相反的是,这位来自柯尼斯堡的狂热历史学家因其与当局的绝佳合作而倍感骄傲。席德坚决鼓励当局对比亚维斯托克的犹太居民采取措施;隔都化已经将犹太人在沙皇统治下所获得的,又在 1939 年到 1941 年苏联占领期间(那时,犹太人的布尔什维克组织迅速控制了比亚维斯托克地区的全部经济生活)得以重新确立的经济优先地位推向了终结。席德揭示了在 1917 年之前犹太人在沙俄历史上的控制经济环境能力的根源:犹太人同化进入俄国社会完全是一种表面的"掩饰","并不能阻止这些犹太人顽固地坚持他们的种族特征,这一特征让他们在过去占据了所有重要的经济地位"。不过,现在,"白俄罗斯人从他们日常生活的经验中渐渐懂得,反犹主义其实是可以理解的"。

七

从 1941 年 9 月中旬开始,帝国开始对犹太人采取两项极端措施:强迫犹太人佩戴有大卫星的犹太标志和开始遣送犹太人,这些措施直接冲撞了德国教会,使得它们再也不能对此无动于衷。教会甚至要比德国社会的其他实体更快地做出反应和表达自己的立场,因为受害者中至少有一部分是皈依了基督教的犹太人。

9 月 17 日,在执行强迫佩戴大卫星标志的前两天,维也纳枢机主教因尼策·提奥多尔还发出了一封致区内教徒的信件,对尊重和热爱天主教犹太人的行为表示赞赏;9 月 18 日,这位枢机主教的信件被撤回并被一段简短的文字所替代,其中,再也见不到对与爱和尊重的提及;只是允许非雅利裔安基督徒像以前一样继续参与教会生活。

也就是在 9 月 17 日,布累斯劳的枢机主教贝尔特拉姆为帝国教会确立了纲领。他提醒主教们,所有天主教徒,不论是雅利安人还是非雅利安人都应享有平等的地位,他要求在教会仪式中应当"尽可能地"避免歧视性措施。但是,如果(非雅利安裔)天主教徒问起宗教仪式方面的问题,牧师应当推荐他"参加清晨的宗教仪式"。如果出现了不安——也只是在那个时候——才会宣读一份声明,提醒信众:教会并不认可教会成员之间存在任何差异,无论他们源于什么样的背景。不过,教会开始考虑分开参与礼拜人员的问题。然而,一个月后,贝尔特拉姆在给慕尼黑枢机主教米歇尔·冯·法尔哈的信中写道,教会目前有比皈依犹太人问题更棘手的问题需要处理。除此之外,犹太人甚至没有被提及。

对于有些天主教机构来说,保护皈依者是一项过重的负担。卡多利亚·爱德华森(一位年轻的犹太皈依者,我们稍后会回到她的故事上),在她的传记中描述了一段动人心魄的故事。在帝国开始实行强制佩戴犹太标志的措施后不久,卡多利亚所在的天主教女子协会柏林分部女校长通知她,"如果被知晓有人收留了佩戴犹太标志会员的话,当局将会解散该协会;所以,这个女孩以后最好不要去参加他们举行的任何聚会"。而且,这位女校长丝毫没有意识到此事(对教会机构)具有的讽刺意味,竟补充道:"你知道我们的口号:单个人是为了所有的人,而所有的人也是为了单个人。"

当然,在清教徒中,忏悔宗会众和"德国基督徒"在对待犹太皈依者问题上也呈现出巨大的分歧。忏悔宗教会的一些会众在这一问题上表现出了巨大的勇气。1941 年 9 月,布累斯劳一位名叫卡捷琳娜·斯塔利兹的教会官员发布了一份通告,支持佩戴大卫星标志的犹太人,并号召她的会众对皈依犹太人采取特别友好的态度。党卫军官方报纸《黑色军团》对此进行了评论,接着该教会的官员将斯塔利兹降职为"市助理牧师"。几个月之后,她从海路被遣送至拉文斯布吕克并在那里度过了一年的时光。等她回来的时候,她已经不被允许在教会中履行任何有意义的职责了,而且还需要每周两次向盖世太保汇报情况。

正如人们所预料的那样,"德国基督徒"会众对这些新的措施表示乐见。在几周前,他们就发布了一份声明,赞扬在东方进行的反布尔什维克行动:"我们反对,"他们在声明中宣称,"将基督教本身和布尔什维主义结合在一起的基督教形式,它将犹太人看成选民,并否认我们的民族、我们的种族是受命于天的。"对于德国基督徒来说,给犹太人佩戴大卫星标志的做法可以阻止"犹太基督徒参与基督教宗教仪式、进入教会建筑,或者在基督徒公墓中安葬"。

当从帝国驱逐犹太人的行动开始时,新教和天主教教会之间的争论也趋于尖锐化。1941 年 11 月,忏悔宗教会的头面人物特奥菲尔·武尔姆试图说服戈培尔:针对非雅利安人所采取的措施只是在对付德国最坏敌人尤其是"罗斯福和他的帮凶"的时候才是合理的。这位宣传部部长注意到,武尔姆很可能是希望在新教徒中发挥自己的影响力,并与由加伦所领导的天主教会进行对抗。"他(给戈培尔)的信被扔进了垃圾桶。"12 月 10 日,武尔姆以(忏悔宗)领导人会议的名义,向国务秘书弗里德里希·威廉·克里茨金格提交了一份致希特勒的备忘录;其中一小段的内容也暗示了犹太人的命运:"许多已经发生的事情正好有利于敌人的舆论宣传:我们这份备忘录提出了处理非雅利安人和那些存在精神缺陷的基督教信徒以及解决这一变得日益艰难的问题的措施。"不过,其具体措施我们并不知晓。

随即,萨克森、拿骚·黑森、梅克伦堡州、什勒斯威格—霍斯坦、安哈特州、图林根州以及吕贝克等地的"德国基督徒"教会领导人于 12 月 7 日公开表达了对于犹太人特别是皈依犹太人的总体的立场:"对犹太人采取的最严厉措施就是要将他们从德国领土上驱逐出去……从种族上来看,犹太基督徒在教会中是没有任何地位和权利的。"这些参与签名的教会领导人已经"彻底放弃了同犹太基督徒进行任何一种善意交流的做法"。

"德国基督徒"的声明需要得到福音教会最高当局——教会总局即德国新教主流代言人的回应。在 1941 年圣诞节前两天,教会总局副主席君特·富尔勒以教会总局和由三名主教组成的精神顾问委员会的名义签署并向各地方教会发表了一份公开信,在对待犹太人及犹太皈依者的问题上采取了不妥协的反犹主义立场:"随着我们民族种族意识的彰显,并因战争经验和政治领导人所采取的相关措施的强化,提出了将犹太人从德国社会中清除出去的问题。德国福音教会是德国民众唯一永恒的福音,它居于这个民族的合法领土内,是受公共法律保护的宗教实体,这个无可争辩的事实不应当被草率地忽视。因此,在同德国福音教会精神委员会达成一致的情况下,我们请求最高当局采取适当的措施,以使接受洗礼的非雅利安人从德国会众的宗教生活中分离出来。这些受洗的非雅利安人必须另谋途径创立自己的宗教设施以服务于他们特别祈祷生活的需要。我们将尽一切努力帮助他们从最高当局获得创办其宗教设施的许可。"

主教武尔姆以忏悔宗教会的名义做出了回应。在批判教会总局立场的时候，他显得非常谨慎，虽然他在区分雅利安人和非雅利安人基督徒问题上有所保留(不希望做如此区分)，但在阐述上述观点时还是增加了一些公开的反犹陈述。教会(忏悔宗)管理当局显得更加坦率："我们和德国所有站在《圣经》经文以及忏悔立场上的基督徒一道，不得不宣布教会总局的这一请求和教会忏悔的目标是不协调的……有什么合理的理由让我们因为种族原因将非雅利安人基督徒排斥在我们的宗教礼仪活动之外？难道我们要像法利赛人一样，在祈祷仪式时拒绝同'征收租税者和有罪者'共用圣餐，结果，得到的报应却是基督的审判吗？"

按照同样的逻辑，这个临时教会管理当局提醒道，教会总局将不得不"排斥所有的使徒，不单是所有的使徒，连耶稣基督本人——教会的主也要排除在外，因为耶稣在种族上属于犹太民族的一员"。当然，忏悔宗教会当局并没有对国家可以对犹太人采取措施这一观点进行反驳。如同武尔姆的陈述一样，临时教会当局的陈述也不乏有些反犹评论。就非雅利安人参与教会仪式问题展开的争论持续了几个月之久，而越来越多的地区教会开始采纳教会总局的立场。

因为妻子是犹太人而被国防军解雇的克莱珀继续在他的日记中记录着当时发生的事情。在1941年的圣诞节，他记述道："(在克莱珀的教会里)，还没有找到解决佩戴大卫星标志的犹太皈依者(尽管他的妻子和女儿那时都是新教教徒，但她们还是需要佩戴大卫星标志)参与教堂活动问题的方法……今天，没有佩戴大卫星标志的犹太人出现在圣诞节仪式上。"

德国天主教会不对驱逐犹太人的行动以及逐渐为人所知的对东方犹太人的大规模灭绝行动做出公开回应是意料之中的事情。只有一小群主教(格勒贝尔、贝尔宁、普雷辛)草拟了一份致教区信徒的信件，标署的日期为1941年11月15日。信件以明确而大胆的用语列举并谴责了国家和政党当局针对教会及其机构所采取的敌对措施以及对德国民众生命、自由和财产等基本权利的侵害；但是信件文本并没有提及犹太人问题。人们可以从枢机主教法尔哈伯档案中一份日期为11月25日但未签署的备忘录中找到忽略犹太问题的原因；这份主教致教区信件中交代发表背景和原则的内容说明了造成这种忽略的原因："在这份信件发布的同时，帝国政府将被告知其中的内容；他们必须选择这种公开的方式，因为没有任何一份(呈送给当局的请求或备忘录)获得充分的答复。此外,其他一些需要报告给政府的问题(犹太人问题,对待俄国战俘的问题以及党卫军在俄国的暴行等问题)在主教致教区信件中没有涉及是因为担心对民众和政府声誉的伤害。"

避免涉及"犹太问题"很可能还有另外几方面的原因:可能这是一种温和、折中策略的表现,即必须回避那些看上去是在公开冒犯纳粹体制的内容和言辞,或者回避那些极少数可能在经常参与教堂活动民众中引起反响的问题。不管是出于何种原因,枢机主教贝尔特拉姆从原则和实际考虑均反对该信件的发表。

鉴于将"犹太问题"排除在信件草稿之外的决定是由经常密切关注皈依者甚至是犹太人命运主教(如普雷辛和贝尔宁)中三分之二的人做出的,该做法无疑具有特别的意义。更有意义的是,根据这些主教的声明,这封信件的成功或失败并不重要,重要的是:"在此刻,我们的职责是什么?良知需要我们做什么?上帝、德国的信仰者期待他们的主教做什么?"最后,尽管在1942年年初对这封信的争论仍在进行,但在德国犹太被逐者命运变得日益明朗的情况下,这一回避产生的影响更显恶劣。

1942年年初,负责柏林大主教区救济工作的玛格丽特·佐默从立陶宛天主教会那里(看起来又像是从内政部一位名叫汉斯·格罗布克的高级官员那里)获悉从帝国驱赶至波罗的海国家犹太人遭到大规模屠杀的消息。1942年2月5日,在同佐默会晤之后,奥斯纳布克的主教贝尔宁记述道:"几个月都没有从利茨曼隔都传来的消息了,所有的明信片都被退了回来……从柏林来的运输车到达了科夫纳,但不知道是否还有犹太人活着。也没有来自明斯克和里加的确切消息。许多人已经被枪杀了。帝国的意图是要彻底灭绝犹太人。"

在1941年11月24日和25日召开的帕德博恩会议上,这位德国主教处理了另一个犹太人问题:只要雅利安配偶提出要求,就为混合婚姻的夫妇办理离婚。所有的主教决定将依据这一"主教的智慧",处理每一桩此类案例。

在这封主教致教区信徒信件引发争论的前两个月,一个匿名的德国犹太人给主教加伦写了一封信。他表示赞赏主教在安乐死问题上采取的立场,同时提醒他正在发生在德国犹太人身上的事,连像他自己那样怀着深深爱国之情的犹太人也不再被允许做德国人。这封信的结尾说道:"仅存的一种无意识希望、一种不着边际的期待,怀着某处会出现一个热心助人的人站出来替我们说话的愿望,鼓励我给你写这封信。愿上帝保佑你!"在整个战争过程中,加伦继续进行布道,他的爱国和反布尔什维克的布道同他对心灵疾病的防预一样显得炽热。但是,即使在他的私人信件中,他也只字未提关于犹太人所遭遇的迫害。

柏林圣海德威格大教堂的主教伯恩哈德·利希滕贝格是唯一的例外。同新教方面的牧师格鲁伯一样,利希滕贝格一直在帮助非雅利安裔天主教徒。从 1938 年 11 月开始,在每天晚上的祈祷仪式上,他都大声地为犹太人祈祷。1941 年 8 月 29 日,两位教区的女信徒到盖世太保那里告发了他。1941 年 10 月 23 日,他被逮捕,遭到严刑拷问,并在 1942 年 5 月 29 日被处以监禁。1943 年 11 月 3 日,他死于被送往达豪集中营的路上。

八

1941 年年底,当有关东方犹太人命运的具体信息在德国慢慢传开的时候,英国高级官员也通过破译的德国电报逐渐了解到发生在苏联领土上的针对犹太人大规模屠杀。但是,任何这类信息都作为严格机密保守,以保护战争中最为珍贵的王牌手段:英国人当时拥有能够破译大量敌台通信信息的德国密码编码机器。

与此同时,美国犹太人和巴勒斯坦犹太社区的领导似乎对欧洲的形势有些漠不关心,这大概与他们未能获得充分的信息,以及面临更加紧迫的和最直接的挑战有关。对于美国犹太人来说,他们对于罗斯福的尊崇以及对反犹主义的担忧使他们保持了缄默,因为任何对于欧洲犹太人问题的干预都可能会让"那位元首"和政府高层人士感到不快。然而,有时候,这些犹太领导人也试图想办法打破这种有益的缄默,但显然,这无意加剧了犹太隔都居民的困境。

1941 年春,怀斯拉比决定禁止对被纳粹占领国家的犹太人实行所有援助,这一做法是为了执行美国政府对轴心国采取的联合经济抵制政策(根据这一政策,每一个食品包裹都被视为是对敌人的直接或间接的帮助)。这种对于联合抵制政策的爱国式屈服确立了战后美国犹太领导阶层同英国关系问题上,特别是在巴勒斯坦问题上的政治考量。在欧洲的世界犹太人大会的代表接到严格的指令:立即停止任何包裹通过海路寄达隔都,尽管事实上,这些包裹通常是可以到达寄达地的,即在华沙的犹太自助协会。"所有这类涉及和经过波兰的活动都必须立即停止,"怀斯在给伦敦和日内瓦的世界犹太大会代表的电报中说道,"atonce 在英语中意思是立即,不是在将来。"①

1941 年 9 月林德贝格在得梅因发出反犹指控后,无条件美国主义的呼声越来越高。"我们不会将他(林德贝格)所认为的我们的'利益'放在我们国家的利益之上,"美国犹太委员会回应道,"因为我们的利益和我们国家的利益是一体的和不可分割的。"美国犹太人大会在讲话的语气和内容上显得毫不含糊:"当然,没有必要声称我们(犹太人)同这个国家内的其他族群一样是美国人并为美国服务的……在那些不是单纯地由美国利益、自由国家的需要和利益所决定的外交事务上,我们不表达自己的观点和看法。"官方的美国犹太社团由此陷入了困境。

在许多方面更加让人感到困惑的是在巴勒斯坦犹太领导人的态度。在战争开始时,犹太代办处执行委员会就建立了一个由四名成员组成的委员会以密切关注欧洲犹太人的形势。该委员会的主席伊萨克·格鲁恩鲍姆本人是前波兰国会议员,他并没有把太多的精力或者具有目的性的意识投入他所在群体的活动中。应当指出的是,没人挑剔他或者质疑他履行这项(不明确)任务的能力。比如,在1941 年的头几个月,四人委员会发表了一份关于欧洲形势的纪要,其中将德国在波兰的政策定性为旨在摧毁那个国家犹太人经济生活的政策,纪要补充道:"犹太人正在竭尽全力为他们的尊严而战,拒绝放弃。"

当时伊休夫中最大的政党是马帕伊(以色列工人党,换一种说法是"工党");它是巴勒斯坦土地上犹太社区所有中央机构 (特别是犹太社区最高执行机构犹太代办处) 中的一支主要政治力量。有一位政治领导人在马帕伊特别是犹太代办处执行委员会中占据了主导地位 (尽管那时他已经正式辞去了犹太代办处执委会主席的职位),此人就是本—古里安。

1941 年 2 月,本－古里安在英国和美国待了很长一段时间后回到巴勒斯坦。他在同马帕伊同事的一次会面中发表的评论表明了他对欧洲发生的事件打算采取的对策:一种独特的犹太复国主义者的视角。在提到伊休夫没有充分认识到战争的规模后,他转而讲到犹太人面临的形势:"没有人能够估计出犹太民族

---

① 　里格纳提出了抗议但只得接受了怀斯的决定。另一方面,负责救济委员会的阿尔弗雷德·西尔伯斯赫因决定要为正在忍饥挨饿的犹太民众提供帮助,继续组织食物供给以反对怀斯的指令。

遭受毁灭的程度（'毁灭'不仅仅意味着肉体上的灭绝）……当然，关于这一点有可以获得的信息，但是在这里的人并非置身在这些事件之外的……我们现在必须做的，最紧急要做的，先于一切的，为我们自己，为流散中的犹太人（仍然留给我们的同样规模不大散居犹太人），是实现犹太复国主义运动的承诺。"换言之，对于本－古里安来说，帮助欧洲犹太人只有一种方式：实现犹太复国主义的目标。同时，这样的帮助将最终使一个犹太国在巴勒斯坦获得新生。

尽管有本－古里安的上述讲话，但在整个 1941 年的绝大部分时间里，伊休夫并没有拿出具体行动计划。犹太代办处很难应对当时欧洲的形势，一般认为，代办处几乎不能为缓解欧洲犹太人所遭受的苦难做任何事。1941 年 8 月至 10 月间，马帕伊中央委员会再也没有发布过任何有关欧洲犹太人不幸困境的声明。

里查德·利希海伊姆是日内瓦犹太代办处的代表，他的报告成为预言大灾难正在逼近的一系列严正警告，他自己似乎对德国在东线遭遇第一波挫折可能造成的事态发展拿不准。在 1941 年 12 月 22 日呈送给耶路撒冷报告的最后几行文字中，在涉及犹太人命运的问题上，他提出了两种截然相反的发展趋势："东线态势的转变有可能会使得帝国驱逐犹太人的行动得以中止，至少是暂时性的中止，因为帝国面临交通运输上的困难。另外，德国工厂必须找到所有可能获得的劳动力；东线态势的转变也有可能导致——这将是一种不幸的可能——在德国及被德国占领的地区进一步迫害和屠杀犹太人，倘若这只受伤的掠食野兽感到末日临近的话。"①

九

在帝国及其保护国，地方犹太社区办事处会在本地犹太人被驱日期之前接到驱逐通知。地方盖世太保分部会从德国犹太人协会地方办事处接到一份名单，决定哪些人包括在即将进行的运送计划中。那些指定离开的人会收到一个序号，德国犹太人协会或者盖世太保会通知他们关于资产、房屋、未偿还账单、允许携带的现金量、授权携带的行李重量（通常 50 千克）、行程中的食物量（三到五天，

---

① 正是在对德国统治下欧洲犹太人命运完全误解的背景下，（犹太复国主义）修正派组织伊尔贡的分支机构"斯特恩小组"（或者叫 Lehi）在 1940 年年底（通过在贝鲁特的一位德国外交官）向德国提出站在轴心国一方反对英国，以换取德国对在巴勒斯坦建立犹太国家的帮助。斯特恩小组的提议没有收到任何答复。

等等)一系列问题办理的具体程序,以及他们必须做好准备的日期从那时起,没有当局的许可,他们被禁止离开他们的住所——哪怕是短暂的一会儿。对于有些犹太人来说,召集行动来得更为突然,在布累斯劳,威利·科恩记日记时句子写了一半戛然而止。11 月 17 日,他重新描述了他访问社区办事处并同柯亨主席进行交谈的情景:"首先,他告诉我,在秘密警察(盖世太保)那里没有任何的侥幸……"

出发的那天,这些犹太人被保安警察召集在一起,徒步行进到或者被卡车运到为他们预备的一块等待区,有时他们要在那里等上几天,接着再次步行到或由卡车运到火车站。这通常是在大白天、在民众的众目睽睽之下进行的。根据赫塔·罗森塔尔(当时 16 岁,1942 年 1 月由莱比锡遭送至里加)的记述,当犹太人被用卡车从他们聚集地学校运到火车站的时候,"所有的人都看到了这一幕,他们叫喊着,对血腥的谋杀表示欢呼。在全体犹太人离开莱比锡时,他们(德国人)感到高兴,许多人都是如此。他们站在那里狂笑着……他们是在白天把我们遭送走的,而不是晚上。冲锋队和普通民众都在那里"。罗森塔尔的证词为当时各种各样的报告所确认。1941 年 11 月 27 日,当 12 名福希海姆犹太人在前往班贝格、纽伦堡和里加的路上,被从检阅广场揪出来送往火车站的时候,"大批居民聚集在广场上,饶有兴趣且怀着巨大满足感跟随在被遭送人的后面"。只有很少的人有不同的反应,例如,在不来梅,忏悔宗教会有 10 名成员在那年 12 月初遭到暂时拘捕,因为是他们在为即将遭遭送的犹太人进行募捐。

在有些例外的情况下,部分犹太人会被从驱逐名单中拿掉,有时甚至是在最后一刻。玛丽安·艾伦伯根(当时姓施特劳斯)和她的父母就在其中。这一切发生在 1941 年 10 月 26 日他们的家乡埃森。他们的房子已经被查封,全家人提着行李,准备前往聚集地。该城的很多犹太人已经在那里等候了。就在他们即将登上驶往火车站的街车之际,两名盖世太保官员到来,告诉施特劳斯一家人返回住所。"我们被打发回家,"玛丽安回忆道,"听到犹太同胞人群中发出的撕心裂肺的哭叫声,对任何人来说都是一种最可怕的经历。"

富裕的施特劳斯家族显然是答应了埃森的德意志银行行长弗里德里希·威廉·汉玛赫尔(老施特劳斯的商场旧交)以非常便宜的优惠价格将自己的房屋出售给他。显然,汉玛赫尔与军事情报部门高级官员进行了接触。这些官员一直利用犹太人,以代理人的身份,允许他们移民他国,主要是到北美和南美。该军事情报部门对施特劳斯家族也有兴趣;它在不来梅的总部将此事通报了杜塞尔多夫的盖世太保,杜塞尔多夫的盖世太保接着指示埃森的盖世太保释放施特劳斯一家。不过,最终这一做法还是归于徒劳。[1]1943 年,施特劳斯全家被遣送至东方,和他们的犹太同胞一道遭杀害。玛丽安逃脱一死,在德国隐藏起来。

还有另外一些犹太人避免了被逐命运,只不过是以不同的方式。"本该在 10 月 15 日由第一列火车从维也纳运往罗兹的 19 名犹太人以自杀的方式结束了他们的生命,有的跳窗而死,有的用煤气将自己毒死,有的上吊,有的服安眠药而死,有的溺水,有的以不为人知的方式自杀而亡。在短短三周的时间里,盖世太保报告在维也纳发生了 84 例自杀案例和 87 例企图自杀的案例。"根据柏林警察的统计,在 1941 年的最后三个月(从驱逐行动开始到年底),243 名犹太人以自杀的方式结束了自己的生命。当然,这一数字也包括其他的犹太人(不只是被逐的犹太人)。

11 月 7 日,戈培尔在他的日记中记录道:"今天晚上,传来一条令人不快的消息,一名与犹太女子结婚的非犹太裔演员约阿西姆·戈特沙尔克同他的妻子和孩子一道自杀了……我采取了一切可能的措施以防止这桩令人叹息但仔细看来又是不可避免案件导致令人担忧谣言的传播。"

11 月 20 日,来自慕尼黑的第一列运送犹太人的列车离开了巴伐利亚的首府,原先的目的地是里加,由于里加隔都已经过分拥挤,列车改道前往科夫纳。所有被逐者都住在密尔波特绍芬用木板搭建的临时营地中。年轻的埃尔温·魏尔受命去帮助那些不能自个登上火车的人。"在这个货运火车站停靠着一辆很长的列车,蒸汽机车头已经在冒出蒸汽。在一阵阵狂野的咒骂声中,犹太人被推进了车厢。拂晓时,我们被吆喝着扔下手中的行李,为的是将人更快地赶入车厢。接着,从安东尼大街驶来一辆载有武装党卫军和(年幼)儿童的汽车。我们又不得不把他们推入车厢。我们试图竭力平息他们的恐慌;那场景非常恐怖。"11 月 23 日,该列车到达科夫纳。那里的隔都也已经过分拥挤了。就我们所知,那些被逐者甚至根本没有靠近它,而是被直接运到了 IX 要塞。在两天的时间里,他们一直待

---

[1] 看起来,在大多数情况下,犹太人并没有被用作代理人;而军事情报部门曾利用这一借口帮助一些精英(和富裕)的犹太人离开德国。不过,尽管军事情报部门的一些高级官员反对纳粹对犹太人的政策,其他官员,特别是秘密军警部队以及他们的指挥官在东方德占区都深深地卷入了对犹太人和其他族群的大规模屠杀。甚至后来参与反对希特勒的军事密谋的人也牵涉其中。

在要塞外围的壕沟里。11月25日,他们全部被杀。

在驶往东方的路途中,列车由保安警察一路守卫。"在从屠宰场到装卸道上,一名犹太男子试图跳下铁轨自杀。"保安警察上尉塞利特尔在12月11日关于从杜塞尔多夫到里加运送1007名犹太人(他负责这次运输任务)的报告中这样写道。"还有,"他继续写道,"一位上了年纪的犹太女子趁着天色黑暗和阴雨天气偷偷地从装卸坡道溜走。她冲向附近的一间屋子,然后在屋子里飞快地脱光衣服,跑入一个公共浴池。但是一名正在洗澡的女子发现了她,她又被带回转运列车。"

塞利特尔接着描述了这次经柏林前往东方的旅程。在科尼茨,他同火车站站长发生了争吵。为了更好地对犹太人进行监视,塞利特尔要求将运输犹太人的一节车厢与保安警察的车厢进行调换。那位站长拒绝了这一要求,提议将这批乘客转移到其他车厢:"对于铁路当局来说,看来有必要向这名雇员解释应区别对待德国警察和犹太人。在我的印象中,他是那些仍然把自己看作和'贫穷犹太人'一样,且完全不知所谓'犹太人'观念德国人中的一员。"

最后,在12月13日大约午夜时分,这趟列车到达了里加近郊。外面的温度已经降至零下10度。德国人被送进城,立陶宛警卫被拉过来换防;犹太人被丢在没有暖气的冰冷车厢里,直到第二天早上。在里加,塞利特尔会见了一些立陶宛人,这些立陶宛人告诉他立陶宛民众对犹太人的态度:"他们特别憎恨犹太人,这就是为什么在从苏联统治下解脱出来后,他们积极参与了消灭这些寄生虫的行动。就我所接触的情况来看,我听说立陶宛民众中有些人想知道为什么德国如此不厌其烦地将犹太人运到立陶宛来进行歼灭,而不是在德国就地歼灭。"

一名从柏林逐出的犹太人哈伊姆·巴拉姆(那时候叫海因茨·贝尔纳特)描述了运送他的列车到达明斯克的情况。这列火车在1941年12月14日离开柏林,18号上午10点到达明斯克。拉脱维亚党卫军附庸部队把车厢里的每一人都赶下车;老年人和儿童被卡车带走,而大部分的被逐者则徒步行进到搭建着一些木制窝棚的街区(那里没有水和电),当地的居民早已消失得无影无踪。"这里的房屋破损不堪,看起来好像之前发生过屠杀一样。枕垫里的羽毛散落得到处都是。几乎每个角落都能见到哈努卡灯台和蜡烛……后来,我们得知这里是俄国的一座犹太隔都,其中的犹太居民在1941年11月初已经被杀害。"一名党卫军安全部官员确认了这里发生的一切。这座隔都中的大部分居民都已经被杀害,为的是给从德国运输过来的犹太人腾出空间。"这名官员指着前方说：'你们面前的是尸体堆。'我们确实看到了在小山丘有人体某些部位露出。"

1941 年 11 月 4 日，奥斯卡·罗森菲尔德从布拉格被遣送至罗兹，他是乘坐最后一批运送犹太人的列车到达的。在那一年年底之前，该运输线已经从这个帝国保护国 (捷克) 运送了大约 5000 名犹太人到罗兹。从那时起，大多数来自波希米亚和摩拉维亚的犹太人都会被运到特莱西恩施塔特，这是一个在通往屠杀地点路上为犹太群居者准备的"转移营"(但我们后来看到，这一类营地在整个灭绝系统中承担着一种特殊的功能)。

罗森菲尔德生在摩拉维亚，长在维也纳。在维也纳，他成为一名记者和作家，他的作品一定程度上体现着他那个时代表现派作家的创作风格。不过，看起来他主要的兴趣是戏剧。1909 年，他在这座奥地利首都建立了第一座犹太剧院；之后，他又鼓励意第绪语和希伯来语戏剧同行访问维也纳。在很多方面，他都是同克伦佩勒类似的知识分子，从犹太人的观点和政见来看，罗森菲尔德是他自己身份的对立面——他是一位坚定的"反同化主义者"和右翼 (修正主义的) 犹太复国主义者。在德国吞并奥地利之后，奥斯卡和他的妻子亨里特逃到了布拉格。1939 年夏天，亨里特计划前往英国；奥斯卡准备跟随。战争使得他们的移民计划归于流产。1941 年 11 月初，在经过了惯常的传讯之后，罗森菲尔德不得不到梅塞帕拉斯特 (意为集市场所) 的聚集点报到。

"梅塞帕拉斯特是一座仓库，"罗森菲尔德在他的日记 A 中记录道，"那里，摆放的不是货物和商品，而是人。这些犹太人倚靠着背包和靠垫，相互挤着坐在一起，他们的包袱、行李箱、包裹还有作为睡觉用的帆布床把房间塞得几乎要爆炸。就在这里，在这个肮脏的仓库里，他们忍受了三天三夜的煎熬。他们自备的食物也渐渐消耗殆尽，而犹太社团提供的食物配给更是杯水车薪。"

罗森菲尔德继续写着，他描述了在梅塞帕拉斯特的日日夜夜以及在离开前当局最后所采取的财产没收措施。去火车站的行程是在完全公开的情况下进行的："一路上，在房屋的窗后，捷克人的面目清晰可见，到处都是旁观的捷克人，无一例外都是严肃的面孔，有些人悲伤，有些人沉思，有些人烦恼。一辆列车等候在那里。车门打开了，人们按照号码进入车厢，每个人都必须展示清晰标明在衣服上和行李上的号码。"

这些被逐者没有被告知他们的目的地。只是在旅途中,若是他们看到"荒凉的波兰景色",他们会猜到那是罗兹。一次,负责这趟运输的官员突然一时兴起,半夜下令车上的犹太男子剃光胡须,擦干净鞋子:"在余睡未醒、饥饿、困倦中,很多人在黑暗的车中擦鞋,用剃须刀剃须,到厕所里用水。不时地还有盖世太保用手电筒照过来,命令其中一些人列队。若是有人看上去对他恭敬不够,他就会破口大骂。"该列车停在隔都的外围,1000名犹太人行进到一座校舍,这是他们暂时的栖身之所。几天以来这些犹太人一直饱受饥饿的折磨,身体越来越虚弱,一些人因为身体极度虚脱而死在他们的临时住所里。

12月初,这些从帝国及其保护国运至罗兹的被逐者仍然分住在不同的营地里,尽管他们可以在隔都里来回走动寻找工作,寻找能够提供一周面包供应量(一周只供应一条面包)可能的交易,寻找日常所需的白菜汤(味道通常让人作呕):"冬季开始的时候,在面包交易的黑市上,一条面包的价格涨到了20马克。从秋季到冬季开始,面包价格从8马克一路上涨到20马克。但是纺织品、衣服、鞋子和皮包的出售价格没有随面包价格上涨而上涨,所以,那些随身带了这类货物的犹太人一天天地陷入越来越严重的贫困中。"

9月23日,鲁姆考斯克从德国人那里得知即将到来的被逐犹太人要进入这座隔都。这位"长老"统计的隔都已经明显过分拥挤的数字看来没有产生丝毫影响。该隔都在1941年秋季就已经有14.3万名居民,后来先是有从周围小城镇过来的犹太人,接着又有从帝国及其保护国过来的2万名犹太人,以及5000名吉卜赛人。这意味着隔都人口一下子就增长了20%。对于新来者而言,这意味着他们要睡在被清空的学校建筑和各类建筑物的厅堂里,通常是睡在地板上,没有供暖气,也没有自来水。在大多数住处,厕所在数座建筑以外的地方。对于隔都居民来说,正像我们后来看到的那样,新来者使他们住得更加拥挤、食物供应更加紧张,以及其他令人不愉快的后果。新来者和隔都居民之间关系的紧张变得不可避免。

在1941年10月的头两周,隔都的"日常生活"仍然循着"常规的"路径,尽管从弗洛克拉维克和周围的小镇来了将近2000名犹太人。隔都的日记作者记录道,在那个"美好的"秋天,277人死亡,18名婴儿出生(自从这座隔都建立以来,10月9日是死亡率最低的一天:那天只有11人死亡)。他们还记下了5例自杀未遂案和1例谋杀案。接着,2万名新的被逐犹太人像潮水般涌入隔都。

这批隔都日记作者关于 10 月份后半个月的记载已经丢失,随之丢失的是第一批半官方的对于上述新形势做出反应的资料。不过,鲁姆考斯克还是留下了自己对于这一系列事件的记录。"10 月 16 日,第一批从维也纳运来的被逐犹太人抵达……时间是下午。共有数千人,其中有拉比和医生,有些人的前面还有自己儿子。他们带有大量面包和豪华的行李箱,穿着也体面亮丽。每天几乎都有同样数量的犹太人到达,总共达到 2 万人。他们很可能会完全把我们淹没。"

第二天,谢拉考维克目击了从布拉格运来的一批犹太人。他再次注意到大量面包、行李和衣服。"我听到,"他补充说,"他们在询问他们是否有可能得到一套有自来水的两居室公寓。真是太有趣了。"10 月 18 日,这位年轻的日记作者再次提到了同样的话题。然而,10 月 19 日,这位作者记录了新近遭驱逐的犹太人涌入隔都所带来的第一波实际的影响:"今天有更多的卢森堡犹太人到达隔都。他们使隔都人满为患。他们衣服上的唯一一块补丁是左胸口处缝有的一块上面写着'犹太人'字样的布头。他们穿着华丽(你可以断定他们没有在波兰生活过)。他们正在买下能在隔都购买到的一切,而所有物品的价格都已经翻倍了。面包价格 12 到 13 个帝国马克;短袜以前 70 芬尼就能买到,现在已经涨到 2 个帝国马克。尽管他们来这里只有几天,但已经抱怨自己正在挨饿。所以我们能说什么呢,我们都已经一年多的时间没有吃饱过饭了。显然,一个人会适应这里的一切。"

隔都的经济状况很快进一步恶化。"自从来自德国运送列车的抵达,"这位编年日记作者在 1941 年 11 月报告说,"隔都里所有以前还是半空状态的餐馆和饼店都已经彻底被新来者占据……从新来者到达的那一刻起,他们就开始出售个人财产,用他们获取的现金在地下食品市场买空他们能够买到的一切。造成了食品供应的短缺,食品价格也以令人难以置信的速度飙升。另一方面,由于有了在相当一段时间隔都一直匮缺的各种用品,所以交易活动也活跃起来了,一些隔都商店的货架上摆满了很长时间以来都没见到过的商品。由于新来者(民众称其为'Yekes')的原因,在 11 月份的时候,商店从来没有真正关过门。他们出售衣服、鞋子、亚麻制品、化妆品、旅行用品,等等。这在短期内造成了大多数商品价格的下跌。然而,随着食品市场价格的上涨,这些新来者又开始提高他们正在出售的商品价格。站在隔都前居民的立场来看,这种个人用品价格相对大幅度的增长造成了他们不愿意看到的混乱和困难,更为糟糕的是,这些新来者很快就造成隔都货币的贬值。这一现象让隔都劳动大众感到特别痛苦,他们是隔都中最重要的一群人,而他们手中的钱来自犹太长老的捐款箱。"

　　"二战"结束不久,一些被遣送至罗兹隔都的幸存者证实了他们在隔都内进行的商品交易以及与德国人交易造成的意想不到影响:"我有一套新西服,"雅各布·M.回忆道,"是我在汉堡花了350马克买的……我用它仅换得了1公斤(2.2磅)的面粉。那时,你用100克的人造黄油就能换到一双鞋……德国人有时来到隔都,用1磅的面包或者黄油,就可以带走满满一箱的新东西。"

十

　　随着运送从帝国及其保护国被逐犹太人的列车不断抵达罗兹,德国人开始屠杀部分隔都居民。12月6日,切姆诺的毒气车开始了正常工作。而就在同一天,鲁姆考斯克接到指令:让"他的"2万名犹太人(当地犹太人)要做好充当"隔都外劳动工"的准备。这一数字最后缩减至1万人。之后不久,这位日记作者记录道,隔都和外部世界的一切邮政服务突然中断。从字面上看,这些日记作者弄不清楚这项命令的意义:"关于邮政服务中止一事,流传着各种各样的说法,大家主要关注的问题是,邮政服务的中止是一个纯粹的地方性事件,还是已经成为全国范围内的限制措施。另外,就这一最新限制背后的原因,流传着各种各样的猜测。"很明显,这些日记作者无法断定这些猜测指向即将发生的放逐行动。

　　当谣言在继续传播时,鲁姆考斯克决定在文化之家1942年1月3日的发言中回应了这一问题:"我不想浪费口舌,"这位长老以此开始了他发言中的那一部分内容,日记的作者这样记述道,"眼下流传的消息百分之百错。近来,我已同意接受来自较小的犹太中心的2万名犹太人,前提是要求扩大隔都地盘。现在,只有那些在我看来配享用这一运气的人才会被重新安置在别的地方。当局官员对隔都中已经开展的工作表示赞赏,而且正是因为这项工作,他们对我表示信任。他们赞成我提出的将迁移人数从2万人降至1万人就是这种信任的体现。我对移民安置代办处完全信赖。显然,它也会时不时地犯一些错误……但是,你们要记住,我们全部工作的核心是希望使我们诚实人民可以睡上安稳的觉。没有任何厄运会降临到这个善良的民族身上。"(雷鸣般的掌声)

　　我们没有谢拉考维克关于1月份转移行动的记录,但是罗森菲尔德描述了那些天里隔都生活的一些场景,尽管记录的日期标注得不是很明确:"(犹太)警察冲入在那些标明被遣送犹太人的住处。他们到处都会看到饿死的儿童以及冻死老人的尸体……犹太人只被允许携带 12.5 公斤的行李和 10 马克的现金……被遣送的犹太人的包裹里装有面包片、马铃薯和黄油……他们最好不要生病。没有任何医生和他们同行,也没有药物可供使用。"

从罗森菲尔德的记述来看,他并不知道这些犹太人会被运往哪里。从 1 月 12 日到 29 日,10103 名犹太人从罗兹运至切姆诺并在那里被毒气毒死。

转移行动在 2 月份和 3 月份继续着。到 4 月 2 日,又有 34073 名隔都犹太人被转移和处决。"在遭遣送问题上,再也没有人是安全的,"罗森菲尔德记录道,"每天至少有 800 人被带走。有些人认为他们能够救自己:久病的老人和那些四肢已经冻坏的人——也帮不了忙。医院的外科医生十分忙碌,将那些不幸'病人'的手和脚切除掉,然后将他们作为跛子来处理。跛子也要被带走。3 月 7 日,有 9 名犹太人在火车站被冻死,因为他们在那里等待带他们离开的火车长达 9 小时之久。"

罗森菲尔德关于遣送跛脚者的说法在一位匿名隔都年轻女孩的一部分日记(仅仅涵盖从 2 月底到 3 月中的三周的时间)中获得了有力印证。这位日记作者讲述的是关于她的朋友,哈尼娅·胡伯班德(在日记中主要以 HH 代称)的故事,"她特别聪慧,懂得生活。她是一名高三学生,一个非常优秀的女孩"。这位日记作者和哈尼娅本人都相信哈尼娅不会遭遣送,因为她有一个瘸腿不能走路的父亲。然而,3 月 3 日,消息传来:"哈尼娅就要被带走。"这位日记作者不能想象自己的朋友和朋友的父亲怎样面对未来:"她和她生病无助的父亲要到哪里去, 她的父亲连件衬衫都没有,而她自己更是一无所有。迎接他们的将是饥饿、劳累,没有钱,也没有食物。我妈妈当即找出几件衬衫给她和她的父亲。姐姐和我跑上了楼。当我再次下楼时,我情不自禁地大哭起来。我不能在那儿待太久,因为我必须去洗衣服……但我答应会去看她。"

谣言在切姆诺地区工作的部分德国人中——很可能也在当地波兰人中传开了。海因茨·迈是罗兹附近科洛郡的森林巡检员。1941 年秋季,迈被森林治安官斯泰格梅尔告知,一些德国突击队队员已经抵达附近地区。在通报这一消息的时候,"斯泰格梅尔表现出异常的认真"。那一刻迈并没有注意到这一细节。过了一会儿,当迈和纳粹党区领袖本齐特一道穿过树林时,本齐特指着 77 号界地宣称:"这里的树木很快会长得更好。"作为进一步解释,本齐特补充说:"犹太人可是好的肥料。"不需要任何解释了。

接下来的几周里，在迈的辖区内发生了一些怪事：一辆长约 4 米、高约 2 米，且在尾部配有铁栓和挂锁的封闭卡车被一队警察和另外一辆卡车从一条沟渠里拖曳了出来。"一阵非常难闻的气味从那辆封闭卡车以及站在卡车旁边的人那里散发出来。"到达现场的迈和他的儿子很快被赶走了。接下来的一系列事件和谣言导致迈驱车前往斯泰格梅尔的家了解更多的消息。

"斯泰格梅尔向我解释道，"迈在 1945 年的证词中说，"有一支宪兵特遣分队驻扎在切姆诺。切姆诺西边的城堡已经被高高的木栅栏围了起来。配有步枪的宪兵岗哨站在入口的地方……我在回我森林辖区的路上经过那里，证实了斯泰格梅尔所说的关于木栅栏和岗哨的事情都是真的。在切姆诺停靠着一队一队的卡车，顶上盖着临时帆布。妇女、男子，甚至儿童已把那些卡车塞得满满的……我在那里停留了一小会儿，看到第一辆卡车正爬坡驶向木栅栏。哨兵打开了木栅栏的门。这辆卡车消失在城堡的院子里，不一会儿，另外一辆封闭的卡车从院子里开出来，驶向森林。接着，两个哨兵关上了栅栏大门。我们一点也不用怀疑，人类历史上前所未闻的可怕事情，正在那里上演。"

切姆诺的屠杀能力大约是一天处置 1000 人（三个毒气车厢每个可以塞大约50 人）。第一批受害者是来自罗兹地区乡村和小城镇的犹太人。接着，在从罗兹隔都遣送犹太人开始之前，吉卜赛人被赶进了隔都中一个特定的区域（吉卜赛营）。"据住在非常靠近吉卜赛营地点的人讲，在过去十天，吉卜赛人已经被卡车运走了。"1942 年 1 月的第一周隔都日记作者记述道。大约 4400 名吉卜赛人在切姆诺被杀害，但很少有人目击这一事实。战后，住在这一地区的一些波兰人提到了吉卜赛人，而一名毒气车司机和另外一名兰格战斗部队的党卫军队员也提到了上述事实。这些吉卜赛人中没有一个幸存下来。

如上所说，罗兹隔都的绝大多数居民并不知道切姆诺的情况，尽管消息通过不同的渠道在几周、几个月之后传到了他们那里。非常奇怪的是，有些消息甚至是通过邮件传入的。1941 年 12 月 31 日，在切姆诺灭绝行动开始后三周，一个不知名的犹太人给罗兹隔都伯斯贝比斯的一个熟人寄了一张明信片："亲爱的莫托·阿尔特祖尔堂兄，正如你从科洛、达比耶以及其他地方所了解的情况，犹太人已经被送到了切姆诺的一座城堡。两周已经过去了，我们不知道死了几千人。他们就这样死去了，而你应该知道，他们是没有归宿的。他们被送到了森林，在那里被埋掉了……不要把这看作是一件小事，他们已经决定清除、杀戮、彻底毁灭犹太人。请将该封信在识字的人中传阅。"

两周后,格拉布夫的拉比给他在罗兹的姐夫发了一封依据目击证言所写的信:"直到现在,我还没有答复你的信件,因为我还不是很确切地了解人们正在谈论的所有事情。不幸的是,现在我们知晓了一切。对我们来说,这是我们的大悲剧。一位侥幸生存下来的目击者来拜访我,他设法逃脱了死亡……我从他那里了解了一切。那个毁灭一切的地方叫切姆诺,离达比耶不远,一切都为洛霍夫附近森林所掩盖。有两种不同的杀人方式:通过行刑队或者通过使用毒气。这就是在达比耶、伊斯比察、库加瓦斯卡、科洛达瓦以及其他城市发生的事。近来,有几千名吉卜赛人从罗兹所谓的'吉卜赛营'被带到了那里。在过去的几天,犹太人也被从罗兹带到那里,同样的事发生在他们的身上。不要认为我疯了。天哪,这可是悲剧性的残忍事实……哦,造物主啊,救救我们吧!雅各布·舒尔曼。"

这位目击者很可能就是被称为"切姆诺挖坑者"的人,即来自伊兹比卡的雅科夫·格罗亚诺夫斯基,他是负责挖掘掩埋坑的一名犹太突击队员,这些掩埋坑是森林中掩埋尸体的地方。这位挖坑者的故事传到了林格尔布鲁姆和犹太复国主义青年领袖伊扎克·楚可曼那里。他讲述了人们在城堡中脱掉衣服去淋浴和消毒的事,然后这些人被推进毒气车,在毒气车开往森林(离城堡大约 16 公里远处)的途中被源源不断灌入车厢的毒气毒死。"这些挖坑者处理的很多人在卡车上就已经窒息而亡。但是也有一些例外,包括仍然存活的婴儿;这是因为母亲把婴儿裹在毯子里并用手捂住了毯子,这样,毒气就不会进到毯子里。在这些情况下,德国人会在树上把这些婴儿的头劈开,当场杀害。"格罗亚诺夫斯基设法逃脱了并藏匿在一个不大的社区(很可能也在格拉布夫)中,直至 1942 年 1 月初他到达华沙。

十一

与此同时,在西欧,生活——也算一种生活——正在延续。在巴黎,炸犹太会堂的事件在犹太民众中并没有造成任何恐慌。尽管绑架人质案、杀人案以及成千上万的人被送到贡比涅和德兰西等一系列事件聚在一起显示形势正在恶化,但别林基的日记并没有流露出不安感。10 月 9 日,又是一次记日记的日子,别林基在一行长文字"值得注意的'别日记'"下面做了标记,他补充道:"在这批犹太人当中,典型的犹太人很少;所有的人从体貌上看都像普通的巴黎人……没有任何隔都犹太人的印记。"这些天,他的大多数日记记录的都是关于获取食品变得越来越困难方面的事。

10月份,在兰贝特看来,德国在东线获取的新胜利并不意味着战争的结束。"但是,法国将遭遇什么,同时,我们犹太人又将遭遇什么?"兰贝特的问题多少有些虚泛而不实在,他随后在10月12日的日记中又补充道,"当然,在战争大爆发和局势恶化的情形下,犹太人的焦虑只是普遍焦虑和期待的一部分。这让我对我儿子的未来感到宽慰,因为一个波兰人,一个比利时人或者一个荷兰人并不一定比我更加知道第二天的生活会是怎样。"几周之后的12月底,至少有一件事情已经很明朗:这场战争的结果不再有疑问。"胜利是无疑的;甚至可以在1942年实现。"

同样是这些天,在布加勒斯特,塞巴斯蒂安显然已经感到,作为一个犹太人,他的命运同其他罗马尼亚人的命运是不一样的。他想逃离:"我从来没有如此强烈地想离开,"他在10月16日写道,"我知道这是荒谬的,我知道这不可能,我知道这是无意义的,我知道这已经太迟了——但我情不自禁地想这样做⋯⋯在最后的一些日子里,我阅读了大量的美国杂志⋯⋯我突然很真切地看到另外一个世界,另外一种环境,别样的城市,另外一种时空。"他希望乘坐斯多玛号舰船离开,这艘船正把大约700名"非法"移民带到巴勒斯坦。也许他可以加入其中。

塞巴斯蒂安,像罗马尼亚的大多数犹太人一样,明白什么样的命运正降临到比萨拉比亚、布科维纳和特朗斯尼斯蒂尔地区犹太人身上。"这是一种不可阻遏的反犹精神狂乱,"他在10月20日写道,"没有间歇、没有规律,也没有原因。如果有一项反犹计划,那倒是可以让人理解;你也可以了解它发展的限度。但是这是一种纯粹不受控制的兽性爆发,毫无羞耻和良知,没有目标和目的。任何事情,绝对是任何事情都可能发生。我看到犹太人的脸因恐惧而造成的苍白。"

从10月中旬到12月中旬的日记中,塞巴斯蒂安对针对罗马尼亚犹太人的日常羞辱和威胁(在安东内斯库给菲尔德曼公开信发表前后)做出了回应。在塞巴斯蒂安看来,这是对暴力的有意识呼吁。好意的罗马尼亚朋友试图说服这位犹太作家皈依天主教:"教皇会保护你!"他们声称。"我不想用争论的方法来回答他们,也不想寻找任何论据,"他在12月27日记述道,"即便这样做并非过于愚蠢和没有意义,我也不需要论据。如果在一个小岛上的某个地方,有阳光和树荫,在和平、安全和幸福之中,我会最终对自己是否是犹太人这一点无所谓。但是在此地和此时,我不可能成为其他人。我也不想成为其他人。"

在德国,没有纳入第一波被逐潮之中的犹太人竭力设法理解新的反犹措施和他们的个人命运。"关于被遣送至波兰的犹太人的报道更加令人震惊,"克伦佩勒 10 月 25 日记述道,"他们几乎是在被剥夺了一切和身无分文的情况下离开的。从柏林遣送到罗兹的犹太人有几千人。这一情况会影响到德累斯顿吗,会在什么时候?这样的问题一直悬系在我们心头。"11 月 1 日:"今天收到苏斯曼寄来的紧急警告明信片。他一定是看到了关于驱逐行动方面令人震惊的消息,我应当马上重新申请我的美国签证……我立即写了回信,现在每一条路都被堵死了。事实上,我们已经从不同渠道获悉,德国方面已经发布了禁止所有移民出境活动的通告。"11 月 28 日:"来自国外的关于驱逐行动的警告更加严峻:里希·迈耶尔霍夫和卡罗里·斯特恩在没有提出请求的情况下,收到了他们在美国的亲戚用电报的方式发来的签证和前往古巴的旅行费用。但这并没有帮上他们的忙,因为德国方面已经决定不发放任何护照了……甚至苏斯曼给我的明信片也不能寄了。我们对事态进行了重新评估。结论与以往一样:在这里待着。如果我们选择走,那么我们的命可能保住了,但在我们的余生,我们将成为依靠别人施舍的人和乞丐。如果我们留下来,我们的生命可能会处在危险之中,但是我们在以后还有可能过上一种值得活的生活。不管怎样,还是自我安慰一下:离开不是我们能决定的事情。一切都是命运,一个人注定会有一个人的命。比如,如果我们在春季就来到柏林的话,那么我们现在很可能会在波兰。"

克伦佩勒的理性化思考(最终,他的结局应了这一理性化的思考,尽管那出于纯粹的偶然)在那些还没有登上开赴东方列车的犹太人中间是普遍的。赫莎·费纳想当然地认为她具有的雅利安人前妻的身份会救她:"我们感到十分担忧,正在经历一段非常艰难的时光,"10 月 16 日,她在给她女儿的信中写道,"我不能也不会告诉你们具体的情况,以免增加你们的负担。我庆幸我现在所处的状况要比很多其他人好一些。你们不必替我担心。由于我的特殊身份,我希望我能够像以前一样继续生活在这里。如果情况有任何变化,我会及时告诉你们的,但是,我不认为会有什么变化。"

在 1941 年年末,生活在整个德国统治地区大多数犹太人的日常生活都不同程度地具有一些共同特征:每日为物质生活而挣扎;完全缺乏掌控自己命运的意识；热切地希望自由正在以某种方式向他们走来。甚至在鲁比诺维奇生活的遥远村落，在基尔采地区，犹太人命运的完全不确定性，日复一日，在那些寒冷的冬日也是无法避免的。"昨天下午，我到博曾滕去补牙，"年轻的达维德 12 月 12 日记录道，"一大早，过来了当地的民团。就在他们沿着公路行驶时，他们遇见一名正出城的犹太人，他们当即不问青红皂白朝他开枪，然后继续朝前开，又毫无理由地朝一名犹太女子开枪。就这样，两名受害的犹太人被莫名其妙地打死了。在回家的一路上，我都非常害怕会撞到这帮人，但最终没有撞到任何人。"第二天，又有一名犹太人被毫无理由地杀死了。

几天之后，命令传来，就像在大多数被占领国家和德国一样，犹太人被要求将所有的毛皮上交给当局："父亲说，"达维德 12 月 26 日记述道，"下达了一项命令要求犹太人上交所有的毛皮，哪怕是最小的毛皮块。有 5 名犹太人被指派监督上交工作，并负责查出没有上交毛皮的犹太人。任何私藏毛皮的人，一经他们查出，都将被处以死刑——可见这一命令是多么的严厉。民兵给出了下午 4 点钟作为上交所有毛皮的时限。没过多久，犹太人开始送去毛皮碎片和整张毛皮。母亲当即翻出三张毛皮，并把所有外套领子上的毛皮都扯了下来。4 点钟的时候，民兵亲自来到我们屋子收缴这些毛皮，并命令波兰警察将犹太人上交的毛皮开列清单。接着，我们把这些毛皮放入两只袋子里，两名犹太人把它们送到一个农民手中，这位农民再将这些毛皮交到别利尼的地方警察局。"

达维德完全不知这场战争的过程以及收缴毛皮的直接原因。但是，在其他地方，在东方和西方，这一征兆并没有被忽视。在东加利西亚的斯坦尼斯拉瓦镇（1941 年 10 月 12 日，汉斯·克吕格尔曾在当地公墓指挥过对犹太人的集体屠杀），一位 20 岁出头、名叫叶利舍瓦·宾德尔的年轻女子（我们之前已经简单地涉及她）开始记录她对于这座新建立隔都的观察。叶利舍瓦 12 月 24 日记录道："昨天的报纸说，伟大领袖（希特勒）亲自接管了军队。犹太人因此得出了最乐观和最深刻的结论……苏联红军正在向前推进，缓慢但稳健。据传他们拿下了哈尔科夫（那里他们没有看到一个犹太人）、基辅和日托米尔。有人声称已经听到了我们在基辅的电台广播。我真希望我能够信这一点，不管事实怎样，我都在怀着希望和乐观的心态展望未来。"

就在这同一则日记中，接下来的几行文字体现出部分犹太人在谈到解放征兆时表现出的强烈怀疑。叶利舍瓦继续写道："我必须承认，我个人不太相信会过早获得解放。我既渴望解放,但也害怕解放。从今天的角度看,一个自由的明天看起来是非常光明的。在我的梦里,我是如此期待从明天的解放中获得许许多多的东西。但事实上呢?我很年轻,我有权为自由而战,并需要从生命中获得一切。但是我生命寄予太大的希望,我感到害怕。我意识到在目前的情况下,这些想法是不理性的,但是……没有关系,真正重要的是解放。"

"当死亡袭来时,"10月9日,卡普兰在华沙记述道,"哀伤者将'货物'交到了丧葬办公室,然后丧葬办公室会处理一切事情。黑色的四轮货车在前行着——有时是马拉着,有时是丧葬办公室的雇佣工拉着——一具接一具的尸体,车子尽可能多地装运尸体,把他们成批地运到墓地。"通常情况下,通向"彼岸世界"的旅程开始于中午。一列长长的马拉和人力拉的四轮车队在整条葛希阿大街延伸着。这一死亡运输没有给任何人留下印象。死亡成为一件很实在的事,就像联合分配委员会开办的免费食堂、面包卡,或者向德国人举帽致意一样。有时甚至很难区分谁在推谁,是生者在推死者,还是死者在推生者。死亡已经失去了其传统意义和神圣性。墓地的神圣性也在遭到亵渎;墓地实际已经转变为一集市,成为现时死者的"集市"。

不过,战局的转折完全能够驱散人们低落的情绪,至少在一段时间里是这样。"一种坚定的信念在我们当中燃起,"卡普兰在12月19日写道,"那就是纳粹的末日已经开始。我凭什么怀有如此的乐观主义情绪呢?昨天,也就是12月18日,发布了一份来自战场的公报,公报是这样说的:'由于俄国冬天的临近……前线必须收缩……'这样的言辞暗含着灾难的降临。"从英国广播公司电台秘密收听到的新闻证实了德国官方的公报。隔都里的人叽叽喳喳地议论着,急切地散布和夸大这一传言:"一位智者出现在大家面前,并把这条真实的消息做了进一步发挥,声称丘吉尔发了一封电报给隔都,电报说,'让犹太人不要急于追捕纳粹,因为他现在没有力量来帮助他们(犹太人)'。"卡普兰以他惯常的风格,带着一点忧郁,又带了一点希望的口气补充道:"这就是我们民族处事的方式——残酷的现实并没有限制我们炽热的想象:'就在圣殿被摧毁的那一天,弥赛亚诞生了。'"

同样是在这几周的时间里,德国人已经瞄准了卢布林这座总督辖区内的隔都,准备对它发泄兽行。而几个月之后,它注定会成为第一个执行总体灭绝计划的隔都。而隔都委员会还在争论一些日常事务,包括医院管理上的草率、欺瞒行为以及各式各样的重组计划。在较北的比亚维斯托克,巴拉什领导下的隔都委员会甚至宣称,其在1941年11月2日会议上取得了一些"成就":"已取得尽可能降低德国人要求的成果;原先要求社区交纳25公斤的黄金,现在减为6公斤;原先要求缴纳500万卢布的钱币,现在已经减为250万。原先要在恰纳吉克斯建立隔都,最终选在目前的地址上。征收1000万卢布的命令也取消了。只有不超过4500名犹太人被转移到普鲁扎内。要求提交知识分子名单的命令也被撤销了。所有这些都是我们诸多努力的结果,幸亏我们同当局保持了良好关系。"然而,德国人再一次要求犹太人支付赎金:"犹太委员会必须每三天支付70万到80万卢布的赎金,从这个月6号星期四开始。如果错过最后期限的话,我们就会遭到'盖世太保无情的惩罚……',如果我们顺从德国人提出的劳动和缴纳税金要求的话,"巴拉什总结道,"我们将确保我们会活着——否则,我们就不能保证我们在隔都里的生存。上帝允诺我们将再次聚集,我们中不会有人丢失。"

正如我们所见,从1941年10月到11月,大规模的屠杀在东方一桩接着一桩,为的是给从帝国遣送过来的犹太人腾出空间。10月初,在科夫纳,袭击医院和孤儿院的零星行动就已经开始,德国人焚烧了隔都的医院和孤儿院,连同里面的病人和儿童。接着,在10月25日,在科夫纳,盖世太保在当地负责犹太事务的党卫军首领中士赫尔穆特·劳卡通知隔都委员会:所有隔都居民——也就是所有的2.7万名犹太人,必须于10月28日6点钟在德莫克拉图广场集合——"重新确定食物的配给。那些替德国人劳动的人属于一类,那些不劳动的人属于另外一类;不劳动的人将被转移到'较小的隔都'"。隔都委员会接到命令,要求公布隔都居民的全部花名册。

因为搞不清德国人的真实意图,隔都委员会成员要求再次面见劳卡,劳卡答应了。艾尔克博士试图(结果是徒劳)说服他提供一些解释,甚至暗示如果战争变得对德国人不利的话,隔都委员会会向盖世太保的人保证愿意提供帮助。由于在是否应该颁布一项法令问题上犹豫不决,隔都领导人转而向年迈的大拉比亚伯拉罕·夏皮罗征询意见。在几次拖延之后,这位拉比最终同意他们发布这项法令,希望它至少最后可以拯救一部分犹太民众。这样,在10月27日,这项法令以意第绪语和德语同时贴出。

在 28 日早上,所有隔都的人都聚集在广场上,每一个没有工作许可证的成年犹太人都随身带有某种证明——"学校证明","从立陶宛军队获得的荣誉证书"以及诸如此类的东西:兴许这些证书会有用。在广场上,劳卡负责遴选工作:好的一边是左边。那些被安排站在右边的人在统计后被推到小隔都的一个聚集点。有人还不时地告知劳拉被安排站在右边的犹太人的数量。夜幕降临后,1 万名的限额已满。遴选结束。有 1.7 万名犹太人可以回家。

这一整天,艾克尔一直待在广场。在极少数情况下,他可以向劳卡发出请求并促使他改变决定。28 号晚他到家的时候,一群犹太人围住了他,每一人都哀求他救某个人。第二天,当第一批犹太人开始从小的隔都向 9 号要塞行进时,艾克尔手里拿着一张名单,企图再一次进行干预。劳卡允许他留下 100 人。不过,当艾克尔试图将这 100 人从队伍中拉出来的时候,他遭到立陶宛警卫的殴打,瘫倒在地。根据托里(他是将这位主席从现场抬走的人之一)的记述,艾克尔的伤几天后才痊愈,他再一次地站了起来。与此同时,在 29 日,从黎明到中午,从小隔都出发的 1 万名犹太人走到了 9 号要塞。在那里,他们被一批一批地枪杀。而在这之前,要塞后面掩埋犹太人尸体的坑已经挖好了。据我们看到的,这些坑不是为立陶宛犹太人准备的,而是为那些 11 月份从帝国及其保护国过来的犹太人准备的,然而他们在到达隔都之前就已经不在了。

在对维尔纳隔都几个星期生活的一段较长描述中 [很可能是在 1941 年 12 月某个时候写下的(正如已经提到,在这年年末,苏联在莫斯科前展开了反击)],鲁道什维斯克写道:"我感觉我们像羊一样,正在成千成万地被宰杀。我们现在无能为力。敌人既强大又狡诈,正在按照一项计划灭绝我们,我们感到无助。"在这位 14 岁的日记作者看来,除了希望依靠外部力量快速获得解放之外,隔都居民几乎不能做任何事情。"现在唯一的宽慰就是从前线传来的最新消息。我们在这里受难,不过,在那里,在遥远的东方,苏联红军已经开始反攻。苏联人已经占领了罗斯托夫,苏联在莫斯科已经打出了重重的一拳,并正在向前推进。这总让人觉得自由随时都可能来临。"

其他的维尔纳犹太人也会从这一系列事件中得出某些结论,然而却看不到那样的希望。在犹太复国主义青年运动的一些成员眼中,德国人在屠杀犹太人方面所采取的系统方式表明存在着一项计划,一项最终包括灭绝欧洲大陆所有犹太人计划的存在。这显然是一种偶然的直觉,不可能是其他什么;但是这又是正确的直觉。

阿巴·科夫纳是第一批懂得维尔纳集体屠杀真实意义的犹太人中的一位。他当时 23 岁,是一名诗人,也是青年卫士的成员,藏在靠近这座城市的一家修道院里。他找到了一些言论和证据,这些言论和证据说服了人数在不断增加的他的青年运动伙伴。而且,倘若他的阐释是正确的话,倘若无论是早是迟,死亡都是不可避免的话,那么,唯一可能的结论是:犹太人得"有尊严地死去",而做到这一点的唯一途径是武装抵抗。

科夫纳在大家的要求下起草了一份声明,供在隔都所有青年运动的集会上宣读。这次以庆祝新年为掩护的会议吸引了大约 150 名青年男女,他们于 1941 年 12 月 31 日聚集到斯托聪街 2 号的"先锋队公共厨房"。在会上,科夫纳宣读了这份声明,这份声明也成为号召犹太人进行武装抵抗的第一声呼喊。"犹太青年们,"科夫纳号召道,"不要相信那些设法欺骗你们的人……那些被带出隔都之门的人,没有一个人得以回来。所有盖世太保的路都是通向波纳尔,而波纳尔意味着死亡。

波纳尔不是一座集中营,所有去那里的人全都遭枪杀。希特勒计划灭绝欧洲所有犹太人,而立陶宛犹太人成为第一批灭绝对象。

我们不应像羊那样被牵进屠宰场。诚然我们弱小、无助,但是对刽子手的唯一回答是反抗!兄弟们!宁可像自由人那样战死,也不要在刽子手的怜悯下偷生。起来!起来!直到最后一口气!"

很快,科夫纳的号召直接导致了纳粹占领欧洲第一个犹太抵抗组织——FPO(联合游击队组织)——的创立。它将最广泛政治框架内的青年犹太人(从共产主义者到右翼犹太复国主义组织贝塔尔的成员)聚集到一起。然而,正是在维尔纳,形势看起来再次发生了变化:持续了两年多的相对稳定使得隔都中留存的 2.4 万名犹太人得到了安置——其中大多数人为德国人工作——让他们的直系亲属感到安定。

当 1941 年夏秋发生在维尔纳的集体屠杀事件传到华沙时,该事件已被普遍地解释为是德国人对立陶宛犹太人支持苏联占领的惩罚。只是在青年运动的少数人中开始形成对这些事件的不同评估。楚可曼解释了在他的组织中正出现的观念变化:"我的同志(来自德罗尔)以及青年卫士的成员获悉在维尔纳发生的事

(在波纳尔对犹太人的集体屠杀)。我们把这一消息告诉了在华沙的运动领导层和政治活动分子。他们的反应是不同的。青年运动不仅听取了这一消息,而且接受了下面的解释:这是灭绝的开始,是对犹太人的整体死刑判决。我们没有接受这样的解释,即这一切都是共产主义造成的……为什么我要拒绝这样的解释?因为如果屠杀是德国人对犹太共产党人的报复,那么,屠杀在占领之后就应该进行了。然而,这些屠杀行动是有计划和有组织的行为,不是在占领后立即发生的,而是蓄谋已久的行动……它们甚至在切姆诺屠杀消息(该消息是在 1941 年 12 月到 1942 年 1 月份传到隔都)之前就制定出来了。"

几周之后的 1942 年年初,"安泰克"从德罗尔一位名叫劳恩卡的女特使的讲话中得知自己在维尔纳的家人全部遇害:"她(不是非常明确地)说,在所有的事务之中,她(劳恩卡)和弗鲁姆卡(另一名德罗尔的女情报员)已经决定要救我妹妹唯一的儿子,但最终没有做到。这时,我已经很清楚,我的家人已不可能再存活下来。我的家人——父亲和母亲,姐姐、她的丈夫以及这两个女子决定救的孩子本—锡安(只能救他一人,因为她们没有能力救更多的人,但最终还是没能救他)……我的所有叔叔和姑姑们,克雷茵斯泰因家族和楚可曼家族,一个在维尔纳繁衍甚广的大家族就这样消失了。"

当决定性的 1941 年走到最后一天的时候,战争的进程似乎正在发生转折,绝大多数欧洲犹太人的情绪在短期内表现得很乐观,这和极少数人的忧心忡忡有所不同。在布加勒斯特,塞巴斯蒂安已摆脱了最可怕的恐惧:"俄国人已经在东克里米亚登陆,"他在 12 月 31 日记述道,"重新夺回了刻赤和费奥多西亚。这是一年中的最后一天……在这该死的一年,其中 364 天我都处在可怕的焦虑中,今晚这一年就要结束。我们仍然活着,我们仍然能够等待一些事情。现在还有时间,我们还有等待的时间。"克伦佩勒,是第一次,表现得比塞巴斯蒂安还要乐观。新年前夕,在他的楼下邻居克瑞德斯那里举行的小型聚会上,他发表了即兴讲话:"这是我们感到最恐惧的一年,因我们自身的经历而恐惧,因持续遭受威胁而恐惧,因看到其他同胞正在遭受驱逐和屠杀而极度恐惧,不过……不过最终,带来了乐观主义……我对大家的忠告是:昂起你们的头,挺过艰难的最后五分钟!"

当然,克伦佩勒的乐观主义是被来自东线的消息所激发的。克鲁克·赫尔曼虽然不像克伦佩勒那样强烈的乐观,但也从"最新的消息"中获得了安慰。他家举行的朋友聚会充满了悲伤的气氛:"在悲哀的沉默中,我们聚集在一起,在悲哀的沉默中,我们希望彼此能够伸出援手,努力幸存下来,能够告诉人们发生的这一切!同时,我们用最新的消息来宽慰我们自己:刻赤已经被攻陷了。卡卢加也已被攻陷了。一个意大利军团宣布投降并答应与德国人作战。在前线,已有 2000 名德国人被冻死了。"对于叶利舍瓦而言,在斯坦尼斯瓦夫隔都,她既表达了希望,也表达了担忧(这是这座隔都中人们的普遍情绪):"我欢迎你,1942 年,愿你带来拯救和胜利。我欢迎你,我期待已久的年份。愿你给我们这个古老多灾多难的民族(现在,它的命运正掌握在恶人手中)带来好运。还有一件事情。无论你正在给我们带来什么,生或者死,都使之尽快来临吧。"

与此同时,在这一年的最后一天,在纳粹占领下的欧洲大陆地区,很多居民(不只是小规模的犹太社团)也在庆祝这严寒季节的到来:"我们注意到军事救护车以及列车向西驶去,"克卢克夫斯基 12 月 31 日记录道,"上面装满了受伤的和冻坏的士兵。大多数的冻伤在手上、脚上、耳朵上、鼻子上和生殖器上。希特勒已经承担了在俄国所有军事行动的直接责任。根据这一事实,你可以判断德国军事形势的绝望情形。"克卢克夫斯基在 1941 年最后一天的日记以下面的话语结束,这些话语已日渐成为整个欧洲共同的心声:"很多人正在垂死挣扎,但每一个仍然活着的人都确信,我们复仇和胜利的时刻就要到来了。"

在同一则日记中,克卢克夫斯基也提到所有的犹太人都在死亡的威胁下,被勒令在三天之内交出他们拥有的任何毛皮或毛皮散片。他写道:"有些人激动得要发疯,有些人则感到高兴,因为收缴毛皮一事说明德国人正在遭受灾难。温度现在很低。我们缺乏燃料,人们都在受冻,但是所有人都希望这个冬天更加寒冷,因为这将有助于打败德国。"

对于一些像维尔纳的科夫纳以及华沙的楚可曼这样年轻犹太人来说,1941年的最后几天也意味着一种深刻的改变,一种不同以往的改变。"安泰克"定义了这种心理上的转折:"我们的生活已经翻到了新的一页……最初的征兆就是出现了终结意识。"

第六章 (1941 年 12 月至 1942 年 7 月)

1941 年 12 月 15 日,党卫军的斯多玛号船载着从罗马尼亚登船的 769 名犹太难民驶入了伊斯坦布尔港,等待检疫。该船是建造于 1830 年的一艘破旧的纵帆船,几十年来一直修修补补,因为配备的是功率很小的发动机,所以几乎不能在多瑙河上航行。这艘船在一周前驶离黑海海域的康斯坦萨港,又不知什么原因,在经历了几次机械故障后,驶进了土耳其水域。

五天后,驻安卡拉的英国大使休·纳奇布尔—休格森给了土耳其外交部官员一种英国政策的错误印象:"英王陛下政府不希望这些人进入巴勒斯坦,"这位大使宣称,"他们没有获得去那里的许可,但是……从人道主义观点出发,我不喜欢他(土耳其外交部官员)的建议,即将这艘船遣返回黑海。如果土耳其政府一定要以他们不能够让这些不幸的犹太人留在土耳其为理由进行干预的话,那么还不如让它(在通向地中海的途中)驶往达达尼尔海峡。如果他们到达巴勒斯坦,那么可能发生的情况是:尽管他们是非法的,但仍会受到人道的对待。"

这位大使所传达的外交信息激起了伦敦政府圈的愤怒。最尖锐的反驳来自殖民大臣莫因勋爵。他在 12 月 24 日给议院外交委员会副议长理查德·劳的一封信中说:"700 多名移民登陆巴勒斯坦不仅会给 (英国驻巴勒斯坦地区) 高级专员带来严重困难……而且将在整个巴尔干国家造成恶劣影响,会鼓励更多犹太人从事目前已经受到英皇陛下大使宽恕的非法移民和偷渡活动……我发现自己很难以温和的笔调来评论当前发生的事情,它与政府既定政策完全相悖。如果你现在可以做些事情撤销原先的立场并要求土耳其当局将那艘船遣返回黑海(就像他们原本提议的那样)的话,那么我自然会很高兴。"殖民办公室的论据是一贯的,那就是纳粹代理人能够在犹太难民的伪装下渗透到巴勒斯坦地区。

几周之后,英国决定给船上的 70 名儿童发放前往巴勒斯坦的签证。而土耳其的立场仍然非常坚决:禁止任何难民前往巴勒斯坦。2 月 23 日,他们将这艘船拖回黑海。之后不久，一枚从苏联潜艇发射的鱼雷错误地击中了这艘船：斯多玛号船连同上面所有的乘客一起沉没，只发现一名幸存者。①

"昨天晚上，"塞巴斯蒂安在 2 月 26 日记述道，"一则电讯快报报告说斯多玛号连同上面全部乘客已经在黑海海域沉没。今天早上又发出修正，说船上大多数人员——可能是全体人员——都已经获救，现在已经上岸。不过，在我获得究竟发生了什么消息之前，我沮丧了好几个小时。好像我们全部的命运都系于这艘失事的船只上。"

在 1942 年上半年，德国人迅速扩大并组织了屠杀行动。除了之前提到的建立驱逐、遴选、灭绝和奴役系统（已经扩大到实施行动上）外，"最终解决"也暗示重大政治管理层面做出的决策：在灭绝计划有关职责和执行方面制定了明确的指挥系统，同时制定了认定受害者身份的标准。最终解决也要求与被占国以及帝国各盟国和地方当局达成协议性安排。在差不多六个月的时间（这一段时间也是德国军事上再次取得一些胜利的时期），在德国，在德占欧洲以及其他地方，德国人在犹太问题上没有采取具有更明显行动目标的大规模干预。而就在这段时间内，处在严密控制下的犹太人与周围世界隔离，身体更加虚弱的他们在被动地等待着，希望能以某种方式逃脱看上去越来越糟糕的命运，但是，就像之前一样，绝大多数人是不能够揣度命运的。

一

1941 年 12 月 19 日，希特勒将布劳希奇解职，亲自掌管了军队的指挥权。在接下来的几周里，这位纳粹领导人稳住了东线。尽管这是艰难获得的喘息之机，尽管希特勒在言辞上故作镇定，但他很可能十分清楚，1942 年将是争取"最后机会"的一年。只有在东线的突破才会使局势朝着有利于德国的方向转变。

1942 年 5 月 8 日，德国进攻的第一阶段在俄国战线的南部开始了。当中路集团军群在哈尔科夫附近经受住苏联反攻以及谢苗·季莫先科元帅的几个旅遭遇严重损失之后，德国武装力量再次发起进攻。纳粹国防军再次到达顿涅茨。

---

① 根据苏联档案披露的文件，斯大林显然下达了秘密命令，要求击沉从博斯普鲁斯海峡驶进黑海的中立国的船只，以粉碎从土耳其向德国运送金属铬的图谋。

在俄国最南地区,曼施泰因重新夺回了克里米亚,到6月中旬,塞瓦斯托波尔被德军包围。6月28日,德国的全面绞杀行动(绿色行动)开始了。沃罗涅什被占领了,而德国大部分兵力向南部油田地区和高加索山区挺进,弗里德里希·保卢斯的第六军团沿着顿河向斯大林格勒方向推进。在北非,比尔·哈克姆和托布鲁克落入隆美尔之手,而非洲军团也越过了埃及边界:亚历山大受到威胁。在所有战线上——甚至在大西洋战线上——德国人获取了一系列的胜利。而他们的盟友日本人在太平洋和南亚战场上也在顺利推进。难道战略天平在倒向希特勒一边?

与此同时,这位纳粹领导人仍在喋喋不休、无情地发表他的反犹抨击,广泛地暗示正在推行的灭绝行动,并且无休止地重复在他看来可以证明灭绝行动合理性的论据。狂暴的反犹攻击几乎出现在希特勒所有主要演讲和讲话中。1941年10月爆发难以抵挡的狂乱反犹攻击并没有减弱。在大多数情况下,希特勒的"预言"一再重现,并额外增加了一些特别恶毒的指控。这位元首的反犹谩骂为一些德国人、其他的欧洲人以及某些看起来极端疯狂的美国人深信不疑;相应地,他们可能会使其他人相信,提着箱子和行李经过欧洲各城镇街道,走向"聚集点"的犹太人只不过是"藏匿在暗处邪恶力量的"欺骗化身——统治着一个从华盛顿延伸至伦敦、从伦敦到莫斯科的秘密帝国,他们在威胁着第三帝国,消耗着第三帝国和"新欧洲"的每一份能量。

让我们回忆一下,从1942年开始,当希特勒向德意志国家发表他的新年讲话的时候,这一预言就已经提出来了。[①]1月25日,希特勒曾向他的两名亲信拉姆斯和希姆莱炫耀他的历史"洞察力",对犹太人命运进行了公开评论,使他们了解自己的意图:"应该尽快行动,"希特勒告诉他们,"犹太人应当被驱逐出欧洲。如果不把犹太人逐出欧洲,我们就无法获得欧洲的合作。犹太人正到处煽动。最后,我不明白,为什么我如此人道。在罗马教皇统治时代,犹太人就已受到非常严苛的对待。到1830年,每一年只有8名犹太人由驴子驮着穿过这座城市。我只想说:犹太人必须离开。如果他们在这一过程中被灭,我只能是爱莫能助。我看只有

---

①　希特勒对德国民众发表新年致辞事实日期是1941年12月31日,但VB公开播放的时间是在1942年1月1日。

一个结局:全体灭绝,如果他们不自愿离开的话。我为什么要区别对待犹太人和俄国囚犯呢?在战俘营里,许多人死掉了,因为我们是被犹太人逼迫到这一步的。而我又能做些什么呢? 为什么犹太人要挑起这场战争?"

1942 年 1 月 30 日,在向帝国议会发表的年度演讲(这次演讲在柏林体育场发表)中,希特勒声嘶力竭地回到他那预言式的鼓动:"我们应当确定的是,这场战争的结局要么是雅利安民族的整体灭绝,要么是欧洲犹太人的消失。"在向听众再一次强调他的预言后,希特勒继续道:"古老的犹太原则现在将第一次被应用:'以牙还牙,以眼还眼!'"弥赛亚的激情占据了这位纳粹领导人的心灵:"世界犹太人应当明白,战争蔓延得越广,反犹主义也就会越广。在那些最终明白了造成他们牺牲原因的每一个战俘营、每一个家庭中,反犹主义情绪都会增长。当世界所有时代最邪恶的敌人最终结束其长达 1000 年的角色时,新时代就会到来。"千禧年最终救赎的前景将消除长久以来的憎恨。

德意志民族的直觉正在恢复。2 月 2 日德国保安部一份反映民众观点的报告显示了德国人是怎样理解希特勒 1 月 30 日演讲的。民众将希特勒使用的"以牙还牙,以眼还眼"理解为:他们的元首"正在以无情的正直将反对犹太人的斗争进行到底。用不了多久,最后一个犹太人将从欧洲的土地上被驱逐出去"。根据 2 月 21 日来自明登的报告,人们都在谈论:"如果有人向士兵了解东方的情况,他就会认识到,这里,在德国,犹太人受到的对待太过仁慈了。而正确的做法是要彻底根除。"

在华沙,卡普兰十分清楚希特勒演讲对民众产生的鼓动作用:"前天,"他在 2 月 2 日记述道,"当元首吹嘘他的预言正开始变成现实的时候,我们读懂了他 1933 年 1 月 30 日发表的瞩目演讲的含义。倘若他没有声称,一旦战争在欧洲爆发,犹太种族就会被消灭,会怎么样? 这一过程已经开始,而且会继续下去,直到最终目标的实现。在我们看来,演讲证明了我们之前认为是传言的东西是对实际发生事件的有力概括。犹太隔都委员会和联合分配委员会都有证实纳粹在被征服地区对犹政策新方向的文件:以对所有犹太社区实行灭绝的方法消灭之。"

在 2 月 24 日宣布纳粹党计划的慕尼黑年度集会上,希特勒再次向他的"老战士"阐述他的预言。"老战士"一直是一个不大的"(预言)信仰者"团体,这些人早在 1919 年就"不仅认识到犹太人是人类的国际敌人,而且在同他们做斗争"。这位纳粹领导人对这一党内核心发表讲话。从他们的英雄主义业绩开始以来,情况已经发生了很大变化,现在他们的观点遭到了强大国家的围攻。紧接着,希特勒念叨起他弥赛亚式的咒语:"无论现在的斗争会带来什么后果或者会持续多长时间,这场斗争都会导致最终的结局(犹太人的灭绝)。只有到那个时候,在这些寄生虫被消灭之后,这个多灾多难的世界才会迎来真正的和平,才能达到各民族之间长期的理解和宽容。"3 月 15 日是"死难士兵纪念日",这一天,同以往一样,希特勒再次发出狂暴反犹叫嚣。

这位纳粹元首一再宣称要灭绝犹太人,而且每一次,很多德国民众都能对希特勒的讲话心领神会。在 2 月 25 日的《下萨克森州日报》上读到希特勒 2 月 24 日发表的演讲后,靠近汉诺威一家工厂的雇员卡尔·德基法尔登在自己日记中就提到了希特勒的威胁;在他看来,希特勒发出的威胁必须认真加以对待。他引用了该报给希特勒演讲加的标题:"犹太人将被灭绝"。在之前几天,德基法尔登就已经听到了托马斯·曼在英国广播公司发表的演讲,曼在演讲中提到 400 名年轻的荷兰犹太人被毒气毒死。德基法尔登评论道,在希特勒持续发表反犹攻击的情况下,这些毒气事件是完全可信的。换句话说,早在 1942 年最初几个月,甚至连"普通德国人"都知道犹太人正在被无情地杀害。

同往常一样,戈培尔是他主人的喉舌,同时也是他主人反犹谩骂的抄录员和热情捍卫者。比如,1 月 13 日,他提醒说,一个民族如果缺乏"反犹本能"的话,那么它就无力抵抗犹太威胁。"那么,"他补充道,"它就不能被称为德意志民族。"在每次同希特勒的会面中,希特勒总是不厌其烦地对这位部长说,犹太人必须被根除:"同布尔什维主义一道,"希特勒在 2 月 14 日向他的这位部长说道,"犹太人毫无疑问会经历巨大灾难。这位元首一再宣称,他已经决定毫不留情地将欧洲犹太人清除掉。在这个问题上,人们不应当有任何的妇人之仁。犹太人是罪有应得,他们正在经历的灾难是对他们的惩罚。我们应当以冷静的决策加速这一过程的实现,我们这样做将对人类的发展做出无价的贡献。1000 年来,健康的人性已备受犹太人的摧残。必须让每一个德国人接受这种鲜明的反犹立场,使他们对所有蓄意敌对集团保持警惕。稍后,这位元首又向一群军官清晰地重复了他的观点。"

3 月 7 日,这位部长首次提到万湖会议。20 天之后,他记录了灭绝过程的所有环节:"从卢布林开始,犹太人正在被从总督辖区驱逐到东方。中间采取的手段非常野蛮,不便进一步地进行细节描述。留存的犹太人不会很多。一般情况下,人们不得不承认,大约有60%的人会被清除掉,而有40%的人会被用于劳动。负责此次行动的前任维也纳省长格罗博科尼克非常谨慎,他以一种不会引起人们过分关注的方式执行这项行动。犹太人正在受到一种野蛮的判决,但他们完全是罪有应得。元首关于犹太人挑起新的世界大战的预言开始以最可怕的方式变成现实。在这些事情上,不允许有任何的妇人之仁。如果我们不捍卫我们自己,犹太人将把我们灭绝。这是雅利安种族和犹太病菌的生死斗争。没有其他任何政府和制度能够像我们这样聚集所有的力量,找到解决这一问题的总体方式。在这里,元首是坚定的先驱者和激进的解决方案的代言人。这种激进的解决方案顺应了事态发展的要求,因而看起来是不可避免的解决方案。感谢上帝,在战争期间,我们拥有了一整套在和平时期无法实行的可能,我们必须利用这些可能。在被帝国解放的总督辖区的隔都里很快就会关满从帝国遣送来的犹太人。过一段时间,同样的过程将再次发生。犹太人再也没有什么值得开怀大笑的东西了。在英国和美国的犹太代表组织并煽动了反对德国的战争,在欧洲的犹太代表必须为此付出高昂的代价;这是非常合理的。"

在希特勒不断发出日益强烈的反犹声浪中,"最全面的"一次是他在1942年4月26日对帝国议会发表的演讲。在那天早晨同戈培尔的会面中,这位纳粹元首又一次切入犹太问题。"他在这一问题上的立场是无情的,"戈培尔记述道,"犹太人已经带给我们如此多的苦难,以至于对他们施以任何最严酷的惩罚都显得太便宜他们了。希姆莱目前正在组织把德国城市里的犹太人转移到东部隔都。我下令应该有众多的影片记录此事。我们会十分需要这方面的资料,以便在未来教育我们的人民。"

"伟大的德意志议会"下午3点钟在克罗尔歌剧院召开。这次会议是它的最后一次会议。在演讲开始不久,希特勒就为他的整个发言设定了"历史框架"。他声称,这场战争不是一场普通的战争,各民族在这场战争中为了它们特定的利益而相互争斗。这是一场根本性的对抗,它"看起来要彻底撼动过去1000年的旧世界,并开启一个新的千年纪元"。至于这场末日战争的无情敌人而言,那当然是犹太人。希特勒提醒他的听众注意犹太人在"一战"中的角色:他们将美国拉入冲突中,他们是1918年威尔逊十四点原则幕后的策划者,他们还将布尔什维主义引入"欧洲的心脏"。

但是没有任何解释能够说明这种原始的反犹狂暴:"我们知道这场世界瘟疫的理论原则以及可怕的现实目标。它被称为无产阶级专政,但实际上是犹太人的专政!……如果说布尔什维克俄国是这一犹太传染病明显被感染者的话,人们不应当忘记民主资本主义也为它创造了前提条件,"希特勒叫嚣道,"这里犹太人为他们在这一过程中完成第二次行动准备了条件。在第一阶段,他们将几百万大众变成了无助的奴隶或者——就像他们自己称呼自己的那样——变成具有暴力倾向的无产阶级。之后,他们又煽动这些狂暴的大众去颠覆自己国家的根基。紧接着就是民族精英的覆灭,几千年来塑造这些民族传统的所有文化创造也被犹太人洗劫得荡然无存……在这一切之后,剩下的只是人类中的野兽和一个掌握世界领导权的犹太阶层,但是最终,作为寄生虫,犹太人毁灭了滋养它的根基。为了应对这样一个被莫姆森称为'犹太消解国家'的过程,正在觉醒的新欧洲已经宣布与之进行战争。"

演说的结尾让人大吃一惊。戈林宣布了一项决议案,赋予元首以超乎寻常的新权力,特别是在司法领域。希特勒将成为最高法官、立法者和最高执法权威。至于为什么这位纳粹领导人感到需要重复上演所谓的《1933 年授权法案》,那时还看得不是很清楚,因为他的权力无论如何都是不可挑战的。像其他诸多评论者一样,戈培尔的评论专注于会议的这个特定方面。"这项新的法律,"这位宣传部部长评论道,"现在得到帝国议会的一致拥护,并被欣然接受了。现在,元首已经有充分权力做他认为正确的任何事情了。这一法律也已经得到由德国民众选举出的议会代表的认可。这样,没有任何法官和将军再敢质疑元首掌握的全权了。"和希特勒一样,戈培尔也清楚,几乎很难克服的严冬预示着以后的形势会越来越艰难……举例来说,克伦佩勒注意到演讲的其他内容,写道:"这次憎恨的焦点变成了纯粹的疯狂。不是英国或美国,也不是俄国——所有的事情都不怪别的任何对象,一切都应归罪于犹太人。"不过,演讲的这两个方面实际上是联系在一起的。

当全面的集体灭绝犹太人的行动开始时,希特勒可能想尽量避免由于外界对于他的(哪怕是最轻微的)犯罪指控而带来的威胁(之前主教加伦曾在布道中指控希特勒谋杀精神病患者)。希特勒要让我们记住,只要德国犹太人不离开德国领土(罗兹和切姆诺也属于德国新近兼并的领土范围内),他们就还是德意志帝国的臣民。就在德国议会召开之后几天的 5 月 4 日,帝国及其保护国的 1 万名犹太人被从罗兹隔都运到切姆诺毒气室。

"基于对犹太人和犹太教的恰如其分的理解,我们必须对犹太人实行整体灭绝。"《民族和种族》在 1942 年 5 月这样声称。而在当月的《进攻》杂志上,莱发出的威胁绝不亚于其主子发出的预言,这位劳工部部长向这份周刊的 30 万名读者宣布:"这场战争将以犹太种族的灭绝而终结。"几天之后,这位部长再次发出了他的威胁:"犹太人要付出代价, 他们的种族将在欧洲被灭绝!"1942 年 6 月 6 日,他在《帝国》上这样叫嚣道。

考夫曼的故事看来抓住了德意志民族的想象力。1942 年 3 月 15 日,来自比勒费尔德党卫军安全部的一份关于民众对战争态度的报告强调:"特别要感谢舆论宣传发挥的惊人影响力,民众现在普遍认为犹太人是这场战争的煽动者并且要对造成众多德国人无休止的苦难负责。这一观点被民众广泛接受在很大程度上应归功于美国犹太人考夫曼的文本宣传。"

比勒费尔德提到的反犹仇恨高潮很可能解释了为什么 1942 年 4 月 30 日的《民族观察报》会毫不迟疑地刊登了一篇由战时通讯员斯哈尔撰写的一篇详尽文章(文章几乎不再以谣传的面目出现)。该文章讲述了党卫军安全部在东线的行动:"在民众中广泛散播着这样的谣传,即安全警察的任务是在德占区根除犹太人。犹太人被成千地聚拢到一起,然后被枪杀;而在被杀之前,他们必须为自己挖好墓穴。有时,执行死刑达到了让人难以忍受的规模,以致连特别命令队的成员们都感到了精神崩溃。"

5 月 8 日,学校评议员鲍乔斯在爱尔福特对着众多学校校长发表演讲,主题是:"我们必须知道布尔什维主义能够给儿童灌输什么?"关于布尔什维主义的演讲涉及了犹太人,从亚伯拉罕讲到摩西,又一直讲到犹太人对所有文明开化民族的渗透,以及他们对这些民族的瘟疫般的传染。这位演讲者从致命的犹太阴谋谈起,逐层深入,直到返回到布尔什维主义的主题。他认为布尔什维主义是犹太人颠覆所有国家的最终方式。鲍乔斯的结语当然是为元首赞美和咏唱,因为是元首第一个认识到犹太人和布尔什维克之间的联系,也是元首第一次无情揭露了这种联系。元首还知道如何适时地调整他的政策以适应这些新的发现。这就是这位学校评议员要求各学校校长传达给学生的信息。

波及面广泛的反犹憎恨从伊门豪森小镇的纳粹党地区主管卡尔·格罗斯1942 年 1 月 20 日给在霍夫盖斯马(卡塞尔附近)上司的信件中得到了典型的反映:"接着你 1942 年 1 月 17 日的信说下去,关于获得特许的通婚,我特别要通知你,地方居民对该女医生(有纯正犹太血统的女子)不被要求佩戴大卫星犹太标志表示反感。这位犹太女子充分利用了这点便利,经常乘火车二等座去卡塞尔,由于她没有佩戴犹太标志,所以可以不受干预地出行。如果这事可以以某种方式得到纠正的话,所有的民众都会表示欢迎。同时我告诉你,这名女子可能会遭到驱逐,因为她的丈夫正在和一名雅利安女医生谈恋爱,这名雅利安女医生也正期待在接下来的几周怀上这名男子的孩子。如果这名犹太女子被驱逐,这位雅利安女医生可以继续操持雅恩博士的家务。由你亲自与他本人讨论上述情况可能是比较合适的。这样一来,我们就可以让仍然居住在这里的这名唯一犹太女子消失。"

我们要回到莉莉·雅恩的故事,她出生于科隆一个富有的犹太家庭,自己是一名成功的职业医生,嫁给了一名叫恩斯特·雅恩的雅利安同事。这对夫妻生有 5 个孩子,这种状况把他们归类到了一种获得特许的混合婚姻类型,莉莉也因此免于佩戴犹太标志。但正如格罗斯所揭露的那样,那时恩斯特正公开和一名德意志女医生丽塔·施密特发生关系,他和莉莉的婚姻关系即将分崩离析。

二

原定于 1941 年 12 月 9 日由海德里希在柏林召集的高层会议改在 1942 年1 月 20 日中午在格罗森万湖街 56 到 58 号的安全警察署的会客厅开幕。参加会议的有 14 人:几位国务秘书及其他高层官员,还有包括阿道夫·艾希曼在内的一些党卫军军官。艾希曼曾以海德里希的名义发出与会邀请,并草拟会议记录。甚至在会议开始之前,艾希曼发出的会议邀请就已经表明这次会议的主要目的。

1941 年 12 月 1 日,党卫军兼警察部队高级领袖克吕格尔和帝国安全总局局长之间的信息交流显示:汉斯·弗兰克正在试图操控总督辖区内的犹太事务。而我们也已经看到,罗森贝格企图掌控德国新近占领的东方地区犹太人命运的野心也昭然若揭。这样,向弗兰克的副官、国务秘书约瑟夫·比勒以及罗森贝格的助手国务秘书阿尔弗雷德·迈耶尔发出邀请也就意味着告诉他们:他们将负责

"最终解决"。而来自内政部和司法部的国务秘书威廉·施图卡特和罗兰·弗莱斯勒也在相当程度上确认这一点。这两个人所在的机构在混血犹太人以及混合婚姻中的犹太人的命运问题上有着相当的发言权，而且也不会自动听从帝国保安总局的建议。[①]

海德里希在会议一开始就提醒与会者，早在1941年7月，戈林就已经指派他负责这项任务了，而帝国党卫军的最高领袖戈林在解决犹太人问题上拥有最终的权威。接着，这位帝国保安总局的头子对已采取的分离帝国犹太人并强迫他们移居他处等措施的简要过程进行了陈述。然后，海德里希继续说道，在进一步移民计划于1941年10月遭到禁止之后，考虑在战时出现的危险，元首已经批准了另外一种解决方案：将欧洲犹太人迁徙到东方，大约1100万名犹太人被囊括在这一迁徙计划中。海德里希还一个国家一个国家地列举了犹太人口，包括生活在敌国和欧洲中立国家（英国、苏联、西班牙、葡萄牙、瑞士和瑞典）的所有犹太人。

被迁的犹太人会被分配从事繁重的体力劳动（比如修路）。这些劳动将自然地和极大地减少犹太人的数量。余下的人即"这个种族中最强健的因子和种族复兴的核心力量"将不得不遭"相应的处理"。为了贯彻这项行动，欧洲将"从西到东被梳理一遍"，借此，"出于住房以及其他社会政治方面的考虑"，德意志帝国将获得支配欧洲的优先地位。超过65岁的犹太人，战争伤残者或者获得"铁十字"勋章的犹太人将被迁徙到新近建立的"老年人隔都"——特莱西恩施塔特："这种充分的解决方法将一举结束所有烦冗的干预。"主要迁徙行动的开始在很大程度上将依赖于军事形势的进展。

后一点的陈述听上去有点怪，必须和"迁徙至东方"这一方案联系起来理解，"迁徙至东方"从那时起就意味着灭绝。在1942年1月实际上已不可能把犹太人都迁徙到东方的情况下，为了维持语言上的谎言，一种总体上含糊其词的战局评论是必要的。

---

① 然而，没有任何征兆显示，海德里希希望向与会者（以及他们的首领）传达下面的信息：他，这位新近被任命为党卫军二级上将以及帝国代理保护人的纳粹党领导人事实上就是元首亲自授权的，在担任党卫军全国领袖之外，又负责"最终解决方案"的人。如果那果真是海德里希的意图（且希特勒的确指派给他这一任务）的话，那么这位帝国保安总局的头子很可能是要避免从一开始就马上显露在解决犹太人问题上的最终权威就是他这位帝国党卫军全国领袖的权威这一事实。

在把"最终解决"方案延伸到被纳粹占领的国家或者纳粹的卫星国这一问题上，外交部同安全警察和党卫军安全部的代表展开了合作，并寻找与适当的地方当局沟通和协调。海德里希不认为在斯洛伐克或克罗斯亚会有任何困难，那里的准备工作已经开始了；需要派一位犹太事务顾问去匈牙利；至于意大利，这位帝国保安总局的头子认为有必要同意大利警察首领进行接触。对于法国，海德里希在他开始罗列的清单中已经提到了来自维希当局辖区的70万名犹太人。这很可能意味着他已经把法国北非殖民地的犹太人包括在内了。海德里希预计控制这些犹太人口有相当的困难。不过，外交部代表、外交部副部长马丁·路德的话让他感到安心：在维希法国不会有任何问题。另一方面，路德（非常正确地）指出，在北欧国家执行上述行动可能会遇到困难。这样，如果只是牵涉很少数量犹太人的话，那里的迁徙行动可以留待下一阶段进行。会上没有提到任何基督教会或者公众对这一方案总体上的可能反应（除了我们之后会看到的集中营附近地区一些民众的反应）。

到这一刻，海德里希的陈述在有的问题上显得极为具体，而在另外一个问题上则有明显差距。一个国家一个国家地罗列作为"最终解决"目标的犹太人（包括英国、苏联、瑞士等国的犹太人）本身当然并非必要；然而罗列有一个目的，传达出了这样的信息，即每一个在欧洲的犹太人，无论他住在哪里，最终都会被抓住。没有人能够逃脱或者被允许幸存下来。而且，所有的犹太人，无论他在什么地方，哪怕是在那些尚未被德国控制的国家和地区，都将屈从于希姆莱和海德里希的权威。

至于差别，有预兆和显而易见的：健壮的犹太人将被分配从事繁重的强制劳动，这样就可以成批地消灭他们；获得过荣誉的战场老兵、残疾人以及上了年纪的犹太人（来自德国，并可能部分来自一些西方国家或斯堪的纳维亚国家）将被驱逐到在特莱西恩施塔特的"老年人隔都"（他们将在那里死去）。但是怎么处置其他的犹太人，即那些没有被提及的欧洲犹太人中的绝大多数呢？海德里希对他们命运的沉默实际是在大声宣称，这些非劳动犹太人将被灭绝。在这位帝国保安总局头子讲话之后进行的讨论清晰地表明人们完全明白海德里希的意思。

接着,海德里希的讲话转到了混血犹太人和混合婚姻中的犹太人问题。①他试图彻底地把那些混血犹太人群体以及混合婚姻中的犹太人一方纳入驱逐计划当中,这样就可以和 1933 年以来激进纳粹党徒的一贯努力保持一致了,还可以把反犹举措延伸到更广的范围。1935 年,在《纽伦堡法案》公布前后的讨论中,这些纳粹党激进分子的目标就已经是要尽可能广地将混血犹太人认定为完全的犹太人。1942 年 1 月,海德里希的目标同样如此,而且,犹太受害者波及的范围越广,他的权威也就会越大。

在接下来的讨论中,内政部国务秘书施图卡特告诫与会者:混血犹太人以及混合婚姻中的犹太人问题将制造出相当烦琐的行政工作,并强烈建议将对第一代混血犹太人进行全面绝育作为备用政策。而且,施图卡特赞成通过法律杜绝一切混合婚姻的可能性。执行四年计划的国务秘书埃里希·诺伊曼并不希望把那些正在要害军工工厂中工作的犹太人囊括在迁徙计划中;海德里希则回应道:在当前情况下尚无须这样。

国务秘书比勒请求在总督辖区内开展迁徙犹太人的行动,因为那里运输是个小问题,犹太人在大多数情况下不是劳动力的一部分,而是瘟疫的来源,作为黑市商人,是造成经济不稳的罪魁祸首,所以,总督辖区内的 250 万犹太人应当首先离开。比勒的请求表明,他完全领会被海德里希忽略的或是没有说出的意

---

① 在海德里希看来,第一代混种犹太人,如果没有同血统完全纯正的德国人结婚并生养子女的话,应当被认为是等同于犹太人的;在同血统完全纯正的德国人结婚并生养子女的情况下,他们可以避免遭到驱逐。为了一劳永逸地解决混种犹太人的问题,免于遭到流放的第一代混种犹太人将接受绝育手术。第二代混种犹太人将同德国人享有同等的权利,除非他们是"杂种"(那就是说,生养他们的父母双方自己都是混种犹太人),除非他们的体貌特征看起来有明显的犹太性,或者刑事警察记录表明他们感觉自己是犹太人或者按照犹太人的方式行事。

随后是混合婚姻的问题。海德里希强调关于这一领域的决定会对德国配偶产生影响。在完全的犹太人同德国人的婚姻问题上,决定是否驱逐犹太配偶取决于是否生养子女。在无子女的情况下,犹太配偶将遭到驱逐。在第一代混种犹太人与德国人的混合婚姻中,如果未生养子女,混种犹太人一方也将遭到驱逐。如果这对父女生有子女(第二代混种犹太人),且这些子女和(上面提到的三种情形下的)犹太人具有同样的立场和特征的话,那么混种的父亲或母亲,以及他们所生养的子女将遭到流放。如果这些子女不认同自己为犹太人以及犹太准则的话,他们就不会被驱逐,而第一代混种犹太人,即他们的父亲或母亲也不会遭驱逐。

至于第一代混种犹太人之间的婚姻以及他们同纯种犹太人的婚姻,婚姻中的每一个人,包括所生养的子女都将被"迁徙出德国,这些婚姻关系所生养的子女比第二代混种犹太人更强烈地受到犹太因素的影响"。

思:非劳动犹太人将在整体灭绝计划的第一阶段被灭绝。于是,弗兰克的代表感到需要补充做出某种"忠诚宣言":在总督辖区解决犹太人问题的执行权威掌握在这位安全警察兼党卫军安全部首领手中;他正从总督辖区各行政当局获得全力支持。比勒一再提出,在弗兰克管辖区,犹太问题应尽快解决。

在讨论的最后部分,迈耶尔和比勒都强调,尽管在指定采取最终解决方案的区域内需要做一些预备工作,但是,必须谨慎地避免当地民众中出现的骚动和不安。海德里希在会议结束的时候再一次向所有与会者发出呼吁,希望他们在贯彻这项方案时提供必要的帮助。在关于"实际操作问题"的讨论中,海德里希是否主动提供了总督辖区正在建造第一座灭绝营切姆诺或者格罗博科尼克的信息,我们不得而知。

海德里希提到的通过强制劳动,特别是通过在东方修路的方式来批量杀害犹太人几年来已经被当作集体杀戮犹太人的一种暗语。不过,在当前阶段(当然只是针对能够劳动的犹太人),这位帝国保安总局的头子的意思很可能是:在德国战争经济急需劳动力的情况下,身体强健的犹太人将首先作为苦力使用;"筑路"很可能是常见苦役的一个例子;第四战区公路的修建是一个能够说明问题的例子。据我们所知,在修建过程中,成批使用了犹太苦力,在那里,成批的犹太人因繁重的劳动而亡。此外,在1941年年底或者1942年1月初,希特勒就已下令使用犹太苦力在德占苏联领土北部地区修路。海德里希在1942年2月2日对一群德国官员以及德国保护国纳粹党代表发表的讲话看起来(很间接地)证实了上述说法:"在我们进一步开发北极地区的时候,我们可能可以使用这些还不能被德意志化的捷克人。在北极地区,我们将接管俄国人的集中营。根据我们现在的了解,那些集中营可以容纳150万到200万遭逐犹太人,那里可以成为1100万欧洲犹太人的理想家园。不能被德意志化的捷克人在那里将能够作为监工和工头协助德国人完成任务。"无论如何,就像海德里希在万湖会议上所详细阐明的,没有任何犹太劳工最终能幸存下来。

这位帝国保安总局头子在1月20日的会议上保证了党卫军在贯彻"最终解决"方案过程中的排外性权威吗?在混血犹太人以及混合婚姻问题上,内政部和(以及稍后)司法部会继续提出他们自己的观点。然而,作为一项条例,这些观点只适用于生活在帝国境内的有限人群,不适用于"最终解决"方案所囊括的整个欧陆范围内几百万犹太人。总之,即便关于混血犹太人以及混合婚姻问题的讨论还在继续,不容置疑的是,在万湖会议上,希姆莱和海德里希在贯彻整个欧洲"最终解决"方案上的绝对权威得到了普遍的认可。在会议的次日,海德里希就向他的上司报告了会议情况。

1942 年 1 月 25 日,希姆莱通知集中营巡查员理查德·格吕克斯:"因为在未来不会有更多的俄国战俘进入集中营",他将向集中营派去"从德国过去的大量犹太男子和女子(……他要求集中营做好必要的安排,在接下来的四周准备接纳 10 万名犹太男子和多达 5 万名犹太女子)"。在这项紧急命令传达后,没有发生任何事情。事实上,希姆莱给格吕克斯发出的信息看起来是临时准备采取的步骤,也就是紧随万湖会议之后准备采取即时措施。这位党卫军领袖似乎想表明,他要坚定地执行这项任务,并准备下令采取下一步具体措施。从具体层面来看,希姆莱的电文显示——同万湖会议时候情况一样——在转移欧洲大陆的犹太人问题上,除了向所有与这位党卫军领袖及其代表有关的协助机构和部属提供保证外,希姆莱几乎没有做什么准备,也几乎没有任何事先计划。

1 月 31 日,艾希曼通知德国各大主要盖世太保办事处:"最近开始的从帝国一些地区向东方迁徙犹太人的行动表明,在固有帝国、在奥地利以及在帝国保护国,在犹太问题上已经开始执行'最终解决'方案。"不过,艾希曼强调:"迁移犹太人措施一开始受制于一些特别紧急的计划……新的接受点正在安排中,目标是转移额外的犹太人。显然,这些准备需要一些时日。"

1942 年 3 月 6 日,混血犹太人以及混合婚姻中犹太人的命运在柏林帝国保安总局总部召开的一次会议上再次被讨论。这次会议后来被称为"第二次'最终解决'方案会议"。大批代理机构和办事处的代表参加了这次会议。会议没有达成任何确定的方案。根据施图卡特在 2 月 16 日的一封信函中提供的建议,会议原则上做出决定,对第一代混血犹太人进行绝育,同时,在给予混合婚姻中雅利安配偶以充分时间自由选择离婚之后,强制性地解除混合婚姻关系。不过,这些措施几乎很难获得共识,导致司法部代理部长弗朗茨·施勒格贝格尔(自从弗兰茨·古特纳死后,他开始接任这一职位)的质疑。施勒格贝格尔的建议并不比施图卡特的提议具有决定性。事实上,这两个问题从来就没有得到圆满的解决。一方面,有希特勒本人发出各种各样的豁免命令;另一方面,这位纳粹领袖在一些场合发出的关于第二代、第三代和第四代混血犹太人的犹太特征评论导致纳粹国防军在总体上进一步排斥混血犹太人并对他们采取更加严厉的措施。1942 年 10 月 27 日,帝国保安总局召集了第三次会议,这次会议没有超越 3 月 6 日建议的成果。[①] 最终,大多数混血犹太人没有遭到驱逐。

同样是在 3 月 6 日,还是在帝国保安总局的同一栋楼里,艾希曼召集了来自德意志全境的盖世太保代表开会,讨论进一步驱逐德国及其保护国的 5.5 万名犹太人问题。这一次,绝大部分遭驱逐者将来自布拉格(2 万人)、维也纳(1.8万人)以及德国各个城市剩余的犹太人。艾希曼强调,盖世太保各地方当局务必要特别注意,不要把上了年纪的犹太人包括其中,以免再次引发之前的抱怨。"为了对外界做出交代,维护脸面",在特莱西恩施塔特,正在建造针对这类犹太人的特别集中营。此外,艾希曼警告道,务必不要预先告知犹太人迁移的消息。地方盖世太保办事处只会提前 6 天获知犹太人离开的日期,此举可能是为了限制谣言的传播以及避免由此引发的犹太人可能的逃离企图。

艾希曼并没有太在意帝国第 11 号律令(这一律令规定要将犹太人的财产转交国家),在指示他的部下如何尽可能地为帝国保安总局留下这些被逐犹太人的财产之后,他仔细考虑了交通运输方面的困难:唯一可以使用的列车是拉森祖格号列车,这趟列车从东方运输工人到德国,回程时列车是空的。这些列车设定可运送 700 名俄国人,但现在,每一趟车要塞满 1000 名犹太人。[②]

---

① 希特勒授权的一例豁免导致了混合婚姻问题与源于第 11 号律令 (规定"居住在帝国之外"的德国犹太人失去德意志公民权以及在德意志的全部财产) 的措施奇怪地结合在一起。1942 年 9 月 16 日,宣传部介入内政部以帮助德国最著名演员之一的汉斯·摩斯尔的犹太妻子。摩斯尔由"最高层决定"获得授权,无障碍地从事自己的活动。不过,同时,他的妻子转移到布达佩斯,根据第 11 号律令,她自动失去了德意志公民权和护照,并由此成为"无国籍人士"。可以理解,摩斯尔面对这一突然打击,感到非常痛苦。内政部接到恢复摩斯尔夫人的公民权和护照的要求。为了支持这一要求,外交部还加上了其他因为"最高层决定"得以豁免并和他们的具有完全犹太血统的妻子继续在德国生活和工作的演员的名字:保罗·亨克斯、马克斯·洛伦兹、乔治·亚历山大。

② 大概在同一时间,艾希曼把犹太事务组 (IVB4) 分为 A 部和 B 部:犹太事务组 A 部负责驱逐行动的后勤工作,由运输专家弗里德里希·洛维克领导,而犹太事务组 B 组,负责法律和技术事务,有弗里德里希·苏尔 (之后是奥托·汉斯赫) 领导。罗尔夫·巩特尔忠实地履行着作为艾希曼副手的职责,全部艾希曼的下属都具有一种强烈的"团队精神"。

三

除了战争进程及其产生的全面影响之外，从 1942 年年初开始影响"最终解决"方案进程的主要因素一方面是急剧扩张的战争经济对犹太劳动力的需求；另一方面，在纳粹眼中，犹太人的存在会带来"安全风险"。但这些问题只是针对欧洲很小一部分的犹太人，但就是因为这一小部分犹太人，政策变更了几次。

在 1941—1942 年的冬季，随着全球战略态势的转变，德国（以及被德国占领的国家）经济的重组和"理性化"——从闪电战经济转向适应总体战和长期战争的经济——成为迫在眉睫的事情。1942 年 2 月，随着弗里茨·托特的去世，希特勒任命施佩尔·阿尔贝特为军备生产全权主管，尽管戈林一直觊觎这一职位。3 月 31 日，希特勒提名图林根州州长弗里茨·绍克尔为劳工全权总监。从整个欧洲范围内强制运送几百万犹太劳工（到 1942 年年底是 270 万人，到战争结束的时候达到 800 万人）的残酷行动开始了。

这种新的"理性化进程"也导致了党卫军系统内部的一些变化。也是在 1942 年 2 月，由波尔领导的"党卫军行政和经济总局"以及"财政和建设总局"合并成立"党卫军经济管理总局"，仍然由波尔领导。一个月后，"党卫军经济管理总局"掌控了集中营的监察权，建立了波尔管理总局的 D 部，由理查德·格吕克斯领导，这一部门现在管理着整个集中营系统。"莱恩哈德行动"建立的集中营（贝乌热茨、索比波尔、特布林卡集中营以及后一阶段建立的马伊达内克集中营）仍然在格罗博科尼克的控制下。他本人直接从希姆莱那里接受指令。另外，在密切监管集中营的同时，"党卫军经济管理总局"还管理着一些集强制劳动和灭绝等功能于一身的中心，主要是奥斯维辛，但是帝国保安总局保持着对上西里西亚集中营"政治部门"的控制，这样，它可以在按照什么样的比率灭绝日益增长的集中营人口的问题上做出所有的决定。切姆诺在瓦尔特兰省长的控制下，而他也接受希姆莱的直接领导。

1942 年 4 月 30 日，在一份提交给希姆莱的备忘录中，波尔强调，由于总体战经济带来的新限制，因此需要在政策上做出调整："无论出于安全、惩罚和预防目的，扣押囚犯都不应是第一位的考虑了。目前重中之重需要转移到经济方面。动员所有被拘役者的劳动能力以服务于战争任务（增加武器装备）的需要在目前应当被放到绝对优先的位置，直到装备生产甚至可以满足战后和平时期需要为止。目前情况就是如此,应当采取所有必要的措施将作为一种专门政治机构的集中营转变为一种适合承当经济任务的组织。"

同样是在这份备忘录中,波尔告诉希姆莱,所有关于改变进程的指令都已经传达到集中营长官和党卫军企业负责人那里:从现在开始,在每一座集中营和每一座党卫军工厂里,劳动力将被最大限度地利用(假定有充足的新定居者前来以替代那些因繁重劳动而丧失劳动能力的人)。政治部将确保关于犹太人的政策得到遵守。这样,海德里希的计划基本上就完美无缺了。

同样的政策也逐渐应用到较大的隔都中。在罗兹,谢拉考维克已经被指派到一个生产马具的车间。他在 1942 年 3 月 22 日记录道:"隔都人口已经被分成了三种类型:'A'、'B'、'C'三种类型。'A'类是车间工人和职员;'B'类是办事员和普通劳动工;'C'类是剩余的人。""剩余的人"被一拨一拨地用船运到切姆诺。

在总督辖区,一种"替代"政策至少在短期内发展了起来:犹太劳工逐渐替代了派往帝国的波兰劳工。这一政策在 1942 年 3 月左右开始实施,随后几个月,在国防军装备监察员以及格罗博科尼克的主要驱逐和灭绝专家赫尔曼·霍夫勒的支持下,这一政策的实施范围得以扩展。在卢布林,为了挑选精壮犹太人到总督辖区工作,阻止来自帝国和斯洛伐克遣送犹太人的列车成为实施上述政策的一个标准程序;其他人则在贝乌热茨被灭绝。看起来,汉斯·弗兰克早有准备从意识形态立场转向了实用主义立场:"如果我想赢得这场战争的话,我应当是一名冷酷的技术专家。我应当把从意识形态和种族角度需要处理的问题推迟到战后处理。"

正如克里斯多夫·布朗宁所指出的那样,这项新政策导致隔都中从事劳动犹太人的食物供应有所提高——同时导致不从事劳动犹太人口的迅速灭绝。1942 年 5 月 5 日,比勒向其管理部门的领导宣布:"根据最近的消息,上峰有解散犹太隔都的计划,把那些能够劳动的犹太人留下来,把剩余的人驱逐到东方。能够劳动的犹太人将被安排到大型集中营中,现在,这些集中营正在建造中。"实际上,比勒关注的是这种对犹太人劳动能力重组所产生的效果,而总督辖区当局的其他高层官员关心的也是这一点。

换句话说,从 1942 年夏天开始,总督辖区里的犹太劳工看来得到了保证;党卫军兼警察高级领袖克吕格尔在 6 月份竟然允诺道："不仅在装备工厂中的犹太劳工将被保留下来,而且他们的家庭成员也会被保留下来。"然而,就在克吕格尔勾勒这些新观点的时候,德国关于犹太劳工的政策再次被修正:犹太劳工以及身强力壮的犹太人具有的安全风险成为主要问题。

并没有非常明显的文献证据能够证明在 1942 年 5 月中旬相继发生的两起不相干的事情导致了"最终解决"方案得以激进地加速实施。然而,在讨论、演讲和命令中提及这两者之间的联系,这一联系还是可能的。

5 月 18 日,一枚燃烧装置在举行反苏展览"苏联乐园"的柏林卢斯特花园爆炸。在几天时间里,盖世太保就破获了组织了这次袭击一个小规模的支持共产主义者的组织——赫伯特·鲍姆组织,该组织的大多数成员被捕。正如戈培尔在 5 月 24 日所写的那样:"比较特别的是,该组织有五名成员是犹太人,三个是半犹太人,还有四个是雅利安人。"这位宣传部部长接着记录了希特勒的反应:"他出奇的愤怒,下令我尽可能地将柏林犹太人赶出去。斯皮尔反对将那些在装备工厂劳动的犹太人包括其中。我们应当找到一条替代的途径。顺便提一下,非常有意思的是,现在我们认为犹太人是不可替代的高质量工人,而就在不久之前,我们都还一直在宣称犹太人根本就不会劳动, 也不知道关于劳动的任何东西……此外,元首允许我逮捕 500 名犹太人质,如果他们耍任何花招的话,都可以随时处死。"

5 月 23 日下午,希特勒对在总理府的纳粹党全国领袖和各大区领袖发表讲话。这位纳粹领导人宣称:"犹太人决心无论在什么样的环境下都要在这场战争中取得胜利,因为他们知道,失败将意味着他们的灭亡……现在,我们清楚地看到,斯大林,这位事实上犹太人的挂名领袖,为反对德意志帝国、为这场战争做了怎样的准备。"

戈培尔的情绪一直很激动。5 月 28 日,他记录道,他不想"被某个 22 岁的东方犹太人(像袭击反苏展览的犯罪者中的某一类型的人)枪击而死"。在受到残酷的折磨之后,鲍姆自杀了。该组织的所有其他成员都被处决。此外,作为报复,又有 250 名犹太男子在萨克森豪森被杀害,还有 250 名柏林犹太人被送进这座集中营。

5 月 29 日,这位纳粹元首和他的宣传部部长再一次讨论了那次袭击及其广泛的暗示意义。"我再次向元首提出将犹太人全部逐出柏林的计划,"戈培尔第二天记述道,"他完全赞同,并给施佩尔下命令,要求他把在装备工厂劳动的犹太人尽可能地换成外国工人。4 万名犹太人一无是处,但仍然在柏林游手好闲。这是一种巨大的威胁,是重大的挑战,而且会招来暗杀行动。这样的事情一旦开始,那么人们的生命再也不会安全。在最近燃烧弹袭击中,甚至有年仅 22 岁的东方犹太人参与其中;这一点说明了很多问题。我再次请求对犹太人采取更加激进的政策,我的请求得到了元首的完全赞同。元首认为,如果战争形势变得更加紧迫的话,对于我们来说,个人危险将会增加。"

希特勒和他的宣传部部长一致认为,帝国目前的形势比 1917 年要好得多,这一次无论如何不会有起义或罢工的威胁,之后他又补充说,"德国人只有在受到犹太人煽动的时候才会参与颠覆行动"。接着,希特勒又开始了他对犹太人惯常的谩骂,强调犹太人的野蛮以及他们渴望复仇;因此把犹太人送到西伯利亚可能是危险的,因为他们能够在艰苦的生存条件下重新恢复活力。按照他的观点,最佳的做法就是把他们送到中非:"那里的气候不会使他们强壮和有抵抗力。"①

联想起 1917 年以及当时的起义和罢工,这的确耐人寻味:在希特勒看来,灭绝犹太人是为了确保不再重复上演 1917—1918 年发生的革命行动;鲍姆的企图给了希特勒以警告:灭绝犹太人的行动必须尽可能迅速地实施。

第二件事可能也加速了灭绝犹太人的进程,尽管是间接地加速。5 月 27 日,海德里希被从英国降落到捷克的捷克突击队员击中并负重伤;他死于 6 月 4 日。五天之后,就是在为他举行国葬的那一天,希特勒下令处决利迪泽(靠近布拉格的一座村庄,德国人认为谋杀海德里希的凶手藏匿在那里)的大部分居民。从 15 岁到 90 岁的所有男子都被枪杀;所有妇女被送往集中营。她们中的大部分人死在那里。一些儿童被"德国化",在新的身份和名义下被德意志家庭抚养;而绝大部分"不具有德意志人特征的儿童被送往切姆诺并在那里被毒死。至于那座村庄,则被夷为平地"。在希姆莱亲自接管帝国保安总局领导权的这一过渡时期之后,他于 1943 年 1 月任命奥地利人恩斯特·卡尔滕布龙纳为海德里希的继任者。

① 几天之后,戈培尔提到几百名有制造暗杀事件企图的犹太人质应当被处决:"我们清除这样的污秽越多,帝国的安全形势就会越好。"

希姆莱在 6 月 3 日、4 日和 5 日面见了希特勒。这位纳粹领导人及其忠实追随者是否就是在这几次会面中决定加速灭绝犹太人进程并为完成"最终解决"方案设定最后期限，这一点我们不得而知。但是，从鲍姆的企图以及海德里希之死看，这是可以理解的。犹太人被看成是内部威胁，甚至这种威胁比以前更严重。6月 9 日，在向党卫军的将军发表纪念这位帝国保安总局头子的冗长演说中，希姆莱似乎不经意地宣布："我们确定将在一年内完成犹太人的迁徙；在那之后，他们中就不会有人再到处游荡了。现在是清算他们欠下债务的时候了。"①接着，在 7 月 19 日，在对奥斯维辛进行了两天的访问后，这位帝国党卫军领袖向克吕格尔发出了如下命令："对总督辖区犹太人口进行重新安置一事到 1942 年 12 月 31 日之前必须得到贯彻和完成。到 1942 年 12 月 31 日，除了有些人留在华沙、克拉科夫、琴斯托霍瓦、拉多姆和卢布林的集中营里之外，应保证没有任何有犹太血统的人待在总督辖区内。所有雇佣犹太劳工的计划到那时都必须终结或者转移至集中营里面。"

这位帝国党卫军领袖不会只停留在这一点上，他必须引证一些意识形态因素来说明这次突然加速的屠杀进程："无论对于组建新欧洲所必需的种族与民族分离，还是对于德意志帝国的安全与纯洁以及德国战略利益空间的拓展来说，这些措施都是必要的。对于这些规定的每一次触犯都是对于安宁与秩序的威胁，也是对整个德意志势力范围的侵害，是走向抵抗运动的起点，也是传染身体疾病和道德疾病的源头。基于所有这些原因，总体清洗是必要的，而且必须加以贯彻。任何对于计划可预见的推迟必须向我报告，这样可以及时地寻求帮助。其他机构试图变更(这些指令)或者寻求例外都必须亲自向我请示。"希姆莱的话可能暗指纳粹国防军在某些方面的潜在要求。

四

在西方聚集区域[德兰西、韦斯特博克、马林(梅赫伦)]或者东方隔都被关押了长短不同时间后(在几个月到几年之间)，欧洲犹太人中的大多数遭到了灭绝。这类集中营或者集结营中的大多数在做出总体灭绝决定之前就已经建立起来，

---

① 希姆莱仿效了希特勒关于灭绝犹太人的表述（"很快再也没有人会笑得出来"以及"把石板擦干净"）。

在"最终解决"方案刚开始实施的时候,有些集中营或集结营的建立是部分用作隔都,部分作为"最终解决"之前的中转站:如特莱西恩施塔特或者卢布林附近的伊兹比卡。

特莱西恩施塔特是一座集结营,是波希米亚北部的一座小镇。它是犹太集中营和灭绝系统中的"典范营地",那里军事守备得到了强化。到 1941 年年底,那里居住着大约 7000 名德国士兵和捷克平民;一块附加区域(小型城堡)已经成为盖世太保在帝国保护国设立的中央监狱。在 1941 年年底(11 月和 12 月),犹太劳工被派往那里,开始为这座营地承担新的功能做准备。1942 年 1 月初,第一批遣送列车载着大约 1 万名犹太人抵达这里。①

纳粹任命了一名"犹太长老"和一个由 13 人组成的委员会。第一位"长老"就是受到广泛尊重的雅各布·埃德尔斯坦。他原籍为东加利西亚霍罗登卡,后迁往捷克斯洛伐克,定居在苏台德地区的特普利茨。政治上,他倾向社会主义,但主要还是犹太复国主义。尽管他其貌不扬,在职业上也不过是一名销售员,但实践很快证明他是一名卓越的公共演说家。这在犹太复国主义者的集会上是特别需要的。在纳粹接掌德国政权后不久,埃德尔斯坦应邀领导了在布拉格的"巴勒斯坦办事处",换句话说,就是为日益增加准备移居以色列的犹太难民提供帮助。

我们看到,随着德国占领波希米亚和摩拉维亚以及帝国保护国的建立,布拉格的犹太移民中央办事处建立了起来,这是仿效先在维也纳后在柏林实施的模式。在罗尔夫·巩特尔和阿洛伊斯·布伦纳掌控着维也纳中心的同时,艾希曼自己和另一名巩特尔的兄弟汉斯一起掌控着帝国保护国的移民活动。

埃德尔斯坦的公众意识——以及他的勇气——使得他实际上成为捷克犹太人在同德国人接触过程中的核心人物。1939 年 10 月,他受命领导从奥斯特拉发迁徙至尼斯科的一群犹太人;在移民专家斯托费尔和拉比墨梅尔斯坦引领下,这些被从奥地利驱逐到特莱西恩施塔特来的犹太人将成为埃德尔斯坦最成问题的同伴。尼斯科企图的失败使得埃德尔斯坦又被带回到布拉格。在那之后不久的 1941 年 3 月,艾希曼指派他和另外一名布拉格社区的成员理查德·弗里德曼前

---

① 关于特莱西恩施塔特最详尽的专题论述,尽管非常翔实,根据个人的估计,艾德尔的研究带有很大的偏见。

往阿姆斯特丹同当地社区的阿斯切尔和柯亨商议建立委员会的事。埃德尔斯坦试图警告他的荷兰同胞他们所面临的危险，包括被驱逐到东方的可能性，但是没有起到作用。

同年秋天，当海德里希决定将帝国保护国的犹太人驱逐到在波希米亚境内一座集结营的时候，埃德尔斯坦很自然地被选中领导这座"模范隔都"。1941年12月中旬，就在埃德尔斯坦到达特莱西恩施塔特的几天后，汉斯·巩特尔突然过来巡查。这位党卫军军官宣称："现在，犹太人，当你们身陷麻烦时，让我们看看你们能做什么。"犹太人认为这是一种他们尚能应付的挑战。

一开始的时候，这座集结营的领导层因为具有犹太复国主义倾向而受到非议，不过，随着居住的人越来越多，而且随着日常生活变得越来越艰难，意识形态的冲突逐渐销声匿迹，犹太复国主义者占据领导层中大多数的状况并没有改变。这样，在布拉格犹太学校教书的一位名叫埃贡（贡达）·雷德利希的23岁教师成为青年福利部的领袖。雷德利希和他的副手弗莱迪·赫尔施（主要负责运动和体育）一起创造了一种准自治性的青年组织（随着时间的推移，有3000到4000人参与这一组织）；在那里，带有特别强烈犹太复国主义色彩的青年文化发展起来。

然而，没有任何能保护年轻人或老年人免于被遣送至屠杀区或屠杀点的办法。"我听到一则可怕的消息，"雷德利希在1942年1月6日的日记中记述道，"一列遣送车将从特莱西恩施塔特去里加。我们就是否还有足够时间留给我们这一问题争论了好一会儿。"雷德利希第二天以同样的心情记述道："我们的情绪很糟。我们在为这次遣送做准备。我们几乎在彻夜工作。在弗莱迪的帮助下，我们努力不让孩子上这趟车。"而在1月7日，雷德利希又写道："我们无法工作，因为我们被锁在兵营里。我请求当局把儿童从遣送人员中剔除出去，被告知儿童不会上路的……我们的工作就像青年阿利亚所做的那样（有组织地将儿童和青年移民至巴勒斯坦）。在那里我们带给孩子的是自由。而这里，我们设法拯救孩子免于死亡。"

拯救儿童使之不遭遣送这一点很快变得不可能。当雷德利希提到"死亡"时，他实际上还不知道这些"去东方"的被逐者命运会是什么。委员会的"顾问们"在争论他们是否应当为遣送做些什么志愿工作，是否应继续为被遣送的人提供帮助和教育。但是，按照历史学家吕特·邦迪的话说："这些争论只是停留在理论上：

最终，家庭的考虑以及希望尽可能长时间地留在特莱西恩施塔特这样的一种情绪占据了主导地位。"1 月 10 日，雷德利希记录道："昨天，我听到另外十趟遣送车即将出发的命令。我有理由相信另外四趟车也将出发。"他还补充道："今天的大事是 90 名男子被绞死。原因是：他们玷污了德国的名誉。"①

当 1942 年夏天开始的时候，几十趟从帝国及其保护国发出的运送老年犹太人的列车正在驶往这座捷克"隔都"。雷德利希记录道："6 月，有 24 趟遣送车到达这里，有 4 趟离这里。在这些新抵达的移民中，有 5 万人来自德国，其中大部分都是年迈者。"6 月 30 日，雷德利希写道："昨天我帮助了一些维也纳犹太人。他们老态龙钟，浑身长满了虱子，其中还有精神病患者。"

从维也纳运送过来的精神病患者包括特鲁德·赫茨尔·诺伊曼，她是政治犹太复国主义创立者西奥多·赫茨尔的小女儿。埃德尔斯坦对她印象不深，所以拒绝出来迎接这位新的居民。但是特鲁德·赫茨尔不是如此轻易被人遗忘的。"我是已故的犹太复国主义领导人，西奥多·赫茨尔博士的小女儿，"她写信给这座隔都领导人以及在特莱西恩施塔特的"犹太复国主义者分支机构"，"冒昧地将我的到来通知本地犹太复国主义者，并恳请他们在这艰难的日子里给予帮助和支持。顺致犹太复国主义者的诚挚问候，特鲁德·赫茨尔·诺伊曼。"她发出的许多信息反映了她的精神状态。她在到达 6 个月后死亡。

一小型追悼仪式在这座集中营的停尸房举行。之后，同平常一样，尸体被一辆农用手推车运到了隔都高墙之外的火葬场。那里，所有死者的骨灰都被存放在编过号的纸板盒里。这些居民希望一旦劫难过去，他们能够找到他们钟爱的亲人或朋友的骨灰，并把它们埋葬在体面的墓地里。1944 年年底，为了销毁证据，德国人下令将所有的骨灰都倒入附近的艾格尔河中。

整个 7 月，进入集结营遣送车的趟次一直在增加。"每天抵达的人数以千计，"8 月 1 日，雷德利希写道，"上年纪的连获得食物的力气都没有。每天死去的人达 50 人。"的确，"老年隔都"的死亡率在急剧上升，仅 1942 年 9 月一个月，在总人口 5.8 万人当中，就有大约 3900 人死去。而几乎与此同时，将老年隔都的人从特莱西恩施塔特遣送至特雷布林卡的行动开始了。正如我们将会看到的，当时，从华沙遣送至特雷布林卡的犹太人数量正在减少，所以特雷布林卡的毒气室

---

① 事实上，被绞死的 90 名犹太男子已经把消息带出了特莱西恩施塔特。

能够从帝国保护国的隔都中接收 1.8 万名新来者。

9 月,从维也纳来的遣送车有一趟被称为"医院遣送",吕特·克卢格(该小女孩在帝国实行规定犹太人必须佩戴侮辱性犹太标志之后,曾在地铁上得到一只橘子)和她的母亲就是随这趟车来到特莱西恩施塔特的。吕特被送到一个青年人居住的木板房,处在雷德利希和赫尔施的监督之下。据她所描写,她是在那里成了一名真正的犹太人。各种各样的演讲、无处不在的犹太复国主义氛围、朋友圈和大家庭(那里人们不用德语说晚安,而是用希伯来语说晚安)的亲缘意识,都给了这个小女孩以新的归属感。不过,即便是在特莱西恩施塔特集结营这种地方,即便是在特雷布林卡,即便是在年轻人当中,集中营中的一些人在情感上也自视优于其他人,并毫不掩饰地公开流露这一点。"L410(儿童营)中的捷克人看不起我们,因为我们说敌人的语言。另外,他们确实是精英,因为他们在自己的国家……所以即使在这里,我们也会因为一些我们无力改变的事情(我们的母语)而遭到鄙视。"

特莱西恩施塔特存在的整个过程呈现出双重面目:一方面,从这里出发的遣送车正在驶往奥斯维辛和特雷布林卡,另一方面,德国人建立了一座"波特金村"以愚弄世界。"钱款会进来吗?"11 月 7 日,雷德利希在一条记录中问道,"当然,可能会。这件事在这个国家的经济中可能是一次非常有意思的实验。不管怎么讲,一座咖啡屋开业了(他们说那里甚至有音乐、一家银行、一间阅览室)。"两天之后:"他们正在制作一部电影。"这成为关于特莱西恩施塔特的两部纳粹电影的第一部。①

与被指定作为犹太隔都的特莱西恩施塔特部分是集结营,部分是集中营。不同的是,卢布林地区的伊兹比卡实际上是一座没有高墙的隔都。伊兹比卡最初的犹太人口中有三分之二被遣送至贝乌热茨,从 1942 年 3 月开始,从帝国保护国,接下来的是帝国任何的遣送中心运送过来的犹太人塞满了这座城镇,成为该镇的新居民。一份引人注目的"来自伊兹比卡的报告"提供了犹太人从这个"候车室"前往贝乌热茨或索比波尔日常生活的细节描述。②这份长达 18 页的信件是

---

① 1942 年的电影从纳粹宣传的角度来看是失败的,因为"隔都"看起来太接近现实。

② 这封信是由埃森一名认识恩斯特和玛丽安娜·埃伦伯格的卡车代理处老板带给玛丽安娜的。他加入了党卫军并经常去伊兹比卡。

1942 年 8 月由埃森的一位名叫恩斯特·克隆巴赫的被逐者写给他的未婚妻玛丽安娜·埃伦伯根(在前面的章节中我们提到过她)的。这封信由认识这对夫妇的一名埃森的党卫军雇员交到了玛丽安娜的手中。

克隆巴赫的信件中充满了对与德国犹太人共处的波兰犹太人和捷克犹太人的偏见,表现出他缺乏犹太人的整体团结意识,就像在其他所有地方一样,伊兹比卡居民中也存在着诸多紧张,精神的溃散(他自己的话)也很明显。伊兹比卡犹太人是否知道不断往外运出的犹太人的命运,从信件看来并不清楚,而他(克隆巴赫)当然希望避免埃伦伯根遭遇进一步的痛楚。"同时(自他 4 月份到达以来),"他写道,"许多趟遣送车已经离开这里。在大约 1.4 万名到达这里的犹太人当中,只有 2000 名到 3000 名犹太人仍然待在这里。他们坐着牛篷车离开,受到最野蛮的对待,带着非常少的物品,也就只有身上穿的衣服了。那是一条走向地狱之路。我们再也没有听到关于这些人(奥斯特利茨、巴斯等)的进一步消息了。在最后一趟遣送后,那些在乡村之外工作的人回去时,既找不到他们的妻子儿女,也找不到他们的财物。"

克隆巴赫表明,在最近的遣送中,犹太男子在卢布林下了火车——这一点确认了我们所了解的在那里进行的遴选过程。之后克隆巴赫又承认,尽管他拒绝加入犹太警察,但他被迫参与了驱逐"波兰犹太人"的行动:"在党卫军的监督下,就在他们(波兰犹太人)都赤着脚,手臂还抱着婴儿的时候,你不得不压制每一种人类的情感,用鞭子驱赶他们。有些场景我不能也不会用语言描述,但必须花很长时间才能忘却。"让人感到困惑的是,有人不属于犹太警察却要被迫"拿着鞭子"把波兰犹太人赶出他们的家园,赶到牛车上。

在他报告的第二部分中,克隆巴赫看来了解得更多,也准备讲述得更多:"近来,仅仅一个早晨就有 20 多名波兰犹太人因为烤面包而被枪杀……我们的生命处在不确定和不安全的状态中。即便有关官员说不会再有任何迁徙了,但明天可能就会进行另一次撤离。目前,在留下的人非常少的情况下,想藏匿变得越来越困难——特别是在纳粹要达到指定的驱逐目标(被驱逐者的份额)的情况下。"接着,他又看似荒谬地从他的青年读物中摘用了一个比喻:"荒凉的美国西部也根本无法(与犹太人目前所处的情况)相比!"难道他有可能对自己所处的形势还没有清晰的理解?

1942 年秋,外界同恩斯特·克隆巴赫的所有联系都失去了。根据一些报告,大概就在那个时候,他失明了,要么是因为一次事故,要么就是被党卫军弄瞎的。1943 年 4 月,伊兹比卡的最后一批犹太人被用船运往索比波尔。

五

　　当杀戮在海乌诺姆顺利进行时,始于 1941 年 11 月 1 日的贝乌热茨集中营建造工程进展迅速。3 月初,第一批被遣送的犹太人就运抵了靠近集中营的卢布林地区。一开始,地方当局的协助是必需的。1942 年 3 月 16 日,当地人口与社会福利局的官员弗里茨·劳特尔与格罗博科尼克负责遣送事务的主要专员、一级突击队中队长赫尔曼·赫夫勒讨论了这里的形势。赫夫勒主动做了说明。在沿登布林—特拉夫尼克铁路的贝乌热茨已经建立了一座集中营。赫夫勒做好了每天接收四批或五批遣送人员的准备。他对劳特尔说:这些犹太人"只要过了(总督政府的)边界,就永远回不去了"。对犹太人的毒气灭绝第二天就开始了。①

　　最初,卢布林隔都 3.7 万名犹太人中有约 3 万人被灭绝。与此同时,从该区不同城镇(扎莫希奇、彼阿斯基和伊兹比卡)以及从利沃夫地区运来了另外 1.35 万名犹太人;6 月初,又有来自克拉科夫的被逐犹太人抵达。四个星期内有大约 75.5 万名犹太人在三大"莱恩哈德行动营"(为纪念海德里希而命名)之首的贝乌热茨营被杀害,②到 1942 年年底,仅在贝乌热茨就有约 43.4 万名犹太人遭灭绝。③仅有两人在屠杀中幸存。

　　1942 年 3 月底或 4 月的某一天,前奥地利警官、安乐死专家弗朗茨·施坦格尔来到贝乌热茨会见绝灭营长官、党卫军一级突击队中队长克里斯琴·沃斯。当 40 年后,施坦格尔在被监禁的杜塞尔多夫监狱这样描述了他的贝乌热茨之行:"我是开车去那儿的,"他告诉英国记者吉达·谢利妮,"'去那儿的人首先抵达的是位于道路左侧的贝乌热茨火车站。那是一层的建筑。那气味……'他说。'哦,我的天哪,那气味,到处弥漫。沃斯不在他的办公室。我记得他们带我去找他……

---

　　① 从 2 月底到 3 月中旬几百人因测试毒气攻击而被杀害。
　　② 似乎位于卢布林的司令部规定,马伊达内克也在"莱恩哈德行动营"中。至于莱恩哈德的拼写,Reinhard 或者 Reinhardt,都是海因里希自己使用的。
　　③ 1941 年 1 月 11 日从俄国档案中发现了赫尔曼·赫夫勒(格罗博尼克的驱逐专家)写给(克拉科夫帝国安全总局的)弗朗茨·海姆的信息,信中提到了上述人数,在这之前对于贝乌热茨灭绝犹太人的数目存在争议。这份文献将在第八章被引用。

他正站在一座小山上，旁边是一个个的大坑……一个个坑……满满的……被填满了。我无法告诉你，不是几百具，而是几千具，数以千计的尸体……哦，我的天哪！就是在那儿，沃斯告诉我——说这就是索比堡的用途。他宣布由我正式负责。'"大约两个月后，始建于 1942 年 3 月底的索比堡开始启用，高度警惕的总指挥施坦格尔经常穿着白色马术制服巡视该灭绝营。

在索比堡启用的最初三个月，有 9 万名到 10 万名犹太人遭到杀害；他们不是从奥地利、保护国和"老帝国"直接来的犹太人就是经过卢布林隔都转运的犹太人。就在索比堡启动灭绝屠杀的同时，特雷布林卡灭绝营的建设开始了。

"莱恩哈德行动"营的灭绝行动遵循标准程序。乌克兰帮凶通常拿着鞭子，将犹太人从火车上赶下来。如在海乌诺姆那样，下一步是"消毒"，受害者必须在大厅脱光自己的衣服，留下所有随身物品，然后，赤裸着身体战战兢兢地通过一个狭窄的门厅或通道，被赶入一间毒气室。门被关死后，开始施放毒气。最初贝乌热茨仍然使用瓶装一氧化碳，后来由各式各样的发动机取代。在那些早期的毒气室内，死亡来得十分缓慢（10 分钟或更长的时间）；有时候可以通过窥视孔窥见受害者的痛苦表情。当所有人死后，还是像海乌诺姆那样，负责清空毒气室的事留给了犹太人组成的"特别突击队"，这些人在稍后也被灭绝。

贝乌热茨周边和整个卢布林地区谣言四起。1942 年 8 月，波兰医院主管克卢克夫斯基提道："犹太人人心惶惶（可能一开始就是'绝望'）。我们明确知道每天有两列火车驶抵贝乌热茨，每列火车有 20 节车厢，一列来自卢布林，另一列来自利沃夫。在不同的轨道上被卸下后，所有犹太人被强制赶入用带刺铁丝网围起来的场所。一些人被电死，一些人则被毒气毒死，尸体被焚烧掉。"克卢克夫斯基继续说，"犹太人在来贝乌热茨的路上经历了许多恐怖的事情。他们已经意识到即将发生在自己身上的事。一些人试图反抗。在斯雷布里斯林火车站，一名妇女用一枚金戒指为她濒死的孩子换一杯水。在卢布林，人们目睹了许多孩子被从快速前进的列车上扔出窗外。不少人在到达贝乌热茨之前就被枪毙了。"①

---

① 克卢克夫斯基的日记引发了一些问题。一个编辑，即齐格蒙特的儿子，曾经提到，存放在卢布林天主教大学图书馆的全部文字丢失了 8%；除此以外，在和齐格蒙特的孙子一起将文本译成英文时，措辞上显然发生了一些变化，并且一些"明显相关的"小段落也被合并了。原文中一些描述波兰人负面行为的段落，在英文翻译版中被做了改动；这些段落在下一注释中将会被部分引用，可以与 Jan T. Gross 翻译中的注释进行对比。

4月12日，在提及前一天犹太人被遣送出扎莫希奇的事之后，克卢克夫斯基写道："来自扎莫希奇的消息令人毛骨悚然。有将近2500名犹太人被遣送，几百人在街道上被枪毙。一些人进行了还击。我没有任何进一步的消息。在斯雷布里斯林充满了恐慌。上了年纪的犹太妇女在犹太墓地里过夜，称自己宁愿死在这儿，死在自己家族的墓地里，也不愿被杀害和埋葬在集中营里。"第二天，"许多犹太人已经离开镇子或者隐藏起来……一群暴徒聚集在那里，寻找时机洗劫犹太人家中的所有物品。我听说，一些人早已经从被强制驱逐出去的人家偷走了所有能够带走的东西。"①

到1942年4月，海乌诺姆、贝乌热茨和索比堡使用毒气灭绝的行动全面铺开；使用毒气杀害从奥斯维辛开始，迅速用于特雷布林卡。与此同时，在白俄罗斯和乌克兰(第二次清扫)，使用枪杀或毒气车的大规模灭绝行动在几周内就将吞没成千上万的犹太人，但是在苏联、加里西亚、卢布林地区和波兰东部的某些占领区，"标准的"就地杀害方式仍在该年冬季普遍使用。在同一时间，整个东部和上西里西亚地区的苦役营也在运行当中；这最后一类营地中有一些是中转区、劳动营和杀人中心的混合体，例如卢布林附近的马伊达内克，或者利沃夫郊外的雅诺夫斯卡路。在混乱的苦役和灭绝行动之后，千百万犹太人仍在普通工厂、车间、劳动营、隔都或者城镇中艰难劳作，几十万犹太人仍生活在前波兰、波罗的海国家以及更向东的地区。尽管随着全面驱逐的继续，德国犹太人口急剧下降，但是在西部，绝大多数犹太人尽管生活受限，却并未感到危险迫在眉睫。不过，德国人的手正在迅速合围。在2至3个月内，被占欧洲的绝大多数犹太人已经无法过上最低水准的日常生活。

在奥斯维辛，使用毒气杀害犹太人是以小组形式进行的。1942年2月中旬，在"施梅尔特组织"的上西里西亚劳动营里，大约400名被认定不适合工作、上了

---

① Jan T. Gross 的翻译如下："所有的社会渣滓都在漫无目的地乱转，许多从农村来的农民和货车，站上一整天等待可以开始掠夺的时刻。波兰人抢劫人去楼空的犹太公寓的丑闻从四面八方传来。我相信我们的小镇也一样。"克卢克夫斯基是对的。1942年5月8日，许多斯卡布热斯金犹太当场被杀害。"第二天，"克卢克夫斯基写道，"一些波兰人的行为还有很多需要改进之处。人们欢笑着、开着玩笑，许多人漫步在犹太区寻找机会去攫取废弃房屋里的东西。"

年纪的犹太人被从鲍伊滕运至这里。[①]

在此形势下,和先前以"齐克隆 B 实验"杀害苏维埃囚犯一样,主营(奥斯维辛一号)焚尸场中复原的停尸房被改造成了一座毒气室。由于与集中营管理大楼靠得太近使事情变得复杂化。当犹太人经过时该楼的员工必须撤退,并开动一部卡车引擎来掩盖受害者死亡时的哭喊声。此后不久,经济管理总局建设部的领导汉斯·卡姆勒视察集中营,下令进行一系列快速改进。原本用于奥斯维辛一号、拥有 5 座焚尸炉的新焚尸场被转移到奥斯维辛二号——比尔科瑙,安置在新营地的西北角,靠近一座废弃的波兰农舍。这座农舍,即"一号掩体",很快建造了两间毒气室,并于 3 月 20 日投入使用。它的第一批受害者是另外一组年迈的"施梅尔特犹太人"。

六

1941 年年底,杀人分队在苏联被占领土上发动了"第二次清剿",规模比第一次还要大。清剿行动在 1942 年全年一直没有中断。据来自纳粹国防军军需督察的一份报告说,在一些地方,例如帝国总督区的乌克兰,除了 1941 年中到 1942 年中屠杀过程有过短暂的放缓外,大规模处决一直在进行,从未停止过。

纳粹国防军的报告暗示,军事行动结束不到几周,系统处决犹太人的行动就已经开始。参加行动的军队主要隶属维持秩序警察:他们得到乌克兰后备军的协助,并且"不幸,常常还有纳粹国防军成员的参与"。这份报告描绘的大屠杀"让人不寒而栗";不论男女、老幼都被包括在内。这一大规模杀戮的范围与苏联被占领土上的谋杀范围不太相称。据这份报告所说,有将近 15 万到 20 万名帝国总督区的犹太人被灭绝(最终人数大约为 36 万名)。只是到了行动最后阶段,只有少许"有用的"犹太人(特殊手艺人)没有被杀害。在这之前经济因素通常不在考虑范围之内。

最初,正如我们所见,屠杀的强度因地而异;最后,到 1942 年年末和 1943 年年初则殊途同归:几乎都是全部灭绝。"第一次清剿"期间,在别动队、警察营、乌

---

① 在她日复一日的奥斯维辛事件编年史中,达努塔·采奇提到 1942 年 2 月 15 日:"在奥斯维辛,被盖世太保抓捕后送来杀死的第一批犹太人来自鲍伊滕。他们被卸在营地一侧的月台上。他们必须把自己的包留在月台上。原地待命的小分队接替盖世太保负责管理这些被驱逐者,并把他们带领到营地火葬场的毒气室中。在那里,他们被齐克隆 B 毒气杀死。"

克兰后备军与和国防军的共同行动下，乌克兰西部的屠杀——沃利尼亚和波多利亚的大部分地区——囊括了将近20%的犹太人口。然而在帝国总督区的首府罗夫诺，大约有1.8万人被杀害，占犹太人口的80%。

从1941年9月到1942年5月，安全警察（特别行动队C队和行动队五队）将总部设在了基辅，组织了对帝国总督区乌克兰的控制（RKU）。作为乌克兰的HSSPF，党卫队将军普鲁茨曼和他的文官副手、德国专员科赫合作得很顺利，他们都来自柯尼斯堡。科赫把所有"犹太问题"都授权给普鲁茨，后者转而又交给了安全警察的首领。但是，正如历史学家迪特尔·波尔所强调的那样，"文官当局和安全警察在大屠杀上合作友好：双方都十分主动"。

由于被控领土地域广袤以及当地人口语言多样，德国人最初要依赖当地民兵的协助。几个月后，这些民兵便成了正规后备军，即"护卫队"。治安警察小组和宪兵队的成员通常是德国人，"护卫队"在人数上很快超过了他们，并加入所有德国人的行动中，包括一些灭绝犹太人的大规模行动，例如1941年深秋灭绝部分明斯克犹太人的行动。当时，立陶宛"护卫队"表现突出。

后备军包括乌克兰人、波兰人、立陶宛人和白俄罗斯人。一份波兰秘密报告在提到1942年后期清洗布列斯特—利托夫斯基隔都时说："自10月15日以来，清洗犹太人的行动就一直持续着。在头三天就有1.2万人被枪杀，处决地就在布罗那—古拉。当前，藏起来的剩余犹太人也正在被清除。这次清洗是由保安处移动队和地方警察组织的，其中波兰人在地方警察中占了很大比例，他们通常比德国人还要狂热。一些犹太财产被用来装备德国家庭和办公室，一些则被拍卖售出。尽管在清洗期间发现了大量武器，但犹太人却表现得消极。"

希特勒一度决定把他的前线总部迁到（乌克兰地的）文尼察。该地区的犹太人就必须消失。于是，1942年年初，227名生活在总部计划地附近的犹太人就被"托德组织"转交给"秘密军事警察"，并于1月10日这天被枪杀。第二批近8000名生活在赫梅尔尼克附近的犹太人也在同一时间遭枪杀而亡。接着就轮到文尼察的犹太人了。文尼察的处决行动被推迟了几周，但是在4月中旬秘密军事警察的报告中提到，镇子上有4800名犹太人被处决。最后在当地安全警察指挥官的命令下，7月份该地区将近1000名为德国人工作的犹太手艺人遭到杀害。

洛泽和科赫两名德国专员狂热支持大屠杀行动。科赫特别要求，为了降低乌克兰当地食物需求，满足德国日益增长的食物要求，必须除掉所有乌克兰犹太人。结果在 1942 年的会议上，地区专员同意了安全警察头目卡尔·普茨的建议，即除了 500 名有特殊技能的手工艺者外，帝国总督区乌克兰境内的所有犹太人将被灭绝：这被定义为"百分百解决方案"。

在洛泽治理下的波罗的海国家，特别是立陶宛，任何大规模灭绝行动通常可以信赖约格去完成。1942 年 2 月 6 日，施塔克勒要求约格按照如下划分种类汇报其行动队三队处决的总数：犹太人、共产党、游击队、精神病人以及其他；此外，约格还被要求说明其中妇女和儿童的数目。按照三天后递交的报告，截止到 1942 年 2 月 1 日，行动队三队已经处决了 136421 名犹太人、1064 名共产党人、56 名游击队员、653 名精神病患者和 78 名其他种类的人。总计 138272 人（其中包括 55556 名妇女和 34464 名儿童）。

有时，约格的所作所为过于过分。因此，1942 年 5 月 18 日，在一名士兵抱怨约格清洗了 630 名明斯克犹太手工艺者，违背了先前的规定后，盖世太保头目弥勒提醒约格要注意希姆莱颁发的几条命令："从现在起，16 到 32 岁能工作的犹太男女都应免除特殊待遇。"

有时候灭绝行动给罗森伯格的指定人之一、白俄罗斯总务长、地方长官威廉·库贝与保卫处之间造成了麻烦。1941 年年底，库贝震惊地发现授勋退伍的混血犹太军人也包括在被从德国驱逐到明斯克的人群之列。1942 年年初，总务长发起了主要针对党卫军及其地方指挥、安全警察头目爱德华·施特劳赫博士的攻击。库贝并不反对对犹太人的灭绝，反对的是这一过程中的一些做法：在犹太人被杀之前，从他们嘴里拔下金牙和金牙桥；在处决中，许多犹太人只是受伤，却遭活埋，如此等等。用库贝的话说，这一做法"彻底让人恶心"。施特劳赫被指责是这一问题的要犯，被告到罗泽、罗森伯格，很可能到希特勒那里。

3 月 21 日，库贝的抱怨引起海因里希的强烈反应。他开始收集整理针对施特劳赫的指控文件，认为总务长的领导有还不如没有，他周围的人腐败、放荡，在不同场合对犹太人示好。库贝和施特劳赫都不甘示弱，正如我们所见，这一冲突在 1943 年达到顶峰。与此同时，在 1942 年 7 月晚些时候，施特劳赫屠杀了明斯克隔都剩余 1.9 万名犹太人中的半数。

有时技术上的困难会阻碍杀戮。例如 1942 年 6 月 15 日，安全警察和保安处头目迫切要求再增加一辆毒气车，因为在白俄罗斯投入使用的三辆车已无法处理加速到来的犹太人。此外，他还要求新增20条毒气管（将一氧化碳从引擎输回车内），因为其时使用的毒气管已经不再是密封完好的了。事实上，毒气车性能所引发的这一系列抱怨反过来又导致了1942年6月5日帝国安全总局"专员小组D处第三分队"的强烈反应。

报告的作者在一份冗长的报告里提醒他的批评者，（海乌诺姆）的三辆车"自1941年12月以来已经处理了9.7万人，没有出现任何明显的毛病"。不过，他还是提出六条重点技术改进，使之更加高效地处理每辆车通常能装载的"零件数"，该专家可能认为9.7万这个数字很安全，没有做任何的掩饰。在报告的第二部分，他对"零件"进行了阐述；在第六部分，他再次改变了指代："根据经验我们注意到，在关闭（车的）后门，车内的灯熄灭后，装载的货物就会顶着门。这是因为一旦黑下来，装载的货物就会朝有亮光处挤。"

从柏林驶往贝尔格莱德的一列车就会杀死萨杰米斯特集中营的8000名犹太妇女和儿童，这显然不会给任何人抱怨的理由。1941年夏秋两季，纳粹国防军在"反游击"战中将绝大多数男子作为人质枪杀，之后妇女和儿童被转移到贝尔格莱德附近由废弃建筑组成的临时营地中，听候命运的处理。人们一直不清楚在贝尔格莱德的德国管理部门中究竟是党卫军师队长、民事部主任哈拉尔德·图尔纳，还是贝尔格莱德安全警察头目、党卫军旗队长埃马努埃尔·舍费尔提出要求帝国安全总局运送毒气车。但是无论哪种情况，这辆毒气车于1942年2月运抵贝尔格莱德，3月初杀戮开始。到1942年5月9日，萨杰米斯特的犹太妇女和儿童、贝尔格莱德医院所有的病人和职员以及附近营地的所有犹太囚犯都被毒气杀死。6月9日，舍费尔通知帝国安全总局负责调配车辆的头目："对象：特型索瑞尔车。司机……格茨和梅尔完成了特殊任务。他们正同毒气车一道返回。由于车厢后部有损坏……我命令用火车运送。"

1942年8月图尔纳报告说："塞尔维亚是欧洲唯一解决了犹太问题的国家。"

除特定的犹太人外，杀戮行动不能任意扩大到其他群体，即使党的高官认为有必要也不行。因此，1942年5月1日，在写给希姆莱的一封信中，格雷塞表达了他有信心在两到三个月内完成对海乌诺姆10万名犹太人的"特殊处理"。他还要求授权杀害患有开放性肺结核的 3.5 万名波兰人。尽管最初他获得了授权,但随后又被希特勒取消。纳粹领导人希望避免任何有关复安乐死的传言。

    如同科夫纳在维尔纳发表的宣言所示,受政治动员的犹太青年运动的各级组织发出了要求犹太人进行武装反抗的号召。第一批在东部或西部以"游击队"身份反抗德国人的犹太人通常隶属于非犹太地下运动的政治军事组织。然而1942 年年初在白俄罗斯西部出现了一个没有任何政治诉求,只希望拯救犹太人的独特犹太团体:已经简要提及的比尔斯基兄弟会。比尔斯基是在斯坦科维奇地区生活了 60 多年的农民,该地地处利达和罗夫格罗蒂克这两个白俄罗斯中等城镇之间。尽管他们拥有磨坊和土地,却和周围的农民一样贫穷。作为村里唯一的犹太人,他们在绝大多数习俗上都完全恪守犹太传统。他们熟悉那里的人和环境,尤其是附近的森林。年轻一代有四兄弟,他们是图维亚、阿萨尔、祖丝和阿尔克泽克。

    1941 年 12 月德国人杀害了罗夫格罗蒂克隔都的 4000 名居民,其中包括比尔斯基的父母、图维亚的第一任妻子和祖丝的妻子。在阿萨尔和图维亚的领导下,犹太人于 1942 年 3 月和 5 月分两组连续逃入森林。很快这两组人都接受图维亚的领导:一个较大规模的家庭成员和从附近隔都逃出的犹太人都加入了名叫"Otriad"(游击分队)的游击队;他们获得了武器和粮食保障。尽管困难重重,到德国占领结束时,比尔斯基兄弟已经在森林营地中集结了 1500 名犹太人。

    虽然比尔斯基兄弟会较为独特,在被占苏联的隔都内组织起来的其他犹太抵抗运动通常能够获得犹太委员会领导的支持。例如在明斯克,一位会一些德文的工程师,并因此有可能被任命为犹太委员会领导的非共产党员伊利亚·莫什金与隔都与城市共产党地下运动负责人赫什·斯莫拉尔保持着定期 (每周一次) 联系。这种定期联系(莫什金最终为之付出了生命)在更靠近西部的波罗的海国家和前波兰地区并不典型,因为人们担心德国对隔都人群的报复。至少在一个时段,唯一在一定程度上可以和明斯克形势相比的是比亚韦斯托克隔都。在那里,埃弗拉伊姆·巴拉什的犹太委员会和莫迪凯·泰内鲍姆的地下组织保持了一年多的联系,我们后面还会回到这一事例上。

七

1942 年 3 月中旬,67 岁的前纽伦堡犹太社团主席、鞋商列奥·以色列·卡岑伯格遭到刑事警察的审讯,随后以"种族侮辱"罪被送上法庭。共同被起诉的还有一名 32 岁的"纯日耳曼"妇女伊雷妮·塞勒,她出生于谢福勒,在纽伦堡从事照相行业;她被控犯有种族侮辱罪和伪证罪。审判长、地方法院主管以及特殊法庭领导人奥斯瓦尔德·罗特霍格博士得到了这个绝好的案子:他被提到这一位置上,在很大程度上也是因为这场审判吸引了广泛的公众兴趣。"法庭座无虚席,坐满了重要的法学家、纳粹党员以及军人。"

在审讯中,被告欣然承认他们相识多年并且关系亲密(塞勒是由她父亲介绍认识了卡岑伯格,她的父亲也是卡岑伯格的朋友),卡岑伯格有时会在金钱上帮助她,并对她的生意提供建议。此外,由于他们居住在同一住宅区,从而保持着密切且频繁的联系。但是双方都极力否认并发誓他们之间的亲近关系虽然有时会让她用亲吻对方来表达自己的感受,但从未导致任何两性关系。卡岑伯格有时会带给塞勒一些巧克力、雪茄或者花,有时也会送她鞋子。塞勒在战争前夕结婚,按照她的证词,她的丈夫见过卡岑伯格并知道他们之间长久以来的友谊。1941 年到 1942 年年初,在卡岑伯格和塞勒被捕起诉期间,塞勒的丈夫正在前线。

战后塞勒做证说:"罗特霍格谴责我作为一名身在前线丈夫的德国妇女忘记了自己的身份,与感染梅毒的犹太人发生这事……他对我说,从卡岑伯格的角度看,(他与我发生的事) 不构成种族污染,因为《塔木德》允许这样做。"在起诉中,每当控方证人的指控充分显示原告有罪的时候,法官就要求证人起誓,塞勒对这些证人的证词进行了详细陈述。对证人保罗·克莱雷恩的讯问尤为典型:"罗特霍格要求证人叙述他的看法。他是这样作答的:他声称卡岑伯格的行为令人无法忍受,他和他的妻子均对我的不道德行为深感震惊,尤其因为我丈夫还是一名军人。当被要求提供细节时,克莱雷恩说房客厄斯特雷赫曾经在一间防空洞里当着其他人的面对我说'你这个犹太婊子,我会把它给你的'。我没有回应他,之后我也没有做过什么。他却就此认为我是因为羞愧和罪恶感而没有行动。"

辩方证人,如塞勒照相馆里的一名雇员伊尔莎·格伦特泽尔也得到传唤。罗特霍格问格伦特泽尔:"犹太人是不是自始至终也没有在我的照相馆里拍过照。格伦特泽尔太太说是的,我也确认了这一点。罗特霍格却以此作为我和犹太人有联系的新证据。"

塞勒因做伪证而被判入感化院两年。至于卡岑伯格，判决结果没有悬念。正如罗特霍格所说："对我来说，当这头猪说一个德国女孩坐在他的膝上时，就已经足够了。"1942 年 6 月 3 日，这名犹太人被判死刑。没有人对此感到意外。

1942 年 1 月 6 日这一天，克伦佩勒在凯姆尼茨—普拉茨商场购物回家的路上于有轨电车上遭到逮捕，被带到了盖世太保总部。负责讯问的官员对他咆哮道："把你的脏东西（手提包和帽子）从桌子上拿开！戴上你的帽子。难道这不是你干的吗？你知道站在什么地方吗？这可是神圣的场所。"——"我是一个新教徒。"——"你是什么东西？受洗的人？那只不过是掩饰。作为一名教授，你肯定知道该书是谁写的……是一个叫勒维森的人写的，全在书里了。你受过割礼了吧？说它是卫生学概念全是假的，这本书里都说了。"讯问的官员就这样滔滔不绝。克伦佩勒不得不把手提包里的东西全都取出，让每样物品接受检查。然后被问道："谁会赢得这场战争？你们还是我们？"——"你是什么意思？"——"这样吧，你每天都在祈祷我们失败，是不是？向亚赫维，或随便叫什么祈祷。这是犹太人的战争，是不？阿道夫·希特勒就是这样说的，（戏剧性地大吼）阿道夫·希特勒说的都是真理！"

1942 年年初，戈培尔就禁止向犹太人出售任何传媒资料（报纸、杂志和期刊）。而早在两周之前就已经禁止他们使用公共电话了。私人电话和无线电则在很久以前就被没收了；新的条款会继续颁布以弥补其他不足之处。此外，纸张的日益匮乏也亟须缩减新闻用纸的分配。尽管还存在着一些技术困难，但邮电部部长已经做好了采用新措施的准备，却没想到遇到帝国安全总局的反对。海因里希在 2 月 4 号写给戈培尔的信件中争辩说，不可能只通过发布《犹太新闻简报》来告知犹太人，尤其是全国或地方犹太代表，他们必须遵守的措施。除此以外，专业期刊对犹太"病人护理"或"医生"来说非常重要。"既然我得牢牢地掌控犹太人，"海因里希补充说，"我必须要求放宽这些条款，尤其是那些没有在我的办公室进行必要磋商就颁布的条款。"到了 3 月份，戈培尔颁布的条款在一定程度上被丢弃了。

禁止犹太人移民的政策导致任务是为移民提供建议和帮助的德国协会办公室在 1942 年 2 月 14 日关闭。为了让公众识别犹太人，单个大卫星标记已供不应求。3月13日,帝国安全总局下令在犹太人住所的门口和所有犹太机构的入口贴一纸质大卫星。

受帝国安全总局支持的出示犹太标志和徽章的做法却遭到宣传部部长的质疑。因此,当3月11日保安处提议犹太人需要出示一枚特殊徽章才可以乘坐公共交通时,遭到戈培尔的反对。这位部长希望避免公众对犹太标记进行深入讨论,他暗示一旦这些犹太人有了需要向售票员出示的特殊许可,就可能会提出要求军队官员和党政官员出示特殊许可。3月24日,海因里希禁止犹太人乘坐公共交通,持有特殊警方许可证的人除外。

盖世太保机动队对犹太住户的搜查尤为令人恐惧。首次这样的"住户访问"发生在1942年3月22日一个星期五的下午,地点是克伦佩勒的家。当时维克托·克伦佩勒并不在家:屋子从里到外被翻了一个底朝天。住户遭到掌掴、殴打和吐唾,不过,用克伦佩勒的话说:"这次我们还算没有受到过分对待。"

3月15日,犹太人被禁止饲养宠物。"佩戴犹太标志的犹太人,"克伦佩勒提道,"以及和他们生活在一起的所有人,禁止饲养宠物(狗、猫、鸟),禁令立即生效。同时禁止将宠物送给他人照看。这就等于宣判了(他们的宠物)米歇尔的死刑,我们已经养了它11年多,埃娃很是依恋它。明天它就要被送到兽医那里。"

6月中旬,正如已经提到的,犹太人被迫放弃了所有电器,不仅包括所有厨房和家庭电子用品,还包括照相机、双筒望远镜和自行车。6月20日德国协会接到通知,到这个月底所有犹太学校都要关闭:德国不再有供犹太人读书的学校了。几天之后,6月27日德国交通部颁布了一条明显是由宣传部拟定的命令,禁止使用货车运送犹太人的尸体。"一旦遭到怀疑,必须出示证据证明是雅利安人的尸体。"9月2日,按照农业和食品供应部的命令,犹太人将再也不能获得肉、奶、白面包、吸烟器或者其他任何稀缺商品,孕妇和病人也不例外。

在德国驱逐行动加速的同时,由于同盟国的轰炸之类的原因,造成的房屋短缺状况加剧,犹太房屋供不应求。一些棘手情况还引来了来自高层的干预。因此当新任命的慕尼黑国家歌剧院管弦乐队总指挥、希特勒的宠儿克莱门斯·克劳斯不能够为他带到巴伐利亚首都的音乐家找到合适的公寓时,1942年4月1日,得到这一消息的马丁·博尔曼写信给慕尼黑市市长卡尔·菲勒:"今天我向元首报告了克劳斯总指挥信的内容。元首希望你能够再检查一次,看看有没有多余的犹太房间供新签订合同的巴伐利亚国家歌剧院成员使用。"菲勒马上回复说已经没有犹太住房可以提供了,因为他已经把住房分配给了党部(博尔曼的代办处)的部分成员,并且按照克劳斯本人的意愿,最后6套住房分给了3名唱诗班歌手,2名管弦乐队音乐家和1名领舞者。

在确定遭遭送犹太人集中日前夕,犹太住户的邻居试图伸出援助之手。"昨天一直在楼下和克莱德尔一家在一起,"1942年1月20日克伦佩勒记录道,"直到午夜。埃娃帮助保罗·克莱德尔缝带子,这样他可以将箱子背在身上。然后装好一个羽绒铺盖,这是每个人必须交上去的(这个人通常有可能是见不到该铺盖了)。今天保罗·克莱德尔把它放在一辆小手推车上,运到指定的代理人处。"第二天克伦佩勒补充道:"在被逐者离开前,盖世太保往往会查封他留下的所有物品。每样东西都遭没收。昨天晚上,保罗·克莱德尔给我送来一双鞋子,非常合适,对于处境恶劣的我来说,这最受欢迎不过了。还有一小袋埃娃用黑莓茶和卷烟叶混合成的烟草……这趟遭送共有240人。据说这些人中包括年老体弱者,这样每一个都能活着抵达目的地是不可能的。"

有关火车目的地的信息非常少,通常掺杂着离奇的传闻,不能让人相信,然而有时候却惊人的接近事实。"在最后几天,"克伦佩勒于16日写道,"我听说上西里西亚克尼希斯胡特附近的奥斯维辛(或类似的地方)是最可怕的集中营。在矿场里工作,几天内就会死亡。弗劳恩·塞利格松的父亲科恩布鲁姆就死在那儿,我不认识的施特恩和缪勒也死在那里。"就我们所知,1942年3月奥斯维辛才刚刚成为一个灭绝中心。然而,传闻还是通过难以追踪的渠道迅速传到德国。

1941年11月底,赫莎·费纳被辞退教职,受聘于柏林社团办公室。在1942年1月11日的一封信中,她用隐晦的话语告诉女儿日益恶化的形势:"我们处在十分艰难的时刻。现在轮到沃尔特·马绕夫,也会轮到我许多的女学生。我必须要非常积极地参与,努力援助尽可能多的人。"

费纳是新来的雇员,尽管她表面上是在确定柏林犹太人名单的社团办公室工作,但是她几乎对名单的制定过程和结果没有任何认识。然而,就其事情本身而言,名单和剩余犹太人地址的更新却对盖世太保是个帮助。当然,为了保证押运犹太人列车的持续运作,德国人也有他们自己的名单。然而,在这一特殊范围内,正如整个被占西欧和东欧的犹太委员会一样,德国协会和柏林社团领导人起到了同类"帮凶"作用。

柏林社团登记名单的工作也许存在着疑问,但是德国协会和社团雇员向柏林或德国各地区被召集驱逐的人所提供的帮助却不能用同样的方式来进行思考,尽管一些历史学家对此给出了严肃的解释。虽然是犹太组织的地方雇员将决议、步骤、时间和集合地通知给了犹太人,但是没有迹象表明受害者是因为相信那些有共同信仰雇员同胞才遵循这些命令的。所有人都明白这些命令是由盖世太保颁布的,犹太代表对这类进程无论如何都没有任何影响力。

例如1942年3月29日,巴登—威斯特伐利亚(坐落在卡斯鲁厄)协会的长官写信给曼海姆分部,内容和125名"按官方指示"准备驱逐的巴登犹太人有关。这些人的名单也被附带送了过去。"我们要求您,"长官对曼海姆雇员写道,"尽快来看一看即将踏上这次旅程的人们,给予他们建议和帮助。"考虑到涉及的人数,卡斯鲁厄建议寻找"有经验的"志愿者来协助这些被逐的人。志愿者不一定是德国协会的成员,但是,显然他们必须是"犹太种族"。由于时间十分短暂,"在未来几天内"雇员和志愿者必须到位,帮助将被遣送的人群。卡斯鲁厄办公室补充道,如果被圈定者由于健康原因完全不能旅行,要迅速发给他们一张健康证明,由他们交给"当局"。"然而,"信件结尾说,"我们不能预见在这种情况下当局会在多大程度上愿意改变他们的命令。"

4月4日,奥芬堡德国协会的雇员弗劳·亨尼·韦尔泰梅很可能是针对同一次遣送情况致信卡斯鲁厄的领导人艾森曼博士。她首先告诉他,来自弗莱森海姆、圈为受驱逐人员的约瑟夫·格莱尔施艾默尔上吊自杀了。"他的妻子现在自然很难独自离开。还好她母亲陪在她身边。"施米海姆地区的情况更加糟糕:"老弗劳·格伦巴赫因为某种流感卧病在床;要是我知道能为这名老妇人和瘫痪的贝拉做些什么;怎样把这些病人运出施米海姆,那该有多好!"弗劳·韦尔泰梅咨询盖世太保,得到的答复是用一辆救护车将病人送到当地火车站,从那再用火车运往曼海姆(救护车的钱要德国协会承担)。她添加了一则附言:"我必须再多要些缝在衣服上的犹太标志。"

艾森曼手头有更多问题:他问当地盖世太保,由于犹太养老院职员被逐,市长反对把这些年迈的病人转移到市养老院,该如何处置留在曼海姆犹太养老院病房里的70名病人。我们可以猜测卡斯鲁厄盖世太保怎样回答了艾森曼的询问。

当德国的驱逐吞噬了犹太人的所有部门时,一些德国小团体,主要是在柏林的,在提供帮助。他们藏匿在逃的犹太人;制作假身份文件、假汇兑凭证、假粮食配给卡,等等。不仅有及时的具体帮助,还提供人性关怀和希望。当然,能这样做的仅仅是 1942 年或 1943 年间反纳粹并决意帮助犹太人的那 20 人或 30 人。记者、畅销作家、“埃米尔大叔”组织背后的推动力量吕特·安德列斯 — 弗里德里希在日记中承认 1942 年上半年有众多惨烈的失败。

玛戈·罗森塔尔是由该组织藏匿的一名犹太妇女,当她短暂溜回自己公寓时,遭到公寓看门人的谴责。1942 年 4 月 30 日,吕特和她的朋友收到了一张面巾纸纸条:玛戈和其他 450 名犹太人即将遭遭送:“背包、毯子以及一个人能背得动的行李。我不能背任何物品,只好将所有物品扔在路边。这是对生活的告别。我哭啊哭。上帝会永远保佑你,要想到我啊!”吕特绝大多数犹太朋友一个接一个地被抓:“海因里希·米萨姆、莫特·莱曼、皮特·塔尔诺夫斯基、雅各布博士和他的妻子小叶夫丽以及岳父母伯恩施泰因夫妇。”为了少数人、依靠少数人,必须制定出其他隐藏方案。

八

首次从斯洛伐克向奥斯维辛遭送犹太人的行动始于 1942 年 3 月 26 日,共运送了 999 名年轻女子。蒂索的国家由于紧跟德国和保护国,因此在把其犹太人运往集中营一事上有令人生疑的特征。这次遭送不是德国施压的结果,而是斯洛伐克的要求。斯洛伐克之所以如此主动有其自身“合理的原因”。雅利安化的措施一经实施便掠夺了绝大多数犹太人的财产,它通过一系列严厉的经济手段处理掉了这一贫困人群。1942 年年初,德国人的军需厂需要 2 万名斯洛伐克工人;图卡政府向其提供了 2 万名健康犹太人。在几经犹豫后,艾希曼接受了:正如我们所见, 在苏联囚犯几近全部死亡时, 他可以利用青年犹太工人加速建设比尔科瑙;他甚至可以一同带走他们的家人。斯洛伐克人必须为每个被逐的犹太人支付 500 德国马克(补偿德国的花费),作为交换,德国允许斯洛伐克人占有被逐者的财产。除此以外,德国还保证被逐者永远回不来。这就是在一段时间内艾希曼希望在各地推行的“斯洛伐克模式”。

到 1942 年年底,大约 5.2 万名斯洛伐克犹太人被逐,主要被送往奥斯维辛,走向死亡之迹。然而后来驱逐逐渐放缓,直至停滞。图卡坚持继续进行下去,但是蒂索犹豫了。在当地一个犹太团体主动贿赂斯洛伐克官员之后,梵蒂冈的干预开始发挥作用。

1942 年 4 月到 7 月间,梵蒂冈国务卿路易吉·马廖内两次传唤斯洛伐克公使。然而,由于第二次干预发生在 4 月,而驱逐一直持续到了 7 月 (9 月又简短恢复),让人不免怀疑这仅仅是个外交质问——马廖内这一抗议的措辞已经到位,但并不为斯洛伐克公众和世界所知。此外,斯洛伐克教会的态度最初仍模棱两可。1942 年发出的一封致牧师的信要求要在民法和自然法的框架内对待犹太人,但是却认为由于犹太人拒绝基督,并为基督准备了 "在十字架上的可耻之死",因此有必要对他们进行严厉指责。当然教会内也存在不同意见,例如特尔纳瓦主教帕佛尔·扬陶什和小斯洛伐克路德教会就是其中两例,两者发布了支持犹太人也是 "人" 的英勇请求。一旦虔诚的天主教徒彻底认清赫林卡卫队对犹太人的虐待,以及斯洛伐克的德裔协助赫林卡卫队把被逐者装进牲口车,氛围就开始发生转变了,正如我们所见,即使是当地教会也改变了自己的立场。

1942 年 6 月 26 日,德国驻布拉迪斯拉发公使汉斯·卢丁通知威廉大街当局:"对斯洛伐克犹太人的撤离已经陷入僵局。由于牧师的影响和个别官员的腐败,3.5 万名犹太人获得不必撤离的特殊对待……然而总理图卡希望继续驱逐,并强烈请求德国的外交支持。" 6 月 30 日,外交部国务卿恩斯特·冯·魏茨泽克回复:"你可以给予图卡总理所请求的外交支持,声明如果停止驱逐犹太人并把那 3.5 万名犹太人排除在外的话,会在德国境内引起惊讶(最初的表达 '会造成非常恶劣的印象' 被画掉,取而代之的是 '引起惊讶'),尤其之前斯洛伐克在犹太问题上的合作一直深受赞誉。"

卢丁提到 "个别官员的腐败" 几乎肯定是指 "工作组" 进行的贿赂行动,该组织由极端正统派拉比米夏埃尔·多夫·贝·魏斯曼德尔、女犹太复国主义活动家吉希·弗莱希曼和其他代表斯洛伐克主要犹太部门的人所领导。根据历史学家耶胡达·鲍尔的充分研究,"工作组" 也向艾希曼在布拉迪斯拉发的代表迪特尔·维斯利策尼提供了可观的资金。贿赂斯洛伐克人很可能导致驱逐停滞了两年之久;而交给党卫军的钱是否产生影响还存有疑问。正如我们所见,完成对斯洛伐克犹太人的驱逐并不是德国考虑的重点,这可能导致党卫军戏弄 "工作组",让他们缴纳外币,相信这样可以帮助推迟判处剩余的斯洛伐克犹太人或者其他欧洲犹太人的死刑。

海德里希死后,6月11日艾希曼在帝国安全总局召开了一次会议,开始把驱逐法国、荷兰和比利时犹太人的主要决议付诸行动。与会的是保安处在巴黎、布鲁塞尔和海牙犹太分部的头目。根据丹内克尔的会议总结,由于军事原因,德国在夏季将不能继续驱逐,因此希姆莱要求加大罗马尼亚或西部地区的驱逐。被逐者,男女都要在16岁到40岁之间,另外还有10%不能工作的犹太人。计划从荷兰驱逐1.5万名犹太人,从比利时驱逐1万名犹太人,从两块法语区共驱逐10万人。艾希曼建议在法国通过一个类似《十一条法令》的条例;借此,凡离开法国的犹太人,必取消其法国公民身份,所有犹太财产也将转归法国国家所有,和斯洛伐克的做法一样,法国要按照每个被逐犹太人700左右马克的标准付钱给德国。

显然,由于大量不适宜工作的波兰犹太人将去填充灭绝中心,希姆莱希望在夏季的时候,能够定期输入犹太苦力。这位全国总指挥的指示在日期上要比那些针对犹太工人根本政策的改变要早。6月下旬期间,很明显德国人将无法完成在最初三个月从法国抓捕并驱逐4万名犹太人的任务;为了弥补损失,在德国直接统治且问题相对简单的荷兰,驱逐人数将从1.5万人增加到4万人。

德国人可以依赖荷兰警察和行政部门的卑屈,日益加紧对荷兰犹太人的控制。1941年10月31日,德国人指定阿姆斯特丹犹太委员会作为全国唯一的委员会。之后,很快开始把犹太工人驱逐到特殊的劳动营。1942年1月7日,犹太委员会召集第一批工人分队:公共福利事业的失业工人。在接下来的几周内,德国人所要求的劳工人数稳固增长,被召集的人数也逐步上升。尽管委员会是与阿姆斯特丹和海牙的劳工办公室协同合作,但仍得到了主要来自犹太领导人的告诫。历史学家雅各布·普雷瑟对委员会的行为没有丝毫赞赏,他强调阿斯柴尔、柯亨和迈耶尔·德弗里斯在残酷的招募运动中起到了推波助澜的作用。除了解散委员会之外,是否还有其他替换方案还不得而知。

劳动营——实际上是过度使用犹太和非犹太强制劳工的集中营,例如阿默斯福尔特、斯海托亨博斯附近的菲赫特以及一些较小的集中营——的职员主要是荷兰纳粹,他们在施虐犹太人问题上远远胜过德国人。战争一开始,韦斯特博克(从1942年起,成为去往奥斯维辛、索比堡、贝尔根—贝尔森和特莱西恩施塔特的主要中转营)就是一个关押着几百德国犹太难民的营地,到1942年他们成为"老家伙"并在一名德国指挥的监督下实际统治着该营地。1942年年初运往韦斯特博克的外国犹太人逐渐增加,而来自各省的荷兰犹太人则被运往阿姆斯特丹。荷兰警察监督中转的运行并进入被撤空的犹太人家中。德国人恪尽职守登记着家具和其他家庭用品,这些物品随后便被罗森伯格特别工作组运往德国。同一时段内,一个相当于《纽伦堡法》,包括禁止犹太人和非犹太人结婚等条例的荷兰法律开始被强制执行。

比起她和德国犹太难民、精神导师、著名特殊精神理疗师汉斯·施皮尔炽热的爱情,所有这些对艾蒂·海勒申来说都不那么重要了。当然,德国的措施并不会将她排除在外。"昨天,李普曼和罗森塔尔,"1942年4月15日她记载道,"遭抢夺和搜查(让他们交出财产)。"然而,在她的思想中,她是这样看待德国的大部分措施的:"我很高兴他(施皮尔)是个犹太人,我是个犹太妇女,"4月29日她这样写道,"我会尽一切可能与他在一起,共同度过这些时日。并且,今天晚上我要告诉他:我真的什么都不怕,我很坚强;你睡在硬地板上也好,被限制只能穿越规定的街道等等也好,这些都不重要,都是些小烦恼,比起我们所拥有的无限财富和可能性,这些是多么的微不足道。"

6月12日艾蒂的记录仍然是关于日常迫害的:"现在,犹太人可能不再能去菜店了,他们将很快交出他们的自行车,不能够乘坐火车,他们必须在晚上8点前离开街道。"6月20日星期六,在距离开始阿姆斯特丹到韦斯特博克和韦斯特博克到奥斯维辛的驱逐前不到一个月的时间内,艾蒂将思想对准犹太人的态度和反应:"屈辱通常包括两方面。凌辱别人的人和允许自己被别人凌辱的人。如果后者消失的话,也就是说如果消极一方不受屈辱影响的话,那么屈辱也就消失得无影无踪……我们犹太人必须谨记……他们不能对我们做任何事情,他们真的不能。他们可以折磨我们,掠夺我们的物品,剥夺我们的行动自由,但是如果我们自己自我误导对之予以服从,那么就会丧失最宝贵的财富。我们感觉自己遭受迫害、屈辱和镇压……我们最大的伤害是自己强加给自己的。"

九

斯洛伐克到奥斯维辛的驱逐开始一天后,滞留在贡比涅的1000名犹太人离开法国,前往上西里西亚集中营。3 月 1 日艾希曼得到威廉大街授权,开始驱逐第一批法国犹太人;12 日,犹太组的头目通知丹内克尔,为了响应法国政府的请求,可以再驱逐 5000 名犹太人。

早期在法国的驱逐无论在占领区还是在维希统治的地区都没有遇到任何问题。法国政府在占领区最为担心的是日益增长的对纳粹国防军成员的攻击。处死人质 (1941 年 12 月 95 名人质被枪杀,其中有 58 名犹太人) 没有起到预期效果。1942 年年初,由于奥托·冯·施蒂尔普纳格尔总指挥被认为太过仁慈,被他的侄子卡尔—海因里希·冯·施蒂尔普纳格尔所替代,后者是一个残忍的反犹主义者,其风格在东部前线就已展露无遗。以前在总督区兰德姆市任职的党卫军将军卡尔·奥贝格作为高级党卫军和警察领导于 6 月 1 日,来到法国。

在就职之前,奥贝格在海因里希的陪同下于 5 月 7 日对法国首都进行了一次视察。自 4 月底拉瓦尔重新成为维希政府领导人后,形势有利于法国和德国开展更加密切的合作。犹太问题专员领导人瓦拉被一个更加激烈的仇犹分子路易斯·达基耶尔·德佩勒波尼克斯取代,占领区的法国警察现在由精明而又野心勃勃的新人勒内·布斯凯领导,他已经完全准备好在德法和睦中发挥自己的作用。

在海因里希视察期间,布凯斯再一次要求继续把大约 5000 名犹太人从德朗西驱逐到东部。尽管海因里希同意在运输条件允许的情况下可以这样做,但是,在 6 月期间就有四列各装了 1000 名犹太人的列车出发前往奥斯维辛。

德国和维希政府所关注的两个主要问题,即被逐法国犹太人的范围以及利用法国警察进行围捕,到春末也未能解决。由于维希方面并未同意德国的要求,一场严重的危机在 6 月的最后一个星期逼近,这迫使艾希曼于 6 月 30 日前往巴黎重新进行斟酌。最后,在 7 月 2 日会见了奥贝格及其助手后,布斯凯对德国人做出让步,7 月 4 日他转达了维希的官方立场。按照丹内克尔的记录:"布斯凯在最近的内阁会上表示,国家首脑玛尔绍·贝当和政府首脑皮埃尔·拉瓦尔同意首先驱逐所有占领区和非占领区的无国籍犹太人。"法国警察将抓捕这两个地区的犹太人。

此外,根据丹内克尔的报告,在 7 月 6 日与艾希曼的谈话中,除了所有"无国籍"犹太人 (德国、波兰、捷克斯洛伐克、俄国、立陶宛和爱托尼亚犹太人) 将被驱逐外,拉瓦尔还主动建议驱逐非占领区内 16 岁以下的儿童。拉瓦尔声称他对占领区内儿童的命运不感兴趣。丹内克尔补充说,在第二阶段,1919 年后或 1927

年后入籍的犹太人也在被驱逐之列。

在这一交易中,各方都有自己的日程。德国人希望,第一次从西部大规模驱逐犹太人行动,能够在荷兰和法国取得绝对成功。他们手头上没有充足的警力,必须依赖各国警察的全力配合。而对拉瓦尔来说,全力配合就是他的绝对政策,因为他打算与德国签订和平条约,并在以德国为主导的新欧洲为法国赢得合法地位。1942 年春末,正当法国政府操纵驱逐足够多的外国犹太人以推迟任何有关法国犹太人命运的决议时(他认为,法国舆论还没有做好接受驱逐法国犹太人的准备),希特勒似乎再一次行进在通往胜利的道路上。

5 月初,大卫星犹太标志被引进荷兰,一个月后,引进到了法国。与德国一样,这种手段引起了两国部分民众暂时性的义愤以及对"被装饰"犹太人的同情。然而,个人对受害者的支持态度丝毫没有改变德国的政策。德国人限委员会在三日内履行这项措施。当意识到在如此短暂的时间内不可能完成犹太标志的分发工作时,费迪南德·奥斯·德·弗恩腾("移民办公室"的实际负责人并逐渐成为阿姆斯特丹犹太事务的负责人)勉强同意放宽限制。5 月 4 号之后,重新确定了的日期,针对犹太人不佩戴犹太标志的举措开始严格执行。1942 年 6 月 8 日,荷兰犹太组的领导人给出了一份有关公众反应的综合报告。措普夫第一次详细描述了犹太人团结的表现,但是结论却很乐观:"由于担心自身会受到占领当局立法规范进一步约束,最初满怀自豪地佩戴大卫星犹太标志的犹太人数因此下降。"

6 月 7 日法国被占区开始强制犹太人佩戴犹太标志。维希为了避免法国政府遭到侮辱法国犹太公民的指控(更因为德国盟国、中立国其至反对国的犹太人都被豁免了德国人规定的犹太标志),拒绝在它的领土上实行这条命令。具有讽刺意味且极其尴尬的是,维希不得不祈求德国人豁免占领区法国高级官员的犹太配偶。因此,贝当在巴黎的代表、反犹主义的积极合作者尔南德·德布里农不得不为他娘家姓弗兰克的妻子请求宽恕。天主教知识分子、共产党和许多学生尤其对德国人的这项举措持否定态度。犹太人自己很快认识到这部分人的情绪,至少在初期,他们佩戴犹太标志时有一种骄傲或者蔑视感。

事实上,法国的态度显示出一定的矛盾:"音乐学院教授拉扎尔·莱维遭到解雇,"比林基于 2 月 20 日写道,"如果他的非犹太同事表示希望挽留他,那么他还是有可能作为教授留在学院的,因为他是该音乐学院唯一的犹太人。但是他的非犹太同事没有做出任何反应;懦弱已经成为一种公民美德。"5 月 16 日,比林基注意到巴黎文化生活出现的不和谐:"犹太人被从各个部门清除,然而勒内 — 茱莉亚却出版了艾连·J.芬伯特的书《田园生活》。芬伯特是长在埃及的俄裔犹太人。他被关进集中营的时候甚至还很年轻……尽管犹太人不允许在任何地方展示他们的作品,但是人们却可以在沙龙(巴黎最大的绘画展,一年两次)找到犹太艺术家。他们必须注明自己不属于'犹太种族'……罗马尼亚犹太人鲍里斯·佐德里宣布 5 月 18 日在佳沃音乐厅(著名巴黎音乐大厅)举办音乐会。"5 月 19 日比林基记载了一个看门人的看法:"对犹太人的所作所为真的令人作呕……如果人们不想要他们的话,就不该让他们进入法国;如果他们已经被接受了很多年,那么就让他们和其他人一样生活……并且他们并不比我们天主教徒差。"从 6 月初开始, 比林基的日记实际上记载了无数日常邂逅的各种对他和其他佩戴犹太标志的犹太人所表示的同情。

然而个人同情并不表明公众舆论对反犹措施有任何根本影响。尽管人们对引进佩戴犹太标志以及后来的驱逐行动都反应消极, 但是传统反犹主义的暗流仍在这两处涌动。德国人和维希都认识到人们对待外国犹太人和法国犹太人的态度有所不同。因此,1942 年 7 月 2 日,阿贝茨在送往柏林的调查中强调,外国犹太人的流入造成"汹涌的反犹主义",并且和同一天送抵奥贝格和布斯凯的协议大致相同,他也建议为了在民众中起到"正确的心理影响",遭送应当首先从驱逐外国犹太人开始。

"我憎恨犹太人,"1942 年 11 月 8 日作家皮埃尔·德里厄·拉罗歇尔在他的日记中吐露,"我知道我憎恨他们。"像这种情况,至少皮埃尔的情感迸发只是隐匿在其日记中。然而到了战争前夕,在《吉勒斯》一书中他不再像以前那样谨慎了(但还远远不是极端),这部自传体小说后来成为法国文学的经典之作。和他的一些文学同辈相比,皮埃尔事实上相当温和。在 1942 年春季出版的《废墟》中,卢西恩·勒巴太显示了纳粹式的反犹愤怒:"法国智力生活中的犹太精神是有毒的种子,必须从最细小的根部清除……必须制定信仰审判来审查大量导致我民堕落的犹太人或犹太教文学、美术作品和音乐作曲。"勒巴太关于犹太人的立场是他无条件效忠希特勒德国的重要组成部分:"我盼望德国的胜利, 因为正在发动的这场战争是我的、我们的战争⋯⋯我并不因为德国是德国而尊敬它，而是因为它铸就了希特勒。我赞扬它是因为它知道如何⋯⋯创造自身的政治领导人，从他那里我认识到自己的需求。我认为希特勒已经为我们的大陆构想了一个辉煌的未来，并且我热切盼望他能实现这个构想。"

塞利那有可能是这支反犹队伍中（文学价值）最重要的作家，他在同一主题上采用了更为尖酸刻薄的形式，然而他狂躁的风格和疯狂的感情迸发使其处于边缘地位。1941 年 12 月，德国小说家恩斯特·荣格在位于巴黎的德国机构遇到了塞利那："他说，"荣格写道，"他感到太惊讶、太茫然了，我们这些士兵竟然不枪毙、绞死并灭绝犹太人；有刺刀的人竟然不能无限制地使用它，这太让他目瞪口呆了。"荣格不是纳粹分子，但却是暴力问题专家，他生动地描绘了塞利那及其——无疑是——大部分同胞："这些人只听到一种旋律，但却出人意料的一致。他们就像一直运转的机器，直到有人打碎他们。听到谈论科学的思想就很稀奇，例如，谈论生物。他们采用的是石器时代人们所采用的方式，对他们来说，这仅仅是杀害其他物种的工具。"（我对本段最后一句不大理解，不知道 it 指代的是什么。）

罗伯特·布拉西拉赫表面颇为优雅，但实际上他极端而固执的反犹主义丝毫不弱于塞利那和勒巴太。20 世纪 30 年代他开始创作反犹太人的长篇檄文《我无处不在》，他对德国胜利和德国统治的狂热崇拜带有一定的色情成分："这些年，持有不同见解的法国人都或多或少地和德国人睡了，"他于 1944 年写道，"并保持甜美的回忆。"布拉西拉赫对法、德有关犹太人的每一步政策都表示赞赏，但是他认为法国的措施在执行过程中有时还不太完整，1942 年 9 月 25 日，他在臭名昭著的《我无处不在》一文中这样要求："家庭成员应当待在一起，犹太儿童要随同父母一起被逐。"

除了法国社会少量从政治上支持他们的人外，我们很难估量巴黎通敌叛国者所制造的恶毒反犹主义言论对公众舆论的影响有多深。尽管如此，勒巴太的《废墟》仍然成为最畅销的作品，虽然价格不菲，但如果出版商能够获得足够配量纸张的话，他仍能够卖出（连订单在内）约 20 万册。这是法国被占期间出版业的最大一次成功。

《废墟》由臭名昭著的通敌者德诺埃尔出版。更令人尊重的出版商在这种环境下则寻找其他出路谋利。1942 年 1 月 20 日，加斯顿·加利玛尔德出价投标收购前犹太出版社"卡尔曼—列维"。当天,在寄给"卡尔曼—列维"临时管理人员的挂号信中和送给犹太问题专员的副本中,加利玛尔德说:"我们因此确认出价收购卡尔曼名下的出版社和图书销售公司……这个价钱是 250 万法郎,以现金支付。当然,加利玛尔德(《法国小说评论》的编辑)书店不会合并'卡尔曼—列维'公司,该公司将会保持自治并拥有自己的编辑部,梅丝尔斯·德里厄·拉·罗歇尔、保罗·穆航(同样是一个声名狼藉的反犹分子)毫无疑问会同意成为其中一员。这次我们希望告诉你,加斯顿·加利玛尔德……是由雅利安资金支撑的雅利安公司了。"

1942 年上半年,无论北方法国犹太人工会总联合会,还是南方法国犹太人工会总联合会都没有发挥应有的作用。占领区的委员会主要致力于在不给贫困社区新加重税的情况下,努力偿还法国银行的借贷,但却被德国人罚款 10 亿法郎。南方情势相对平静,但是两地的委员会除了要应对日益增长的战争需求外,还要花费大量时间挡开德国人或者犹太问题专员的各种要求,并应对协会和联邦战时领导人的刁难。1942 年 3 月 29 日,兰贝特写道:"犹太富人,即协会的主体,很担心法国犹太人工会总联合会将强迫他们给穷人付很多钱;看看这个丑闻:在对两个或三个青年土耳其人进行调查后发现,他们宁愿将钱送给'基督教朋友'也不愿把它留给作为联合会一部分的福利机构。"[1]

十

当 1941 年夏秋两季绝大多数维尔纳犹太人遭到杀害后,1942 年年初开始了一段"平静"期(后持续了 18 个月)。现在,克鲁克和鲁道什维斯克比以往任何时候都要努力记录下"每一天"。日记每天都会记录下许多痛苦和难以预料的困境:例如,隔都内允不允许有剧院。受崩得—社会主义传统影响的卫道士克鲁克对此感到大吃一惊:"今天,"1 月 17 日他写道,"我收到了隔都艺术家组织的一份正式邀请,宣布 1 月 18 日星期天将在鲁德尼克 6 号的现实体育馆礼堂里召开第一届当地艺术家晚会……我感到感情受到了伤害,整件事情都让我厌

———————

① 兰贝特对协会整体态度的描述大多数都是正确的;然而给"基督教朋友"捐赠主要是打算从财政上支持该组织救助的犹太儿童。

恶,更不用说欢乐晚会了。在每个隔都你都可以自我娱乐,培养艺术当然也是一件好事。但是这里,在维尔纳隔都令人沮丧的形势下,在波纳尔的阴影中,7.6万名维尔纳犹太人只剩下了1.5万人——这里,此时此刻这是一种耻辱。伤害了我们所有人的感情。但是,正如我们所知,晚会的真正发起者是犹太警察。此外,贵宾和德国人将光临音乐会。杰出的德国歌唱家柳芭·比伊克甚至会当场尝试唱一些犹太歌曲。万一德国人,愿上帝不许,要他们该如何是好!……不应在坟场上建剧院。

"有组织的犹太工人运动(崩得)决定抵制这一邀请。他们中没有一个人会去这场'乌鸦'音乐会。但隔都的街道将会撒满传单:'关于今天的音乐会。不应在坟场上建剧院! '警察和艺术家可以娱乐自己,维尔纳隔都将会哀悼。"

尽管崩得一开始存在疑虑,但是整个1942年到1943年年初,隔都还是开展了热烈的文化活动:"(1942年)3月隔都文化活动的数量,"一份当代记录显示,"异常丰富,因为隔都内所有现存经营场所,例如剧院、体育馆、青年俱乐部和学校都被利用起来。每个周末都有六七个活动,参与人数超过了2000。"然而,空间缺乏很快成为一个问题:"这个月末,文化部不得不给城外进来的犹太人让出一定数量的场址,例如体育馆、2号学校、2号幼儿园、1号学校的一部分。这将极大地影响学校、体院馆和剧院的工作,剧院不得不允许运动部门和工人集会部进入剧院大楼。"这份报告中有关图书馆借阅活动的内容显示在4月1日这一天,有2592名(订阅)读者进入图书馆。"平均每天有206人次访问图书馆(2月份有155人)……这个月收到101份档案,此外,收到124件民间物品。"

即使是在暂缓期,德国人在科夫诺的存在比在维尔纳更加直接。1942年1月13日,在犹太区内部成立了德国隔都警卫。再者,当地德国人似乎更具创造性:"命令,"1月4日托利记载,"把所有的狗和猫送到威列诺斯街的小犹太会堂中,在那枪杀了它们(这些狗和猫的尸体放在犹太会堂中达几个月之久,犹太人被禁止将它们移走)。"2月28日托利写道:"根据罗森伯格组织的代表本克博士的命令,今天是交出隔都内所有图书的最后期限,无一例外。"(本克威胁大家说,任何不交出图书的人都将面临死刑的惩罚。)

十一

从1942年年初开始,随着总清洗日子的迅速临近,对犹太人的屠杀扩展到整个瓦尔特高和总督区。有人可能会想，德国人独特且异常外露的残忍是否影响了波兰绝大多数民众对待其犹太国民的传统态度。答案似乎是否定的。"只有在波兰，"20 世纪 80 年代亚历山大·斯莫拉尔写道，"反犹主义和爱国主义（这种关系在 1939 年到 1941 年被苏联占领期间而得到明显加强）以及民主制是并行的。在流亡伦敦的波兰政府以及波兰国内的地下组织中都有反犹的国家民主党。恰恰是由于波兰的反犹主义没有受到与德国人合作的影响，所以它才能够不仅兴盛于街道中，并繁荣在地下出版业、政党和武装力量中。"

波隆斯基援引斯莫拉尔说过的一段话，并对此进行了一番阐释，他指出："尽管社会主义者和民主组织派都主张在未来解放的波兰赋予犹太人完全平等的权利，战前反犹党派，并不因为纳粹也是反犹太人的，而放弃对犹太人的敌意。"社会主义者和民主组织只代表了反犹阵营的少数派。在反犹主义内部也存在细微差别。因此 1942 年 1 月，隶属流亡政府同盟的基督教民主主义劳动党的报纸《民族报》清晰地表达了它的立场："犹太问题现已十分紧迫，我们坚持认为，犹太人不能再获得政治权利和已经失去的财产。除此以外，将来他们必须完全离开我们的领土。这个问题很复杂，因为事实上，一旦我们要求犹太人离开波兰，我们就不能容忍他们生活在未来斯洛伐克民族联邦的领土上（这是本报所拥护的）。这就意味着我们必须清除中欧和南欧的所有犹太人，总人数是 800 万到 900 万。"

《民族报》所表达的反犹主义观点被认为是温和的，这和 1942 年 1 月同时期战前波兰法西斯主义者的宣传媒介《土方报》所表达的观点有很大不同吗？《土方报》如是说："犹太人过去、现在、将来总是反对我们，无论是在何时何处……现在的问题是，波兰人应该怎样对待犹太人……我们，当然还有 90% 的波兰人都只有一个答案：视若仇敌。"

《土方报》所强调的说法实际代表了大众的观点，许多波兰人甚至明确接受并内化了德国的反犹宣传。1942 年 1 月 16 日，来自凯尔采地区的日记作者达维德·鲁比诺维奇写道，那晚附近别利尼市的市长到他家拜访："父亲取出一些伏特加，由于市长感到有些冷，他们一起喝得精光……市长声称犹太人应该被统统枪毙，因为他们是敌人。若我能够把他在我们家所说的话记录下一部分那该多好，但是我已不能了。"德国反犹招贴画张贴在哪怕是最小的乡村墙头，民众都对之乐此不疲。2 月 12 日，戴维德描述了"乡村治安员"张贴的招贴画："一个正在绞肉的犹太人把老鼠扔进了绞肉机；另一个正在往牛奶里掺水。第三张画上的犹太人正在用脚揉面，他身上和面团上都爬满了蛆。布告标题写着：'犹太人是骗子，是你唯一的敌人。'每幅漫画都附有打油诗式的评论。最后两行定下了整个'诗歌'的基调：'蛆爬满了他们自制的面包／因面团是用脚踩出来的。'当乡村治安员贴画时，"戴维德补充道，"一些人一直跟着他，他们的嘲笑声令人头痛，犹太人如今所遭受的苦难真是让人羞愧难当。"

在接下来的几个月和几个星期，戴维德的日记重复记录着在其所在地区肆虐的疯狂屠杀。6 月 1 日的日记开头十分独特："快乐的一天"。戴维德被抓走的父亲在这天被放回来了。然而，接着他笔锋一转："我忘记写下最重要也最恐怖的消息了。今天早晨，一对母女外出去乡村。很不幸，德国人正从鲁德基赶往博曾腾……这两个女子一看到德国人，撒腿就跑，但是被德国人追上抓了起来。他们打算在村里就地枪毙她们，但是市长不允。随后，他们进入树林，在那里枪杀了她们。犹太警察迅速赶了过去，把她们埋葬在墓地。当车子返回时，车上沾满了血。谁——"话说到一半，戴维德的日记在这里结束了。

戴维德用很直白的方式描述事件，仿佛这些事就发生在他眼前。波兰各省的其他一些颇为"老练"、年长他几岁的犹太日记作者则更加深思熟虑。但是他们中绝大多数人由于处在凯尔采附近或几百英里以外地区，其日记同样也在 1942 年 6 月戛然而止。初春，来自斯坦尼斯拉瓦的叶利舍瓦在她的日记中插入了一位匿名友人的记录："我们极度疲惫，"1942 年 3 月 13 日这位"客座日记作者"写道，"我们只能幻想有些事情将会改变；这种希望支撑我们活到现在。但是这种正在消退的精神力量到底能支撑我们多久呢？有时隔都里谣传说正在挖掘坟墓。看似强壮的人，不管年轻的还是年老的，都对这些流言蜚语感到担心。它给人一种恐怖感。你会感到自己的脖子上勒着绳子，警卫正严密地看守着你。但另一方面你又知道自己能够活得更久些，因为你健康、强壮，只是没有人权……昨天，叶利舍瓦告诉我一个饿死的人由于装不进棺材，不得不弄断他的双腿，太不可思议了！"

5 月 14 日叶利舍瓦追忆说，3 月底斯坦尼斯拉瓦的形势骤然起变："从 3 月开始，所有残疾的雅利安人都被杀害。这个信号预示着不祥之事即将来临。这是一场灾难。3 月 31 日这一天他们开始搜寻残疾人和老年人，稍后带走了几千名青年人和健康的人。我们藏在阁楼中,透过窗户我看到匈牙利犹太人(1941 年夏末他们被从匈牙利驱逐到加里西亚)被押着离开了鲁道夫斯穆勒(临时搭建的德国监狱)。我看见从孤儿院出来的孩子裹着床单,隔都周围的房子着了火。我听见一些射击声、孩子的哭喊声、母亲的召唤声,以及德国人闯入邻居家中的声音。我们得以幸存。”

6 月 9 日,叶利舍瓦意识到她的幸存只不过是一种暂时的缓刑:“唉,整个这些胡乱的涂鸦没有任何意义。事实上,我们不可能一直幸存下去。即使没有我这些明智的记录,世界也终将知道一切。犹太委员会的成员已经入狱。去他们的吧,这些盗贼! 然而这对我们来说意味着什么? 鲁道夫斯穆勒最终将被清洗。800 人被带往墓地(斯坦斯拉瓦的杀人地)……形势令人绝望,然而有人却说会变好的。让我们姑且这样希望吧! 希望活到战后值得遭受如此多的磨难和痛苦吗? 我很怀疑。但是我不想像动物一样死去! ”10 天后,叶利舍瓦的日记打住了。叶利舍瓦死时的情景我们无从得知。她的日记是在通往斯坦尼斯拉瓦墓地道路旁的沟渠中被发现的。

罗兹市谢拉考维克的日记于 3 月中旬重新开始。在他的马具工厂,对像他那样的(A 类)“工厂工人”而言,食物似乎是充足的。3 月 26 日他写道:“驱逐正在进行中,由于工厂经常接到巨额订单,因此工作足够做好几个月。”4 月 3 日驱逐行动暂时停止,作者在那一天记录道:“驱逐再次停止,但是没人知道会持续多久。与此同时,冬天夹着厚厚的雪花回来了。鲁姆考斯克发出布告,周一将对隔都进行清扫。从早晨 8 点到下午 3 点,15 岁到 50 岁的所有居民都将参与清扫公寓和院子。因此没有其他工作好做。不过,我所关心的是我的车间供应的汤。”

截止到 1942 年 5 月中旬,从罗兹向外驱逐的犹太人数已经达到了 55000 人。5 月 4 日到 15 日之间的最后一拨驱逐只包括 10600 名“西方犹太人”,而当时生活在该隔都的犹太人总共有 17000 人。为什么初期驱逐不包括“西方犹太人”,而 5 月初又专门驱逐他们,原因至今不明。在考虑了各种可能性之后,历史学家亚伯拉罕·巴卡伊解释道,早期的缓逐可能是德国命令的结果:为了保证德国驱逐的有序进行,必须避免散播有关罗兹的任何谣言。正如我们所见,希特勒的司法力量也可以给出一个解释:从罗兹驱逐到海乌诺姆的德国犹太人仍然属于德国公民,只是他们被灭绝的地点坐落在大德意志帝国境内。不管怎样,一旦需要清除障碍,德国人就可能决定先处置那些绝大多数都无法编入劳动力中的年长犹太人。尽管鲁姆考斯克并不隐瞒自己对"新来者"日益增长的敌意,但是他是否参与了决策制定仍然不清楚。

4月底颁发了即将开始"重新安置""西方犹太人"的命令后,人们立刻开始疯狂交易任何不能随身携带而留下来的财产,犹太人之所以这样做还因为他们被禁止携带行李。在日记作家眼里,这些被逐者是一群特别可怜的人:"受最近几天经验的启发,一些人想到一种过去的办法,即穿上若干套衣服、若干件供更换的内衣,常常再加两件外套,用一条皮带系住第一件大衣,皮带上系住另一双鞋子和其他小物件。因此他们那苍白、蜡黄、浮肿并充满绝望神情的脸在负重弯曲、下垂且不成比例的身体上不停地晃着。他们只有一个想法:即使用尽最后一丝力气,只要能够保住一点他们的东西,即使耗尽最后一点力气也在所不惜。一些人因为彻底无助而被压垮,然而一些人还在相信着些什么。"

与此同时,来自瓦尔特高地区小镇上(主要是帕比亚尼采镇和布雷兹尼镇)的犹太人迁入了罗兹隔都。5月21日一位"官方"日记作家贝尔纳德·奥斯特洛夫斯基访问了一处难民所,有1000多名来自帕汴尼斯的妇女住在这里,作家对其进行了描述:"每个房间、每个角落都可以看到母亲们、姐妹们和祖母们在颤抖地哭泣着,默默地为她们的孩子哀悼。所有10岁以上的儿童都被送往未知地(海乌诺姆)。有些人失去了三四个,甚至6个孩子。"两天后,奥斯特洛夫斯基补充道:"定居在隔都的来自帕汴尼斯的犹太人注意到,在罗兹方向、距离帕汴尼斯3公里外的多罗瓦的农村中,最近建立了存放旧衣物的仓库……每天都有卡车将山丘般的包裹、背包和各式小包运到多罗瓦……每天都有30名左右的犹太人从帕汴尼斯出发去整理物品。在其他东西中他们发现,有一些从钱夹子里掉出的我们使用的鲁姆基(罗兹隔都使用的钱币,也叫凯伊姆基)。结论很明显,即其中一些衣物属于从这个隔都驱逐出去的人。"没有任何评论。

隔都统计部门指出,1942年5月期间,隔都总人口增加了7122人(5月初有110806人),这些实际上都是新来的人。在同一个月出生58人,死亡1779人;除此以外,有10914人被'重新安置'。"

7月2日罗兹盖世太保写下自己的月度报告。报告开头就提到尽管"撤离造成了一定程度的担心",但是没有给盖世太保任何介入的理由。"为了方便撤离,采用了"彻底中断隔都邮政的方法,这样犹太人"就没有任何办法与外部世界交流"。

<h1 style="text-align:center">十二</h1>

1942 年上半年,将犹太人遭送直至灭绝中心的驱逐迅速扩大,但还没有扩大到华沙的犹太人身上。在这个最大的隔都里,死亡依旧司空见惯:饥饿、寒冷、疾病都是致命因素。像以前一样,来自其他各省的难民情况最糟:"这些难民的困境简直令人难以忍受,"林格尔布鲁姆于 1942 年 1 月写道,"他们因缺煤而被冻死。这个月,1000 个难民中有 22%死在市中心的斯塔沃克大街第 9 号……被冻死的人数每天都在增长,这个问题再普遍不过了。"林格尔布鲁姆还写道:"已经没有煤供给难民中心了,但是却有充足的煤供应咖啡屋。"1 月 18 日卡普兰记载:"冬天冷得让人难以忍受,整个家庭成员裹着破布游荡在人行道上,他们并不乞讨,仅仅悲惨地呻吟着。一对父母带着他们虚弱的孩子,痛苦、哀诉,整个街道充满了他们的哭泣声。没有人帮助他们,没有人给他们一分钱,因为乞丐的人数已经多到让我们的心变得漠然。"1942 年 1 月,5123 名居民死在华沙隔都。[①]

2 月 20 日切尔尼霍夫记下了一个同类相食的事件:"一个母亲从她前一天死去的 12 岁的儿子身上割下一小块臀部的肉。"但是在 1942 年的最初几周内,隔都里仍然有很多发明创造,如"用婴儿奶嘴制作的避孕工具、用金属'麦瓦香烟盒'制成的碳化灯"。3 月 22 日切尔尼霍夫对犹太监狱的形势给出一些说明:"犹太监狱里每天都要死亡两名拘留者。由于安置程序没有解决好,尸体要因此在那里停放 8 天或者更久。1942 年 3 月 10 日拘留所里有 1261 名囚犯和 22 具尸体,而这两座建筑的最大容量却是 350 人。"4 月 1 日:"(逾越节家宴之夜)明天就是逾越节了,卢布林有消息传来说接下来的几天内,90%的犹太人都要离开卢布林。据说 16 名委员会成员和贝克尔主席一起被逮捕,老委员的亲属,除了妻子和儿女外,也都必须离开卢布林。(奥斯瓦尔德)委员在电话中说从柏林运来的1000 名到 2000 名犹太人将于上午 11:30 抵达……早晨,从汉诺威、盖尔森基兴

---

① 按照这种层面,年死亡率达到了 14%。

等地运来了 1000 名左右被逐者，他们被送去检疫……上午 10 点我目睹了食物分配过程。被逐者只能随身携带小口袋……这中间有老人、众多妇女，还有小孩。"4 月 11 日："昨天委员给了我一封信，要求停止管弦乐队两个月的演出，以便上演雅利安作曲家的作品。当我试图解释时却被告知宣传和文化部有一张（作品被允许上演的）犹太作曲家的名单。"

进一步有关系统灭绝犹太人行动的消息在隔都传开，主要传播于各种秘密活动的积极分子中间。3 月中旬，"先驱者"（波兰犹太复国主义运动组织——译者注）的代表楚可曼和左翼犹太复国主义政党的其他成员邀请崩得领导人出席会议，讨论建立一个共同防御组织的问题。以前联系崩得的尝试一直未获成功，主要在于崩得成员认为各方思想意识差别太大。让我们回忆一下，崩得是社会主义者——国际主义者，因此他们反对犹太复国主义独立的民族主义。在历史上，崩得是波兰社会党的同盟者，它试图和东欧社会党共同斗争以建立一个新的社会秩序。在这个新秩序下，犹太人可以享受自治生活的权利，可以建立植根于世俗意第绪文化的文化认同。

1942 年 3 月中旬的某个时间（没有一份报告提到准确的日期），奥拉大街的工人厨房召开了一次秘密会议。在总结了灭绝正不断扩大的有效信息后，楚可曼提议成立与波兰地下武装联合行动的共同犹太防御组织；并写明要从隔都外获得武器。这些建议遭到两名崩得代表的反对，其中一名（莫里斯·奥兹齐）武断地拒绝，另外一名（阿布拉萨·布鲁姆）则更加圆滑地拒绝。奥兹齐的主要理由是崩得（的行动）因与波兰社会党的关系而受限，就波兰社会党而言，他们认为起义的时间还未到。[①]

崩得一表明自己的立场，"锡安工人党"的左翼代表赫尔施·柏林斯基就为楚可曼的立场进行辩护，但是在考虑（崩得反对的）形势后，他的党派也决定不参加。犹太复国主义者尽管认识到了波兰人的痛苦，但他们越来越多地相信德国人正在为犹太人拟定一个特殊命运：全部灭绝。即使是濒临被消灭的边缘，崩得和犹太复国主义者之间的传统敌意仍恶化了他们对各个事件解释时观点的对立。

当然，由于和波兰社会党的关系，崩得在建立共同防御地下组织方面作用重

---

① 有人也可能会争辩说时间还没到，因为犹太人负有一种集体责任。

大;原则上,波兰社会主义者至少愿意提供一些武器。除此以外,相比犹太复国主义者,崩得拥有更好的与外部世界联系的渠道。随着情势的根本改变,大概 7 个月后合作将最终形成。

顺便提一下,1942 年 5 月,当崩得在华沙的一位领导人莱昂·费内向伦敦递送了一份冗长的报告后,崩得在与外部世界的联系方面才开始发挥重要作用。报告信息很明确,它提到了海乌诺姆的毒气车每天要杀害 1000 名犹太人,并估计大约 70 万名波兰犹太人已经被害。崩得的报告得到了英国媒体和英国广播公司的大力宣传。然而在美国,这个可怕的详细报告所引起的共鸣却相对较小。通常被认为是世界舞台尤其是欧洲事件最可靠来源的《纽约时报》,只在 6 月 27 日这版的第 5 页刊登了一个简短的小故事,并且位于包含若干短条目的专栏底部:"根据来自伦敦的波兰政府的信息,有 70 万名犹太人已经遇害。"信息来源以及温和的措辞,导致了对其可靠性的严重质疑。

4 月 17 日切尔尼霍夫记载了一件突发的流血骚乱:"下午,恐慌笼罩着隔都。商店关门,人们聚集到公寓大楼前的街道上。为了使民众保持镇定,我巡视了几条街道。晚上 9:30 秩序机构的分遣队要在帕维阿克监狱前报告。现在是10:30,我正等待秩序机构总部的报告来告诉我发生了什么。上午 7 点报告来了。51 人被枪杀。"在 51 或 52 名犹太人当中,一些人是崩得成员,一些为地下通讯社工作,还有一些仅仅是盖世太保沿途从公寓赶出来并在街上从颈后枪杀的犹太人。①

直到今天也不能完全明白 4 月 17 日到 18 日屠杀的原因。德国人很可能知道了犹太人尝试在波兰首都建立犹太地下组织,并大体获悉秘密报刊 (例如楚可曼和他的组织创办的) 日益增长的影响。根据楚可曼的回忆录,盖世太保有他的名字和常住地址 (4 月 17 日晚他并没有住在那里),但是除此以外,再没有太多确切信息了。因此,正如楚可曼所猜测的那样,这次处决最主要的目的是"制造恐怖"。另外一个目的就是在"行动"来临前使地下组织所有的计划陷于瘫痪。确实,4 月屠杀的一个后果就是,委员会企图说服秘密组织不要再召开会议。实际上在 7 月那些不幸的日子到来之前,地下运动并没有设法制订任何协作行

---

① 谋杀发生在 17 日晚上到 18 日:切尔尼霍夫在 4 月 17 日的日记提到他们,常常也涉及 4 月 18 日这天。

动的计划。

事后看来，隔都里爱开玩笑的卢宾斯坦的沉默可以被认为是结束的象征。1942 年 5 月 10 日瓦塞尔写道："卢宾斯坦被解决了"，"这个曾以那句'哦孩子，扬起你的头'而闻名整个华沙隔都的最受欢迎的哲学家正在断气。他穿着破布烂衫，在街道上打滚……晒着太阳，几乎赤身裸体。一种思想也消亡了，其标志性的真理和谎言'人人平等'曾经让每个人为之炫目。实际上，这句话应该是'死亡面前，人人平等'"。几周之内，几乎成为现实的东西现在在隔都里完全实现了，没有了充满幻想的爱开玩笑的人——或者其他人。新的现实是即将清除说笑，清除爱说笑的人。尽管充满了痛苦——或者正因为充满痛苦——人们仍然需要一个说笑之人，爱他的格言和古怪。①

1942 年 7 月 15 日，在驱逐开始前的一个星期内，雅努什·科尔恰克邀请隔都名人观看他孤儿院的全体职工和孩子举办和表演的泰戈尔的《邮局》。科尔恰克（亨里克·高尔斯密特博士）是非常著名的教育家、作家，主要因他的儿童著作而备受称赞；30 年来他一直是华沙最重要犹太孤儿院的院长。在隔都建成后，被人们戏称为"老医生"的科尔恰克不得不将他负责的 200 个孩子迁入隔都墙内。正如我们所见，其中一些孩子向助理牧师请求允许所有圣徒访问教会的花园。

演出是关于一个有病的男孩被限制在一间小黑屋里的故事，这个故事所表达的渴望和孩子们在信里所表达的一样：畅游在树木和花草中间，聆听鸟儿的歌唱……戏剧中有一个超自然的生物使者阿玛尔（主人公的名字）通过一条看得见的路走入他梦想的天堂。"幻想可能是周三宿舍谈话的一个好主题，"7 月 18 日科尔恰克在他的日记中提道，"讨论幻想在人类生活中的作用。"

德国人想把这一切"记录"下来，用戈培尔的话说"用来教育后代"。电影被选作媒介。"德国人继续在隔都拍摄电影。"1942 年 5 月 19 日亚伯拉罕·莱温在日记中写道。莱温既是一个极度虔诚的犹太人，又是一个热情的犹太复国主义者，他是私立女子中学耶胡迪阿学校的教师和管理者，同时还是"安息日聚会"的成

---

① 几乎每个关于华沙隔都的研究或者回忆录都会提到卢宾斯坦。

员。他的日记可能与林格尔布鲁姆的集体历史事业有联系。

"今天，"莱温写道，"他们在肖尔茨饭店召开电影会议……他们带来了被圈进隔都的犹太人，其中有普通犹太人、衣饰华美的犹太人，还有打扮很体面的犹太妇女。德国人让这些人坐在桌子旁边，告知他们将会提供由犹太社团支付的各种各样的食物和饮料：肉、鱼、白酒、白色糕点及其他佳肴。犹太人边吃，德国人边拍摄。一点不难理解这背后的动机：让世界看到犹太人生活在天堂里面，他们吃的是鱼、鹅，喝的是白酒和葡萄酒。"

莱温在同一天还记录了另一件此类事件："德国人在诺沃利皮埃街和龙街的街角处竖起了一道独创的电影布景：其中有犹太社团拥有的最好葬礼马车，华沙所有的指挥家，总计 10 人，围绕在它的周围……他们似乎想展示犹太人不仅在现世生活得愉快体面，而且也会体面地死去，甚至还有一个奢侈的葬礼。"

尽管华沙隔都地下组织的成员已经知道犹太人在立陶宛、瓦尔特高和卢布林遭到的屠杀是德国总体灭绝计划的体现，但是，他们在驱逐开始之前是否完全领会在特雷布林卡劳动营附近快速建设的第二营地对他们来说意味着什么还不得而知。1942 年 7 月，当特雷布林卡二号营地建设进入最后阶段时，他们收到了从外部传来的消息。因此 6 月初，弗沃达瓦灭绝营一位不知名的幸存者给隔都发来一封简单的解译代码信："叔叔也有意在你那里庆祝他孩子的婚礼；他在你的附近租了一间房子，离你非常近。对此你可能一无所知。我们写信给你，这样你就能知道这事并在城外为你自己及所有的兄弟、孩子找间房子，因为和我们的情况一样，叔叔已经为所有人准备了新房。"弗沃达瓦的犹太人已经在索比堡被灭绝了。[①]

7 月 8 日切尔尼霍夫在日记中写道："许多人对我们感到不满，因为我们为孩子们组织演出活动，安排节日开放体育馆用来演出音乐会，等等。我想起一部电影：一艘船正在下沉，船长为了提高乘客的士气命令管弦乐队演奏爵士乐曲。我决定仿效这个船长。"

---

① 作者假设这个信息被充分理解了；这是不能成立的。

注1：正如之前所提到的，12月12日，希特勒告诉他的旧部，即那些纳粹党的老党员，说欧洲的犹太人将被灭绝。在那个月的16日，汉斯·弗兰克在听了元首的讲话后，也在一次讲话中，鹦鹉学舌似的告诉他在克拉科夫的高层管理人员这一消息。难道不可以把弗兰克对希特勒讲话的回应与罗森伯格18日（在3天之前他同希姆莱进行了一次长时间的会谈之后）对德国媒体的讲话进行对比吗？

根据这种解释，希姆莱很可能已告知罗森伯格这一决定，而罗森伯格对媒体的讲话就是对这一新近获知消息的回应，正如弗兰克在一个月后对希特勒做出回应一样："东部领土，"罗森伯格宣称，"要用来解决一个摆在欧洲各民族面前的问题，那就是犹太问题。在东方，大约有600万犹太人仍然存活着。这一问题只有通过对整个欧洲犹太人的生物性的根除才能得到解决。对于德国来说，只有当最后一个犹太人离开德国领土时，犹太问题才算被解决了，而对于欧洲而言，只有当从欧洲大陆到乌拉尔河没有一个犹太人剩下的时候，犹太人问题才算解决。这是摆在我们面前的任务……有必要将他们驱逐过乌拉尔河，再以某种其他的方式予以根除。"事实上，罗森伯格同希姆莱会面的主要意图是在德国占领的东部地区就任务分配问题明确一些原则，任务分配牵涉两方，一方是党卫军和警察部队领导人，另一方是帝国专员或者各行省专员。犹太人问题正是在这种背景下被讨论，而我们不知道是否就是在这样的情况下，希姆莱透露了任何进一步的消息（如果无论如何任何决定都还是要告知他所鄙夷的竞争对手的话）。第二天，希姆莱和罗森伯格都受邀成为希特勒餐桌上的客人。犹太人问题真的是在那种场合下讨论的吗？我们也不知道。

至于罗森伯格的演讲，则同样是野心勃勃的。讲话提到要对犹太人实施生物性的根除，并把它们驱逐过乌拉尔河。罗斯伯格的意思是根除而不仅仅是驱逐犹太人，在后面的讲话中，他强调了这一问题的紧迫性以及他这一代德国人完成这一历史性任务的必要性。但是，同样的紧迫性难道不能适用于将所有的犹太人驱逐出乌拉尔地区，并最终促使其灭亡（像所有其他的地区性计划一样）吗？

其他同样是1941年11月的一些文件所显露的野心一点也不亚于罗森伯格的演讲。11月6日，戈贝尔记录道，根据从帝国总督区得到的消息，犹太人正把他们所有的希望寄托在苏联胜利之上。"他们没有再多的东西可以失去了，"这位部长继续道，"事实上，人们不要据此攻击他们，说他们在寻求新的希望之光。这一点甚至是在帮助我们，因为这可以允许我们以一种更加决定性的方式在帝国总督区，而首先是在德意志帝国（像在其他被占领国家一样）解决他们的问题。"

1941年11月29日，海德里希向定于12月9日在柏林克莱恩万湖街16号的国际警察组织中心召开的一次会议发出了邀请信。这份邀请信明确地定义了这次会议的主题："1941年7月31日，大德意志帝国元帅委托我召集所有中央机构为总体解决犹太人问题在组织、操作和物质方面进行所有必要的准备，并尽可能地向他呈送一份总体规划。考虑到这些问题的极端重要性，以及与这一最终解决计划相联系的中央机构的工作能够取得成效，我建议将这些问题集中到一次联合的会谈中来讨论，特别是因为从1941年10月15日起，犹太人正从德意志境内，包括波西米亚和摩拉维亚保护国不断地被运往东方。"这次会议由于日本进攻美国以及计划中的德国做出的反应而推迟（海德里希在1942年1月8日写道，"不幸的是，由于大家知道的突发事件，以及受邀请的一些人对这一事件的关注，我必须取消这次会议。"）1942年1月20日，海德里希重新召集了这次会议。

海德里希邀请信的陈述方式表明在戈林向他发出指示之后，尚且没有为对犹太人问题的"总体解决方案"做任何准备；如果在10月份已经做出某些重大的总体性决定的话，那么至少也间接性地加以暗示了。而唯独提及的具体的进展就是从德国驱逐犹太人的行动。这样一个事实，加上海德里希发出邀请信的日期，表明驱逐帝国犹太人以及由此产生的抱怨是讨论议程中的一个主要话题。给施图卡特和施勒格贝格尔的邀请信确认了海德里希的意图。但是否这是12月9日会议讨论的唯一话题还不能断定。

不过，也有人声称，会议将在威廉大街的德国外交部代表（处理整个欧洲大陆的犹太事务）路德也包括其中,这表明要讨论的计划会超出驱逐帝国犹太人的范畴。路德的副手拉德马赫准备了一份要讨论的问题的清单,特别是驱逐塞尔维亚犹太人、生活在德国占领区的无国籍犹太人、克罗地亚和斯洛伐克犹太人,以及生活在帝国的罗马尼亚国籍的犹太人的问题。拉德马赫甚至建议通知罗马尼亚、斯洛伐克、克罗地亚、保加利亚和匈牙利政府:德国准备将它们国家的犹太人驱逐到东方。最后,威廉大街的这位德国外交部代表提议"所有欧洲国家政府"采取反犹立法。当然,这些只是威廉大街提出的建议,它们是否会被讨论,我们不得而知。然而,拉德马赫提出的议程表明纳粹的计划并没有超出将犹太人驱逐到东方这一范畴。有意思的是,讨论中没有提及西欧和北欧国家。

11月18日,在柏林大学发表的一次演讲中,汉斯·弗兰克出人意料地赞扬在帝国总督区辛勤劳作的犹太劳工并预言他们在未来会被允许继续为德国工作。如果在10月初已经做出灭绝犹太人的决定的话,那么,弗兰克在11月中旬访问柏林的时候,难道不会被告知任何相关的信息吗?正如我们看到的,到12月16日,弗兰克的基调已经发生了变化,他只提及了唯一的目标:灭绝犹太人。

从奥斯兰帝国专员洛泽同罗森伯格主要助手布罗伊蒂加姆的交流中,我们同样可以发现这一基调的改变。11月15日,洛泽询问布罗伊蒂加姆正在波罗的海国家进行的清洗犹太人的行动是否应当包括在战争生产中雇佣的犹太人。12月18日,布罗伊蒂加姆答复道:"在犹太人问题上,最近口头的讨论已经同时澄清了这个问题(布洛提出的问题)。原则上,解决犹太人问题是不会受到经济方面考量的影响的。"

换句话说,在11月中旬,罗森伯格派往已经上演一些大规模地方性屠杀惨剧的区域的代表还并不知晓灭绝犹太人的总体政策。但是,就弗兰克的情况来看,到12月中旬,他已经被告知有关政策和纲领,"最近(这一问题)得以澄清"。

最后,在几个月之后,即1942年6月23日给希姆莱的一封信中,维克托·布拉克提到了在帝国总督区的灭绝营,他补充道:"你自己,帝国党卫军的元首,曾经指示我,由于一些秘密的原因,我们应当尽可能快地完成这项工作。"看起来,我们可以合理地认为"曾经"指的是希姆莱和布拉克之间的一次私人会面。这一次会面发生在1941年12月14日。

更加笼统地说,如果驱逐帝国犹太人是"最终解决方案"开始的标志的话,那么为什么帝国犹太人一开始是被运往罗兹呢?在罗兹或者靠近罗兹的地方的屠杀地点还没有准备好,而选择里加、科夫纳或者明斯克从一开始就被认为适合实施屠杀计划,至少可以作为一种可能性的方案。但是奥斯兰目的地属于备选方案,用来缓解罗兹隔都的压力。切姆诺集中营的建立、贝乌热茨的建造,以及修建其他集中营的计划看起来也像是缓解罗兹隔都、卢布林地区以及奥斯兰隔都过分拥挤状况的"手段",主要是考虑容纳新来者的需要,而不必然是作为总体灭绝计划的最初步骤。

如果是希特勒计划要将德国犹太人当作人质,主要是为了阻止美国参战的话,那么在1941年12月之前杀害这些人质显然与这一行动的预期目标是违背的;只有在美国参战的时候,杀掉这些犹太人才是符合上述推测的。

1942年1月20日召开的万湖会议,正如12月9日会议所显示的那样,没有进行任何准备工作,而且,除了进行了总体性陈述之外,会议的召集者海德里希并没有提出任何具体的计划:没有具体的时间表,没有清晰的操作计划,没有对要被留下来的或者要被驱逐的混种犹太人以及诸如此类的问题做出可以被接受的定义。希特勒很可能在12月份最终做出了他的决定;1月,海德里希除了预定的将犹太人驱逐到东方的计划外,几乎没有开始考虑其他种种可能性。

第三部分

浩 劫

1942 年夏至 1945 年春

"这就像在一个大厅里面,很多人乐着、跳着,同样也有些人不高兴、不跳舞。后者不时被带走,带到另一个房间被勒死。大厅里欢舞的人群对此一无所知。更有甚者,这似乎增添了他们的欢快,加倍了他们的幸福……"

——摩西·弗林克(16 岁),

1943 年 1 月 21 日,布鲁塞尔

第七章 (1942 年 7 月至 1943 年 3 月)

1942 年夏,纳粹国防军士官威廉·科尔尼德斯驻守在加里西亚。根据他 8 月 31 日的日记,当他在拉瓦 — 卢斯卡火车站等车时,另一辆火车驶进站内:这个大约由 38 节用来运牲畜的车厢组成的列车运来的却是犹太人。科尔尼德斯询问一名警察这些犹太人来自哪里, 警察回答说:"'他们可能是最后一批来自利沃夫的,到现在一直连续不断地持续了 5 个星期。在雅罗斯拉夫,他们只留下了 8 人,没有人知道这是为什么。'我问:'他们要走多远?'他回答说:'到贝乌热茨。''然后呢?''毒杀。'我问:'用毒气?'他耸了耸肩膀,然后,只说:'我相信,在开始时,通常会枪杀那些人。'"

后来在他的包间里科尔尼德斯和一位女性乘客进行了交谈, 她是铁路警察的妻子,她告诉他这类运输"天天都有,有时还有德国犹太人。我问:'犹太人知道将要在他们身上发生什么吗?'这位妇女回答说:'那些远道而来的一无所知,来自附近郊区的早就知道了'……贝乌热茨营应该就在铁路沿线,这位妇女答应经过时指给我看"。

"下午 6 点 20 分,"科尔尼德斯记录,"火车经过贝乌热茨。在这之前,我们有段时间穿越了高大的松树林。当这个妇女喊叫'现在到了'时,人们可以看到一排高大的松木篱笆,能够清晰地闻到一股强烈的甜美松木气味。她说:'但是他们已经发出恶臭了,'(已经加入他们的) 铁路警察笑着说:'哦,胡说,那只是毒气的味道。'与此同时我们已经向前行驶了 200 码——甜美的气味转变成浓烈的燃烧东西的味道。'那是从坟场散发出来的。'警察说。前面不远的地方松木篱笆没了。在它前面,可以看到有一名纳粹党卫军站岗的警卫室。"

一

到 1942 年 8 月底，东线的德国军队已经抵达迈科普油田和（被毁的）炼油厂，在更远的南方则是高加索山山坡。很快，德国的军旗将会在欧洲最高峰厄尔布鲁士山的山顶升起。与此同时，保拉斯第六军正在向斯大林格勒的外部防御逐渐挺进，8 月 23 日，该军已抵达斯大林格勒北部的伏尔加。在北部，德军计划于 9 月初发动新一轮攻击，突破列宁格勒的防御。

尽管取得了这些令人瞩目的进展，然而在 1942 年夏末，东线德国军队的形势却越来越危险。军队在中部和南部分布过广，他们的供给线过长，颇具危险。但是，希特勒非但没有留意将军们的警告，反而固执己见，坚持快速推进。

司令部的冲突导致了一系列人被免职，军队参谋长哈德尔被罢免（库尔特·莱茨勒取代了他），希特勒及其高级指挥之间的人际关系也遭到破坏。按照希特勒的命令，日常军事会议上的命令都要被快速记录下来，以免他的话被扭曲。根据哈塞尔 9 月 26 的日记，同样柏林慈善医院主管、世界著名的外科医生、德国当时最杰出的医学权威费迪南德·绍尔布鲁克在那几天会见希特勒之后对他说："他现在无疑是疯了。"

几周之内，致命的转折突然到来。1942 年 10 月 23 日，蒙哥马利第八军袭击了阿莱曼，几天之内隆美尔就全线撤退。德国人被逐出埃及，之后又被逐出利比亚。"非洲军团"的溃败使其只能在突尼斯边界做短暂停留。11 月 7 日，英美联军登陆摩洛哥和阿尔及利亚。11 月 11 日，为应对盟军登陆，德国占领了维希法国并出兵突尼斯，与此同时，意大利稍微扩大了他们在法国东南部的占领区。然而，重头戏却在东部前线显露出来。

8 月底斯大林格勒战役开始。德国人对城市进行猛烈轰炸后，4 万名市民丧生。为应对平庸的保拉斯，斯大林派出他最卓越的战略家格奥尔基·朱可夫元帅指挥斯大林格勒前线，派沉稳的瓦西里·崔可夫组织城市防御。10 月，战争转入在废旧建筑、工厂废墟和残留谷仓等之间开展的门户战，战争的名字和众多象征产生共鸣，例如"斯大林格勒"、"红十月"，等等。并且，由于希特勒的无情施压，保拉斯拼命想要占领城市中心抵达伏尔加，而苏联军队却在其毫无察觉的情况下集结到了第六军两翼。

11 月 19 日红军发起反攻，苏联的钳形攻势很快在罗马尼亚军队占领的最薄弱地带粉碎了德国后卫,保拉斯的军队被切断。苏联的第二次进攻破坏了意大利和匈牙利的混合军团,完成了包围。

在下令快速撤出高加索的同时,希特勒坚决反对放弃斯大林格勒。因此,在世界数百万人眼里,发生在这个城市的战争很快就能成为最终胜负的征兆。霍特突出苏联包围、向被围困德军空运物资的努力都以失败告终。到这一年年底,第六军劫数难逃。然而纳粹领导人拒绝保拉斯的请求,不允许他投降。新提拔的战场指挥官接到通知:士兵和指挥官都要坚持抵抗到最后,英勇牺牲。1943 年 2 月2 日,第六军停止抵抗。该军队有 20 万人丧生,包括保拉斯和他的将军在内共的9 万人沦为俘虏。

英美轰炸战役的快速扩展加重了德军在北非和东线的溃败:德国的工业生产并没有放缓,但是生命、家庭以及整个城市地区的损耗却开始瓦解人们胜利的信心。

当游击战逐渐成为东欧被占区和巴尔干地区的威胁时, 西部的抵抗运动也逐步增加并日益勇武。并且,为了表明他们的共同决心(主要针对对他们存有疑虑的苏联同盟), 罗斯福和丘吉尔在 1943 年 1 月 24 日召开的卡萨布兰卡会议上宣布,留给德国及其盟国的唯一选择是"无条件投降"。

与此同时,希特勒依然继续着他那带有同样疯狂妄想的反犹攻击。不论在他的公共演讲还是私人讲话中,主题一如既往。这位"先知"一次又一次地不断露面,以咒语的语气向大家宣布犹太人的命运已定,很快就将无一幸存,只是各地在时间上有细微差别罢了。因此,在 9 月 30 日为发动"冬季救助"行动而做的"体育场"演说中, 希特勒通过一个特殊且带有虐待色彩的转折来散布他的灭绝威胁。希特勒再一次提醒听众,他在 1939 年 9 月 1 日德国国会大厦所做的演讲中提道:"如果犹太人煽动国际战争来消灭欧洲雅利安人话的,那么将被灭绝的不是雅利安人,而是犹太人。从幕后鼓动白宫的疯子将一个又一个国家拖入战争。但是,同样,反犹浪潮也席卷一个又一个国家,并且会进一步扩展和涉及一个又一个参战国,久而久之,每个国家都会变成反犹太人的国家。犹太人曾经嘲笑过我的预言,在德国也是如此。我不知道今天他们是否还在嘲笑,或者已经笑不出来了。但是我此时此刻可以打包票:无论在什么地方他们都将笑不出来了,我的这一预言将获得证实。"

有犹太人知道这位疯狂的德国弥赛亚宣告的是什么。"希特勒在昨天的(体育场)演说中说'犹太人将被灭绝',他几乎没再说别的。"塞巴斯蒂安在 10 月 1 日的日记中提道。第二天,克伦佩勒记载:"希特勒在冬季救助行动开头的演讲中,同样的陈词滥调无情地吹嘘……(他)无情地恐吓英国,无情地恐吓世界各地的犹太人。他胡言犹太人想消灭欧洲雅利安民族,而他正在消灭他们……令人震惊的不是这个疯子极度狂热的胡言乱语,而是德国人在过去的 10 年,在战争的第四个年头, 一直接受他的观点, 仍然继续允许自己被(希特勒)牵着鼻子走……"

当然,纳粹党的上层在一步一步实施灭绝。在提及伦敦举行的抗议集会后,戈培尔于 12 月 14 日写道:"所有这些对犹太人都不会有什么帮助。犹太种族策划了这场战争,他们是这场世界灾难的精神煽动者。正如元首在德国国会大厦的演讲中所提到的那样,犹太人要为他们的罪行埋单;这意味着要彻底铲除欧洲的犹太人,很可能是全世界的犹太人。"

戈培尔信息畅通, 他在 1942 年 8 月 21 日记载道:"负责此事的高级党卫军和警察领导人(可能是克吕格尔)将(华沙)隔都的形势向我做了报告。"此时,大批犹太人正遭清除,被逐到东部。所有这一切规模都相当大。在这里,犹太问题得到了正确处理,没有感伤,也没有太多考虑,这是解决犹太问题的唯一方式。

忠诚的纳粹党徒没有人提出任何异议,其他地方也没有出现抗议之声。最多也就是政权精英指出可以适当改变屠杀计划,以适应时代之需。因此 1942 年 6 月 23 日,维克托·布拉克在给希姆莱的一封信中建议在计划灭绝的"1000 万"犹太人中,留下 200 万到 300 万人通过 X 射线照射的方式对其进行绝育。按照布拉克的观点,这些犹太男女将会"身体健康,适合劳动"。希姆莱回信鼓励布拉克进行绝育实验,但只能在一个集中营,而不是更多的集中营中进行。

几个月后,在 1942 年 10 月 10 日这一天,格林和博尔曼进行了"一次有关犹太人的长谈"。按照格林这位纳粹党总理府头目的说法,希姆莱的措施"完全正确",但是强调在特殊情况下可以有例外,对此他(格林)将和希特勒进行讨论。这些例外是什么,他究竟有没有和希特勒进行讨论,这些还都不清楚。与此同时,在各种行政层面展开了一系列活动,排除犹太人向德国司法体系寻求援助的可能。实际上到那个时候,除了涉及 1943 年 7 月 1 日的"十三条法令"外,这个问题已经没有什么价值。关于这些法令我们回头还会探讨。

尽管纳粹要灭绝犹太人的消息随处可得,同样也可从"最高权威"的残酷演讲中得知,但是到1942年秋,至少在形式上对公众隐瞒该灭绝(计划)还是很重要的。无论如何,持续不断的反犹宣传浪潮把犹太人描绘成人民公敌、劣等人之首(用轻蔑语言所写的纳粹党宣传册《劣等人》已流传到整个欧洲大陆)、只拥有人类外表的凶残野兽等,从逻辑上都只能导致一种可能的解决方法。因此,很少有士兵会错误理解1942年10月博尔曼答复军队最常见问题时对第九个问题——"犹太问题将如何解决?"——给出的最简洁而又清晰的回答:"非常简单!"

二

1942年7月17日希姆莱访问奥斯维辛期间,在参观了自己喜爱的农业项目之后,希姆莱观看了对一批从荷兰驱逐而来犹太人的灭绝。据霍斯所说,这位党卫军将领从头至尾沉默不语。当开始进行毒气灭绝时,"他悄悄地观察包括我在内实施操作的军官和下级军官"。几天之后,这位全国总指挥发来命令:"挖开所有大型坟场,焚烧尸体。另外,要把骨灰处理掉,处理的方式要确保将来不可能通过它来计算被焚烧尸体的数量。"①

晚上,希姆莱参加了由地方长官弗里茨·布拉赫特组织的欢迎晚会。霍斯和妻子一同应邀前去,他发现这位客人像变了一个人,"精神状态极好……他谈论在晚会可能涉及的每个话题。讨论了儿童教育、新建筑和书画……客人们很晚才离开,很少有人喝醉。几乎不沾烈性酒的希姆莱喝了几杯红酒,并抽了烟,他平时也不常抽烟。所有的人都臣服于他良好幽默和生动谈吐所带来的魅力之下。我以前从来不知道他会是这个样子"。

1942年7月的同一时间,德国展开对欧洲犹太人的全面攻击。整个春季和夏初,在屠杀了罗兹隔都内一部分瓦尔特高犹太人和苏联占区内的部分犹太人后,灭绝进程扩展到德国、斯洛伐克和总督区内除华沙之外的一个又一个地区。7月下半月,几天之内荷兰和法国的驱逐开始了,紧跟着是华沙。8月,比利时犹太

---

① 这个命令是由特别行动队C支队犹太特别分队4a队的前领导人保罗·布洛贝尔传递给霍斯的,同时他负责清除所有谋杀行动痕迹的1005号行动,主要是打开集体埋葬的墓地,焚烧尸体。

人也被包括在内。在总督区内,当华沙犹太人惨遭杀害时,利沃夫有很大一部分犹太人被用车运走。9 月初再次发动了主要对罗兹犹太人的围捕,并且整个 9 月一直持续着对西部犹太人的驱逐。

从 1942 年夏初开始稳步扩展的驱逐和屠杀得益于更多灭绝设施的使用:奥斯维辛——比尔科瑙的"2 号坑";前面所提到的贝乌热茨、索比堡以及特雷布林卡。因此当绝大多数总督区的犹太人被驱逐到贝乌热茨和索比堡时,特雷布林卡的第一批受害者则是华沙犹太人;与此同时,来自德国、斯洛伐克和西部的犹太人将逐渐被直接送入奥斯维辛——比尔科瑙(有一段时间,由于奥斯维辛流行斑疹伤寒,来自荷兰的犹太人被送往索比堡)。

尽管希姆莱对整个体系的监督十分必要,他对运输和劳工分配(或者灭绝)的干预指导着屠杀的节奏和执行,但是希特勒自己坚持定期了解最新情况。正如我们将要见到的那样,每过几个月,都要向他汇报最新进展,并且他还要亲自介入,推动或者决定还未开始的(匈牙利、丹麦、意大利,再次降临匈牙利的)驱逐行动。除此以外,尽管存在意料之外的政治、技术和后勤问题,"最后解决"还是演变成顺利运转的超大规模屠杀行动。至于从整体上控制灭绝的各个方面,无论党卫军内部各种机构和个人之间、党卫军和党领导之间存在怎样的矛盾,都没有迹象表明这些紧张形势对灭绝行动的整体进程、展开或者最终的财务分配有任何影响。

至于整个大陆周边民众的态度,以及其社会、政治或精神精英的态度,尽管在驱逐开始阶段有一些小团体准备帮助犹太人,但是总体来说,很少爆发有规模的对受害者的声援活动。绝大多数犹太人并不知晓等待他们的命运是什么。

希姆莱观看的被杀犹太人很可能是 7 月 14 日从荷兰驱逐到奥斯维辛的犹太人。荷兰普查办公室——德国中央移民办公室一丝不苟地完成了登记工作,犹太委员会于 7 月 4 日召集最新名单上所选定的 4000 名(主要是难民)犹太人。为了完成定额,7 月 14 日德国人组织警察对阿姆斯特丹进行一次突袭,逮捕了 700 多名犹太人。

荷兰警察的所作所为超出了德国人的期望:"新成立的荷兰警察中队在处置犹太问题以及日夜抓捕数百名犹太人方面表现得相当出色。"9 月 24 日得意扬扬的劳特尔报告希特勒说。阿姆斯特丹警察的表现的确出色;西普瑞恩·蒂尔普亲自参加每一次围捕。内政部秘书长弗里德里克斯试图阻止市政警察参与围捕，但是徒劳无功。劳特尔坚持让所有荷兰警察都参与，并且所有人都参加了。荷兰侦探隶属于德国安全警察。除此以外，1942 年 5 月还成立了由 2000 人组成的"自愿辅助警察"，这些人要么属于国家保安局"风暴队"，要么属于荷兰党卫军。[①]这些地方警察帮凶在其暴虐和残忍方面与德国人不相上下；绝大多数因揭发藏匿的犹太人而获得可观收益的间谍都来自他们这个行列。

在荷兰负责"最后解决"的德国人并不多。据 1966 年哈斯特的证词，"整个国家中大约有 200 名雇员为（安全警察）第四处工作"。海牙总部的犹太分部在威利·措普夫的领导下，雇用了 36 名人员。哈斯特没有将措普夫的犹太组办公室在阿姆斯特丹的"附属机构"计算在内。这个"附属机构"（由维利·拉热斯和奥斯·德·弗恩腾领导的德国中央移民办公室）的重要性在持续稳定增长，1942 年 7 月，它被任命负责组织所有从阿姆斯特丹到韦斯特博克的驱逐行动。那时它的职员主要是荷兰人，德国人占小部分，人数已经增长到 100 人左右。

据历史学家路易斯·德·钟所说，早在 1942 年 3 月德国人就通知犹太委员会犹太人将被送至东部的劳动集中营。委员会认为遭驱逐的只是德国犹太人，因此就"没有采取行动，甚至没有事先警告曾保持联络的德国犹太代表"。当 6 月下旬得知荷兰犹太人也在驱逐范围之内时，委员会才感到震惊。然后，拉热斯和奥斯·德·弗恩腾使用了惯用手段：一些荷兰犹太人（暂且）不被送走，允许犹太委员会向他们发放"豁免证书"。自然这种证书能够提供暂时得救的希望。德国人知道他们可以利用这些暂时生命不受威胁人的顺从。

委员会秘书长博勒根据人数将犹太人分为几个类别，并编订了委员会可以豁免的 17500 名犹太人的名单：这些犹太人的身份证上有特殊的标记——"博勒标记"。据委员会成员格特鲁德·范·蒂金所说，发放第一批标记时，犹太委员会门前的情景简直难以形容。"门被挤坏，工作人员遭到袭击，常常要叫警察进来……标记很快成为每个犹太人的困扰。"偏袒和腐败常常影响着"豁免委员会"的决议。

"这里的犹太人相互传着动人的故事：称德国人正在活埋我们或者用毒气灭绝我们。即使是真的，重复诉说这些又有什么意义呢？"艾蒂·海勒申 7 月 11 日的

---

① 比起其他荷兰机构，米赛特政党在警察中的代表更加牢固。

这段日记说明,在驱逐之前阿姆斯特丹就流传着关于"波兰"的不祥谣言;它同样也说明不管是海勒申还是其他犹太人,他们实际上都不相信这类谣言。艾蒂曾被劝说在委员会找份工作,以逃避眼前的危险。"我递给犹太委员会的申请书……已经搅乱了我快乐但又极其庄严的内心平静,"1942 年 7 月 14 日她在日记中写道,"好像我在做一件见不得人的事情。这就好比在沉船事故中,人们拥挤在一小块漂浮在无边无际大海上的木头上,通过把别人推下水,看着别人被溺死来救自己。这一切是如此的丑陋,而我对这个特殊群体(犹太委员会)也没有考虑太多。"第二天她被聘为犹太委员会文化事务部的一名打字员,暂时成为拥有特权的阿姆斯特丹犹太人。

几天后,艾蒂写下了最简洁的两句谴责性语句来描述她对委员会总体行为的看法:"一小部分犹太人正在协助将大部分犹太人遭送出国,当然,没有任何东西可以弥补这一行为。历史会在适当的时候做出审判。"7 月 29 日,在她的导师和情人汉斯·施皮尔突然病倒、逝世后不久,艾蒂自愿为韦斯特博克的委员会工作。

即将开始的驱逐威胁到了外国难民,例如弗兰克一家。7 月 5 日,安妮的姐姐玛戈特收到向聚集中心报告的通知。第二天,在可靠的荷兰夫妇米普和简·吉斯的帮助下,弗兰克一家起程前往精心准备的隐藏地,即奥托·弗兰克办公室所在大楼的阁楼。玛戈特和米普先行骑自行车离开。安妮相信邻居们会接收她的小猫,7 月 6 日早上七点半,弗兰克一家离开他们的住所。"所以我们,"安妮在 7 月 9 日的日记中写道,"爸爸、妈妈和我走在倾盆大雨中,我们每个人带着一个书包和一个购物包,尽可能地装满各种物品。出发上早班的人们同情地望着我们;你可以从他们的脸上看出,他们觉得很抱歉不能提供我们搭便车;那显眼的黄星已经说明了一切。"

有些时候,委员会成员和奥斯·德·弗恩腾的关系看起来极为友好,这位一级突击队中队长显然已经使大卫·柯亨、委员会官员利奥·德·沃夫和其他人相信他是违心地在完成工作。雅各布·普雷瑟相信这位党卫军军官的抗议是真诚的,然而他在战后有关荷兰犹太人灭亡的历史中描述了自己曾经参与的一件事,当时奥斯·德·弗恩腾在德沃夫谄媚的陪同下,展现了一流的虐待水平。

1942 年 8 月 5 日,大约 2000 名不幸的犹太人整夜滞留在德国中央移民办公室的院子中。第二天,在简短面试后,人们被示意或是站到左边(缓刑)或是站到右边（韦斯特博克）。奥斯·德·弗恩腾故意让大部分犹太人等到遴选几近结束的时候（下午5点）。所有没有被问讯的人自动被送到韦斯特博克一边。普雷瑟写道："下午时分，紧张的气氛变得难以忍受，""我们数百人不安地盯着表。4点50分，在最后一批遴选开始的时候，作家和他的妻子与奥斯·德·弗恩腾面对面，弗恩腾看了看他们的证件，示意作家向左，接着他转向德沃夫，说：'她还很年轻。'我说不上来德沃夫是怎样回答的，但是我的妻子也被挥手示意到左边。不久，我们便和普通人、玩耍的孩子一起来到街道上……大约有600人被送到韦斯特博克。"①

1942年9月18日委员会召开了一次特别会议，柯亨和阿斯柴尔都表达了有必要和官方进行合作的信念。根据会议记录，大卫·柯亨坚持声称："在他看来，坚守自己的职位是社团领导人应尽的义务。事实上，在最需要的时候放弃社团可被视为犯罪。除此以外必要的是，一旦需要，至少让（阿姆斯特丹）最重要的人士回来。"在会议的最后，柯亨做了一个简要宣告："最后，会议已经收到了奥斯维辛的第一份死亡报告。"

当阿姆斯特丹的犹太人被运往韦斯特博克时，各省犹太人不断被运到阿姆斯特丹。1942年10月，生活在东福尔讷乡村的韦塞尔斯一家被运到阿姆斯特丹（该家的长子早就于8月被驱逐到韦斯特博克，然后是奥斯维辛）；他们在这个城市待了将近一年。小儿子本——他写给东福尔讷朋友的信被保留了下来——在1942年10月正值16岁；先被犹太委员会聘为"信使"，后来又在德国警察大楼里做电梯伺童。

在本最初从阿姆斯特丹寄出的信中，有一封信叙述了在东福尔讷逮捕他的纳粹国防军军官和警察是如何关照每一细节的。"我猜你不会介意我用铅笔书写，"1942年10月15日本写信给他的朋友，"我的自来水笔被没收了……我的一切用品连同背包和6条毛毯都没了……就在东福尔讷的音乐舞台对面，他们拿走了我带电池的袖珍手电筒。我们遭到彻底搜身，他们从我们身上搜走了所有能用的东西，钱，实际上每一样东西都被拿走了。那天下午妈妈已经被带走。夜晚

---

① 普雷瑟对委员会提出的尖锐批评，其本身也遭到了全力攻击。例如，在谈到8月的事件时，普雷瑟没有提到他的学生德·沃夫把他的妻子从这次驱逐中拯救出来。从战争结束后，针对阿姆斯特丹犹太委员会，甚至更具体到两名领导人科亨和阿斯柴尔（尤其是科亨）行为的极具情感的斗争就一直在进行。

是可怕的……我们和范·迪克家(东福尔讷另外唯一一家犹太人)待在一起,他们将被赶至波兰……"①

到1942年,荷兰人在被占领第一年对德国迫害犹太人所表现出的义愤大多已经变为顺从。尽管在1942年6月和7月这两个时间段,"奥兰治电台"播送了之前英国广播电台播发的波兰境内出现灭绝犹太人的消息,但当驱逐开始之时,荷兰流亡政府并不力劝国民协助犹太人。这些报告既没有给荷兰人,甚至也没有给犹太人留下深刻印象。波兰犹太人的命运是一回事,荷兰犹太人的命运则是另外一回事,这甚至是当时犹太委员会领导人的共识。

两名亲眼看到奥斯维辛集中营最早用毒气杀人 (当时被杀的是一些俄国囚犯和一小部分犹太人)的青年荷兰政治囚犯被从集中营释放出来。回到荷兰后,他们力图使荷兰教会的领导人相信他们的所见所闻,但这完全是徒劳。荷兰武装党卫军成员寄回家的信件骄傲且详细地描述了他们参与屠杀乌克兰犹太人的事,但是这方面的信息要么不受重视,要么就像其中一位作者所暗示的那样被看作是一个兆头,征兆像他这样的人将返回祖国。

不过,还是发生了一些抗议驱逐的声音。7月11日,所有教会的主要领导人签署了一份递交给赛斯—因科特的信件。德国人开始尝试调解:他们承诺豁免一些受洗的犹太人(但是不包括占领之后受洗的犹太人)。最初教会并不妥协:最主要的新教教会(荷兰革新教会)建议于7月26日星期天公开宣读这封信,天主教和加尔文教领导人一致同意。当德国人威胁要进行报复时,新教领导人动摇了;而由大主教杨·德·钟领导的天主教主教会决定坚持下去,并且他们也这样做了。作为报复,8月1日到2日晚,德国人逮捕了绝大多数皈依天主教的犹太人,并把他们送去韦斯特博克。据哈斯特在战后指证,赛斯—因科特的报复源于主教会抗议德国驱逐所有的犹太人,而不单单是改宗的犹太人。92名天主教犹太人最终被驱逐到奥斯维辛,他们中间有哲学家、加尔默罗修道会修女和未来的天主教圣徒埃迪特·施泰因。

几个月过去了,德国人完全有理由感到满意了。11月16日,里宾特洛甫在海牙的代表贝内向威廉大街送去一份综合报告:"驱逐一直在顺利进行, 没有任

---

① 驻东福尔讷纳粹国防军的偷窃和虐待行为在其他信件里也得到证实。

何麻烦和意外……荷兰人已经习惯驱逐犹太人了。他们再没有制造任何麻烦。来自奥斯维辛营的报告听起来很让人满意，因此犹太人已经放弃了他们的疑虑，多少能自愿来到集中地点了。"

从总体上说，尽管与哈斯特和蒂普尔的人一样，贝内显然也错过了一些小细节，但是总的来说，正如我们所知，他是对的。在驱逐开始后不久，儿童被从主要的集合和检查的大厅——"荷兰剧院"（后来改名为"犹太剧院"）赶到同一个街道（克里克赫）对面的附属建筑中，即主要为工人阶级家庭服务的儿童保健中心。当时，犹太委员会的两名成员沃尔特·聚斯金德和菲利克斯·哈尔夫施塔德成功地获取了一些儿童的资料并予以销毁。①这样，在丧失了身份后，在荷兰女性指导亨里特·罗德里格斯 — 皮门塔的帮助下，这些儿童被偷偷地运出克里克赫，送给各种不同的秘密组织，这些组织通常能够成功地为他们在荷兰人家找到安全的栖身之所。几百名儿童——可能多达 1000 人——都是通过这种方式获救的。

成年犹太人要想隐藏在人群中遇到的困难要大得多。他们遭到的拒绝（或者无动于衷）很可能是因为恐惧、对犹太人的厌恶、传统反犹主义或者"社会服从"。而最后一点，"社会服从"，与 1943 年春，德国人用极其残忍的暴力对付协助隐藏在德意志帝国工作的荷兰人有关。然而，到处都做好了进行非法行动的准备。一开始，尽管有危险，一小部分相互了解、互相信任并在很大程度上拥有相同宗教背景（天主教和加尔文教）的人确实在积极地帮助犹太人。民众的做法之所以没有扩展开去主要是因为荷兰基督教教会的领导阶层没有亲自参与，尽管德·钟大主教提出了勇敢的抗议。②

1943 年年初，德国人开始从各个医院围捕近 8000 名犹太病人，其中包括阿培尔顿森林精神病收容者。1 月 21 日晚，奥斯·德·弗恩腾亲自指挥袭击了这所规模最大的犹太精神病机构，病人惨遭殴打后被推进卡车。"我看见他们将一队犹太人，"一位目击者描述道，"很多是上了年纪的妇女，赶入一辆卡车车厢底部的垫子上，然后在他们身上再安置一拨人。卡车被塞得满满的，以至德国人用了很大劲才把卡车的后挡板关上。"卡车将这些病人运往遭到隔离的阿培尔顿火车站。

---

① 如果科亨知道这些秘密行动并予以支持的话，他的角色就会和原来不同，有关这一问题的证词充满了矛盾。

② 特估计荷兰家庭在这段或那段时间内隐藏了将近 2.5 万名犹太人。

据车站管理员报告,他试图打开火车的通风系统,但德国人却把系统关了。报告继续说:"我记得一个年龄在 20 岁到 25 岁之间的女孩,胳膊被一件紧身衣缠住,而身体的其他部分完全赤裸着……照在她脸上的光使她目眩,看不到任何东西,她开始奔跑,脸朝下倒了下去,当然她不可能用胳膊来阻止这次摔倒,砰的一声,她重重地摔倒在地……一般来说,装载过程中不需要使用很大暴力。惨剧发生在火车即将关闭而病人拒绝拿开他们的手时候。他们不听我们的话,最后德国人失去了耐心,结果便会出现残酷、没有人性的场面。"大约 50 名(犹太)护士伴随这次遣送。

一名荷兰犹太人描绘了这次驱逐抵达奥斯维辛的情景:"这是我所见到的荷兰最恐怖的驱逐之一。许多病人试图冲破篱障,但都被枪打死。剩下的被立即毒杀。"没有一名护士幸存下来,有关她们的命运有一些不同的说法。有的说她们被关进集中营,有的则说她们被毒死了;据另外一些目击者说"她们中一些人被扔进大坑,浇上汽油,活活烧死"。奥斯·德·弗恩腾曾经承诺这次旅行后会迅速让她们返回,或者让她们在东部一个完全现代化的精神病机构中工作。

1943 年年初德国人建立了菲赫特劳动营,据推测会强迫犹太人作为劳工留在荷兰,这是一个逃避驱逐的精密的"合法"选择;对此,委员会积极支持,顺从的荷兰犹太人也表示赞同。当然,这又是德国人制造的一个骗局,菲赫特的收容者都被有组织地送往韦斯特博克,有时直接被送到了东部。

1942 年 7 月到 1943 年 2 月间,从韦斯特博克到奥斯维辛共运送了 52 批犹太人,人数达 46455 人。大约 3500 名强壮的男性被重新送到布莱赫哈梅尔的氢化厂(后来又被遣送至奥斯维辛 III—莫诺维茨和格罗斯—罗森)。其他劳动组有 181 人在战争中幸存。在 1942 年到 1943 年年初遭遣送的剩余 42915 人中,有 85 人活了下来。遣送仍在继续。

三

"报纸公布了反犹的新举措,"1942 年 7 月 15 日雅克·比林基记载道,"犹太人被禁止进入饭店、咖啡屋、电影院、戏院、音乐厅、杂耍戏院、游泳池、海滩、博物馆、图书馆、展览厅、城堡、历史纪念馆、体育项目、比赛、公园、野营地,甚至禁止进入电话亭、集市等。据传闻,18 岁到 45 岁的犹太男女将被送往德国强迫劳动。"同一天,在巴黎行动开始前夕,占领区各省开始围捕"无国籍"犹太人。

据 7 月 15 日下午卢瓦尔警察头目的一份报告所说,法国宪兵和德国士兵正在路上,前来抓捕在这个部门工作的犹太人;当天的另一份报告显示,根据圣纳泽尔党卫军头目的要求,法国官方提供警察看守中 54 名犹太人名单。整个国家西部的犹太人都遭到逮捕(其中有约 200 人是在图尔斯被捕),然后在 7 月 15 日被带到位于昂热的一个集中点 (有些人是从该地区的法国集中营中挑选来的)。几天之后,一列火车将其中 824 人直接从昂热运到奥斯维辛。

7 月 16 日凌晨 4 点,德法开始围捕生活在首都和周边地区的 27000 名"无国籍"犹太人。法国警察准备的索引卡成为关键:25334 张用于巴黎,2027 张用于紧邻的郊区。法国和德国官员在 7 月 7 日和 11 日的会议上共同对所有的技术细节做好了准备。16 日这天,50 辆市内公交和 4500 名法国警察已经准备就绪。没有任何德国部队参与这次抓捕。这次搜捕代号为"春风"。

由于即将发生抓捕的传言已经散布开来,所以许多潜在受害者(绝大多数为男性)已经隐藏起来。[①]这些传言出自哪里至今未能确定,但是正如历史学家安德烈·卡斯皮解释的那样,"这样的围捕在法国从来没有发生过,所以不可能隐瞒很久"。法国犹太人工会总联合会和抵抗组织的成员,以及个别警察很可能都以某种方式参与了该传言的传播。

此次抓捕由 900 个小组负责,每个小组由 3 名警官和自愿者组成。"突然,我听到前门发出恐怖的巨响……"当时年仅 9 岁的安妮特·弥勒回忆道,"两个人进入房间;他们很高大,身着米黄色雨衣。'快点,穿上衣服,'他们命令道,'我们要带你们走。'我看见我的母亲双膝跪地抱着他们的腿,哭着祈求:'把我带走吧,我恳求你们,别带走我的孩子。'他们把她拉起来。'起来,夫人,别把事情复杂化,一切都会好起来的。'我母亲在地上铺了一张大床单,往里面扔进衣服、内衣……她痛苦地做着这事,把东西扔进去又拿出来。'快点!'警察咆哮着。她想带上一些干菜。'不,你不需要那个,'他们说,'只要带两天的食物就够了,在那儿你会得到食品的。'"

到 7 月 17 日下午,3031 名犹太男人、5802 名犹太女人和 4051 名儿童被捕;"春风"行动最终抓捕了 13152 名犹太人。未婚的人和没有孩子的夫妻直接被送

① 7 月 15 日,一位作者在其日记中提道:"看起来 18 岁到 45 岁的犹太男子和女子都要被逮捕,然后送到德国的劳工营。"

去德朗西;其他 8160 名男女和儿童则集中在大型室内体育场,因举办自行车比赛而著名的冬季自行车赛场。

在冬季自行车赛场内,什么东西也没有准备好——既没有食物、水和厕所,也没有床铺或者任何寝具。在三天到六天里,无数可怜的人每天只能领一到两份粥。两名犹太内科医生和一名红十字会医生负责照顾他们。室内温度从没有低于 100 华氏度。最后,冬季自行车赛场的犹太人一拨又一拨地被暂时送到皮蒂维耶和波纳—罗兰德集中营,那里的收容者在 6 月就被驱逐了,从而腾出了空间。

"春风"搜捕行动没有达到预期结果。为了确保德朗西有足够随时可驱逐的犹太人数,在法国政府的允许下,搜捕无国籍犹太人的行动扩展到了维希地区。这一重要行动还是由法国部队(警察、宪兵、消防队员和士兵)执行。从 8 月 26 日一直持续到 28 日,大约 7100 名犹太人被捕。尽管拉瓦尔在 9 月初已经承诺取消 1933 年 1 月后进入法国犹太人的国籍,但是维希地区围捕旨在完成德国的配额,而不是撤销法国公民的公民资格。到年底,42500 名犹太人被从法国驱逐到了奥斯维辛。7 月 22 日比林基记载道:"住在布洛卡街上的我的鞋匠,一名波拉犹太人和他的妻子一起被抓。我放在他那里修理的一双鞋子留在了他的住所。由于他既没有孩子也没有父母,所以他的房子被封了。"

德朗西到 1943 年中期仍旧处在法国的管辖之下。集中营的主要目标仍然是完成在每次运输中德国人所强加的配额。"眼下我们的任务是到周一要凑够 1000 名被逐者,"一名法国警官于 1942 年 9 月 12 日记载道,"我们只好将剩下那些虚弱(儿童)的父母也包括在内,我们提议可以驱逐这些人,但是他们的孩子不能留在救济院。"

8 月 11 日来自丹内克尔办公室的三级突击队中队长霍斯特·阿纳特通知帝国安全总局,由于围捕的暂时停止,他计划将波纳—罗兰德和皮蒂维耶的儿童送到德朗西,并请求柏林授权。13 日,格云瑟表示支持,但是他警告阿纳特不要发送只装载儿童的运输车。

德朗西囚犯乔治·韦勒在战后所描述的可能就是这批 2 岁到 12 岁儿童的抵达情况:"他们像小动物一样被从公共汽车上卸在院子中央……大点的孩子扶着小的,以免他离开自己,直到抵达分配给他们的地方。在楼梯上,大的拖着小的,气喘吁吁地爬到四楼。在那儿,他们仍然害怕地蜷缩在一起……行李一到,这些孩子就返回庭院,但是大部分孩子都没能找到他们的行李;当找寻失败后,他们希望返回他们的房间,但是却记不起自己被分配在哪一间了。”

8月24日,第23号运输车载着1000名犹太人离开德朗西前往奥斯维辛,其中包括553名17岁以下的儿童(288名男孩和265名女孩)。在这些孩子中,465人在12岁以下,其中又有131人不足6岁。到达奥斯维辛后,92名20岁到45岁的男性被挑去工作,其他所有的被逐者随即被用毒气杀害。这次遣送仅有3人在战争中幸存。

巴黎围捕开始后不久,北方法国犹太人工会总联合会送给维希政府的唯一一封请愿书有了结果,战争老兵的一些亲属和一些“父母是外国人的法国儿童”(这些都是请愿书中所使用的语言)被释放。北方法国犹太人工会总联合会主席安德烈·鲍尔对拉瓦尔的姿态表示感谢。

8月2日兰贝特会见了赫尔布罗纳,尽管围捕和驱逐仍在继续,但是赫尔布罗纳这位协会领导人还不准备与任何法国犹太人工会总联合会的成员分享他在维希的社会关系,更不用说拉瓦尔实际上是拒绝会见兰贝特的。在谈话过程中,赫尔布罗纳对茫然的兰贝特宣称,8月8日自己将要休假,“世界上没有任何事情可以将我拉回”。考虑到《邮票簿》的作者和协会领导人之间关系紧张,这段声明只被兰贝特谨慎地加以引用。“协会主席在我看来似乎比任何人都更加失聪、傲慢和年迈。外国犹太人的命运对他没有一点触动。”9月6日兰贝特插入描述7月30日与赫尔布罗纳召开的另一次会议。针对赫尔布罗纳对外国犹太人态度的评论可谓正中要害。

8月协会起草了两份抗议信。没有提及(另一份草案中提及的)“灭绝”,或者法国警察参与,或者德国人参与的较为温和的抗议信于8月25日提交给了维希当局。信没有交给原本要送交的拉瓦尔,而是交给了一些低级官员,并且拉瓦尔再一次拒绝会见法国犹太代表。情况就是这样。

北方法国犹太人工会总联合会就支付10亿法郎罚款与军需部陷入了无休止的争论中,并且由于福利援助压力日益增长(主要是针对贫困的外国犹太人),北方法国犹太人工会总联合会的正常预算也陷入崩溃。南方法国犹太人工会总联合会试图在协会和国外力量的帮助下,主要是美国组织(贵格会教徒、尼姆委员会和其他人,当然还包括联合会),说服维希政府允许1000名犹太儿童移民美国。经过法美双方几个星期的谈判和缓慢的官僚协调,协议几乎达成。然而,由于

后来同盟国登陆北非,德国人占领了南部区域,维希政府中断了与华盛顿的外交关系,这项计划也就随之化为泡影。

南方法国犹太人工会总联合会和协会在营救犹太儿童方面的合作表明,这两个组织(及其领导人)的关系正在由尖锐对立转为逐步的、必然的合作。德国对南部地区的占领以及法国犹太人所面对的命运,共同促进了这种关系的转变。法国犹太领导人对他们的特权地位已经失去信心,不再寄希望维希能够保护法国犹太人了。1943年年初发生在马赛和里昂的大规模围捕证实了他们的怀疑,加强了他们在未来几个月与南方法国犹太人工会总联合会的联系。

在里维萨尔特和德朗西,德国人劝囚犯为了避免家人分离,应当上报隐藏的家人。在里维萨尔特,德国人主要诱骗隐藏儿童的父母。犹太社工识破这一圈套,于是要么告诉这些父母驱逐意味着他们及孩子的死亡,要么就不让他们知道即将发生些什么。有些拘留者明白这种婉转的警告,有些则不明就里,致使100多名儿童回到他们父母当中。

于是,由于1943年年初法国境内的外国犹太人急剧减少,不能够再满足每周的驱逐配额,因此德国人决定步入下一阶段:贝当和拉瓦尔现在敦促取消1927年之后入籍的犹太人国籍。正如我们所见,就在这个节骨眼上,在最初同意(只驱逐无国籍犹太人)后,拉瓦尔突然改变了他的想法。

两个地区的普通法国百姓对围捕做出的及时反应明显十分消极。尽管没有发生有组织的抗议,但是它加强了人们帮助逃亡犹太人的意愿。看到这些不幸的受害者,尤其是妇女和孩子,人们的怜悯之心在增长,尽管时间没有延续很长;而且,正如前面所说,对犹太人的基本偏见仍然没有消失。

“对犹太人的迫害,”1943年2月出自一名抵抗人士的报告指出,“深深地伤害了法国人的人道原则;甚至有时几乎使犹太人获取了同情。然而,人们不能否认犹太问题的存在:现实环境也有助于稳固培植这一问题。布鲁姆的政府部门有很多犹太成员,加上有好几万外国犹太人渗入法国,因此激起法国形成一种抵抗机制。人们愿意付出任何代价来避免类似的入侵再现。”3月,另一位抵抗人士的报告给出了相同的主要评价。“直接针对犹太人的迫害一直没有停止波动和惹怒民众。然而,公众舆论对他们还抱有怀疑。他们担心战争过后,犹太人会再次拥入并通过某种形式控制一些主导行业(银行、广播、新闻、电影)。当然,没有一个人愿意犹太人沦为受害者,更不希望他们遭受折磨。人们真诚地希望他们尽可能地获得自由,拥有自己的权利和财产。但是没有人希望他们在任何领域占据主导地位。"

在抵抗运动内部也存在一些低调的反犹主义,有时也会表现得更加露骨一些。1942年6月,法国地下组织——"军事和民事组织"的中央机构出版了第一本《笔记》。刊物刊登了一篇研究法国少数民族的文章。作者马克西姆·布洛克—马斯卡尔指出,犹太人是引发"持续争议"的群体:"温和形式的反犹主义是带有准普遍性的,即使是在最自由的社会也是这样,这说明它的基础并不是虚构的。"布洛克—马斯卡尔的分析谈到了平常聚积的反犹争论,并建议使用最常用的措施:"停止犹太移民、避免犹太人在少数城市聚集、鼓励完全同化。"这篇文章遭到该地下组织一些高级成员的广泛讨论和谴责,然而它却代表着绝大多数法国人的观点。①

1942年7月21日,在袭击开始后不到一周的时间内,法国红衣主教和大主教在巴黎举行集会。少数人支持进行某种形式的抗议,但是在里尔大主教利阿奇列·埃纳尔和巴黎红衣主教埃马纽埃尔·叙阿尔的领导下,大部分人表示反对。会后,很可能是由埃纳尔起草的一份未署名记录表明了主要讨论的问题和大多数人的观点:"注定要从大陆上消失。支持他们就是反对我们。驱逐令已下,答案是:属于我们的,我们保留他们;其他人,外国人——我们送还。不,应该是在我们机构的行动下,所有人都要从两个地区离开。个人项目。写给我们政府的信从人道主义精神出发。向中心的儿童提供社会服务帮助。他们只需要我们的救济。这封信以人道主义和宗教的名义而写。"

换句话说,该记录表明法国主教(可能依据从政府或梵蒂冈获得的消息)知道犹太人注定要从大陆上消失;但是还不清楚这种消失是不是被理解为灭绝。记录进一步提到,对犹太人的支持主要来自敌视教会的人(共产主义者还是戴高乐主义者?)德国人已经下达了驱逐令;维希希望保留法国犹太人,驱逐外国犹太人;德国人则坚持在两个地区实现普遍驱逐,并要求法国机构(主要是警察)予以协助。"个人项目"这句话的含义不明确,可能是在讨论对个人提供援助。主教显

① 自由法国在伦敦的主要天主教期刊,几乎完全没有提及迫害和灭绝犹太人。

然相信法国福利机构可以对儿童进行照顾。按记录所说，犹太人除了慈善援助外没有提出任何要求（不是政治干预或者公开抗议）。一封本着大会宣言精神的信将送交政府。

7月22日，红衣主教叙阿尔以大会的名义把信送给（贝当）元帅。这是法国天主教会针对对犹太人实施迫害所进行的首次官方抗议："我们收到消息，上周大量犹太人开始遭到围捕和残酷对待，尤其是在冬季自行车赛场那里，对此我们深感震惊，我们不能压制良知的召唤。在人道主义和基督教原则的名义下，我们对此提出抗议，支持不可剥夺的人权。我们满怀痛苦地呼吁人们对这个巨大的苦难表示同情，尤其是对妇女和儿童。我们请求你，元帅先生，接受并考虑（我们的呼吁），以便使正义的呼吁和仁爱的权力得到尊重。"①

维希地区的教皇使节瓦勒里主教认为这封信"不切实际"。赫尔布罗纳也这样认为，并恳求他的朋友热里埃尔亲自与贝当联系。在经过短暂的困惑后，这位里昂的红衣主教（也是在牧师伯格纳的提醒下）同意给元帅发信，该信于8月19日送出。但是和之前的叙阿尔一样，热里埃尔的语言婉转迂回，只能向贝当和拉瓦尔表明法国教会将最终拒绝参加任何暴力冲突。尽管他曾经向赫尔布罗纳许诺要与贝当举行会谈，但事实上这位红衣主教并没有实行。然而在事前几个月，热里埃尔同意在他的主教区建立一个帮助犹太人的协会，由大修道院院长亚历山大·格拉斯贝格和耶稣会牧师皮埃尔·沙耶领导；1942年8月沙耶牧师因藏匿84名犹太儿童而被捕，热里埃尔介入此事，支持沙耶牧师。

就是在这种背景下，1942年8月30日图卢兹大主教朱尔—热拉尔·萨利埃热在他教区的教堂里宣读了一封谴责围捕和驱逐的牧函："我们这个时代会见证这样一个悲惨景象，即孩子、妇女和父母亲被像动物一样对待；看到同一家庭的成员彼此分离，舶往未知地……在我们教区，诺埃和勒塞拜都的集中营都出现了很恐怖的现象。犹太男人是男人，犹太妇女是女人。外国男人是男人，外国女人是女人。这些男人，这些女人，这些家庭的父亲和母亲，他们不能被随意虐待。他们也是人类的一部分……"

萨利埃热的牧师函在法国西南部以外的地方也产生了反响，但是正如历史

---

① 红衣主教叙阿尔因支持维希政府反犹太人的政策而著名，因此他采取惩罚措施以惩戒其主教区两名为帮助犹太人而伪造洗礼证书的牧师。

学家米歇尔·宽泰所建议的那样,这必须放在它的背景下考虑。这封信并不仅仅像看上去的那样表现了人们对维希地区围捕外国犹太人冲动且迅速的反应。它显然是里昂特使对图卢兹高级牧师的一个建议。换句话说,由于法国红衣主教和大主教的会议陷入瘫痪,萨利埃热就变成了他们的代言人,随后蒙托帮的主教皮埃尔—马里·泰阿斯也成了其代言人。主教会议当然知道单独抗议的力量过于微小,不能引发官方回应,为了挽回面子,法国教会就没有再保持沉默。①

萨利埃热的抗议可能多少是出于策略需要,但也必定表达了他自己的感受,这在他的每一个呼吁语调,更具体地说,在他援助营救法国西南部犹太人的多种行动中展现了出来。许多高级教士也提供了同样的实际援助,如尼斯主教保罗·雷蒙,而像热里埃尔那样的人士则提供了间接帮助。整个大陆的——我们要回到这一问题——基督教机构都隐藏过犹太儿童,有时是成年犹太人。偶尔还会有群体援助,规模宏大,在没有任何劝诱改宗的目的下也毫不逊色,例如位于塞文山地区的法国新教社区,该社区是一个山村,由牧师安德烈·特洛克梅及其家人领导。村子所有的人都参与了这一了不起的冒险行动。整个行动期间的不同时刻,他们最终藏匿了几百名也可能是几千名犹太人。维希政府派出一名新教警察去调查部分藏匿行动,并确保驱逐所有负责儿童之家——"洛希公寓"的犹太青年。牧师的侄子、儿童之家领导人丹尼尔·特洛克梅在马伊达内克被毒气杀死。

与法国和荷兰一样,德国的常规法令在比利时也一样适用,并且几乎是在同一时间。然而,首席指挥法尔肯豪森将军和最重要的军政头目埃格特·里德则关注的是,避免7月份的驱逐引发人们的不安。里德将这个问题直接交给了希姆莱。

7月9日,外交部代表沃纳·冯·巴根和布鲁塞尔军事高级指挥的报告送抵威廉大街。该报告对当时的状况做了一个忠实描绘:"军事管理部门打算按要求驱逐1万名犹太人。军政首领目前正在(希特勒)总部与党卫军全国总指挥讨论这一问题。针对这一措施的考虑事项主要是,首先,实际上这里还没有达成对犹太问题的广泛认识,比利时国籍的犹太人在人们看来就是比利时人。因此这种措施会被理解成(为了德国的劳动力而实施的)一般强制性疏散的开端。除此以外,

---

① 在看到这封信几天后,图卢兹副检察长对萨利埃热进行了质问。这位高级神职人员声称各方都在"蓄意滥用他的信"。

犹太人已经融入这里的经济生活中区,因此人们会担心劳动力市场的困难。军事管理部门希望能否通过免除驱逐比利时犹太人来克服这些忧虑。因此,刚开始时,将挑选波兰、捷克、俄国和其他犹太人,从理论上讲这些人能够达到目标人数。"

希姆莱毫无疑问地同意推迟驱逐比利时犹太人,因为他知道在安全警察登记的 5.7 万名犹太人中,他们只占 6%。1942 年 8 月 4 日,第一批被驱逐的外国犹太人离开马利内(佛兰德斯语中的梅赫伦)前往奥斯维辛。然而荒谬的是,比利时的驱逐过程与周边地区(如荷兰)相比,却有所不同。

德国开始屠杀,这让犹太人和非犹太人都感到惊讶,在行动开始的前两个月内,三分之一的比利时犹太人被处死。然而,由于截止到 1942 年 11 月将近 1.5 万名犹太人已被逐,所以在接下来几个月德国的围捕迅速下滑:在国家获得解放前,又有 1 万名犹太人被逐。将近一半的犹太人在战争中幸存下来。

尽管对犹太人尤其是外国犹太人存在强烈偏见,但比起近邻国家荷兰来说(荷兰的反犹主义相对缓和,本土荷兰犹太人占据绝大多数),有两个因素促成了比利时较高的营救比例:人们的自发反应以及比利时抵抗组织的参与。

毫无疑问,社会各级都有由"普通比利时人"发动的大规模营救行动。该行动中仍未解决——可能无法解决的问题是在这次汹涌澎湃的同情和仁慈行动中,天主教会及其机构的影响程度如何。天主教机构藏匿犹太人,尤其是犹太儿童的事被完好地记录了下来,但是这些机构和大部分普通天主教徒是响应教会领导的鼓励和指示帮助犹太人,还是出于自己的感情,这一点还不明了,就像对第一次世界大战时德国暴行的记忆程度一样。

迅速建立的犹太地下组织(犹太抵抗委员会,CDJ)和比利时抵抗组织积极合作,共藏匿了大约 2.5 万名犹太人。促成这次合作之便的原因在于:从一开始,大量外国犹太难民就通过这种或那种方式加入比利时共产党或左翼犹太复国主义组织,尤其是加入为外国劳工设立的共产主义组织——"移民劳工组织";另外就是,共产党员在比利时抵抗行动中有着较高的影响力。

四

尽管犹太人从德国快速消失,但目前"犹太问题"和以往一样,不仅出现在官方宣传中,同时也出现在日常生活中。例如,1942 年 12 月初,在问题即将上交法庭时，比勒费尔德的一家纺织公司，"卡塔格集团"，决定咨询德国司法部。"卡塔格集团"的请愿书写着，"在 1937 年到 1938 年间已经'雅利安化'了。'卡塔格'这个名字是'卡茨和米歇尔纺织股份公司'的缩写，在'雅利安化'的过程中，我们已经做到这种程度，即为这个公司注册虚拟鉴定，并添加上'股份公司'，如此一来，目前比勒费尔的所有商业登记都使用'卡塔格集团'的名字。然而最近，德国劳工阵线反对我们公司以'Katag'之名进行认定，理由是它仍然包含着犹太名字'卡'的一个读音。我们的观点是，'卡塔格集团'这个名称的前两个字母 Ka 无论如何不能被认为是一个犹太名字的组成部分。"

该问题解决起来实属不易，司法部对此征求党部总理的意见，经过诸多讨论后，1943 年 3 月 23 日，博尔曼办公室达成一个所谓的所罗门式的决议，即如果这个人不害怕讲"卡塔格集团"，那么就允许在战争持续期间暂时使用这个名称。

在 1942 年 12 月同样不幸的日子里，德国教育部决定二等混血犹太人在一定的条件下可以被录入医学、牙科学和药剂学，但是不能进入兽医学。这个决定是基于这样一个假设，即二等混血犹太人完成学业后无法被聘为兽医，甚至连最微小的机会都没有。换句话说，二等混血犹太人最终只能照顾生了病的人，但没有一个健康的德国人愿意让他们来照顾生病的动物。

完成对德国犹太人的驱逐当然只涉及方式和时间问题。正如我们以前所见，自 1942 年夏初以来，有可能是在"鲍姆团体"尝试纵火烧毁"苏维埃天堂"展览一事发生后，没有任何犹太劳工被允许留在德国，即使是在对战争至关重要的工作岗位也没有犹太人留下。绍克尔于 1942 年 11 月 26 日给劳工交换领导人发去一封信，用极清晰的语言指出："在安全警察首领和安全部门的一致同意下，在职的犹太人现在将被撤离德国领土，从军政府驱逐而来的波兰人将取代他们……波兰人……如果适合工作的话，将被运到德国来，尤其是柏林，但不能带家属。在那里，他们将交给劳工交换办公室，取代即将从军需厂消失的犹太人。因雇用波兰劳动力而变得毫无用处的犹太人将立刻被驱逐。这一措施首先用于非技术劳工，因为他们最容易被替代。剩余的所谓合格犹太劳工则必须等到波兰替代者经过一段时间的学习，充分熟悉工作流程后，再离开工厂。这要视具体情况而定，从而将个别行业的生产损失降至最低。"我们可以进一步看到，这正是 1942 年 10 月希姆莱送给国防军最高统帅部的信中所阐述政策的准确表达。

1943 年 2 月 27 日开始驱逐"工厂雇用的犹太人"（工厂行动）。它有双重目标:驱逐在旧德意志帝国工厂工作的所有全职犹太人,把混血婚姻的犹太配偶从这些工作地驱逐出去。实际上遭围捕的不仅仅是犹太劳工,还包括他们的家人,更通俗地说,是德国所有领域仍旧在职的全职犹太人。在柏林,有1万多名犹太苦力仍被雇用。行动持续了整整一个星期。3月1日,第一批前往奥斯维辛的运送开始启动。几天之内,仅首都就有大约7000名犹太人被逐,整个德国则有10948犹太名人被逐。

有1500名到2000名被捕的柏林犹太人(主要是混血婚姻的配偶)被免于驱逐,他们集中在罗森大街2—4号,在余下的犹太机构里(例如剩下的一家犹太医院)负责认定和工作筛选。这些拘留者绝大部分在3月8日被释放。在这些天,许多配偶、其他亲属或者朋友聚集在对面的人行街道上,不时地把这些拘留者叫过来;他们主要是等候消息或者尝试着把食品包裹送进大楼。这种非同寻常的集会当然需要一定的勇气,但是他们相对温和,不具任何攻击性。这些拘留者被释放和他们没有关系,因为从没有一个方案是驱逐这些犹太人的。然而这件事却演变成一个传说:无数德国妇女的示威使他们的犹太丈夫得以释放。这是一个振奋人心的传说,然而也只是一个传说而已。

1942年年末“工厂行动”已经提前将犹太集中营的囚犯从德国境内的集中营驱逐到东部营地;1942年10月20日的“社团行动”使绝大多数德国协会和柏林社团的工作人员被驱逐。接下来,1942年年底到1943年年初又进行了几次遣送。“工厂行动”之后,又一次运送将柏林犹太医院剩余的半数员工运至奥斯维辛;5、6月间,卧床不起的病人被从医院运到特莱西恩施塔特。然而,与此同时,1万名年迈的囚犯则从特莱西恩施塔特被驱逐到了特雷布林卡。弥勒在给希姆莱的报告中说,这将缓解“隔都”的过剩人口⋯⋯

1943年1月,利奥·拜克和其他德国协会领导人被逐到特莱西恩施塔特,6月,德国协会实际上已不复存在。犹太人在德国的千年历史也走向了终结。

赫莎·费纳是柏林社区最后被驱逐的雇工之一。她没有在公寓中等待盖世太保,而是在邻居的警告下搬入社团大楼;1943年3月9日她在那儿被捕。一位非犹太熟人试图借助她是两名混血女孩生母的身份使她获释,但是没有成功。3月12日她被送上前往奥斯维辛的遣送车,随后在火车上服毒自杀。

几个月前,克莱珀一家似乎能够逃脱最糟糕的命运。1942年12月5日,瑞士公使馆通知他们已经向他们的女儿莱娜达发放了签证。汉尼能和她的女儿一起吗？8 日，约翰·克莱珀出现在他的保护人——内政部部长弗里克的办公室内。这位部长显然十分沮丧，他告知克莱珀他无法做任何事来帮助（莱娜达）母亲离开："这件事再也无法保密了，元首已经听说了他们的事，并勃然大怒。"弗里克安排克莱珀会见艾希曼。这位犹太组的领导人甚至没有承诺允许莱娜达离开，并且无论如何都不允许其母跟着离开。第二天，即 12 月 10 日，艾希曼明确拒绝了汉尼的离开请求。约翰、汉尼和莱娜达没有犹豫：他们决意死在一起。当天晚上这三人就自杀了。

<h1 style="text-align:center">五</h1>

1942 年 6 月 18 日，德国国防军的私人 HK 从布列斯特—利托夫斯基写信回家："在别列扎—卡尔图斯卡——我停车吃午饭的地方，有 1300 名犹太人在前一天被枪杀。他们被带到小镇外的一个大坑那里，男人、女人和孩子都必须脱光衣服，然后被从颈后开枪致死。（他们的）衣服经过消毒后，会被再次利用。我相信如果战争持续够长的话，犹太人将变成腊肠提供给俄国战俘和犹太特殊工人……"

同一天，地方长官和党卫军指挥在总督区召开会议回顾灭绝进程：恩格勒说："卢布林市的犹太问题已经得到解决。犹太地区已撤了……党卫军和警察头目卡茨曼说明了加里西亚地区的安全形势……犹太人已经被大规模遭送……接下来的几个星期将进一步抓捕犹太人……部门主管哈梅尔博士报告了华沙地区的形势……他希望华沙能在一段合理的时间内摆脱不能工作的犹太人所带来的负担……对于国务卿比勒博士提出的是否有机会更快地减少隔都人口的问题，国务卿克吕格尔的回答是，8 月情况可能会比较明朗……部门副主管奥斯瓦尔德讲述了兰德姆地区目前的形势：兰德姆地区在重新安置犹太人方面有些落后……重置犹太人目前只取决于运输问题……国务卿克吕格尔指出，就警察而言，他们在犹太行动方面已经做好充分准备，执行状况也只能取决于运输情况了。"

7 月中旬赫夫勒和一组"专家"一起从卢布林来到华沙。在适当的时候，这个城市的党卫军部队将得到波兰"警察"和乌克兰、拉脱维亚以及立陶宛后备力量的支持。7 月 20 日，切尔尼霍夫在获悉广泛流传的有关驱逐正在迫近的传言后，决定从他长期的德国"对话者"那里获取一些信息："早上七点半在盖世太保处，我问蒙德传言有多少可信度。他回答说他什么也没听说。我转问勃兰特，他也什么都不知道。"一直就这样继续着。切尔尼霍夫继续拜访德国官员，但都被重复告知这些传言纯粹是胡说八道。"我要求莱金(犹太警察代理头目)通过管辖区警局发表公开声明。"之后，主席转而和奥斯瓦尔德讨论滞留在拘留中心儿童的命运："他(奥斯瓦尔德)命令我给他写封信释放这些孩子，条件是他们将被放在少管所，并且保证他们将不会逃跑……似乎有2000名左右的儿童有资格进入少管所。"

7月21日，几名委员会成员和隔都管理部门内外的一些著名犹太人被作为人质抓了起来(切尔尼霍夫的妻子也在名单之内，但她却设法和他一起留在了他的办公室里)。第二天，也就是7月22日早晨，几辆党卫军小车封锁了委员会大楼的入口；委员会成员和各部门领导人集中在切尔尼霍夫的办公室，赫夫勒和一小批随从一同抵达。赖希—拉尼奇被叫进会议室记录会议内容。在那个阳光明媚的日子，窗户大开，党卫军正在街上用一个手提唱机播放施特劳斯圆舞曲。

赫夫勒宣布几小时后即开始驱逐，据赖希—拉尼奇的记录，他"笨拙且有些困难地"宣读德国的指令，仿佛在这之前他几乎一眼都没看到过这些内容似的："房间有一种令人喘不过气来的寂静。咔嗒咔嗒的打字机声、一些党卫军官员不断用相机拍照的咔嗒咔嗒的声音、街道上飘来的《蓝色多瑙河圆舞曲》的柔和旋律，都使这种寂静愈加紧张……赫夫勒不时看我是否在记录。是的，我一直在准确记录着……'指示和任务'的最后一部分说的是怎样处罚企图逃避和扰乱安置措施的人！这些人只有一种惩罚，并且在每个句子后面都重复提到，就像诗歌一样：'……将被枪毙。'"

切尔尼霍夫试图进行商谈，争取豁免一些人(他特别担心许多孤儿的命运)，但是没有获得任何保证。23日，他在日记中记载："早晨，在社团。驱逐参谋机构的党卫军第一中将沃特霍夫过来，我们讨论了几个问题。他答应假期中的学生免于驱逐。另外豁免了几位女工的丈夫。他建议我和赫夫勒商议孤儿和手工艺人的事情。我问行动一周进行几天，回答是一周七天，整个城市都在匆忙开办新车间。一架缝纫机就可以拯救一条生命。现在是3点钟。到目前为止已经有4000名犹太人做好了离开的准备，(我们得到的)命令是，到4点钟必须有9000人(到达集中地点)。"23日下午，由于犹太警察没能完成配额，后备警察部队自己展开围捕,不再考虑任何豁免的事。切尔尼霍夫的"商谈"也随之付诸东流。

当晚党卫军将切尔尼霍夫从家里叫回来,告诉他第二天要将1万名犹太人送到集中点。这位主席回到办公室,关上门,给委员会写下一张永别的字条,告诉他们德国的最新指示,又给妻子写了一张,然后服毒自尽。并非切尔尼霍夫朋友的卡普兰于7月26日记录道:"驱逐令的第一个受害人是亚当·切尔尼霍夫主席,他在犹太委员会大楼里服毒自尽⋯⋯有些人在一小时内获得永生,而亚当·切尔尼霍夫主席则是瞬间获得永恒。"

7月22日特雷布林卡敞开了它的大门。每天都有惊慌失措的隔都居民被车运到集中点,在那儿,一辆货运列车会载着其中的5000人驶向特雷布林卡。华沙犹太人一开始并不知道等待他们的命运是什么。7月30日卡普兰提到了"驱逐"和"流散":"驱逐的第七天。活生生的葬礼在我公寓窗前经过——牛车和煤车上载满了预备驱逐和流散的候选人,他们胳膊下夹着小包裹⋯⋯登记册上承诺会给他们3公斤面包和1公斤果酱,这驱使很多饥饿的犹太人聚集到广场。"

8月5日,驱逐吞噬了包括孤儿院在内的所有儿童机构。从那年5月起,科尔恰克开始记录他的"隔都日记"——它记录的是思想、回忆甚至梦想,而不是现实事件。然而日记的字里行间从不同程度反映了这位"老医生"对自己的病人和隔都命运的深切担忧。1940年年末到1941年年初,盖世太保将他关押在令人恐怖的帕维阿克监狱,使他心绪不宁以致生病。(在运往隔都的途中,他坚持给他的孤儿院运送土豆。他身着波兰官员制服——他曾经是一名波兰军官,但这种着装当然是被禁止的——他坚决反对佩戴有犹太大卫星的臂章)。伏特加能够平息他的焦虑,但是不足以使他摆脱可怕的臆想,即使在他开玩笑的时候也是如此。因此,1942年5月底或6月初的某个时间他写道:"我说一切都很好,我也希望能够快乐。一个颇具趣味的回忆:50克所谓的熏肠现在值1兹罗提20格罗希,过去它只值80格罗希(比面包稍贵一点)。我对一名女售货员说:'告诉我,亲爱的女士,这一熏肠难道碰巧是用人肉做的?如果是马肉就太便宜了!'她回答说:'我怎么知道?它做的时候我又不在。'"放下他那独特的幽默,科尔恰克再次转向他唯一无法抗拒的关注对象:孤儿。"今天开始称量孩子的体重,"他在同一篇日记中记道,"5月(他们的体重)明显下降。年初几个月不是太坏,即使5月也不是那么令人惊慌。但是我们距离收获庄稼还有两个月甚至更久。这无法逃避。官方条例的限制、新附加条款的阐释以及过度拥挤都将会使情况越来越糟。"

在这些天，科尔恰克记录了一个街道场景："一具尸体躺在人行横道上。三个男孩在旁边玩骑竹马游戏。他们一度发现了这具尸体，但随后向旁边挪开几步，继续玩耍。"

8月4日科尔恰克又记录了一件小事：当他在晨光中浇灌窗台上花的时候，街道上有一名德国武装士兵正在看着他。"我正在浇花，我的秃头当时正在窗户里——这是多么明显的目标。他有一杆步枪。为什么他站在那儿冷静地看着我？他没有得到射击的命令。也许他是平民生活中的一名乡村教师，或者公证员、莱比锡的街道清洁工、科隆的男侍应？如果我向他点头他会怎么做？我友好地挥挥手？或许他并不了解现状？他也可能是昨天刚从很远的地方来到这里。"

第二天，和隔都里所有犹太孤儿院一样，整个孤儿院的人都被命令前往集中点。科尔恰克走在一队孩子的前面，走在通往死亡的路上。8月6日莱温记载："他们清空了科尔恰克博士的孤儿院，博士首当其冲。共有200名孤儿。"①卡普兰没有可能活着描述对科尔恰克的那些孩子的驱逐情况了。他最后一篇日记写于8月4日，最后一行记着："如果我的生命终结了——我的日记会有什么样的下场呢？"

这场规模巨大的行动结束于9月21日：驱逐期间，10380名犹太人在隔都被杀；265040名犹太人被驱逐到特雷布林卡并被毒气杀害。

陆军上尉威尔姆·霍森费尔德是华沙纳粹国防军办公室体育设施的领导人，他在整个行动期间的日记记录表明，他对发生在犹太人身上的事情知道不少——尽管他不相信存在系统谋杀。"如果他们所说的在这座城市里发生的事是真的，"1942年7月25日他写道，"并且来源可靠——那么当一名德国军官就没有丝毫荣耀，没有人会赞同所发生的事情。但是我无法相信。谣传说这周将有3万名犹太人被从隔都送到东部各地。尽管所有的秘密人士都说他们知道即将发生什么：在卢布林附近某地已经建起了带房间的建筑，这些房间可以通过强烈的电流加热，就像焚尸场的电流一样。不幸的人们会被赶进这些被加热的屋子，活

---

① 关于这一运动有很多描述，也有不少"文学"修饰被加入赤裸裸的事实当中，但这些事实完全不需要添加任何凄美的语言。

活烧死，一天之内像这样可以杀死几千人，免去了枪杀他们的所有麻烦，如挖掘很多坟墓，然后把他们填进去。法国革命的断头台是无法与之比拟的，俄国秘密警察的地窖也设计不出这样精湛的屠杀手段。但是，这确实太疯狂了。这不可能。你不想想，为什么犹太人不保卫自己。然而，确实，绝大多数人是由于饥饿而变得虚弱和痛苦，以至于不能进行任何抵抗。"

在1942年年底快速写下来的一段简短记录中，林格尔布鲁姆明确区分了前一时期和最后几个月开始时期的区别："最近这段时间，是暴行时代。不可能写一篇专题研究，因为——波纳尔的阴影，9000名犹太人被从斯洛尼姆驱逐——卢布林的悲剧……海乌诺姆——毒气。特雷布林卡……迫害时代，现在是暴行时代。"

特雷布林卡是最后也是最致命的"莱恩哈德行动"营，该营已经在华沙西北部一块延伸到布格河畔的沙质地形上建立，靠近华沙—比亚韦斯托克铁路线附近。离它最近的车站是马乌基尼亚，一条单轨铁路从这里通向营地。"低级"营或者说是第一营地占地广泛，包括集合和脱衣广场，继而是工作间和营房。第二或者"高级"营地和第一营之间被带刺铁丝网和浓厚的树叶篱笆隔离开来，以防不速之客进行观察。在一座厚重的红砖建筑中藏着三间毒气室，通过管道系统和一架柴油引擎连接在一起（1942年10月将会增加一座包含10间毒气室的更大建筑）。和海乌诺姆、贝乌热茨或索比堡一样，被逐者一抵达就必须脱去衣服，将所有衣物或有价值的物品留给整理小队。受害者从"脱衣广场"沿着用粗大树枝遮掩起来的狭窄通道"天堂之路"被赶入毒气室。路上有标志指示"通往浴室"。

党卫军二级突击队中队长理查德·托马拉负责营地建设。安乐死医生伊蒙弗里德·埃贝尔博士被任命为首席指挥，1942年7月23日灭绝行动开始。据党卫军四级小队长汉斯·欣斯特的证明："埃贝尔博士野心勃勃，他想使死亡人数达到最大可能，超过其他所有集中营。运来的犹太人数量庞大，以至无法应付卸载和毒杀这些人。"在几天之内，埃贝特就完全无法控制局面。到8月底，大约有31.2万名犹太人在新营里被毒杀，他们主要来自华沙，也有一些来自兰德姆和卢布林。

普遍存在的腐败现象加重了埃贝尔的"无能"：受害者带来的钱和贵重物品都以某种方式被集中营职员和指挥官，以及柏林安乐死负责人中饱私囊。当格罗博科尼克在 8 月份认清特雷布林卡的形势后,他和韦尔特、约瑟夫·奥贝豪泽尔一同抵达集中营。埃贝尔被当即解职,韦尔特被调入整治混乱,9 月初索比堡的指挥官施坦格尔接管韦尔特以前的职务。

在与塞雷尼一同进行监狱采访中,施坦格尔叙述了他对特雷布林卡首次拜访的情景,当时埃贝尔仍然在职。"我和一名党卫军司机驱车前往……几公里以外我就能闻到死人的气味。公路沿着铁路线延伸。在我们离特雷布林卡还有 15 分钟到 20 分钟车程时,就开始看到铁路沿线的尸体,开始只是三三两两的尸体,接着变得多了起来,当我们开进特雷布林卡站后,有几百人——都躺在那里——他们显然已经在暑热中躺了好几天了。车站里有一列装满犹太人的火车,一些人死了,一些人仍然活着……看起来他们同样待在那里有些日子了……当我进入集中营,走下汽车,来到广场后,我陷入齐膝的金钱里:我不知道转向哪个方向,往哪走。我走在钞票、货币、宝石、珠宝、衣物……中,那味道简直难以形容;到处是有着几百人,不,是几千人的尸体,这些尸体正在腐烂、分解。穿过广场,在几百码外带刺铁丝网的另一边,营地周围的小树林里,有很多帐篷和篝火,一群乌克兰警卫和女孩子在那里醉酒、跳舞、唱歌和奏乐。我后来才知道,她们是从各个农村来的妓女。"①

六

1942 年秋,与华沙一样,德国人在罗兹制定了自己的优先规则。9 月 1 日驱逐开始了。短短两小时内,隔都 5 家医院的病人就都被"疏散",反抗者被立刻枪毙。包括 400 名儿童在内,总计 2000 名病人被带走。德国人在逮捕了绝大多数病人后,开始查对登记册,如果有漏掉的人,通常要他们的家人来抵数。

据约瑟夫·泽尔克维兹记载,这个过程实际非常曲折。约瑟夫·泽尔克维兹是隔都编年史作者之一,同时还是著名意第绪作家,他对"编年史"除了做出"官方"贡献外,还保留了一份私人日记:"官方坚持交出所有医院逃脱的人,"他于 9 月 3 日记载,"然而,由于一些人不见了,其他许多在隔都有'背景'关系的人又不能

---

① 塞雷尼表示,除了一些日期错误和时间序列的"技术"转变外,在审判施坦格尔和 1964 年杜塞尔多夫的 10 名特雷布林卡警卫期间,施坦格尔的描述得到了充分证实;在 1964 年审判所使用的文件中,1942 年穿行在同一铁路线上的 Hubert Pfoch 的日记证明了铁路沿线有杀戮行为和摆放的尸体。

被交出去,官方同意社团另外交出 200 人来取代这些人。这些牺牲品不仅要从逃亡的人中间寻找,还要从其他时间因病住过院的人中找寻,这些人已经出院好久但却缺乏(保护人)。甚至从未住过院,只是在医生的建议下申请住院的人也将包括在内。"

驱逐完病人后紧跟着的命令就是撤离 2 万名左右犹太人,其中包括所有 10 岁以下的儿童和所有 65 岁以上的老人。由于这两类人总共只有 1.7 万人,于是3000 名失业或无法就业的居民也被包含在内。9 月 3 日谢拉考维克写道:"晚上传来了令人不安的消息,据说德国人要求所有 10 岁以上的儿童必须交出和驱逐,恐怕是灭绝。"

9 月 5 日谢拉考维克的母亲被带走。"我最神圣、心爱、疲惫不堪、蒙恩、珍视的母亲沦为残忍的德国纳粹怪兽的牺牲品!!!"两名捷克犹太医生突然来到谢拉考维克的公寓,宣布他母亲不适合工作。在医生来访期间,他父亲还在喝着隐藏起来的亲戚留下的汤,并且还"从他们的包里拿糖"。她母亲走时,她的包里留有一些面包和土豆。"我无法鼓起勇气从她身后的窗户朝外看,哭不出来,"谢拉考维克继续写道,"我来回走着,自言自语,最后坐下来,仿佛变成了一块石头⋯⋯我想我的心正在撕裂⋯⋯尽管它还没有裂开,还能让我吃、想、说、睡。"

9 月 4 日,鲁姆考斯克向聚集在"消防员广场"上的 1500 名惊慌失措的居民讲道:"隔都应对了一次严重的打击。他们要求我们把最珍贵的东西交给他们,即孩子和老人。我从未有幸有一个自己的孩子,所以我将我最好的年华给了孩子们⋯⋯在我年迈的时候,我却被迫伸手祈求:'我的兄弟姐妹们,把他们给我! 父亲母亲们,把你们的孩子给我!'⋯⋯我必须实施这极为血腥的手术,为了拯救躯体我必须切除四肢! 我必须带走孩子,如果不这样的话,其他人就会被带走⋯⋯我想至少可以拯救 9 岁到 10 岁这一个年龄段的孩子。但是他们不会手软⋯⋯隔都里有很多肺结核病人;他们所剩之日屈指可数。我不知道——也许这是一个邪恶的阴谋,也许不是——但是我仍忍不住要提:把这些病人交给我吧,这样可能会救其他健康之人。""主席哭得像个小男孩。"泽尔克维兹补充道。

在描述完驱逐后,这位编年史作家又添加了极为重要的附言,就像谢拉考维克的自我剖白一样,描绘了隔都民众普遍存在的情感麻木现象:"百姓对最近事件的奇怪反应值得注意。毫无疑问这是深刻且可怕的打击,然而人们可能会对那些人的冷漠感到惊奇⋯⋯那些被带走了亲友的人。最近几天发生的事情似乎能够使整个隔都民众在未来很长时间里沉浸在哀悼之中，然而事情一结束，甚至还处在安置阶段时，老百姓却都在为日常生活所困扰——获得面包、配给量等——他们常常很快就能从个人悲剧回到日常生活中来。"

泽尔克维兹在 9 月 3 日的私人日记里解释了他在编年史中所记载的情感麻木，也可以称之为"饥饿心理"。在提到死亡怎样成为"日常的事，无人对此感到惊讶和害怕"的时候，日记作者提到在同一天宣布分发土豆的事。这成了真实的事。"只要隔都居民还活着，就会梦想至少有一次，哪怕是最后一次也好，能够狼吞虎咽地享受吃饱的感觉。以后，管他是什么，会怎样……因此一提到分发土豆，所有到目前为止发生的事情就会被搁在一边……是的，就要发土豆了；这才是真实的。明天开始，星期五，9 月 4 日……人群兴高采烈……相互道贺：祝愿大家有幸在吃到这些土豆的时候还活着。"

1942 年 8 月 10 日到 23 日期间，利沃夫的许多犹太人被驱逐到雅诺夫斯卡路劳动营，在那儿经过进一步筛选后，被送去贝乌热茨。大约 4 万名在 8 月围捕期间被抓的犹太人被灭绝。城里剩下的犹太人被驱赶到隔都，并很快用木篱笆围了起来。犹太委员会办公室被迁入隔都区域，但是犹太委员会官员，包括主席亨里克·兰德斯贝格在内，都未能恢复原职。据德国人所说，兰德斯贝格和波兰地下组织有联系。主席和其他 12 名犹太官员将被当众吊死在楼顶和路灯柱上。

由于用于绞刑的绳子断了，这次处决花了些时间；掉在人行道上的受害者被迫爬上通往屋顶的楼梯，再次被绞杀。最高点是留给主席兰德斯贝格的。他三次落到人行道上，又三次被带回属于他的阳台。尸体被留下示众两天。隔都的一名幸存者描述了这一场景。"我和母亲就一件公寓之事一同来到犹太委员会办公室，在微弱的灯光中，被绞死的尸体晃动着，死者脸色发蓝，头向后仰着，舌头发黑并向外伸着。奢华的小汽车竞相开进城市中心，德国市民带着他们的妻子和孩子一起来观看这耸人听闻的奇观，观看者习惯性地激动地拍下这一场景。此后，乌克兰和波兰人则更为低调地来到这里。"德国人将购买用于绞刑的绳子账单送给了新犹太委员会。至于利沃夫隔都的犹太人，他们并不能幸存多长时间；大多数人已经在零星的行动中被清除，剩余的人在 1943 年年初被运到亚努夫斯基集中营。当 1944 年 7 月底利沃夫被解放时，只有 3400 名左右犹太人幸存下来，而在 1941 年 6 月时整个社团人数高达 16 万人。

在附近的德罗霍毕茨,1942 年秋,作家布鲁诺·舒尔茨在其"保护人"的保护下得以幸存,我们记得他当时正粉刷党卫军费利克斯·兰道官邸和当地盖世太保办公室的墙壁。与此同时,他不得不搬入隔都,在这期间他负责把德国人从城里搜来的、堆积在老房子里的近 10 万本图书进行编目整理。

舒尔茨感觉到自己的死期不远了。"他们可能会在 (1942 年) 11 月清除我们。"他对当地体育馆的一名波兰籍前任老师说。实际上 11 月 19 日发生在隔都里的一件枪击事件引发了德国人对犹太人的野蛮报复。兰道出门了。盖世太保的个人仇敌,党卫军二级小队长卡尔·巩特尔,抓住这次"野蛮行动"契机,在隔都的一条街道上追踪到舒尔茨并将他杀害。这次行动中大约有 100 名犹太人遭到杀害。第二天,他们的尸体仍然躺在街道上。

1942 年 7 月维尔纳犹太警察首领雅各布·根斯成为维尔纳隔都唯一的领导人。在社团领导人中,他各方面都不是很典型。他出生于科夫诺,第一次世界大战后作为一名志愿者参加了立陶宛独立战争,并被授予校级军官。他娶了一名基督教女子为妻,并受到立陶宛民族主义者的尊敬(他自己是一名右翼犹太复国主义者,是弗拉基米尔·雅博廷斯基修正党的成员)。用菲利普·弗里德曼的话说"为什么根斯接受了 (隔都警察首领的) 职位,这仍然是个谜"。他的妻子和女儿仍留在城市,站在雅利安人一边。他可能觉得从道德上有义务接受德国人授予的职务。在从隔都寄给妻子的第一封信里根斯写道:"这是我有生以来第一次担任这样的职务。我的心都碎了。但是我会一直为隔都犹太人的利益而做事。"

在 1941 年 11 月的挑选期间,根斯在极其困难的情况下成功地拯救了一些生命。他在居民中的名望日益增长,德国人也持续加大他的工作。然而到 1942 年 10 月中旬,这位传奇的"指挥"却面临着极其严重的挑战:接到杀害犹太人的命令。

根斯和他的警察被派到附近小镇厄斯米纳,这里集中了大约 1400 名预备被灭绝的犹太人。警察长官与德国人进行协商,达成只杀害 400 名犹太人的协议。根斯的人和一些立陶宛人共同执行了处决。不知为什么,在警察已经上路时,即将进行处决的消息在隔都传了开来。鲁道什维斯克对犹太警察的参与出奇的愤怒:"……犹太人即将染指这肮脏、残忍的工作。他们妄图轻易取代立陶宛人的地位……这次离开(犹太警察前往鲁道什维斯克)使整个隔都陷入骚动,"他于10月19日记载道,"我们备感羞愧和耻辱!犹太人竟然帮助德国人组织灭绝的恐怖行动。"

实际上与鲁道什维斯克的强烈预期和报道相反,隔都并没有陷入骚乱。隔都居民似乎接受了根斯的推断和理由:通过牺牲其他人来拯救一些人。"悲剧是……公众几乎全部赞同根斯的态度,"10月28日克鲁克写道,"当然,真正起作用的可能是那些社会名流。"

支持根斯决定的不仅仅是隔都里的普通百姓。10月27日,备受尊敬的意第绪科学研究会的创建者、语言学家泽利格·卡尔马诺维奇在他的日记中记载:"(厄斯米纳的)拉比规定应当交出老人。老人问为什么他们必须被带走……如果让外人(立陶宛人或者德国人)来做这项工作——那么将会有更多受害者,而且所有财产都会被偷走。"字里行间并没有显示卡尔马诺维奇是在记录根斯的论证还是在表达他自己的观点。但是,在几天之后,当根斯再次被命令带着他的警察参加希维切尼的一次行动后,卡尔马诺维奇最终表达了自己的观点:"事实上,"卡尔马诺维奇于1942年11月写道,"我们无论如何都是有罪的……我们用数万人的死亡换取自己的生活和未来。如果我们决定不论发生什么事情都要延续这种生活的话,我们就一直这样直至灭亡。愿仁慈的上帝能宽恕我们……这就是形势所逼,我们无力改变。当然,脆弱的灵魂无法忍受这种行为,然而灵魂的抗议最多也就具有一些心理意义,没有任何道德价值。每个人都有罪,或者更确切地说,所有人都是无辜的、神圣的,尤其是那些参与执行的人,他们一定是超越精神的人,战胜灵魂折磨的人,免除他人执行这一任务的人,拯救他人的灵魂于痛苦的人。"

几个星期后一个简单的、不起眼的社团为一项重要成就:"隔都拥有了10万本图书"举行了一庆祝仪式。该仪式由克鲁克主持:"11月隔都图书馆分发给读者的书已经超过了10万本。借此机会,图书馆将于本月(12月)13号星期天中午在隔都剧院举办一次大型文化晨会。晨会的内容是:由G.亚顺斯基剪彩揭幕,隔都领导人(根斯)、作家、科学界、教师和青年俱乐部致欢迎词。费尔德斯坦博士发表'书和殉道'的演讲,接下来是H.克鲁克的讲座'隔都里的10万本书'。第二部分是词谱音乐会。最后是给隔都第一位读者和图书馆最年轻的读者分发图书礼品。"

七

　　1942 年的最后几个月，只有少数欧洲犹太人明白了他们的共同命运，而大部分人仍徘徊在瞬间洞察、怀疑、失望，甚至我们所察的新希望之间。

　　藏身于阿姆斯特丹阁楼的安妮·弗兰克似乎就已经知道外面世界的犹太人正在经历着什么。"我们许多犹太朋友和熟人正陆陆续续被带走，"1942 年 10 月 9 日她写道，"盖世太保十分粗暴地对待他们，并用牲口车把他们运到德伦特的大营地——韦斯特博克，他们把所有犹太人都送到那里。"根据在米普·基斯听到的传言，并添加了有关韦斯特博克的一些恐怖细节后，安妮继续写道，"如果荷兰都这么糟糕，那么德国人把他们送去的遥远且不文明的地方又会是什么样子呢？我们推测他们绝大多数正在被杀害。英国广播说他们被毒杀了。也许这是最快的死亡方式。"

　　几个星期后，安妮描述了阿姆斯特丹的围捕情况，这是新房客达塞尔告诉给阁楼居民的。她似乎再一次得出相同的结论："无数朋友和熟人都被带走，面临着可怕的命运。绿色和灰色的军车一夜一夜游弋在街道上。(那些士兵)敲打着每一扇门，询问是否有犹太人住在这里……无人幸免。病人、老人、孩子和婴儿以及怀孕的妇女——所有人都在向死亡行进。"

　　在同样的日子里，鲁道什维斯克记录了隔都日常生活的种种琐事。正如我们所见，1942 年年末维尔纳度过了一段相对平静的时期。1942 年 10 月 7 日，鲁道什维斯克的叙事语态几乎就像一个快乐的、无忧无虑的孩子那般。"俱乐部的工作开始了。我们有文学和自然科学组。七点半离开班级后，我即刻去了俱乐部。那里一派欢乐，大家都很愉悦，一大群人在晚上结伴回家。白天很短暂，当我们的队伍离开俱乐部时街道已经暗了下来。(犹太)警察对我们大喊大叫，但是我们对此不予理会。"

　　与在藏身之地的安妮相比，身处遭破坏的维尔纳隔都的鲁道什维斯克是不是能更加透彻地认清形势呢?这点值得怀疑。有时他们记录的都是些最不好的消息，然后看起来像是要忘记它们，进而将思绪转向他们青少年生活中更为直接的问题。

　　艾蒂·海勒申作为犹太委员会的一名雇员曾经在韦斯特博克做过短暂停留。

1942 年 12 月当她回到阿姆斯特丹时，她决定在写给两名荷兰友人的信中描述该集中营和被驱逐者的命运："很难找到恰当的词语来叙说韦斯特博克……这是一座中转营……几天后人们要被驱逐到他们未知的命运那儿去……我们这些剩下的人只能听到从欧洲深处传回来的一些模糊的声音。由于配额必须完成，所以得用火车，用火车按照数学规律来装载。"

当特莱西恩施塔特的贡达·雷德利希在为战后做计划时，艾蒂是怎么知道驱逐的确切含义的？贡达·雷德利希急于救助向东驱逐的孩子和年轻人，以至于他经常简略地提及这样一个事实：被逐者正在被带向死亡。例如在 1942 年 7 月 14 日到 15 日的日记中，雷德利希同时记录了他对运输的担心和对未来的规划："我担心运输将不只停留在东部一个地方。当战后我们回到我们的土地上时将会发生什么呢？相对其他人，我们的位置是什么？我感到对我来说，阿利亚(移民以色列地)就是逃离，是生活在这里的欧洲人民的逃离，是因这里的加路特(流散)生活而进行的逃离，是新旧生活相对比而发生的逃离。"

1942 年年末巴黎再次出现完全令人困惑的状况，人们不知道被驱逐者出了什么事，因为他们一旦踏上征程，人们就无法直接从他们那里得到任何消息。尽管比林基在 8 月 18 日已经强调"没有人能从被驱逐者那里获得消息"，但在 12 月 2 日的报告中他又说道："据说从法国、比利时等地驱逐出的犹太人——他们大约 3.5 万人——在俄国的一个小镇中被找到了，他们受到了当地百姓的良好接纳。"12 月 17 日比林基写下了他最后一篇日记。1943 年 2 月 10 日夜晚他被法国警察抓捕，并于 3 月 23 日从德朗西被遣送到索比堡。

1942 年 12 月 9 日，犹太问题专员要求兰贝特解散所有仍然为法国犹太人工会总联合会工作的外籍犹太人(近三分之一的工作人员)，并说他们的回报是法国雇员可以免除驱逐。他相信吗？尽管在同一个月稍迟的时间听说了轴心国政府宣布灭绝欧洲犹太人的消息时，他写到他仍然相信自己的"命运"。

因此，1942 年下半年，几乎所有西欧、德国甚至特莱西恩施塔特犹太人书写的日记都零星暗示了纳粹德国企图灭绝他们这样一个信息，但同时又时常给出相反的信息和个人的战后打算。兰贝特和雷德利希一样憧憬未来：他希望在年老时能拥有"一间山中小屋"，尽管他紧接着补充说他知道这是不可能的。

至于克伦佩勒，1942 年 10 月 23 日他在记录了德国日益恶化的军事形势后，补充说："所有关于犹太人的谈话一次又一次地导向同一个反应：'如果有时间，他们首先会杀死我们。'昨天有人对齐格勒太太说，他就像关在屠宰房里的牛犊，看着其他牛犊被杀，并等着轮到自己。这个人是对的。"然而一天后，就好像他之前所写的东西毫无意义一样，克伦佩勒沉思起"希特勒倒台后"他的未来事业："我该从什么开始呢？我肯定没有太多时间（克伦佩勒有心脏病）。《18世纪》（论述18世纪文献的研究项目）对我来说已经成为背景。是着手增补我的现代散文，还是继续从事课程教学？"诸如此类。

即使在屠杀地附近，犹太人有时也并不知道被逐者正遭遇着什么，不相信自己听到的消息。华沙和巴黎的犹太人知道海乌诺姆的详细信息，而罗兹犹太人却不去想这些。鲜为人知的罗兹隔都日记作者梅纳赫姆·奥本海默是一个本地人和正统教犹太人，他记录了1942年9月大驱逐后自己的反应。像其他人一样，奥本海默也对在那些说不上地方的劳动营里使用小孩、老人和医院病人的情况感到疑惑。不过，可能是在1942年10月16日，他记录道："人们说他们被送去了科洛姆附近的海乌诺姆，那儿有毒气室，他们在那儿被毒气毒死了。我相信华沙和凯尔采、克拉科夫的犹太人也出了些事情。每当我想起我挚爱的妻子、孩子、母亲、姐妹、兄弟、姐夫们以及他们的孩子时，我都希望他们还活着，并很快能和他们一起欢愉……如果不能的话，那么我为什么还要折磨自己呢。"[①]

另一方面，到1942年8月中旬，亚伯拉罕·莱温对于正发生在华沙被逐者身上的事已经十分清楚了："人们一下火车就遭到毒打，接着，被赶进大棚。5分钟之后传出撕心裂肺的叫喊，继而是沉默。抬出的尸体肿胀得很厉害……囚犯中比较年轻的人成为掘墓人，但第二天，他们也将遭到杀害。"8月28日，一名逃出特雷布林卡回到隔都的人带来消息："他的话再一次毫无悬念地证实：所有被逐者，不论是被抓来的还是据说是自愿来的，都会被送去杀害，无人幸免。"莱温写道，"上一星期，华沙和其他城镇至少有30万名犹太人被灭绝……上帝啊！现在可以肯定的是，所有从华沙驱逐出去的人都惨遭杀害。"很快就轮到莱温了。

---

① 意第绪原文同样缺少标点。Shapiro也从1996年在以色列去世的幸存者弗兰克的日记中引用了相当长的内容。弗兰克的记录详细显示了从罗兹被驱逐到切姆诺的人们的命运。然而，作者似乎彻底"完善"了他各种版本的记录，增加删除部分，以及日期的改变等这种编辑使得弗兰克的日记从历史角度看很不可靠。

1942 年夏,家在西欧的弗林克一家的情况并不特殊。荷兰驱逐开始之初,出生在荷兰的正统派犹太人、成功商人以利以谢·弗林克和妻子、7 个孩子(6 女 1 男)一起生活在海牙。在付了一笔必要的金钱后,这家人越过边界进入比利时。在布鲁塞尔,他们不断付钱给中间人,以保证得到一份雅利安居民许可。当弗林克一家定居在比利时首都时,他们的儿子摩西·弗林克已经 16 岁了,我们早就邂逅了这名荷兰高中生。

摩西的日记始于 1942 年 11 月 24 日,它不仅让我们洞悉了一个公开(姑且这样说)藏匿在西欧城市犹太家庭的日常生活,还让我们得以瞥见一名笃信宗教的犹太男孩在面对降临在人生巨大迫害时内心的骚乱。"我们遭受的种种折磨已远远超出了我们可能犯下的过错,"1942 年 11 月 26 日摩西这样写道,"上帝允许这样的事情发生在我们身上有什么其他的用意吗? 我明确感觉到再多的困难也不会将任何犹太人带回仁义的道路,相反我认为在经历如此巨大的痛苦后,他们将会认为根本就不存在着上帝……实际上,上帝想通过这个恐怖时代发生在我们身上所有的灾难做什么呢?在我看来这次是为了我们的救赎,或者更确切地说,我们或多或少值得救赎。"然而在 12 月 3 日他就变得不那么确定了。"今天是哈努卡节的前夕,但是我有一种感觉,那就是哈努卡即将过去,像过去其他哈努卡节一样,这次也不会有奇迹或者任何类似奇迹的事情发生。"

弗林克夫妇经常吵架:母亲希望父亲找份工作;她希望他们能够迁到瑞士去,尽管一个熟人在试图穿越瑞士边界线时遭向导出卖,侥幸与妻子逃脱。父亲则很小心谨慎:找工作和企图前往瑞士都太危险了,最好是待在原地,尽可能地低姿态。不过,由于此时已经是学校假期(上学期间孩子们外出在街道上会显得可疑),因此摩西可以大胆冒险走出房子,甚至去看电影,尽管电影院禁止犹太人进入。

12 月 13 日摩西看了影片《犹太人苏思》。"我在影片中看到的,"第二天他写道,"让我热血沸腾。出来时我面红耳赤。我认识到了这些恶人的邪恶目标——他们是如何企图将反犹主义注射到异邦人的血液中。当我看这部电影的时候,我突然记起这个罪恶之人(希特勒)在他的演说中所提到的:不管哪一方在战争中获胜,反犹主义都要传播,直到犹太人不复存在为止 (摩西可能是在转述希特勒 1942 年 4 月的讲话)。在电影中我看到了他为了实现目标的手段……用来挑起嫉妒、仇恨、厌恶的手段简直难以描述……犹太人被刻画得让世界如此憎恨,以至于没有任何人能做任何事抵消他的宣传。"

最细微的事情激发最坏的忧虑。"昨天晚上父母和我围桌而坐,"摩西于1943 年 1 月 7 日记载,"几乎是午夜了。突然我们听到门铃响起,所有人都战栗起来。我们以为驱逐我们的时刻来到了……母亲已经穿好鞋走向门口了,但是父亲说等一等,等到门铃再次响起。然而,门铃声没有再响。谢天谢地,这晚终于安静地过去了。只留下了恐惧,整整一天我的父母都非常紧张。他们已经承受不了最小的噪声,最细小的事情也会让他们烦心不已。"

布鲁塞尔的驱逐似乎暂停了一段时间,但实际上还在继续。1943 年 1 月 21日,摩西被叫去(前)犹太会堂执事那里买些衣服和面包券。会堂执事已经不在了,门已经被纳粹查封。"我站在街上,看到百叶窗都关着。我想:这人(会堂执事)为了躲避德国人吃了千辛万苦,现在,尽管有所有的辛劳,他还是被带走了——他、他的妻子和两个孩子(都被带走了)。最小的还只是个 4 岁女孩。"

在这可怕的一天即将结束时,摩西想祈祷:"我不知道该以谁的名义祈祷。我们的祖先已经距我们太远了。以我们人民的名义?似乎他们一点功绩也没有,否则不会有这么多苦难降临在我们身上。真希望我们更为有效的祈祷能够减轻我们的痛苦。也许我们的罪过很大,但是我们遭受的苦难早已经超过它们。再多一点我们就灭亡了。"

八

正是在这种完全不确定的形势下,1942 年 9 月 20 日和 21 日,欧洲犹太人——各犹太社团,每个犹太人满怀最大的愿望——开始守赎罪日,一个赎罪的日子。有些地方完全无法举行"柯尔·尼德拉仪式",赎罪日前夕的礼拜仪式。例如,在巴黎,作为对纳粹国防军重新遭受袭击的反应,德国人那天(一个星期天)从凌晨 3 点钟就强制实行宵禁。但是据比林基所说,21 日那天犹太会堂里仍有很多人。9 月 22 日塞巴斯蒂安的日记十分简洁:"昨天是赎罪日。这是个禁食的日子——一个尝试信仰和希望的日子。"关键词"尝试"是说不管过去几个月发生了什么,不管上帝如何保持沉默,都要努力尝试去克服重重困难。

克伦佩勒 21 日的日记从形式上来说是一名改变信仰犹太人的日记。很多东西都发生了改变,正如我们所见,这位"新教徒"从自知角度出发,在战争初期就

明确宣布不想为犹太社团做任何事。"今天是赎罪日,"他写道,"就在这一天最后
26位'老人'坐在社团房间里,明天一早他们就要从那儿被驱逐。"克伦佩勒一家
去向被圈定遭驱逐的朋友做"告别拜访"。其中,克伦佩勒提到了诺伊曼一家的反
应,他们"勇敢地快乐着":"'也许是也许不是。'一方面,他们如行尸走肉,另一方
面他们在真正进入超越状态,到底发生了什么迄今没有确切的消息。因为所有传
闻都仅仅是猜测。他给了我一本同时使用希伯来文和德文的祈祷书。我说:'在赎
罪日原谅一个人的敌人怎么可能?'他说:'犹太教并没有要求人这样。相关祈祷
文说赎罪是针对所有以色列人和我们中间的陌生人,并且是针对我们中的友好
客人。犹太教从来没有要求人爱他们的敌人。'我说:'爱一个人的敌人是对头脑
的道德软化。'"……在拜访最后,克伦佩勒总结了他的印象:"这儿犹太人的情绪
无一例外地一致:可怕的结局正在临近。他们将要灭亡,但是很可能他们还有时
间先把我们消灭。"

在特莱西恩施塔特,雷德利希在赎罪日前夕记录了一个不同寻常的场面:
"阁楼。一名盲人妇女被确定遭送。她已经无助地坐了好几个小时了。他们把她
带到阁楼。一个10岁的小男孩帮助她。难以置信的景象,"……在赎罪日他按惯
例记录着,"一辆来自柏林的遭送车抵达了这里。整个赎罪日他们都在途中。然
而,有些妇女一整天都在禁食。"

在华沙,遭送行动一直进行到9月21日。那天,最后一列装载着2196名犹
太人的火车离开,前往特雷布林卡。格罗博科尼克的一名工作人员肯定仔细查阅
了犹太历:遭送开始的日子是7月22日,阿布月初九前夕,这是圣殿被毁纪念
日,行动的最后一天当是赎罪日了。

当然,华沙日记作者并没有像这样大量记载赎罪日发生的事,但是还是
有些人记下了当天发生的事:"党卫军成员——这是他们的习惯——在赎罪日
这天为犹太人准备了惊喜,"佩雷茨·奥伯茨基恩斯基的日记碎片在"安息日聚
会"的档案中被发现,他于9月21日这样写道,"为了纪念赎罪日,工厂停工,
这让人们相信犹太教得到了尊重。然而作为回报,他们向犹太人的灾难之杯中
注入了新的痛苦。据说党卫军成员昨天终于离开了华沙,事实上今天的行动
是由'工厂委员'、犹太警察和'工厂警卫'执行的,而不是德国士兵,这似乎充
分确认了这一谣言。赎罪日给我们带来了许多恐惧,粉碎了我们的神经。"不
过,莱温9月21日写道:"在我们的院子里犹太人正在祈祷,向造物主倾诉他

们的忧虑。"

在科夫诺,据托里 9 月 20 日的日记记载,夏皮罗拉比通知居民,工人要继续工作,他还允许健康不佳的人吃东西。"尽管禁止公开进行祈祷,"托里继续写道,"但还是有许多祈祷团体(超过法定人数 10 名的犹太男子)聚集在隔都里。由于缺少祈祷书,委员会用打字机打上'灵魂的回忆'的字样……为了这一圣日。"托里记载,第二天许多工人都在工作地禁食。两名(德国)官员当天视察隔都:"他们朝医院的举行祈祷仪式的方向走去。尽管祈祷的犹太人是在最后一刻得到报告,但他们还是成功地在德国人到来之前解散了。"

在维尔纳,犹太人则完全不需要这样隐秘。除了小型仪式外,他们甚至在隔都剧院里组织了有领唱和唱诗班的正式祈祷仪式。根斯和隔都所有犹太官员都参加了。"在吟唱了'柯尔·尼德拉'之后,"克鲁克记载,"(采姆阿克)费尔德斯坦宣布根斯先生讲话。根斯说:'为了逝者,让我们从卡迪什(追悼文)开始。我们经历了艰苦的一年;让我们向上帝祈祷来年会好一些。我们必须坚强、遵守律法、勤勉。'在根斯讲话开始时,响起了巨大的诵读悼文声。犹如波纳尔之风声,带走死去的孩子、妇女和男人的风声。连根斯也被深深地打动了。"

在主要祈祷场所当然没有年轻的鲁道什维斯克的位置。"今天是赎罪日前夕,"他于 20 日写道,"隔都弥漫着悲哀的气氛。人们有如此悲伤的圣日情感。在来隔都之前,我已经远离宗教了。但是,这个浸透血液、悲哀,让隔都陷入肃穆的节日现在却渗入了我的内心……人们坐在家里哭泣。他们想起了自己的过去……在隔都令人窒息的氛围中,人们的心已经麻木,连痛哭一场的时间也没有,现在,在这个哀悼的夜晚,他们可以倾诉自己所有的痛苦。"

1942 年 9 月,科夫诺和维尔纳犹太人对前一年发生的屠杀事件的记忆再次激起了他们的伤痛。与华沙一样,罗兹居民也刚刚迎来前所未有的灭绝末期,当然,编年史作家是不会对此做任何评论的。赎罪日就是一个平常的工作日。然而也不是完全平常的一天:"尤为可口和丰富的午餐让人们满怀感激和感谢——土豆、青豌豆与骨头炖在一起——用来纪念节日。午餐是展现这个节日的唯一迹象,而通常情况下对这个节日的庆祝是极其庄严的。只有少数私人商店关了门。"

尽管罗森菲尔德无法忘记过去几周发生的事情,更多情况下是无法忘记隔都人们的苦痛,但他仍然对如此缺乏崇高情感而倍感生气。9 月 23 日他不再压抑自己的情感："衬衫、手套——在隔都的车间里，几百名东部犹太人在赎罪日这天购物，见不到任何一名西方犹太人。精神的冷酷、心灵的盲目、人性的异化，最基本的伦理都不再重要。这些人属于哪一类？恐惧、沮丧、忧郁、冷漠。"

九

1942 年下半年，围捕和大规模杀害犹太人已经扩展到德国直接控制的每一个国家和领土，少数或与德国结盟或保持中立的政府态度对某些欧洲犹太人来说却是生死攸关的问题。

正如我们所见，法国战败后，穿越西班牙边界就变得相对容易了，为难民（主要是犹太人）提供了前往下一个目的地的通道。一旦法国开始驱逐，取道西班牙逃跑便成为幸存的机遇。然而，那时西班牙边界警卫把逃亡的犹太人都送回了法国。几个月后，在盟军登陆北非和德国人占领整个法国后，难民——犹太人和其他人——仍然试图穿越西班牙以便进入北非加入盟军。西班牙人很快发现自己被夹在了德国和英国两股对立势力中间。1943 年 4 月丘吉尔直接威胁弗朗哥，劝他说在战争阶段不要完全关闭西班牙边界。

德国和瑞士之间没有这样的问题。管理瑞士境内外籍人和移民的机构是联邦司法和警察部（从 1940 年开始由联邦议员爱德华·冯·施泰格尔领导），尤其掌握在海因里希·罗特蒙德的警察局手中。1942 年期间，瑞士边境警察和海关官员的武装部队得到稳固加强，他们的主要任务变成围捕犹太难民。在边界的另一方，报酬丰厚但却不可靠的向导（有时还包括彻头彻尾的罪犯，他们欺骗不幸的委托人，有时为了牟取钱财和贵重物品还将他们杀害）却在试图穿过封锁，蒙混过关。

1942 年 7 月 16 日（巴黎大围捕开始之日），瑞士军队的情报安全部警告罗特蒙德的副手罗伯特·耶茨勒。"我们注意到一段时间以来，荷兰和比利时的犹太难民以及生活在这些国家的波兰难民人数在急剧增长。他们都基于同一个原因离开了自己的国家：为了躲避占领当局把他们送进劳动营……似乎需要采取紧急措施组织整个难民队伍进入我们国家，就像近期所做的那样……我们认为需要退回到某些特定因素上，这样相关组织势必会听到我们实施了这些措施，这将结束他们的活动。"想确认这些"特定因素"并不需要太多想象。

警察部面临做出决策，该决策的全面后果已经知道了："最近我们一直没有决定遣回这些人，"7月30日耶茨勒写道，"报告相互印证且完全可靠，驱逐的进行方式以及东部犹太地区的形势是如此恐怖，以至于人们必须了解难民为了逃离这种命运而进行的孤注一掷的努力；没人能为送他们回去负责。"

罗特蒙德却不这么认为。1939年10月17日的一则指令命令将非法进入瑞士的难民遣返回国。直到1942年夏，所有行政部门都没有严格执行这一命令（他们经常将难民们送进拘留营）；在这以后须强制执行。8月4日施泰格尔签署了这项指令。在8月13日送抵所有相关平民和军方的通知里，警察局指出，抵达边境的难民人数（主要是各国犹太人）在过去两周里已经达到平均每天21人，并解释说，从安全和经济两个因素出发，这些难民必须被遣返。政治难民不必送回，但是"纯粹因为种族因素出逃的人，例如犹太人，则不属于政治难民"（原文强调）。首次尝试越过边界的难民将被送回；如果再次发生，不论有什么风险，都要把他们送到对方军队和相关政府那里。

从1942年8月28日召开的警察指导会议的会议记录来看，显然每个人都知道要把犹太人排除在政治难民之外。用罗特蒙德的话来说，这简直是"一个闹剧"。甚至连施泰格尔也这样承认："政治难民。这个理论就不好，"这位联邦议员声称，"犹太人从某种程度上来说也是政治难民。"尽管中间有一些例外，然而直到1943年年底为止，更具体地说是在这之前，瑞士遣回犹太人的政策一直没有改变。

在战争第一年，瑞典的限制并不少于瑞士。然而，随着有关灭绝的消息在斯德哥尔摩（就像在伯恩那样）不断增多，因此驱逐令一抵达斯堪的纳维亚，瑞典外交部的态度就发生了转变，尤其是负责移民的副部长高斯塔·恩塞尔。当1942年11月挪威开始驱逐犹太人时，瑞典做出反应：来自挪威的犹太人——不仅仅是挪威公民——凡是试图逃往瑞典的都将予以庇护。从那时起，瑞典对犹太人的帮助不仅仅局限在整个斯堪的纳维亚，还包括大陆其他营救行动。瑞典的大转变是否包含人道主义情感，或者更多的是对战争进程的正常评估，有待商议。可能这两种刺激因素都对恩塞尔及其外交部同事的思想起到一定的作用。

1942年7月希姆莱在访问赫尔辛基期间，试图劝说芬兰人将住在这个国家的外籍犹太人（当时有150人到200人）送到德国，这是纳粹反犹运动残酷无情的一个有力例证。东部殖民化没有什么危险，借民族共同体所获得的任何经济收益或者其他政治、经济好处，都没有如此频繁地被举证阐释纳粹的反犹动力——不是别的，仅仅是意识愤怒。

尽管我们还不知道首相约翰·兰热尔是怎样答复希姆莱的要求的，但我们知道这个全国总指挥是这样要求的。芬兰秘密警察开始起草将被驱逐的外籍犹太人的名单（据估计有 35 人），他们将被驱逐到爱沙尼亚的德国人那里。流言四起，在政府和公众的强烈抗议下，最后被驱逐的人数降到 8 人。1942 年 11 月 6 日，这些人被驱逐到塔林，仅有一人在战争中幸存。

罗马尼亚、匈牙利和保加利亚的犹太社团则代表着完全不同的价值取向。德国人刚在总督区和西欧发动灭绝行动，就开始强迫遭送东南欧犹太人。1942 年 9 月 20 日，路德提到里宾特洛甫要求他"尽可能地加快从绝大多数欧洲国家遭送犹太人的速度，因为已经证明犹太人在各地煽动反对我们，他们应当为破坏阴谋和企图暗杀负责"。

当安东内斯库被授权驱逐居住在德国或德占区国家的罗马尼亚犹太人时，德国人在罗马尼亚取得初步成功。布加勒斯特原则上承诺接下来会驱逐近 30 万名依旧生活在罗马尼亚的犹太人。1942 年 7 月底艾希曼没有任何怀疑："从 1942 年 9 月 10 日起，可以预见，在持续进行的驱逐下，罗马尼亚犹太人将被运到卢布林地区；在那里，有能力工作的将被安排劳作，剩下的将受到特殊对待。"接下来的事情完全出人意料：罗马尼亚人改变了主意。

布加勒斯特的转变基于一系列因素：犹太个人、教皇使节安德列亚·卡苏洛阁下和瑞士部长勒内·德韦克的反复干预；罗马尼亚富人对官员和杨·安东内斯库家族的贿赂；还有安东内斯库憎恨德国干涉重要的内部问题。到 10 月，罗马尼亚人明显已经停止行动。10 月 11 日安东内斯库命令将驱逐推迟到春天，11 月 11 日米哈依·安东内斯库当面对布加勒斯特希姆莱的代表古斯塔夫·里希特说，德国人对犹太人太残忍了。

尽管到 1942 年年底罗马尼亚的犹太政策已经明显发生转变，甚至有传言说，布加勒斯特同意犹太人（给付充足的个人补偿后）从德涅斯特河沿岸地区前往巴勒斯坦——德国人千方百计想要阻止这一运动，但是路德正日益被宾特洛甫摒弃，他迫切需要把他的承诺证明给所有人看，于是 1943 年 1 月 23 日他对曼弗雷德·冯·基林格大使进行了孤注一掷的规劝。他命令大使通知罗马尼亚人:意大利将紧随西欧之后开始驱逐犹太人。所有欧洲国家都正在认清元首在最后讲话里所提到的原则(可能是 1942 年 11 月 8 日的讲话,在这次讲话中希特勒再次详细叙述了他的预言,并说预言正在得到验证)。"请通知罗马尼亚政府,"路德继续说,"犹太人是分裂因子,他们图谋破坏,并帮助敌方搞间谍活动。德国政府对以上所述情况均有很多证据。因此,将犹太人撤离欧洲对大陆安全十分重要。到目前为止,罗马尼亚政府在犹太问题上所表现出的积极态度符合我们的希望,并将继续为共同事业提供模范支持。"

路德的花言巧语毫无用处。1 月底希姆莱命令里希特返回柏林。与此同时必须记住,斯大林格勒附近的罗马尼亚军队已被击溃,德第六军处在投降边缘,并且同盟国在北非已经控制了从大西洋到埃及边界的大部分地区。

匈牙利则经历了完全不同的进程,但 1943 年年初的形势和罗马尼亚十分相像。在一年前,即 1942 年 3 月,极端保守的亲德总理拉斯洛·巴尔多希被霍尔蒂解职,由较为温和的米克洛斯·卡拉伊取代。在卡拉伊任职前六个月——处在德国军事胜利阶段——匈牙利政策没有发生任何改变。1942 年春,为了回应德国的压力,三分之一的匈牙利武装部队,即匈牙利第二军,被送往东部前线,安置在顿河沿岸。与此同时,霍尔蒂和卡拉伊允许支持党卫军的德意志匈牙利人进行广泛的志愿活动(据大多数隶属亲纳粹的民团),尽管志愿者必须放弃匈牙利国籍。一项新出台的法律规定犹太人所拥有的土地国有化。被征入东线劳动营的犹太人遭到残酷对待,死了几千人。

更不幸的是,与此同时匈牙利军方明显在卡拉伊职员许可甚至支持的情况下,制定激进的反犹倡议:和德国人商讨驱逐匈牙利犹太人,首先驱逐 10 万人。我们至今也不清楚霍尔蒂或者是卡拉伊本人是否知道那些人的接触行动。就像历史学家耶胡达·鲍尔所指出的那样,整个情节都是一个谜。

1942 年秋,政策开始转变,这明显是全球战略平衡转变的结果。10 月,德国人强迫匈牙利犹太人佩戴黄色犹太标志,将之作为驱逐的第一步,不过遭卡拉伊拒绝。与此同时,这位国防部部长开始着手努力缓解被征入劳动营犹太人的命运。10 月 5 日情况开始出现转变,路德会见柏林匈牙利大使德迈·斯托尧伊时,并要求他必须着手驱逐 80 万名匈牙利犹太人。这位大使提到了被逐犹太人命运的有关传闻:卡拉伊总理不希望以后因为将匈牙利犹太人送入痛苦或者更糟糕的境地而自责。路德回答说犹太人受雇从事铁路建设,随后他们将被安置在预留地。匈牙利人并不相信路德之言,德国的要求也遭到拒绝。1943年4月,正如我们所见,希特勒将亲自干预霍尔蒂,但是没有直接效用。1943年1月匈牙利第二军在沃洛涅日附近被彻底击败。

在保加利亚,政府在犹太政策上的立场也从与德国人合作转向日趋独立。1942年6月保加利亚国会授权政府"执行犹太问题解决办法":臭名昭著的反犹分子亚历山大·贝莱夫被任命为内政部犹太事务委员。鲍里斯国王合作政策的第一个受害者是色雷斯(前希腊省)和马其顿(前南斯拉夫省)的犹太人,保加利亚地区则因1941年4月加入德国运动对抗它的两个邻国而受到嘉奖。这1.1万名外籍犹太人(从索菲亚的观点出发)被匈牙利警察围捕后送给了德国人,并于1943年3、4月间,被船运到葬身之地特雷布林卡。正如我们所见,保加利亚本土犹太人的驱逐则完全不同。

意大利显然没有为这些东南欧国家树立正确的榜样。当然,1942年10月11日当全国总指挥访问领袖期间,墨索里尼当然没有被希姆莱对犹太人命运的解释所愚弄。这位党卫军领导承认,在东部领土德国人不得不枪毙"相当数目"的犹太人,包括女人、年轻人,因为他们是游击队的报信人;据希姆莱所说,墨索里尼的反应是"这是唯一可能的解决方法"。除此以外,希姆莱谈到了劳动营、道路工作和特莱西恩施塔特——还谈到了当德国人试图通过前线的一些缺口将犹太人赶入俄一方时,俄国人枪杀了许多犹太人。意大利人有他们自己的消息来源。

历史学家、意大利外交部被占领土分部的首脑乔纳森·施泰因贝格在1942年11月底的记录中指出:"德国人继续沉着地屠杀犹太人。"他进一步提到,根据外国广播电台报道,每天都有6000名到7000名华沙犹太人遭到驱逐和灭绝。据他所说,德国人已经杀害了100万犹太人。国王维托利奥·埃曼努尔三世似乎也知道此事。因此,在国家最高层的含蓄支持下,意大利尽可能在若干可能的地方,比如克罗地亚、希腊和法国,保护犹太人。戈培尔的日记显示,德国人很不高兴,但是无计可施。

在克罗地亚,当德国人忙于驱逐其掌控下的最后一批犹太人时,意大利都没有采取任何行动,尽管希特勒已经对帕韦利克许下承诺,尽管墨索里尼也已下令从他们的地区逮捕5000名犹太人。但是在法国,事情已几近白热化。位于尼斯的意大利总领事阿尔贝托·卡利塞不仅拒绝接收有犹太人身份标志的文件，而且在1942 年 12 月的最后几天里，不顾维希政府的指令(原则上维希政府拥有全部法国领土上犹太事务的司法权)禁止将犹太人从意大利地区转移到德国占领区。几天之内，卡利塞的立场得到了罗马外交部的支持。

这里有一个意大利方面的巧妙回应：意大利人通知法国同意转移法国犹太人，但不包括外籍犹太人；维希陷入瘫痪。1943 年 1 月，位于罗马的德国大使汉斯·格奥尔格·冯·麦肯森要求齐亚诺废除这些决定，墨索里尼的部长将德国置于尴尬境地：齐亚诺争辩说，由于这个问题十分复杂，因此需要柏林方面系统阐述其要求并写下备忘录，以便在适当的时候予以研究。

1943 年年初，齐亚诺被指派为驻梵蒂冈大使，领袖自己掌管外交事务。在这之前几日，墨索里尼和齐亚诺审阅了 1 月 3 日由意大利驻柏林大使迪诺·阿尔菲送来的电报："至于(被驱逐的德国犹太人的)命运，就像波兰、俄国、荷兰甚至和法国犹太人一样，没有过多疑问……甚至党卫军都在谈论大规模行刑……这儿有个人带着恐怖回忆了用机关枪处决妇女和儿童的某些场景，那些人都赤裸着身子站在一个普通大坑的边上。有关各种折磨的传说，我仅限于说一个故事，该故事是一名党卫军军官告诉我的同事的。这名军官承认，由于受害者数量众多，他手下的人对行刑感到疲倦和震惊，为了给他们做出榜样，他把六个月大的婴儿全都摔在墙上砸死。"

正如我们所见，从 1943 年春夏到德国占领整个国家期间，意大利都一直在阻止德国的反犹措施。

1942 年秋，德国在大陆的另一头——挪威开始了反犹活动。习惯法把少数犹太人口变为贱民群体。11 月 20 日，从奥斯陆开往斯德丁的船拉开了驱逐的序幕，随后这些犹太人转而乘火车前往奥斯维辛。到 1943 年 2 月底，挪威的犹太社团不复存在：700 多名犹太人被杀害，大约 900 人逃往瑞典。

＋

尽管 1942 年夏秋两季有关"最后解决"的消息在同盟国首都日益增多，但是一些意想不到的团体，例如波兰流亡政府，仍然在犹豫是否公布这些消息。在刚开始向特雷布林卡驱逐时，波兰地下组织就通过特雷布林卡火车站的国内驻防军获知集中营的详细信息以及受害人的命运。尽管消息很快就传到了伦敦，但是流亡政府坚持保密到 9 月中旬。

流亡政府是由本国主要政党的代表组成，因此它尽可能地保持调和选民的态度。选民会发现，1942 年 8 月 15 日在特雷布林卡灭绝顶峰时期，刊登在已经提到的基督教民主主义劳动党的报纸《民族报》上的一篇文章恰如其分地表达了它之前的感受。

"此刻，"《民族报》写道，"从隔都墙壁后面，我们能够听到惨遭杀害的犹太人凄惨的呻吟和号叫。无情、狡猾的人正在使受害者沦为冷酷、残忍的力量，在这个战场上看不到十字架，因为这些场景已经倒退到了前基督教时代。如果继续下去的话，用不了多久华沙就要向最后一名犹太人说再见了。如果有可能组织一场葬礼的话，人们的反应一定会很有趣。究竟棺材能够激发悲伤、哭泣，还是喜悦？……几百年来，在我们城市北部居住着一个陌生而又恶毒的群体。恶毒、陌生是源于我们的自身利益，甚至我们的灵魂和内心。因此，让我们别摆出职业葬礼哭手那样的虚假姿态——让我们严肃且诚实……我们同情个别有人性的犹太人，只要他想'失踪'或隐藏，我们应尽可能地伸出援助之手。我们应当谴责那些拒绝他的人。我们有义务要求那些讥笑和嘲讽的人在面对死亡时展示尊严和敬意。但是我们也没必要为一个与我们从不贴心民族的消亡而假装痛苦万分。"

最后，波兰公民斗争代表团与波兰流亡政府达成一致，于 1942 年 9 月 19 日发布了一个公告。"由于对正在发生的事情没能力做出积极的反抗，"理事会宣布，"因此，公民斗争领导人以全体波兰人的名义抗议正在犹太人身上犯下的罪行。所有波兰政治和社会组织联合抗议。"但是，该代表团没有承诺提供任何帮助，也没有鼓励犹太人逃离华沙或者隐藏在波兰人当中。

1942 年秋波兰情报员、地下组织战士简·卡斯克(在叙述战争初期波兰人口的反犹姿态时将再次提到)执行"西部使命"时，突出表现了其拖延并极不情愿分享灭绝犹太人信息的相同策略。地下组织派卡斯克到西部报告波兰的形势，但却只字不提任何有关犹太人命运的重要信息。当两名犹太秘密组织领导人认清卡斯克即将到来的使命后，他才被允许进入隔都和贝乌热茨苦役营会见他们。另外，在特使要联系的人员名单里又加入了两名波兰犹太政要的名字(伊格纳齐·施瓦岑巴特和斯缪尔·济金伯捷姆)，但是只作为最后考虑。在那个阶段，卡斯克遵照收到的命令和指示行事，等了几个星期后才见到了位于英国首都的犹太联络人。然而，显然联络人被他带来的信息所吃惊，因为波兰公民斗争代表团和流亡政府对犹太问题给出的信息太微不足道。1942 年 12 月底他最终会见了济金伯捷姆。

流亡政府是基于一系列考虑才形成了上述立场。首先,对犹太灾难的任何强调都会使西方的注意力偏离波兰本身的悲惨。因此,在公开德国人在波兰所犯罪行时,常常给人留下受害者大都是波兰人的印象。秋天,当空前详细的信息抵达大不列颠和美国后,为了获取人们对波兰困境的同情,波兰政府(犹豫不决地)转变了政策,其观点是德国对犹太人犯下的罪行也可能用在波兰人身上。

波兰动员西方公众舆论的努力还有一个重要的政治目标:支持波兰,反对苏联对国家东部边界的要求。斯大林坚持退回到 1920 年的"寇松线",这条线几乎与 1939 年的"里宾特洛甫—莫洛托夫洛托夫线"相同,而波兰人则坚决要求退回到第二次世界大战爆发时一直被承认的国际线。①在波兰争取政治支持的坚决活动中,犹太人扮演着重要角色,并不仅仅是争取同情的竞争对手。

在波兰领导人看来,犹太人在伦敦和华盛顿的影响不言而喻,此外,波兰人认为在战后边界冲突中,犹太人已经准备好和苏联站在一起,而不是波兰:在 1939 年 9 月到 1941 年 6 月东波兰被占期间,他们亲苏联的感情难道没有得到加强吗? 1942 年晚秋,前内政部部长、驻苏联大使,同时也是总理西科尔斯基的一名亲密政治盟友的斯坦尼斯瓦夫·科特抵达巴勒斯坦,进行深入访问。

考虑到波兰流亡政府和巴勒斯坦犹太领导人之间对立的议事日程,他们的协商没能成为拥有共同敌人的受害者之间的有益交换。科特指责波兰犹太人对祖国缺乏忠诚,并且如果不放下波兰反犹问题的话,在某种情况下犹太人甚至还会对波兰构成威胁,还说波兰人将公布犹太警察的野蛮行为以及委员会对犹太同胞的冷酷无情。

基本问题还是没有解决。尽管他们要求科特给出更有力的承诺,帮助逃亡的犹太人,但是伊休夫的领导人仍未准备好提供明确的交换条件,即在战后边界问题上支持波兰的立场。据波兰人推测,可能犹太领导人对战后苏联的影响力以及苏联从政治上支持犹太复国主义运动的评估起到了重要作用。除此以外,本－古里安及其同伴希望莫斯科能够允许几十万犹太人从苏联移民到以色列地区,

---

① 在这一问题上,西方同盟国几乎从一开始就站在苏联这一边。苏联的要求在 1943 年 11 月的德黑兰会议上被接受,1945 年 2 月的雅尔塔会议上获得再次肯定。

尤其是那些来自波兰的难民。最后,伊休夫的领导人也许怀疑波兰营救犹太人的具体准备工作或者怀疑波兰是否有能力这样做。

与此同时,犹太复国主义领导人本身并没有对缓解欧洲犹太人命运做出任何重要贡献,他们似乎也没有对日益呈现的灾难投入太多关注。1942 年 5 月,纽约贝尔特莫酒店召开了一个具有重大历史意义的会议,提出了要求战后在巴勒斯坦建立犹太人国家的决议,会上几个主要发言人表达了他们的设想:战争后期将会有 200 万到 300 万名欧洲犹太人死亡;但这并没有引起任何特别的轰动。在接下来的几个月内,本-古里安的主要政治议程使之无暇顾及发生在欧洲的灭绝事件,而是关注于当地政治事件:他需要说服部分以色列工党成员支持比尔特莫计划(这指的是巴勒斯坦分治计划)。但是他失败了。1942 年 10 月 25 日于法维金召开的会议上,工党"B 派"反对分治,并最终脱离工党。图维亚·弗里林是最拥护本-古里安这些年来作用的历史学家,用他的话说,在集会上发言阐述欧洲形势时,以色列工党领导人发现没有比经常使用的术语更好的语汇了:"一切都在危险之中。人类的自由;我们人民的自然存在;新家园的开端;自身运动的灵魂——都处在危险之中。"或者,就像 1942 年到 1943 年间本-古里安几次提到的那样:"我们从没有一个时刻像今天这样面临灭亡的危险……欧洲犹太人的灭亡对犹太复国主义的打击是致命的,因为将没有人会留存下来建设以色列国。"

1942 年 11 月 16 日,一些持有英国托管护照的波兰犹太人和生活在巴勒斯坦的德国人进行互换,他们带来当地犹太人命运和从西欧到总督区屠杀点驱逐的一手消息。这些消息震动了伊休夫,并很快得到波兰官方和同盟国宣告的证实。

1942 年夏,三个德国渠道证实了到那时为止所有得到的关于系统灭绝方面的恐怖信息。前两封报告影响很有限,因为收信人没有把它们送去伦敦或华盛顿;而第三封报告则在几个月之内就产生了重要影响。

极度虔诚的新教徒库尔特·格尔斯坦是武装党卫军卫生部门的一名消毒专家,据他所写,1942 年 7 月末,他受帝国安全总局党卫军官员格云瑟的命令,取 100 千克(220 磅)左右的氰酸(齐克隆 B)送去卢布林。在会见了格罗博科尼克后,8 月 2 日格尔斯坦动身前往贝乌热茨,一同前往的可能还有格罗博科尼克,但可以肯定的是,党卫军一级突击队大队长奥托·普凡嫩施蒂尔、马堡大学的卫生学教授在此次行程中一直陪同着他。

格尔斯坦在集中营目睹了来自利沃夫的一次遣送列车抵达的情况。他看到乌克兰后备军是怎样从货车上把犹太人赶下来,怎样迫使他们脱光衣服,告诉他们如何杀菌,以及是如何把他们赶入毒气室的。格尔斯坦计算了一下犹太人窒息所用的时间:起初引擎并没有发动。犹太人痛苦着、啜泣着:"就像在一座犹太会堂,"普凡嫩施蒂尔说,他把眼睛贴在窥镜上。两个半小时后,引擎开始启动;32分钟后,所有犹太人都死了。1950年6月普凡嫩施蒂尔的宣誓证明了格尔斯坦报告的要旨。

在从华沙到柏林的火车旅途上(这次行程没有任何党卫军旅伴)格尔斯坦开始与一名瑞典外交官、驻柏林大使馆大使专员约兰·冯·奥特谈话,他亮明身份,拿出介绍信(其中有柏林福音派主教奥托·狄比留的介绍信),并把他所看到的告诉了奥特。回到首都后,这名外交官检查了格尔斯坦这名党卫军官员的证件,在确信他的可靠性之后,给斯德哥尔摩送去一份报告。但是,瑞典外交部并没有对此做出回应,也没有将之通报给同盟国。战争结束后,奥特再次确认了他与格尔斯坦的谈话,瑞典外交部部长也承认收到了这份报告,并一直保密到战争结束。

在回到柏林的几周里,格尔斯坦尝试着将其所见所闻通知给罗马教廷大使和瑞士公使馆。他还通知了普雷辛的助手——一个名叫温特博士的人,还有主教狄比流和其他人,但是没有任何结果。格尔斯坦一直到最后都在扮演双重角色。他把齐克隆B用船运到集中营,同时又试图激起德国人和外国人对这个事件的认识,但未能成功。在战争末期他写了三份报告描述他的所见所闻,并把它们交给了接受他自首的美国人。后来他被移交到法国占领部队,作为潜在的战犯被关押在巴黎。1945年7月25日,他在牢房上吊自杀。

几乎在奥特的信抵达斯德哥尔摩的同一天,瑞典驻斯德丁领事卡尔·英韦·文德尔也转交了一份类似的报告。文德尔实际上是一名瑞典情报人员,在领事活动的伪装下监视德国军队的行动,从而与一些德国反政权武装成员有秘密接触。在东普鲁士一处庄园拜访了朋友后,1942年8月9日文德尔将一份讲述总督区形势的长篇报告登记备案,其中一部分涉及灭绝犹太人:

"在一个城市,由于官方宣称要'灭虱',所有犹太人都被聚集到一起。在入口处他们被迫脱去衣服;然而灭虱的过程中还包括毒气灭绝,之后他们所有人都被扔进大坑。我获得的所有有关总督区形势的信息来源是这样的,关于我的线人描述的真实性,不存在丝毫怀疑之处。"①

据历史学家约瑟夫·列万多夫斯基的调查,文德尔的消息来自他的一个朋友——中央集团军预备中尉海因里希·冯·伦多夫伯爵,同时还来自一名客人,此人是在东普鲁士冯·伦多夫的"格罗斯—斯泰诺特"庄园加入他们的。这位客人很可能就是亨宁·冯·特雷斯科上校,我们已经遇到过这个人。他是反希特勒军事密谋行动的最积极组织者。文德尔的报告也没有被转交给同盟国。

同样在几乎相同的时间,有三分之一德国渠道传出消息,适时地消除了同盟国的疑虑。1942 年 7 月的最后几天,与纳粹高级官员保持密切联系的德国实业家爱德华·舒尔特来到苏黎世,告诉他的一位犹太商务友人"希特勒总部筹划"在今年年底全面灭绝欧洲犹太人。这个消息传到了犹太社团驻瑞士的新闻专员本杰明·萨加洛维奇那里,他接着就通知了世界犹太人大会日内瓦办公室的主管格哈特·里格纳。里格纳要求通过美英驻柏林公使馆向纽约和伦敦的世界犹太人大会总部发送电报。美国和英国外交官一致同意。

送往华盛顿和伦敦的是措辞相同的文本,内容如下:"收到一份警报,内容是关于正在讨论和考虑中的元首总部的计划。据计划所说,所有被占国和德国控制国总计 350 万到 400 万名犹太人都要驱逐到东部并集中起来一举灭绝,从而一劳永逸地解决欧洲犹太问题。行动报告指出,正在讨论中的成熟方案包括使用氢氰酸。我们在传送信息时有必要保留所有不能证实其准确性的信息。告密者和德国高级权威有密切联系,他们的报告一般来说是可信的。"

国务院和外交部仍然持怀疑态度,并且华盛顿也没有把这份电报转交给主要收件人斯蒂芬·怀斯。然而,同样的电报却被世界犹太人大会英国分部的领导人收到,并从伦敦转交给了斯蒂芬·怀斯,尽管最初有一些困难。9 月 2 日,美国副国务卿祖默·韦勒斯致电怀斯,要求他在未获独立证实前不得公开报告内容。怀斯接受了。

总部位于日内瓦并且只包含瑞士成员的国际红十字委员会与波恩政府的

---

① 文德尔报告的翻译建立在 Lewandowski 和 Steven Kublik 翻译的基础之上。Kublik 是第一位翻译文德尔报告的历史学家。

一些主要决定的指示基本上没受到质疑。据国际红十字委员会和纳粹屠犹方面最重要的历史学家让—克劳德·法维兹所说,(1998 年) 里格纳坚持认为自己已经于 1942 年 8 月或者 9 月将透露给他的信息告诉给了委员会三位重要成员:卡尔 J.布尔克哈特、苏珊·费里埃和卢齐厄·奥迪耶。1942 年 10 月底的某个时间,布尔克哈特亲自向美国驻日内瓦领事保罗·C.斯夸尔和里格纳的同事保罗·古根海姆证实了里格纳报告的事实,并于 11 月又向里格纳本人证实了这件事。

尽管这个消息现在在他控制之下,但布尔克哈特反对国际红十字委员会以任何形式公开进行抗议,即使采用非常温和的方式也不行。这也是瑞士政府的立场,当时它任命联邦委员会委员菲利普·艾特尔坐镇委员会。尽管在 1942 年 10 月 14 日的全体会议上大多数成员支持公开发布一个声明,但布尔克哈特和艾特尔还是阻止了这一倡议。然而,布尔克哈特把里格纳传来的消息证实给了美国驻日内瓦领事,这可能对华盛顿和伦敦接下来的行动有所贡献。

到 1942 年 11 月,更多有关德国灭绝运动的消息在华盛顿积聚,韦勒斯别无选择只能告诉怀斯:"来自欧洲的报告确认并证实了您最担心的事情。"几天之内消息就在美国、中立国和巴勒斯坦公布开来。

事实上,自 1942 年 10 月以来,有关灭绝的消息就在大不列颠蔓延,10 月 29日,坎特伯雷红衣主教在皇家阿尔伯特大厅主持了一场抗议会议,到会的有英国、犹太和波兰代表。一个月后,即 11 月 27 日,波兰流亡政府正式承认波兰犹太人"以及为了谋杀而被从其他被占国带到波兰的犹太人"均遭谋杀。

12 月 10 日一份有关波兰境内大屠杀的详细报告被递交到外交部, 由波兰大使递给了伦敦的爱德华·拉琴斯基伯爵。该报告再次证实了波兰犹太人遭到总体系统的灭绝。消息传到了丘吉尔那里,他要求提供更多细节。至此,伦敦和华盛顿最终双双终止了外交上的困惑。12 月 14 日这天,外交部部长安东尼·艾登把所了解到的欧洲犹太人的命运通知给了内阁。

几天前,在 12 月 8 日这天,罗斯福受到犹太领导人的委托。尽管半小时的会谈实际上只是在敷衍塞责,但是罗斯福明确表示他知道正在发生的事情:"美国政府,"他说,"现在你提醒我们注意的大多数情况,我们早就十分熟稔。十分不幸,我们已经得到多方面证实……美国政府驻瑞士代表以及驻其他中立国的代表已经向我们提供证据证实了你所谈论的恐怖事件。"①同时罗斯福还同意发布一个公开声明。12 月 17 日,所有同盟国政府和"自由法国民族委员会"庄严宣布:欧洲犹太人正在遭受灭绝,并发誓"这些罪行的负责人绝不会逃脱惩罚"。

戈培尔在日记中不承认伦敦和华盛顿抗议的重要性,但是"为了摆脱犹太人这个不幸的主题",他指示新闻界要描述同盟国所犯的暴行,以示严厉反击。因此,德国报纸业代表不再否认灭绝,而是尽可能地轻描淡写。

在这一问题上希姆莱有自身的一些问题。11 月 20 日他把斯蒂芬·怀斯两个月前所写的一份"备忘录"传给了弥勒。尽管附在写给希姆莱的信件后面的这个备忘录至今还未找到,但是我们知道这个日期正是怀斯进行沟通的时间。希姆莱的反应皆在暗示世界犹太人大会使用了瑞士正统派拉比协会代表伊萨克·施特恩伯克送给纽约以色列正教党主席雅各布·罗森海姆的信息。根据这一信息,"被害人的遗体被用来制作肥皂和人工肥料"。这位全国总指挥对这一诽谤十分愤慨。他希望弥勒"保证"掩埋或者焚烧各地的尸体,"任何地方都不能见到尸体"。

十一

1942 年 3 月 17 日,格哈特·里格纳和里查德·利希海伊姆受到柏林教廷大使菲利普·贝尔纳迪尼的接见。会后,大使收到一份关于在德国占领和控制之下欧洲国家的犹太人命运的长篇报告,他肯定也把这份报告交给了梵蒂冈。这份报告十分详细地列举了集中营、隔都和大屠杀。②

实际上,自 1942 年年初以来,梵蒂冈已经通过最直接的渠道获知犹太人遭灭绝的消息。正如之前提到的,1942 年 2 月德国的高级教士已经被告知波罗的海国家的犹太人遭到了大屠杀。3 月 9 日,梵蒂冈驻伯拉第斯拉瓦的代办公使朱塞佩·布尔齐奥发出一份尤为不祥的报告。报告首先预告即将发生从斯洛伐克向波兰的驱逐,并在 3 月 9 日的电报中指出图卡试图推迟驱逐的干预以失败而告终,之后布尔齐奥用一句话作为他的情报结尾,这句话成为这个事件令人难以忘

---

①　要么是在访问期间,要么是在准备访问期间,罗斯福收到了世界犹太人大会准备的一份备忘录,其中详细描述了灭绝,并特别提到奥斯维辛是一个主要的屠杀中心。

②　非常奇怪的是,贝尔纳迪尼的报告没有包括在梵蒂冈出版的文献之内。

记的一部分:"在德国干预下将 8 万名犹太人驱逐到波兰,就等于对大多数人宣判了死刑。"

皮耶罗·斯卡韦兹是意大利修道院院长,他经常前往波兰,名义上是参加医院培训,实则是为了梵蒂冈的秘密使命。5 月份,斯卡韦兹直接给庇护十二世发来一份报告:"随着驱逐和大肆屠杀的进行,反犹太人的斗争变得难以平息,而且愈演愈烈。对乌克兰犹太人的屠杀已几近结束,波兰和德国也希望通过系统谋杀来结束此事。"

接下来的几个月内不断有消息抵达梵蒂冈,其中有一条由于作者的立场及其对事件的直接目击而显得尤为重要,这条重要信息就是,1942 年 8 月 31 日利沃夫东仪天主教会精神领袖安德烈·舍普特斯科依大主教发出的一封信。这封信之所以重要,是因为它和教皇或者舍普特斯科依在梵蒂冈的朋友法国枢机主教欧仁·蒂斯朗密不可分。尽管大家都知道大主教和犹太人有私人友谊,但是在苏联占领东加里西亚期间,他在给梵蒂冈的信中却反复谴责"犹太——布尔什维主义",和绝大多数乌克兰民族主义者一样,当德国人进入东波兰时,他表示了热烈欢迎。因此这样一位作者的证据是无懈可击的。在大约 5 万名犹太人被驱逐出利沃夫之后,他写了这封信。

"德国军队解开了布尔什维克的枷锁,"大主教写道,"我们感到了一种解脱……(然而)德国(政府)却逐渐建立起有着令人难以置信的恐怖和堕落的政权……现在每个人都承认德国政权比布尔什维克政权还要罪恶和残忍。因为一年多来,该政权没有哪天不犯下恐怖罪行。犹太人是主要受害者。德国人公然在街道、在众目睽睽之下当场杀死犹太人。我们这个地区被害犹太人的数量已经超过了 20 万人。"然而教皇给大主教的回信中却只字未提犹太问题。与此同时清洗华沙隔都之事都已经为世人所知,一周接着一周,来自西部的驱逐也正在把它们的货物——犹太人带到"未知地",到那时为止,梵蒂冈对这些情况都十分了解。

1942 年 9 月 26 日,前往教廷的美国部长迈伦·C.泰勒把一份详细的备忘录交给国务卿马廖内:"这接下来的内容来自 1942 年 8 月 30 日犹太代办处驻日内瓦办公室给巴勒斯坦的一封信。办公室从两名可靠目击者(雅利安人)那里获得报告,其中一人于 8 月 14 日从波兰来到这里。(1)已经开始清洗华沙隔都。不论年龄、性别,犹太人无一例外都被成批移出隔都并被枪杀……(2)这些大屠杀不仅仅发生在华沙，也发生在为此特别建立的集中营中，其中一个据说是贝乌热茨……(3) 从德国、比利时、荷兰、法国和斯洛伐克驱逐的犹太人都被送去屠杀，从荷兰和法国驱逐到东部的雅利安人才真正用来工作。"泰勒的备忘录结尾如下："如果阁下能告诉我梵蒂冈是不是有信息可以证明这份备忘录里的报告，我将十分感激。如果有的话，我想知道圣父是否有采取任何实际行动的建议，利用文明的公众舆论力量去阻止这些野蛮行径的继续。"

枢机国务卿把主要答案交给了美国代办公使哈罗德·蒂特曼，蒂特曼于10月10日用电报把要点发回华盛顿："教廷今天以一份非正式、未署名的声明答复了泰勒先生关于波兰犹太人困境的信件，由枢机国务卿转交给我。在感谢泰勒大使让教廷注意到这个问题后，该声明说，教廷从其他渠道也收到了非雅利安人遭受残酷对待的报告，但是到目前为止，还不可能证明其准确性。然而，声明补充道，教廷会利用一切可能的机会减轻非雅利安人的痛苦。"

英国派到梵蒂冈的公使弗朗西斯·迪·阿尔西·奥斯本在他的私人信件和日记中吐露到自己对教皇固执的沉默感到痛苦："我越想，"他在12月13日的日记中记载，"就越感到厌恶，一方面是希特勒对犹太种族的屠杀，另一方面则是梵蒂冈显然只关注……罗马遭到轰击的可能性。"几天后，奥斯本写信给枢机国务卿："梵蒂冈不应当只考虑罗马会不会被空炸，而不想其他，应当考虑到自己在这场史无前例的反人类罪行面前，即希特勒灭绝犹太人的运动面前应当承担的责任。"马廖内传回的梵蒂冈的回答让人难以忍受："教皇不会谴责'特殊暴行'，也不能证明同盟国所报告的被害犹太人的人数。"

在梵蒂冈看来，教皇已经在1942年的平安夜公开发表布告。据"梵蒂冈广播电台"报道，在26页文本的第24页，罗马教皇宣布："人们有责任把整个社会带回以神律为指引的中心，成千上万的人们被处以死刑和逐渐灭绝，不是因为他们自身的错误，只是因为他们的民族或种族，"庇护十二世接着补充，"人们对成千上万的非战斗人员负有责任——妇女、儿童、病人和老人，这些人被空战——从一开始我们就谴责空战的恐怖——不加区分地夺去了生命、财产、健康、家园、避难所以及祈祷场所。"

墨索里尼嘲笑这个讲话是陈词滥调；蒂特曼和波兰大使都表达了他们对教皇的失望；甚至法国大使也明显感到困惑。看起来似乎绝大多数德国官员也没有发觉教皇演讲有什么预兆：位于梵蒂冈的贝尔根大使密切注视了庇护教皇政策的每一个细节,但他根本没有提及这次讲话。至于善于解释任何宣传运动的戈培尔则对教皇的讲话表示了完全轻视:"教皇的圣诞演说没有任何深意,"12 月 26 日他写道,"他只是泛泛而谈,交战各国完全没有兴趣。"唯一一份认为这次讲话是在攻击民族社会主义德国的基本原则以及它对犹太人和波兰人的迫害的德国文件是帝国安全总局的一份匿名报告。该报告日期不详,由于是写给外交部的,它应该起草于 1942 年 12 月 25 日到 1943 年 1 月 15 日之间。

教皇确信自己已被充分理解。据奥斯本 1943 年 1 月 5 日给伦敦的报告所说,罗马教皇相信他的口谕"已经满足了最近所有需要他公开表态的要求"。

1942 年 7 月初,美国"巴勒斯坦联合呼吁"主席亨利·蒙特尔要求利希海伊姆递给他一份 1500 字的文章,"评论欧洲犹太人的境况"。"我感觉目前无法写一份'报告',"8 月 13 日利希海伊姆答复蒙特尔说,"调查是冷静、清晰并理性的东西……所以我写的不是调查,而是更加个人化的一篇文章,如果你喜欢的话——或者可以说它是一篇散文,不是 1500 字,而是 4000 字,我更多的是表达我个人情感而不是'事实'。"这封信包括"所有对你以及对'天国'里快乐的犹太人的新年祝福"。利希海伊姆把他的散文命名为"欧洲犹太人正在遭遇什么":

"我收到一封来自美国要求我'评论欧洲犹太人的境况'的信。这个我做不了,因为犹太人今天的'境况'不过是急速冲下大峡谷的流水,或者是被龙卷风刮起的四面飞扬的沙漠灰尘。"

"我甚至不能告诉你目前这个或那个城镇、这国或者那国有多少犹太人,因为在书写的每时每刻,他们中无数人都在四处逃亡,从比利时、荷兰到法国(希望逃到瑞士),从德国——由于即将开始向波兰的驱逐——到法国和比利时,在那儿刚刚颁布了同样的驱逐命令。就像兜着圈子奔跑的被困之兽。他们从斯洛伐克逃往匈牙利,从克罗地亚逃到意大利。与此同时,数千犹太人在纳粹的监督下被转移到更远的东部国家的苦役营中,另外来自德国或奥地利的几千名犹太人也被扔进了里加或者卢布林的隔都。"

正当利希海伊姆撰写他的"散文"时,正如我们所见,同盟国和中立国从逐渐可靠的消息来源获悉了真正发生在欧洲犹太人身上的事情。然而,虽然没有提到任何灭绝的迹象,利希海伊姆的信字里行间都表达了他的愤怒,几十年后依然能够震撼读者的思想:"现实让我爆裂,"他继续写道,"但是我无法在一篇几千字的文章里诉说。我必须一年接一年地写……那就意味着我真的无法告诉你在希特勒的欧洲 500 万遭受迫害的犹太人遭遇了并正在遭遇着什么。没有人能讲述这个故事——一个 500 万人的悲剧,每个人都可以占一卷。"

第八章 (1943 年 3 月至 1943 年 10 月)

"亲爱的爸爸,坏消息:继姑姑之后,轮到我离开了。"1943 年 2 月 12 日,17 岁的路易丝·雅各布森在德朗西给远在巴黎的父亲留下了这张匆忙写下的铅笔字卡片。路易丝的父母——1939 年离了婚——都是法国犹太人,在第一次世界大战前就已经从俄国移民到巴黎。路易丝和她的兄弟姐妹都在法国出生,是法国公民。其父是一个大师级的木匠;他的小生意已经被"雅利安化"了,像其他所有法国犹太人一样(加入国籍或者没加入国籍的),他也在等待。

路易丝和她的母亲因被人匿名揭发而于 1942 年秋被捕,理由是她们没有佩戴犹太标志,并且还有可能是活跃的共产主义分子。根据保安处的要求,法国警察搜查了她们的家,并且确实发现了一些共产党手册(这实际上是路易丝的哥哥和姐夫的东西,他们俩都是战俘)。一个邻居很可能看到过路易丝的姐姐将反动文学作品藏在地窖的煤堆下面。当路易斯的母亲仍继续留在巴黎监狱时,路易丝已于 1942 年年底被转移到了德朗西,1943 年 2 月,她被点名驱逐。

"没关系,"路易丝写道,"和每个人一样,我的精神面貌良好。您不用担心,爸爸。首先,我以一个良好的状态离开。上个星期我吃得非常非常好。我从代理人那儿拿来两个包裹,一个来自我刚刚被驱逐的朋友,另一个是姑姑给的。就在刚才,您的包裹也寄到了。

"我可以看到您的脸,我亲爱的爸爸,这就是我为什么希望您像我一样有勇气……您要把这个消息送到维希地区(带给她的姐姐和其他人),但是要小心。至于妈妈,她什么都不知道也许会更好一些。完全没有必要让她担心,也许在她出狱之前我就回来了。

"我们明天早晨离开。我和我的朋友们一起,因为很多人都要离开。我把我的手表和所有妈妈的东西都委托给了我房间里一个亲切的人。我的父亲,我无数次用尽全力地吻你。勇敢一些,再见,您的女儿路易丝。"

1943 年 2 月 13 日,路易丝一行 48 人和 100 名其他法国犹太人一起离开前往奥斯维辛。一名幸存的化学工程师女友(伊尔玛)和她一起经历了被拣选的过程。"告诉他们你是一名化学家。"伊尔玛小声说。但当轮到路易丝,问起她的职业时,路易丝回答说:"学生。"于是她被送到了左边,进了毒气室。

——

继斯大林格勒战役结束五个月后,德国最后一次重新夺得军事主动权的努力也在库尔斯和奥廖尔这两个决定性战役中惨遭失败。从 1943 年 7 月开始,苏联的进攻就决定着东线战争的演变。11 月 6 日基辅被解放,1944 年 1 月中旬,德国对列宁格勒的封锁也被彻底打破。

与此同时,非洲军团的剩余兵力在突尼斯投降。1943 年 7 月,德军在东线遭遇重创的同时,英国和美国部队在西西里登陆。在这个月结束之前,军事上的失败使指挥官丢了官职。1943 年 7 月 24 日,"法西斯大委员会"的大多数成员对其领导人提出不信任案投了赞成票。25 日,国王简短地会见了墨索里尼,并告诉他要解除他的职务,由皮艾特罗·巴多利奥将军接替他担任意大利政府新首领。当离开国王的住所后,这位意大利独裁者被捕了。不费一枪一弹,法西斯政权就这样瓦解了。这位前任领袖从罗马被送去蓬扎岛,最后被关在亚平宁的大萨索山。尽管德国伞兵成功地于 9 月 12 日解救了这位希特勒的盟友,他后来也被希特勒任命为意大利北部法西斯傀儡政权("意大利社会共和国")的领导人,但失去锐气、疾病缠身的墨索里尼既没有重新被公众所接受,也没有获得任何权力。

9 月 3 日,英美联军在意大利南部登陆,8 日,同盟国宣布了由巴多利奥在登陆那天秘密签订的停战协议。德国迅速做出反应:纳粹国防军在 9 日和 10 日迅速占领意大利北部和中部,夺取由意大利控制的巴尔干和法国地区,几个星期之间他们已经出兵意大利(同样是从东线调来的军队)。同盟国依然在半岛南部筑壕防护;在未来几个月,他们将放缓北上的速度。

盟军的成功登陆得益于对德国军事目标和城市不断进行的猛烈轰炸。1943 年 7 月英国轰炸汉堡,"大爆炸"造成 3 万到 4 万名平民死亡。夜间袭击由英国人实施,日间行动则由美国人主刀。

尽管遭受了一连串的军事失败,匈牙利、芬兰等"盟国"也逐渐摇摆不定,1943年秋希特勒仍不认为已经失去了战争。即将投入使用的新式战斗机将结束英美的轰炸行动,远程火箭将会摧毁伦敦,并重创同盟国的入侵计划,新组编的配备重型坦克(刚刚从工厂开出来)的军队将堵住苏联的进攻。一旦陷入军事僵局,同盟国就会因为固有的政治、军事张力而陷入崩溃。

然而,这种乐观的预测并不能改变自1943年年初以来遍布德国民众和德国领导人中间的那种明显的危机感。尽管希特勒的权威依旧固若金汤,没有他的支持也无法实施任何主要行动,然而纳粹领导人逐渐对每个军事形势细节都遭到理性行动的干扰(这部分因为他对将领缺乏信任)而感到困惑。希特勒日渐不愿进行公共演说,这进一步增加了人们的担忧,并可能会削弱(到那时为止)人们对他类似准宗教性质的信任,这种信任使他长期以来一直没有受到任何批评。

1943年年初希特勒任命了一个"三人委员会"——由拉默斯、博尔曼、凯特尔三人组成——来对相互交织、竞争的国家、政党和军事机构进行协调。然而在几个月内,委员会的权威就减退了,因为部长们的立场是捍卫各自的权力,这就逐渐破坏了委员会的主动权。只有博尔曼的影响在逐渐增长:除了控制政党外,他还成为"'元首'的秘书",希特勒对他也越发依赖。1943年8月希姆莱的力量独立发展到新的高度,他取代弗里克成为内政部部长。另一方面,戈培尔作为一名聪明的阴谋家,并没有从宣扬"总体战"的努力中获取任何额外权力,至少在接下来的短期内他没有获得。另外,尽管有施佩尔的支持,但是由于希特勒对德国空军的多次失利十分恼火,所以戈培尔也未能成功恢复格林作为德国防卫行政内阁(始建于战争初期)领导人的权威来与"三人委员会"相抗衡。

希特勒幻想以点燃反犹主义怒火来作为加速敌方联盟瓦解最有效的方法之一。如果犹太人是维系资本主义和布尔什维主义秘密纽带的话,那么,不断重复"战争是犹太人的战争,它的发动仅仅是为了犹太人的利益"这种滚滚而来的反犹攻击将会影响外国人的观点,进而推动西方和苏联的相互对立。除此以外,在这次欧洲堡垒的危急时刻,消灭所有残留的内部敌人仍然至关重要。犹太人——希特勒反复重复——是所有地方组织的地下联络线;他们散布失败主义的谣言和敌对的宣传,他们在德国控制不十分牢固的国家煽动人们叛乱。在斯大林格勒战役之后,反犹主义再次甚嚣尘上有其内在的逻辑。

灭绝的年代 The Years of Extermination,1939—1945

第六军投降几天之后,戈培尔打开了德国人愤怒的闸门。2月18日戈培尔部长在体育馆发表"总体战"演说,这在很大程度上是政权宣传风格的一个缩影:通过最精心的表演和编排来控制释放疯狂的情绪。庞大的人群塞满了大厅,这些人都是精心挑选出来的、思想意识形态可靠的各个民族的代表,已经做好了展现出预期反应的准备。该事件被所有德国电台向国内和世界进行广播。并且,由于戈培尔的演说旨在调动每一个能源火花,因此他必须发挥出政权的动员神话:

"在汹涌的苏联军队后面,我们看到了犹太清洗小组——在他们身后,隐约呈现着恐怖、大饥荒的幽灵以及肆虐欧洲的无政府状态。国际犹太人再一次成为催生腐烂的恶毒酵母,他们冷笑着,心满意足地将世界掷入最深的混乱中,从而就可以建造千年文化的废墟,这文化没有任何共同之处……我们从没有怕过犹太人,现在我们也不会怕他们。我们要揭露犹太人急速的臭名昭著的计谋,他们在夺取权力之前欺骗世人进行了14年的战争,之后又要进行10年战争。布尔什维主义的目标就是犹太人的世界革命……德国无论如何也不打算向这一威胁弯腰低头,而是在适当的时候予以反击,如果必要的话,还会进行最完全最彻底的灭绝——(自己改为)——消灭。"(掌声。大喊"犹太人滚出去"。笑声)

这份长篇演说以西奥多·科纳在1814年反拿破仑民族起义期间所写诗句为高潮结尾:"现在,人民屹立,风暴消失!"接着就爆发了雷鸣般的掌声,民众连声高呼"胜利万岁"并唱起了赞美诗。数千万德国人盯住他们的收音机,沉浸在仇恨和复仇的雄词伟略之中。他们绝大多数人都听到了"灭绝——消灭"。如我们所看到的那样,整个大厅都充满了掌声和笑声。简单地说,灭绝犹太人并不是在惊讶和沉寂之中被秘密揭露的。

"几个小时前,"摩西·弗林克写道,"我听到了宣传部部长戈培尔的演说。我试图描述这个演说给我的印象以及激起的感受。首先,我听到了可能无数次听到过的内容——无限的反犹主义。他演说的一部分整个都在宣讲他和几乎所有德国人对我们抱有的巨大仇恨,至今我也不能明白其中的原因。我无数次从德国领导人那里听到反犹的仇恨话语,同时还将犹太人冠以'资本主义者'和'共产主义者'的绰号,但是我怀疑他们是否相信自己的话。然而,另一方面,他们的讲话是如此的慷慨激昂,这让我几乎相信他们是诚挚的。除了激情与兴奋,还有其他证据证明他们的真诚。我们应当记得，现在德国正从四面八方遭受一次又一次打击，被迫放弃一个又一个俄国城市，但他们并没有忘记这个早就被他们蹂躏、折磨的民族，也没有放过丝毫机会侮辱、羞辱他们。这些日子正是德国的困难时刻，宣传部部长认为是更猛烈地虐待和诽谤我们的人民的时候了。可能这种几乎所有人都有的野蛮、原始的仇恨在德国人身上表现得更加明显、公开，对我们也更具重要性……但是从他们的行动中我们可以看到，这场战争必然以犹太问题的解决而结束(从一名正统派犹太人的观点出发，我应当说救赎犹太人)，因为，据我所知，对犹太人的憎恨从没有像现在这样广泛、恶毒。"

塞巴斯蒂安在布加勒斯特也听过戈培尔的演说："昨天晚上戈培尔的演说，"他写道，"听起来出乎意料地充满了戏剧性……犹太人再次遭受灭绝的威胁。"戈培尔演讲结束后的第二天克伦佩勒就得到了演说文本，当时他正在犹太公墓工作："该演说充满了对犹太人的威胁，犹太人在所有方面都有罪。如果外国势力不停止因犹太人而威胁希特勒政府的话，就要采取'最严厉和激进的手段'来对付犹太人。"

1943 年 2 月 7 日，在给聚集在拉斯登堡的全国领袖和地方长官所做的长达两小时之久的演说中，希特勒再次重申犹太人必须被从德国和整个欧洲消灭。3月 21 日，在阵亡将士纪念日这天，同样的威胁再次发出，而这次的灭绝预言附加了"良好"的行动措施。由于不断重复才是最本质的东西，所以希特勒就发泄了传统反犹主义的谩骂洪流："总之，(资本主义和布尔什维主义背后的) 驱动力就是这个可恶种族的永久憎恨，几千年来他们惩罚世界各国，仿佛上帝真正带来了惩罚，直到恰当时间来临，万国重新找回自己的意识，起来反抗给他们带来痛苦的人。"我们的议事日程是反犹宣传，并永远都是反犹宣传。"元首发布指示，要再次通过最激烈可行的手段把犹太问题推到我们的宣传前沿。"戈培尔于 4 月 17 日写道。

宣传部部长没有错过把"卡廷"(在波兰东部的卡廷森林发现了大量的墓地，德国反击苏联的前一年，4000 多名波兰军官被内务人民委员部枪杀)和"犹太问题"联系起来的好处。换句话说，一贯为所有苏联罪行承担责任的犹太人现在被谴责是这次重大苏联暴行的主要策划人和实施者。

5 月 7 日希特勒赶回柏林参加冲锋队头目维克托·卢茨的葬礼，他叮嘱聚集而来的地方长官"就像早期我们在党内培养和宣传的那样,要再次把反犹主义列为斗争的核心思想"。

戈培尔记录了5月9日希特勒的进一步敦促。"元首非常重视有力的反犹宣传。只要不断重复就能取得成功。他对我们在出版和广播上的反犹宣传尤为高兴。我告诉他反犹宣传在我们国外广播中有多么重要,一度占到了整个国外广播的百分之七八十。反犹细菌天生就存在于全体欧洲民众中间,我们只需要把它变得更加恶毒就行。"

为了"把细菌变得更加恶毒",部长提到了一些最基本的秘诀:"我再次从头到尾研究了《犹太人贤士议定书》,"1943年5月13日他在日记中记载,"《犹太人贤士议定书》第一次出版时就和如今的观点一样现代。令人惊讶的是,它们极其一致地描述了犹太人谋求统治整个世界的观念。如果《犹太人贤士议定书》不是真的,那么它就是由我们这个时代极具天赋的解释家发明的。中午我开始和元首讨论这一话题。元首认为《犹太人贤士议定书》可以被认为完全是正确的。没有什么人能够比犹太人自身更有能力来说明犹太人要争取统治整个世界。"元首的观点是,"戈培尔写道,"犹太人完全不需要遵循既定计划;他们按照种族本性行事;这总是促使他们作为一个整体来行动,就像他们在整个历史中所表现的那样。"

在讨论犹太种族的本性时,德国领导人四处徜徉。他指出了全世界犹太人的共同特征,并用自然原因来解释犹太人的存在:"现代人没有任何选择,只能消灭犹太人,"入迷的元首继续说,"在即将到来的灭绝进程前,他们使用一切可行的手段来保护自己。战争就是手段之一。因此,我们必须明白,在雅利安人和犹太种族的冲突中,我们仍然不得不承受艰难的战争,因为犹太人已经能够自觉或不自觉地利用大规模雅利安民族团体,让它们听其所命。"他就这样一直持续不断地讲着。

希特勒在其滔滔不绝的讲话中反复重申他的信念,犹太人不是处于"世界胜利"的前夕,而是濒临"世界灾难"的边缘。"最先认清犹太人并起而反抗之人将会取代他(犹太人)统治世界。"在反犹主义演说中,这些主题早已不是什么新鲜事,然而这不是针对公众的演说:这是希特勒在和他的宣传部部长讨论犹太人,这位部长刚刚重新发现了"议定书"。这次对话具有疯狂的真实性。看起来,希特勒第一次泄露了他的最终目标:获取世界统治权。

当然，与此同时，戈培尔疯狂动员所有德国媒体进行最系统的反犹运动宣传。1943 年 5 月 3 日，宣传部部长给新闻界发去一封高度详细 (带有保密标记) 的通报。在严厉指责了报纸和杂志在这一问题上的滞后性后，部长给出了自己的建议："例如，可以使用无数感人的故事，把犹太人定为故事中的罪魁祸首。首先，美国国内政治就是一个取之不竭的水库。如果那些期刊，尤其是专注时事评论的期刊能够使职员们关注这一问题，那么他们就能够从各个方面展示犹太人的真实面目、真实态度及其真正目的。除此以外，当然，在德国新闻界，犹太人应当被当作政治标靶来使用：犹太人要受到谴责；犹太人渴望战争；犹太人让战争恶化；犹太人应当一次又一次地被谴责。"

克伦佩勒很快就意识到新宣传狂热中系统化的一面，他在日记中指出，戈培尔的指示得到了忠实执行："前几日占据主导地位的是河坝事件，"1943 年 5 月 21 日他写道，"首先，英国'罪恶地'轰炸了两处水坝 (地点不详)，造成大量平民伤亡。然后，英国一篇报纸的文章已经证实这一罪恶的计划是由一名犹太人策划的……河坝事件——取代了 1 万具卡廷军官的尸体——通过美国在意大利谋杀儿童得到强化：美国人在那里放下带有炸药的玩具 (与此类似，还准备了女士手套)。一份'塞尔维亚报纸'写道，这次谋杀儿童事件是一个犹太阴谋。没有哪家媒体的新闻时间不播报这类新闻。"5 月 29 日，克伦佩勒提到他在蔡司透镜工厂的工友带来"自由军团"的一篇报纸文章，即约翰·冯·莱斯教授的"犹太人应当被谴责"："……'如果犹太人胜利了，那么我们整个民族就会像卡廷森林里的波兰军官那样遭到屠杀……一旦让犹太人逃脱，那么犹太问题就会成为我们民族的核心和中心问题。'"

几天之后，克伦佩勒再次转向持续不断的反犹攻击："周五晚上的广播报道了戈培尔在《文字帝国》发表的关于共产国际解体 (共产国际被斯大林解散) 的社论。犹太人总是善于伪装。他们根据国家和环境情况，采用了各种可以使之受益的政治姿态。布尔什维主义、财阀统治——站在罗斯福身后、站在斯大林背后的也是犹太人，他们的目标就是这次战争的目标，即获得世界的统治权。但是我们的宣传正在逐渐产生影响。我们思想也必然会取得胜利。"

"卡廷"对德国大众反布尔什维主义的憎恨和恐惧产生了影响；然而据保安处的报告，把苏联暴行和德国对波兰和犹太人的暴行做比较也日渐频繁起来。4 月中旬偶然听到了一个典型的回应："如果我不知道我们人民在生存斗争中采用的一切手段都是正确的话，那么同情伊朗被害军官这种伪善的行为简直让人难以忍受。"这个报告总结道，即使是"积极协调的民族同志也会做出肤浅的比较，这很容易被敌对势力所利用"。

在将近一年以后,1943年3月克伦佩勒提到残酷的反犹宣传发挥了效用。他提及与蔡司透镜长零工的一段对话。他们一开始是谈论自己知道的城市，包括汉堡在内;从而引发了有关轰炸的争论。在这位温和的同事看来，美国人从来没有受到欧洲的威胁，他们之所以加入战争是因为"几个亿万富翁"把他们推了进来。"在这几个亿万富翁后面,"克伦佩勒写道,"我听到了'几个犹太人'的说法，并感受到了纳粹宣传中的信仰。这个人，毫无疑问他不是纳粹分子，坚定地认为德国是在自卫、是完全正确的、是被迫卷入战争的;他还坚信，至少在很大程度上相信'世界犹太人'有罪，等等。民族社会主义者也许在操纵战争胜利方面有所失误,但是在宣传中显然没有。我时常提醒自己记住希特勒的话:他不是在对教授们讲话。"

从1942年中期起,全大陆范围内谋杀运动的基本操作都按照行政官僚体系来运转。然而,如果这些操作仅仅依照政府规定的行动理性而展开,那么在斯大林格勒和库尔斯克战役之后,他们将要逐渐适应日益恶化的军事形势。当然,尽管可以时常拿犹太威胁论说事,但一系列不利于战争努力的行动,例如不顾后勤问题日益增多而继续运送犹太人到死亡营、灭绝犹太工人等,都必须放缓速度。然而相反的事情却发生了:反犹宣传前所未有地变得更加普遍,个体犹太人的危险转变成普遍的意识形态困扰。

为了使效果更加有效,意识形态的推动不能只从上层出发,还要求体系的中间阶层疯狂吸收和巩固,即技术人员、组织者、灭绝行动的直接行刑者——简言之,就是位于主要政治领导人之下使整个体系保持运转的人。这些机构中的关键人物——尤其是最好的组织者和技术人员——是在反犹狂热的鼓动下加入的。

面对德国冷酷无情的决定,周边世界没有什么重大变化,依然没有做出重大的反对和抗议。和以前一样,数十万(可能是几百万)德国人和欧洲人出于利益和意识形态原因（在被占领国家，还同时存在对德国人的憎恨，尤其是许多波兰人),继续保持沉默,支持灭绝运动。绝大多数人表现消极的主要原因仍然是恐惧,当然还有缺乏对犹太人的认同;基督教教会领导人和抵抗运动的政治领导人缺乏救援受害者的决心和持久的勇气。

在犹太人中间——到 1943 年中期,他们大多数人都遇害了——存在两种截然相对的趋势,我们在前面已经注意到了:一方面,日渐消极,与遭受巨大恐惧和身体疾病的受害同伴缺乏团结(这主要存在于集中营里);另一方面,小团体尤其是政见相同的团体的联结日渐紧密,正如我们所见,在某些地方他们还会不顾一切举行武装起义。

<h2 style="text-align:center">二</h2>

1943 年 1 月 11 日,赫尔曼·赫夫勒从卢布林给党卫军一级突击队大队长、安全警察和军政府保卫处的副指挥弗朗茨·海姆发去一封电报;几分钟后他给艾希曼发去了一份相同的电报。然而,赫夫勒给海姆的电报有部分内容被英国破译,并于 1 月 15 日分发(给一小部分接收这些破译文件的人),第二份电文除了信息来源和收件人之外,或者没有被完全释读,或者没有被破译。

赫夫勒给海姆的电文主要是计算到 1942 年 12 月 31 日"莱恩哈德行动"中各个营地灭绝的犹太人数。在计算了 12 月第三、四个星期来到四大营的犹太人人数后,赫夫勒给出了下列每个营的总体灭绝成果:

L[卢布林—马伊达内克]:24733,
B[贝乌热茨]:434508,
S[索比堡]:101370,
T[特雷布林卡]:71355(改作:713555),
总计:1274166。

赫夫勒的报告可能将几组资料一次性放到了一起。根据他的战后声明,1942 年 8 月 11 日艾希曼在日托米尔附近的党卫军司令部向希姆莱汇报了首次进度报告(尽管希姆莱的日程显示这个会议基本上是处理罗马尼亚的驱逐计划)。第二份报告由艾希曼的犹太组成员以书面形式撰写,并于 1942 年 12 月 15 日上交给希姆莱,题目是"1942 年最后解决欧洲犹太问题的执行情况汇报"。尽管这份报告被认为已经遗失,但是众所周知它令党卫军首领十分不悦。

在 1943 年 1 月 18 日给缪勒的信里,发怒的全国总指挥直言不讳地说:"特此解除帝国安全总局在这一领域的统计职责,因为它在规定时期内交上来的统计资料一贯没有达到专业的精确标准。"同天,全国总指挥任命党卫军首要统计学家里查德·科赫尔负责这一报告:"帝国安全总局,"希姆莱写给科赫尔,"任由你使用,不管你想要什么材料或者为此目的有什么需求都行。"

科赫尔首份长达 16 页的报告确定了到 1942 年 12 月 31 日为止被害犹太人的总数,这份报告于 1943 年 3 月 23 日交给了希姆莱:被"撤离"的犹太人估计有 1873539 人。按照希姆莱的要求,一份更新到 1943 年 12 月 31 日的、有 6 页半篇幅的精简报告准备交给希特勒。在第二个版本中,科赫尔受命把"特殊对待"(犹太人)换成"把犹太人从东部省份驱逐到俄国东部:其间要经过军政府的营地……经过瓦尔特高的营地"。我们不知道能从第二份报告暗示和推测出来的犹太人总数是多少,但是一定接近 250 万。科赫尔将他的报告命名为"欧洲犹太问题的最后解决"。

根据某些解释,希姆莱需要这份报告来保卫自己,以免在灭绝潜在工人甚至士兵的问题上遭到施佩尔和后备军指挥弗里德里希·弗洛姆将军的批评。这显然是不可能的,因为遵照希特勒的命令,已经有几千名在德国工厂工作的工人被捕,并于 1943 年 2 月被驱逐,在这一年,数以万计的犹太苦役将遭到系统谋杀。除此以外,1942 年 12 月 29 日,希姆莱向希特勒汇报了 1942 年夏在乌克兰、俄国南部和比亚维斯托克地区开展的灭绝犹太人情况;正如我们所见,在乌克兰,工作的犹太人和不工作的犹太人之间没有任何区别。据全国总指挥所说,363211 名犹太人在这些行动中被灭绝。如果希特勒对这种不加区分的消灭有所指责的话,那么这一指责早就会被暗示了。

我们应当记得,科赫尔的报告就是希姆莱在 1942 年夏季中期一直试图获得的总体进程报告。纳粹领导人在 54 岁生日前夕,在德国遭受最严重的军事失败后获得这份报告是纯属偶然吗? 至少希特勒在这场战争中获得了胜利。这份文件最终回到了艾希曼的办公室,上面附着希姆莱的评论:"元首已指示:销毁。H.H.。"

就在这几天,罗森伯格提交了他对犹太战利品的综合调查报告,并明确说明这是为了为领导人庆祝生日:"我的元首,"1943 年 4 月 16 日他写道,"为了祝您生日快乐,我交给您一份文件,里面附的是一些最名贵画的照片,这些绘画来自我的突击队守卫的西方被占国家的犹太无主财产……对于我的机构在法国获得并放在德国守卫的大量贵重艺术品,这份文件仅仅给出了一个微弱的印象。"罗森伯格附上了一份书面总结,概述了他的突击队在西方夺取的所有财产。到 1943 年 4 月 7 日为止,德意志帝国的"回收点"已经收到了 92 节货车车厢运来的 2775 箱艺术品;已经清查了 9455 件,还有"至少"10000 件艺术品没有被清查。

即使从纳粹的标准看,罗森伯格阿谀奉承的生日礼物不仅决定性地为民族社会主义最重要的思想家打上了罪犯的印记,同时还让他成为可笑之人。即便按照纳粹的标准,其他礼物,如科赫尔的报告,不管是不是为了庆祝希特勒的生日,其意义在几个方面存在不同之处。首先,科赫尔在希姆莱的指导下,修正了一个句子的措辞, 避免把元首和公开使用大屠杀这种表达联系在一起。然而奇怪的是,新术语——"驱逐到俄国东部……经过集中营"——和之前的委婉说法一样,很容易被等同为大屠杀。除此以外,正如历史学家杰拉德·弗莱明十分中肯指出的那样,这些语言的含义不能出任何差错,因为同一文件的另一部分提到"犹太大众的尸体……自 1942 年实施撤离措施以来"。

大体说来,不管希姆莱的语言操练有什么目的,科赫尔的报告并不仅仅是"最后解决"的历史中应当隐藏起来的有关受害者人数的数据调查。当然,它是一份数据调查,但是还意味着更多。希姆莱把这份报告交给希特勒(或者赠送给了他),要么是应纳粹领导人的要求,要么是这位党卫军头目知道他的元首会乐见这东西。尽管如此,我们还是可以想象得到希特勒阅读这份应他之命、为他概述大屠杀行动暂时结果的报告的情景(报告是在他特殊的打印机上打出来的)。250万犹太人已经被杀害,灭绝行动正迅速展开。我们不知道这位纳粹领导人在读报告的时候是很满意,还是对屠杀节奏缓慢表示不耐烦。杀戮本身以及发起杀戮的人——世界最先进民族之一的领导人——对报告的品味,仍然是最本质的东西。这种想象中的场景——一定也发生了——比起任何一款抽象协约,能告诉我们更多关于政权及其"弥赛亚"的事情。

我们想起这个残忍事件的另外一个方面。我们不知道有没有关于其他被希特勒下令杀害的特殊群体复杂而详尽的数据报告;我们只知道大体的估计与核算。只是在涉及被害的犹太人数时,希姆莱才对艾希曼办公室不专业的统计工作大发雷霆。科赫尔给出了希姆莱要求的准确报告:到 1942 年 12 月 31 日为止,有1873539 名犹太人被杀。希姆莱写信给卡尔滕布龙纳:"在安全警察简短的月报中,我只想知道有多少犹太人被运走,目前还留有多少犹太人。"换句话说,每一个仍然活着的犹太人都是一个危险,每一个仍然活着的犹太人都应当被逮捕并最终被杀害。

三

为了使灭绝行动全速进行，德国人不得不把他们的意志强加给日渐不愿合作的盟军。然而就罗马尼亚来说，希特勒放弃了。他不想和安东内斯库起冲突，尽管安东内斯库总是刺激希特勒，但是希特勒仍然认为他是一个可靠的盟友。匈牙利形势则有所不同。纳粹领导人相信霍尔蒂和卡拉伊受到犹太人的影响，他（正确地）怀疑他们想要转变立场。除此以外，对希特勒来说，把80万名匈牙利犹太人置于掌控之下是一项巨大成就。1943年4月17日到18日，纳粹领导人在奥地利萨尔茨堡附近的克莱斯海姆城堡会见了霍尔蒂，并就匈牙利温和的反犹措施对他进行了严厉斥责。纳粹领导人解释说，德国警察和别人不同。例如在波兰，"如果犹太人不想工作，就会被枪毙；如果他们不能工作，就必须消失。对待他们就要像对待能传染健康身体的肺结核细菌那样。为了避免伤害，即使是无罪的生物，就像鹿和野兔，也要被杀掉，考虑到这点，这件事就显得不那么残酷了。人们为什么要放过妄图给我们带来布尔什维主义的野兽呢？"训诫至此，纳粹领导人觉得有必要为他的论证添加一个历史证明："不防御犹太人的人，"他继续说道，"就要消失。最著名的例子就是，一度强大的波斯人衰落了，他们现在像亚美尼亚人一样过着悲惨的生活。"

很难说德国领导人的博学有没有给摄政王留下深刻印象，但是后者明白了希特勒正着手加快灭绝所有欧洲犹太人。为了防止德国的目的在克莱斯海姆未能充分灌输，4月25日斯托尧伊大使给卡拉伊发来一封没有留任何疑问余地的电报："民族社会主义，"大使报告说，"鄙视并深深仇恨犹太人，将其视为最大、最残忍的敌人，并与之进行生死决斗……德国总理决定清除欧洲犹太人……他命令到1943年夏要将所有德国犹太人以及德国占领国的犹太人驱逐到东部领土，即俄国领土……德国政府表达了它希望盟国参加这一行动的愿望。"

希特勒的训诫和斯托尧伊的报告都不足以改变霍尔斯蒂的政策——日益瞄准和同盟国达成谅解。实际上，卡拉伊主张公开声明，在犹太人问题上，匈牙利不会妥协。在1943年5月底的一次演说中，匈牙利总理详细阐明："在匈牙利，"他宣布，"生活着比西欧所有国家都要多的犹太人……我们必须尝试解决犹太问题这是不言自明的；因此有必要采取暂时措施并进行适当规管。然而，最后解决不是别的,它是对犹太人的彻底重新安置。但是,只要解决的先决条件,也就是在哪里安置犹太人没有给出答案的话,我就不能保证将这一问题放在议事日程之内。匈牙利将永远不会偏离历史上涉及种族和宗教问题时始终存在的人性认识。"考虑到几周之前希特勒对摄政王的声明,卡拉伊的演说就是扇了纳粹领导人一记耳光。很明显,对质德国的时刻正加速到来;这对匈牙利来说并不是一个好兆头——主要是对它的大型犹太社团不利。

与此同时,在柏林看来,保加利亚进一步驱逐犹太人的态度还是颇有希望的。正如我们所见,1943 年 3 月到 4 月,索菲亚提供一切必须帮助丹内克尔和他的人把犹太人从被占领的色雷斯和马其顿驱逐到特雷布林卡。同时,1943 年 3 月,数千名保加利亚犹太人早已被会集在集中点,即将开始从"旧王国"向外运输。然而,在即将驱逐保加利亚本土犹太人时,爆发了公众抗议。国会和匈牙利东正教教会领导人的反抗最为强烈。国王让步了:明确取消任何更多类似的驱逐。

国王感觉些许尴尬,看来得向他的德国盟友进行解释。4 月 2 日,在访问德国期间,保加利亚国王告知里宾特洛甫"他只同意将色雷斯和马其顿的犹太人驱逐到东欧。至于保加利亚犹太人,他只准备允许驱逐一小部分布尔什维克—共产主义者,而其余 2.5 万名犹太人将被放进集中营,因为他需要这些人来修筑道路"。谈话记录显示,里宾特洛甫并没有详细讨论鲍里斯的评论,只是对他说:"按照我们对犹太问题的看法,最彻底的方法只有一个。"

会后几天,外交部把对保加利亚事件的整体综合看法送去帝国安全总局,该概述表示,和其他南欧国家一样,(保加利亚)"距严厉的反犹措施明显还差得很远"。

甚至斯洛伐克也在犹豫是否进一步进行驱逐。还记得,在经历了 3 个月的停歇期后,1942 年 9 月斯洛伐克开始最后 3 次向奥斯维辛遭送犹太人,之后,这个国家仅剩下了 2 万名犹太人,绝大多数是受洗的犹太人。与此同时,有关被驱逐者命运的谣言也加速传回。因此当图卡提议可能在 1943 年 4 月初重新恢复驱逐时,便遭到了斯洛伐克神职人员和民众的反对,终止了他的提议。3 月 21 日,一封谴责继续驱逐的牧师信在绝大多数教会宣读。

据 4 月 13 日德国特使给柏林的报告所说,日益出现的骚动致使卢丁和图卡为此召开了一次会议。在淡化这封牧师信的重要性之后,图卡提到德国人对犹太人所犯暴行的信息已经传到了斯洛伐克主教那里。"图卡总理让我知道,"卢丁继续说,"'幼稚的斯洛伐克牧师'倾向于相信此类暴行童话,如果他们通过描述一下犹太人的营地环境被德国一方抵制的话,他(图卡)将十分感激。他认为从宣传的角度看,如果一个由立法人员、记者和一个天主教神职人员组成的斯洛伐克代表团能够参观德国犹太人集中营的话,还是很有意义的。如果能组织一次这样的视察,"卢丁给出结论,"我当然欢迎。"

1943 年 4 月 22 日,希特勒在克莱斯海姆会见了蒂索。纳粹领导人基本上在滔滔不绝地抗议霍尔斯蒂给匈牙利犹太人提供的保护;参加会见的里宾特洛甫对元首的讲话发表了一些自己的评论。[1]换句话说,蒂索被间接鼓动在自己的地盘上完成运送剩余犹太人工作。这次,这位斯洛伐克领导人没有做任何承诺。

由于到 1943 年夏初,斯洛伐克的驱逐仍然没有重新恢复,艾希曼加大向布拉迪斯拉发传送信息的分量,而这些只能被看成是滑稽的宽慰。在 1943 年 6 月 7 日威廉大街递交给卢丁、图卡和蒂索的备忘录里,犹太组领导人要求把东欧出版的关于"犹太人营地条件"的一系列有利报道(巴黎甚至也出版了一篇)配上"无数照片"提供给斯洛伐克人。"至于其他,"艾希曼补充道,"为了抵消在斯洛伐克到处传播的有关被转移犹太人命运的荒诞谣言,必须将注意力放在犹太人和斯洛伐克的邮递通信上,这些通信要由布拉迪斯拉发德国代表团的犹太事务顾问直接转交,比如,仅今年 2 到 3 月期间,就有 1000 多封信件和明信片寄出。关于总理图卡博士提出的犹太人营地环境的明显要求,该办公室提不出任何理由反对在投递之前对信件进行检查的可能做法。"

德国对斯洛伐克的压力相对温和,这可能是因为持续不断的来自西方的驱逐、来自德国和总督区的最后一次运送以及来自斯洛伐克的运送使奥斯维辛出现了障碍,营地暴发了流行性斑疹伤寒,之后,运送就转向了索比堡。斯洛伐克剩余犹太人的命运直到德国崩溃前夕才最终锁定。

在斯洛伐克驱逐和克罗地亚驱逐(更准确地说,是从大克罗地亚驱逐)之间

---

① 当希特勒纠正蒂索关于 Rothermere 勋爵的言论时,他在犹太人问题各个方面上无尽的困扰却呈现出另外一个奇怪的方面,据希特勒所说,Rothermere 不是一个犹太人,但是他却有一个犹太情妇,即出生于维也纳的 Hohenlohe 公主。

存在着一个协调问题。正如我们所见，尽管意大利尽可能在自己的势力范围内保护更多的犹太人，但是帕韦利克国家的4万名犹太人以及塞尔维亚人和吉卜赛人还是被克罗地亚人抓捕。乌斯塔沙屠杀行动的彻底性可能没给德国人留下什么印象，并且从1943年年初起，德国人开始担心斯大林格勒战役造成的心理影响，于是便直接控制清洗的最后阶段。1942年8月的第一波驱逐后，犹太人人数已经大幅锐减。1943年年初，在希特勒访问了萨格勒布之后，5月5日开始了第二波驱逐。意大利结束对达尔马希亚海岸的控制，随后发动了扫荡战，但是只取得部分成功，因为一些犹太团体成功加入了蒂托的游击队。在整个时期内，正如已经提到的，当地天主教会对接受或者滋生乌斯塔沙迫害和屠杀起到了重要作用；在下一章我们将谈到这个问题。

1934年最初几天（甚至可能是1942年年底），当丹内克尔即将开始色雷斯和马其顿附近地区的驱逐时，罗尔夫·巩特尔来到希腊协调萨洛尼卡的驱逐。2月初，迪特尔·维斯利策尼和阿卢瓦·布伦纳紧随而至。在一个月内一切都准备就绪。1943年3月15日第一列火车载着2800名犹太人离开北部希腊城市前往奥斯维辛；两天之后，第二列火车离开。几个星期之内，5万名萨洛尼卡犹太人就有4.5万人被驱逐，并且绝大多数人一抵达就被杀害了。与此同时，驱逐列车离开色雷斯和马其顿前往特雷布林卡。

德国对萨洛尼卡犹太人的打击被执行得完美无缺，而一年之后在执行相同的行动开始驱逐雅典犹太人时，却遭遇了严重阻碍，对此可以列举出很多因素进行解释。艾希曼到访萨洛尼卡起到了重要作用；德国任命的马其顿总督瓦西利斯·西莫尼季斯渴望合作；以及威廉大街驻希腊代表格云瑟·阿腾堡的“决心”。当然，还有其他一些因素增强了德国官员的效率，加强了西莫尼季斯和志趣相投的萨洛尼卡人所起的作用。历史学家马克·马佐维尔提到，希腊城市居民和未完全同化的第一次世界大战犹太难民之间存在周期性的紧张关系（因此民众缺乏积极的团结），社团精神导师兹维·克雷茨大拉比对所有的德国命令都立即遵守，当地犹太人对登上火车后等待他们的命运缺乏了解，以及一年以后，在驱逐国中剩下的犹太人时，缺乏一次能够起重要作用的希腊抵抗运动。

当地犹太人对德国警察之所以不了解——就像在色雷斯和马其顿那样——据论证可能是因为这些主要为塞法迪犹太社团有着不同的内在历史记忆。他们直接历经或者详细了解到土耳其暴行和小亚细亚的驱逐情况,但在第一次世界大战中他们并没有经历痛苦、歧视、屠杀和重新安置,也没有体验"一战"的直接后果。许多犹太人可能认为,他们在德国人手下的命运会与此类似。还不能确定这是不是决定他们态度的主要因素,但是,在被占欧洲,没有一个犹太人猜测到德国的政策。

从德国占领希腊到开始驱逐的两年间,萨洛尼卡的犹太社团遭受了常见的迫害:图书馆和犹太会堂遭到罗森伯格特别工作组的抢劫;在希腊合作者和战前各种参与反犹宣传的法西斯团体的参与下,几千人被纳粹国防军征召为苦役;当然还有常见的没收财产。

到1943年2月,城里的犹太人都被迫佩戴犹太标记隔离在一处衰败的地区,并被德国人和希腊人夺去了所有剩余财产。犹太警察以极其邪恶的方式参与了掠夺和敲诈,而社团领导人拉比克雷茨却在散播安慰性的评论。在犹太居民区一块高度密封的区域、靠近火车站的地方建立的一座营地,成为集中和转移的地点,一批又一批萨洛尼卡犹太人就是从这里登上火车。

当第一批犹太人前往奥斯维辛时,一个奇怪的外交纠纷给柏林造成了一些烦恼,但是这并没有影响实施驱逐的速度。首先,希腊代理总理康斯坦丁·洛戈塞托波勒斯反对德国的措施,因此不得不由颇具说服能力的阿腾堡和维斯利策尼共同对其进行安抚。雅典国际红十字委员会代表勒内·布尔克哈特更加难以对付,他坚持萨洛尼卡的犹太人应该被送到巴勒斯坦而不是奥斯维辛。被激怒的德国人最终要求把他赶出希腊。和平常一样,最实际的干扰来自于意大利人。

在驱逐开始后,意大利驻萨洛尼卡的顾问所起的作用招致一些争议。现在似乎已经证实,格尔福·赞博尼顾问当时在不遗余力地保护尽可能多的犹太人:"应当记得,不仅仅具有意大利国籍的犹太人受到了保护,那些有权申请国籍或者提到某些被遗忘的与意大利犹太人之间有家庭关系(不管真的还是假的),甚至那些没有这种家庭关系的人也受到了保护,然而在顾问看来,对意大利的文化和经济利益做出贡献的城市犹太人或者地方犹太人也应当受到保护。"

意大利驻雅典全权公使佩勒格利诺·基吉和位于罗马的外交部部长一样,强烈赞成赞博尼进行干预。似乎意大利人还向威廉大街呼吁释放那些已经遭到驱逐的受保护的犹太人——当然,没有任何结果。总的来说德国人试图阻止意大利人的倡议。接替"德国部"的"内陆独立调查组"阐明了正在变化的德国行动背景,建议拒绝罗马的要求。瑞士人也要求赦免他们新产生的国民。"内陆独立调查"争辩说，如果积极回应了意大利人，那么就只能加强这类要求。另外，接受意大利的请求对巴尔干国家日渐反对德国人的反犹政策将会是一种鼓励。最后，如果意大利成功进行干涉，那么"德国的名誉"在整个希腊都将遭受损害。然而，意大利人还是设法将 320 名受保护的犹太人转移到雅典。而顺从的拉比克雷茨和其他一些特权犹太人则被送去了贝尔根—贝尔森，克雷茨在解放前夕因斑疹伤寒死在那里。

萨洛尼卡拥有成百上千座墓穴的老犹太公墓遭到了破坏，有一些墓穴甚至可以追溯到 15 世纪：德国人用墓碑铺路，为军队建游泳池；城市利用这一区域建立宽阔的新大学校园。在余下的那些萨洛尼卡犹太人身上发生了什么我们无从得知。

<h2 style="text-align:center">四</h2>

对德国人来说，到最后把犹太人运送到死亡之地成为后勤方面令人头痛之事；对某些犹太人来说，这类运送旋即就成为死亡陷阱。

荷兰、比利时和法国犹太人绝大多数都集中在韦斯特博克、马林或者德朗西（能够为运输提供充足居民的地方优先）；在这些国家的聚集中心，隔几周就会有特殊的列车抵达。然而，在德国则不存在此类中心集中营，从东部开来的载着劳动力的"俄国火车"必须在主要的出发城市准备并计划好，以便使从各个小镇开来的载着各自犹太货物的连接列车及时抵达。这本身就要求极为复杂的计划，而且从东部开来的列车还不按规定抵达。

1942 年 3 月，杜塞尔多夫的一名警官报告，由于计划从杜塞尔多夫运 1000 个犹太人到伊兹比卡的从布列斯特—利托夫斯基开往科隆的列车没有离开布列斯特，因此由从俄国开往位于韦斯特法利亚的海默的 RU7340 次俄国列车来取代。该列火车计划于 1942 年 4 月 22 日上午 11:06 离开杜塞尔多夫（在进行彻底清扫和除虱后，它本应当于 20 号或者 21 号抵达杜塞尔多夫）；它包括 20 节车厢，没有规定车厢类型。由于绝大多数从东部开来的列车都由各种不同类型的车厢组成，因而不可能在牲口站进行装载。

为了把 70 名犹太人从伍伯塔尔运到德伦多夫，要给 Pz286 客车添加一节四轮车厢或者两节二轮车厢，这辆车 14:39 从斯坦贝克开出，15:20 抵达杜塞尔多夫总站。来自门兴—格拉德巴赫的 100 名犹太人将被装在添加给 Pz2303 客车的两节车厢中运走,这列客车是 14:39 离开门兴—格拉德巴赫,15:29 抵达杜塞尔多夫。15:46 离开克雷菲尔德并于 17:19 抵达杜塞尔多夫的客运列车将额外添加两节四轮客车厢和一节货厢,用来运输克雷菲尔德的 145 名犹太人。货车厢要从克雷菲尔德货物站发往伊兹比卡的火车中调用。

艾森铁路管理处调派了一辆具有两节客车车厢的特殊列车——Da152,并加上两节货车车厢运送行李。车厢必须从艾森站前往伊兹比卡的货车中调用。货车厢将被送到屠宰场站,而 Da152 专列以及从伍伯塔尔、克雷菲尔德和门兴—格拉德巴赫驶来的车厢将直接抵达图斯蒙恩斯塔特站台。[①]当然,1943 年时这类问题在德国迅速减少。

帝国铁路必须定期为这些服务埋单。尽管绝大多数运输都很容易获得帝国安全总局从受害者财产中拿出的资金拨款,但是有时要么没有现成的款项可供使用,要么就是列车穿越多个货币区域,增加了结算问题的难度。

不过,主要的挑战则是得到这类列车。因此 1942 年 6 月初,希姆莱的副官、党卫军副总指挥卡尔·沃尔夫要求运输部部长提奥多尔·冈岑缪勒阁下亲自进行干预,确保每天从华沙向外进行的驱逐顺利进行。7 月 27 日冈岑缪勒向沃尔夫报告说:“从 7 月 22 日开始,每天都会有一列火车载着 5000 名犹太人离开华沙,越过马乌基尼亚,前往特雷布林卡。此外,还有一列火车将 5000 名犹太人从普热米希尔运往贝乌热茨,一周两次。奥斯塔巴赫总局(奥地利东部铁路——译者注)据说一直和克克拉科夫安全局保持着联系。”8 月 13 日沃尔夫臭名昭著的答复将被历史铭记:“谨代表党卫军总指挥衷心感谢您 1942 年 7 月 28 日的来信,非常高兴从您的声明中了解到,在过去的 14 天中,每天都有一列火车载着挑选的 5000 名犹太人前往特雷布林卡。”

由于任意一个隔都离“莱恩哈德行动”营都不远,因此沃尔夫对冈岑缪勒的请求——以及希姆莱自己重复要求帮助——使军政府的驱逐工作变得复杂起来。如果我们考虑到帝国铁路在 1942 年期间,每天总体实施 3 万起火车进行运输,而同时期每天只有两辆“专列”把犹太人运去杀死的话,那么问题就更加复杂

---

① “Da”这个称呼(Da 152)常常在驱逐列车上被使用;它极有可能是“‘被遣送者’中转列车”的简写。

了。然而沃尔夫和希姆莱的担心在一定程度上是对的。帝国铁路计划中只给予"专列"微弱的优先权:"(它们)被放在用来跑货运列车未被占用的空位上,或者作为额外的货运列车来运行。结果是,只有当其他所有运输都通过之后,它们才被允许上主干道。纳粹国防军的列车、载着武器的军需列车和煤车都运行在'专列'之前。这就解释了幸存者和警卫的逸事证据中所记载的犹太人被长期停在铁路侧轨和院子中的现象。除此以外,被分派的列车都是年老破旧的机车和旧车厢,也就解释了它们为什么速度慢,并经常要停下来维修。"

尽管如此,由于"专列"在整个运输中只占很小一部分,因此只要及时规划就几乎能够解决所有问题。1942 年 9 月 26 日到 28 日召开了一次会议,交通部官员艾希曼或者罗尔夫·巩特尔到场出席,该会议以高度积极的精神接受挑战。在列举了把军政府各地犹太人赶到灭绝营所必需的一系列火车后,这份协议展现了与会人员的整体信心:"随着土豆运输的减少,有希望将一定数量的货车车厢交给克拉科夫德国铁路指挥部处置,用于专列服务。因此,按照上述协议和计划,今年就能够实现规定的铁路运输限额。"

尽管态度和蔼,但是 1943 年 1 月 20 日全国总指挥不得不再次请求冈岑缪勒,为保证东西部之间的安全,加快驱逐犹太人非常必要:"如果要加速完成,我必须获得更多的运输列车,"希姆莱写道,"我十分了解铁路捉襟见肘形势以及对你提出的接连不断的要求。然而,我必须表明我的要求:帮帮我,给我更多的列车。"

至于"货物"本身,倒没有造成任何重大问题。当然,在登车和运输途中通常会有自杀和一些逃跑现象。因此,1942 年 4 月 23 日克雷菲尔德的盖世太保通知杜塞尔多夫在计划于 4 月 22 日驱逐的犹太人中,朱利叶斯·以色列·迈尔、奥古斯塔·萨拉·迈尔、艾尔斯·萨拉·弗兰克恩伯根和伊丽莎白·萨拉·弗兰克不能被撤离了,因为前三个人自杀了,第四个人失踪了。①

在整个驱逐时期,没有记录显示被驱者和警卫之间在火车上爆发过冲突。运输途中由于疲倦、饥渴、窒息等,经常出现死亡现象。他们会被及时统计并上报。例如,1943 年 4 月 13 日,警察中卫卡尔汇报了从斯科普里(马其顿)到特雷布林卡的运输情况:"3 月 29 日 6 点,在前烟草棚地带,开始将 2404 名犹太人装进货

---

① 顺便提一下,这个问题于 5 月 26 日正式结束。在那一天,杜塞尔多夫的政府主席通知盖世太保,从克雷菲尔德逮捕的艾尔斯·萨拉·弗兰克恩伯根、朱利叶斯·以色列·迈尔和奥古斯塔·萨拉·迈尔的财产全部收归帝国所有。这三个人在被驱逐到伊兹比卡之前就自杀身亡了。

车厢。12 点装运完毕,12 点 30 分火车出发。这列火车穿越阿尔巴尼亚领土。1943 年 4 月 5 日 7 点抵达目的地特雷布林卡……当天 9 点到 11 点列车进行卸载。附:5 名犹太人在途中死亡。3 月 30 日晚——一名 70 岁老妪,3 月 31 日晚——一名 85 岁老翁,4 月 3 日晚——一名 94 岁老妪和一名 6 个月大的孩子,4 月 4 日——一名 92 岁的老妪死去。运输登记表:收到 2404 人,总计运抵特雷布林卡 2399 人,少了 5 人。"

奥斯卡·罗森菲尔德所经历的 1941 年年末从布拉格到罗兹的旅程则相对容易一些。总体来说,比起东欧内部、从巴尔干到奥斯维辛或者特雷布林卡的运输来说,从西欧、意大利甚至从德国开始的运输似乎没有那么致命。意大利作家普里莫·莱维(随后我们还会回头讨论他)简略描述了 1944 年年初他从摩德纳附近的弗索利—迪卡尔皮集中营到奥斯维辛的旅程:

"我们不安的睡眠经常被喧嚣且毫无意义的吵闹打扰,人们用诅咒、埋怨和盲目地捶打来避开某些侵略性的、不可避免的接触。后来,有人点起一支蜡烛,它那哀怨摇曳的烛光揭示了人们隐隐约约的不安,大量人群躺在地板之上,持续混乱、呆滞和痛苦,他们会一下因为突然抽搐而到处起身,继而又因为精疲力竭而虚脱瘫倒。"莱维让人们想起不断变化的景观,他提到了一系列城市的名字,首先是奥地利,接着是捷克,最后是波兰:"在夜深人静时,这支被护送的车队在一个黑暗、静默的平原中最后一次停了下来。"他们到站了。

在绝大多数被逐者看来,莱维的这次旅行是一次奢侈的出行。通常货车车厢不会充分敞开换取新鲜空气的,而且供水也不充足。即使是 1944 年 6 月从特莱西恩施塔特到奥斯维辛相对具有优越性的运输,据吕特·克卢格的描述,也暗示出它的运输条件很普通:"门被封住了,空气只能通过一个当作窗户使用的小长方形进入。可能在车厢后部还有第二个长方形,但那是放行李的地方……只有一个人可以站在这个优势地位(通气的小长方形),并且他不可能放弃(这个优势地位)。当然他必须是知道怎样使用自己双肘的人。纯粹因为我们人太多……很快车里就充满了人类排泄物的臭味,如果人们不得不留在他们的位置上……火车闲着不动,正值夏季,气温上升。静止的空气充满了汗味、尿味和粪便的味道。空气中弥漫着一股恐慌。"

所有这些还算是平静的。每节车厢再多一些被驱逐者,一切就都改变了。仅仅几周之后,即 1944 年 7 月,一次从斯塔拉霍维采劳动营前往奥斯维辛的短暂的旅行(140英里)就显得不同寻常。据幸存的被逐者所说,由于红军当时正在前进,在斯塔拉霍维采警察头目的命令下,这趟列车惨遭超载。大概75名女性挤在一节货车厢里,每节无盖货车都被单独塞进100名到150名男子。旅程持续了36小时。很快,男子车厢里就开始出现争水,更主要是争空气的争斗。"19岁的鲁本Z十分'幸运',旅途一开始他就在小窗户旁找到呼吸新鲜空气的位置。他被企图靠近窗户的人打了几下,最后被赶走,丢了这个位置。他头晕目眩虚弱无比,以至于记不得后来发生的事情,只记得抵达比尔科瑙时,他的车厢死了15人。"一节车厢死了27名男子,另外一节120人中死了30人。

列车上的所有死者并不都是因为窒息而死。大约20名斯塔拉霍维采犹太委员会和犹太警察成员就是被同在一个车厢的刚从马伊达内克转移而来的一伙人掐死的,这些死者当中有集中营警察首领威尔克泽克以及一个名叫鲁宾斯坦的人。亨利G.和同一车厢的其他人都看到了:争夺空气的打斗变成了"卢布林人"的生死之争,他们绝大多数人都年轻力壮,是斯塔拉霍维采的知名人士。亨利G.抵达比尔科瑙时,就坐在尸体堆上。

如果对德国人来说,转运被驱逐者是"最后解决"的支柱,是犹太人的死亡陷阱的话,那么日渐增长的对苦役的需求就代表了杀人者的一个基本困境。当然,整体屠杀绝大多数军政府内的犹太人是没有什么问题的,大陆范围内的清除也在加速进行。这一关注主要源自纳粹国防军和野心勃勃的党卫军工业项目对犹太技工的需用,主要位于卢布林地区。然而在1943年,显然对希特勒和希姆莱来说,幸存犹太工人所带来的安全隐患仍然是压倒一切的问题。

军政府德军指挥库尔特·冯·吉南特将军1942年9月18日的一份备忘录强有力地表达了纳粹国防军的观点。他详细阐明了犹太专业工人的重要作用及他们遭灭绝所带来的损害,他说:"除非军事工业的重要性遭受损害,否则犹太人就不能被释放,直到接替者接受了训练,然后一步一步……总体政策是,在不损害军事工业重要性的前提下尽快消灭犹太人。"

10月9日希姆莱做出了回应。这位全国总指挥在信中态度强硬,甚至带有威胁性。为了提高其总体宗旨,它并没有提供任何详细的答案逐项解释冯·吉南特的论证,而是直接调用了希特勒的决定:"我已经下命,"希姆莱写道,"所有所谓的军需工人,实际完全受雇于零售、皮毛和制鞋车间的人,立刻集中到集中营里……纳粹国防军将给我们下达命令,我们要保证持续不断地供给所需衣物。然而，我已经下令采取冷酷的措施反对那些打着军需利益的幌子反对这项运动，实则寻求保护犹太人及其生意的人。

"真正从事战争工业的犹太人，例如，军需生产等，要逐步撤退。第一步，把他们集中在工厂独立的大厅里。第二步，将这些独立大厅里的工作组结合到一起……如此一来我们在军政府就拥有了一些联系紧密的集中营工业。

"如果可能的话，在总督区东部，我们所要做的努力就是用波兰人取代这些犹太苦役，并巩固这些犹太集中营企业。但是，按照元首的说法，犹太人总有一天要消失。"

在他的答复中，希姆莱并没有隐藏他控制专业犹太劳动力的企图——"如果可能的话，他们将在军政府东部地区的集中营企业做苦力"。那里，在现存党卫军企业(德意志经济经营总公司，或者DWB)的总体框架下，格罗博科尼克按照波尔(和希姆莱)的指示建立了新帝国东方工业有限公司(或者OSTI)。犹太苦役将在之前新建的党卫军工场辛苦劳作，所有尝试都由"莱恩哈德行动"营受害者的财产来资助。

然而，这些计划很快就被搁浅，希姆莱认为帝国东方工业有限公司是不祥恶兆，应当被摧毁：1943年4月华沙隔都起义；几个月后的特雷布林卡、索比堡起义以及红军快速进攻波兰。因此，在隔都起义之后，全国总指挥迅速回到他的"全面灭绝"政策，抢先制服任何犹太威胁。在1943年5月10日举行的会议上，他重申了自己的当前目标："我不仅不会停止驱逐军政府境内剩余的30万名犹太人，而且还会加速实施驱逐。尽管在实施遣送犹太人的过程中会产生不安(华沙起义就是一个明显例子)，但是一旦遣送完成，它将会是使整个领土平息的重要条件。"两天后，当党卫军副总指挥、"加强德意志民族委员会"成员领袖乌尔里希·格莱菲尔特可能提到了相同的事情："军政府的重点工作仍然是遣送剩余30万名到40万名犹太人"时，指的可能是同一次会议。

希姆莱对军政府内犹太武装行动的担心（这些行动很可能与苏联游击队和波兰地下组织有合作)显然没有得到当地管理者的认真对待，因为他们更直接关注的是军需工业的利益。在5月31日于克拉科夫召开的一次高层会议上，观点分歧变成了相互争吵。党卫军和警察部队高级指挥克吕格尔被提拔为法兰克人领地上的国务卿，他的立场让人出乎意料："消灭犹太人，"他宣布，"无疑将会给整体形势带来平静。对警察来说，这是最为艰难、最不愉快的工作之一，但是为了欧洲的利益……最近他(克吕格尔)再次收到了在短时间内彻底消灭犹太人的命令。人们被迫将犹太人从军需工业和服务于战时经济的企业中赶出去……全国总指挥希望停止雇用这些犹太人。他(克吕格尔)和陆军中将辛德勒(他是冯·吉南特将军指挥下的国防军最高统帅部装备督察)讨论了这一问题,认为全国总指挥的希望最终还是不能实现。犹太工人包括专业工人、精湛技工,以及其他高资质的工匠,目前,他们还不能被波兰人简单取代。"接下来在提到犹太工人的才能和身体耐力之后,克吕格尔在会上说他会要求卡尔滕布龙纳把形势描述给希姆莱并劝他留下这些工人。但是,正如我们所见,这些论证无一能够起到帮助。

<h2 style="text-align:center">五</h2>

　　贯穿德意志第三帝国 12 年间的一件要事就是掠夺犹太财产。这是反犹运动最容易理解、最广泛坚守的一个方面,如果必要的话,最简单的意识原则就能够把它合理化。但是即使是掠夺,其过程的每一步也遇到了意想不到的问题,特别是在实施灭绝的那几年。因此,尽管存在严重的威胁,尽管德意志帝国财政机构和党卫军官僚机构力图控制所有大大小小的行动,但偷窃和腐败仍然贯穿到行动最后。①

　　这个过程在地方谋杀地点就十分简单了。例如,一些即将在波尔纳被杀害的维尔纳犹太受害者要将其所有值钱的东西交给负责这次行动的保安处成员;被杀之后,他们的财产将再次被突击队成员搜查,任何有价值的东西都要被交给负责的官员,违者处死。举报藏匿的犹太人或者其他相关行为的人会受到嘉奖。这样的幸运降临到里加一个名叫弗劳·迈尔的人身上:在交出一个为犹太人保留财产的邻居后,她被允许以非常便宜的价格买走一条金手链。

　　当然,重要的行动主要集中在德意志帝国的首都。在柏林,所有的金子(包括从尸体嘴里撕下的金牙冠)通常都立即用德古萨熔化,并常常和从其他地方运来的金子熔在一起,铸造成金块给帝国银行使用。绝大多数其他金属也被熔化了,除非物品本身的价值高于冶炼金属的价值。据历史学家米夏埃尔·马克奎因所说,最有价值的物品被交于财政部或者党卫军信得过的珠宝商,拿到被占国或者

---

① 每一种偷来的物品都要求发行和实施精确裁决,绝大多数都由财政部发行,自定义使用。

中立国交换对德国战争工业极为重要的工业用钻。进行这种长期中介活动的主要是瑞士经销商,并且这些活动已经汇集起来,看起来柏林的权威人士十分了解正在进行的交易,知道尽管同盟国在实施经济战措施,但是德意志帝国仍然有稳定的工业用钻来源。

由于从1942年中期起灭绝达到了顶峰,因此绝大多数受害者的财产都堆积在"莱恩哈德行动"的主要屠杀中心和奥斯维辛—比尔科瑙集中营。1942年8月初,经济管理总局和所有德国中央财政和经济机构进行了会谈,会上达成协议,要求波尔的主要办公室集中和细化战利品。希姆莱把这一决议通知给党卫军和警察部队高级指挥们,并正式任命波尔行使他的新职责。在几周之内,9月26日,波尔的副手、党卫军旅队长奥古斯特·弗兰克下达了第一步指导方针,调整各营地所获犹太战利品的使用和分配情况,从宝石到"毛毯、雨伞、婴儿车";到"带金架的眼镜",到"妇女的内衣";到"剃须刀、小刀、剪刀",等等。经济管理总局定下价格:"一条二手长裤——3马克;一条羊毛毯——6马克",最后的警告十分重要:"转运之前要检查所有的犹太之星是否都从衣服上拿掉了。在把所用物品送去交易之前,仔细检查所有隐藏起来和缝起来的值钱物品。"

波尔任命党卫军一级突击队中队长布鲁诺·梅尔默直接负责转移所有物品到帝国银行这一行动。8月26日,从营地运来的贵重物品首先储存在"梅尔默账户"上,然后所有贵金属、外币、珠宝等都转交给阿尔贝特·汤姆斯位于帝国银行的贵金属部,以备日后之需。

在整个大陆,就像我们所看到的那样,犹太家具和家庭用品都归罗森伯格的机构管理。来自罗森伯格办公室的一份不明日期的文件,可能写于1942年秋或者1943年年初,简要概述了分配的流程。一些家具分配给了位于东部领地的罗森伯格部长办公室,绝大多数战利品被上交或者在德国人当中进行拍卖。"1942年10月31日,元首同意了德国部长阿尔弗雷德·罗森伯格的建议,对于帝国境内惨遭轰炸迫害的德国人给予主要补偿考虑,并且命令在执行这一计划时,要向西部办公室提供一切帮助,就像运送纳粹国防物资那样派遣这类运输。

"到目前为止,借用货运空间,144809立方米家庭用品已经从西部占领区运走……部分物品被送到以下德国城市:奥伯豪森、普特拉普、雷克森豪森、明斯特、杜塞尔多夫、科隆、奥斯纳布吕克、汉堡、吕贝克、罗斯托克和卡尔斯鲁厄。"

来自(波尔、格罗博科尼克和格雷瑟的)营地的大量物资在运到德国机构和市场之前要进行修补;衣物要进行尤为细致的加工:正如我们已经知道的,大卫星要被拿掉;血迹以及其他污渍要被清洗掉;正常的磨损和撕裂要在党卫军制衣厂尽可能地进行修补。谁来决定物品能不能修整,或者谁有权评定损毁程度,这些都还不清楚。不能把千百万双破烂的袜子送去德国的商店。菲利普·弥勒描述了一件小事,大约发生于1942年春末奥斯维辛的一间焚尸场内,这件小事引发了一个问题,至今仍没有答案。

弥勒是一名斯洛伐克犹太人,他于1942年4月抵达奥斯维辛。他刚被转移到了特遣队(将会对此做进一步讨论)。可以说,他开始处于党卫军三级小队副斯塔克的监督之下。这几个月,斯洛伐克犹太人仍然普遍穿着衣服被毒死。"给这些死尸脱衣服!"斯塔克喊叫着并打了弥勒一下。"在我面前,"弥勒回忆道,"躺着一名妇女的尸体。我用颤抖的双手浑身发抖地开始脱她的袜子。这是我生平第一次接触死尸。她并不是太冷。当我把袜子从她腿上脱下来之后,袜子破了。一直在监督的斯塔克又打了我一下,咆哮道:'知不知道你在干什么?注意,继续!这些东西还要再用的!'为了向我们展示正确的方式,他开始脱另外一名女性尸体的袜子。但是,他同样没能完好无损地把它们脱下来。"

汉堡的情况得到了深入研究。1942年,仅汉堡就获得了掠自荷兰犹太人的45船物资;它们净重27227吨。大约10万名居民在港口拍卖中获得了一些被盗物品。据一位女性目击者所说:"朴素的家庭主妇……突然穿上了皮毛外套,有了咖啡和珠宝,有了从港口获得了来自荷兰、法国的旧家具和地毯。"

整个1943年,评估和盘点所掠犹太财产成为各阶层的常事。到1943年12月5日,在"莱恩哈德行动"期间获得的"犹太财产"总数,经过位于卢布林的行动司令部的评估,已经达到了178745960.59帝国马克。这一官方评估经党卫军二级突击队大队长格奥尔格·维佩恩签字,于1944年1月5日从格罗博科尼克新任务的指挥部所在地的里雅斯特——转送给经济管理总局。这看起来像是1943年1月15日希姆莱给克吕格尔和波尔回信的后续,这位全国总指挥在信中警告:"在访问华沙时,我同样怀疑仓库里有从犹太人,即犹太移民那里拿来的物资和货品。"

"我再次要求党卫军副总指挥波尔与经济部部长之间达成一个书面协议,"希姆莱继续说,"针对每一个单独种类;不论是成千上万——甚至几百万——放在那里的钟表玻璃问题(实际上这些玻璃可以分配给德国钟表匠),还是旋转条板问题。"在举出一系列例子后,希姆莱提醒:"我相信,整体上我们不可能过于精细。"在提出更多指示后,他补充道:"我希望党卫军副总指挥波尔极为详细地清理和安置这些问题,现在严格精确,日后将省去很多困扰。"三个星期后波尔送去了一份关于从卢布林送到奥斯维辛的详细纺织品清单:它们装满了825节铁路货车厢。

我们不能精确地叙述欧洲犹太受害者所遭受的掠夺和征用情况。在整个大陆首先由德国人策划和实施,进而扩展到地方官员、警察、邻居或者阿姆斯特丹、科夫诺、华沙或巴黎的一个路人。它包括"馈赠"劫掠者,分发贿赂,或者支付罚款。这些都是主要发生在大规模集体性抢掠的范围内的个别行为。它包括抢夺房屋;掠夺家庭物品,家具、艺术收藏、图书、衣物、内衣、寝具;它意味着冻结银行账户和保险政策,掠夺商店或工商业企业,劫掠尸体(女人的头发、金牙、耳环、结婚戒指、手表、假肢、自来水笔、眼镜),总而言之就是抓住所有能够使用、交换或者出售的东西。它包括奴役劳工、进行致命的医学实验、强迫卖淫,丧失薪水、养老金以及一切可以想到的收入——对几百万人来说——还丧失了生命。还包括从尸体上脱下袜子。

1943年7月1日,内政部部长、财政部部长和司法部部长联名签署了《帝国公民法》的"第十三条法令",据第二条第一段所写:"犹太人死后,所有财产由德意志帝国收缴。"

六

从1942年夏初起,奥斯维辛二号—比尔科瑙逐渐从进行零星灭绝的苦役营转变成灭绝中心,在那里,定期到来的被驱逐者中将会被挑选出一些可供持续消耗的苦力。整个1943年,由主营和卫星营组成的奥斯维辛集合体获得极大扩展:1944年年初居民从3万增加到8万人,与此同时,在工厂和矿山旁边,甚至在农场上建立了数十个卫星营(1944年有15个)。1943年比尔科瑙建立了一座妇女营,一座吉卜赛人"家族营"和一个来自特莱西恩施塔特的犹太人的"家族营"(这两个"家族营"的居民后来都被灭绝)。1942年9月15日,施佩尔授权分配1370万帝国马克以备迅速发展的建筑和杀戮设备之需。

正如我们所见,首次毒气灭绝发生在奥斯维辛主营被修复的停尸房里。之后，比尔科瑙又建立了临时毒气室，首先在"红房子"（一号坑），接着是"白房子"（二号坑）。在一段时间的耽搁之后，最初计划在主营建立的技术大为改善的二号焚尸场在比尔科瑙建立起来。三号、四号、五号焚尸场紧随其后。在主营毒气室关闭后，这些装置被从一到四重新编号，全部放到比尔科瑙集中营。1943 年间这些毒气室开始运作。①六号焚尸场和七号焚尸场显然已经在计划建造中，但是从未建立起来。1944 年春末这些焚尸场无疑起到了帮助作用，因为几个星期之内成千上万的匈牙利犹太人就被毒杀，即使二号坑作为辅助屠杀工具被重新启用，谋杀体系的能力仍然被发挥到最大限度。

在策划通过监视在比尔科瑙建立新毒气装置的方法把奥斯维辛转变成纳粹体系的中心灭绝营的过程中，波尔的建设头目汉斯·卡姆勒比其他人参与得更多。"在卡姆勒身上，"历史学家米海尔·萨德·艾伦写道，"技术能力和极端纳粹狂热并存……鉴于他的炽热、对工程的精通、组织天分以及他对民族社会主义的激情，党卫军成员将卡姆勒尊为模范。"用施佩尔的话说，"没有人想到有一天他会成为希姆莱最冷酷最无情的心腹"。德意志第三帝国的卡姆勒们是"最后解决"中后期阶段的技术家。正如之前所强调的，在日益困难的情形下，他们的意识狂热对保持体系运转十分重要。

1943 年 1 月 29 日，奥斯维辛中央管理大厦领导人马克斯·比朔夫向卡姆勒报告："尽管在 24 小时的轮班中存在难以言状的困难和严寒，但是利用一切可以利用的力量我们已经完成了二号焚尸场的建设——除了一些小规模的建议。爱尔福特托普夫父子公司承包商的代表库尔特·普吕弗总工程师到来时，焚尸场炉子里已经生起了火，它们的工作状况非常令人满意。因为霜冻，从地窖顶部拆下来用来停尸的架子没有被抬走。然而，这不是很重要，因为毒气室也可以用于同样的目的。由于铁路车厢的限制，托普夫父子公司没有按中央管理大厦的时间要求运来通风和换气设备。只要通风和换气设备一到，就开始安装。"

1943 年 3 月，二号焚尸场开始使用。毒气室主要被建在地下，经过地下的脱衣大厅可以到达。但是它的屋顶略微比地面高一些，允许齐克隆 B 颗粒从罐子

---

① 按照日记作者的计算，一号坑毒气室的容量是 800 人，二号坑是 1200 人，三、四和五号焚尸场的容量是各 3000 人。

里通过四个周围用砖烟囱包围的开口灌进去。在二号和三号焚尸场的毒气室里,齐克隆颗粒并不是从通风口进入室内地面,而是被压低在一个伸入"铁丝网引进设备"或者铁丝网柱的容器里。当温度足够高时,这些柱形物就能向室内释放足够的毒气,当毒杀行动结束后,它们会收回齐克隆颗粒,避免从室内搬运尸体时进一步释放毒气(除了通道门没有其他开口)。

除了用于脱衣的大厅和毒气室(或者若干毒气室)外,焚尸场的地下室建有两层,其中包括一个犹太特别分队将尸体拽出毒气室后用来处理尸体的大厅(取金牙、剪断女人的头发、拆下假肢、收集任何值钱的东西,例如结婚戒指、眼镜等)。然后尸体会被电梯带到地面,那儿几架炉子再把他们化为灰烬。骨头经过碾磨后变成特殊的粉末,这些骨灰被当作肥料施在附近的田地,倒在当地的森林里,或者丢进附近的河流。至于特别分队的成员,他们定期被杀害,再由新成员取代。

普吕弗对其拥有的装置十分自豪,他已经把它们当成自己的专利品。除了托普以外,还有很多其他公司参加了四个焚尸场的建设。尽管建立新装置的进程缓慢,还时常出现故障,并且在活动高峰时期,炉子的燃烧能力并不充分(这迫使营地当局转向露天焚烧),但奥斯维辛的谋杀机制仍然完成了它的任务。

普里莫·莱维(我们已经描述了他来到奥斯维辛的旅程)是一名来自都灵的化学家,之前他加入城市上方大山里掩藏的一组犹太人中,处于"正义与自由"抵抗组织的松散框架之内。1943 年 12 月 13 日他和同伴被法西斯武装逮捕,几个星期后被运到弗索利集中营。到 1944 年 2 月底被德国人接管。2 月 22 日,营里650 名犹太人被向北驱逐。

"(四天旅途的)高潮突然到来,"莱维后来写道,"门轰的一声被打开,黑暗中回荡着奇异的命令,德国领导用生硬的野蛮的声音喊叫着,仿佛在发泄千年的愤怒……不到十分钟的时间,所有健壮的男人被集结成一队。其他妇女、孩子、老人会发生什么呢? 我们现在不能确定,以后也不能确定:黑夜将他们彻底吞没。然而,今天我们知道……我们这支由不超过 96 名男人和 29 名女人组成的队伍被护送分别进入了莫诺维茨 — 布纳和比尔科瑙营,而其他人,超过 500 人,两天之后无一幸存。"①

---

① 莱维所在的那趟运输中,有 536 人确实被迅即毒死了。

吕特·克卢格抵达比尔科瑙时是12岁,她记得当火车车厢的门开封之时,她没有意识到要跳下去,所以摔在了扶梯上:"我站起来想哭,"她回忆道,"或者至少抽搐起来,但是眼泪却没有掉下来。如此恐怖的地方让眼泪干涸。我们本应松一口气……至少可以呼吸新鲜空气。但是空气并不新鲜。它闻起来不像地球上的任何东西,我本能地立即认识到这不是哭的时候,我需要做的最后一件事就是集中精力。"克卢格提到了和莱维相同的欢迎盛会:"我们被一群可恶的恃强凌弱的人包围,他们把我们拉出火车,在拉我们的时候他们不停地说着单音节词'raus,raus'(出来,出来),就像咆哮的疯狗一样。我很高兴安全地走在了我们这群人中间。"

在人们喧嚣的叫声中,一些囚犯记住了"raus"(出来),一些人记住了"schneller"(快点)。效果都一样。同样来自特莱西恩施塔特格蕾塔·萨卢斯也描述了自己的第一印象:"快点,快点,快点——仍然萦绕在我耳边,这个词从现在起日夜围绕着我们,鞭笞我们,片刻不让我们休息。迅速地——这是一个口令;迅速地吃、睡、工作、死亡……我常常问有同样经历的人到达奥斯维辛后的印象是什么。绝大多数人都不能告诉我太多,但几乎所有人都说自己好像被人从头上打了一下,彻底陷入混乱与半迷惑。他们都认为照明灯是一种折磨,喧哗声让人难以忍受。"

第一次挑选在抵达后就开始进行。据党卫军医生弗里德里希·恩特里斯战后声明所说:"16岁以下的年轻人,所有照顾孩子的母亲以及所有生病或体弱的人都被装进卡车,带到毒气室。其他人则交给劳工分配负责人,被带去营地。"

实际上,恩特里斯应当记得在刚抵达时还挑出了另一类犹太人:医学或人类学实验的有趣标本。因此恩特里斯臭名昭著的同事约瑟夫·门格勒经常出现在现场参与首次挑选,拣选他的特殊材料。"他检查着到来的运输,发出'双胞胎向前!'的命令,寻找双胞胎。他还寻找身体畸形的人,用于有趣的尸体解剖。测量完毕后,他们就会被党卫军士官枪毙,尸体被肢解。有时他们被清理干净的骨头会送到位于柏林—达勒姆的费许尔研究所。"(奥特马尔·冯·费许尔教授是门格勒的导师,也是位于柏林—达姆勒的威廉皇帝学院生物与种族研究所的所长。)

挑做苦役的被驱逐者通常用刺在左臂下方的一系列号码来标志,有条纹的囚犯"制服"可以表明他们属于哪一种类,制服上有一个彩色的三角形(政治家、罪犯、同性恋和吉卜赛人各有不同颜色),而犹太人又多加了一个倒置的三角形,形成一个六角星。旨在补充苦役的首次挑选有时真的很让人失望。例如,1943 年 1 月底来自特莱西恩施塔特的一次运输,5000 名被驱逐者中只有不到 1000 人能够在法本化学工业公司里工作。其他人即刻被毒死了。3 月份情况更糟,尽管来自柏林的运输装满了"工厂行动"期间逮捕的被驱逐者。在 3 月 3 日的一次运输中,由于男性被驱逐者的家庭成员也一同被带来,所以,总计 1750 名犹太人中,有 1118 人是妇女和孩子。在这些妇女和孩子中,只有 200 人没有立刻遭遇"特别对待"。接下来的四次运输一直伴有这种现象。

那些被挑选出立即送去毒杀的人通常会沿着精心设计的路线,毫无障碍地前进,或者说被送去焚尸场,受害者被告知要进行消毒。在焚尸场的入口,新来的人由一些党卫军成员和犹太特别分队成员负责。这些犹太特别分队成员和未起丝毫疑心的受害者们一同留在脱衣室,如果需要的话,他们还会像党卫军成员那样说一些宽慰的话。脱完衣服后,衣物都被小心翼翼地挂在标记了号码的挂钩上(鞋子也系在一起),以此证明完全不用担心,党卫军成员和犹太特别分队成员的囚犯一同陪伴这群等候"消毒"的人进入设有淋浴的毒气室。一些犹太特别分队成员一直待到最后一刻;通常情况下会有一名党卫军成员站在门槛,直到最后一名受害者迈进来。然后,门被密封起来,毒气颗粒倾泻进来。

值班医生要保证毒气攻击完毕后没有留下任何生命迹象。明斯特大学医学教授、党卫军一级突击队中队长约翰·保罗·克雷默博士在日记中记下了 1942 年 8 月 30 日到 11 月 20 日他在奥斯维辛的日常活动:"1942 年 9 月 2 日。今天凌晨 3 点,第一次参加特殊行动……1942 年 9 月 5 日……晚上 8 点左右,再次参加了来自荷兰的一次特殊行动。他们(犹太特别分队的囚犯)也参加了这些行动,因为他们会得到分发的一些特别东西,包括五分之一的酒、5 支香烟、100 克大香肠和面包……9 月 6 日,星期天,丰盛的午餐:西红柿汤、半只土豆炖鸡和红色卷心菜(20 克肥肉)。香甜稀奇的香草冰激凌……晚上 8 点钟,外面再次施行特别行动。"

顺便提一下,在整个日记中,克雷默痴迷地关注每天所摄食物,这与他在奥斯维辛研究饥饿的病人有一种怪异的联系。他的样本被放在解剖台上,他会询问他们的体重下降多少,然后将他们杀死并解剖。接着从容地研究饥饿的影响。据罗伯特·杰伊·利夫顿所说,克雷默希望在战后继续他的研究。

9月5日,克雷默参加了挑选"穆斯林人"的工作,也就是挑选不再适合工作的女性苦力;这不再像挑选新来的人那样容易进行了;受害者知道等待她们的是什么。"用毒气杀害集中营里精疲力竭的妇女以使用'穆斯林人'这个术语的方式像恶病一样普遍为人所知,特别令人不快。"克雷默在战后审判的证词中声明。"我记得我曾经参加用毒气杀害一群犹太妇女。我说不上有多少人。当我到达沙坑附近时她们都坐在地上,还穿着衣服。由于她们的营服已经破烂不堪,所以就没让她们进脱衣房;她们不得不在露天脱衣服。从她们的行动中我推断她们已经知道将要发生什么,因为她们正在哭泣,祈求党卫军军官放她们一条生路。但是所有人都被推进毒气室用毒气杀死……我把当时感受到的印象记在了1942年9月5日的日记中:'最可怕的恐怖,一级小队长蒂落的话十分正确,他对我说今天我们抵达了世界的肛门。'我用了他那种表达是因为我想象不出比这更吓人更怪异的事情。"

应该更多地写写犹太特别分队的成员,那几百名囚犯,几乎全是犹太人,在被杀害和被替换之前,可以说是生活在地域的最底层。正如我们刚刚看到的,他们不时帮助党卫军安抚进入毒气室的恐慌囚犯,他们拖出尸体,掠夺尸体身上的钱财,焚烧残留物,丢弃骨灰,把受害者的物品分类并发送到"卡纳达"(这个可笑的名字指的是用来分类和加工物品的大厅)。毗邻焚尸场的妇女营里有一名囚犯名叫克里斯季娜·日武斯卡,她问犹太特别分队的一个成员怎么能忍受日复一日地做这个工作。他的解释——希望、见证并报复的心愿——结局可能是所有这一切根本之所在:"你认为我们这些工作在犹太特别分队的人都是怪物吗?我告诉你,他们和其他人一样,甚至更加不快乐。"

奥斯维辛从很多方面展现了普通纳粹集中营体系和切实反犹太人的灭绝体系之间的差别。在这个混合住着不同囚犯的多用途营地中,非犹太囚犯很快发现他们和犹太人在命运上有着根本差别。如果他们的民族或政治组织能交上好运,并能提供一些支持的话,这些非犹太囚犯就能够幸存。相反,犹太人却根本没有任何对抗死亡的手段,并且其标准状态就是完全不设防。对许多波兰、乌克兰囚犯,或者对许多德国罪犯来说,这是一次在普遍恐怖体系下实施各自反犹恐怖行动的机会,或者说在这群完全无能为力的群体面前彰显自己实力的机会。①

以色列·古特曼这样暗示犹太人在普通集中营体系中,尤其在他曾经被拘留过的奥斯维辛集中营的地位:"犹太人在集中营里被其他囚犯看成是贱民。反犹主义在营里显而易见,形式最为暴力。纳粹鼓励攻击犹太人。甚至那些不反对犹太人的人以及反对集中营里充斥的仇恨潮流的人,也接受了法则,视犹太人为被遗弃的、可耻的生物,应当对其避而远之。"也有许多帮助犹太人的例子,但是在古特曼看来,"这些都是零星的个人行为, 而反犹和攻击犹太人是营里大多数人的准则"。

犹太人之间任何虚弱迹象招致死亡威胁都会恶化紧张的局面, 包括各民族团体的相互偏见:"(奥斯维辛的犹太人)没有展现团结,而是相互充满敌意,"本尼迪克特·考茨基有些过于夸张苛刻地写道,现在'波兰人'反对'德国人';'荷兰人'反对'法国人';'希腊人'反对'匈牙利人'。如果一个犹太人使用和反犹主义者相同的言论去攻击另一个犹太人,这绝对不是什么不正常的事情。"至于那些被授予特殊权力凌驾于其他同胞之上的人,例如"囚犯头",他们经常抱着通过残酷对待其他犹太人而拯救自己的幻想。并不是每个人都这样,但是很多人都这么做。

由于奥斯维辛成为政权的主要屠杀中心,犹太囚犯的人数很快超过了其他团体。据历史学家彼得·哈耶斯所说:"从1940年5月开放集中营到1945年1月清洗时,有130万人被运到这里,其中只有20万人活着离开,其中12.5万人在第三帝国幸存。在这些俘房中,110万人是犹太人,80%是在刚一抵达或者随后不久就死了。"

"犹太人以每周7000人到8000人的速度来到奥斯维辛,"1942年12月7日在去前线的途中,军士长SM在家书里写道,"在那之后他们'英勇牺牲'。"他补充道:"真的很高兴看到这个世界。"

军士长不是唯一一个在奥斯维辛感到开心的人。将近7000名党卫军成员在这段或那段时间被派到集中营,1943年11月他们首先处在霍斯的指挥下,之后

---

① 集中营的体验似乎也没有改变波兰反犹主义的暴力。在一长串例子中,日记作者选取了一名波兰女囚犯,她声称尽管手段十分恐怖,但是波兰犹太问题正在解决:"这听起来可能很矛盾,"她总结,"但是我们把这归因于希特勒。"

又在阿瑟·利伯亨舍尔和理查德·贝尔的领导之下,对这些人来说,那里的生活确实令人开心。所有常见的便利设施在那里都可以用到:体面的住房、美食(正如我们从克雷默日记上看到的)、医疗护理、提供给配偶或伴侣的长期住所、定期休假用于省亲或者去特殊度假区。在集中营内,为了减轻工作带来的压力,党卫军可以享受女犯人管弦乐队特别为他们演奏的音乐,这种演奏从 1943 年 4 月一直持续到 1944 年 10 月。集中营外面的文化生活由一系列演出组成,至少两到三周一次,喜剧居多,如《航班中的新娘》《闹婚》《多样欢乐》,还根据"攻击漫画"的箴言举办了很多晚会。其中也不乏一些经典:1943 年德累斯顿国家剧院上演了歌德的《那时与现在》。

七

有关灭绝的详细信息通过诸多途径在德意志帝国内外传播。例如,每年都有几百名妇女去会见他们在奥斯维辛或其他营地当警卫的丈夫,就像刚刚提到的,她们通常会待上很长一段时间。居住在奥斯维辛镇的德国人则会抱怨超负荷的焚尸场产生的难闻气味。这个特殊问题得到了霍斯的证实:"当第一次进行露天火化时就很明显了,从长远看不可能持续使用这种方式。尽管官方反对宣传,但是当遇到糟糕的天气或者有大风时,焚烧的尸体散发出的恶臭被吹至数公里远,造成整个临近地区都在谈论焚烧犹太人一事。确实,所有详细了解灭绝的党卫军士兵对整个行动都要严格保密,但是根据党卫军法律程序显示,这常常不被遵守。即使最严厉的惩罚也不能阻止人们传闲话。"

拜访瓦尔特高或定居在那里的德意志帝国的德国人只要通过对比之前 1940 年或 1941 年参观时的所见所闻以及一两年之后都不会错过的事物,就能完全了解生活在上西里西亚的德国市民对奥斯维辛的猜测,了解铁路工作人员、警察、士兵以及所有穿越德意志帝国东部大片区域的人轻易就能听到或看到的事物。"我只见到了曾经生活在波兰的犹太人,"安内利斯·雷根斯坦在一次采访中回忆,"1940 年我又一次穿越利茨曼隔都,这是用带刺铁丝网隔离的一块城市隐蔽之地,数千名犹太人被圈在一起无所事事。关于这些人可怕命运的一些事情可能已经深入百姓中间。但是反犹宣传以及部分重新定居的德国人对犹太人的憎恨令他们无动于衷。"正如历史学家伊丽莎白·哈维所说:"在这些知识'可能渗入'德国意识中时,当时她(雷根斯坦)并没有提到自己的反应。"

另一位早期定居者伊丽莎白·格拉博则详细叙述了自己的经历,同样也是在瓦尔特高:"一度生活在济克林和库特洛的犹太人一天之内就都消失了(我不记得是什么时候,可能是 1942 年)。人们私下相互传说他们被装上卡车,毒死了。这些谣言对我的影响比使用没收的(波兰)家具的想法更加痛苦。"当然,这些消息在暗地里四处传播,相当精确地描述着切姆诺的谋杀。

到 1943 年年初关于大屠杀的消息在德意志帝国如此普遍(尽管绝大部分"技术细节"并不准确),可能已被大多数人所获悉。谣言再起,传说犹太人在前往东方的途中被毒死在隧道中。这种消息似乎没能缓解反犹仇恨和野蛮暴行。因此,1943 年 4 月西班牙驻柏林领事报告道,由于无家可归之人试图抢夺受害者的行李,载有被驱逐者的卡车被迫停留在途中的火车站。一般说来,近期历史研究逐渐把德国人对犹太人命运的忽视解释成战后杜撰的设想。

为了应对消息的扩散,纳粹党总理府认为有必要颁布恰当的指导方针。1942 年 10 月 9 日发布的机密文件,开篇几句就说:"关于最后解决犹太问题的工作,最近德意志帝国各地人民,尤其是东部地区人民对反犹太人的'十分严厉的措施'颇有微词。已经确定这类说法——通常扭曲而且夸大——是由正在休假的各种部队成员传出的,他们受雇于东部,有机会实施这类措施。"

反对派领导人消息颇为灵通。历史学家汉斯·莫姆森指出,1942 年时用毒气杀人的消息已经被耶稣会牧师阿尔弗雷德·戴勒普、普鲁士财政部部长约安内斯·波皮茨和赫尔穆特·冯·莫尔特克知晓。1942 年 10 月 10 日,莫尔特克写信给他的妻子:"昨天的午餐很有趣,与我同餐的人刚刚从(军)政府来,给出了一份有关'党卫军鼓风炉'的真实报告。'迄今为止我还不能相信,但是他向我保证这都是真的:那个火炉一天'处理'6000 人。他在 6 公里之外的监狱营,那儿的官员告诉他的绝对是事实。"

与此同时,秘密的"弗莱堡界"成员最后一次碰触"大备忘录",即关于后民族社会主义德国社会、政治和道德基础的群体讨论结果。弗莱堡经济教授康斯坦丁·冯·迭泽拟定了备忘录第五条和最后一条附录,"解决德国犹太问题的提议"。1942 年 11 月几位政治反对派领导人(包括卡尔·戈尔德勒)、宣信教会的重要人物和另外一些人一起在迭泽的家中讨论了这份文件。尽管第五条附录没有"最后解决"这样的提法,但却确认了犹太人遭到大规模灭绝:"根据中央政府的旨意,迫害(犹太人)是正确的。他们不仅发动不计其数的强迫撤离,其间造成许多犹太人死亡；还有成千上万名犹太人仅仅因为自己有犹太祖先而被系统地谋杀……难以想象此类臭名昭著的行为达到了什么程度；客观事实和数字无论如何都不足以充分描述它,因为没有机构公开为此承担责任。"

虽然确认了大规模灭绝,但是弗莱堡团体并不认为犹太人和其他人一样是后纳粹德国的个人和公民。"大量犹太团体存在于一个民族中间,"这份备忘录强调,"构成了一个问题,如果没有得到根本和大规模安排的话,必将困难重重。"为了在德国国内和国际层面上解决"犹太问题",遵照充分体现德国保守派和德国教会的传统反犹主义,联系纳粹主义,备忘录提出了这样一系列考虑措施:"所有隶属犹太团体的人,以及那些较早归属犹太团体,后来又没有加入其他任何宗教团体的人都被认为是犹太人。如果犹太人皈依了基督教,只要他们没有加入所在国国籍,那么就仍旧是犹太团体成员。"作者事先声明:"在废除《纽伦堡法》后,国家宣布中止所有针对犹太人的特殊规定,因为幸存犹太人的数量和返回德国的犹太人数量不会太大,他们就不会被看成是德意志民族的威胁。"

另一个能够证明在灭绝和对德国反对派团体所持的反犹模糊认识的例子是1942年7月初慕尼黑大学重要的天主教"白玫瑰"抵抗组织法发放第二份秘密传单。这份传单提到了谋杀波兰犹太人之事,但是慕尼黑的学生却以一种令人费解的方式提出这一问题,而且对此做出了立即的否认:

"我们不想对这一张纸上提到的犹太问题发表任何言论;我们也不想为他们的防卫进行辩护。不,我们只想列举这样一个实例,自波兰被攻克后,30万名犹太人以最野蛮的方式被谋杀。从这件事上我们看到了对抗人类尊严的让人最恐惧的犯罪,这个犯罪在整个人类历史中没有其他任何犯罪可以比拟。不管人们怎样看待犹太问题,犹太人也是人,这是在对人类下手。当然,也许有人会说犹太人理应遭受这样的命运;这种说法将会是让人难以置信的推理。但是,假设有人就这样说了,那么他怎样看待年轻一代波兰贵族全部被消灭的事实呢?"

换句话说,这些积极反对政权的人十分清楚大规模杀害犹太人不会给大多数读过传单的读者留下印象,所以他们才加上了对波兰天主教徒犯下罪行一事。附加内容是否也体现了"白玫瑰"组织的态度还很难说,但是一定显示了他们对1942年中期一段时间德国天主教中间阶层公共舆论的评价。

尽管这类信息不断传播,但是正如我们所见,渗透民族思想的政权宣传激化了原有的反犹敌意。1942年7月7日德特莫尔德保卫处给比勒费尔德的保卫处总局发送了一份报告,再次强调之前已经提到的一点。"人们不理解按照法律规定,与雅利安人结婚的犹太人不需要佩戴大卫星的犹太标志(这可能适用于混血婚姻,并且有孩子的犹太配偶)……人们越来越频繁地询问是什么原因让没带星的纯血统犹太人仍然到处乱跑。所以人们说,就是这种例外尤其危险,因为比起过去,现在未戴标志的犹太人更容易被误认为是雅利安人,因此,如果不经过怀疑、窃听和侦查,人们只能在街上遇到戴犹太标志的犹太人。"报告继续描述了发生在当地火车上一名前党卫军成员(现在是政治领导人)给同排一名没有标记的犹太人让座的丑闻。另一名乘客注意到了这位前党卫军成员刚刚所做的事,那件事造成了周围人的尴尬和气愤。

当然也有一些例外。7月31日,还是这个保卫处办公室给比勒费尔德发送了一份不同的报告,是关于驱逐莱姆戈附近最后剩余犹太人的事。按照这个机构所说,许多老居民(甚至纳粹党成员)以"各种各样的理由"批评驱逐。和天主教会有联系的人常常表示担心上帝会因这些行动而惩罚德国人。在与赞同驱逐的人进行讨论时,一些人甚至争论说犹太人不会伤害一只苍蝇,许多犹太人还做了很多善事。在附近的萨本豪森,休曼老师的妻子试图给被驱逐的犹太人送去腊肠和其他食物。结果她被抓了起来。

不管是作为上帝的惩罚还是犹太人的报复,对于很多德国人来说,引起报复的最初罪孽来自1938年11月9日到10日对犹太人的集体迫害,当时第三帝国所有的犹太会堂都被纵火焚烧;当然,驱逐也加重了他们的罪行。因此,1943年8月3日,一封来自维尔茨堡奥森福特保卫处的报告提到了广泛传播的谣言,"维尔茨堡不会遭到敌机的袭击,因为这里的犹太会堂没有一个被火烧毁。然而,另外一些人说飞机将会来到维尔茨堡,因为不久前最后一名犹太人被驱逐出维尔茨堡。在被驱逐之前,他曾预言维尔茨堡现在将要遭到轰炸"。

有时候,这些反应还夹杂着对政权直截了当的政治评论。8月中旬一名威戈斯豪森(位于美茵法兰克纳粹党部)地方纳粹官员报告了他与一位"极度虔诚"的农民长达一小时的对话,这位农民的一些看法"清楚地表达了该地(宗教)人口的各种主导趋势":"没有希特勒——没有战争——我们对犹太人的敌对造成了目前的战争状态;布尔什维主义并不像描述的那样危险——对胜利存在怀疑——并且,如果宗教事务有所改变,这个国家就将爆发起义。"

保卫处的报告从许多方面展示了宗教情感和信仰的适应力,从而指出宗教权威指导具有重要作用。正如我们所见,新教和天主教的高级教士和普通牧师知道从德意志帝国和整个欧洲开出的火车并不是把犹太人运到"波兰"的劳动营,而是送去杀死。然而战后一些牧师,例如红衣主教贝尔特拉姆或者格罗伯主教却声称不知情,这简直就是在撒谎。用历史学家米夏埃尔·派埃尔的话说,他们不知道是因为不想知道。极具代表性的是,贝尔特拉姆拒绝接收普雷辛主教(我们已经遇到过这人)非常了解情况的助手玛格丽特·佐默有关犹太形势的简要情况。为了保持真实性,贝尔特拉姆要求任何佐默的报告都必须写下来并由普雷辛签字;否则,他威胁,"我不会再安排会见她"。贝尔特拉姆不会忽略写下这些报告就相当于严厉的惩罚。

事先天主教重要人士对采用何种适当回应方式意见不一:普雷辛和一些慕尼黑耶稣会士是主张公开抗议的领头人,而其他大多数人则希望避免与官方产生任何冲突,并支持不同程度的调和。正如期望的那样,最"随和"的高级教士就是贝尔特拉姆。1943 年 8 月,在普雷辛的要求下佐默准备了"声援犹太人请愿草案",全国所有的主教都要签名并呈交给希特勒和其他党内上层人士,到这时,这个问题发展到了紧要关头。

草案第一段就提出了针对所有犹太人的勇敢无畏的声明:"带着最深切的悲痛——甚至神圣的义愤——我们德国主教了解到非雅利安人被以一种蔑视所有人权的方式驱逐。捍卫自然法授予人类的不可剥夺的权利是我们神圣的职责……如果我们不能成功地大声反对剥夺这些无辜百姓的权利,那么世界都将不会理解。由于沉默,我们将戴罪站在上帝和人类面前。我们的责任负担相应地在加重……我们收到了关于被驱逐者恐怖、可怕命运的惊人报告,已经有数不胜数的人被送到真正不人道的生存环境中。"接下来是一系列减轻被驱逐者命运的要求,但是通篇呼吁都避免直接提到灭绝。主教会议拒绝提交这份请愿书,仅仅颁布了一封主教信,告诫德国天主教徒尊重其他人以及"具有外来种族和起源的人"的生命权。

普雷辛仍然希望通过从梵蒂冈激起的鼓励和指导来动摇他的主教伙伴。奥尔塞尼戈没有提供任何鼓励:"仁慈是好的也是善的,"这位罗马教廷使节对主教说,"但是最大的仁慈就是不给教会生事。"普雷辛亲自向庇护十二世重申了这个请求,除了在下一章将要看到的含蓄支持贝尔特勒姆消极态度的声明外,即全大陆的主教可以根据自己的最佳判断自由应对形势,没有获得任何其他指导。教皇知道德国主教内部普遍流行的观点，他也几乎一定知道普雷辛为了克服他们的懦弱希望获得罗马的明确支持。实际上，庇护十二世支持大多数人的节制主义路线，赞扬 1942 年的选择——并在 1943 年的主教信中再次声明——用暗地帮助取代公开反对。

唯一一封由教会权贵写给希特勒的私人信件于 1943 年 7 月 16 日发出，再次由宣信教会领导人特奥菲尔·武尔姆主教起草。主教首先提到，写给各州和各党派重要人士的有关所有基督教徒注意事项的信没有收到任何回应。在肯定他对祖国的爱，简短提及巨大牺牲已经成为他(他在东线失去了儿子和女婿)和无数福音教基督徒的命运后，武尔姆写道，作为"最高级的福音教主教，"声称自己要"保证福音教会内部大多数人的理解和支持"。在这一点上，他转向了信件的核心问题：

"以上帝的名义，也是为了德国人的利益，我们迫切要求德意志帝国负有责任的领导检查在德国统治下的许多男人和女人未经任何司法审判就遭遇的迫害和清除事件。由于受到德国猛烈进攻的非雅利安人受害者已经基本消除，所以令人担心的是……所谓'有特权的'幸免于今的非雅利安人会重新受到遭遇同样对待的危险。然后，武尔姆反对解除混血婚姻的威胁。"他迂回地回到已经实行的这类反犹太人的措施上："这样的意图，例如已经采取的反对其他非雅利安人的措施，严重违背了神圣律法，侮辱了西方思想、生活的根基，违反了上帝赐予的生存权和人格尊严。"

武尔姆的信没有收到回应，尽管它不像加伦反对安乐死的布道那样是一个权威宣言，但却被广泛传播。几个月之后，1943 年 12 月 10 日，武尔姆给拉默斯送去一封信，再次为混血犹太人的安全恳求。这次他收到了希特勒总理府的一封手写警告："我特此断然警告你，"拉默斯写道，"并要求你以后小心待在你的职责领域内，避开一般政治问题。我进一步强烈建议你最大限度地约束自己的个人行动和职业行为。我要求你忍住不要回信。"可怕的报复性警告让武尔姆和宣信教会沉默。

八

1942 年 10 月，伊门豪森的全科医生恩斯特·杨和他的犹太妻子莉莉离婚了，事实上他们 5 个孩子中有 4 个还是青少年，还有一个甚至更小。正如我们所见,恩斯特和他的一个同事丽塔·施密特纠缠在一起,后者给他生了个孩子。他可能知道(就像他在战后所说),即使莉莉离开了她的雅利安丈夫,5个混血儿童的存在也能够保护她避免任何严重的危险。然而他不能忽视,莉莉的情况无论如何都比事先更加危险。最后生活在德意志帝国的犹太人在行动上受到限定和条令的打击,即使最轻微的违犯也会是致命的。

莉莉自己似乎也不知道她的新身份意味着什么。她最大的儿子哈特不是成为卡塞尔附近防空部队的一名狂热后备役队员了吗?当然,她不会知道与她情况相同的其他妇女都发生了什么——例如赫莎·费纳。莉莉尝试嘲笑命运了吗? 她放在卡塞尔公寓门上的名片只显示:"莉莉·雅恩医学博士。"她忘记了——或许没有? ——犹太医生是禁止使用自己的职业头衔的,她必须在她的名字上加上"萨拉",并且无论如何都不允许为雅利安病人提供服务。有人谴责她;盖世太保传唤她,1943 年 8 月 30 日她被抓了起来。

到 1943 年中期,剩余的德国犹太人失去了所有组织,成为一群分散之人,他们被盖世太保的名单定义为许多特殊"情况";在系统逻辑内,他们必须要消失。尽管克伦佩勒夫妇是没有子女的混血婚姻,他们还没有受到传唤。但是他们期望的这种中间状态能持续多久呢?他们的日常生活日渐困难。1943 年年底,他们收到命令再次搬家,搬进另一座"犹太屋",比前一个还要拥挤。"这里最糟糕的,"12 月 14 日维克托·克伦佩勒写道,"就是'杂乱'。三家人的门打开之后通向(第三层的)同一个走廊:科恩家、施蒂勒家还有我们家。用的是共用浴室和厕所。厨房和施蒂勒家分享,只有一部分隔离开——那儿有一个三家共用的水源——一小块毗连的厨房空间是属于科恩家的。"对告密者的担心随着时间一同增长,甚至和不十分了解的犹太人说话也让人担心;克伦佩勒听到了关于他所在房屋里一位居民的谣言,他记下了这生动的笑话:"一名戴犹太标志的犹太人在街上遭到虐待,一小群人围了起来,有人站在犹太人这边。过了一会儿,这名犹太人展示了他夹克翻领里面的盖世太保徽章,站在他这边人的名字就被记了下来。"这就是德意志帝国、残留隔都和每个被占国这种或那种形式的现实日常生活的一部分。

在克伦佩勒看来,在战争的最后阶段,人们的态度看起来空前矛盾。他经常会遇到同情和鼓励("这不会持续太久的")或者非刻意的好心行为;然而反犹主义也从未远离。"在我去卡茨的路上,"1944 年 2 月 7 日他写道,"遇到一位老人经过,他说:'叛徒!'在健康保险局的走廊上,作为唯一佩戴犹太标志的人,我在一个被人坐满的长凳前来回踱步。我听见一个工人说:'应当给他们打一针。然后结束他们!'他说的是我吗?戴犹太标志的人?几分钟后这个人被叫走了,我坐在他的位置上。我旁边的一名老妇低声耳语:'太讨厌了!也许有一天他希望发生在你身上的事情会发生在他身上。人们永远不知道。上帝来审判!'"

读者可能会想起作为一名天主教徒长大成人的年轻犹太女孩科迪莉娅,1941年9月她被柏林的"天主教女子协会"赶了出来,因为她的女校长不想再留下"戴犹太标志的女孩"。科迪莉娅的母亲伊丽莎白·朗戈瑟有一半犹太血统,她本身既是皈依者也是著名作家,但是女孩的父亲则是拥有纯正血统的犹太人,他已经不再和朗戈瑟一起生活了。因此,1943年就满14岁的科迪莉娅是一名"三分之一血统的犹太人"。

1942年年底或1943年年初一段时间,朗戈瑟为她女儿成功拿到了西班牙护照,甚至还有一个通往西班牙的签证。科迪莉娅·朗戈瑟变成了科迪莉娅·卡西亚—斯考瓦特,并不再佩戴犹太标志。不久,女儿和母亲都被传唤到柏林盖世太保司令部。当着母亲的面(她母亲从头到尾都保持沉默),科迪莉娅被要求做出选择,要么签署声明同意保持德国公民身份,准备服从所有适用于犹太身份的法律,要么根据获得西班牙护照的诈骗罪和叛国罪对其母亲进行起诉。科迪莉娅签了名。"现在,"盖世太保官员主动说,"你可以穿过大厅到办公室去,购买一个新的犹太标志;要花50芬尼。"

1943年盖世太保让"混血犹太人"逮捕剩余被圈定驱逐的犹太人。两名这样的半犹太血统助手把科迪莉娅带到犹太医院,在解散了德国协会后那里变成集中和管理所有犹太人的中心。这座医院(首先使用它位于伊朗大街的建筑,后来是学府街)完全处在盖世太保的控制下,艾希曼派党卫军一级突击队中队长弗里茨·维尔恩在这里负责监督,而另外一个有能力、有精力却不知名的犹太医生、"德国协会的一名成员"沃尔特·卢斯蒂希博士负责掌管日常事务。一些犹太病人之所以能留下来是基于这样一个前提,即几乎都受到某种特殊身份的保护;从德国其他城市逮到的以及藏匿犹太人都暂时放在这里。到战争末期,大约370名病人和1000名左右囚犯仍然留在这座医院里,这包括93名儿童和76名盖世太保俘虏。

在这座医院,任何有权力的男性都可以上任何女人的床。卢斯蒂希在医院拥有很多有欲望的护士供他使唤,他承诺使其中一个或两个人免除驱逐。科迪莉娅这名年轻的新来者尽管只有 14 岁,还没有来过月经,却被来自科隆的两名混血犹太双胞胎汉斯和海因茨糟蹋共享。但是汉斯和海因茨没有能保护她:到 1943 年年底,她被从儿童分部转移到精神病分部,里面所有人都预备被驱逐。年底之前,她被装上开往特莱西恩施塔特的列车。

　　科迪莉娅的母亲在女儿被驱逐前来看过她一次。她在写给友人的信里传达了她的印象:"我们(伊丽莎白·朗戈瑟和她的雅利安人丈夫)发现她非常平静,甚至快乐又自信。因为,首先只去特莱西恩施塔特而不是波兰;其次因为她是作为随行护理人员前去。她必须照顾两名儿童和一个婴儿,还身穿护士制服;她甚至还有一顶圆帽,我想这让她充满骄傲。"

　　在短暂停留特莱西恩施塔特后,科迪莉娅·玛利亚·萨拉被遣送至奥斯维辛。

九

　　继 1942 年春建立统一抵抗团的尝试失败后,犹太战斗组织于 1942 年 7 月 28 日在华沙成立,恰逢行动刚刚开始。这个最初拥有约 200 名成员的组织通常会成功地避开遭驱逐的命运,但除此之外便无能为力。8 月,犹太战斗组织从波兰地下共产党手中购进了一些枪支弹药。第一次小规模军事行动——杀死管理犹太人的警长约瑟夫·塞尔伦斯基的尝试以失败告终。几天后,更糟糕的事情发生了:从华沙前往赫鲁别舒夫的途中犹太战斗组织的一小组成员被德国人逮捕,遭到拷打、杀害。没过多久,盖世太保于 9 月 3 日逮捕了该组织在华沙的数位领导人,并将他们杀害,他们的武器被发现和没收。起初,这一系列的灾难性事件似乎要将这克服重重困难才得以起步的无畏事业引向终结。

　　9 月中旬后,一段貌似缓和却又完全不确定的恐怖时期降临到了隔都幸存者的头上。仍生活在空间骤然变小的约 4000 名犹太人不是在留存的车间工作,就是去分拣受害者遗留下的成堆物品。原先的德国管理人员被盖世太保军官所取代,当然,大多数都是些级别低的军官。

　　留存下来的犹太人谁都不知道德国人何时会采取下一步行动,但有关特雷布林卡灭绝营的情况已经多有传闻:"赤身裸体进入浴室的妇女遭到了杀害。"亚伯拉罕·莱温引用了一名 9 月 27 日逃脱者的报告:"尸体遍地。他们是用什么杀害她们的?仅仅是用蒸汽(水蒸气)。仅仅七八分钟便都死去。不幸的人在抵达时便被要求脱掉鞋子。广场上的公告牌上写着:'华沙来的移民。'"10月5日莱温写道:"没有人知道明天会发生什么,我们生活在无尽的惶恐之中。"外部世界的消息都是一点点渗透进来的。11月10日,他在日中记录了英美在北非登陆和英国进攻埃及的消息。他还记录了前一天希特勒对"老兵"的演讲:"尽管我们尚未得到这次演讲的印刷稿,但犹太人在希特勒对犹太人的仇恨和恐怖威胁加剧声中意识到希特勒在谈及要将欧洲犹太人,不论老幼,统统铲除的想法。"11月17日莱温提到了卢布林所有犹太人被最终清除一事。波兰各省大规模清除犹太人的新闻报道很快便取代了英美两国发生的抗议杀害犹太人集会的零星报道:"在特雷布林卡或奥斯维辛,死亡是一件10~15分钟的事情。"1943年1月15日,随着华沙隔都预期的起义行动的日期临近,莱温记录下了重新出现的担忧。第二天他写下了最后一篇日记。

与此同时,犹太战斗组织克服了1942年9月事件所引发的危机。然而,即便是在令人担忧的新形势下,支持进行武装抵抗的所有政治力量的联合也仅限于形式并未完全实现。多次长时间的谈判再次证明哪怕是在较年轻一代隔都犹太人中间,导致其分离的意识形态问题是何等之深。1942年10月,一个名为犹太人全国委员会的机构成立。它联合了所有左翼及共产主义者在内的犹太复国主义者青年运动的中间派成员。然而,崩得派再次拒绝加入,只是在进一步,而且是长时间的商谈之后它才同意使自己的活动与全国委员会"协调一致"。一个犹太人协调委员会得以成立。至于右翼犹太复国主义者(修正派及其青年运动——贝塔),他们先于犹太人协调委员会建立了一个独立的武装组织——犹太人军事联合会,而且与其没有任何联系。到底是修正派不愿与犹太战斗组织的左翼分子合作,还是犹太战斗组织有意疏远修正派,不得而知。意识形态的分歧始终没有消失。

1943年1月18日希姆莱短暂访问之后,德国发动了一场新的攻势(尽管在当时只是一个有限的行动),不过,这一攻势部分受挫。抵抗运动战斗队——犹太战斗组织的指挥官摩迪凯·阿涅列维奇是其中的成员——在袭击了德国先头部队的护卫队后,随之解散。在一月行动期间5000~6000名犹太人遭到逮捕,包括莱温及其女儿。他们被遭送到特雷布林卡后遇害。该武装抵抗的首次征兆很可能促使希姆莱于 2 月 16 日向克吕格尔发布一道"出于安全考虑"彻底清除隔都的命令。

一月事件大大加强了战斗组织在隔都民众中的威信并赢得了波兰各界的称赞。在接下来的几周内,犹太战斗组织处决了一些犹太叛徒(如犹太警察的二号人物雅各布·莱金,明显是在为盖世太保效力、声名狼藉的神秘人士阿尔弗雷德·内辛,以及其他一些人);该组织从一些有钱的隔都居民身上募集——间或通过"勒索"钱款,从共产党人格瓦迪亚·卢多瓦和私人军火商那里购置一些武器,主要是为了筹建自己的"战斗小组"以应对即将展开的德国军事行动。与此同时,为应对日益临近的隔都内武装斗争的居民忙着储备可能获得的任何食物,并为应付持久的僵持局面准备地下隐蔽所。此时由能力有限的马克·利希滕鲍姆掌控的委员会已经落到保持沉默的地步,尽管如此,该委员会仍在联系波兰抵抗团体,主要是国务军,谴责犹太战斗组织是一个得不到隔都任何支持、不顾后果的冒险家团体。

虽然经过一月事件后国务军同意出售一些武器,但是委员会发出的谴责并非国务军有保留地为犹太战斗组织提供帮助的原因所在。当命令给予更强有力的支持时,国务军的总司令斯特凡·罗维茨基将军仍然含糊其词。尽管保守的民粹波兰人的传统反犹主义可能在起作用,但是导致这一消极立场的因素还有很多。国务军对部分犹太战斗组织中的左派和亲苏倾向(当时国务军已经准备向修正派提供一些武器)存有疑虑。此外,大体上似乎亦如此,波兰指挥部担心战斗有可能会从隔都扩大到城市,而其自身的起义方案及军队尚未准备就绪。有鉴于此,国务军主动提出在将犹太战士从隔都转移到丛林游击队方面提供帮助。这一提议遭到了拒绝。

尽管一月事件和其他征兆表明在总督辖区的部分隔都犹太人有可能会采取武装行动(例如发生在 1942 年 12 月 22 日一家深受国防军职员欢迎咖啡馆的袭击,就是由一个在克拉科夫的犹太小组发动的),但是德国人并不认为对隔都的最终"疏散"会遇到大的困难。德国人也没有把其在隔都最大的企业——托宾斯—舒尔茨公司,发起活动的失败与运送犹太工人去卢布林地区工厂一事联系起来。

至于犹太战斗组织的领导人和成员,他们对即将到来的战斗结果不存一丝幻想。"我记得我与摩迪凯·阿涅列维奇的一次谈话,"林格尔布鲁姆写道,"他对这次实力悬殊的战斗做出了精确的估计。他预见到隔都的毁灭,确信他和他的战友都不会在这次隔都清剿行动中幸存下来。他确信他们会像流浪狗一样死去,甚至没有人会知道他们最终的长眠之处。"

1943 年 4 月 19 日,逾越节前夕,当对华沙隔都的最终清剿开始时,犹太人并没有感到意外:街道上空无一人,德国部队一进入该区域,战斗便打响。最初的巷战主要发生在三个不相连的区域:隔都的中心区、制刷厂周围区以及托宾斯—舒尔茨工厂邻近区。起义前就横亘在修正派与犹太战斗组织之间的意识形态分歧在战斗期间及后来的历史中仍显而易见。据摩西·艾伦斯苦心再现的战斗中,在穆拉诺斯基广场附近惨烈的巷战中及在该区域最高建筑上升起一面波兰与犹太复国主义运动旗帜一事上,犹太人军事联合会所起的作用在后来对这次起义的描述中丝毫没有被提及。犹太人军事联合会指挥官:帕维尔·弗伦克尔、莱昂·罗达尔、大卫·阿普费尔鲍姆的名字也鲜为人知;他们三人均在战斗中牺牲。

露天的战斗持续了若干天(主要是从 4 月 19 日到 28 日),直到犹太战士被迫撤退到地下掩体中。每个掩体都是一个小型碉堡。只是在成片烧毁建筑物,大规模使用火焰喷射器、催泪瓦斯及手榴弹才最终把剩下的战士和居民赶到地面的街道上。5 月 8 日阿涅列维奇在米拉街 18 号的指挥地堡中遇害。战斗间断地进行着。一些战斗小组通过城市的下水道成功地抵达该城市的雅利安人地区。几天后,一些战士,如"Kazik",通过下水道再次返回隔都废墟,试图挽救留守剩余人员:他们已经找不到活着的幸存者了。

5 月 16 日党卫军上将尔根·斯特鲁普宣告清剿行动结束:"华沙的犹太区不复存在。"晚 8 点 15 分德国人以炸毁华沙(大)犹太会堂的方式象征性地结束了这次行动。据斯特鲁普的报告,在这次战斗中德国人和同盟军死亡 15 人,受伤约 90 人。"在被清剿的总数为 56065 名的犹太人中,"这位党卫军上将做了进一步的汇报,"有约 7000 人是在清剿行动中于隔都内被消灭的,有 6929 人被运往特雷布林卡二号营,也就是说共灭绝了 14000 名犹太人。这 56065 名犹太人之外,5000~6000 人不是被炸死便是被烧死。"

张贴的海报告诫全体波兰人:任何藏匿犹太人的人都会被处死。此外,据斯特鲁普的报告:"允许波兰警察把没收钱款的三分之一奖赏给在华沙的雅利安人辖区内抓获犹太人的任何人。这一举措已经收到成效。"他写道。最后,这位党卫军上将报告说:"波兰民众中的绝大多数都赞同此类反犹举措。在大规模清剿行动结束前,政府首脑向波兰民众……发布了一份特殊公告;其中以提及在华沙地区新近发生的暗杀事件和在卡滕斯发现了众多坟墓的方式,告知波兰民众摧毁先前存在的犹太隔都的原因;同时要求波兰民众在与共产主义代理人和犹太人的战斗中给我们以协助。"①

有关此次起义的消息在戈培尔5月1日的日记中被首次记录下来:"被占区的报告没有带来任何新的轰动性内容。不过值得注意的仍是我方警察乃至国防军与起义的犹太人之间在华沙爆发的异常激烈的战斗。犹太人成功地构筑了隔都的防御工事。那里的战斗异常艰难;战斗进展到如此地步以至犹太指挥部发布每日军事报告。这一大乐趣恐怕不会持续太久。不过,每一个人都应该思考一下当犹太人成功扣动手中武器的扳机时人们可以从中得到什么。不幸的是,犹太人也有了一些好的德国武器,主要是机枪。鬼知道他们是怎么搞到手的。"②

在接下来的数日、数周内,戈培尔经常提到这次隔都起义。他认为,那些武器是犹太人从途经华沙回国的德国盟军那里买到的;犹太人之所以如此拼死战斗是因为他们知道等待他们的会是什么……5月22日他写道:"华沙隔都的战斗还在继续。犹太人仍在抵抗。不过总的来说不再那么危险和难以攻克了。"

犹太人的进一步殊死抵抗发生在1943年5月31日,当时总督辖区正在召开一次商讨越发严峻的安全形势高层会议。出席会议的有帝国安全总局长官卡尔滕布龙纳,一位元首的代表,以及国防军高层军官。弗兰克的副手,路德维希·洛扎克主席就隔都起义进行了报告:"顺便说一下,(清洗隔都)异常艰难。警方15人丧生,88人受伤。人们注意到……武装的犹太妇女竟然与党卫军武装部队及警察战斗到死。"

德国的反对派也获悉此事,不过在细节上有时会莫名其妙地偏离主题。1943年5月4日在给妻子的一封信中,赫尔穆特·冯·莫尔特克描述了在这些日子里自己在华沙的短暂逗留。"巨大的烟云聚集在城市的上方,我坐特快列车离开足足半小时后还能看到它,那意味着约30公里的距离。烟云是一场在隔都持续了

---

① 轴心国犯罪行为与国际军事法庭起诉首席律师美国办公室。

② 至于"军事报告",戈培尔指4月19、20、21发布的政府公报及随后在来自崩得的费纳参与下以协调委员会名义发布的公报。报告传到了波兰地下组织手中,他们在秘密电台上广播了其中的一部分。

数日之久战斗造成的。得到俄国空军、德国逃兵以及波兰共产党增援的 3 万名——留存的犹太人已经把华沙隔都的一部分变成了一个地下碉堡。据说德国人在街上巡逻时他们就已经打通了各家各户的地下室；出口则连接着从隔都通往其他建筑的地下通道。我听说在这些地下室里饲养着牛和猪，储备有大量食物还装备有水井。不管怎样，据说城镇发生的游击战都是由这些总部指挥的，因此才决定要清除这一隔都。由于抵抗十分顽强，动用大炮和火焰喷射器成为必须。这是隔都一直燃烧的原因所在。我抵达时就已经燃烧了许多天，等到我昨天离开时它还在燃烧。"

来自德国或波兰的消息一定为莫尔特克提供了一些关于"俄国空军、德国逃兵以及波兰共产党"的荒诞传闻；总体上说，这类传闻可能源自这样一种共识：犹太人是不可能单枪匹马战斗的。在哈塞尔的日记里，隔都起义显然发生在数天之后，在那之前的几行内容是应该"在特别建造的大厅里"用毒气杀害成千上万名犹太人的记录。接下来的是："与此同时，隔都里留存的犹太人由于绝望进行了自卫；激烈的战斗一直在进行，直到党卫军采取彻底灭绝措施才结束。"

约 16 个月之后的 1944 年 9 月 1 日，在华沙召开的一次军事会议上除了其他议题，谈及华沙的波兰人起义，沃尔特·文克将军告诉希特勒华沙市中心曾经是华沙隔都的所在地。"现在已经清除掉了吗？"希特勒问道。(不完全地传达) 做出回答的当然是来自希姆莱在军事会议上的代表、党卫军上将赫尔曼·菲格莱因 (他是 1941 年 7 月底在普里皮特沼泽对犹太妇女和儿童进行溺死尝试的"英雄")："基本上是如此。"事实上，希姆莱不得不在 1943 年 6 月 11 日再次下令："原隔都的市区部分必须全部夷为平地，每个地下室、每个下水道都必须填满。完工后，在该区域填上一层土，然后建一个大型公园。"在 1943 年 7 月至 1944 年 7 月的一年内(当苏联红军向华沙挺进时)，将隔都废墟完全摧毁是希姆莱下令进行的工程中唯一完成的部分。

隔都起义的消息在德国和大部分被占领国的犹太人中迅速传播开去："星期天(5 月 30 日)，"克伦佩勒在 6 月 1 日这一天记录道，"莱温斯基讲了一个千真万确又广为散布的传闻(源自战士)：华沙发生了一场大屠杀，波兰人和犹太人举行了起义，德国坦克被安放在犹太城入口处的地雷摧毁，为此德国人把整个隔都炸成了废墟——大火烧了好几天，死者成千上万。昨天我就此事询问了一些人。

他们低声回答道:是的,他们也听说了同样或相似的传闻,但没敢散布。从牙医看病回来的埃娃报告说,西蒙十分确定地说有 3000 名德国逃兵也参加了这次起义,在德国人完全掌控局势之前,战斗已持续了数周。西蒙所言的可信度很有问题。尽管如此,这类传言的流传就是一种征兆。西蒙还说在其他被占领国也不平静。"

此事在罗兹、科夫诺、维尔纳及大部分或许是全部的东欧被占领区,尽人皆知。罗森菲尔德在他的日记里记下了此事。托里亦如此,他写道该消息已经在立陶宛民众中传开,传遍了科夫诺全境。

截至 4 月 22 日,该消息已经传到了维尔纳的赫尔曼·克鲁克,并且很有可能传到了隔都所有人的耳朵里。4 月 30 日在"华沙隔都正在消亡"的标题下,克鲁克重提这次起义:"昨天 Swit(英国伪装成源自波兰的广播节目)再次向全世界发出警告,播音员不断重复,似乎想让全世界铭记,华沙隔都正在流血,走向死亡。华沙隔都正在消亡! 华沙犹太人正在英勇地保卫自己。到目前已经 13 天了,德国人不得不为前进每一步而与隔都战斗。犹太人为了不让自己被带走如雄狮一般地战斗着……华沙隔都正在死亡! ……那里有我姐夫的妻子和两个孩子——他沉默无语。那里有我邻居的母亲和妹妹——她沉默无语。而我自己的妹妹和孩子? ……我羞愧于我的沉默无语。"

1942 年 10 月著名的意第绪语小说家耶霍舒亚·珀尔完成了他为"迎安息日晚餐"档案写的华沙犹太人遭遣送史。他称之为《华沙的毁灭》。用历史学家大卫·罗斯基奇斯的话说,该编年史中的三句话"震惊了幸存下来的意第绪语世界":"三倍的 10 万人都缺乏勇气说:不,"珀尔写道,"他们每个人只想保住自己的家人,甚至每个人都准备好了牺牲自己的父亲、母亲、妻子以及孩子。"这些尖锐的话语写于起义前的几个月。

1943 年 4 月发生的事件给人一全新视角。当然,华沙的战士并不是为了获得哪怕是极其微小的军事意义上的胜利。他们是否是想挽回犹太人面临死亡时的形象,或者说,是为了抹去珀尔的可憎断言,这谁也说不准。起义前和起义酝酿期间,他们知道一群无首、饥饿、极度绝望民众中的大多数人只能消极地屈服于肆虐的暴力。他们中并不是所有人有意给他们自己在以色列的政治组织或给社会主义团体传送消息的。在相当长的时间内,许多人对欧洲以外同胞的积极声援不抱任何幻想。他们只是想,如他们所宣称的那样,有尊严地死去。

1943 年 6 月,一位名叫赫伯特·哈伯马尔茨的空军飞行组军士写信给他先前在鲁道夫·萨克机械工程公司的同事,他曾是该公司的销售部职员。在信中,他描述了从克拉科夫到华沙的一次飞行:"我们绕着这座城市(华沙)飞了好几圈。当我们终于辨认出已经被彻底摧毁的犹太隔都时,我们感到了极大的满足。我们的人在那里干得非常漂亮。没有被完全摧毁的房屋几乎不存在。我们前天看到的情景也是如此。昨天我们飞往敖德萨。我们收到了特别的食物、额外的饼干,外加牛奶和黄油,最重要的是还有一大块上等的巧克力。"

+

前波兰犹太人的生活正在消失。1943 年 3 月 31 日,克拉科夫隔都遭到了清除。被拣选出来去服劳役的人则被运往由臭名昭著、虐待成性的奥斯特里恩·亚蒙·戈特掌管的普拉绍夫苦役营。这些人稍后均遭清除。就这样,对犹太人的清除从一个隔都到另一个隔都,从一个劳动营到下一个劳动营不断进行着。

不过,在有的隔都,情形间或会有所不同,当然只是暂时的。正因如此,到1942 年秋仍然在比亚韦斯托克活着的 4 万名犹太人有充分的理由满怀希望。与罗兹一样,该隔都在生产和为国防军提供服务方面异常活跃。巴拉什与军队长官,甚至一些文职官员的关系似乎很好。尽管德国的威胁不像迫在眉睫,但在泰内鲍姆·塔马罗夫的领导下当地的抵抗运动已经在进行。

1942 年年末到 1943 年年初,随着比亚韦斯托克地区的所有犹太人都被遣送至特雷布林卡,第一次危险信号已经发出。1943 年 2 月头几天,德国人再次行动,不过像先前在罗兹发生的那样,只有部分民众(1 万名犹太人)遭到遣送,而留在原地的约有 3 万人。此外,在 2 月 19 日的一次会议上,比亚韦斯托克安全警察司令的代表向巴拉什保证在接下来的时间里不会再有重新安置犹太人的事情发生。3 万名犹太人在隔都的留存可能会持续到"战争结束"。

对于隔都内留存的人来说生活又恢复了"正常"。巴拉什相信新的平静会持续下去;然而,泰内鲍姆却认为对隔都的清除正在来临。如我们所知,希姆莱在 5月重申了他的全面灭绝政策,只有即将运往卢布林地区苦役营的急需劳工除外。比亚韦斯托克留存的犹太人将被送往特雷布林卡。

在格罗博科尼克亲自指挥下，德国人以极其秘密的方式准备他们的清除行动，以防华沙事件再次发生。1943 年 8 月 16 日，当行动开始时，巴拉什和泰内鲍姆（那时他俩已完全没有任何联系）均大感意外。当大批民众依照命令无助地前往集合点时，在隔都的不同地区只爆发了零星的战斗，对"遣送"行动的影响微乎其微。数日内隔都便空无一人，拿起武器战斗的人不是被杀就是自杀。巴拉什被遣送到特雷布林卡，泰内鲍姆很可能是自杀身亡。

1943 年 7 月德国人屠杀了明斯克隔都中的 2.6 万千居民，有约 9000 名犹太劳工多活了几个月。到 1943 年年底，帝国专员在关于白俄罗斯首府的报告中已不再有犹太人被提及。"白罗塞尼亚"的隔都一个接一个地被清除，与总督辖区隔都的下场没什么两样。一小部分犹太人逃进附近丛林加入了游击队。尽管发生了一些武装反抗，但很快被德国人镇压下去，因为这时的德国人已经预见到会有零星抵抗发生。另一方面，在一些本以为会有顽强抵抗的隔都，如维尔纳，形势的发展却完全出人意料。

"隔都内的气氛是令人鼓舞的，"1943 年 6 月 16 日克鲁克写道，"所有关于清除的传闻暂时消失得无影无踪。快速的建筑项目和隔都工业的扩张在最近的几周一直在进行……昨天，地区专员欣斯特与（欣斯特的代表）米雷参观了隔都。两人离开时非常满意并与隔都代表'自娱'了一番。隔都明显地松了口气。问题是——能持续多久？"

1943 年年初维尔纳的形势确实相对平静。1 月 15 日，根斯在庆祝隔都戏剧一周年的讲话中间接地阐释了这一状态："怎么会产生这一想法的呢？"根斯说，"完全是为了给人一个逃避隔都现实几个小时的机会。我们做到了。那是黑暗又艰难的日子。虽然我们身陷隔都但是我们的精神却不受束缚……在举行第一场音乐会之前，人们说音乐会不应在坟墓里举行。那是对的，但是现在生活的全部就是一座坟墓。上苍不允许我们使自己的精神崩溃。我们必须在精神和肉体上同样强壮……我相信这里的犹太（生活）和燃烧在我们心中的犹太（信仰）便是对我们的奖赏。我确信人们经常发出的'上帝为何抛弃我们？'的日子将会成为过去，我们仍会活着迎接更加美好的未来。衷心地希望那样的日子快些到来，在我们的有生之年降临。"

然而，到了 4 月，根斯和隔都民众的乐观精神受到了强烈的挑战。4 月的最初几天,以送往科夫诺的名义,德国人集结了好几千名来自维尔纳地区较小隔都的犹太人。然而,他们却没有被送往科夫诺而是被遭送到波纳尔并惨遭屠戮。这一屠杀行径给隔都带来了恐慌。"今天,"鲁道什维斯克于 4 月 5 日写道,"我们获得了可怕的消息:85 节车厢的犹太人,约 5000 人,没有按事先的许诺运往科夫诺而是由火车运往波纳尔,在那里被枪杀。5000 名新的血淋淋受害者。整个隔都受到了极大的震撼,如雷击一般。屠杀的阴影笼罩着人们。杀戮又一次开始了……坐在笼子内的人犹如被关在盒中。在笼子的外面则潜伏着敌人,如同今天的屠杀表明的那样,他们正按计划以一种难以捉摸的方式毁灭我们。"不过,像先前经常发生的那样,恐怖的气氛不久便烟消云散,仿佛维尔纳什么都没发生一样。克鲁克所记录的欢快又回来了。

1943 年 6 月 21 日,希姆莱下令清除奥斯兰地区的所有隔都。能够干活的犹太人将被关进集中营,而"犹太隔都不必要的居民则被疏散到了东方"。

自然,联合游击队组织成员对这一清除决定是不知情的,但他们认为 4 月的屠杀是一个征兆。现在摆在他们面前的问题是:联合游击队组织应该在隔都内组织武装抵抗,还是在德国人进攻之前离开隔都进入森林,最终加入苏联游击队?根斯完全知道这两种争论,但决心让联合游击队组织留在隔都与它所要保护的民众在一起,并最终保护他们逃离。然而到了 6 月底,随着德国对维尔纳地区留存的小规模犹太社团的有计划清除,越来越多的联合游击队组织成员违背根斯的想法进入丛林:隔都的内部冲突显然已不可避免。

这时 (1943 年 6—7 月),联合游击队组织的共产党员正设法与科夫纳及其左翼犹太复国主义同志划清界限。这些人所属的哈希姆尔·哈次埃尔组织事实上听命于一个更大的共产主义组织并且他们的"代表"伊茨克·维滕贝格已经当选为联合游击队组织的领导人,而科夫纳及其下属却压根没有意识到共产党渗透力的规模与秘密性。

根斯显然认为维滕贝格是对其计划的一种威胁,于是,在 7 月 15 日深夜,这位共产党领导人在与隔都领导人开会 (受根斯的邀请) 时,警察部队 (可能是立陶宛人) 将其逮捕。在被联合游击队组织成员救出后,维滕贝格便隐藏起来。德国人的反应可想而知:如果不送还维滕贝格,隔都的所有人都将被杀。是否是在他的地下战友 (是他的共产主义激进战友首先建议的) 的压力之下,还是因为他感受到隔都民众的恐慌及联合游击队组织受到的不断威胁,维滕贝格同意自首。一落到德国人的手里,他便自杀身亡,以避免遭受严刑拷打与难免之死。

克鲁克的维尔纳日记在"维滕贝格日"的前夕中断了。很有可能是当苏联军队再次打进城时涉及此事的几页日记被隐藏了起来或是被销毁了。"维滕贝格的出卖"是出于自己的同志一事很可能会引起苏联内卫军的兴趣。这一段历史永远不会见天日了。卡尔马诺维奇在日记中对此事件有记载,很明显是在传言的基础上,而不是基于准确的资料。这位意第绪学者自始至终反对联合游击队组织,不赞成以危及全体民众生命为代价的武装抵抗,不过他对共产党人维滕贝格的自首与自杀倒是称赞有加。

9 月 14 日德国人命令根斯去安全警察总部报到。虽然有人警告面临的危险并劝其逃走,但是根斯,这位隔都领导人却仍然毅然前往,以避免针对民众的报复行为。当天下午 6 点,他遭到德国人的枪杀。

剩余 2 万居民的一部分被杀于波纳尔,一部分被遣送至索比堡,而体格强壮的男人(包括克鲁克和卡尔马诺维奇)则被运往爱沙尼亚的劳动营。隔都内余下的犹太人则在苏联红军到达之前全部被害。

联合游击队组织难以在隔都内组织有力的抵抗,有可能是由于根斯的反对,但主要还是大部分人反对武装起义,认为爱沙尼亚的劳动营提供了一个安全的选择,科夫纳优柔寡断的领导作风也有可能是原因之一。鉴此,在与德国人发生了一些小规模遭遇战后,约 80 名联合游击队组织成员分成若干小组逃出市区,加入了游击队。①

1943 年 4 月 6 日,在记录了波纳尔大屠杀这一天后,鲁道什维斯克的日记结束了。日记的最后几行写道:"兴许我们命该最坏的遭遇!"几个月后,鲁道什维斯克及其家人于波纳尔遇害。在罗兹,谢拉考维克的日记在鲁道什维斯克的日记中断一周左右也中断了。4 月 15 日,他日记的最后一行写着:"对我们来说除此之外真的是别无选择。"那年夏天,谢拉考维克死于肺结核和饥饿。

十一

就在华沙隔都起义的前夕,克拉尼斯基广场,雅利安人生活的一侧,安装了

① 有历史学家认为,在波兰西部和中部的 24 座隔都里都不同程度地发生了抵抗;此外,在白俄罗斯西部的 110 座隔都和其他犹太聚居点中有 63 个武装小组,在另外 30 座隔都中有各种形式的武装准备。

旋转木马。木马距隔都的围墙很近。即使是惨烈的战斗打响后,旋转木马也没有停止转动,快乐的人整天骑着它旋转,而墙另一侧的犹太人却正在死去:

> 有时风从燃烧房屋那边吹来,
>
> 吹来了风筝,
>
> 旋转木马上的人们,
>
> 抓住了飞舞的灰烬。
>
> 从燃烧房屋吹来的风,
>
> 掀开了女孩儿的裙子,
>
> 快乐的人群一阵大笑,
>
> 在这美妙的华沙周日。

在这次起义期间,切斯瓦夫·米沃什,"从普通人的角度,"创作了这首最著名的诗:"鲜花广场"。诗人把意大利哲学家乔尔丹诺·布鲁诺在鲜花广场的火刑柱上被活活烧死时忙碌而冷漠的罗马群众在他周围打转的情形,与波兰广大民众在隔都犹太人死前挣扎时漠不关心的情形相比较,真是太相像了。因此 1943 年 8 月起义过后几个月,一位波兰地下工作者代表送给流亡政府的评估报告,在看待战后波兰"犹太人问题"上与以上情形如出一辙:

"总体来看我国——任何既定条件下都不包括整体心理状况——形势如下:犹太人重拾工作岗位是完全不可能的,即便其人口已大为缩减。无论城乡,非犹太人口已填满了先前犹太人的位置;在波兰的大部分地区,这是一次根本性的变革,一次本性的抉择。大部分犹太人的回国在本国民众的体验来看不是一种回归而是一种入侵,为此民众会自我保护,甚至会不惜用物质的手段。"

此外,如同在欧洲其他被占领区一样,金钱在波兰的确奏效。马塞尔·赖希—拉尼奇,我们在华沙隔都曾遇到过的一位音乐评论家,后来在赫夫勒宣布驱逐开始时的委员会重要会议期间担任打字员,他逃脱了主要的屠杀行动,于 1943 年 1 月成为委员会的雇员。马塞尔的妻子托西亚仍然活着;他的父母则被运往特雷布林卡。1943 年 2 月,马塞尔和托西亚两人逃出了隔都。因协助保存了委员会保险箱里的一大批钱款,马塞尔得到地下组织赠予的一笔钱。

马塞尔贿赂了一名犹太守卫,接着是两名波兰警察,这样夫妻两人就到了该市的雅利安人居住区。但是当他们从这个隐藏地前往下个隐藏地时,像其他逃难的犹太人一样,他们同样遭遇了不断发生的情形:"勒索和逃亡……成千上万的波兰人,通常是些无业青年……把时间花在审视所有的过路者上面。他们无处不在,尤其是在隔都边界附近,他们寻找并抓捕着犹太人。这类消遣是他们的职业,可能也是他们的激情所在。据说,即便没有其他的线索,单凭那悲伤的眼神,他们也能识破犹太人。"这些"游手好闲者",如同其名,并不是把犹太人押送给德国人;他们需要钱或任何值钱的东西,"最次是件夹克或冬天穿的大衣"。

不过也有波兰人会主动提供帮助,冒着他们自己及全家人性命的极大危险。因此马塞尔和托西亚被住在华沙郊区的一对波兰夫妇给藏起来并救了下来,"博莱克是名排字工人,格尼亚是他的妻子"。这类事情发生在首都,也发生在各省。用一位幸存者的话说:"这些人是冒着生命危险帮助我们,因为他们不得不警惕每位邻居,每个过路人,每个可能会告发他们的孩子。"不过,这也正是历史学家简·格罗斯所指出的核心问题所在:"因为波兰人没打算帮助犹太人,总的来说他们也被禁止做此事,德国人系统地制定了没有任何缓刑的死刑来对付藏匿犹太人的波兰人,这使得救援工作异常艰难。"

住在雷泽兹乌省的一位波兰教师弗朗西斯克·雷泽尔所写的日记鲜明地展现出这般各不相同的结局:"1942 年 11 月 20 日。德国人驱使了许多从乡下来的农民和消防员,在他们的帮助下,布置了一场对犹太人的搜捕……在这次行动过程中,7 名犹太人被捕,老、少、幼皆有。这些犹太人被带到消防站,第二天便被枪杀。"11 月 21 日:"在属于奥古斯汀·巴托尔的土地上,犹太人把自己藏进了一个土坑里……搜寻犹太人的宪兵把他们抓获。他们全被当场枪毙。"11 月 30 日,雷泽尔提到一位在村子里找藏身之所的犹太妇女之死。一年后的 1943 年 10 月 2 日:"这几天附近地区的剩余犹太人都被抓获并遭杀害。他们在朱·布兰克的制革厂附近被枪毙。这次,共埋了 48 名犹太人。"又过了一年,日记中提到德国人杀害了藏匿犹太人的一家波兰人。

在波兰东部(或乌克兰西部)的广大乡村地区,波兰农民和乌克兰农民的态度毫无二致:传统的仇恨,很少有人勇于挺身而出,对金钱和其他赃物的贪婪无所不在。

如果大家还有所印象的话,阿里耶·克洛尼奇曾在他的日记中描述过德国人入侵的前几天里东加里西亚的塔尔诺波尔地区的犹太人命运。阿里耶和他的妻子马尔维娜一起回到了布查兹,这个他曾生活过并当过许多年高中教师的地方。1942 年 7 月他们的儿子亚当出生了。1943 年 7 月阿里耶和马尔维娜逃到邻村,他们拼命地想挽救儿子和自己的性命。一家人的苦难首次(7 月 7 日)出现在阿里耶的简短日记中:"从 1943 年年底起,这里开始了一段新的时期:它是清洗的时代。不再允许一个犹太人活下来……如果不是因为当地人的仇恨,犹太人还是能找到藏身之所的。但实际上这异常艰难。每个看到犹太人的牧羊人或基督徒儿童都会报告给当局,当局则火速追踪这些线索。有些基督徒明显是准备以藏匿犹太人来勒索大量钱财。但是实际上他们洗劫完受害者的钱财后就立刻把他们交给当局。有些当地的基督徒因发现犹太人的藏身之处而获得了勋章。有一个 8 岁的小孩(毫无疑问,是一名基督徒)整天在犹太人的房屋里游荡,他已经发现了许多藏身之处。"

试过一个又一个藏身处的克洛尼奇一家人被骗了钱财。当他们藏在附近田地时,先前的仆人弗兰卡准备帮忙救他们的孩子。"弗兰卡真的是为我们贡献太大了,她很想帮我们。不过,她有些害怕。镇上四处张贴的海报宣称对任何藏匿犹太人的人处以死刑。这就是我们藏在田地里而不是在她家里的原因。我们把身上所有的钱,共 2000 兹罗提和 15 'lokschen'(美元)全都给了她。如果我们能成功地为孩子找到地方,我们就在此停留一段时间——只要我们不被村里人发现。"

孩子亚当最终被修女收下。阿里耶和马尔维娜不得不在夜里从女修道院的大门逃走:"在一个漆黑的夜里,大雨倾盆,我和妻子带着满袋子的东西,抱着孩子……在修道院的回廊里,我们把行李留下,在与他分别之后迅速逃离了。成功地把孩子安排在如此优越的环境里使我们欣喜若狂。我不为他们会给孩子施洗礼的事实而担忧。"

一天又一天,克洛尼奇一家幸存于不安定之中,从一个地方逃往另一个地方。7 月 27 日阿里耶在日记中开始了他最后的记录;从此就再也没有写完:"环境非常恶劣。雨下了一夜,早上仍在下着。……在一个叫威特克的人的陪同下萨门又来看我们,从我们身上又拿走了 300 兹罗提。我们能怎么办呢! 不可能再在这儿待了。"①据弗兰卡的弟弟说,1944 年 1 月阿里耶和马尔维娜被德国人杀死在布查兹

---

① 用希伯来语写成,是 1948 年弗兰卡的弟弟寄给作者在纽约的亲戚的;在美国的家人与弗兰卡弟弟的一系列的书信往来附于已出版的日记里;其中有克洛尼奇死亡与亚当失踪的详细过程。

的树林里。至于他们的儿子亚当,则被施洗礼并命名为塔拉斯,从此音信全无。

沃尔黑尼尔和"第聂伯乌克兰"地区的乌克兰民众所表现出来的反犹态度大体上与其西部教友如出一辙。犹太人对当地苏维埃机构的控制取代了犹太人合作的争执。无比的贪婪、嫉妒成性、宗教仇恨及某种形式的乌克兰民族主义和反布尔什维主义在这里不同程度地酝酿着同样的事情。不过,正如历史学家卡雷尔C.贝克霍夫所做的细致评估所显示的那样,它们难以形成大气候。

对犹太人的敌视普遍存在,但是对那里的许多普通乌克兰人来说,对犹太人的敌视甚至仇恨与直接的大屠杀之间存在着鲜明的界线。当面对巴比亚大屠杀时,许多基辅居民曾经表现出不信任和恐惧。根据特别行动队关于1941年夏秋两季的报告,以乌克兰为例,当地的反犹暴动不易被触发:"利用乌克兰民众来迫害犹太人是行不通的。因为这样的计划缺乏领导人和精神动力;人们仍然记得布尔什维主义对每个从事反犹行为的人所施行的严厉惩罚。"一份报告如是陈述。还有一份报告重复了同样的话题:"很可惜,曾精心策划的针对犹太人的大屠杀没有达到预期效果。"

然而令人匪夷所思的是,当红军再次征服乌克兰时,当地的反犹主义却变得越发充满敌意。1944年夏东部乌克兰大屠杀爆发,随后便是1945年9月在基辅发生的暴虐的反犹暴乱。当地政府的反应犹豫不决;重组的乌克兰共产党的一些主要领导人自身就直言不讳地反对犹太人。

正是在这样的东欧大环境下,1942年一小组波兰天主教徒在知名女作家,索菲亚·科萨克—斯泽祖克程中,科萨克所写的宣言("抗议")陈述道,尽管犹太人曾经并仍是波兰的敌人,但是在面对成百上千万无辜人民遭屠杀时的集体无动于衷是不能接受的,波兰天主教徒有责任提出他们的见解:"我们不能做任何事来反对德国人的凶残行为,我们也不能采取行动挽救一个人的生命,但是我们发自内心深处地进行抗议,充满感情、愤怒和恐惧地进行抗议。这样的抗议是严禁杀戮的全能上帝所要求的,也是基督徒的良心所要求的。"[①]

9月底,援助犹太人临时委员会成立。10月,它召开了第一次会议,12月它

---

① 1942年夏在波兰处境下,科萨克的声明是一个不同的声音;然而其中所表达的对于犹太人的态度仍有疑问。

重组为援助犹太人委员会,或 Zegota,得到波兰流亡政府的承认和支持。

在接下来的几个月里直到苏维埃军队占领波兰的这段时间里,援助犹太人委员会挽救并帮助了成千上万名藏匿的犹太人,主要是在雅利安人的辖区内。不过随着时间的推移,领导层的政治意识形态组成发生了变化。发起建立该委员会的右翼天主教运动于 1943 年 7 月退出;其反犹意识形态使之最终没能赞成给予犹太人帮助。这些保守的天主教徒退出营救行动,是与大部分波兰天主教会所持立场相一致的,当然也是与大部分民众及地下运动所持立场相一致的。

1943 年 3 月 2 日,与戈林的一次长谈后,戈培尔在日记里写道:"戈林充分地认识到了那些威胁我们的因素,这些因素可能导致我们在这次战争中被削弱。在此事上他不抱任何幻想。尤其是在犹太人问题上,我们是如此坚定不移,以致我们没有任何退路。这样很好。经验告诉我们,一次破釜沉舟的行动将比那些仍有退路的战斗得更加英勇。"

第九章 (1943 年 10 月至 1944 年 3 月)

"我在孤独的周日晚上给您写信,这封信已拖了很久。"这是开头的托词,库尔特·格施泰因——一位虔诚的新教徒、武装党卫队的军官及充满种种折磨灭绝行动的见证人,他曾试图徒劳地告知全世界——于 1944 年 3 月 5 日给他的父亲(一位退休的法官及纳粹政权的坚定拥护者)写了这封信。"我不知道您内心是怎么想的, 也不敢声称有任何权利去获知。但是当一个人为法律工作了一辈子后,在所剩的这些日子里,他的内心一定会有所感触。您对我说,要么是写信告诉我的一件使我深感不安的事……您说道:艰难时期需要强硬手段! ——不,这样的格言是无法合理解释所发生的一切的。

"我不能相信这就是我的父亲对所发生的如此前无古人的事情所发表的最后言论:我的老父亲不能带着这样的言论和思想离去。在我看来,所剩时间不多的我们有更充分的理由反思实践中的可能性和局限性,以及这次抛弃所有约束所产生的后果。……不管一个人会受到多么严厉的限制,在一些事情上不管他会多大程度地遵守原则——不知进退非真勇,他必须时刻牢记自己的标准或信念。在他的良心面前,在他所服从的万物的更高法则面前,只是说:那不关我的事,我无能为力。……保持沉默但却认为:如果那就是我的事的话,那么,他一定无法免责。我陷入这样的罪责之中,知道正在发生什么及相应的罪责。

"亲爱的父亲,在一些情形下,当儿子的有义务向您这位父亲——这位为他奠定基础、启蒙思想的父亲——提出建议。这一天会到来的,那时您还有其他人将不得不站出来为您所生活的时代和其间所发生的事情做出证明。我们之间将不会再有谅解……我不可能或不能要求您在为自己辩护时不要低估自己身上的责任和义务。这一传唤的到来会比我们想象的要快。我认识到了这一责任,坦白地说,它正吞噬着我。不过它是无形的。"

这位父亲没有在意。格施泰因在最后一封信中补充道:"如果您环顾四周,您将会发现这就是一条裂缝,它把许多曾经亲密的家庭和友情一分为二。"作为一个道德上备受折磨的人,同时又是灭绝体系的"背叛"者,格施泰因既反常又孤独;不过,他立场中的宗教因素在其他德国人和欧洲人那里也同样起作用,其中有些人我们曾经提到过,而对于成千上万的其他人我们则一无所知。他们的反对立场,不论采取何种形式,尽管影响甚微,都应作为灭绝的年代里基督徒反思的一部分。但是,一般说来,他们所采取的方式与西方世界主要机构的基督教会及其最高领导人所采取的方式不同,至少不完全相同,在本章中我们会主要对此进行探讨。

一

用严格的军事术语来说,1943 年最后几个月和 1994 年年初是苏联以绝对优势在东方战线展开稳步进攻的时期,而西方盟国在意大利半岛则进展缓慢,事实上,他们陷入了德国的"古斯塔夫防线"。不过,就整个大联盟来看,这几个月中的决定性事件发生于 11 月 28 日至 12 月 1 日期间在德黑兰召开的罗斯福—丘吉尔—斯大林会议。尽管有英国方面的担心和疑虑,美国的策略仍得以接受:美国和英国的部队将于 1944 年 5 月的某个时间在诺曼底海岸登陆。与此同时,苏联将发起一次大的进攻以阻止任何德国部队转向西线。

对于盟军的登陆,希特勒有着非常确信的预见。德国沿大西洋和北海沿岸展开防御,西线的国防军部队将使英美行动变成灾难性的溃败。此外,为了不受登陆的进一步长远威胁,希特勒将调集全部德国力量对付苏联军队,争取重新夺回已丧失领土并最终迫使斯大林请求媾和。恰在此时,因为没能有效地反击盟军的轰炸进攻,用施佩尔的话说,希特勒"习惯于向英国政府和犹太人大发雷霆,称他们应对空袭负责"。事实上,轰炸把某些无明之火甚至还有更强烈的穷凶极恶的报复欲望添加进了希特勒的反犹强迫症:犹太人有罪!

在他滔滔不绝的反犹长篇大论中,希特勒扮演了各种角色:先知、政治家、煽动家;戈培尔基本上是后者——一个杰出有力的煽动家,如摩西·弗林克的理解,他对自己的信息深信不疑。为与领导人保持一致,罗森贝格一家人、达尔一家人、莱一家人,各地的区领袖、县领袖、社区领袖、街道领袖,牧师,学术界,高校教师,希特勒青年团及纳粹少女团领导人都大张旗鼓地发表相同言论。在这天翻地覆的鬼哭狼嚎中,夹杂着一个声音,它与戈培尔的声音同等重要却又形式不同且更为险恶,经常用来阐释和进行恐吓。这便是海因里希·希姆莱的言论。希姆莱不向基层党员听众发表演说;他通常会记录下自己所发表的穷凶极恶的讲话,他的告诫充满了"道德健康"准则及对精英们——党卫军军官或党和国防军的最高领导层——进行深入"研究"所吸取的经验教训。而希特勒总是不遗余力地让观众知道,在预言和命令消灭犹太人一事上,他正在履行一项类似上帝的使命,一项由上帝、命运、历史所指示的任务——换句话说,他是由更高力量选定执行此项任务的唯一领袖,因此不容置疑——希姆莱的方式与此不同。

希姆莱经常提到灭绝犹太人是元首委派给他的一项艰巨任务因此无须讨论;这要求他及手下要毫不动摇地为任务献身,要有坚定的自我牺牲精神。1942年7月26日,当希姆莱断然拒绝罗森贝格在东部被占领土上圈禁"犹太人"的企图时,他一如既往地补充道:"东部被占领土将不会有犹太人:元首已把这一艰巨的任务交给我来完成。无论如何,没有人能从我身上夺走这一任务。因此,我十分反感任何干涉。"

有时,除了履行"艰巨任务"之外,希姆莱还构想着自己宏伟的反犹宣传行动。如党卫军出版的《劣等民族》小册子在欧洲大陆上用 15 种语言发行。[1]1943

---

① 小册子开头恰好引用了 1935 年希姆莱的讲话:"只要地球上还有人类,人类与次等人之间的战斗将是一条历史法则,而犹太人领导的反国家的战斗,我们所能看到的,则是我们星球上的自然生活过程。人们完全可以得出这一结论,这场生死之战是自然之法也是一场瘟疫病菌侵入健康身体的战斗。"

年年初,另一项同样大规模的工程成形。因对《犹太人宗教仪式谋杀案》一书印象深刻,希姆莱于 5 月 19 日告知卡尔滕布龙纳,他要向所有上校级别的党卫军军官发放此书;他向卡尔滕布龙纳送去 100 册以发放给特别行动队,"特别是那些不得不处理犹太问题的人"。此外,希姆莱下令在尚未被"疏散"的犹太人中开展对宗教仪式谋杀案的调查,为此上演了一些公开审判;这类调查在罗马尼亚、匈牙利和保加利亚尤为激烈,他还允许纳粹出版界公布结果以加大将犹太人驱逐出这些国家的力度。

最后希姆莱会同外交部建议创立一个专门针对英美两国的特别节目,并专门涉及反犹主义题材,如施特赖歇尔的《先锋报》在"奋斗的年代"所做的那样。要迫使英国新闻界和英国警方公告彻底搜寻有关一个丢失孩子的任何报道;然后希姆莱的节目会广播说这个孩子很可能已成为犹太宗教仪式谋杀的牺牲品。"总之,"希姆莱提议道,"我相信通过在英国甚至可能在俄国发动一场大规模的以宗教谋杀为主的反犹宣传行动,我们可以极大地提升世界范围内的反犹主义。"

在向党卫军高层或其他高层听众讲话时,希姆莱经常持一种像煞有介事、泰然自若又理智的口吻。他满怀信心地就犹太人的命运问题进行汇报并阐释为什么完成的事是必须要完成的。1943 年和 1944 年,希姆莱与听众讨论了广为人知的"最后解决",其中涉及执行所采用的某种形式;每一次,希姆莱都会鼓动人心并开脱罪责。希姆莱正是以这样的方式于 1943 年 10 月 4 日和 6 日分别向党卫军上将和大区领袖发表演讲,而地点都是在波森(在这两场非常相似的演讲中,他向党卫军上将所做的演讲更为有名)。10 月 6 日希姆莱再次提及灭绝犹太人是"我一生中最为艰巨的一项任务"。

"问题已经摆在我们的面前,"希姆莱于 1943 年 10 月 6 日的讲话中表示,"妇女和孩子怎么办? 对于此问题我已决定实行一次彻底解决。我不认为我有权力清除这些人——杀死他们或让他们死掉——而让他们的孩子长大向我们的孩子和孙子复仇。必须做出的最艰难决定是让这些人从地球上消失。"1944 年 5 月在党卫军上将的一次集会上,希姆莱重复了相同的言论,在那一年的其他场合也是如此。

10 月 6 日戈培尔参加了长达一整天的大区领袖会议:"就犹太人问题而言,"这位宣传部部长于 10 月 9 日写道,"他(希姆莱)的讲话直言不讳。他认为我们能够在今年年底解决整个欧洲的犹太人问题。他提出了最无情、最彻底的解决方法:全部灭绝犹太人。虽然有些残忍,但这不失为一种合理的解决方法。我们必须在我们的时代承担起彻底解决的责任。以后的几代人将不会有我们的这般勇气和热情来处理此问题。"

10 月 4 日,希姆莱在给党卫军上将所做的演讲中使用了大量修辞:"对犹太人的疏散是我们历史上从未有过并且不会再有的光辉一页。"随后的解释谨遵希特勒不断重复的言论:"我们知道,"希姆莱继续道,"设想在今天,我们在遭受轰炸和战争负担沉重的同时,每一座城市里却仍有作为秘密破坏者、煽动者和教唆者的犹太人,我们的处境将会是多么的艰难。我们现在很可能已经到了 1916—1917 年时期,那时犹太人仍是德国国民体系的一部分。"当溃败的威胁及其带来的惩罚危险越来越明晰时,希姆莱认为有必要在这些最高级军官中营造一种严肃、艰巨却又光荣、重要的使命感。希姆莱的赞扬中可能还有另一个目的:表扬之后弱化但仍传达出这样的信息,用死亡来威胁那些以灭绝行动谋取私利的人("哪怕是一张毛皮、一块手表、一个马克或一根烟")。

事实上,在希姆莱进行软硬兼施的同时,以党卫军调查法官康拉德·摩根为首的调查委员会已经发现了奥斯维辛这个灭绝体系的中心广泛存在着腐败行为和未经授权即对政治犯(主要是波兰人和俄国人)进行杀戮的行为。鲁道夫·赫斯被解除了指挥权(却被调到柏林更高的职位上)[①];其他人也不得不离开:政治部主任,格马克西米利安·拉布纳;卡托维兹盖世太保队长鲁道夫·米尔德纳;甚至还有先前提到过的一位重要医生,弗里德里希·恩特赖斯(他在主要营地的医务室专门给因犯往心脏注射苯酚),以及一些不重要的人物。

希姆莱的确面临一个正在发生的棘手问题:如何阻止用来进行大规模屠杀的组织内部发生的肆意杀戮行为;如何阻止用来进行大规模掠夺的组织内部广泛存在的腐败行为。但是,相对而言,此类内部纪律问题是次要的,希姆莱的权威从未动摇。与此同时,希姆莱在整个政权框架内的权力正稳步攀升。

武装党卫队已成为国防军的下属,1944 年,它由约 38 个部门构成(近 60 万人)。如我们所见,在波尔的领导下,营地体系和党卫军工业企业迅速发展;其苦

---

① 赫斯可能受到如此关怀的照顾是因为他与鲍尔曼的关系。

役劳工的人数也在飙升。1943 年 8 月希姆莱取代弗里克出任内政部部长。在与
博尔曼就大区领袖自治权问题上的短暂摩擦后，希姆莱没有进一步坚持让政党
的坚定分子接受自己的权威，而是很快与希特勒的这位全权"秘书"结盟，该联盟
可以摧毁任何竞争力量。最后，1944 年年初，在受到密谋推翻政权的指控之后，
军事情报局遭到清洗；其局长，海军上将卡纳里斯被捕；整个组织由帝国保安局
接管。

纵观第三帝国史和犹太人的灭绝史，至关重要的问题不但有希姆莱在这个
体系中的权力问题，还有他为何一直对希特勒毕恭毕敬这一问题。主要说来，在
希特勒不知情的条件下，希姆莱是与西方盟国进行秘密联络的试探者吗？这个问
题已经困扰历史学家们数十年，因为没有档案能够做出明确的回答，且战后的证
据和备忘录只是部分可信，这使研究者各执一词；旁证没有任何可信性。"最后解
决"是这场争论的核心所在。有任何证据表明他成为西方所接受的合作者吗？有
任何证据表明他试图减缓灭绝的进度或者允许德方秘密释放犹太人吗？尽管有
相反的论据，但是在 1943 年年末或 1944 年年初，任何此类论据都不能使人信
服。1944 年 3 月德国占领匈牙利后，形势变得更加扑朔迷离，对此我们将在最后
一章中展开探讨。

二

1943 年春，有数万名犹太人从萨洛尼卡被驱逐出来并面临灭绝，这要求德
国人精心计划好每一步，包括火车的调用以及营地和比克瑙毒气室的充足空间。
而驱逐 8000 名丹麦犹太人则基本上主要依赖于特殊安排的政治环境。

德国人已经扶植了一个半自治的丹麦政府，而他们作为占领者的身份则很
难被察觉。对这个战略上十分重要 (挪威、瑞典和邻近英格兰海岸的通道)、与日
耳曼民族"在种族上相关"并且还是最主要的农产品供应国 (至 1941 年占德国所
需品的 15% 强) 的国家，希特勒决定使用这种独特方式以避免不必要的麻烦。
1942 年 9 月，职业外交官塞西尔·冯·伦特—芬克在哥本哈根巧妙地阐明了这一
政策。不过，那时希特勒正愠怒于国王克里斯蒂安十世对他送上的生日祝贺的
敷衍回应，他下令召回伦特—芬克，更简单地说，他要用更严厉的政策来对付丹
麦人。前几个月刚在巴黎卸任，现已进入外交部的沃纳·贝斯特于 1942 年 10 月
底被派往哥本哈根。那时希特勒给贝斯特(被希特勒召去文尼察)的指示在某种

程度上比他几周前下达给丹麦新任军事指挥官赫尔曼·冯·汉纳肯上将的指令温和得多。事实上，在他担任帝国全权大使的前 9 个月里，贝斯特追随了其前任的政策。

1940 年 4 月至 1943 年夏末，对丹麦犹太人的迫害仍停留在小规模范围内；甚至贝斯特都再三警告，更不用说来自帝国保安总局的压力了。犹太社团领导人同意，可以说，默许了埃里克·斯卡韦纽斯总理政府所施行的小规模歧视行为。

1943 年 7 月下旬，形势开始发生变化。墨索里尼的垮台，盟军在西西里岛的登陆及对汉堡的大规模轰炸使丹麦人认为德国的溃败已为期不远。截至那时有限的破坏活动一直在增长；许多城市爆发了罢工。斯卡韦纽斯政府的权力正在丧失。正如 8 月 22 日给希姆莱的信中所说，在贝斯特看来转变政策在所难免。事实上，两天后希特勒便下达了强硬对策，29 日德国人施行戒严。就在 9 月 8 日戒严生效亦即反德游行可以立刻被镇压之时，贝斯特在给柏林的一封电文中请求解决"犹太人问题"。9 月 17 日，这一请求获得了希特勒的批准。同一天，贝斯特下令取走犹太社团办公室的成员名单。

9 月 22 日，鉴于可能引发的麻烦，里宾特洛甫请示希特勒关于驱逐丹麦犹太人的明智之举：希特勒批准了他先前的决定。虽然陆军和海军司令明确表示他们的部队不会参与其中，但是行动时间已确定为 10 月 2 日。实际上，在贝斯特周围，这次驱赶计划所引发的怀疑广泛存在。9 月底，大使馆的运输问题顾问乔治·F.杜克维茨向他的一位丹麦朋友透露了突袭的日期。瑞典政府通过驻哥本哈根大使馆得知了这一即将到来的行动，于是向柏林出价接受所有丹麦犹太人。此外，斯德哥尔摩广播对此做了播送，以告知有危险的犹太人，他们可以在瑞典找到避难所。

发起驱逐行动后，通过让杜克维茨告知其丹麦朋友的方式，贝斯特本人又积极地破坏了这一行动，对于这一广为流传的传言可谓是空口无凭。德国行动的前夕，在绝大部分丹麦民众所支持的协助行动下，约 7000 名犹太人被运往瑞典，贝斯特仍很可能对此喜出望外。在他对艾希曼的干预后，被捕的约 485 名犹太人被驱逐到特莱希恩施塔特。在那里，他们中的大部分人在战争中幸存下来。

三

至 1943 年 9 月 29 日，阿姆斯特丹已"无犹太人"了。如我们所知，在之前的几个月里,由于集中营流行斑疹伤寒症,奥斯维辛的毒气室停用了一段时间,因此约 3.5 万名荷兰犹太人被变更路线由奥斯维辛运往索比堡。与此同时,法国和比利时的驱逐行动也暂停。

在荷兰的反犹运动的最后几个月里,德国人的行径超出了所谓的职责范畴。当成百上千的葡萄牙后裔犹太人声明因数世纪来与当地人的通婚,他们不应被视为犹太人时,德国人开始对他们的种族背景进行系统调查;我们将会看到,它一直持续到 1944 年年初。通婚是另一个难题。赛斯—英夸特建议对犹太配偶进行绝育,以此作为驱逐的缓刑,但仅仅讨论了先期步骤,并未在帝国内施行。在赛斯—英夸特的倡议下,最终约 2500 名犹太人(男人和女人)遭到绝育。

"通婚的配偶已被告知,他们的绝育决定最迟只能推迟到下周四,"菲利普·梅哈尼卡斯(1943 年 5 月—1944 年 3 月间他是一位荷兰犹太裔新闻工作者和韦斯特博克的居民)于 1943 年 6 月 15 日星期二的日记中这样写道,"在那之前,两位犹太医生会告诉他们绝育的后果及其影响。昨天,关于此事的一张打印版告示被张贴到了登记大厅的门廊上。"根据梅哈尼卡斯的记录,第二天争论变得异常激烈:"今天早上早饭过后,对一个为自己实行绝育年轻人的批评和愤怒之声四处传开。'你是个懦夫!''你没个性。''真正的男人不会那样做的。''我这样做是为了我妻子。''你妻子不会想……真是个笑话—— 一个被阉割的男人!''你确定只要你去波兰就不会被阉割? 我是不知道。最好马上在这里解决了。和我的妻子在一起。'"

随着这些无谓争论的进行及每日韦斯特博克栅栏内居民生活所充斥的例行公事,列车从荷兰各地和劳动营运来了更多的犹太人。后来,每周二都会有辆列车雷打不动地装上 1000~3000 名犹太人运往"波兰"。到战争结束为止,仅通过韦斯特博克被运走的犹太人就达 10 万余人,大部分是被送去灭绝的。

在提到过的集中营里,德国犹太人是老资格了。在德国囚犯长及其随从的控制下,他们对荷兰犹太人逞起了威风。梅哈尼卡斯是一名尖刻的观察家,类似卡普兰的风格, 或有克伦佩勒之风:"德国犹太人无可否认地滥用了他们优越地位并且继续这样做着,"1943 年 6 月 3 日他写道,"事实上,他们形成了保护德国犹太人利益的垄断联盟。作为个人和集体,他们最大限度地挽救被带到这里的德国犹太人免遭驱逐并努力使他们留在这里。荷兰犹太人开始抵达韦斯特博克时,他们就已经这么做了。事实上,他们通过把荷兰犹太人交给德国人的方式来给自己行方便。只要可能他们就让德国犹太人去工作并把他们留下。以库尔特·施莱辛格为首的登记部门已经这样做了。例如,我在医院的 7 个月里,那里几乎全是被逐的荷兰犹太人。"

通过简单的事实,梅哈尼卡斯阐明了德国犹太人已拥有的部分特权:"他们的关系更为亲密而且相互之间更为了解,无论是心理上还是语言及行为方式上。……最后一位囚犯长(阿尔伯特·哲默克尔囚犯长),甚至有位名叫赫尔·托特曼的犹太助手,他是囚犯长和登记部门的联系人。赫尔·托特曼着一身军人制服。哲默克尔囚犯长还将现在受人关注的红色徽章奖给德国犹太人(徽章在理论上可以保护拥有人免遭驱逐——尽管是临时性的)。"

在讲到先前的犹太委员会成员时,梅哈尼卡斯的尖刻辛辣有所保留。7 月 5日委员会正式解散,不过,就在当天,这些人为自己及家人赢得了各种各样的特权,包括"红色徽章"。"事实上这是一件残忍的礼物,"梅哈尼卡斯评论道,"来自于那些政权的代表们,他们用犹太人抓捕犹太人,交出犹太人及看守犹太人。正是这种对拥有安全徽章的渴望和对明哲保身的渴求诱使这些犹太人为他们的施虐者提供了其所需要的来自这些犹太人的恐怖服务。……既然他们可以在这场气喘吁吁的追逐和无比邪恶的疯狂中稍事休息,他们应该扪心自问,如果他们尚存一丝良心的话。"

德国人的惯例最终没有任何改变。甚至连那几百名有特权的犹太人也于1943 年夏被突然送往韦斯特博克,不过特莱希恩施塔特才是他们最终的目的地,这些人曾在阿姆斯特丹被送往巴讷费尔德的一个城堡,并得到完全保证说,到战争结束他们会一直待在这里。不过,对于大部分人而言,韦斯特博克生活表面上的涟漪之于最后的结果并无多大分别。

"不久要轮到我父母离开了,"艾蒂·海勒申于 1943 年 7 月 10 日写道,"如果这周没有奇迹的话,那肯定是在以后。米沙(卡蒂的哥哥)坚持陪他们一起去,在我看来他很可能这样做;如果他只能目送父母离开的话,他完全(会)精神失常。我不想去。我只是不能去。远远地为一个人祈祷要比看着他在你眼前遭受痛苦容易得多。我不能陪同父母一起前往,不是因为害怕去波兰,而是因为害怕眼睁睁看着他们受苦。这也是一种懦弱。"

此前一个月的 6 月 8 日,卡蒂曾描述过每周的遣送。"这些人被赶入货车车厢;车门关上了。……必须前往人的配额还没有(填满)。在那时,我遇到了孤儿院的女舍监，她怀里抱着一个男孩。他也不得不去，一个人去。我爬上这边灌木丛的箱子上数了一下货车车厢。有35节，前面的一些二等车厢是给护卫队的。货车车厢被完全封上了，不过偶尔会留出一块木板的空隙，人们把手伸出缝隙挥动着，像快要溺死的人一样。"

当卡蒂仍不确定这些被驱逐者的命运而目送列车离开韦斯特博克时，对安妮来说，藏匿的生活充满了些许的不幸，不过她也渐渐地沉浸在她那少女的懵懂之爱之中。在阿内克斯躲藏着弗兰克一家，范·达恩一家还有一位迪塞尔先生。1944年安妮就要15岁了，彼得·范·达恩则17岁。2月16日安妮记录了他们讨论的一些话题："他(彼得)谈到战争，说俄国和英国一定会彼此相残，还谈到犹太人。他说如果自己是个基督徒或战后能成为基督徒的话，日子会好过得多①。我问他是否想受洗，然而那又不是他的本意。他说他从未觉得自己会是个基督徒，但是战后他一定要做到没有人会晓得他是犹太人②。我感到一阵心痛。真遗憾，他内心有这么一丝的不诚实。"

与此同时，罗森贝格的掠夺机构正把从荷兰犹太人家里偷来的家具运往德国，如我们所见，也运往东线的德国官员和机构那里。1943年4月30日，荷兰犹太人出人意料地出现在克鲁克的日记里："我们已经有过关于从荷兰抓捕13万名犹太人并把他们运往东线的记录。我们也提到过在维尔纳火车站，车厢里装满了从荷兰犹太人那里掠夺来的物品。现在有个问题水落石出了——运来的古董家具是给木工厂维修的。人们在抽屉里发现了荷兰犹太人的档案，其中有从1942年12月开始的档案，意思十分明显，在1月或2月之前，荷兰犹太人没有被运往东线。因此(那里的)犹太人……不知道自己会被灭绝。……在我们这里分散着几十个满载犹太人杂物的货车车厢，它们是先前荷兰犹太人的遗物。"

为增加法国被驱逐者的数量，德国人正促使维希政府采取一项法律，废除1927年以来犹太人享有的公民地位。但是似乎是为了与1943年夏初的德国方案相一致，拉瓦尔于8月拒绝了这一新的要求。来自各省的报告使维希政府首脑

---

① 译文参见彭怀栋译《安妮日记》，海口：海南出版社，1996年12月，第195页。
② 同上。

认为群众会对移交法国公民(即便是最近才加入法国国籍的人)给德国人而感到愤恨。

出于事件的重要性,拉瓦尔告知艾希曼的属下,此事还是应该由国家领导人自己做出决定。贝当显然意识到了可能引发的民众反应。此外,红衣主教与大主教大会的代表亨利·沙普利告诫他,对于任何集体取消 1927 年以来作为法国公民的犹太人国籍的行为,教会都会反对(给予消极的回应)。最终,至 1943 年 8 月,当贝当和拉瓦尔拒绝德国要求时,他们两人很可能——像第三帝国以外的任何人一样——清楚地认识到德国毫无疑问地会输掉这场战争。

很难估计是哪方面因素在维希的决定中起了决定性作用。在政府的要求下,针对国内存在的绝大多数(超过 50%)反犹分子,1943 年春犹太问题专员组完成了一项民意调查。对于可能由专员操纵的结果,必须要谨慎对待;虽然对于取消国籍一事他们与各省的报告不一致,但是他们的确承认了之前提到过的趋势。

德国没有就此罢休。他们计划开始驱逐法国犹太人。在这件事上,丹内克尔的继任者海因茨·罗特克中校得到了增援:艾希曼的特使阿卢瓦·布伦纳直接从萨洛尼卡赶来。如我们所知,那里几乎所有的犹太人刚刚被成功地驱逐完毕。在一个由约 25 名党卫军军官组成的特别小组的陪同下,布伦纳将直接与柏林联系。他立即让自己的属下取代了负责德朗西的法国官员,还下令法国犹太人工会总联合会北支接管集中营中的内部管理。

面对德国毫不妥协的决心,犹太人工会总联合会北支和南支也都无能为力。犹太人工会总联合会北支的队长安德烈·鲍尔拒绝协助布伦纳的计划去诱使那些尚未被捕的犹太人加入其家人在德朗西的队伍("使命计划")。迫于布伦纳的重压,在万般无奈之下,鲍尔要求会见拉瓦尔,艾希曼的代表则将其抓捕(前文中两位德朗西被拘留者之一鲍尔的表弟逃掉了)。

鲍尔被捕后,德国人搜查了法国犹太人工会总联合会的各个部门,并利用这如此微妙的环境派遣法国犹太人工会总联合会的其他领导人前往德朗西,恰在此时,布伦纳要除掉法国犹太人工会总联合会北支以扶植一个完全俯首帖耳的犹太领导阶层的企图变得越发明显。不出几个月,布伦纳便已达到此具体目的:法国犹太人工会总联合会北支继续存在(只要数万名犹太人仍住在法国北部地区并且儿童之家仍在该组织的控制之下的话,这样做对德国人就是有利的),但是其新任领导人,现任毕恭毕敬的乔治·埃丹热及后来的朱丽叶·施特恩从未完全摆脱受争议角色的怀疑。

不过，仍由鲍尔管理并在之后变得更为活跃的法国犹太人工会总联合会北支准备配合一项德国方案，这一方案的企图从一开始便显而易见。一些犹太儿童将从德朗西被释放出来，连同其他法国犹太人工会总联合会照看下的儿童一起待在集中营外，条件是他们必须被送往指定的家庭，并由法国犹太人工会总联合会负责。这意味着，换句话说，这些孩子将成为任由德国人摆布的俘虏。此外，法国犹太人工会总联合会将不得不照看这些孩子。对于法国犹太人工会总联合会的一些成员、半地下的儿童救济委员会、正式解体的犹太童子军组织以及共产主义者的"团结"福利协会来说，阻止德国人的这一计划越来越成为一项棘手的任务。这些组织都尽力把这些孩子从法国犹太人工会总联合会之家送往领养家庭、基督教机构和儿童救济委员会的安全避难所。然而，正如我们即将看到的，巴黎解放前不久，德国人突然袭击法国犹太人工会总联合会之家，当时许多孩子还没被送走。

在墨索里尼政权的最后几个月及巴多利奥统治期间，德法在南部地区的驱逐行动一直遭遇来自意大利的阻碍。1943 年 2 月 25 日，里宾特洛甫前往罗马单独会见了墨索里尼。墨索里尼极力避免发生摩擦，声称他的下属正在自己的地盘上抓捕犹太人，他和里宾特洛甫都清楚这一说法是假的。事实上，3 月初，驻法国的意大利军事指挥官命令当地的法国领导人立即释放在意大利管辖下的城市里所抓捕的犹太人。有关意大利立场的消息散播开来，犹太人以前所未有的数量逃往这个颇具迷惑性的避难天堂，至 1943 年 3 月，约 3 万名犹太人生活在法国东南部"法西斯主义"的保护之下。

为了安抚德国人，墨索里尼发布了新的政策。意大利警方的检察长圭多·洛斯皮诺索被派往法国执行墨索里尼与其轴心国合作的决定。在军队的帮助和意大利犹太人安格鲁·多纳蒂的建议之下，洛斯皮诺索开始把犹太人由法属里维耶拉送往上萨瓦省高山度假胜地的旅馆。

在这些营救努力中，略显神秘的多纳蒂起了重要作用。同样重要的是，他从法国嘉布遣会牧师皮埃尔·马里—伯努瓦神甫那里获得的帮助。皮埃尔·马里—伯努瓦神甫主要通过向犹太人提供假身份证明和帮助他们在宗教机构寻找藏匿地的方式，一人在法国南部地区积极帮助犹太人已有两年之久。1943 年夏，在巴多利奥政府统治下，多纳蒂和马里—伯努瓦采取进一步措施，计划把成千上万名意大利管辖下的犹太人经意大利运往北非。在意大利(犹太人)难民协会的财政支持下，他们租到了4艘船只，德拉赛姆和成批的犹太人被运往法意边界，当时意大利已发表停战协议，而意大利半岛则在德国国防军的占领之下。

德国人刚一进入罗马、尼斯及其附近地区，布伦纳和罗特克就赶到了法属里维耶拉：对在先前意大利地区居住的犹太人展开了搜捕。德国人愿意为每位专门识别大街上犹太人的职业告发者支付1000法郎，有时甚至是5000法郎的酬劳。他们也得到了其他酬金高昂的人的帮忙，如"一位交际花"，她把自己的17位顾客交给了盖世太保。然而整个结果令人失望。至1943年12月中旬，当布伦纳返回德朗西之时，仅有1819名犹太人被捕及遭到驱逐。德国人之所以失败，部分原因可能是法国警方对这次行动的不参与，就现在看来，民众和宗教机构的充分准备也是原因之一，后者藏匿了大部分法国犹太人。此外，德国国防军也拒绝参与其中，盖世太保基本上是单枪匹马。

1943年最后几个月期间，尽管激进的通敌卖国者逐渐掌了权，但是在法国其他地区，德国的反犹行动也以混乱的结果收场。1944年年初，维希当局的反抵抗运动机关"民兵"领导人、盖世太保的属下约瑟夫·达尔南取代布斯凯成为法国警察头子。此外，担任署长之职、无能又腐败的达基耶尔被更无能的查理·杜·帕尔蒂·德克拉姆继任。之后不久，又由另一位彻底的德国帮凶，约瑟夫·安蒂尼亚克继任。

布伦纳的不断受挫致使在对法国犹太领导阶层的清洗行动中反复出现盖世太保的力量。如我们所见，1943年夏初，鲍尔及法国犹太人工会总联合会北支的其他领导人连同他们的家人一起被捕。与此同时，法国犹太人工会总联合会南支的兰贝特似乎对不断增长的危险无动于衷。"时间一天天过去，"他于7月9日写道，"没有出现我们希望发生的事情。……但是，每个人都认为这场战争会在冬季之前结束。在我怀疑自己是否能摆脱6个多月的奴役状态之时，我全身心地渴望这一结果。……不过某种直觉告诉我要有信心。我记起了1916年可怕的4月攻势，当我正在经历战火的洗礼，作为一名士兵我是多么的镇定。"

虽然有些紧张，但兰贝特仍遵循他的日常生活秩序：一些旅行，甚至某些短暂假期(两天的时间与他的家人在一起)，以及广泛的阅读(像往常一样，他记下了所有书名并给大部分书写了评论)。8月17日,当他得知"俄国人的大进攻"之时,他写道:"我相信我们将会在巴黎过圣诞节。"1943年8月20日,兰贝特做了最后一次记录;在这一记录中,他总结了对那些犹太人协会成员的尖刻评论,这是他1941年就打算写下来的:"与不确定性和战斗英雄主义相比,他们更倾向于自己的小福利。……我们(法国犹太人工会总联合会)则选择怀疑和行动的英雄主义,选择现实的斗争。"这听起来有些像墓志铭。

8月21日,兰贝特夫妇以及他们的四个孩子都被捕并被送往德朗西;12月7日他们被送到奥斯维辛并遭到杀害。赫尔布罗纳紧随其后。10月28日盖世太保逮捕了这位犹太人协会主席、贝当和热利耶的朋友、所有法国犹太人中最纯粹的法国人。维希贝当很快便得到该消息,热利耶也是如此。赫尔布罗纳与妻子乘坐62号列车由德朗西被驱逐到奥斯维辛,1943年11月20日离开了法国国境。他们一抵达便遭毒气杀害。10月28日到11月20日期间,维希政府和法国天主教会领导人都没有以任何方式进行干涉。贝当的不加干涉并不使人意外;热利耶回避抗议,直到最后,法国教会领导人都保持着模棱两可的态度,对那些和他们最亲密的法国犹太人也不例外。

利奥·拜克、保罗·爱泼斯坦、大卫·柯亨、亚伯拉罕·阿斯切尔、兹维·克雷茨及其他犹太领导人都被驱逐到特莱希恩施塔特或贝尔根——贝尔森,他们中的大部分人都在战争中幸存下来。为何鲍尔、兰贝特和赫尔布罗纳一到奥斯维辛便立即遭到杀害,这仍难以解释。

随着法国犹太领导人的被害,德国人(或维希当局)在战争初期或扩大占领时期任命的委员会领导人里没有一个还在任上,只有鲁姆考斯克除外。在对前波兰以及对委员会第一批146名领导人和第二批或第三批的101位被任命者进行比较的一项研究中,历史学家阿哈龙·魏斯总结道:"第一批中的大部分领导人成功地捍卫了他们所在社团的利益。他们(领导人)中的大部分人遭到清洗或被免职。后期的行动方式完全改变了。这一总结中最为引人瞩目的事实便是迅速的屈服及最后一段时间内犹太委员会对德国压力的让步。通常是在德国人的支持下,负责人由不服务于社团利益的人出任;在大规模灭绝和极端恐怖时期,他们执行了纳粹的指令。"

虽然很难把波兰占领区的犹太人领导层与第三帝国、西方、波罗的海国家、巴尔干半岛国家以及更为短暂的苏联占领区的隔都领导层做比较,但是,时间推移上的相互关联和与日俱增的屈服已被事实所证明,并不仅限于由魏斯所列举的理由。时间的推移意味着从驱逐前的阶段到系统驱逐及灭绝的这段时间。换句话说,在较早阶段,尽管有险恶的环境,犹太领导人面临的是生活的实际困难,但在稍后阶段他们主要面临的是大规模的屠杀。这也是 1944 年所有西方社团剩余犹太人尤其是匈牙利犹太人的问题所在。1944 年 3 月之前,布达佩斯没有犹太人委员会,不过,没有哪个领导层会像这一批并且是唯一一批被任命者那样唯命是从。

事实上,自从系统的大规模屠杀开始后,即便是那些在占领初期被任命的犹太领导人也发现没有比送出社团中最弱势的部分(当然包括外国犹太人在内)以"赢得时间"尽力去保护"最有价值的"部分更好的办法来应对德国的要求(自杀除外)。在柯亨和阿斯切尔看来,最有价值的犹太人是一小部分中产阶级的阿姆斯特丹犹太人。赫尔布罗纳则认为,最有价值的部分是法国犹太人(犹太人协会应包括在领导群体内,与法国犹太人工会总联合会同等重要);鲁姆考斯克则认为,唯有在工作的——大部分是当地的——犹太人才能最终被挽救下来。驱逐一旦开始,柯亨、阿斯切尔、赫尔布罗纳及兰贝特这 4 人都表现得俯首帖耳。出于所有实际考虑,作为首位同时也是最后一位在任的隔都主要领导人,鲁姆考斯克很可能比任何其他领导人,不论东方的还是西方的,都更加唯命是从,并且如我们所见,罗兹隔都的剩余犹太人"几乎"都被挽救下来。

也就是说,顺从并不是委员会领导人的唯一功能,却是委员会领导人与德国人商谈阶段的唯一职责。在灭绝时期,委员会或其他领导人设计的反对德国人的策略没有一项奏效;大大小小数量不等的犹太人完全是凭运气和独立的环境而活着:当地政府的决心、人口因素或者抵抗运动的开展情况。犹太人武装抵抗只具象征意义,没能拯救生命,反而加速了灭绝的进度。委员会对武装抵抗的干预也并没有挽救当地的社团,比如在维尔纳。

历史学家丹·迪奈尔设想,犹太委员会疯狂地想办法挽救社团免于灭绝,他们试图搞清楚他们所面对德国人(党卫军和别动队)的不同"理性利益",这为研究灭绝政策的"反理性"领域提供了起点。这样的间接方式可能是不必要的,如果我们认识到,由希特勒下令、希姆莱执行的政策以及整个屠杀体系源自一个简单的假设:从长远的雅利安人种问题和从近期卷入世界大战的德意志帝国两方面来看,犹太人都是活生生的威胁。因此在犹太人从内部危害"欧洲堡垒"或加入敌军反对德意志帝国之前,必须把他们灭绝掉。

不管是否在灭绝阶段认识到了德国人想法的真正本质,犹太领导人都没有意识到最后的拖延战术是毫无希望的,即使到最后一刻,德国人都会不加考虑"利益"地灭绝每一个犹太人。无论做何选择,犹太领导阶层在灭绝阶段所面临的是难以逾越的两难困境;他们的组织和外交能力及其道德"红线"和政治忠诚对于社团的最终命运没有丝毫作用。

当幸存的希望破灭,当德国人的承诺不再可信之时,犹太人做好了起义的心理准备:以上便是1943年1月行动后华沙的处境,也是1943年夏秋特雷布林卡和索比堡仍活着的犹太工人队伍的处境。当向这两个集中营的遭送量下降后,那里的犹太人开始意识到对他们这些人来说,遭清除已经为期不远了。

据特雷布林卡起义的幸存者维什穆埃尔·伦伯格说,至1943年5月华沙剩余民众遭到灭绝之后,他们对于最终结局已经没有太多的怀疑:"营里的工作量在减少。……一段时间内我们收到的食物质量和分量都很令人满意。我们察觉到德国人想把我们全部杀死,他们正在麻痹我们的感觉并用他们的行动哄骗我们。"

1943年7月下旬,随着上营(灭绝区)一直进行的对尸体挖掘和烧毁工作行将结束之时,决定最终确定下来:要尽快举行起义,使更多的犯人在营地最终被清除前尽可能地逃走。日期和时间定于8月2日下午4点30分。由于德国人允许木匠雅各布·维尔尼克在两个营之间自由走动,所以下营主要组织委员会的领导人、来自罗兹的工程师和之前某营的长者马切里·加列夫斯基原则上能够就行动的具体时间与上营进行协调。但是,在关键时刻,一切并没有按计划进行。

由于环境的不可预料性及稍后各战斗小组之间联络的中断,打响第一枪比原定的起义时间提前了半小时。不过随着混乱的蔓延和部分营地的起火,成百上千名囚犯或集体或单独地成功突破栅栏而逃脱。

在狱中与吉塔·塞雷尼的谈话里,营地指挥官施坦格尔描述了这一场景:"从我的窗户中望去,我能看到栅栏外侧的一些犹太人——他们肯定是从党卫军兵舍的屋顶上跳下去的,后者正在开枪。……在这种紧急情况下,我的第一反应是通知营外安全警长。接下来整个隔都营地处于火光之中,后来负责上营的德国人马特斯跑步赶到说他那里也在四处起火。"

根据各种估计,起义当天住在营地的 850 名囚犯中,100 人在起义开始时便被抓获,350~400 人在战斗中身亡,另外 400 人则逃走,但是他们中约有一半人在数小时内被抓获;剩余的 200 人中,约有 100 人成功逃脱德国人的天罗地网和敌视的民众;最终幸存下来的人数则无人知晓。逃离营地附近后,加列夫斯基无法前行便服毒自杀。维尔尼克幸存下来并成为主要见证者。①

索比堡起义的起因与特雷布林卡起义的原因相同,1943 年年初开始,一小股在营地工作的犹太人着手计划行动。然而只有到 9 月下旬,当与苏联战俘一起从明斯克来的一位年轻犹太裔红军中尉亚历山大·佩切尔斯基加入计划小组后,具体步骤才迅速确定下来。起义日期定在 10 月 14 日。该计划设想在某些可想象的环境下把党卫军主要成员引诱到各个车间之后再将其杀死。计划的第一步即清除党卫军人员很顺利地完成;虽然计划第二步的集体穿越大门很快成为无法控制的四散奔逃,但是仍有 300 多名囚犯成功逃到附近的森林里。佩切尔斯基和他的组员渡过布格河加入了游击队。

起义中,犹太囚犯和苏联战俘的合作是索比堡起义的独特之处。不过它又增强了柏林方面的安全恐慌。华沙起义之后,特雷布林卡和索比堡的起义使希姆莱确信应该尽快完成对大部分犹太工人,甚至包括卢布林地区犹太工人的屠杀。1943 年 11 月 3 日,在马伊达内克,党卫军杀害了 18400 名囚犯,其间用扩音器播放音乐来掩盖枪声和被害者的叫喊声。1942 年 7 月对巴黎犹太人的驱逐被冠以"春之风"的代号;1943 年 11 月对马伊达内克犹太人的大规模屠杀也同样得到了一个田园诗般的代号:"丰收的节日"。

四

德国占领罗马仅仅两周,社团主要领导人乌戈·弗阿和丹塔·阿尔曼西便被罗马别动队首脑、党卫军中校赫伯特·卡普勒召去。他们收到命令要在 36 小时之内送来 50 千克的黄金。如果赎金按时送达,城里的犹太人便安然无恙。虽然希姆莱已秘密指示卡普勒准备对罗马展开驱逐,现在看来(来自被解密的 OSS 档案)这次勒索是卡普勒的个人想法,他打算避开驱逐最终以派遣罗马犹太人在

---

① 在电影《大屠杀》中维尔尼克成为主要见证人之一。

当地防御工事工作的方式施与帮助。①手下警力不多的卡普勒更愿意利用犹太人，以便腾出手来抓捕意大利宪兵，相比城里大部分贫困的犹太人，这些人在他眼里才是更为现实的威胁。

社团成员(教皇提供的借贷被证明是没有必要的)准时凑齐了黄金并于 10 月 7 日送到帝国保安总局。弗阿和阿尔曼西相信了卡普勒的承诺，此外，当首席拉比伊斯拉埃尔·佐利和德拉赛姆的主要官员告诫说德国还会有进一步的举措时，弗阿和阿尔曼西选择了暂时忽略这些征兆：在其他地方发生的事不会在罗马发生。像他们的领导人一样，社团内本身就生活在原隔都地区的近 7000 名较为贫穷的犹太人也没有在意此事。

事实上，在接下来的几天里，比起其他事情来德国人似乎对勒索更感兴趣。犹太社团图书馆的无价之宝成为下一个特定目标。这是有充足理由的。用历史学家斯塔尼斯劳·G. 普格利泽的话说，"在这些手稿中有中世纪学者摩西·列蒂拉比的作品；1492 年犹太人遭驱逐时从西班牙和西西里岛带来的手稿；一本 1494 年的葡萄牙古版书；一本伊莱亚·米兹拉希的数学书；还有一本极为罕见的 1488 年在那不勒斯出版的希伯来语—意大利语—阿拉伯语词典。有松奇诺出版社(16 世纪初期)出版的 21 卷版《塔木德》……还有一部 8 卷版的《塔木德》，它是由 16 世纪著名的威尼斯印刷匠丹尼尔·邦贝格印制的"。

10 月初，罗森贝格手下的专家对这些收藏做了检查。当隔都主会堂的一些珍贵手工艺品被藏到净礼墙内(斋戒用的宗教施洗)之时，图书馆则无法保全：10 月 14 日，罗森贝格的手下把这些书装上两列货车车厢然后运往德国。虽然一些罗马犹太人争论说"反书不等于反人"，恐慌还是蔓延开来。犹太人疯狂地寻找藏身之所，他们中的富人很快便消失了。

10 月 6 日西奥多·丹内克尔带领的一小股武装党卫队军官士兵抵达罗马。数天后的 10 月 11 日，卡尔滕布龙纳提醒卡普勒，他似乎忽略了当务之急："准确地说，立即全面清除意大利犹太人才是当前国内政治形势和意大利总体安全的特殊利益所在。"这一消息由英国破译并翻译记录下来。"关于推迟驱逐犹太人直到意大利宪兵和意大利部队军官被清除为止的建议，以及关于召集意大利犹太

---

① 关于"SD 译码"的基础及其他来源，得出的结论是希姆莱对卡普勒的命令发布于 9 月 24 日或很可能再提前几天。

人在意大利政府监管下担当很可能毫无生产力的役工的想法都不予以考虑。耽搁时间越长，那些对疏散举措毫不知情的犹太人就越有机会通过投奔那些收留犹太人的意大利家庭而彻底消失无踪。(未破译) 已经接到指示执行党卫队帝国领袖(RFSS 指希姆莱)的命令立即展开对犹太人的疏散。"卡普勒别无选择,只好服从。

10 月 16 日,丹内克尔的部队与一小股国防军援军在罗马逮捕了 1259 名犹太人。异族通婚家庭的配偶和一些外国人被释放,而 1030 名犹太人,包括大部分的妇女与大约 200 名 10 岁以下的儿童仍被囚禁在军事学院。两天后,这些犹太人被运送至狄伯提那火车站,然后前往奥斯维辛。大部分被驱逐者立即被毒气杀害,196 人被拣选为劳工;15 人在战争中幸存下来。

全国范围内的驱逐行动一直持续到 1944 年年底:犹太人通常被运往弗索利(后来被运往的里亚斯特附近的里西耶拉·迪·桑·萨巴)的集中营,然后由那里运往奥斯维辛。数千名犹太人成功地躲藏在总体来说较为友好的民众之中,或是躲藏在宗教机构里;有些犹太人成功地逃到瑞士或盟军解放的地区。不过,在整个意大利的约 7000 名犹太人中,20%的犹太人被抓获并遭到杀害。

战争结束以来,对罗马(以及意大利)犹太人的抓捕和驱逐就已成为某些学者关注的重心,也是大量虚构演绎的重点,其中直接关涉教皇庇护十二世的态度问题。此类事件的具体细节是尽人皆知,而对于一些最为重要决定的原因则至多只能是推测。

至 1943 年 10 月初,在罗马的许多德国军官获悉了希姆莱的驱逐令,他们中包括,艾特尔·弗里德里希·默尔豪森,一位身负德国外交使命前往墨索里尼的萨洛共和国的大使馆官员,但是他本人是被派驻在罗马的;恩斯特·冯·魏茨泽克,德国政府前国家秘书兼新任驻梵蒂冈大使;还有赖纳·施塔尔上将,罗马的国防军指挥官,他们都获悉了希姆莱的驱逐令。

出于种种原因(对民众暴乱的担心,对庇护十二世可能提出的公开抗议及其潜在影响的关注),这些官员试图使该命令有所变通:在罗马及其附近,犹太人将被用作劳工。为此,10 月 6 日,默尔海豪森以不同寻常的详尽形式向里宾特洛甫传达了自己的忧虑:"卡普勒中校已收到柏林的命令,逮捕生活在罗马的 8000 名犹太人然后送往意大利北部,在那里他们将被清除。罗马指挥官施塔尔上将告诉我只要外交部同意,他就照做。我个人认为让犹太人从事建造防御工事的劳动是个不错的选择,如在突尼斯,我将与施塔尔上将一起把此方案递交给菲陆军元帅凯塞林。"

次日,路德的继任者埃伯哈德·冯·塔登回复道:"依元首的命令,8000名罗马犹太人必须被送往毛特豪森做人质。外交部要求你在任何情况下都避免干涉此事,让党卫军去处理。"10月16日,如我们所知,驱逐行动开始。

突袭开始的那天早上,教皇的朋友皮恩萨·皮尼亚泰利女伯爵向他报告了此事。马廖内即刻召集魏茨泽克谈及若突袭继续可能引发的罗马教皇的抗议。但是,令人感到奇怪的是,在暗示这一举措会引发"最高级别"的反应后,魏茨泽克询问他是否可以不汇报此次谈话,马廖内对此表示同意。"我注意到,"马廖内写道,"我已经要求他克制自己的情感。我让他自己去判断是否该提及我们的这次友好谈话。"

魏茨泽克提出建议的原因并不清楚。他是否想避免收到会导致针对帝国教会利益的报复行为的"正式"通知? 他的下一步(我们将会提到的胡达尔的信)会是一次非正式的警告,因此有可能排除任何暴力。但是,如果教皇抗议的话,所有这些预防措施都将是白费力气。魏茨泽克或许希望仅凭教皇的威胁抗议就足以阻止驱逐行动;因此抗议就变得毫无必要了。马廖内得知魏茨泽克的下一步计划并且知晓他的理由,或马廖内接受魏茨泽克的建议没有汇报这次谈话,两者之一可被视为是一个相当特别的信号,即对教皇抗议的可能性不必太认真。

正如可能会发生的那样,当天知道内情的魏茨泽克与同僚德国外交官会见了一位因支持纳粹而声名狼藉的高级教士——在罗马的德国教会首席神甫阿洛伊斯·胡达尔主教,并说服他给施塔尔写封信,其中会提到教皇公开抗议的极大可能性。①胡达尔欣然同意。

数小时后,魏茨泽克为胡达尔一事给柏林发了份电报,出于里宾特洛甫的利益,他发表了自己的看法:"关于胡达尔主教的信,"魏茨泽克告知里宾特洛甫部长,"我确信这代表了梵蒂冈对驱逐罗马犹太人的反应。如电报所说,元老院非常沮丧地认为这一行动就发生在教皇的眼皮底下。如果让意大利的犹太人从事劳工服务,这一反应可能会有所抑制。罗马的反对派正利用这次事件迫使梵蒂冈放

---

① 许多历史学家认为,一名德国外交官口述了给胡达尔的这封信。

弃保留立场。据说,当法国各城市发生类似事件时,那里的主教都立场鲜明。因此,作为教会最高领导和罗马主教的教皇应当做得更多。现任教皇也经常被拿来与其前任庇护十一世做比较,庇护十一世在性格上是一位极为主动之人。为了破坏元老院与我们之间的友好关系,国外的敌对宣传也必定会利用此次事件。"

教皇保持着沉默。10月25日,装载被驱逐者的列车离开意大利前往奥斯维辛后,梵蒂冈的官方报纸《罗马观察家报》有篇文章为圣父的怜悯之心高唱赞歌:"众所周知,教皇陛下……一刻不停歇地运用他力所能及的所有方式来缓解这场苦难,不论以何种形式出现,这场苦难都是由这次残酷的战火所致。随着众多罪恶的加剧,教皇那博大的父亲般的慈爱,可以说,正变得越来越旺盛;它不分国界与国籍,也不分宗教与种族。近年来,面对众多不幸的民众不断增加的苦难,庇护十二世本人为此已经增多了广泛和不间断的活动。"

魏茨泽克给德国政府寄去了此文章的一份德文翻译版,并附上了一份臭名昭著的信:"虽然有来自各方的强大压力,但是教皇并没有因此而发表一份反对驱逐罗马犹太人的公开评论。虽然他很清楚我们的敌人会以此作为他的把柄……但是他仍尽一切可能不使他与德国政府和罗马的德国政要的关系受此脆弱问题的困扰。随着德国在此处就犹太问题采取的进一步行动的结束,可以期待的是,给德—梵关系带来不愉快的问题将不复存在。"然后,对于《罗马观察家报》上的这篇文章,魏茨泽克写道:"只要少数人明白它仅是对犹太问题的一种特殊暗示,那就没必要对这篇声明提出任何反对意见。"

1941年8月,希特勒一直十分担心加仑主教关于反对安乐死的布道造成的影响会改变行动的进程。为什么希特勒不在更严重的威胁即教皇反对驱逐和灭绝犹太人的公开声明之前做出丝毫的举动呢?为什么希特勒不顾潜在严重后果的告诫而坚持驱逐罗马的犹太人呢?就算他认为德国天主教徒不会站到犹太人一边,正如他们对待自己人民(精神病患者)的态度一样,但是教皇的公开谴责会掀起一场世界范围的宣传灾难。只有一种回答言之有理:希特勒及其助手必定确信教皇不会抗议。这一看法或许源自送达柏林的关于教皇政治立场众多内容雷同的报告。

早在1943年年初,在与德国驻梵蒂冈大使迭戈·冯·贝尔根的一次谈话中,庇护十二世就表达了把第三帝国与罗马教廷的重大争论(关涉德国的教会状况)

搁置到战后处理的渴望。据贝尔根所说,教皇表示,以上便是他的打算,除非德国采取行动迫使他发表声明"完成他的职责"。鉴于当时环境,这一评论涉及德国的教会状况。教皇愿意暂时接受纳粹及其政府每日给德国天主教徒制造的事端,并把讨论搁置到战后,必定是源自集聚的"布尔什维克"力量给罗马教廷带来的日益增长的困扰。

1943 年 2 月 8 日,戈培尔在日记中以一则简短的评论证实了希特勒已经充分意识到了梵蒂冈的担忧。这位宣传部部长正列出 2 月 7 日希特勒在拉斯滕堡总部对希姆莱与各大区领袖讲话的要点。在对斯大林格勒会战后德国的战略、国际形势的探讨过程中,希特勒谈到了梵蒂冈:"罗马教廷也在某种程度上变得更为活跃,正如所看上去的那样,它只有一种选择:国家社会主义或布尔什维主义。"

同一周内戈培尔的另外两篇日记则需要谨慎对待,因为他可能在所获得的信息里加入了不切实际的想法。因此,他在 3 月 3 日写道:"我从截然对立的两个方面听说,可以与现任教皇进行合作。教皇应该在一些合乎情理的问题上与我们有部分共识,此外,他应该不会像人们从其主教的一些声明中所推测的那样敌视国家社会主义。"两周后戈培尔写道:"针对(纽约红衣主教弗朗西斯·)斯佩尔曼(教皇刚刚会见了他)的演讲中异常尖锐的主张,梵蒂冈声明这与敌人的战争目的毫不相干。从这一点我们可以看出教皇有可能比通常所认为的那样与我们更为亲密。"

7 月 5 日,作为新任德国驻梵蒂冈大使,在递交国书时,魏茨泽克与教皇进行了一次谈话,这次谈话与先前德国的设想完全一致:庇护首先提及他"对过去在德国担任罗马教廷大使岁月的感激之情及他对德国和德国人民的喜爱之情"。在提及当前德国教会和政府之间的问题时,教皇表达了以后再解决这些问题的希望。然后谈话又转向布尔什维主义。魏茨泽克强调了德国在反对布尔什维主义威胁的战斗中所起的作用。据魏茨泽克说:"教皇谈到了 1919 年他本人在慕尼黑与共产主义者的一次经历。他谴责我们的敌人愚蠢地提出'无条件投降'。"在提及庇护对"现阶段"的和平努力不抱什么期望之后,魏茨泽克最后表示,虽然总体来看这次谈话没有明显的热情,但是它却"弥漫着潜在的激情,只有当反对布尔什维主义的战争爆发之时,这种激情才会转变成对共同利益的承认"。

墨索里尼的垮台及一周后意大利的投降使梵蒂冈对共产主义威胁的担忧日益增长。9月23日魏茨泽克告知柏林,他"偶然地"看到3份日期为7月25日(墨索里尼垮台的当天)的梵蒂冈档案。这些档案中的——最为重要的——第三份,如魏茨泽克的报告,是"国务枢机主教马廖内就威胁世界的危险致意大利政府的一份咨文。马廖内说到欧洲的命运有赖于德国在俄国前线的胜利抵抗。德国军队是唯一可能的反对布尔什维主义的壁垒。如果这一壁垒破裂,欧洲文明将会终结"。

9月3日魏茨泽克向柏林送去一份有关教皇政治立场的更为详尽的报告:"我一直收到的证据表明,梵蒂冈人民对英美政策——其发言人被认为是给布尔什维主义铺平道路——有多么的恼火。在梵蒂冈,有关意大利和德国命运的关注也在增长。昨天,一位与梵蒂冈有着特殊关系的外交官向我保证,教皇严厉谴责旨在削弱德国的一切计划。今天,在元老院工作的一位主教告诉我,在教皇看来,一个强大的德意志帝国对天主教会的未来是十分必要的。从一位意大利政治评论家与教皇谈话的秘密记录中,我收集到的情报是,在回答他对德国人民的看法这类问题时,教皇的答复是:"他们是一个伟大的民族,在反对布尔什维主义的战争中,他们不仅为朋友也为他们当前敌人的利益而流血牺牲。"

三周后,奥尔塞尼戈拜访了德国政府的新任国务秘书古斯塔夫·阿道夫·斯特恩格拉赫特·冯·莫伊兰德,在没有任何外力的情况下,奥尔塞尼戈开始指出世界共产主义所代表的威胁。唯有德国和梵蒂冈能够反击这一威胁:德国,从物质上;梵蒂冈,从精神上。魏茨泽克和奥尔塞尼戈在他们的报告中都尽一切可能试图讨好里宾特洛甫及其上司希特勒,以此缓和德国政府不断对教会施加的压力。虽然如此,不断重复的政治情报的可信度是不容置疑的。

8月7日,在讨论墨索里尼垮台后意大利形势的时候,希特勒和戈培尔对以上事情必定都已知晓。戈培尔伺机提出了教皇的议题:"毫无疑问,正如元首也认可的那样,教皇既是罗马人又是意大利人。在任何情况下,他的力量都集中在阻止欧洲的布尔什维主义之上。同样,他可以毋庸置疑地被视为德国人民的朋友;他毕竟曾在德国生活过14年。他当然不是国家社会主义的朋友;但是与布尔什维主义相比,他还是更喜欢国家社会主义。无论如何,在整个意大利发生危机期间,他没有任何敌视法西斯主义或墨索里尼的表现。大多数的意大利神职人员都拥护法西斯主义。然而,无可否认,给教皇提建议的圈子确实是国家社会主义的敌人。特别是教皇的国务卿马廖内，他完全敌视德国和国家社会主义。我相信，虽然如此，但是我们仍然可以与教皇合作，这也是里宾特洛甫的意见。元首想把教皇留到关键时刻。这样在棋盘上我们有了一颗棋子。何时走这步棋则有待商榷。"

10月14日，随着首批反犹举措在罗马的施行，戈培尔写道："巴黎的红衣大主教在与我们的一位告密者的谈话中就当前形势表达了他本人的看法：在他看来，梵蒂冈绝对是反对布尔什维主义的。它希望就此与帝国达成一致。教皇以极大的忧虑关注着欧洲各国不断高涨的布尔什维主义。毫无疑问，天主教会明白，如果布尔什维主义在德国边界崛起，这将意味着给它（指教会）带来了道德危险。"布尔什维主义离梵蒂冈越来越近了，墨索里尼的垮台促进了意大利北部和中部游击队的活跃，其中也有共产党的部队，这正是梵蒂冈的忧虑所在。

因此，戈培尔可以认为庇护十二世会避开可能对德国有害却从"欧洲"外部或内部增强共产主义危险的任何措施。为避免梵蒂冈所认为的即将来临的灾难，唯一方式是作为中间人让西方各国和德国之间缔结一项和平协定，这样会建立一个共同的堡垒以反对日益强大的苏维埃并保卫欧洲大陆的心脏。因此庇护对无条件投降模式的批评，如果是事实的话，他所表达的意见正如魏茨泽克于7月5日所报告的那样。双方都认识到了教皇的计划并认为这是梵蒂冈的工作重点。在如此宏大的规划中，教皇可能认为，不论是总体而言还是单指罗马和意大利事件而言他都无暇顾及自己在犹太人命运一事上的公开立场。

有人争辩说，为实现其外交妥协的使命，教皇在战争之初早已决定对纳粹政权的任何受害者都不发表言论——不论是波兰人、安乐死的受害者还是犹太人。不过，事实并非如此。如我们所见，在1939年12月的教皇通谕中，教皇公开表达了他对波兰人民的同情。在随后的几年里，波兰主教和波兰民众认为庇护的抗议不够频繁和有力。这一实际情况持续到1943年5月31日，当时教皇委婉地承认了"波兰人民的悲惨命运"，还热情赞扬"忠实的波兰人民对他们几个世纪以来的痛苦遭遇保持着英雄般的沉默，他们为基督教欧洲的发展与维护做出了贡献"。1943年6月3日，在一次对红衣主教团的讲话中，庇护再次提到了波兰人民的苦难。关于安乐死，教皇在给德国主教的信中对此进行了最为强烈的谴责。教皇通过外交途径所发表的大量抗议、要求与质询主要是针对波兰天主教徒的处境和对精神病人的杀害。没有一次外交干涉是与全体犹太人的命运相关的。

教皇是否认为纳粹会对他所做的任何反对反犹政策的声明无动于衷？他是否认为主教应根据对当地环境的评估做出回应而无须递交罗马？他担心被施洗通婚后代的报复行为吗？他是否担心藏匿在意大利的犹太人危险或者他是否认为秘密帮助受害者是反对迫害的唯一可能方式？此外，他担心纳粹攻击德国天主教徒吗？或者他担心梵蒂冈被占领吗？

在战争中或战后一直到现在的争论中，以上因素就一直存在，并且这些因素可能从次要方面影响了庇护保持沉默的决定。政治因素一定起了决定作用。但是，对这些次要因素也应给予简短评论。①

在提到的 1943 年 6 月 2 日对红衣主教团的讲话中，庇护十二世谈及犹太人处境了吗？在 1964 年我对教皇政策的解读中，我是这么认为的，这主要鉴于教皇所提道，"那些因他们的国籍或种族而大祸临头的人焦虑不安地向他提出恳求，他们虽然没有过错，有时却注定要遭到灭绝"。不过，据该公文的梵蒂冈编辑们所说，此演讲主要针对的是波兰人的处境。因此，教皇的发言只是附带提到了犹太人，如果是这样的话，在这样的语境下"灭绝"可能意味着大规模杀害波兰人。"有时"一词则强调了这一解释。

"在此问题上我们对当局所说的每一个字，"庇护继续道，"和我们的公开意见，出于受害者利益的考虑，我们必须加以仔细权衡，以防与我们的意愿背道而导致他们的处境更为恶劣、更为难以忍受。此问题最简单的说法便是，教会作为正在遭受最悲惨命运特定团体的代表，它那慈母般的焦虑无法用表面上得到的改善来弥补。教皇只是请求同情及对公义和人性最基本准则的真诚回归，所面对的却是一扇没有钥匙可以打开的门。"

如果此番讲话的确涉及犹太人的命运，那么在谈到自己的干涉会导致更恶劣处境的可能性时，教皇可能想到了荷兰所发生的事件。如我们所知，1942 年 7 月，荷兰天主教主教的抗议致使 92 名犹太天主教徒遭到驱逐。但是，通过具体提

---

① 神甫 Pierre Blet 对第二次世界大战期间教皇政策和决定的研究不足以令人信服，尽管事实上作为梵蒂冈档案三位编辑之一，他完全有机会接触到梵蒂冈的档案文件。Blet 关于庇护面对欧洲犹太人遭驱逐和灭绝保持沉默的核心观点是他对于受害者最终命运的无知（"随着战争的进行，被驱逐者的命运扑朔迷离"）。然而，Blet 写道："庇护十二世从未利用这一阴暗不明、不为人所知的目的当作放弃那些受迫害的人的借口。与此相反，他行使自己的所有权力去挽救他们。他尽可能地在公众场合少说话，期望这不会带来任何影响。他不发表言论，但是他付诸行动。"

到"处境……更为难以忍受",教皇所指的一定只能是波兰人的苦难;对于遭驱逐的犹太人而言,处境已经无法再难以忍受了。此外,"表面上得到的改善"也不可能指犹太人的命运。

在1943年的相同月份内,涉及犹太问题的最重要的教皇文件是庇护十二世于4月30日写给主教普雷辛的一封信。在1943年6月的一封信中,这位柏林主教把德国的新一轮驱逐行动(工厂行动)告知了教皇:"(比轰炸)更为艰难的是,在柏林我们遭遇到了新一轮驱逐犹太人的打击。数千人注定要遭受圣座在(1942年)圣诞电台讲话中所说的可能面临的命运。在这些被驱逐者中也有许多天主教徒。为了这些不幸的无辜者,难道圣座不能再次试图予以干涉吗? 这是他们中大部分人最后的希望,也是所有善良人民内心的祈祷。"

教皇并没有拒绝回复普雷辛痛苦的呐喊:"得知天主教徒(特别是在柏林)对'非雅利安人'的苦难所表现出的极大基督式仁慈,对我们来讲是一种安慰。此刻,让我们对狱中的利希滕贝格阁下表达我们由衷的感激与无尽的同情。"

尽管普雷辛已经恳求教皇进行某种程度的干涉,但是这一回复清楚地表明,除了表达他个人的勉励之外,教皇什么事都不会做。他对自己的无所作为做了如下解释:"就教廷的立场而言,我们授权事发当地的牧师自行评估是否存在遭受报复和压力的风险,以及会遭受何种程度的报复和压力,同时评价由于战争的持久和公众心理变化所引发的问题,保持克制为的是避免更大的恶,尽管可能存在进行干涉的理由。这是我们发言中强迫自己接受约束的原因之一。"

换句话说,每个地方形势的复杂环境和危险都要求天主教会极度慎重地行事,以防止因天主教会要员所做的每一举动带来"报复和压力"甚至"更大的罪恶"。因此教皇赞成一套大而化之的行为准则。依据当地环境自行评估,这一准则赋予了主教做出决定的自由,此外,正如教皇在信中所具体谈到的,这一准则也适用于他本人的决定。

一些历史学家认为,自从1919年在慕尼黑与当地苏维埃政府打过交道之后,那次经历一直铭刻在他的脑海中,正如1943年7月与魏茨泽克的谈话所表明的,庇护十二世从传统基督教式的反犹太教转变为直接的反犹主义。布尔什维主义等同于犹太人,事实上,在共产主义者对巴伐利亚首都的短暂占领时期,一些犹太领导人确实起过重要作用。没有具体证据表明教皇是反犹主义者,也没有具体证据表明教皇在战争期间做出的决定是源自对犹太人的明确仇恨。不过,与他对他"深爱的波兰人民"以及德国人民的感情相比,庇护十二世似乎并没有把犹太人放在心上。①这在他给普雷辛书信最后部分表现得非常明显,对于他所给予犹太人的帮助,庇护是这样说的:

"对于非雅利安人的天主教徒及那些有着犹太信仰的人,本座在有限的职责内,无论是从物质还是从精神层面上,已经表现出了仁慈。本座在这一行动中已经投入了大量的耐心,在满足那些需要帮助人的期望(有人可能会说是请求)时,在克服其所引发的外交困难时,我们救济组织的执行部门所表现出了大公无私。姑且不提我们运送移民不得不花费的大量美元。我们愿意支付这笔钱,因为这些移民身处困境。支付这笔钱是出于对上帝的热爱,我们并不期望这世界上还会有感激之情。但是,犹太人组织对这些营救行动给予了衷心的感谢。"

此时,庇护再次转向普雷辛所提到的给予那些正在颠沛流离的犹太人以某些公开支持的话题上:"在我们的圣诞讲话中,我们已经就当前德国境内非雅利安人所遭受的一切发表了言简意赅的声明。当他们的肉体生存正面临毁灭,当他们正经历道德上的苦难时,对他们说,现在我们对非雅利安或半雅利安天主教徒的父爱和关心有所增强,这样的话是多余的。不幸的是,在当前环境下我们不可能给他们提供比我们的祈祷更有效的帮助。但是,当环境要求和允许时,我们决心为他们的利益再次呐喊。"

"道德上的苦难"和"肉体生存"的毁灭并不能准确表现非雅利安天主教徒和其他所有犹太人的命运。至于"预示"另一次呼吁(如 1942 年的讲话)的"环境",有人可能想知道,在教皇看来,还有什么会比拯救在他自己的城市里遭驱逐的犹太人更能为这样的呼吁辩护。

最后,我们提到上千名(或许上万名)犹太人在罗马和意大利各大城市的宗教机构中找到了藏身之所;有人甚至藏到了梵蒂冈。教皇会选择避免任何公开挑战以便在意大利顺利开展教会的营救行动的吗? 尚没有证据表明教皇的沉默与给予犹太人的帮助之间有任何关联。关于此类帮助,历史学家苏珊·祖科蒂已进

① 庇护对德国人民的特殊情感和他对德国文化的热爱是众所周知的。他不时选择表达他的这一感情的方式既不是精心策划的,也不是出于外交的考虑。因此,1941 年 10 月底,当德国全力进攻莫斯科时,教皇私人会见了戈培尔正在访问罗马的姐姐玛丽亚,并让她转达他对戈培尔的祝福。在 10 月 26 日的日记中戈培尔对这一事件进行了深刻的挖苦讽刺。

行了全面研究;她的结论是,尤其是在罗马和梵蒂冈,教皇必定知晓这些营救活动,对此他却从未予以具体的赞成或禁止。他个人从未涉及意大利境内的任何营救行动,从未发布过任何书面指令。此外,在罗马或其他地方帮助受害者的主要教职人员也得到没有任何来自教皇先前提到的帮助逃匿犹太人的口头指令的证据。营救活动大多是自发的,有些得到了犹太救济组织德拉赛姆的支持,有些则没有。

当我们把对教皇沉默的众多解释作为一个整体加以审视时,我们会发现在教皇看来,干涉的不利因素似乎远远大于任何有利因素。教皇可能认为,予以干涉会极大地破坏他自己的宏伟政治事业,可能首先并主要是在德国引发针对教会及其利益的激烈报复。按常理来讲,可能会危及那些已经改宗但尚未遭驱逐的通婚者。在他看来,这一灾难性的后果无法用任何具体的利益来弥补;他也可能认为,没有什么可以改变针对犹太人的纳粹政策的进程。根据这一想法,唯一可行的方式也许就是为一些犹太个人提供皈依的帮助,再有就是对那些以天主教为主要信仰的卫星国(斯洛伐克、克罗地亚及某种程度上来说的维希法国)在一定程度上进行干涉。我们回到对个人提供帮助的问题上来。至于对那些与梵蒂冈关系密切的纳粹卫星国进行外交干涉,据我们所知,教皇本人从未发出直接呼吁。马廖内在任何时候提出的这些告诫通常都表达出外交方面的克制,这些告诫差不多可以被认为是明确指出应采取的步骤而不是改变政策,或至少在与德国方案合作时表现出些许不情愿的尝试。

简而言之,如果我们把天主教会仅仅视为是一个不得不依靠工具理性来衡量其所做决定后果的政治机构,那么,鉴于所承担的风险,庇护十二世的选择必然是合情合理。但是,如果天主教会(正如它所声称的那样)也代表着道德立场(主要是在重大危机出现时刻),并且必须在这样的时刻由利益机构上升为道德见证者,那么这样看来对庇护选择的评估就应是另一码事了。①我们不知道也无法知晓的是(那是事情的关键所在),对庇护十二世而言,欧洲犹太人的命运是否代表着一场重大危机和一次痛苦的困境,或者它是否仅仅是一个微不足道的问

---

① 历史学家 Giovanni Miccoli 认为,庇护十二世的基本指导方针是必要的中立,在这场反对"后基督教"民族国家的战争中,教皇没有任何权威,包括天主教为双方而战。Miccoli 认为这一态度在纳粹暴行面前极为令人不解,他还认为教皇的立场把战争责任推给了所有的恶势力。如果梵蒂冈对苏联没有采取过坚决却非公开的立场,那么这种解释将会令人信服。

题而无法激发基督教徒的良心。

尚未有迹象表明,在 10 月 19 日会见美国特使哈罗德·蒂特曼时,庇护十二世对罗马的驱逐行动是否感到痛心。当天,被驱逐者的列车已经抵达维也纳;对于前往奥斯维辛运送进程的每一个阶段,梵蒂冈都有所知晓。根据蒂特曼给华盛顿的电文,"教皇似乎心事重重:没有足够警力的保护,不负责任的人(他说,据他所知,一小股共产主义者游击队此时正驻扎在罗马郊区)可能会在城里制造暴力"。蒂特曼又说到教皇表达了他的愿望,即"在适当时刻盟国应参与此问题"。最后,教皇向蒂特曼表示:"德国尊重梵蒂冈城及本座在罗马的财产,德国对罗马的整体控制在梵蒂冈看来是得当的。"据蒂特曼所说,教皇随后说到"'异常的局面'使他感到有所约束",这一"异常的局面"大概指对罗马犹太人的驱逐。

<h2 style="text-align:center">五</h2>

1943 年年底至战争结束,对于犹太人的命运,欧洲大陆基督教会(天主教的和新教的)的态度没有丝毫改变。对于如此驳杂的领域进行总括是不合情理的,但是我们不能忽视一些基本事实,并且在此阶段至少可以提出一些看法:

虽然出现了部分天主教的主教或新教宗教领导人的一些零星抗议,但是面对犹太人遭受驱逐以及日益获知的犹太人遭灭绝的信息,广大的天主教和新教领导人仍公然地保持沉默。在可能存在的所有原因中,教皇的沉默导致包括德国在内所有天主教高级教士很少进行公开抗议。一般而言,基督教徒(天主教徒和新教徒)在帮助犹太人的职责上没有得到明确的指导方针,在驱逐和遣送犹太人时,宗教团体也没有予以制止。

对于天主教或新教个人或机构所给予的干涉和帮助,在极少部分的改宗犹太人和大部分的"普通犹太人"之间有着明确而系统的区分。

对这两类犹太人的划分必定来源于天主教和主流新教在宗教教义上的根本区别,两者认为基督教徒(包括皈依者)和犹太人的根本区别不但存在于最终拯救的问题,而且还在于他们在基督教社会的地位。因此,如我们所见,天主教和新教教会领导人无一例外地通过立法拒绝接受犹太人担任公职和参与大部分欧洲大陆国家的重大经济活动;一些国家(除纳粹德国以外)对此表示支持。

基督教徒和犹太人在本质上不平等,这一信条事实上在基督徒个人的良心和道德义务中形成了一个"灰色地带";它允许宗教传统中掺杂对犹太人的不信任和蔑视,这轻而易举地——而且经常地——抵消了同情和慈善的冲动,或者甚至充满了攻击性的反犹主义。

在欧洲所有的基督教会里,基督教教义或传统所固有的对犹太人的蔑视在公认的神学思考和主流的公共话语中得到了广泛又多样的表达。其中一些获得尽可能广泛和详细的表达,另一些——虽然避免了肆意的谩骂——则十分具有攻击性,甚至达到了狂热的程度。在德国,各式各样的表达都有上千万的天主教或新教支持者。

甚至杰出的宗教人士,如宣信教会的精神领袖迪特里赫·朋谔斐尔,也无法摆脱传统的说教。朋谔斐尔谴责对犹太人的迫害和驱逐,在他的道德规范中,他试图为自己保护犹太人的做法找到神学支持:"耶稣基督是以色列 — 犹太民族所许诺的弥赛亚,因此我们祖先的家系可以追溯到耶稣基督出现之前的以色列民族。按上帝的意愿,不但从遗传学的角度,而且从真正未间断的经历而言,西方历史与以色列民族密不可分。犹太人提出了基督救世主的问题。他是自由仁慈选择和安抚上帝愤怒的标志。'可见上帝的恩慈和严厉'(《圣经·罗马书》11:22)。把犹太人驱逐出西方必定会导致基督的被驱逐,因为耶稣基督是犹太人。"

正如这篇"引人入胜文章"的一位评论者所说:"它蕴含着朋谔斐尔的工作所特有的矛盾性。对朋谔斐尔而言,犹太人最终的重要性在于他们对基督的拒绝,在于他们的信仰是作为一种选择以及作为上帝惩罚不信仰者标志所起的作用上。"

弗赖堡的格勒贝尔大主教用的则完全是另一种语气。1944年2月2日,在给教皇的一份有关德国教会形势的报告中,他立场坚定地反对纳粹思想及人民对纳粹的崇拜。也就是说,被称为"棕色主教"的格勒贝尔在坚决反对迎合纳粹政权的思想。然而,当格勒贝尔提及犹太教并在其教区内重复教皇的新年讲话时,极为预想不到的转变发生了。"(在与人民探讨了其他主题之后),我再次声明,人民的新观念完全误解了基督教的本质。即使认为以色列民族(人民)是神圣思想和承诺的持有者和中介者,它(基督教)也完全不同于犹太教。但是,基督对同时代犹太教所持的立场表现在他与法利赛人和学者(文士)的斗争中。使徒故事证明,在基督教初期,基督徒充满了对犹太人的仇恨,事实上,整个基督教国家在历史上对此都非常狂热。"1945 年 5 月 8 日,随着德国的投降,格勒贝尔再次攻击纳粹思想并再次发表了有关犹太教和基督教关系的类似言论。在这两次事件中庇护十二世都避免评论格勒贝尔关于犹太人的立场。

如格勒贝尔一样的布道及上万种更为极端的布道仅仅是宗教 — 文化领域内的一小部分,该领域包括教义、教义问答及更为普遍而言,涵盖反犹主义日常所有形式和程度的文化表达的复杂体系。这些表述在欧洲和基督教世界的其他地区都无新奇可言,但是在过去和现在重复出现在我们文中的问题却显而易见:宗教反犹文化是如何导致了欧洲基督徒民众被动接受最为极端的迫害政策、驱逐以及大规模屠杀,有时甚至会表示支持呢?

基督教组织、机构和出于宗教动机的个人为犹太人提供了所需的藏身之所或其他形式的帮助,矛盾的是,要对此帮助做出评估和解释却是异常困难的。我们应记住的是,这些帮助具有风险,在东欧风险极大,在西方也存在不同程度的风险。另一方面,在施与帮助,特别是藏匿犹太儿童时,劝诱改变宗教信仰和改变宗教信仰是主要且捉摸不定的因素。在一些地方,改宗可能被认为是伪装的首选,但一般说来它也有自身的目的。这必定会改变对基督徒的帮助所做出历史评估,尽管其中不乏风险、怜悯和仁慈。我们很难解析造成此类情形的因素,即便如此,这些因素在一定程度上可能起了一定的作用,无论在哪里贪婪都不是唯一被忽略的因素。事实上,从虔诚的基督徒角度看,使犹太人(或其他没有信仰的人)皈依,哪怕是出于恶劣环境的考虑,都可以被认为是一种宗教义务和完全的善举。

或许是出于这一严格的宗教考虑,我们可以解释在战争行将结束之际教皇所做的决定,即允许宗教法庭传令全欧洲的主教不要把藏在天主教机构中已受洗礼的犹太儿童归还给犹太教信徒。教皇也允许保留那些尚未受洗却没有家人认领的孩子。

六

1944 年年初,大约就在普里莫·莱维从弗索利抵达之时,在吕特·克卢格抵达前的几个月,科迪莉亚·玛丽亚·萨拉由特莱希恩施塔特被遣送至奥斯维辛。莱维被遣送到奥斯维辛三号营莫诺维茨,在那里他先是当劳工,后来成为布纳实验室的一名化学家。年轻的科迪莉亚先是被比克瑙妇女营的女指挥官玛丽亚·曼德尔召去,然后由门格勒(或者很可能是另一位党卫军军官?)找了一份合适的工作,至少是暂时被派往营地办公室。

　　1944 年 5 月,吕特·克卢格及其母亲从特莱希恩施塔特抵达奥斯维辛不久就被塞进了"家庭营"(我们会再次提到)。然后她们被送往妇女营,在那里遇到了决定性的拣选:年龄在 15~45 岁的健康妇女被送往劳动营;其他人则被毒气杀害。吕特 12 岁。当轮到她时,她报上了自己的年龄。她的命运可能已成定局,如果她的母亲没有采取大胆行动的话:在保卫不注意时,她把女儿拉到另一列队伍里。吕特答应说自己 13 岁。"队伍在移动,"吕特回忆道,"到一名党卫军军官面前,不像第一位军官那样,他心情很好。……他的一名女职员大概 19~20 岁。当她看到我时,她离开了座位,几乎在其上司勉强听到的声音范围,面带着难以忘却地露着她那不整齐牙齿的笑容,迅速又轻声地问道:'几岁了?''13,'我按计划好的说。她盯了我一眼,小声说道:'告诉他你 15。'2 分钟后轮到我了。……当问到我年龄时,我坚定地回答道……'15 岁。''她看上去不大。'生死大权的掌管者说道。他的声音听起来很友好,仿佛在评估母牛和小牛犊一样。'不过蛮壮的,'女职员说道,'看她腿上的肌肉,一定能干活。'他认可了——为什么不呢?她记下了我的号码,我的生命又得以延长。"

　　"心理和生理因素都无法解释,"关于那位年轻的德国女性,吕特稍后写道,"唯有自由意志可以解释。……善事既无法比较也无法解释,因为它无比高尚,因为它不求回报。"

　　整个 1943 年,科迪莉亚和吕特一直在特莱希恩施塔特,与此同时隔都营也发生了一些变化。年初,德国犹太人协会的首脑从柏林抵达此地,奥地利和捷克的社团领导人亦如此。出于不完全明确的原因,艾希曼决定更换营地的领导层:埃德尔斯坦仍留在委员会,但是一位德国犹太人和一位奥地利犹太人成为他的新上级。先前德国犹太人协会的实际领导人保罗·爱泼斯泰因与本杰明·墨梅尔斯坦(这位爱泼斯泰因是在尼斯科见过面的维也纳拉比)共同接管了隔都的(犹太)事务管理。与此同时,一位德国混血犹太人皈依了新教,他曾在帝国军队担任军官,是一位彻彻底底的普鲁士人,在威廉·库贝的要求下卡尔·洛文斯泰因由明斯克隔都过来担任特莱希恩施塔特的犹太警长。变化仍在继续:总指挥西格弗里德·塞德尔也因不明原因被凶残的奥地利党卫军上尉托尼·布格尔取代(使其出名的事件——驱逐雅典犹太人——发生在一年之后)。

1943 年 8 月,1000 多名儿童被从比亚韦斯托克秘密运抵。传言他们将被用来交换德国人并且很可能被送往巴勒斯坦。两个月后,在包括弗朗茨·卡夫卡的姐姐欧特拉在内的一些顾问的陪同下,他们穿戴整齐并未戴黄色犹太标志,被直接送往去奥斯维辛的路上。

比亚韦斯托克的儿童离开后不久,另一批不寻常的运输也离开了特莱希恩施塔特。雷德利希在日记里没有隐藏自己的恐慌:"发生了什么?他们囚禁了弗莱迪·赫尔施和利奥·雅诺维茨,并把这两人运走。共运走了 5000 人。他们一天就送走了 5000 人。"9 月 6 日,被送走的人正在前往奥斯维辛的路上。

这一特殊遣送的背景始于数月前,当时国际红十字委员会要求参观特莱希恩施塔特和一个"犹太劳动营"。1942 年年底,如我们所知,红十字会意识到了灭绝行动。据法维兹所说,整个 1943 年年初,国际红十字委员会总部一直在收集大规模屠杀欧洲犹太人的资料。1943 年 4 月 15 日,红十字会驻柏林的首席代表罗兰·马蒂报告说,柏林的犹太人数已减到 1400 人,并且这些人也会被驱逐到东方的集中营。然后他记录道:"就在 1943 年 2 月 28 日到 1943 年 3 月 3 日期间离开柏林,现在被推测已死亡的 1 万名犹太人而言,现在仍毫无音信和踪迹(如果假定遭驱逐后不到 6 周就死亡的话,那明显是被杀害了)。"法维兹补充道:"日内瓦秘书长回复说,他对马蒂的情报表示感谢,还说当务之急是找出被驱逐者的新址。对于全世界而言,他们似乎没有动过地方。"

在把报告送往日内瓦之前,马蒂询问过德国红十字会是否能给被驱逐者寄送邮包;回答是否定的(德国红十字会的一名官员向马蒂的汇报)。那时,对艾希曼及其助手来说毫无疑问的是,日内瓦将会提出允许国际红十字委员会代表参观犹太人营地的要求。这就是已被证实的特莱希恩塔特的具体处境。但是如果红十字会代表坚持要参观离开特莱希恩施塔特的被驱逐者的最终接纳地,该做些什么呢?既然特莱希恩施塔特从一开始就意味着是个骗局,那么就不得不在奥斯维辛建立一些补充性的伪装以防万一。这就是建立"家庭营"背后的基本考量。

这 5000 名犹太人抵达后没有进行拣选,全体人员被安置在一个特殊的子营——犹太区的家庭营里。在那里并没有实行比克瑙大部分营区更严厉的生死规定。因犯可以穿自己日常的衣服,家人也都在一起,每天还有约 500 名儿童被送往一个特殊的区域——31 区,在那里由弗莱迪·赫尔施负责。这些儿童上一些

课程,参加唱诗班,玩游戏,听故事——总之,尽可能地使他们对奥斯维辛—比克瑙一无所知。1943 年 12 月,又有 5000 名来自特莱希恩施塔特的犹太人加入第一批人员的行列。

他们抵达后又过了 6 个月,具体是 1944 年 3 月 7 日犹太人的普珥节的前夕,9 月运抵的 3792 名幸存者(尽管他们有"优厚的"生活条件,还是有不少人在这之前死去)被送往三号火葬场用毒气杀害。犹太人的特别突击队成员警告过赫尔施这即将到来的毒气杀害,并鼓励他发动起义。因无法在被动接受与对犹太人来说意味着死亡的一系列行动之间做出抉择,赫尔施自杀身亡。来自特莱希恩施塔特的其他遣送者于 1944 年 5 月抵达。

7 月,由莫里斯·罗塞尔医生率领的红十字委员会在 6 月 23 日参观了特莱希恩施塔特之后不再要求参观奥斯维辛。艾希曼清楚地意识到这一点后,整个"家庭营",只有小部分除外(如吕特及其母亲),被送进了毒气室。

3 月 7 日,对"家庭营"中第一批犹太人的灭绝被秘密记录在一名犹太特别突击队成员的日记里。战后发现了 3 份这类的日记,它们被埋藏在比克瑙的焚尸场:这 3 份日记的作者分别是扎尔曼·格拉多夫斯基、扎尔曼·勒旺塔尔和莱布·朗福斯。1942 年 11 月,格拉多夫斯基和全体家人:"母亲、妻子、两个姐姐、内弟和岳父"由比亚韦斯托克附近的洛纳被驱逐到奥斯维辛。12 月 8 日,全体家人被毒气杀害,被送往犹太特别突击队的格拉多夫斯基除外。格拉多夫斯基埋藏的 4 本日记中的第二本中就有"捷克运送行动"的记录:

在进行反抗却没有成功的首批运达捷克犹太人被赶进毒气室窒息而死后,格拉多夫斯基及其同事打开了毒气室的门:"他们一个个倒在地上,像一团纱线球那样扭曲、缠绕在一起,仿佛恶魔在他们死前玩了一个特别的游戏,为他们安排了这样的姿势。有的人四肢伸开躺在尸体堆的上面,有的人用胳膊挽着另一个人,好似靠墙而坐。有的人肩膀露出一半,头和脚却与其他人的身体缠在一起。有的人只有一只手和一只脚露在外面,而身体其他部分则深深地埋在了尸海中。……尸海中到处都有露出的脑袋,浮在赤裸的波浪上,好像是身体被淹没后只能从深渊探出脑袋一般。"

犹太特别突击队的主要任务是处理尸体:他们把尸体由毒气室拖到殓房,在那里把值钱的东西取下:"三名囚犯处理一具女尸,"格拉多夫斯基继续写道,"一人用钳子探查她的嘴,寻找金牙,一旦发现,连肉一起扯下来。另一人剪头发,第三人则迅速扯下耳环,这一过程通常是血淋淋的。不易取下的戒指得用钳子夹下来。然后把尸体扔到平板滑轮车上。有两个人像扔木块那样扔尸体。当尸体达7具或8具时,就用木棒给个信号,平板车开始往上层推。"

犹太特别突击队的日记作者当然知道自己不可能作为证人存活下来,也没希望能在自己准备的起义中幸存下来。1944年10月初的起义前夕,作为组织者之一的格拉多夫斯基把自己的日记埋了起来。自始至终他都保持着一位虔诚犹太人的良知:每一次毒杀后,他都会为死者诵读卡迪什。

当平板车被推向上层时,整个过程的最后阶段便开始了:"在上层平板车的附近站着4个男子,"日记继续道,"轮车一侧的两人把尸体拖进'储藏室';另外两人直接把尸体推到炉子里,炉子每张开嘴(日记原文中此处用了'嘴'一词)一次就扔进去两具尸体。被害儿童堆成一个大堆,作为附件加在两个成年尸体的上面。尸体被放在一块铁制的'葬板'上;然后通往地狱的门打开了,铁板便被推进去。……头发往往是第一个着火的部位。皮肤被火焰包围,几秒钟后也烧着了。轮到胳膊和腿开始上抬——膨胀的血管引起了这一运动。现在整个身体都在剧烈燃烧;皮肤烧尽后脂肪流出,在火焰中发出吱吱的响声。……然后轮到腹部。肠子和内脏很快就烧尽了,几分钟内尸体便没有踪迹了。头部的燃烧时间最长;从眼孔里闪烁出两缕微弱的蓝色火苗——这便是脑部在燃烧。……整个过程持续20分钟——一个生命,一个世界,就化为灰烬了。"

红十字会代表莫里斯·罗塞尔在参观完特莱希恩施塔特后,为何没有要求前往比克瑙的原因尚不清楚。党卫军接待人员告诉他说,捷克隔都是"最后的营地";但是在1944年6月,罗塞尔不大可能相信关于欧洲所有遭驱逐的犹太人都在特莱希恩施塔特。即便如此,罗塞尔还是在7月1日给德国政府的高级军官兼负责人塔登寄去一封虚情假意的感谢信。罗塞尔甚至附上了代表团参观时所拍摄的照片作为愉快之旅的纪念,还请塔登转寄一些给他在布拉格的同事。以国际红十字委员会的名义表达了对参观期间德方所给予代表团力所能及帮助的感激之情后,罗塞尔写道:"布拉格之行对我们来说将会是一次精彩的回忆,我们很高兴地再次向您保证关于我们在特莱希恩施塔特的参观报告会消除许多疑虑,因为(营地)生活条件十分令人满意。"

德国对集中营和灭绝营体系做出了调整，把犹太受害者或是送去立即执行灭绝或是送去做苦役，一段时间后这些人还是被送去灭绝。不过，一些小型劳动营的工作与军火工业相关，不论是在党卫军或其他部门的控制下，有时这些小型劳动营会让犹太苦役工活很长时间，这或是出于基本生产的需要，或是(也是)出于当地指挥官个人利益的考虑。当然也有出于特莱希恩施塔特灭绝接待和世界宣传的需要。后来在1943年，一批(非常有限)营地又增建到废墟之上——欺骗之上：可以被用作交易品的犹太人营地。

用留下一些犹太人做人质，或用来交换敌人手中的德国人，再或作为大量外汇的来源，这样的想法对纳粹来说并不新鲜。如我们所见，战前把犹太人当人质并出售的想法在1941年下半年又开始卷土重来：随着战争对德国来说越发艰难，这一策略也变得越发重要。1942年秋末，一些仍留在波兰来自巴勒斯坦的犹太人被用来交换仍然生活在巴勒斯坦的德国人，与此同时，一些荷兰犹太人成功地为自己的自由提供了资金。1942年，希特勒允许希姆莱释放一些犹太人以获得大量外汇。

1943年年初，由德国政府提议的同样想法成为一项大规模事业。4月2日写给帝国安全总局的一份备忘录建议保留3万名犹太人，主要是有英美两国国籍的犹太人，也包括比利时、荷兰、法国、挪威和苏联国民，用他们来交换相应的德国国民。希姆莱表示同意，1943年4月，部分空无一人的苏联战俘营地——贝尔根—贝尔森营由国防军转交党卫军经济与行政部。历史学家埃伯哈德·科布尔指出，希姆莱的决定是不单独建立公民拘留者营地，而是把新营地纳入党卫军经济与行政部所辖的集中营框架之下，这与他"'用作交换的犹太人'随时随地可以被运往灭绝营的想法一致"。

事实上，最早"用作交换的犹太人"主要是"许诺获得签证"前往拉丁美洲的波兰犹太人，他们被聚集在华沙的普勒斯基旅馆，于1943年7月抵达贝尔根—贝尔森；但是，同年10月份，在拉丁美洲签证无效的借口下，他们被运往奥斯维辛。1944年又有几批犹太人被运达贝尔根—贝尔森，虽然这些人很少被用来交换德国人，但是在战争的最后两年，他们的命运却被德国和犹太间谍用来考虑更宏大的交换方案。正如我们稍后会看到的，1944年年末到1945年年初，这些方案呈现了一时的重要性。

<h1 style="text-align:center">七</h1>

1943 年年底,科夫诺隔都成为一座集中营。几天前,数批年轻的犹太人被驱逐到爱沙尼亚劳动营,与此同时,儿童和年长者被送往奥斯维辛。12 月末,位于第九号要塞处的丛葬坑被打开,挖出了上万具尸体:这些来自科夫诺犹太社团和德国及其保护国的犹太人的遗骸被放在日复一日堆积而成的巨大的柴堆之上焚化。

科夫诺的日记作者亚伯拉罕·托里于 1944 年 3 月底逃出并在战争中幸存下来。3 个月后,随着苏军的逼近,隔都营地里剩余的 8000 名居民遭到遣送(包括委员会成员及其主席埃尔查南·艾尔克。男人被送往达豪,女人则被送往但泽附近的斯图霍夫。至战争结束时,剩余的科夫诺犹太人有四分之三被灭绝。艾尔克本人抵达达豪后不久便死去。

1943 年 10 月 19 日,艾尔克写下了"最后的遗言"。这是一封他写给在伦敦儿女的信;科夫诺解放后,这封信被寄给了托里并重新收录在日记里。该信的最后几句话充满了浓浓的父爱,但是这并不能抹杀前面几行字所蕴含的彻底绝望感:"在我写这封信时,许多绝望的灵魂——衣着破旧又饥肠辘辘的寡妇和婴儿——在我的门口露宿,乞求我们(委员会)的帮助。我的力量在慢慢消失。我的内心有一片沙漠。我的灵魂被灼烧着。我赤裸裸的一无所有。我一句话也说不出。"

1943 年秋,罗兹仍然是德占欧洲最大规模的隔都(特莱希恩施塔特除外)。在接下来的几个月里,希姆莱决定把瓦尔塔州隔都变成一所集中营,不是在它原来的地方,而是在卢布林地区,位于仍存在的党卫军东方工业公司范围之内。红军向原波兰边界的挺进使卢布林工程化为泡影,但是希姆莱仍坚持自己的计划,只是另择地方而已。他既没有咨询格赖泽尔也没有咨询比博,更不用说瓦尔塔州行政部门的其他人了。当希姆莱的方案公之于众时,引发了来自本区各阶层的强烈反对,也包括国防军军备监理局。1944 年 2 月希姆莱访问波兹南,一反常态地对格赖泽尔的反对做出让步。社区领袖立即将这一新的协定告知波尔。1944 年 2 月 14 日格赖泽尔给党卫军经济与行政部领导人写了一封完全出人意料的信:

"利茨曼市的隔都不会被改为集中营。……因此希姆莱于1943年7月11日下达的命令将不会被执行。接下来的事我与希姆莱已安排好。"格赖泽尔继续告知波尔："(1)隔都的人力资源将压缩到最小;(2)隔都将不被移出瓦尔塔州;(3)其人口将按照伯特曼的指示(在切姆诺,汉斯·伯特曼是朗格的继任者)逐渐减少;(4)隔都的管理仍由瓦尔塔州的官员负责;(5)在所有犹太人被遣送出隔都并被清除后,整个隔都的所在地归利茨曼市。"

既然他们的命运已被决定,不再猜疑的隔都居民继续着他们每日生活的苦痛,饱尝饥饿,寒冷,无尽的工作,精疲力竭和持续的绝望。然而,心情有时也会改变,例如1943年12月25日,哈努卡节的第一天:"在大房间里聚集了许多人。每个人都带来一份小而适当的礼物:一个玩具、一块巴布卡(蛋糕)、头发上的蝴蝶结、几个色彩明亮的空烟纸盒、带有花纹的盘子、一双袜子还有一顶暖和的帽子。然后是抓阄儿,并决定机会。蜡烛点着后便开始分发礼物。隔都的礼物并不值钱,但是接受礼物的人却深怀感激之情。最后,不论是意第绪语、希伯来语还是波兰语的歌,只要适合活跃节日的气氛,人们就唱。几小时的欢乐,几小时的遗忘,几小时的幻想。"

哈努卡节之前的几周,更多的日记作者记录下了人们精神和文化上的强烈需求:"虽然隔都人民生活异常艰难,"他们于11月24日写道,"但是他们拒绝过没有文化的生活。文化之家的关闭夺走了隔都文化生活最后的痕迹。不屈不挠又充满活力的隔都居民虽然屡遭不幸,却从未停止寻找新的方法来满足自己对文化的渴求。对音乐的需求尤为强烈,并且逐渐出现一些培养音乐家的小中心;的确,这仅限于某些上层人士。有时是职业的乐师,有时是为关系亲密的客人表演的业余爱好者。乐曲响起并有伴唱。同样也形成了类似家庭的小圈子,以此为平民阶层的人提供了精神养料。诗人和散文家朗读自己的作品。人们背诵世界文学的经典和近期作品。由此隔都的确保留了其先前精神生活中的一些东西。"

1944年3月8日,"当局下令"没收所有乐器;将没收的乐器发放给利茨曼的市管弦乐队,市长及希特勒青年团的音乐学校。

八

直到最后一刻,对"犹太人"的研究还在继续。虽然战争期间其"对象"迅速消亡,但是德国"专家们"没有放弃;此外,一些纳粹军官,明显是在采取单独行动,在进行一项旨在保存被灭绝种族曾拥有的世界的工程。在这些年里,海因里希·希姆莱对犹太人知识的渴求无人能及,他本人经常以个人的名义鼓励一些大有可为的研究方法。因此,1942 年 5 月 15 日希姆莱的私人助手中校鲁道夫·勃兰特医生告诉"生命之源"①计划的头目(党卫军机构,专门照料那些有种族价值的单身母亲和非婚生的儿童)马克斯·施托尔曼上校,希姆莱要求建立"一个特别索引卡给那些有着希腊鼻或至少某种特征的所有父母"。但是在希姆莱看来希腊鼻不如犹太特征或隐性血统重要,虽然它们之间并无直接联系。突击研究鼻型领域一年后,1943 年 5 月 22 日,施托尔曼写信给博尔曼,内容是研究通婚种族进化的必要性,不论是次等还是较高等通婚(例如,八分之一或十二分之一的犹太人血统)。"在这一问题上——严格地限于我们之间——我们不得不像繁殖高等动物种类或培育较好植物那样进行。至少要经过几代(3 代或 4 代),这类通婚家庭的后代将由各独立机构进行种族测试;为防止出现劣等种族,他们不得不被绝育,以排除遗传的可能。"

有时希姆莱向一些无能的科学家任意发泄有正当理由的怒火。因此,对 3 名党卫军军官有部分犹太人血统一事,希姆莱同意暂时把他们留在党卫军内,但是他们的下一代则被拒绝征召或禁止与党卫军发生婚姻关系。这一不愉快的惶惑是由 B.K.舒尔茨医生教授的科学评估造成的,他指出到第三代时,可能一条犹太人的染色体都不会存在。"因此,"1943 年 12 月 17 日,希姆莱写信给党卫军中将理查德·希尔德布兰德,"有人可能会争论说,其他先人的染色体也会消失。这样有人便会问:如果第三代人身上没有了祖先的染色体,人又是从哪里获得的遗传呢? 对我而言,有一件事是确定的:舒尔茨先生不适合担任种族办公室主任之职。"

有时希姆莱敢于涉足某种程度上危险的领域。1942 年 4 月,元首的挚友维妮弗蕾德·瓦格纳——理查德与科西马·瓦格纳夫妇的儿子西格弗里德·瓦格纳的遗孀抱怨党卫军机构在维尔茨堡举行的一场有关"瓦格纳家族的犹太祖先"的演讲。1942 年 12 月 30 日,希姆莱向"拜罗伊特女士"保证绝对没有此类讲座,不过这一传言是源自两位党卫军军官的谈话。为平息这类含沙射影的传言,希姆莱要求维

---

① 所谓"Lebensborn"意为生命之源。在这里指的是由希姆莱授意,让所谓的党卫军精英选择与金发碧眼的妇女发生性关系,为纳粹创造优秀人种。

妮弗蕾德·瓦格纳把其家族谱系表寄来。此事是否确有发生不得而知。

　　总之，集体种族确认仍是关键所在，并且在这一领域有些问题数年都未曾解决，如卡拉派问题。1943 年 6 月 13 日，罗森贝格手下的东部被占领土部门政治处主任格奥尔格·莱布兰特博士发表下述言论："卡拉派信徒在宗教和民族上都不同于犹太人。他们不具有犹太血统，而应被视为是有着与克里米亚鞑靼人关系密切的土耳其—鞑靼人的血统。他们实质上是具有蒙古人特征的近亚的东方种族，因此他们是外来人。禁止卡拉派信徒与德国人通婚。卡拉派信徒不应被当作犹太人对待，而应与土耳其—鞑靼民族同等对待。为与我们的东方政策目标一致，禁止对其实行更严厉的政策。"

　　乍一看这似乎不寻常，最迟到 1943 年 6 月，德国人不得不重新做出决定，帝国祖先研究部主任已于 1939 年 1 月 5 日的一封信中正式向德国境内 18 个卡拉派信徒社团的代表塞尔吉·冯·多范传达："依照《帝国公民法》第 1 条第 2 点第 2 段，卡拉派信徒不应被视为犹太人的宗教社团，"信里写道，"但是不能确定卡拉派信徒的全体人员在血统上是相关的，因为一个人的种族范畴不是由他所属的特定群体而是由其个人祖先和种族生理学特征所决定的。"

　　帝国祖先研究部门的决定是出于政治上的考虑，如卡拉派信徒完全的反苏立场，他们中有许多人在俄国内战时期为白军战斗，也是出于德国著名东方学家保罗 E.卡勒于 20 世纪 30 年代在列宁格勒档案馆所从事的种族文化研究的考虑；这证明了前沙皇政权将卡拉派信徒定义为与犹太教无关的宗教团体的立场。然而随着战争的开始，主要是袭击苏联后，疑虑仍然存在。

　　在立陶宛，地区专员阿德里安·冯·伦特恩把研究人员送到当地卡拉派社团领导人那里，1942 年期间又有一些犹太专家奉命参与此项调查：卡尔马诺维奇在维尔纳，梅厄·巴拉班与伊扎克·席佩尔在华沙；菲利普·弗里德曼在利沃夫。1942 年 11 月 15 日卡尔马诺维奇在日记中写道："我一直在翻译卡拉派信徒的《学者》(希伯来语为'圣哲')一书。(他的视野是多么的狭隘！他以自己是土耳其—鞑靼人的后代而自豪。虽然他是虔诚的基督徒，但是他对马匹和武器的理解要好于对宗教的理解。)"

　　弗里德曼不愿参与纳粹指导下的项目："1942 年年初，"战后他回忆道，"当我在利沃夫时，著名律师兼加里西亚地区犹太人社会自助部主任莱布·兰道博士要我准备研究波兰卡拉派信徒的起源。这一研究是比桑齐上校的命令，他是利沃夫德国行政部门的高官。兰道和我都清楚地意识到,揭示卡拉派信徒犹太起源可能性的完全客观又具有学术性的研究可能会威胁到这些人的生命。此外,我内心反感写一份为纳粹所利用的备忘录,于是我让兰道把任务交给了另一位波兰犹太人方面的历史学家雅各布·沙尔。他同意了,沙尔博士准备了一份备忘录,我和兰道仔细通读了一遍。这份备忘录十分笼统,竟然揭示说卡拉派信徒的起源是激烈争论的关键,并对那些坚持卡拉派信徒有土耳其—蒙古血统理论的学者着重进行了强调。"

德国在乌克兰和东方其他地区的研究,来自法国的犹太问题专员对卡拉派信徒非犹太血统的反对,以及德国国内的一些反对意见把莱布兰特的决定推迟到了 1943 年 6 月。然而,决定最终确定了下来。卡拉派信徒逃脱了犹太人的命运,而有 8000 名克利姆察克人在克里米亚被奥伦多夫的特别行动队 D 杀害,虽然卡拉派信徒和克利姆察克人在语言上相关联并且两者都具有相同的土耳其—蒙古人特征。

如我们所见,罗森贝格的部门,即法兰克福研究所与罗森贝格特别工作处从未在犹太问题研究上取得专权。因此,在弗伦茨·阿尔弗雷德·希克斯医生教授的领导下,帝国保安总局 7 号办公室"对敌研究"将该项活动推向了引人注目的阶段,即便后来希克斯于 1942 年 9 月调到德国政府部门工作。他的职位由毫不逊色的云特·弗朗茨教授取代。1942 年 6 月,弗朗茨曾产生过组织召开一"犹太人问题"会议的聪明想法,为有才干的博士生分配适当的主题(为这一领域准备下一代研究人员)。当弗朗茨接管了 7 号办公室的领导权后,党卫军的诺兰·费尔拉出版了各国有关犹太人问题的一批书籍,总印量达 10 万册。书籍于 1943—1944年出版。关于犹太人和犹太民族的研究仅仅是办公室活动的一个方面(此外还有对共济会纲领、布尔什维主义、"政治性教会"——及应希姆莱特别要求的"女巫和巫术"等方面的研究)。

与此同时,在罗森贝格属下对巴尔干各国进行大肆掠夺的同时,希克斯和弗朗兹的特使在同一地区洗劫了犹太档案馆和图书馆。不应遗忘的是,他们在里加强占了杜布诺的图书馆。在这次行动中,"80 箱犹太文献从多尔帕特社团被带走,还有雷瓦尔'犹太俱乐部'的许多东西"。此外,至少截至 1941 年年底,犹太"助手"一直为"7 号办公室"的各项计划工作。

1941 年夏初，在对犹太图书馆的简短调查过后，罗森贝格的"突击队"于 1942 年 2 月在维尔纳开始系统地展开行动。罗森贝格任命约翰内斯·波尔作为在立陶宛首都罗森贝格特别工作处的主要代表。波尔是一位犹太文物专家，在耶路撒冷的希伯来大学待过两年 (1934—1936 年)，写过一本关于《塔木德》的书，并为《先锋报》撰稿。克鲁克负责罗森贝格特别工作处雇用的犹太学者和工人队伍，并与波尔经常保持联系，称波尔为"希伯来语言学家"："1942 年 4 月 30 日我从德国慕尼黑《观察》画报那里偶然得知波尔博士是'不用犹太人而进行犹太人研究'这项工作的学者之一。还得知，他是图书馆犹太问题研究希伯来语部的主任"(法兰克福研究所的图书馆)。

罗森贝格特别工作处的主要目标有斯特拉顺图书馆 (维尔纳的犹太社团图书馆)，城里主要犹太会堂的宗教用书收集及犹太科学学会图书馆。意第绪语诗人亚伯拉罕·苏采凯沃尔 (他与卡尔马诺维奇及另一位犹太诗人施默克·卡策金斯基是克鲁克此项任务的同事)"注意到盖世太保和罗森贝格小组，两者的所作所为并无二致。只是前者为搜寻藏匿的犹太人而查抄房屋，后者则咄咄逼人地收集犹太书籍"。

在犹太科学学会图书馆的罗森贝格特别工作处工作的成员再次掠夺了大量书籍。克鲁克于 1942 年 11 月 19 日写道："这次是意第绪语书籍。在地下室里，即犹太科学学会图书馆的所在地，一侧堆放着……土豆，另一侧则是克莱策金和托莫尔出版的书籍。整个地下室和底楼的边房里塞满了成堆的珍贵书籍。那里有好几麻袋的佩雷茨和绍拉姆·阿莱赫姆书籍，好几包津堡的《犹太文学史》，好几套克罗波特金《伟大的法国革命》和贝·马克的《波兰犹太人社会运动史》，等等。此情此景，你的整颗心都要碎了。不管我们对此有多么的习以为常，我们仍没有足够的勇气来平静地面对这场毁灭。顺便提一下，在我的请求之下，他们还是许诺让我们带几本书给隔都图书馆。于是，我们保留了这些书。我们当然会利用这一许诺。"事实上，犹太小组("纸张队")尽量多地向隔都秘密偷运书籍。

有时，罗森贝格特别工作处的"学者"会提出一些不可思议的问题："今天罗森贝格特别工作处的头目有了一个新的问题，"克鲁克于 1943 年 6 月 29 日写道，"他很感兴趣地想知道大卫星和苏联的五角星是否有某种联系。"

收集犹太布尔什维克政治委员的头盖骨以断定这类最为可耻犹太政治罪犯

的种族人类学特征,这当然是希姆莱下属的德意志研究会的特权。不过,虽然这类项目有其科学重要性,1942 年 2 月 9 日一份署名为斯特拉斯堡帝国大学的解剖学家奥古斯特·赫尔特教授的备忘录被寄给希姆莱,我们仍不太清楚这份备忘录是谁策划的。表面上看来,赫尔特一定是该项目的发起者并提出了有关杀害对象最安全方法的技术性建议,即从脊椎处分离头部,在包装和运输过程中不要对这些宝贵的头盖骨造成损害。然而,也有迹象表明,虽然赫尔特是原材料的最终接受者和项目指挥,但是最初的想法却来自德意志研究会的人类学家布鲁诺·贝格尔,他是世界知名的西藏专家恩斯特·舍费尔领导下的慕尼黑大学人类学研究所的一名成员。无论原委如何,在接下来的时间里,贝格尔和赫尔特合作密切。1942 年国防军对处死政治委员及其会吓跑那些最终准备投靠德国的政治委员进行再三考虑后,斯特拉斯堡的解剖学研究所最终没有得到犹太布尔什维克政治委员的头盖骨。这个困难并没有打乱赫尔特和贝格尔的计划,只是使其做出了相应调整。

1942 年 11 月 2 日,德意志研究会的行动队长沃尔弗拉姆·西弗斯写信给希姆莱的首席大臣鲁道夫·勃兰特,称"出于人类学研究的目的"所需的 150 具犹太尸体可由奥斯维辛提供。勃兰特进一步向艾希曼传达,艾希曼则告知奥斯维辛当局。1943 年 6 月 10 日,贝格尔参观了营地,挑选了研究对象并进行了必要的测量。21 日艾希曼向西弗斯汇报,慕尼黑人类学家已经"处理"了 115 名囚犯:犹太男性 79 名、犹太妇女 30 名、波兰人 2 名和来自"亚洲腹地"的人 4 名。拣选的囚犯被送往阿尔萨斯的那茨维勒营。1943 年 8 月上旬,那茨维勒—斯特鲁托夫指挥官约瑟夫·克拉默应赫尔特的要求用一种特殊的化学毒气私自杀害了第一批犹太妇女。该行动数日内便完成。尸体一律被运往赫尔特在斯特拉斯堡的解剖学实验室:一些尸体被保存,另一些则被浸泡并且只保留骨架。

虽然贝格尔在战争中幸存下来并暂时被送往监狱(赫尔特自杀身亡),但是赫尔特的研究结果却没有得到保存。西弗斯下令销毁了所有相关文件和照片。不过,当盟军占领斯特拉斯堡时,他们仍发现了一些可供后人参考的证据。

有一些工程至今仍令人迷惑不解,如在布拉格兴建犹太中央博物馆。当对波西米亚和摩拉维亚被保护领地的驱逐使犹太人生活不复存在之时,建立这样一所博物馆的想法无论是由日益缩小的犹太人社团(出于实际目的考虑),还是由布拉格艾希曼的高级代表汉斯·云特及其副手卡尔·拉姆提出,都无关紧要。即使它是由犹太官员提出的,也必须要得到云特和拉姆的许可,接下来的行动也不例外。事实的确如此。

1942 年 8 月 3 日,在战前犹太博物馆旧址基础上,博物馆工程正式动工,不久便扩展到犹太区的所有主要会堂建筑及数十间仓库。正在消失的波西米亚和摩拉维亚犹太社团遗留下来的一些用品涉及社团日常生活的方方面面以及数世纪以来宗教仪式和具体风俗,它们被系统地收集并记录下来。1941 年布拉格犹太博物馆的收藏约有 1000 件,而战争结束时已经达到了 20 万件。

戈培尔所拍摄的隔都生活力求把被彻底贬低、最令人反感的犹太人形象呈献给当代人和后世。20 世纪 30 年代德国或战时整个欧洲被占领区组织的犹太人展览都有一个相似的目的,《犹太人苏思》和《永远的犹太人》这类大型电影当然也不例外。至于 1942 年和 1944 年在特莱西恩施塔特所拍摄的两部电影,其宣传目的则是:向世界展示希特勒给予犹太人的优裕生活。

在布拉格博物馆工程中,以上目的都不明显。例如,在准备 1943 年春建成的犹太人宗教习俗展览中,"双方(在博物馆工作的犹太学者和党卫军军官)似乎都已胸有成竹"。云特和拉姆很可能认为一旦战争(胜利地)结束犹太人便不复存在,保存在博物馆的物品——直到那时还没有向公众展出——可根据帝国需要轻易地进行塑造。无论是何种情况,拉姆不久便不得不离开他的文化事业去担任特莱希恩施塔特最后一位指挥官。

九

整个 1943 年和 1944 年的大部分时间里,德国都在试图把犹太人从欧洲大陆的每个角落完全驱逐出去,然而到当时为止,尽管盟军已经公开承认犹太人遭灭绝一事,伦敦和华盛顿方面仍一味地避免采取任何具体营救方案,哪怕是很小的计划。坦诚地说,至今仍很难评估德国的卫星国或一些下层德国官员发起的一些营救计划是否完全是一种交换行为或者已经不再作为敲诈者的伎俩。

因此,1942 年年末及 1943 年的前几个月,罗马尼亚当局告知犹太机构,他们准备从德涅斯特以每人 20 万列弗①(或 200 巴勒斯坦镑)的价格释放 7 万名犹

---

① 列弗为保加利亚的货币单位,写作"Lev",复数为"lei"。

太人。这一提议可能是罗马尼亚对同盟国的一次初步试探,出于保持双方风度却并不巧妙的策略考虑,安东内斯库政府犹太事务秘书长拉杜·莱卡前往伊斯坦布尔与犹太机构代表进行谈判,之后不久,他又将这一动机告诉了布加勒斯特的德国大使。伊休夫领导层在判断这一提议上产生了分歧并清楚地意识到了同盟国不会同意把这 7 万名犹太人运到巴勒斯坦。事实上,英美两国都坚决反对。1943 年 2 月瑞士报刊和《纽约时报》都报道了罗马尼亚提议一事,这引发了公众对同盟国消极立场的强烈抗议,却无济于事。在接下来的几周内,计划缩减为把 5000 名犹太孤儿由德涅斯特运送到巴勒斯坦。艾希曼同意该计划,但条件是同盟国答应转交 2 万名健壮的德国战犯作为交换。

整个 1943 年,与罗马尼亚谈判一直都在断断续续地进行,对那些在布加勒斯特必须贿赂的人进行贿赂的可能性似乎救活了营救的选择。该行动最终绕过了美国国务院和英国经济战争部关于把世界犹太人大会所需钱款转移至瑞士的阻挠。尽管英国财政部已经批准,却无任何实效。1943 年 12 月英国外交部向伦敦的美国大使约翰·怀南特传话表示英国政府"关心的是安排大量犹太人的问题,如果能把他们从敌占区营救出来的话"。

1943 年年初开始,由无营救行动所引发的愤怒产生舆论压力迫使英国外交部和美国国务院采取了一些必要的举措:决定召开一次"难民形势"会议。由英美两国高级官员参加的这次会议于 1943 年 4 月 19 日在百慕大召开, 会议由普林斯顿大学校长哈罗德·W.多兹担任主席。经过 12 天的商议,会议最终以向新闻媒体发表声明的形式而告终,声明宣称"具体建议"将送交两国政府;但是,出于战争形势的考虑,不能透露这些建议的具体内容。

美国犹太领导人渴望取得一些成果,他们清楚地认识到,面对全国不断增长的犹太人口所发起的更为有力的行动的需要。此外, 还有来自其他两方面的考量,即日益增加的欧洲形势的细节报道以及由彼得·柏格森领导,参加人数不多却直言不讳的犹太复国主义修正派右翼精心策划的不间断干涉运动。然而,以斯蒂芬·怀斯为例,他无法接受通过公众示威游行抗议美国无所作为的方式使总统难堪。怀斯的克制得到了行政部门的认可。定于 1943 年 7 月——"营救欧洲犹太人民紧急委员会"——由"柏格森之友"组织的一次重要会议的前夕,韦勒斯给曾任 1938 年埃维昂难民会议主席、稍后担任罗斯福驻梵蒂冈特使的迈伦·C.泰勒送去消息。"不但那些较为保守的犹太组织及其领导人,而且今天上午和我在一起的怀斯拉比这样的领导人都强烈反对召开此次会议。他们正竭力阻挠会议的召开,并试图让塔克主教及其他一两个已经接受邀请的主教收回他们的与会承诺。"

但是,怀斯毫不迟疑地将自己的观点公之于众。在柏格森"紧急会议"召开一个月后即 1943 年 8 月召开的美国犹太代表会议上,怀斯告诉他的听众:"我们首先、最终并一直是美国人。其他方面,不论是信仰、种族还是命运,都无法使我们具有美国精神的资格。……我们和我们的先人选择了成为一名美国人,现在则选择忍受。……和我们深爱的国家其他公民一样,我们首要,同时也是最严峻的任务……是赢得反法西斯战争的胜利。除非战争胜利,否则其他一切都会失去。"

怀斯的观点得到大部分与会者的认同,总之,得到了美国大部分犹太组织及其刊物如《犹太民族月刊》或《新巴勒斯坦报》(此类刊物表达的是美国犹太复国主义立场)的认同。很少有主流领导人愿意承认他们做得不够或一直都不够,伊斯雷尔·戈尔德斯坦拉比是一个例外。他在 1943 年 8 月的美国犹太会议上丝毫没有掩饰自己的感情:"让我们坦白地承认,我们美国犹太人,作为一个 500 万人的社团,还没有被完全唤醒,还没有拿出足够的热情,还没有充分地使用我们的便利和社会公民关系去冒风险,还没有完全准备好动用我们的友好纽带将我们的问题置于我们基督教邻居和市民的良心之上。"

令美国政府和美国主流犹太组织领导层沮丧的是,"柏格森之友"并没有就此罢休。1943 年年底,他们成功地说服来自衣阿华州的参议员盖伊·吉列特和来自加利福尼亚州的参议员威尔·罗格斯向国会提交一份营救决议。在辩论中,布雷肯里奇·朗请求允许自己证明并出示外交部内务委员会有关国务院允许进入美国的犹太难民数量的误导性数据。当朗的证据公之于众时,财政部官员拿出了国务院正极力隐藏的灭绝行动的信息和阻止营救努力的证据。这一证据由财政部部长亨利·莫根陶呈交给总统。这时罗斯福认识到做出反应是政治上的英明之选,1944 年 1 月,他宣布成立战时难民局,由助理财政部部长约翰·佩勒负责。战时难民局的使命是协调并领导所有营救行动,并且要求所有营救行动要接受战时难民局官员的审查和推荐。

欧洲犹太人正遭灭绝的消息在获得证实后引发了特拉维夫街道上的大规模抗议,伊休夫主要拉比发表斋戒数日的声明,以及爆发了其他集体哀悼示威活动。但是,日常生活甚至传统庆祝活动不久便恢复正常;整个 1943 年,基布兹运动组织了重大的节日达丽娅舞蹈节,希伯来大学的学生则加入嘉年华游行队伍中庆祝普珥节。用历史学家迪娜·波拉特的话说:"极大的痛苦是日常生活的一部分,并且消息越是惨痛,对痛苦的表达越是加倍。但是公众的关注不会持续,几周或几个月后生活会恢复如初,直到下次再发生骇人听闻的事件。"

虽然如此,对于欧洲犹太人的不幸,巴勒斯坦的犹太民众比伊休夫领导层的反应可能更为强烈。不可否认,无论对于领导层还是对于犹太民众来说,他们与欧洲犹太人的个人联系很密切。此外,由于巴勒斯坦绝大部分犹太居民来自中欧或东欧,许多行业的人都意识到(或已经知道)个人遭受惨痛损失的可能性。

然而,尽管事后看来犹太复国主义领导层的表现显得有些奇怪甚至冷漠,但是 1942 年年底开始,所提到的大部分犹太复国主义领导人,通过他们的公开声明,已经在思考灭绝犹太人对于建立一个犹太国家的最大影响是什么。本－古里安关于欧洲形势对犹太复国主义事业影响的悲观认识可能导致他没有积极参与营救行动;因此协调那些他本人并不相信的活动就留给了优柔寡断且软弱的格鲁恩鲍姆。

1943 年 2 月,犹太复国主义运动执委会在耶路撒冷召开的一次会议完全反映了高层领导人的普遍情绪:"我们当然不会放弃任何行动,"格鲁恩鲍姆说道,"我们应竭尽所能……但是我们希望渺茫。……我认为我们只剩下唯一的希望——在华沙我也会这么说——唯一的行动,唯一可以给我们希望的努力,它是独一无二的,这便是在以色列所做的努力。"关于 1943 年预算的争论比任何声明都更好地反映了这一共同态度:25 万巴勒斯坦镑用于安置新来的定居者,用于农业发展的也是 25 万巴勒斯坦镑,大部分钱款用于灌溉等,用于营救活动的为 1.5 万镑。在接下来的数月内,关于营救行动资金分配的争论从未间断。犹太机构仍保持沉默,格鲁恩鲍姆也唯有冷漠,而贸易联盟组织通过"流散月"公众运动的方式发起募捐行动。1943 年 9 月中旬发起的行动不容乐观地失败了。公众对政治领导人营救行动所做承诺的怀疑态度的确导致了呼吁结果的不理想。似乎"伊休夫已经陷入衰退"。

人们或许会想起济金伯捷姆这个人。他是崩得在伦敦驻波兰民族委员会的代表。如我们所知,只是到了 1942 年 12 月底,卡尔斯基才被允许见他及他的同事伊格纳齐·施瓦岑巴特。到 1942 年秋,济金伯捷姆尚未完全了解到有关完全灭绝波兰犹太人的情报。然而,至 11 月和 12 月,他已经掌握了德国灭绝行动的主要动态,因此对足够应对措施的缺失越来越不满,特别是对波兰流亡政府和波兰主教团的不满,它们没有号召民众向受围捕犹太人伸出援助之手。12 月 23 日,他在民族委员会会议上发言说:"战争会结束,而波兰犹太人的不幸(济金伯捷姆尚未意识到这类事件的严重程度)则会使几代人的良心受到谴责。不幸的是,这使人联想到了部分波兰人民的态度。我把寻找适当答案的任务交付给你们。"

济金伯捷姆也无能为力。几个月后,当隔都起义爆发并因没有外援而注定失败时,济金伯捷姆知道他已经走到了路的尽头。1943 年 5 月 11 日,他写信给波兰共和国总统瓦迪斯瓦夫·拉奇凯维奇和流亡政府总理瓦迪斯瓦夫·西科尔斯基:"对波兰境内整个犹太民族遭杀戮罪行负首要责任的是其执行者,但是负间接责任的则是整个人类,同盟国的各族人民及其政府,那些直到现在都未采取任何实质性措施阻止这一罪行的政府。悲观地看待这一对数百万毫无防备犹太人的杀戮……他们是这一罪行的共犯。"

"我必须声明,虽然波兰政府为唤起世界人民的注意贡献良多,但还是做得不够。它只是按常规办事,这可能适合于波兰所发生的不幸。……"

"当剩余的波兰犹太人正遭受屠戮时,作为他们的代表,我不能一言不发地苟且偷生。在华沙隔都,我的同志战斗到了最后一刻,那是一场英勇的战斗。我没能和他们站在一起,像他们那样倒下,但我是和他们在一起的,是他们公墓中的一员。至于我的死亡,我希望它能最深刻地表达我对无动于衷的抗议,抗议这个世界的袖手旁观和允许对犹太民族的毁灭。"

5 月 12 日济金伯捷姆自杀身亡。他曾写信给他在纽约的崩得同志:"我希望我的死可以成功地实现我一生中所未做到的事:为挽救 300 多万人口中仍(在波兰)活着的 30 万犹太人,至少是其中的一部分,真正地做出自己的贡献。"

十

与其哥哥米沙不同,当父母遭驱逐的日期来临时,卡蒂·海勒申决定留在韦斯特博克。然而,1943 年 9 月 6 日,下达的命令说:她要一同随行。任何干涉都无济于事。卡蒂的一位朋友约皮·弗莱斯豪维尔在 9 月 7 日的信中描述了那天的情形:"卡蒂的父母和她的哥哥先上了火车,然后我拎着收拾好的背包和叮当作响的装有碗杯的小篮子朝火车走去。她从那里走上站台……向遇到的每个人愉快地说笑……她的一切你都会知道得很清楚……随后，她开始渐渐从我的视线中消失，我便沿着站台游荡……我看见她父母和她哥哥上了1号货车。先是在14号货车停下来寻找一位最后又被推下车的朋友，卡蒂最终上了12号货车。随着一声刺耳的汽笛声，1000件'货物'被运走了。随着1号货车的米沙再次透过缝隙挥别，12号货车的卡蒂愉快地道一声'再见'，他们就这样走了。"

在9月7日这一天，卡蒂还成功地从火车上寄出一张明信片；这张明信片是寄给她在阿姆斯特丹的一位朋友的："随意翻开《圣经》，我读道：'上帝是我的高台。'在满载的货车车厢中部，我坐在我的背包上。爸爸、妈妈和哥哥与我只隔几节车厢之遥。最后，毫无通知地离开了。这是来自海牙的突然性特殊命令。我们唱着歌离开了营地，爸爸和妈妈既坚定又镇静，米沙也不例外。我们有三天的行程。感谢你的好意和关心。……我们四人先暂时与你告别。"

据红十字会的一份报告，卡蒂于1943年11月30日在奥斯维辛遇害；她的父母及兄长米沙的命运亦是如此。她的弟弟约普在集中营幸存下来却于战后返回荷兰的路上死去。

第十章 (1944年3月至1945年5月)

1944年4月6日，里昂的盖世太保头目克劳斯·巴比向罗特克报告了一次非常成功的抓捕：

"今天上午清除了安省伊佐市的'犹太儿童之家'。共抓捕了41名3~13岁的犹太儿童。此外还捕获了所有的犹太工作人员：共10人，其中妇女5人。我们没有搜到任何现金或贵重物品。4月7日开始向德朗西的遣送。"

4月13日，伊佐的大部分儿童和工作人员被71次列车由德朗西被遣送到奥斯维辛；剩余人员分别于5月30日和6月30日遭到遣送：无人幸存。名单上第一组的10个名字(按字母顺序排列)包括来自5个国家的儿童：沙米·阿德尔施米尔,5 岁(德国);汉斯·阿门特,10 岁(奥地利);尼娜·阿罗诺维茨,12 岁(比利时);马克斯—马塞尔·巴尔桑,12 岁(法国);让—保罗·巴尔桑,10 岁(法国);埃丝特·贝纳赛亚,12 岁(阿尔及利亚);埃利·贝纳赛亚,10 岁(阿尔及利亚);雅各·贝纳赛亚,8 岁(阿尔及利亚);雅克·本吉吉,12 岁(阿尔及利亚);理查德·本吉吉,7 岁(阿尔及利亚)。名单上最后一组儿童是查理·韦尔特纳,9 岁(法国);奥托·韦尔泰梅,12 岁(德国);埃米莉·朱克伯,5 岁(比利时)。

依德国大规模灭绝的惯例,对伊佐的儿童和工作人员的杀害不过是一分钟的事情,然而,随着战争进入最后一年,这一事件却证明了虽然德意志帝国的形势急剧恶化,但是它却使出浑身解数,在完全灭绝欧洲犹太人的最后行动中丝毫不放过任何一次围捕。

1944 年 3 月至 1945 年 5 月期间,战争和反犹运动的进展可被划分为三个独立又几乎一致的阶段。希特勒在西线主要攻势失败和奥斯维辛解放之后,最长的第一阶段约结束于 1945 年年初。在这一阶段末,希特勒政权控制下的领土并不多于战前。然而,在过去的几个月里,它却保留了能够进行大规模军事行动和全面执行其控制范围内反犹计划的政治实体。

在 1945 年年初至 4 月初的第二阶段,西线和东线的盟军部队正逼近德国的重要中心。纳粹国家及其政权的瓦解已不可逆转,不断退缩的帝国国内一片混乱。不断增长的无政府状态与党内各级官员和广大民众中反犹主义暴行的坚持相结合,致使此阶段的反犹屠杀步骤部分得以执行。此外,希姆莱独立开展的统一反犹政策已不复存在。

第三阶段(1945 年 4 月至 5 月)则包括帝国的瓦解和投降,以及希特勒给未来几代人的遗言。正如我们即将看到的,在希特勒最后杂乱无章的文字中,犹太人问题占据主要部分,就某些方面而言,他的确是以独特的方式这样做的。

关于匈牙利犹太人问题(至少在此事件中,没有任何经得起推敲的理由),在这最后一年里,盟军没有批准任何大的营救努力并拒绝了提交给他们的主要计划。但是,对犹太人幸存下来的一些营地和较大地区的解放及一些个人和中立组织的自发行动,主要在匈牙利被占领地区,挽救了数以万计的生命。然而,一般来说,在盟军的决定中不存在这样的犹太问题。

至于大部分的犹太幸存者,至 1944 年年初他们成为形形色色孤立个体的大杂烩。一部分人加入了游击队或抵抗队伍;大部分人历经了苦役、饥饿和每一阶段潜在的灭绝危险,最终纯粹出于机遇幸存下来,但大部分人因德国人的阴谋而丧生。

一

在第一阶段,直到 1944 年 6 月初,德国国防军阻止了盟军向罗马的推进,并于 3 月中旬占领了匈牙利。德国的军备制造直到年底才开始急剧下降。虽然盟军于 6 月 6 日成功登陆诺曼底,虽然苏联军队于夏秋两季占领波兰和巴尔干各国,推翻了罗马尼亚政权,接管了保加利亚并在布达佩斯市郊建立了前线阵地,但是德军仍在东西两线发动了有威胁的反攻。

然而,截至 1944 年年底,各前线的军事反攻失败后(特别是西线的攻势于 12 月 27 日受到致命的遏制),德意志帝国的军事力量消耗殆尽;东普鲁士已部分落入苏联手中,强大的盟军部队向帝国的边境稳步推进;恰在此时,帝国的工业能力在英美两国的不断轰炸下迅速瓦解。

有时,一些琐碎事件会出人意料地激起希特勒新的反犹盛怒,如匈牙利上将费伦茨·费克特哈米 — 采伊德尼尔及其属下一事。费克特哈米及其同伙需要对 1943 年 3 月在诺维萨德屠杀约 6000 名塞尔维亚人和 4000 名犹太人一事负责。大约在卡拉伊政府对此提起审判之时(借以作为向西方盟军示好的标志),这些匈牙利军官于 1944 年年初逃到了德国。当匈牙利政府要求将这些人引渡回国的时候,希特勒却给他们提供了政治庇护。1 月 19 日,希特勒的助手,沃尔特·哈韦尔告知了里宾特洛甫,用希特勒的原话说,"欧洲的每个人都应知道,只要是因迫害犹太人受到指控而逃到德国的任何人,我们都会给予政治庇护。为反对欧洲的犹太害虫而战的任何人都是我们自己人。我们还未听说在匈牙利有针对犹太人的抱怨,那些犹太人应对英美轰炸中死去的妇女儿童负责。每个人都该明白唯有犹太人才是这些触目惊心恐怖袭击背后的鼓动者"。希特勒要求把此消息传达给霍尔蒂。作为"恐怖袭击"的煽动者,犹太成为希特勒最为反复提到的主题之一。

1944 年 4 月 27 日,戈培尔这位宣传部部长记录了一段对话。这段对话应发生在前一天的柏林。近期对慕尼黑的轰炸已经造成了巨大损失。希特勒极其渴望报复英国并对即将到来的"报复性武器"充满期望。然后戈培尔直接写道:"元首对犹太人的仇恨是进一步加强而不是减弱。犹太人必须为他们的反欧洲民族罪行受到惩罚，必须为他们普遍的反世界文明受到惩罚。无论我们在哪里抓到他们，他们都不应逃脱应有的惩罚。正如我通常所说的那样，反犹主义的长处定会抵消其自身的短处。总之，如果从犹太人问题的角度考虑，我们很可能在这场战争中执行一项长期政策。"

　　为何事实上希特勒对犹太人的憎恨最终减轻了？最明显的理由是欧洲大部分犹太人都已经被杀害。然而随着德国城市化为一片瓦砾及全面溃败的逼近，这反而增长了希特勒的仇恨。①此外，希特勒的声明再次表明，对他而言，犹太人作为一个有活力的实体独立于德国统治下所杀害的犹太人的具体命运。德国城市的毁灭是"犹太人"的杰作。因此，没有把"犹太人问题"作为中心议题，就不能领会和阐释战争的全面意义和任何长期政策。

　　1944 年 5 月 26 日，希特勒在贝希特斯加登对将领和其他级别的军官做了一次讲话。在该讲话中，同样狂热的成见再次浮出水面。由数百人组成、新近打造的"国家社会主义指导官"从 1943 年 12 月开始负责国防军的意识形态教导工作，这支队伍刚刚完成自己重返前线的特殊训练。②两天前，在松特霍芬，这支队伍刚刚聆听了希姆莱慷慨激昂的演说。1943 年 10 月在波森，希姆莱直言不讳地说道：灭绝犹太人，尽管有困难，但对德意志民族的安全与未来而言却是必需的。现在轮到希特勒讲话了。

　　1976 年，历史学家汉斯—海因里希·威廉第一次发表了希特勒的这次演讲。在他看来，希特勒的主要意图是把灭绝犹太人的信息传达给这些军官（已经广为人知，且希姆莱已经向他们提及过此事）。希特勒声称，犹太人是德国民众中的"外来物"；虽然并不是每个人都理解为何做得如此"惨无人道"，但是必须驱逐犹太人。"通过清除犹太人，"希特勒解释道，"我根除了在德国形成某些革命中心或核心的可能性。你很自然地会说：是的，但是你不能把这件事做得更简单一些——或更复杂一些吗，既然其他所有事情都是更为复杂——能不能更为人性一些？先生们，我们正进行一场生与死的战斗。如果我们的敌人赢得了这场战争

---

　　①　这一相互关系恰好证明了 1941 年 12 月第一次大型军事危机与希特勒消灭欧洲所有犹太人的最终决定之间可能存在的联系。

　　②　成千上万名全职指挥官与数万名兼职的 NSFO 讲师或作家的确导致了国防军中盛行到最后的强烈反犹主义。这一灌输行为明显表现为 OKW 所发行的大量出版物，并数万本地发放给士兵和军官（很可能是数百万本）。

的胜利,德国人民将被根除。布尔什维主义将会屠杀成百上千万、上十亿计的德国知识分子。任何没有死去的人都会被驱逐,上流社会的儿童会被带走清除掉,是犹太人策划了整个的兽行。"在 4 万名汉堡妇女儿童遭杀害之后,他继续说道,现在是回答他自己先前提出的反问的时候了:"不要从我这里渴求任何东西,坚决维护国家利益除外,在我看来,这将是德意志民族最深远的影响和利益。"这次演讲受到狂热的鼓掌喝彩。

在向外国政要进行长篇大论时,希特勒很少忽略提及犹太人的威胁。就在 1944 年,反犹暴乱比先前更为严重,其背景也更为荒唐,曾经拥有一切权势的元首此时正劝说他的巴尔干和中欧盟友,虽然势不可当的苏联大军正拥向他们的边境,但是德国将最终获胜,他们应认真地接受他的解释。

因此,3 月 16 日和 17 日,在严词训斥霍尔蒂及匈牙利被占领的前夕,希特勒极为详尽地向保加利亚摄政议会进行鼓动宣讲,该议会是在鲍里斯国王突然神秘死亡后成立的。当然不可避免地要提及犹太人。然而,极为反常的是希特勒以一段辩护性的评论开始:"人们经常斥责他道,由于他残酷对待犹太人,他已经使犹太人成为坚定的敌人。"回答便是:犹太人迟早会是他和德国人的敌人;"通过完全清除犹太人,他已经彻底消除了他们对内部士气所具有的危险"。在此之前,他再次提及 1917 年和 1918 年:这一联系足够清楚。保加利亚人是否被说服有待商榷。无论如何,这都会是保加利亚代表团最后一次访问大德意志帝国的领导人。

正如希特勒不时地向他提及的那样,匈牙利元首蒂索,罗马尼亚独裁者安东内斯库或新任匈牙利总理斯托尧伊仍是希特勒仅有的"政治意义上的"宾客(还有克罗地亚人,此外,后来的德·布里农作为在德国的法国流亡政府发言人前任领袖——头衔仍是领袖——也会到访,或许他的犹太妻子会一同前来)。

1943 年 4 月 22 日,在与蒂索的谈话中,希特勒已经就犹太人问题发表了详尽的演说。1944 年 5 月 12 日,希特勒准备重演这一幕。一开始他便告知他的斯洛伐克客人,正在进行的军事斗争的确是自罗马帝国分裂至今一次最强大的对峙。在这场巨大的战斗中,危机与困难是不可避免的。最大的困难是"在这场反对世界布尔什维主义的战斗中,我们也不得不为那些不是布尔什维克但其社会中的犹太人又与布尔什维主义有着内在联系的国家而战斗"。

关于这一点,一年以前希特勒提到了匈牙利的形势。后来在他类似独白的讲话中,希特勒告诉蒂索说:"匈牙利的犹太化程度令人惊讶。有 100 多万的犹太人生活在匈牙利。对德意志民族而言,幸运的是它的元首是一位奥地利人。虽然对此事件并不陌生,但元首压根没有想到犹太化达到如此程度的可能性。"这次谈话过后三天,由匈牙利至奥斯维辛的驱逐行动拉开了序幕。

在中欧和东南欧的政治领导人中,安东内斯库是希特勒最常见的客人,也似乎是他最信赖的人。但是,在这样的环境下,加强罗马尼亚人的决心是极为必要的。1943 年 9 月与 1944 年 2 月,希特勒已经与其罗马尼亚盟友进行了详尽的商谈。其中不曾忽略犹太人,1944 年 3 月 23 日和 24 日的会议亦是如此。德国占领匈牙利后,双方领导人就布达佩斯犹太人势力造成的灾难性后果达成共识。希特勒向由新式武器全副武装的高级军官和国防军保证,他们不久会重夺优势。

二

据贝内寄给德国政府的报告,1944 年 2 月 9 日,当时荷兰犹太人的总体形势如下:10.8 万名犹太人已"离开本国"。对藏匿犹太人的围捕正顺利地进行,仍未被搜查出的犹太人不超过 1.1 万人。约 8610 名通婚的犹太伴侣没有遭到"召集",原因是这些夫妇已经不能生育(或者是动过手术或者是出于年龄的原因);他们将被用作劳动力;为此他们很可能会全部被运往韦斯特博克。

在韦斯特博克,完成围捕和清空花费了 8 个多月的时间。2 月份,当贝内送出他的报告之时,梅哈尼卡斯仍在营地。15 日,他描述了又一周被驱逐的行程;很显然,像之前的卡蒂·海勒申一样,他不知道等待被驱逐者的会是什么:"对人类来说,这趟火车还可以接受,但是这次行程却是强制性的,旅行者的命运是不可知的。"接下来的话听起来像是一种暗示:"我们最后一次见到熟悉的面孔——我们最后一次收到他们的来信。"

离开德朗西或马利内斯后,惯例并没有得到遵守:"在关卡前的营地界线处,火车停了下来。在那里全车的犹太人被正式移交给前来押送'旅行者'的德国军事占领部队。犹太人被逐个清点,一个犹太人都不许遗漏。关卡之前指挥官的任务是负责移交——关卡过后则是占领部队的任务了。"是信不过荷兰警察押运被驱逐者到德国边境吗?

同样的事甚至发生在韦斯特博克,虽然很少如此,但是人们可以尽情地嘲笑德国人的付出。"葡萄牙人(犹太人),"日记作者于 1944 年 2 月 16 日写道,"被告知同他们的个人档案一起待在 9 号营房。有传言说他们要被测量头骨。喧闹声遍布营地。到处都是各式各样的头骨，甚至包括祖父母 4 代都是种族纯正的犹太人。"几天后，日记在 2 月 28 日结束了。

3 月 8 日，梅哈尼卡斯被驱逐到贝尔根—贝尔森，并于 10 月 9 日同贝尔森的 120 名囚犯一起被运往奥斯维辛。1944 年 10 月 12 日，他们全部遭到枪杀。年轻的本·韦塞尔斯步其后尘来到了贝尔森。1944 年 5 月 7 日，本·韦塞尔斯最后一次从营地给他在东福尔讷的朋友约翰寄出用德文书写的明信片："幸运的是我能告诉你我的状态非常好。一包食品会使我感到极大的满足，对毛衣的修补也是件好事。"1945 年 3 月，本很可能死于流行性斑疹伤寒症。

1944 年春，安妮·弗兰克的思想发生了不同寻常的转变。她关于每日藏匿生活和亲密情感的记录越来越极大地公开转向对她的民族、宗教和历史的沉思中："是谁把这苦难强加于我们身上？"4 月 11 日她这样问道，"是谁把我们和其他人相分离？是谁使我们经受这样的苦难？是上帝使我们如此，但也是上帝将会再次振奋我们。在世人的眼里，我们命该如此，但是，一切苦难过后，如果仍有犹太人存在，犹太民族将被视作楷模。说不定，我们的宗教可以把美德教授给世界及世人，就是这个理由，唯一的理由使我们受苦受难。我们永远不会只是荷兰人，或只是英国人，或任何一国的人，我们永远都是犹太人。我们会继续做犹太人，但那时我们会心甘情愿。"

安妮勉励自己道："勇敢起来！让我们铭记我们的职责，毫无怨言地去执行。车到山前必有路。上帝从未抛弃我们的民族。数个世纪以来，犹太人一直在经历磨难，但是数个世纪以来他们也一直活着，数个世纪的磨难只会使他们更加坚强。弱者倒下，强者幸存，不要被打败！"

在 4 月 11 日这天的日记里，在安妮表达信仰宣言之后，便是她那洋溢着对荷兰国家热爱之情的声明。在简短叙述了惊恐之后，其间她以为警察发现了他们的藏身之处，她继续道："但是现在，既然幸免于难，战后我的第一个愿望是成为一名荷兰公民。我热爱荷兰人，热爱这个国家，热爱这种语言，我要在这里工作。即使我不得不上书女王，我也会不达目标绝不放弃！"

然而仅仅过了一个月，安妮就不太确定自己在战后荷兰社会的位置："令我们极为悲痛和震惊的是，"她于 5 月 22 日写道，"我们听说许多人改变了他们对我们犹太人的看法。……有人告诉我们，反犹主义竟然出现在那些曾经难以想象的圈子里。这件事对我们的影响非常非常深远。这种憎恨是可以理解的，甚至或许是人的本性，但它并不因此而变得正当合法。基督徒认为，犹太人在向德国人吐露他们的秘密，告发帮助他们的人，还使这些人遭受许多人已经经历过的可怕命运和惩罚。这一切都是真的。但是，如所有事情一样，他们应辩证地看待这件事：如果基督徒身处我们的境地，他们的做法会有何不同？不论是犹太人还是基督徒，面对德国人的压力他们还会保持沉默？人人都知道这几乎是不可能的，那他们为何让犹太人做不可能的事呢？……唉，悲哀啊，非常的悲哀，古老的格言已多次证明：'一个基督徒的所作所为由自己负责，一个犹太人的所作所为却要由全体犹太人负责。'"

反犹主义确已散布到荷兰，如我们所见，已散布到整个欧洲大陆。无论是在乌克兰还是在法国，是在德国还是在波兰，反犹主义都真实可见。最敏锐的观察家之一克伦佩勒对此做了精确的表述：无论纳粹曾做错什么，但是把精力放在反犹宣传运动上，这点他们一直都是正确的。安妮也听说，战后外国犹太人将被送回他们所逃离的国家。因此，听到公众情绪的变化后，安妮小姑娘正谨慎地估算自己被接受的概率，因为她几周前刚宣布自己想成为荷兰人的强烈愿望："我唯一的希望是，"同一天她写道，"这场反犹主义运动仅仅是过眼云烟，荷兰人将会展现他们的本色，他们将不再动摇发自内心的公道正义，因为现在这些说法没有公道！如果他们果真实行这样的恐怖威胁，仍留在荷兰的一小部分犹太人将不得不离开。我们也不得不收拾包袱走人，离开这个美丽的国家，这个曾经心怀仁慈收留我们却又弃我们于不顾的国家。我爱荷兰。我曾经希望它会是我的祖国，因为我已失去自己的祖国。我仍然希望如此！"

有人告发了藏在普林森格拉赫特街263号的犹太人。1944年8月4日，他们被捕，被送往阿姆斯特丹的一所监狱，然后被遣送至奥斯维辛，很可能是荷兰的最后一批遣送。玛戈和安妮被带到贝尔根—贝尔森。在那里，她们像本·韦塞尔斯一样在集中营解放前的几周死于斑疹伤寒症。他们很可能被埋于集体坟墓。除奥托·弗兰克以外，阿内克斯的8名居住者无一幸存。米普和贝普发现在所有的隐藏地都散落着安妮的日记。

在布鲁塞尔一名犹太告密者的引导下，盖世太保于1944年4月7日逾越节前夕光顾了弗林克家。弗林克一家准备好了逾越节家宴所需的无酵饼和所有传统饭菜；他们无法否认自己的身份。一家人全部被捕并遭到遣送。摩西及其父母死于奥斯维辛。摩西的姐姐幸存下来,此外,在战后重新找回的物品中,他们发现了摩西所写的 3 本日记。

在丹麦受挫后,1943 年 10 月穆勒向塔登解释说,德国围捕部分受阻是由于缺乏足够的警察力量及其他人力资源。通过壮大顽固的国民自卫队,其中包括普通罪犯和狂热的纳粹支持者,当地常规警察部队不断增长的不合作空缺仅仅是部分得到补偿。这些极端国民自卫队的崛起与更大范围的极端化进程不无关联,这一进程是以德国溃败为背景在一些西欧和中欧(匈牙利)社会进行的。

随着达尔南德被任命为秩序维护秘书长和他在一个月后被任命为内政大臣,以及战前好战的天主教徒和极端右翼分子菲利普·昂里奥被任命为宣传与情报部大臣,1944 年年初,法国涌现出了通敌卖国的极端主义。他们的态度和狂热与其楷模及盟友党卫军不相上下。在每天两次的广播中,昂里奥大肆进行最为卑鄙的反犹宣传,而达尔南德的属下则告发、抓捕、折磨并杀害抵抗战士和犹太人。他们杀害了人权联盟的前任犹太裔主席维克托·巴施及其妻子,两人都已 80 岁的高龄了;他们杀害了布鲁姆内阁的前任犹太裔教育部部长让·扎伊;他们杀害了雷诺内阁的内政部部长格奥尔格·曼德尔。这里举出的仅仅是最为知名的犹太遇难者。巴施身上留下的文字声称:“以暴制暴:犹太人应付出代价。此犹太人与其妻子已为谋杀一位法国人付出了代价。”关于昂里奥的雄辩言辞,甚至在战争的最后阶段都格外成功:他在许多方面堪比戈培尔,为此 1944 年 6 月底抵抗组织出于危险性考虑将其处死。他激烈的反犹主义在广大民众中多少有些回应。

解放前夕,法国的反犹主义态势并未减弱。在明显出于善意的发言中,自由法国人甚至都脱口说出了反犹主义。因此,提及法国 BBC 广播谈到叛国的法国人协助谋害犹太人时,广播员安德烈·吉卢瓦发表了如下言论:“警察、公务员及监狱看守理应知道,他们接受参与屠杀犹太人,与猛烈抨击纳粹主义的其他所有受害者一样,这都不需要理由。”正是这样的舆论环境致使安德烈·魏尔—柯里尔,这位在战争期间与戴高乐共患难的犹太人,于 1945 年向一位“年轻的犹太朋友”建议道:“不要明显地显示你的权利,那会招来一顿恶骂;不要佩戴你的战争奖章,那会招来愤怒。……这样行事的话,法国那些不希望再见到你的出身名门的法国人会忘记你的存在。”

盖世太保在巴黎的全速前进并未因诺曼底登陆和盟军部队的逼近而受阻。7 月 20 日与 24 日德国人突然袭击了法国犹太人工会总联合会北支的儿童之家。在那里虽然有解散儿童之家的恳求和压力，但是该组织的领导层仍聚集了约 650 名犹太儿童。爱丁格尔犹豫不决，一拖再拖，基本上选择了安于现状。起初，有 233 名儿童被带走并运往德朗西。爱丁格尔当即反应是下令疏散剩下的儿童，但是不久之后，他又取消了这一命令。剩余儿童便被带走了。在这最后时刻，法国犹太人工会总联合会北支领导人仍担心德国人的报复行为——很可能是报复他们这些人。

8 月 17 日和 22 日，最后一批遭遭送的犹太人离开法国前往奥斯维辛。8 月 25 日，雅克·菲利普·勒克莱尔将军领导的自由法国部队与西线的美国部队一起解放了巴黎。

在意大利及先前的意大利被占领区，对犹太人围捕的结果良莠不齐。1943 年 12 月 4 日，德国政府代号为内陆 2 号的一份备忘录表明，前几周采取的措施并未取得多大的成功，因为犹太人有时间在小村庄里寻找藏身之所。德国人所采用的方式不允许其对小规模或中等规模的社区进行彻底搜查。换句话说，德国人寄希望于法西斯政府发布的一项新法令 (第 5 号警察命令)，即所有犹太人都必须送往集中营。他们还希望法西斯警察掌控此事，并允许小规模的盖世太保行动武装力量作为顾问安插在当地警察部队之中。

事实上，一些地区在执行墨索里尼政府所发布的命令时甚至都没有德国人参与其中。因此，1943 年 12 月 5—6 日，威尼斯当地警察逮捕了 163 名犹太人，这些犹太人或是在自己家中或是在敬老院被捕。1944 年 8 月 17 日，在敬老院发生了另一次抓捕行动，这次有德国人参与其中。10 月 6 日，在 3 所威尼斯医院中最终有 29 名犹太病人被捕。1944 年 8 月后取代弗索利的是一家旧碾米厂，人们永远都不会忘记，最年长、最体弱的囚犯在那里当场被杀害，其余的，当然是绝大部分，则被遭送至奥斯维辛，然后遭到灭绝 (其中包括威尼斯的首席拉比阿道夫·奥托伦吉，他于几个月前试图穿越边界，可是遭到瑞士警察的阻拦)。①

在米兰，一伙意大利法西斯分子表现出的凶残兽性连德国人都要甘拜下风。在所有的记录中，这是不寻常的，它应该是一个特例。彼得罗·科赫的手下将总部建于一所别墅里，即不久人所周知的"悲哀别墅"。在那里他们对那些犹太受害者

---

① 试图逃亡瑞士的犹太人有时被瑞士遭返，有时则在边界城镇由意大利通敌者交给德国人。德国人不怕当场处决这些犹太背叛者。有时他们为不留痕迹也当场烧毁尸体。

和非犹太受害者进行严刑拷打审讯。科赫这群暴徒得到了路易莎·弗里达和奥斯瓦尔多·瓦伦蒂两位意大利著名演员的协助,实施了"弗雷德·阿斯泰尔和然热·罗格斯式的拷打折磨使得'悲哀别墅'具有了骇人听闻的离奇色彩,成为法西斯主义腐朽没落的象征"。

在意大利(及法国东南部)进行围捕的同时,德国人转向了希腊内陆及各岛。1943 年 9 月维斯利策尼接到命令返回雅典。然而,由于雅典首席拉比被"绑架"及社团登记名册被销毁(系希腊抵抗组织所为),暂时性地推迟了雅典的驱逐。维斯利策尼不久便被更为凶残的托尼·布格尔上尉所代替,他本人则被调任至特莱西恩施塔特。1944 年 3 月 23 日,逾越节前的两周,2800 名犹太人聚集在雅典主要犹太会堂前,因为德国人许诺发放无酵饼。这些人全被逮捕,被押送至哈达里中转营,并于 4 月初被遣送至奥斯维辛。

爱琴海地区的所有犹太社团无一幸免,最小的社团也不例外。1944 年 7 月,希腊诸岛上的大部分犹太人都已被捕。7 月 23 日罗得岛的 1750 名犹太人和科斯小岛上的 96 名犹太人遭到围捕,在前往希腊内陆的路上他们被塞进 3 艘驳船。因天气原因船于 28 日起程,在众目睽睽之下沿土耳其海岸航行,恰在英国驻塞浦路斯机场的短程飞行距离之内,还穿越了由英国海军完全控制之下的东地中海区域。8 月 1 日船队抵达希腊内陆。从航行和粗暴对待中幸存下来的罗得岛的 1673 名犹太人和科斯岛的 94 名犹太人旋即被赶入普通的货车车厢,并于 8 月 16 日被运抵奥斯维辛。来自罗得岛的 151 名被驱逐者在战争中幸存下来,而来自科斯岛的幸存者只有 12 名。①

三

1944 年 3 月 19 日,德国国防军占领匈牙利。此前一天,霍尔蒂已经在克莱斯海姆会见了希特勒。在单方面的军事行动威胁之下,希特勒强迫这位摄政接受德国的占领并成立一个亲德政府。②希特勒还要求把约 10 万名犹太人送往德国"充当劳工"。霍尔蒂言听计从。这位摄政所乘坐的返回布达佩斯的列车上还有另外

---

① 有关夺取罗得岛和科斯岛犹太人赃物"经济重要性"的观点不可信:对这些赃物的掠夺不需把这些犹太人驱逐至死。

② 柏林深知匈牙利的企图:变换阵营,此外匈牙利自然资源的储备被认为是夺取战争的关键。

一位重要乘客:埃德蒙·维森迈耶,希特勒驻匈牙利新政府的特别代表。同一天,艾希曼也抵达了布达佩斯,他的"匈牙利特别干涉小组"成员紧随其后。

虽然在3月3日与戈培尔的会见中,希特勒说过占领匈牙利后立即解除匈牙利军队的武装并迅速采取反对该国内贵族精英及犹太人的行动,但是任命前任驻柏林大使德迈·斯托尧伊为总理并未带来内阁政治结构或现存政府作用的巨大改变。反犹措施倒是得到了立刻的实施。

3月12日,犹太委员会成立;其他反犹立法紧随其后,包括4月7日提出的佩戴大卫星的犹太标志。翁多尔·亚罗什内政部任命的两名具有强烈反犹倾向的国务大臣拉斯洛·艾因德雷和拉斯洛·鲍基为德国人围捕犹太民众提供了一切所需帮助。4月7日,在匈牙利宪兵队的全力合作下,德国在匈牙利各省展开了围捕行动。一个月内,可以容纳数以百万计犹太人的隔都或集中营如雨后春笋般出现在喀巴索 — 卢塞尼亚,特兰西瓦尼亚及稍后的该国南部地区。

德 — 匈行动的疯狂步伐确保了集中阶段貌似全方位的胜利。然而,有人会认为,犹太委员会的立场并没有比其他大部分地区更增加犹太民众的消极性和顺从性。委员会见多识广,许多匈牙利犹太人特别是布达佩斯的犹太人亦是如此。从劳动营回来的成员,从东线回来的匈牙利士兵,从波兰和斯洛伐克来的犹太难民带来了他们获得的有关大规模灭绝犹太人的消息,BBC的匈牙利部门亦如此。此外,4月7日,两名斯洛伐克犹太人鲁道夫·弗尔巴(沃尔特·罗森贝格)和阿尔弗雷德·韦茨勒从奥斯维辛逃出并于21日抵达斯洛伐克。数日内,他们写出了一份关于上西里西亚营灭绝过程的详细报告,并将该报告送往布拉迪斯拉法的"工作组"。这一"奥斯维辛报告"抵达瑞士及各同盟国;来自该报告的大量摘录不久刊登在瑞士和美国的报刊上。然而,直到今天人们尚不清楚该报告用了多长时间才传到布达佩斯的犹太委员会手中。

弗尔巴本人认为"工作组"并未迅速做出反应,并且在收到此报告后,委员会将该信息压下,因此,匈牙利各省的犹太人并未受到切勿乘坐前往奥斯维辛列车的告诫。耶胡达·鲍尔则反对弗尔巴的指责:早在4月底,该报告就可能已经送达布达佩斯及委员会;但无论如何委员会没有采取任何措施阻止各省的犹太民众服从驱逐条令。事实上,战后布达佩斯委员会成员承认,对于整个欧洲被占领区所发生的事情,他们已经获得各种详细报告,在这意义上,他们是否于4月底或后来某个日期收到"报告"已无关紧要。

以塞缪尔·施特恩为首的布达佩斯委员会包括了社团内所有重要宗教和政治团体的代表。委员会可能以为对各省犹太人的告诫已毫无用处。也有可能是因为委员会成员是已被完全同化、遵纪守法的匈牙利公民，所以没有偷偷地把此事告知各省的社团领导人；委员会的发言一直都是安抚性的，好像布达佩斯的领导人很想避免不幸的犹太大众陷入恐慌似的。4月底，另外两名犹太人塞克斯洛夫·莫尔多维茨和阿尔诺什特·罗辛逃出奥斯维辛并证实先前的信息后，委员会的态度仍没有变化。委员会的一些成员，如与维斯利策尼关系密切(受魏斯曼德尔的推荐) 的正统派人士菲洛普·弗洛蒂格尔就成功地保全了自己和家庭成员，还通过越界到罗马尼亚的方式保全了其他与其关系密切的正统派犹太人。[①]而其他人，在受到盖世太保的威胁后就开始四处躲藏。

几乎从德国占领开始，数千名犹太人，大部分是公众人物、记者、知名艺术家等，就已经遭到抓捕并被送往奥地利的集中营。5月14日，德国人展开了从匈牙利各省到奥斯维辛的全面遣送，每天的遣送速度接近于1.2万~1.4万名犹太人。匈牙利的列车驶向斯洛伐克边界；在那里被驱逐者被送上前往奥斯维辛的德国列车。比克瑙的焚尸速度跟不上毒气杀害的步伐，于是增加了露天焚尸坑。

根据法兰克福的奥斯维辛案件审判中党卫军军官佩里·布罗德的证词，"通向新焚尸场的铁路由三部分组成，这样在一部列车即将抵达时另一部列车可以卸运。在输送中那些被分配到'特殊住宿区'的人所占比例——这一术语取代'特殊待遇'用了一段时间——格外高。……四个焚尸场全负荷运转。然而，不久焚尸炉因连续高速作业而被烧坏，只有3号焚尸场仍在工作。……特别行动队一直不断增加，并疯狂地工作以保持毒气室的清空状态。'白色农舍'再次投入使用。……它被命名为'5号暗堡'。……几乎来不及将上一组最后一具尸体从毒气室拉出来，拖过遍地尸体的焚尸场后院再拖到火化坑，这时下一组人已经赤裸着身体在大厅里准备进入毒气室了"。

一位来自法国的名叫保罗·施泰因贝格的犹太被逐者以一位布纳集中营因犯的身份讲述了他所看到的情形。盟军在法国北部登陆后不久，既然反对留在原

---

① 犹太天主教徒小组与青年犹太复国主义小组都把逃出边界视作通往安全的主要途径。1944年3—9月，有7000~8000名犹太人能成功地由匈牙利逃往南斯拉夫、斯洛伐克，主要是罗马尼亚。这些地区的战争使逃亡告一段落。

地，一场关于起义好处的讨论正在悄悄进行："在这场特殊的争论进行之时，"施泰因贝格回忆道，"匈牙利人抵达了，整车的人，一天有两车。……几乎所有的输送都是到毒气室为止：男人、女人还有孩子。劳动营被挤爆了；他们不知道该如何处置更多的工人。……焚尸场昼夜不停地工作。我们听说比克瑙每天火化3000具尸体，后来是3500具，上周则达到了4000具。新的特别突击队人员已经翻了一番，以确保毒气室和焚尸炉之间昼夜运转顺利。从烟囱蹿出的火苗有30英尺那么高，夜晚在三英里外都能看得见。尸体燃烧后令人压抑的恶臭远在布纳都可以闻得到。"赫斯本人描述了焚尸坑里的火化情形："坑里的火必须添加燃料，多余的脂肪流出来，然后不断翻动山一般燃烧的尸体为的是通风，这样可以把火苗扇得更旺。"

在布纳，施泰因贝格很少听到有关大规模灭绝的一些细节，但是一些匈牙利犹太人的确已经抵达了法本化学工业公司的工厂。其中之一，便是莱维永不能忘怀的克劳斯："他是匈牙利人，不太懂德语，法语就更不用说了。他长得既高又瘦，戴一副眼镜，有着一副奇特小而扭曲的面孔；他笑时看上去像个孩子，而且他很爱笑。"克劳斯不机灵，干活很卖力，但不会交流，总之，身上没有什么可以助其生存下来的优势，哪怕是在布纳。莱维语速缓慢地用洋泾浜德语和他聊天，尽力安慰他。他为克劳斯制造了重返家园、回到家人身边的梦境。克劳斯一定对这个田园诗般的幻境有所了解："作为平常人的克劳斯会是一个好的孩子，"莱维沉思道，"从第一眼便可看出，他在这里不会活很久，这是真理。很遗憾我不懂匈牙利语，因为他的情感已经决堤，吐露出一堆的匈牙利语单词。……可怜的克劳斯。但愿他知道那不是真实的，我没有给他任何幻想。除了瞬间之外，他对我而言什么都不是。是和不是在这里都是不是，唯一实在的是体内的饥饿和四周的寒冷。"

遣送开始后不久，来自国内，尤其是来自霍尔蒂长期保守的政治联盟及其最亲密顾问组的压力，逐步导致匈牙利与德国在遣送一事上的合作中断。至少在这件事上霍尔蒂希望为使匈牙利摆脱希特勒的控制而在谈话中找到间接表达，斯托尧伊总理与希特勒的谈话于6月7日(盟军诺曼底登陆后)在克莱斯海姆进行。

谈话开始时，斯托尧伊总理向希特勒保证他和国家将忠诚地追随德国盟友战斗；然而匈牙利境内的德国国家警察总是让人觉得该国内政受到了干涉并且该国主权受到了限制。希特勒不需要进一步解释。他通过提醒总理回答道，去年他已迫使霍尔蒂采取反犹措施，然而不幸的是，霍尔蒂没有遵从他的建议；然后他评论匈牙利人试图改变立场，确切地说，他把匈牙利人和犹太人的强大存在联系在了一起。关于国家的"犹太化"范围，希特勒接着说道，他已经警告过霍尔蒂，但是后者以犹太人在匈牙利经济上的重要作用为由而不顾警告。希特勒又详细地解释道，清除犹太人只会给匈牙利人带来必定能掌控的新机遇。"此外，"他声称，"正如世界报刊每日所猜测的那样，哪怕霍尔蒂努力抚慰犹太人，犹太人也还会憎恨他的。"结论显而易见：德国人没有限制匈牙利的国家主权，只是反对犹太人和犹太机构，以捍卫匈牙利国家。

当斯托尧伊试图转向那些阻碍霍尔蒂采取反犹措施的内部困难并涉及霍尔蒂年纪(75 岁)的话题时，希特勒不予理会。希特勒说道，霍尔蒂是个努力避免武力冲突的人；而他本人也曾试图通过提交有关波兰通道的妥协方案避免战争。然而，希特勒提醒斯托尧伊，犹太人的报刊强烈鼓动战争。然后希特勒又在议会演讲中警告了犹太人。不用说，希特勒再次详尽地说明了他的预言。他意味深长地表示："此外，当他不得不忆起 4.6 万名德国妇女和儿童在汉堡被烧死时，没有人能够要求他向这些世界害虫施与一丁点的同情。现在他用古老的犹太谚语说道：'以眼还眼，以牙还牙。'……如果犹太种族获胜，至少 3000 万德国人要被灭绝，数百万人要饿死。"

6 月底，国际干涉加剧了匈牙利国内对遣送行动的反对：瑞典国王、教皇和美国总统——全都向摄政提出调解。7 月 2 日，美国对布达佩斯的猛烈轰炸表明了罗斯福的意图。霍尔蒂开始犹豫，准备遵从这些要求，却在数周内无法把自己的意愿强加给其政府内支持纳粹的成员。最终，遣送行动于 7 月 8 日正式停止。但是，艾希曼成功地从匈牙利得到另外两列将犹太人遣送至奥斯维辛的火车，第一列是 7 月 19 日来自吉斯塔莎营的，第二列是 7 月 24 日来自斯塔瓦的。

根据维森迈耶于 6 月 30 日提交的报告，匈牙利各省共有 381661 名犹太人被从 1~4 区遣送至奥斯维辛。"5 区（目前尚不包括在内的一个区域，指多瑙河以西，不包括布达佩斯）的集中营，"维森迈耶补充道，"于 6 月 29 日开始行动。与此同时，作为预备性措施，小规模的特别行动在布达佩斯郊区展开。此外，针对犹太政治人士、知识分子及有许多孩子的犹太人，特别是那些有技术的犹太工人，小规模特别遣送仍在进行。"7月9日，当匈牙利各省的遣送最终告一段落时，已有43.8万名犹太人被送往奥斯维辛，39.4万名犹太人当即遭到灭绝。在那些被拣选出来工作的犹太人中，到战争结束时仍然活着的已寥寥无几。在布达佩斯约25万名犹太人仍在听天由命。

　　在中欧东部和东欧（不包括苏联），像往常一样，某种程度上能够产生反犹动力的主要机构仍是教会（绝大部分人口是天主教徒，小部分是路德会教徒）。庇护十二世的确同其他领导人一起请求霍尔蒂停止执行德国人要求的行动。"奥斯维辛报告"由瑞士送抵梵蒂冈后，教皇支持犹太人的首次公开干涉声明发布于1944年6月25日。尽管对正在进行的灭绝行动已有全面了解，但是这份声明措辞非常含糊："我们已经从各种途径收到恳求，我们应该运用我们的全部力量缩短并减轻这一灾难。长期以来，尊贵又彬彬有礼的民族中许多不幸民众因其民族或种族而默默承受着这一苦难。依照我们博爱的宗旨，应该拥抱每一个人，我们的父爱之心不能再对这些紧急呼吁视而不见。为此我们建议殿下，请求您高贵的情感，充分信任殿下将会行使您的权力做一切事情以使这些不幸的人民脱离苦海。"正如历史学家布兰道夫·雷厄姆所指出，即使在这样的形势下，"犹太人"一词也没有出现在庇护十二世的声明中。更不用说会提及任何有关灭绝的事。

　　如此缺乏教皇威严的声明自然不会鼓励匈牙利天主教领袖贾斯蒂尼安·谢雷迪主教独自采取任何大胆举措。谢雷迪属于传统基督教反犹主义的那类人，并曾投票支持1938年和1939年首批两部反犹法令。匈牙利的天主教和新教教会领导人明白驱逐对德国意味着什么，他们中的主要领导人（包括谢雷迪）显然已经收到了"奥斯维辛报告"。然而在1944年3到7月间，基督教会主要领导人却没有改变立场采取反对斯托尧伊政府政策的公开立场。谢雷迪和新教教会领导人首要任务是寻求豁免那些改宗的犹太人，由于他们放弃了任何反对驱逐的一般性公开抗议，在这一方面他们确实部分地获得成功。

　　就驱逐犹太人本身而言，红衣主教谢雷迪最终起草了一份于7月16日发布的简短教函，当时霍尔蒂停止遣送犹太人都已达一周之久。在教函的原文中——从未公开发表——谢雷迪陈述道，部分犹太人"是有罪的并对匈牙利经济、社会及道德生活造成破坏性影响……(然而)在此问题上其他犹太人并没有站出来反对他们的宗教狂热者"。也就是说，所有犹太人都是有罪的，并且谢雷迪的立场与其副手埃格尔大主教久洛·曹皮克如出一辙。曹皮克曾于 1944 年 5 月争论道："不要公开犹太人正遭遇的事情；目前犹太人的遭遇只是对他们过去所做错事的适当惩罚。"

驻布达佩斯的罗马教皇使节蒙西尼奥雷·安杰洛·罗塔比教皇本人要直言不讳一些。他试图促使谢雷迪更为活跃地进行抗议。他激怒了谢雷迪，此外在两次不同场合上他的干涉表明了谢雷迪对教皇弃权的不满。第一次是 6 月 8 日，谢雷迪告诉罗塔"信徒般的教皇与做出如此暴行的德国政府之间的外交关系具有欺骗性"。第二次是在一次讨论联合干涉可能性的基督教会代表会议上，明显愤怒的谢雷迪叫嚷道："如果连教皇圣座都没做任何反对希特勒的事，我在我的小小教区又能做什么？去你的吧。"

确实有一些天主教的主教在其教区内大无畏地发表演说，但是这些都是孤立的声音，对匈牙利民众的态度并未产生重大影响。

四

随着匈牙利事件以前所未有的速度暴露在世人面前，直到今天仍引起极大争论的两件相关事件发生了："犹太救济与救援委员会"("法达"，该委员会的希伯来语称呼)的部分成员与德国人进行了谈判的尝试；盟军做出的关于炸毁布达佩斯至奥斯维辛铁路线或奥斯维辛杀人设施的决定。

"法达"于 1943 年年初在布达佩斯成立，宗旨是帮助犹太难民，主要是那些从斯洛伐克和波兰逃到匈牙利的犹太人。鲁道夫·卡斯特纳，一位来自克卢日的犹太复国主义者记者；约埃尔·布兰德，另一位来自特兰西瓦尼亚、在政治等方面有些冒险者意味的匈牙利人；以及一位来自布达佩斯的工程师奥托·科莫利，这三人成为"法达"的灵魂人物。其他许多匈牙利犹太人也加入了该组织的行政委员会。

1944 年 3 月底或 4 月初，在魏斯曼德尔的引荐下，以及遵从与部分盖世太保军官签订的合约，卡斯特纳与布兰德在布达佩斯会见了无处不在的维斯利策尼，并向艾希曼的代表提出用缴纳一大笔钱款(200 万美元)的方式避免匈牙利犹太人的驱逐。但事后越来越清楚"法达"显然是无法筹措到这笔巨款的。4 月中旬或下旬的某个时间艾希曼召见了布兰德,提出了一些建议,这最终导致了臭名昭著的交换协议,即用80万名匈牙利犹太人做交换,阻止西方盟国向东部前线运送1万辆冬季使用的卡车。党卫军允许布兰德前往伊斯坦布尔,条件是由在班迪·格罗兹的陪同。班迪·格罗兹是一个公认的多面手和奸诈人物,希姆莱的人通过他与西方各国建立了联系,至少表面上如此。

在4月3日维森迈耶给柏林的一封电报中,艾希曼的提议得到了阐释。这位帝国的全权代表向里宾特洛甫建议,盟军对布达佩斯的轰炸使反犹情绪不断高涨,有人甚至提出每炸死一名匈牙利人就应该处死100名犹太人的想法。维森迈耶尽管不能确定如此大规模的报复行为是否实际,但是在考虑采取任何具体行动之前,他还想知道是否存在另一条出路。显然里宾特洛甫向希特勒的建议成为一种选择。如果答案是肯定的,大规模处决将自然被排除在外。"里宾特洛甫向元首提议把(匈牙利的)犹太人作为礼物献给罗斯福和丘吉尔,我想知道这一提议是否仍然值得推行。"

维森迈耶的电报表明,希特勒和里宾特洛甫之间已经就艾希曼提议的这一交易进行了商讨,并且具体执行由希姆莱的人负责,几乎可以肯定已获得希特勒的认可。当然这并不意味着有释放相当数量匈牙利犹太人的意图。在当时,空前的驱逐和灭绝犹太人的速度与规模是德国人真正意图的最佳说明。与天真的犹太代表签订合约背后的意图十分简单:如果盟军拒绝德国人的提议,就将承担匈牙利犹太人遭灭绝的责任。继1938年7月埃维昂会议后,德国人得以再次宣称:"没人要犹太人!"假如万一由于犹太人的压力(从柏林可以看出来),盟军开始任何形式的谈判,斯大林一定会获悉此事,接下来,盟军一定会出现大的分裂,这是希特勒迫不及待希望看到的事。格罗兹使命背后的逻辑大概与此相同:如果西方接受单独媾和的想法,苏联一定会知晓,最终的结果会是一样。

1944年5月19日,布兰德与格罗兹抵达伊斯坦布尔。当格罗兹履行他的单独"使命"时,布兰德把党卫军的提议传达给了伊斯坦布尔的伊休夫代表。一系列行动迅速展开。驻伊斯坦布尔的代表之一韦尼亚·波梅兰兹前往耶路撒冷,将德国的提议告知本-古里安。即使与德国人做此交易的机会总体看来十分渺茫,但是由本-古里安召集的犹太代办处执行机构依然决定立即展开接触。英国驻巴勒斯坦高级专员从本-古里安处得知此事后,同意由掌管犹太代办处执委会外交事务的摩西·谢尔托克前往伊斯坦布尔会见布兰德。当谢尔托克的出发推迟后,布兰德本人不得不离开土耳其。布兰德恰在阿勒颇(叙利亚)被英军拘留,6月11日他与谢尔托克见面。布兰德向谢尔托克简要重复了德国人的意愿。德国人主动邀请犹太机构驻伊斯坦布尔代表之一的梅纳赫姆·巴德尔前往布达佩斯——甚至是柏林——并直接商谈,这使此事变得更为复杂,至少看上去如此。德国人甚至似乎放弃他们对卡车的要求而转向最初索要足够金钱的想法。根据战后的证词,只要一获得西方的肯定答复,用德国战俘作为交换,艾希曼保证释放5000~10000名犹太人。

虽然伊休夫领导人不久便明白了格罗兹的任务才是德国的主要阴谋,布兰德只不过是帮凶和额外的诱饵,但是谢尔托克和魏兹曼仍向伦敦的艾登请求予以采取拖延时间的举措并最终挽救部分匈牙利犹太人。7月15日他们得知德国"提议"遭到拒绝。7月11日在给艾登的一封信中,丘吉尔本人做出判断,德国人的建议并不诚恳,因为它是一项"通过最为可疑渠道商讨出的计划⋯⋯并且它本身就具有可疑性"。与此同时布兰德已由阿勒颇被送往开罗,在那里他仍受到英国的审问。至此他的使命突然结束。布兰德本人在1964年去世前,似乎得出这样的结论,他当时的使命就本质而言是德国意图瓦解苏联和西方之间联盟的一个策略。

对伊休夫领导人而言,虽然机会本身就很渺茫,但是营救尝试的失败毕竟代表一次严重的挫折。挽救数百万匈牙利犹太人的希望化为泡影。此外,对本-古里安来说,严重问题再次摆在眼前:谁来在以色列地建立一个犹太国家?"我们现在正处于战争即将结束的前夜,"他于1944年9月说道,"大部分犹太人已遭到灭绝。人人都在思量:我们将在何处为巴勒斯坦找人?"稍后他写道:"希特勒对犹太人民造成的伤害比他所知和所恨的还要多:他给自己没有预见到的即将建立起来的犹太国造成了伤害。国家出现了,却找不到期待它出现的民族。"

7月10日里宾特洛甫告知维森迈耶,希特勒已经同意由美国、瑞典和瑞士传达给霍尔蒂的请求,即允许布达佩斯的犹太民众遣返回自己的国家。不过,里宾特洛甫补充说:"只有在满足立即重启由摄政暂停的向帝国遣送犹太人并达成协议的条件下,我们才能同意此次和解。"7月17日,里宾特洛甫要求维森迈耶以希特勒的名义向摄政者发出如下通告:"元首希望针对布达佩斯犹太人的措施立刻执行,不得拖延。如有例外⋯⋯仅授权匈牙利政府决定。不过,即便有例外出现,整个犹太措施的执行也不可拖延。否则,元首将拒绝接受做出的例外。"

至于希姆莱,他于 7 月 15 日觐见了希特勒,商讨了匈牙利的"犹太人问题",并表明希特勒已经百分之百批准了他的提议。几天后,希姆莱在给大区领袖马丁·穆切曼的信中吹嘘他已把 45 万名犹太人送往了奥斯维辛,并向马丁保证,尽管在其他地方遭送遇到一些困难——如在法国——但是在匈牙利,此项任务会得到完成的。"可以保证,"希姆莱在信的结尾处写道,"特别是在战争的这一关键时刻,我会像往常一样采取强硬手段。"

仍然难以置信的是,精明的卡斯特纳竟对布兰德使命的成功抱有很高的期望。不论结果会是怎样,他必须尽快明白维斯利策尼这类的党卫军军官——以及整个布达佩斯小组——也正准备接受更加有限的交易,这对帝国而言是可以解释清楚的挟持行动。此外,这样的行动对一些党卫军军官来说也是极为有利可图的。因此,1944 年 4—6 月的一系列商谈后,卡斯特纳说服了维斯利策尼,艾希曼及希姆莱的属下库尔特·贝歇尔(他当时的作用是向党卫军提供马匹),允许一列载有 1684 名犹太人的列车由布达佩斯驶向瑞士,在更大范围的"交换谈判"框架下作为德国示好的表示。价格是每位犹太人 1000 美元,负责安排最终谈判的贝歇尔设法成功地让部分幸运的犹太人出了双倍的钱。6 月 30 日列车出发,先是出乎意料地去了贝尔根—贝尔森。尽管如此,卡斯特纳的犹太人仍然分两批抵达瑞士。第一批是在初秋,第二批是在几周之后。虽然卡斯特纳并不是独自一人挑选乘客,但是他对拣选委员会的影响可想而知。这引发了战后对裙带关系的指控及以色列的两次庭审案件。最终使卡斯特纳丢了性命。①

8 月中旬瑞士驻布达佩斯代表告知伯尔尼,暂时被送往贝尔根—贝尔森的首批 600 名匈牙利犹太人将于数日内抵达瑞士。此时警察分队队长罗特蒙德确实已收到此消息,但是他的上司联邦委员施泰格尔对此表示怀疑。国际红十字委员会的卡尔·布尔克哈特却立即抓住机会使这些意料之外的犹太难民获准进入瑞士。这是我们从一位瑞士军官于 1944 年 8 月 14 日的备忘录中了解到的:"布尔克哈特先生看上去并不对布达佩斯代表送来的消息感到惊讶;他声称自己十

---

① 20 世纪 50 年代在以色列一场耸人听闻的审判引发了对卡斯特纳的指控,并导致他在特拉维夫遇害。这是以色列最高法院恢复他名誉之前的第二次审判。公众关注的核心在于卡斯特纳对列车乘客的选择。

分高兴。对瑞士而言,现在能够为犹太人做些积极的事是再好不过了。这会给其他国家留下好印象,而且可以消解那些因不满他们所受到待遇的难民和外国(瑞士营)囚犯(主要是知识分子)的事给我们国家所带来的愤恨。"

一些犹太人用自己的方式离开了匈牙利。党卫军谈判获得了属于犹太家族及其合伙人所有的曼弗雷德·魏斯工业企业。通过获取主要的兵工厂和机床公司,希姆莱和波尔希望加入德国工业遴选精英阶层。他们就这次强占的好处说服希特勒是没有困难的。贝歇尔再次作为布达佩斯之间的中间人,获得了比例相当的丰厚收益。在党卫军的协助下,用于交换的约 50 名犹太家庭成员被允许离开前往瑞士、西班牙或葡萄牙——甚至被支付了所协商好的部分钱款。

在此期间另一项十分困难的救援计划——同盟国对匈牙利至奥斯维辛的铁路线及很可能对奥斯维辛 — 比克瑙灭绝场所进行轰炸的计划也流产。

1944 年 5 月 25 日,极为能干又有积极性的战时难民局驻伯尔尼代表罗斯韦尔·麦克莱兰给华盛顿送去消息说,他已经受到美国犹太教正统派拉比联合会驻伯尔尼代表伊萨克·施特恩伯克发出的信息。该信息是发给在纽约的犹太教正统派拉比联合会的:"我们收到来自斯洛伐克的信息,"施特恩伯克写道,"称他们请求迅速空袭卡绍和普雷绍夫两镇,其中卡绍是军事运输中转地,而普雷绍夫既是穿过卡绍构成遣送交汇枢纽,也是两镇之间整条铁路线的所在地,该铁路线上有一座 30 码长的小桥。它是从匈牙利通往波兰的唯一线路,而其他所有往东的短小铁路线仅在匈牙利境内可用,无法作为通往波兰的路线,而波兰已成了战场。如有必要可以在短时间内重复进行轰炸,这样便可以阻止桥的重建。在未经命名的城镇只有一条经过奥地利的铁路线,由于实在太绕路而无实际作用。"

"工作组"是施特恩伯克获得来自斯洛伐克信息的来源。魏斯曼德尔在 1944年 5 月初某个时刻发出的第一封信没有人确认收到,因此 5 月 31 日斯洛伐克的拉比重申了他的请求,再次提供了遣送的细节:细节非常精确,如对屠杀设施的描述(很可能基于弗尔巴—韦茨勒的报告)。魏斯曼德尔的信以极度痛苦的恳求结束:"现在我们不禁要问:你们怎么能吃得下、睡得着、活着?如果你们没有竭尽全力用可能获得的方式尽快帮助我们,你们的内心会有何等的内疚? ……看在上帝的分上,现在、马上采取行动吧!"

犹太组织和华盛顿战时难民局在收到施特恩伯克发出的信息后,在 6 月底进行了紧张的磋商和联系。佩勒将该信息传递给了助理国防部部长约翰 J.麦克洛伊，但有所保留："今天讨论阿古达斯·以色列建议一事时我见到了副部长麦克洛伊，阿古达斯·以色列建议提出应该对轰炸卡绍和普雷绍夫之间铁路线一事做出安排，因为该铁路线是用作把匈牙利犹太人遣送到波兰的。我对麦克洛伊说，我向他提请此事为的是无论作战部采取什么样的适当方式都是应该的，不过对此我有几点疑虑，即：(1) 为此目的动用军事飞机和人力资源是否恰当；(2) 出于任何好意使该铁路线长时间内停运是否有困难；(3) 假设该铁路线在一段时间内停运，是否会对匈牙利的犹太人有所帮助。我向麦克洛伊清楚表明，至少在此事上，我不要求作战部对此提议采取任何行动，而是希望能恰当地研究一下。麦克洛伊明白了我的立场，说他会对此进行研究。"

几天后，世界犹太人会议救援部的领导人莱昂·库博夫斯基给佩勒写了封信，这次不是建议轰炸匈牙利至奥斯维辛的铁路线，而是建议由苏联伞兵或波兰地下组织摧毁绝灭营的死亡设施。从空中轰炸这些设施的想法同时也来自另一位犹太代表本杰明·阿克津。

1944 年 7 月 4 日，在给佩勒的一封信中，麦克洛伊拒绝了这一类的方案和请求："我参阅了你 6 月 29 日寄来的信，包括你驻瑞士伯尔尼代表的一封电报，建议炸毁匈牙利至波兰的某段铁路线以切断对匈牙利犹太人的遣送。作战部的意见是，建议中的空中行动并不可行。该行动的执行职能通过转移对我军胜利至关重要的空中支持来完成，而此刻他们正执行具有决定意义的行动，此外，无论如何它的效果都十分令人怀疑，以此该方案不可行。作战部十分欣赏提出该建议者的人道主义动机，但是鉴于上述原因，建议中的行动无法获得支持。"

与此同时，谢尔托克和魏兹曼虽然在布兰德使命一事上没能说服英国政府，但现在则呼吁进行轰炸。虽然丘吉尔有过简短的介入，似乎认同某一举措，但是到了 7 月中旬，伦敦与华盛顿一样持否定态度。在 1944 年 7 月 15 日收到的来自空军大臣阿西巴尔德·辛克莱爵士的拒绝信的顶部，伊登写道："一封典型于事无补的信。总部得考虑该如何处置此事。我认为我们应在适当的时候把这事推给热心的犹太复国主义者，即告诉魏兹曼，我们已经找过 A.辛克莱勋爵，建议他去见一见勋爵。安东尼·伊登，7 月 16 日。"

赫斯已被召回到奥斯维辛，监管对匈牙利犹太人的灭绝。由于任务完成得出色，他被授予一级和二级战功十字勋章。他于 7 月 29 日返回柏林。

<h1 style="text-align:center">五</h1>

1944 年 7 月底，红军解放了马伊达内克。在仓促的逃离中，德国人没能成功消除毒气室及绝灭营的其他杀戮活动的痕迹。很快，杀人设施的图片、受害者的遗物、成堆的眼镜及假肢出现在全世界的报刊上。

对德国人而言，此时，清除其罪行痕迹已成为他们的当务之急。7 月 12 日波兰医生克卢克夫斯基写道："近来我们听到一个传言，称德国人正计划掘开被害犹太人的坟墓，转移其中的尸体，并进行焚烧。……犹太人的墓地正发生一些奇奇怪怪的事情。没有人可以进入。坟墓被持枪的卫兵包围着。张贴的警示标志上写着：擅自闯入者格杀勿论。不少小车和卡车进进出出。从扎莫西奇运来了大批囚犯。墓地已被划分为许多部分；然后德国人竖起了栅栏，上面盖着油布，没人能够看到里面在干什么。"7 月 14 日他又写道："我们获悉德国人正把犹太人的尸体运到罗通达火化。墓地里没有火化任何人。"

第二天，克卢克夫斯基再次提及同一话题："有时，刮大风时你会闻到来自犹太人墓地腐烂尸体的气味。"又过了一天，德国人离去："今天上午 10 点左右，德国人完成他们在墓地的工作后离去。道路恢复正常。教堂也重新开放。德国人进行了大量的挖掘。他们确实移走了一些尸体，但是他们不可能在数日内移走成千上万具已严重腐烂的尸体。"这的确是事情的关键。德国人杀害了太多的犹太人，无法将所有的尸体都移走和焚烧掉。

7 月 26 日俄国人进入什切布热申。

8 月 23 日安东内斯库政权垮台，苏联军队于 31 日占领了布加勒斯特。几天后又轮到保加利亚。在东欧和东南欧发生的激动人心的起义中，发生在波兰的事件成为惨烈的悲剧：8 月 1 日苏联军队抵达华沙维斯瓦河东岸地区，波兰军队发出在城内起义的信号。起义者和德国增援部队之间展开了激烈的巷战，而苏联军队起初没能并且后来也没有进行有力的干涉。10 月 2 日，剩余的波兰部队最终投降，而他们的首都也只剩一片废墟。苏联军队不久占领了华沙。刚开始时，罗科索夫斯基的军队被反攻的德军推到维斯瓦河沿线；后来，斯大林，以其自己的方式，解决了民族主义者反对他欲施加给波兰的共产主义政权问题：他让德国人大量消灭了波兰民族主义。

1944 年 3 月波兰起义前，埃马努埃尔·林格尔布鲁姆和他的儿子被德国人逮捕后枪杀。其他许多犹太人则在城市的雅利安辖区找到避难所，如卡莱尔·佩雷科德尼克，但他们都在为华沙而战的斗争中牺牲。

1944 年 5 月 5 日，另一位匿名日记作者开始记录他在罗兹隔都的生活细节，这是弗朗索瓦·科佩所写的一部法国小说《真实的第三帝国》的原型。记录者是位少年，他有时用英语书写（为的是不让其 12 岁的妹妹看到自己的一些议论），也使用波兰语、希伯来语，但主要还是使用意第绪语。对于近 7.7 万名仍生活在隔都并为国防军工作的犹太人而言，每天的生活，像过去一样，受一件主要物质的主宰：食物。1944 年 5 月 5 日，年轻的记录者有充足的理由用英语记下了他的第一篇日记：

"本周我犯了一个错误，它最好地证明了我们人性的丧失发展到了何种地步——具体说，我一下子吃掉了供三天吃的面包，今天是星期天，因此我必须要等到下星期天才能获得另外一个面包。我是饿坏了。我只能把生活寄希望于（工厂的）汤上。汤里面通常有 3 小片土豆和 20 克面粉（原文如此）。周一早上我非常沮丧地躺在床上，看到了我亲爱妹妹的半块面包……我无法抗拒它的诱惑力，便把它全吃了……我满脑子的良心自责，接下来几天我妹妹将如何度过的问题也在困扰我。我有一种痛苦无助的犯罪感……我对人说面包是被一个虚构的无情贼偷走了。为了使人相信那是真的，我不得不咒骂并斥责那个虚构的贼：'要是让我碰到他，我发誓会双手掐死他。'"

匿名作者开始写日记之时，隔都的末日已经到来。为了执行希姆莱的决定，格赖泽尔从他那里获悉，如我们在前一章中所知，对隔都民众的灭绝行动再次展开。1944 年 6 月 13 日—7 月 14 日，7000 多名犹太人被遣送至海尔姆诺。然而，一个月内，由于苏联红军的逼近，杀戮地点不得不被拆除。马伊达内克的惨败没有重复。遣送行动短暂中止给隔都带来了希望和欢乐，正如罗森菲尔德于 7 月 28 日所写："我们正面对的不是启示就是救赎。我们可以更加自由勇敢地呼吸。人们注视着彼此仿佛在说：'对，我们彼此心心相通！'……当然也有不少怀疑论者和吹毛求疵的人，他们不愿相信，还在怀疑他们数年来的渴望和等候。人们对他们说：'总有一天会到来的，现在这样的时刻真的来了，你们却不信。'然而，他们痴痴地凝视着什么也没有的天空，沉浸在自我悲观中。经历了如此多的苦难和恐惧,如此多的失望后,他们无力释放自己预期的欢乐,这并不令人惊讶……如果有一天'救赎'最终真的会到来,令人惊讶要强过使人经历再一次失望。这便是人性,这就是 1944 年 7 月底利茨曼隔都人的精神状态。"这是罗森菲尔德的最后一篇日记。

8 月 2 日,德国人宣布了"隔都的迁址计划"。8 月份开始,每天有 3.5 万名犹太人不得不聚集到火车站。刚开始时还没反应过来的部分民众再次被比博发表的安抚人心的讲话所蒙骗:"隔都的迁址计划应该在平静、有序、仁慈中进行……我向你们保证,我们将尽最大的努力通过隔都迁址来取得最好的结果、挽救你们的生命……我知道你们都想活下去,都想有东西吃,你们的想法是会实现的……如果你们不配合,隔都管理部门就将辞职,强硬举措会实行……列车内有足够的空间,机械设备已重新部署好。和你的家人待在一起,带上你的锅、饮水器皿和餐具。自从所有东西都分配给轰炸的受害者后,德国已经没有这些东西了。"

尽管罗森菲尔德的最后一篇日记充满希望,匿名少年 8 月 3 日的最后一篇日记(用英语写成)则是完全不同的调子。这可能是当时犹太人日记中对反德仇恨最毫无顾忌的表达;这也是一次对犹太人逆来顺受性格感到愤怒的集中表达,一次对本民族无限同情的集中表达,一次挑战上帝的集中表达。日记在引用了比博的一段言论("为确保德意志帝国的胜利,元首下令用好每一位工人")后,他评论道:"显而易见! 我们所享有的同德国人生活在同一片天空下的唯一权利——虽然是作为最下等的苦役活着——是为他们的胜利而工作的特权,干得多! 不吃任何东西。真的,他们凶残恶毒的本性是任何人都无法想象的……当他问人们是否准备好为帝国忠诚工作时,每个人的回答都是'是!'——我在想这是一种多么令人沮丧的局面啊! 德国人是什么样的人啊,他们让我们蜕变成如此低等的爬行动物,还要说'是!'生命真的如此重要吗? 不生活在这个有着 8000 万德国人的世界上难道不是更好吗? 或者,与德国人生活在同一个地球上难道不是一种耻辱吗? ……他们将如何处置我们中生病的人? 老人? 儿童? 哦,上帝啊,你为何创造出德国人来摧毁人类? "接下来是一条没有日期的日记:"上帝啊,你为何允许他们说你是中立的?为何你不用你全部的愤怒去惩罚那些正在摧毁我们的人?难道我们是有罪之人,他们是正义之士吗? 那真实吗? 当然你有足够的智慧明白那不是真实。我们不是有罪之人,他们也不是弥赛亚! "

一些犹太人试图躲藏起来。既然犹太警察无法应付这一局面,城市的德国警察和消防队开进隔都开始往外拖拽人数已迅速减少的犹太人。8月28日,隔都的末日来临。鲁姆考斯克、他的妻子、领养的儿子,以及他的弟弟和弟妹成为当天前往奥斯维辛—比克瑙灭绝营的最后一批人。鲁姆考斯克和他的全家无一幸免于难。

记于1944年7月30日的最后一则"日记"在记录下"当日新闻"之前,包括通常都会有的天气、重要的统计资料("死亡:1人;出生:0人")和居民人数(68561人):"今天是星期日,过去得十分平静。主席召开了各种会议。总的来看,隔都平静而有序。兰吉夫尼卡大街现在是另一番景象。交通格外繁忙。人们可以看出战争正逐渐逼近利茨曼。隔都里的人好奇地盯着属于各个不同军种分队一驶而过的汽车。不过,对他们而言,最重要的问题仍是:有什么可吃的?"

紧接着便是有关运来土豆、白菜和大头菜的消息:"如果明天,星期一,还没有面粉运来的话,处境会极为严峻。据说面粉只能再维持2~3天。"没有关于传染性疾病案例的报告。唯一一例死亡的原因是自杀。包括泽尔克维兹和罗森菲尔德在内的日记作者全被遣送至奥斯维辛,遭到杀害。1945年1月当红军占领该市时,只有877名隔都犹太人还活着。

波兰解放了。长年以来藏在雅利安辖区内的波兰犹太人重新露面;1939年逃到苏占区并被赶到苏联境内更多的犹太人回了国。1939年曾在波兰居住的330万犹太人中,只有约30万在战争中幸存下来;其中藏身波兰领土上幸存下来的大概有4万。

1944年7月初当苏联红军抵达立陶宛东部边境时,在德国占领的巴尔干各国中仍然存活着3.3万名犹太人,主要分布于科夫诺和沙夫利隔都及爱沙尼亚的劳动营。7月14—15日,如我们所见,科夫诺隔都被清空:约2000名居民当场被杀死,7000~8000人则被遣送至德国的集中营。7月15—22日,约8000名犹太人由沙夫利被驱逐到但泽附近的斯图霍夫营。

1943年年底之前,卡尔马诺维奇死于爱沙尼亚的纳尔瓦苦役营。与此同时,克鲁克成为爱沙尼亚主要苦役营克鲁加的一名囚犯。虽然不如在维尔纳时的系统有序,但是他重新开始了他的记日记活动。1944年8月底,他又被转移走了,这次到了附近的拉格里:"到现在为止我一直睡什么也没有的地上,"他于8月

29 日写道,"今天我为自己建了个藏身之处,用柴火搭了个窝——拉格里的一大成就。……如果可能,我会一直记下去。"他又这样写了几天。"星期日,我们这里有情况,"9 月 5 日的记录写道,"刽子手头目来了,他是主任医生。但一切如常。今天又有些紧张。指挥官来了,所谓的瓦伊瓦切克(拣选者)。"9 月 8 日:"又经历了一次紧张:拣选者博特曼医生来了,同行的还有施瓦策,如人们所说,一个完整的'屠宰店'。人人都确信可怕的事要发生,最好的情况是被转移到德国。结果是虚惊一场——我们还活着。他令人送来内衣、外套等。看来我们要待下去。因此,我们在耗时间。"

克鲁克的最后一则日记写于 1944 年 9 月 17 日。当着目击者的面他记下了藏匿日记手稿的事:"今天是犹太新年除夕,我们到爱沙尼亚已一年了。我把日记手稿埋在了拉格里,舒尔马夫人的柴草堆里,看守房的正对面。埋藏时有 6 人在场。我很难与邻人(德国人)共处。"

"第二天,"据克鲁克日记英文译本的编辑本杰明·哈沙夫的观点,"克鲁加和拉格里的所有犹太人,包括赫尔曼·克鲁克在内,全部遭到快速灭绝。囚犯被命令搬来圆木,排成一排,然后他们被命令脱掉衣服赤裸地趴在圆木上,后脑勺中弹遭枪杀。就这样一层摞一层,然后整个圆木堆被点燃。第二天上午,苏联红军的第一批部队抵达该地区。克鲁克最后一则日记提到的 6 位目击者中,有一人幸存下来。他返回拉格里,把日记挖出来带到了维尔纳。"

六

1944 年夏,在盟军各条战线的军事打击之下,德国开始分崩离析,在第三帝国内部发生了一件大事件:出现了刺杀希特勒的行动。

越来越多的军官——其中许多人先前一直是绝对服从命令的人,甚至是纳粹政权及其领导人的坚定拥护者——在 1944 年开始支持纳粹政权坚定反对派的小圈子,这些人密谋刺杀希特勒以挽救德国于彻底毁灭。虽然先前的一些尝试均以失败告终,但是在克劳斯·冯·陶芬贝格的精心策划下,定于 1944 年 7 月 20日执行的刺杀计划似乎万无一失。然而这一刺杀行动仅仅因为运气不佳而再次失败。它导致了可怕的报复行动。在接下来的数月里并一直持续到战争的最后几周,报复行动都没有停止下来,不仅是报复主要的策划者,而且还报复我们在这段历史中所遇到的大部分反对派团体和个人:莫尔特克被处决,被处决的还有哈塞尔、戈尔德勒、朋谔斐尔、奥斯特、卡纳里斯等数千人。

　　然而，对德国史而言,1944 年 7 月 20 日事件是一次意义深远的英雄壮举,更为直接的致命影响是在此关键时刻——以及 1945 年——大部分德国人、大多数国防军,当然还有纳粹政党及其组织成为希特勒及其政权的坚定支持者。用历史学家斯蒂芬·G.弗里茨的话说,如果说刺杀希特勒事件有什么影响的话,那就是"为希特勒团结了更多的士兵"。BP 愤慨地写道:"感谢上帝允许我们的元首继续完成拯救欧洲的使命,现在我们的神圣职责是更加紧密地团结在他的周围,以弥补少数犯罪分子不顾整个国家利益的所作所为。"KN 中尉认为:"这是无法表达的悲哀,敌国看到了我们内部分歧的征兆,之前他们所看到的或许只是团结一致。""这些罪人试图摧毁数百万人准备抛头颅洒热血来保卫的国家,"HWM 中尉宣称,"获知 1918 年 11 月的事件没能重新上演,真令人高兴!"

　　犹太人在这一事件中没被长时间遗忘。8 月 8 日,军士长 E 猛烈抨击道:"我们完全相信,我们很快会克服这些该死叛国者所造成的损失。我们会克服我们面临的最大困难,也就是说:会很快获得胜利! 你们可以看到在这最后时刻,这些猪是如何试图夺走我们的一切的。我们知道这些恶棍是共济会分子,与国际犹太人同流合污,或者更准确地说,是受他们的指使。很遗憾,我不是镇压这些罪犯行动的一员。倘若能够看到从自己手枪中冒出的烟,那该是件多么令人愉悦的事。"

　　把密谋者与犹太人联系起来,这一悲哀的讽刺源自这一事实:正如反复提及的那样,纳粹政权的保守反对派中有很多人本身就是不同程度的反犹分子。在盖世太保审问那些人的政治和意识形态信仰的过程中,这一点再次得到证实。审讯报告("卡尔滕布龙纳报告")由帝国保安总局头目交给了博尔曼。1944 年 10 月 16 日的一份报告详尽地叙述了犹太人问题。

　　普鲁士前财政部部长波皮茨(莫尔特克和普雷辛的一位朋友)说道:"既然有人熟悉宪政时期(魏玛时期)的状况,我对于犹太人问题的看法是,犹太人应该从国家生活和经济中消失。至于采用何种方式,我一直主张一种更为渐进的方式,尤其是出于外交的考虑。"波皮茨再次极为详尽地重申了审讯过程中的观点。后来报告强调:"被审讯的其他许多人都表达了同样的观点。以约克·冯·瓦滕堡伯爵为例,他说,针对犹太人的灭绝措施违背了法律和公正,致使他与国家社会主义断绝关系。伦多夫伯爵声称'虽然他敌视犹太人,但是他从不赞成国家社会主义者的种族论,特别是对它的实际应用'。亚历山大·冯·施陶芬贝格伯爵(亚历山大与贝特霍尔德·冯·施陶芬贝格及克劳斯是兄弟关系)说,他'所持的观点是解决犹太人问题应避免采用极端方式,因为这样才会在民众中引起较小的混乱'。贝特霍尔德·冯·施陶芬贝格伯爵的观点与之相似:'从根本上说,他和他的兄弟支持国家社会主义的种族原则,但认为这一原则被过分夸大了。'"

此外,卡尔滕布龙纳报告引用了戈尔德勒备忘录中的"目标":"对犹太人迫害采用的方式最为惨无人性和可耻,这是无法弥补的,应即刻予以制止。认为用犹太人的财富可以使自己富有的人将会发现,这种以不道德手段获得财富的方式对任何一位德国人来说都是不光彩的。在上帝的造物之中,德意志民族与掠夺者和贪婪者是毫不相干的。"

尽管第三帝国正走向彻底失败,却很少有德国人对"犹太人问题"漠不关心。不管是受戈培尔宣传的影响,还是由于反犹主义传统的影响,德国社会各阶层都对犹太人感到困扰。最为普遍的态度当然是仇恨,但也有恐惧,如我们所见——对报复的恐惧。许多纳粹党成员想必与 KB 下士有着同感。1944 年 8 月 27 日,在给母亲的一封信中,KB 让母亲把他的纳粹党制服藏起来或者干脆烧掉。他承认,他早先投身于国家社会主义的外在标志使他在夜晚无法入睡。他的恐惧不无道理:"你肯定知道,犹太人一定会进行血腥报复,特别是针对纳粹党成员。"

8 月 5 日,希特勒最后一次向安东内斯库就犹太人问题进行说教。他向这位罗马尼亚元帅阐明德国惩戒性战斗是出于对"内部敌人的无情摧毁。使作为革命的同犯和煽动者的犹太人不再存在于德国。如果有人认为只要善待犹太人便可使他们在战败的情况下仍然为寄居国喝彩,那就大错特错了。(第一次)世界大战后巴伐利亚和匈牙利所发生事件证明了这一点。在这些国家犹太人被证实是布尔什维克反政府势力的绝对组织者"。因此,尽管无论出现什么样的情况,安东内斯库政权都将垮台,希特勒仍试图说服他的盟友重启他的反犹运动。

七

1943 年秋,雅各布·埃德尔斯坦被捕,理由是通过更改集中营登记册上的号码和名字帮助一些囚犯从特莱希恩施塔特逃脱。他被遣送至奥斯维辛,一同遭遣送的还有他的妻子米丽娅姆,儿子阿里耶及年迈的奥利尼夫人,米丽娅姆的母亲。埃德尔斯坦被关在主营的 11 区,他的家人则被关在比克瑙的"家庭营"。1944年 6 月 20 日,他们全家人团聚在 3 号焚化场前被枪决。在目睹了自己的儿子、妻子和岳母遭枪杀后,雅各布最后一个被枪毙。

1944 年 9 月 27 日,保罗·爱泼斯泰因莫须有的试图逃跑指控而被捕。他被带到小军事堡垒前处决。特莱西恩施塔特的囚犯现在由三位长者中最后一位、维也纳人墨梅尔斯坦领导。虽然战后他在法律上恢复了名誉,但他仍是一位有争议的人物。1989 年当他在罗马去世时,该市的首席拉比不允许把他安葬在他的妻子旁边,只允许葬在犹太墓地外围,这显然是对他的一种象征性排斥。在集中营,墨梅尔斯坦的一位德国上司是布拉格犹太博物馆的前任"馆长",党卫军指挥官卡尔·拉姆。

1944 年秋,在特莱西恩施塔特拍摄了第二部电影。这次的导演是库尔特·格隆。格隆是一位著名的犹太演员、导演,全魏玛时期的明星表演家,他是从荷兰被驱逐到特莱西恩施塔特的。该电影把特莱西恩施塔特描绘成一个欢乐的度假小镇,有公园、游泳池、足球比赛、学校及无尽的文化活动(音乐会、戏剧等),突出表现了小镇处处"快乐的面孔"。该片于 1944 年 11 月完成,这是第二部规模宏大的愚人之作,取名为《特莱西恩施塔特:来自犹太安置点的记录》,而不是通常所说的《元首赠予犹太人的小镇》(这是由囚犯自己起的讽刺性片名)。该影片从未公映。格隆是最后一批离开特莱西恩施塔特转移到奥斯维辛的人员,一经抵达便被毒气杀害。

1945 年 4 月,经过进一步的粉饰,国际红十字委员会的第二批代表参观了营地,还是有众多党卫军陪同,其中包括阿道夫·艾希曼。日内瓦代表们再次表示满意:在他们的报告中特莱西恩施塔特被描绘成"一个小犹太国"。顺便提一下,他们成为唯一观看过格隆执导的电影的观众;不过,连他们都认为这部电影"过于宣传性了"。

在特雷布林卡事件和索比堡事件以及 10 月份奥斯维辛特别突击队的犹太人孤注一掷的起义被及时镇压下去之后,德国人在 1944 年秋将特莱西恩施塔特有可能爆发起义的事有所准备,但是特莱西恩施塔特并没有发生武装起义。因此,在遣送的这几个月里,被运往奥斯维辛的主要是年轻人。

不过,隔都式的集中营中并不缺少抗争,在有的集中营抗争还十分频繁。韦尔迪的《安魂曲》配上《审判日》特别是《拯救》的表演传达了强有力的信息。指挥拉斐尔·沙赫特组建了一支庞大的唱诗班,有独唱和一个规模相当的管弦乐队。1944 年夏末进行了首场演出。沙赫特修改了《拯救》,因为原先的作品过于温顺,"把贝多芬的胜利元素加入最后几个音节中:三个短音,一个长音"。艾希曼是否坐在观众席上尚不可知,因为当时他在集中营以希姆莱的名义向拉姆授奖。不管是不是这样,9 月 28 日最后一场演出 (当时所有的演出人员都已经知道他们将被遣送)的第二天,合唱队成员、独唱者和管弦乐队登上了前往奥斯维辛的列车。

10 月份,有 11 辆列车紧随 9 月 28 日的列车抵达,运来了 11077 名犹太人。至 9 月中旬集中营仍有囚犯 29481 名。随着接下来的几个月里,斯洛伐克、受保护国和帝国(主要是混血者和通婚者)的被驱逐者慢慢聚集,囚犯的数量再次达到约 30 万人(与此同时,随着希姆莱与瑞士前总统让—马里·穆西的谈判,首批 1200 名囚徒被送到瑞士,对此我们稍后还会谈到)。1945 年 2 月拉姆下令建两处场所:一是大门紧闭的巨型大厅,二是带有盖板的大坑。倘若决定在苏军抵达之前毁灭整个集中营,这两处场所都可以用来当场灭绝集中营中的所有犹太人。部分被关押者最终幸免于难:有 141184 名犹太人先后被遣送至特莱西恩施塔特。战争结束时,有 16832 人仍活着。

1944 年 10 月 6 日,雷德利希的最后一则日记成为"丹日记"(他刚出生儿子的名字)的一部分。通过与其婴儿的讲话,他叙述了要发生的事:"我的儿子,明天我们就要去旅行。像之前数千人那样乘列车去旅行。像往常一样,我们不需要登记。他们毫无理由地把我们装进去。但是没关系,我的儿子,那没什么。我们所有的家人在过去的几周已离去。你的叔叔、姑妈还有你深爱的祖母都走了。……与她分离尤为令人不舍。我们希望在那里能见到她。"

"看来他们要清空隔都,只留下老人和混血者。在我们这一代,敌人不但凶残而且十分狡猾和恶毒。他们许诺过 (一些事) 却又食言。他们送走年幼的孩子,童车却留在这里。家庭被拆散。父亲乘的是一辆车。儿子乘的又是另一辆。母亲乘的却是第三辆。明天,我们也会去的,我的儿子。希望我们的救赎时刻会很快来临。"

对雷德利希而言,送走孩子而留下童车意味着死亡。他在遭遭送前夕用食物为他的儿子换回一辆童车。他得到允许带上童车。在他看来,这允许代表着一种乐观。他对他的朋友威利·格罗格说道:"难道他们允许我们带上童车还有其他原因吗?"雷德利希和他年幼的儿子丹在抵达时即被杀害。丹的童车和其他数万个童车很可能被运往了德国。

1943 年 8 月,在卡塞尔镇被捕后,来自伊门豪森的医生莉莉·雅恩被送往布赖腾瑙的一座"劳教营"。这一相对较轻的处置(在那里,大部分非犹太囚犯在被拘留几个月后通常被释放)起初可能是由于莉莉生下了 5 个混血儿,或是出于她先前丈夫熟人在卡塞尔的一位盖世太保军官的帮忙。然而,莉莉在布赖腾瑙被关押了 6 个月后,于 1944 年 3 月被遭送至奥斯维辛。至 6 月初,她肯定已经十分虚弱了,因为她几乎无力在寄给她弟媳信的结尾签名,而信明显是由另外一位囚犯代写的。之后不久便是她的末日。

官方死亡证明证实莉莉·萨拉·雅恩死于 1944 年 6 月 19 日。9 月 28 日她的死亡证明送达她儿子在卡塞尔的住处;她的身份证被归还给了作为"地区警察长官"的伊门豪森市市长。身份证上一段简短的文字叙述表明她死于 6 月 17 日。莉莉·萨拉·雅恩是死于 6 月 17 日还是 6 月 19 日,这对奥斯维辛管理部门而言没有任何区别。

八

在斯洛伐克,尽管苏联红军正迅速逼近,但是地下组织的起义还是过于超前。德国人及其赫林卡卫队帮凶很快镇压了当地游击队的起义。凡是参加武装起义的犹太人一旦被捕便当场枪毙,伊休夫派去的 4 名伞兵中有 3 人遭此毒手。在1944 年最后几个月和 1945 年年初期间,犹太社团剩余人员基本上被遭送至奥斯维辛,也有被遭送至其他营地的,包括特莱西恩施塔特。

为了终止遭送,至少是对那些改宗犹太人的遭送,梵蒂冈再次进行了干预,但没有任何结果。蒂索,尽管先前不如他最亲密的助手激进,现在则在给庇护十二世的一封信中为遭送进行辩护:"有关凶残的传闻不过是敌人夸大其词的宣传。……实施遭送是为了捍卫国家。……我们应认为它是对德国人国家主权感激和忠诚(的一种表达)。……这种恩情在我们天主教徒眼里是最高的荣誉……

教皇尊座,我们应该忠于我们的计划。为了上帝、为了民族——签名:约瑟夫·蒂索(神甫)(牧师)。"如天主教历史学家约翰·莫利牧师所说:蒂索经常受到梵蒂冈的斥责,但未被革除教籍。教皇错失了显示"极大人道主义和道德姿态"的机会。

与此同时,在毗邻的匈牙利发生的事件使形势进一步恶化。10 月 15 日,霍尔蒂宣布匈牙利退出战争。同一天,德国人占领了布达佩斯,逮捕了霍尔蒂及其儿子,并任命了箭十字军政府,由绍洛希领导并受到大部分匈牙利军队的拥护。10 月 18 日艾希曼重返布达佩斯。

在接下来的几周内,德国人让 5 万名犹太人进行了从匈牙利首都布达佩斯到奥地利边境的长途跋涉,先是由匈牙利宪兵队押送,然后是德国卫队。此行目的是让这些犹太人赶往维也纳附近地区,在那里他们要修建保卫奥地利首都的防御工事。成千上万名跋涉者死于疲惫、虐待或被卫兵枪杀。

另外 3.5 万名犹太人被组织成劳动营修建布达佩斯周边的防御工事:他们成为箭十字军暴徒的主要袭击目标,随着苏联军队的逼近,这些暴徒越发的暴躁。当被迫与逃离的军队撤退到市区时,犹太劳动营的成员被杀于多瑙河的桥上或岸边,然后被扔到河里。屠杀规模如此之大,以至于"不得不召集特别警察队伍保护犹太人免于箭十字党的狂怒"。

实际上,当地箭十字军团伙在政府更替后就已经开始杀害布达佩斯的犹太人了。正如箭十字军代表卡罗伊·毛罗蒂在国会对此所做的发言:"我们绝不允许一些个案对他们(犹太人)产生怜悯……必须采取某些措施阻止每日在沟渠中进行的屠杀,不应该让民众看到(犹太人)大规模的死亡。……犹太人的死亡不应被记录在匈牙利人的死亡登记簿上。"

国家警察委员帕尔·奥多西的担心与毛罗蒂相同:"问题不在于犹太人被杀;唯一的麻烦是杀的方式。必须让尸体消失,而不是扔在大街上。"在克罗地亚,一些神甫在屠杀方面尤为擅长。一位名叫库恩的神甫就承认杀害了约 500 名犹太人。通常他会下令:"以基督的名义——开枪!"一些妇女也是大规模屠杀行动的积极参与者。

箭十字军政府掌权后几天内,里宾特洛甫向维森迈耶建议,匈牙利人应"受到鼓励,继续采用在我们敌人看来危及其安全的各种措施……特别是为了我们自身的利益,"他补充道,"现在匈牙利人应采用最极端的方式对付犹太人。"似乎匈牙利人并不需要德国人的催促。

留在市区的犹太人大部分生活在两所隔都里。11 月底,据维森迈耶所说,少数人住在所谓国际隔都或叫特别隔都里;他们受到不同国家的保护,特别是瑞典和瑞士的保护。其他犹太人,是绝大部分挤在普通隔都中。获得箭十字党豁免的犹太人只有几百名。

事实上维森迈耶的估计并不正确。至 11 月底,住在"普通隔都"的只有 3.2 万名犹太人。而数十万犹太人,大部分受伪造文书的保护,住在国际隔都。箭十字党经常搜查这两所隔都,一旦发现伪造文书者,便展开从国际隔都到普通隔都的大规模遣送。很快,约 6 万名犹太人被关进约 4500 座公寓房,有时一间房关多达14 人。1 月,国际隔都的大部分居民被赶入"普通隔都",在那里每日死亡的人数达到了被占领前的 10 倍。

在流通的约 15 万份保护文书中,只有约 5 万份是真的,其余都是伪造的。^①箭十字党迫于外国政府的压力认可了其中的 34800 份。一些外国的外交官和人道主义组织代表不遗余力,有时甚至冒着生命危险,帮助布达佩斯的犹太人,无论是在隔都、在"受保护住所",还是在从布达佩斯跋涉到维也纳的犹太人。瑞士外交官卡尔·吕茨、国际红十字委员会代表弗里德里希·伯恩、冒充"西班牙'代办'"的意大利人吉尔吉·佩拉斯卡、葡萄牙人卡洛斯·布兰基纽,当然还有瑞典人拉乌尔·瓦伦贝格,这些人不知疲倦地救助了成千上万名布达佩斯犹太人,是他们希望的主要源泉。

直到最后箭十字党都不肯认输。苏军部队已经打进了市区,杀戮却仍在继续,其中大部分是犹太人,也有其他"敌人"。一位匈牙利中尉描述了很可能发生在 1945 年 1 月中旬的事件:"我偷偷地环视了维格德音乐大厅的角落,发现在 2 号路有轨电车线轨道上站着一长排的受害者,完全是听天由命了。靠近多瑙河边的人已经是赤身裸体,其他人则一边慢慢走过去一边脱掉衣服。这一切都在沉寂中进行,只是偶尔传出枪声或机枪排射的声音。到了下午,已不剩一人,我们又环顾了一下。死者躺在冰块的血泊中或漂在多瑙河上。他们中有妇女、儿童、犹太人、异教徒、士兵及军官。"最后的话语应留给费伦茨·奥索斯教授。作为一名匈牙

---

① 许多伪造的文书是由青年犹太复国主义者小组制作并发放的。

利医学教授，他曾是调查卡廷大屠杀的国际委员会成员："把死去的犹太人扔进多瑙河；我们不想要另一场卡廷大屠杀。"

1945 年 2 月苏维埃军队占领了整个布达佩斯。

5 万名犹太人从布达佩斯到维也纳的长途跋涉可以被视为第一次大规模的死亡行军，规模较小的犹太劳工至少在一个月前就已经开始了从匈牙利的长途跋涉。著名的匈牙利犹太诗人米克洛什·劳德诺蒂当时 35 岁，是"劳工大军"中的一员。他们被发配到塞尔维亚，博尔铜矿的附近。1944 年 9 月 15 日，劳德诺蒂及其所在的小组接到返回博尔的命令，于 9 月 17 日开始了向匈牙利的行进。

军官率领的护卫队把行进队伍留在火车站的尝试失败了；行进的队伍过了贝尔格莱德后前往诺维萨德，匈牙利卫兵得到了德国人的增援。从那时开始，一路被屠杀的犹太人数量增长至数百人。10 月 6 日，队伍来到了策尔文卡，之后被分成两组：包括劳德诺蒂在内的约 800 名男子继续行进。另一组有千人之多在当地的砖厂遭到党卫军灭绝。两天后，在奥斯茨瓦奇，劳德诺蒂所在的一组受到一群党卫军装甲兵的包围："劳工"被命令躺在地上，然后遭乱枪射杀。受伤的人中有一名小提琴家试图爬起来继续行进，一位党卫军军人喊道："他还活着！"接着便开枪把他打死。几天后，在一张很可能是他在地上找到的纸片上，劳德诺蒂草草地写下了他最后一首诗，并把它夹到了笔记本里：

> 我倒在他的身旁，他的尸体翻了过来，
> 已经僵硬如易断的弦。
> 颈部中枪。"那也是你死去的方式，"
> 我低声对自己说，"静静地躺着，不要动。
> 此刻耐心等死。"然后我能听到
> "他还活着！"就在头顶之上，非常的近。
> 和着泥土的鲜血在我耳朵上干结。

约一个月过后，劳德诺蒂及其他一些"劳工"被卫兵杀害。

"致英国士兵，"这是留在一幢被德国人遗弃房子里厨房桌子上的一封信开头语，写于1944年最后几天的意大利前线某处。信中所表达的内容十分清楚："亲爱的同志，德国部队正在西线进攻美国防线。德国坦克已经消灭了大批敌军。德国新式飞机正在西线作战，这一飞机非常非常出色。战争处于新的局面，它将以德国人获胜而告终。德国人为自己的生命而战。而英国人是在为犹太人而战。——一位德国士兵。"

除了流露出的反犹仇恨外，这名士兵的信包含了对希特勒最后一次大规模军事行动的隐约回应：12月16日发动的主要针对美国军队的阿登攻势（秋雾行动）刚结束不到10天。新一代喷气式飞机的确参与了此次行动，但对攻势的结果并没有多大影响。1945年年初，德国溃败的第一阶段结束。

九

随着1945年1月至3月间指挥和控制系统面临崩溃，帝国内部的分歧日益加剧。在西线，比利时与荷兰都获得解放；莱茵河与鲁尔河落入盟军手中，3月7日，美国第九装甲师在雷马根跨过莱茵河。与此同时，在控制了布达佩斯后，东线的苏军挺进维也纳；在东南方，巴尔干各国再次落入斯大林手中；东普鲁士的大部分要塞接连陷落，此外随着苏军野蛮残暴行径消息的散布，成百上千万德国公民惊慌失措地不断拥向西部。3月，苏军越过奥德河；通往柏林之路敞开。先前几周内，斯大林、罗斯福和丘吉尔在雅尔塔会面并重新划定了东欧边界——并把德国分为数个被占领区。也是在1945年2月的这些天里，到处都是德国难民的德累斯顿在经历了接连两次空袭后，先是英国后是美国，成为一片火海。3月初，为了极力保护对匈牙利油田和铝土矿的控制，德国在巴拉顿湖附近发动了最后的进攻，这次短暂的进攻很快就终结了。

由于希特勒一直生活在一个持续不断的妄想世界，直到1945年年初，他还未意识到游戏即将结束。当然在他病态的思维中，希特勒从未停止对犹太人问题的思考："耶稣肯定不是犹太人，"1944年11月30日他向博尔曼解释道，"犹太人从未把他们中的任何人送往罗马及罗马法庭。他们自己会审判他。罗马军团后代中有许多人似乎都生活在加利利，耶稣便是其中的一员。他的母亲可能是犹太人。"紧接着便是那些陈词滥调：犹太人的物质享乐主义，保罗对耶稣理念的曲解，犹太人与共产主义之间的联系，等等。从1919年他最早进行的政治宣传一直到他反对"犹太人"圣战的最后几个月里,希特勒内心最深处的意识形态似乎没有发生任何改变。

在 1945 年对纳粹党、人民及部队的新年讲话中,希特勒再次叫嚣无处不在的犹太威胁:难道伊利亚·艾伦伯格和亨利·莫根陶代表的不正是犹太人试图摧毁并灭绝德意志民族的两张面孔吗?在不断吹嘘、自诩合理的纳粹党崛起史和希特勒投机成功的政治命运史上,正是在 1 月 30 日,"一战"后摧毁德国的犹太 — 亚洲 — 布尔什维克的阴谋论得以卷土重来。

2 月 24 日,在纪念纳粹党 1920 年 2 月宣言的传统讲话中,希特勒没有从柏林前往慕尼黑,赫尔曼·埃塞尔这位纳粹老成员在纳粹精英的集会上宣读了希特勒的发言。希特勒可能是想避免见到"老卫兵",他的讲话内容一如既往,攻击的大敌也一如既往:"当时"(纳粹党组建之初),希特勒提醒他的忠实追随者,"所有反对势力所表现出来的只不过是同一个煽动者和受益人的意愿。长期以来国际犹太人一直利用两种形式(资本主义和布尔什维主义)来毁灭各国的自由和社会福祉"。

为避免此类言论听起来过于抽象和模糊,希特勒转向了已在苏军控制下的帝国东部各省正在发生的事件:"那里的犹太害虫强加给我们的妇女、儿童和男人的是人类所能想象到的最为恐怖的命运。"最后的训词非常具有"逻辑性":"我们剩下的生命只能服从于一个指挥:恢复和重新获得国际犹太罪犯及其同伙从我们民族手中夺走的一切。"

戈培尔也没有放过犹太人:"今天下午,"他于 1945 年 1 月 7 日写道,"我写了一篇有关犹太人问题的文章。最大规模地处理犹太人问题是十分必要的。这一计划不容停歇。全世界的犹太人将不会欢迎我的言论。"不用说,戈培尔不会忘记使用"有力证据"论述他的反犹论点:"布尔什维主义本质上是来自于犹太人的灵感,"他在 2 月 6 日写道,"来自莫斯科的消息证明了这一点。斯大林第三次结婚,这次是人民代表委员会副主席卡冈诺维奇的妹妹,一个地地道道的犹太女人。她将确保布尔什维主义不会走上歧途。"

尽管反犹宣传所导致的狂暴在继续,在希特勒"政治宣誓"中到了登峰造极的地步(该词的两种含义),但是德国警察在对待剩余犹太人的命运问题上却越发的不统一。一方面,直接负责执行"最终解决"政策的希特勒本人与部分党卫军组织直到最后一刻都没有放弃灭绝政策，虽然最后关头对劳工的需求经常导致在政策执行方面的延宕。实际上，早在1944年年初，希特勒曾打算在德国的犹太劳工问题进行妥协。在1944年4月的备忘录中，施佩尔确认，希特勒授权使用10万名匈牙利犹太人建造位于被保护国军工工程的紧急建设项目。不久之后，犹太集中营的犯人被带回了德国。

因此，1944年夏末，在奥斯维辛和斯图霍夫被挑选出来的约4万名犹太人被运到达豪的两个重要卫星营——考夫林和米尔多费（位于慕尼黑附近）——在那里托德组织利用他们建造生产飞机所需、受严格保护的半地下大厅。稍后，主要是在奥斯维辛疏散之后，其余的犹太工人被运送至哈茨山区挖掘多拉—米特尔堡隧道，在那里的一些德国人仍然相信正在制造的V-2火箭将挽救帝国。

被送往达豪卫星营的犹太工人与直接从布达佩斯长途跋涉至巴伐利亚工地的成千上万名匈牙利犹太人会合。托德组织很快证明自己在虐待苦役工上与党卫军不相上下，至1944年秋，数百名犹太人遭到杀害或因太虚弱而无法继续工作。鉴于这一点，达豪指挥官决定把这些犹太人送回奥斯维辛用毒气杀死。9月底，巴伐利亚开始对一些人进行遣送，而对另外一些人的遣送则是在1944年10月。

也就在此时，即1944年年底，希姆莱犹豫不决寻求出路的思想开始明朗化。在一定程度上希姆莱似乎撤销了由他手下执行（获得其上司批准）"最终解决"的一些措施，但是考虑到希特勒的反应，他并没有能够维持自己的变更决定。然而，从1945年年初开始，为找到与西方联系之门，希姆莱准备放过几批人数不多的犹太人以显示他的好意。

之前的秘密外交活动期间，希姆莱授权盖世太保外国情报部门首脑沃尔特·舍伦贝格全权代表自己，沃尔特于1944年接管这类行动、取代被解散的军事情报局大部分机构。除了沃尔特及其小组成员外，希姆莱的主要代表（直到1944年秋）一直是精通业务的贝歇尔，间或，是贝歇尔在布达佩斯的同事格哈德·克拉格斯、维斯利策尼及赫尔曼·克鲁梅。在不表明自己到底准备做何举动的情况下，希姆莱允许与瑞士的犹太组织代表、伯尔尼的战时难民局代表，及瑞士各界名流进行联系。与此同时，他还与瑞典的犹太和非犹太个人保持联系。

依据贝歇尔战后的证词，1944年秋的某个时间，他曾说服希姆莱下令停止遣送行动，为的是与联合分配委员会代表进一步接洽，特别是为了敞开与瑞士代表沙利·迈尔谈判的大门。犹太代表则被要求提供钱款。根据贝歇尔提出的原则，希姆莱显然在互换信件中确已向卡尔滕布龙纳和波尔下达了相关命令；作为回应，迈尔在征得瑞士战时难民局代表同意后，似乎做好了为德国人在瑞士银行建立一个封闭账户的准备。然而，一定是觉察到在犹太人问题上希特勒不会允许有任何重大妥协，希姆莱在自己的立场上退缩了。

不过，希姆莱与其老友，瑞士联邦大臣让—马里·穆西的谈判仍在继续，目的是通过释放数万名犹太人的方式为与西方大国的谈判敞开大门。如前所及，载有1200名犹太人的第一列火车于1945年1月从特莱西恩施塔特抵达瑞士。希特勒在得知这一交易后，立即予以制止。此时，第三条途径似乎前景更为诱人：通过瑞典的谈判。瑞典人于1945年2月告知希姆莱，他们准备执行一系列的人道主义任务，如果德国人同意，这很可能会为更广泛的接触铺平道路。为此，福尔克·贝纳多特伯爵被派往德国。

表面上打着瑞典红十字会的旗号，实际是由瑞典政府支持的瓦伦贝格方案，贝纳多特的使命首先是解救来自瑙恩加默(汉堡附近)的斯堪的纳维亚被俘者并把他们运到瑞典。然后瑞典人推动释放特莱西恩施塔特与贝尔根—贝尔森的犹太人，而在先前的几个月里，拉乌尔·瓦伦贝格已经扩大了他在布达佩斯的活动。1945年3—4月，营救集中营里仍存活犹太人的行动成倍增长，而随着混乱局面在德国的蔓延，实际上有许多被俘者群体获得了释放。

十

1945年1月的某一天，经过数月的准备(包括拆毁焚尸场，清空墓穴，清除骨灰，运走上百万衣物等)，希姆莱下令彻底疏散东部的所有营地。根据若干证词，希姆莱在对集中营指挥官的告诫中说："元首认为这是你们每个人的职责……确保集中营中没有一个犯人活着落到敌人手中。"其他证词也表明，有关犯人命运的决定权掌握在营地指挥官手中。此外，在1944年7月发布的一项原则决定中，格吕克斯已经明白无误地表明，在"紧急情况下"(疏散)营地指挥官只需遵守党卫军兼警察部队高级领袖(HSSPFS)的指令。换句话说，似乎没有人知道是谁在负责疏散行动。但是在与日俱增的混乱中，向西的疏散行进开始了。

在战争的最后几个月里，在路上蹒跚行进或装在敞篷货车车厢的70~80万名集中营犯人并不全是犹太人。德国的所有受害者都被混在了一起。不过,从集中营人口构成比可以看出,犹太人构成了这个凶残帝国最后一批受害者的绝大部分。在行进中,近25万名犹太犯人死于疲劳、寒冷、枪杀或活埋。

1月18日,奥斯维辛囚徒队伍——约5.6万名囚犯,包括卫星营的囚犯——开始了他们向西部格莱维茨的行进,到那里后,一部人将由火车运到帝国境内的集中营,另一些人则要徒步行进到更远的格罗斯—罗森及设在上西里西亚的其他集中营。在疏散的最初阶段,数百名"拖累者"被枪杀。在这一问题上——由于不断蔓延的混乱——赫斯回忆录中对这一局势的叙述似乎可信:"这个时候,在奥德河西部上西里西亚的所有公路和铁路上,我见到了成群的犯人艰难地在厚厚的积雪中行走。他们没有食物。负责指挥这群蹒跚前行的行尸的大部分无委任令军官根本不知道这些人应去向何处。他们只知道他们最后的目的地是格罗斯—罗森。但是不知道该如何抵达那里。他们凭借自己的权力从途经的村庄索要食物,休息数小时,然后再次吃力地前行。毫无疑问他们只能在谷仓或学校过夜,这些地方充斥着难民。这些悲惨队伍的行进路线很容易被追踪,因为每隔几百码便躺着几具犯人的尸体,他们或是累死或是被枪杀……我看到敞开的运煤卡车满载着冻僵的尸体,那是列车运来的整车犯人,在转运时因为没有食物或住所而被扔在开放的侧轨旁。"

并不是所有被命令登上敞篷车疏散者都可以留在格莱维茨或附近地区。事实上,一些火车载着人离去了。我们在布纳遇到的保罗·施泰因贝格便是被带走的人之一。当大部分穿行在德国村庄的犹太人记住的是民众的冷漠或其他兽行时,施泰因贝格却讲述了一件迥异的事件,"一段精确、具体、令人震惊的记忆"。在冬天的某个凌晨,火车抵达了布拉格,在桥下的敞开车厢挤满了"模模糊糊尚有人形的生物",此时捷克人正从他们的上方走过去工作。"作为人,"施泰因贝格回忆道,"捷克人毫不犹豫地打开了他们的包,把自己的午餐扔给我们……小圆面包、带黄油的面包片和土豆像雨点一般落在我们的头上。"接着,一场争抢在车厢里爆发了。"一场可怕的争抢开始了,因为人人都想抢到一小块,一口食物……我目睹了完全堕落的一个场景……3人到4人死在一块被抢碎的面包旁……在我吃到面包之前,我等了足足12小时直至夜幕降临,我身旁的人处于半清醒状态,我不作声响地埋着头,我的嘴品尝着我的救命食物。我想没有那块面包我是不会活下来的。"几天后幸存的乘客抵达了布痕瓦尔德。

当集中营的囚犯徒步或乘敞口货车向西行进时,党卫军军官、集中营官员及卫兵也朝着同一方向前进,其条件当然要好得多。不过,有时集中营的疏散会意外地使管理人员与犯人混在一起。在战争的最后日子里,1945 年 4 月 28 日,一位红十字会成员看到约 5000 名犯人与男女党卫军军官一起离开拉文斯布吕克向西前行。在一列队伍的前面,6 名骨瘦如柴的女性拉着一辆不大的车,车上载着集中营一位党卫军军官的妻子及那成堆的物品。这位夫人看上去得到了特别好的照顾,由于不断狂吃葡萄干,她正感觉不适。

在行进过程中,卫兵通常会自行决定杀死拖累者。不过,一些臭名昭著的屠杀犯人决定出自高层。鉴此,在 1 月份的后半个月里,来自斯图霍夫各个卫星营的 5000~7000 名犹太囚犯被聚集到哥尼斯堡,然后开始他们沿波罗的海海岸向东北方的徒步行走。其中大部分是妇女。当囚犯队伍抵达帕尔米尼克恩渔村无法继续前行时,东普鲁士的大区领袖埃里奇·科赫与当地的党卫军军官、托德组织成员及囚犯所在各卫星营的指挥官决定清除整个队伍。只有 200~400 名犹太人在这场海边大屠杀中幸存下来。

进行屠杀的相同条件出现在了布痕瓦尔德囚犯的疏散行动上。在 3000 名被送往特莱西恩施塔特的犹太人中仅有几百人于 4 月初抵达。至于同时被送往巴伐利亚的 2.2 万名囚犯中,有约 8000 人遇害,其余的人抵达达豪,被美军解放。在布痕瓦尔德各卫星营的 4.5 万名囚犯中,有 1.3 万~1.5 万人在疏散中丧命。

没有一个大型集中营在疏散时清空所有的囚犯。例如,在奥斯维辛,1 月 19 日大规模疏散后,三个营地中都还有生病的囚犯。在该地区仍然与苏军进行作战的党卫军部队也停留了整整一星期。虽然布雷斯劳的 HSSPF 下令杀死所有留存的囚犯,但是党卫军部队却专注于摧毁尚存的毒气室、焚尸场以及销毁档案。不过,在希姆莱的属下最终撤离比克瑙时,一支党卫军小分队杀害了那里的 200 名女囚犯。

"我们都在相互传递俄国人很快就要来了、马上就要来了的消息,"普里莫·莱维,当时的一位莫诺维茨医务区的囚犯回忆道,"我们都这么说,都这么认为,但在心底里却没有人真正地相信,因为在集中营的人已经丧失了希望的习惯,甚至丧失了相信自己的推理。在集中营,思考是毫无用处的,因为大部分事件的发生是无法预见的。此外,思考还有害,因为它会使痛苦之源的敏感神经一直活跃。

当痛苦超出一定限度，一适当的自然法则又会将这种敏感冲淡。"

当莱维正等待苏维埃军队解放集中营 (集中营于 1 月 29 日获得解放) 时，吕特·克卢格和卡多利亚·爱德华森已经离开奥斯维辛一段时间了。克卢格及其母亲被送往格罗斯 — 罗森的卫星营——位于上西里西亚克里斯蒂安施塔特地区的一处较小的劳动营；卡多利亚被转移到汉堡附近 (可能是瑙恩加默) 的一处集中营。1945 年年初，克卢格及其母亲与大批囚犯一道开始徒步行军，但一些天后，他们逃离了行军队伍，通过不断转换农场，又通过混进德国向西逃亡的难民潮中，直至抵达巴伐利亚的施特劳宾。之后不久，美军抵达。卡多利亚成为患病囚犯中的一员 (主要是儿童和年轻人)，由于希姆莱与瑞典政府之间的安排，她幸存了下来，在瑞典开始了新的生活。

至于菲利普·穆勒，他获救的机会则微乎其微，因为特别突击队的所有成员都不可能活下来。尽管如此，他还是成功地逃脱了死亡，通过跋涉、渡船、朝毛特豪森行军，又转往梅尔克，后来抵达居森 1 号，1945 年 4 月初，又出了居森。党卫军却不肯罢休：所有拖累者都被枪杀。不过，党卫军没有把尸体留在路边，而是命令穆勒和他的几个伙伴把尸体装到马车上，运至当地的一处墓地，埋在一大型墓坑中。并尽可能地不留一丝痕迹。队伍最终抵达了韦尔斯附近的一处不大的营地：饥饿的犯人躺在兵舍的地板上；卫兵都走了。穆勒在一只木橡子上安顿下来，等着。几天后，因犯的喊叫声传播这样的消息："我们自由了！"

"难以置信的是，一点也高兴不起来，"穆勒回忆道，"当时，我的所有思绪和内心的思考都集中在过去的三年，不仅无任何高兴之感，而且内心一片空白。我从木橡子上下来，爬到了门口。出门后，我又极力爬了一段，接下来，我完全瘫倒在林地上，很快地就呼呼大睡起来。"最后的描述，不管准确与否，却是他回忆所需的结局，无论是哪种形式，对获得解放的许多个人的故事来说也是必需的："我醒来时听到的只是车辆隆隆驶过的声音。过了附近的路口后，我看到一队美国坦克朝着韦尔斯方向隆隆驶去。当我盯着这一队钢铁巨人时，我意识到邪恶的纳粹恐怖最终结束了。"

十一

在战争的最后几个月里，当德国城市一座接一座地遭受灾难性毁灭，当运输变得日益混乱不堪时，盖世太保下达了新的遣送令。1945 年 1 月，仍生活在斯图加特的 200 名混血儿与他们的配偶中的许多人接到命令，做好转移至特莱西恩施塔特的准备。

1945 年 1 月 27 日，斯图加特的盖世太保下令接到命令者必须"于 1945 年 2 月 12 日星期一去比蒂希海姆中转营报到，接受做一名外地劳动突击队员工作的分配"。通常会有携带食物和用品的清单发放，管理部门的命令通常会颁布："至 1945 年 2 月 10 日，你必须向警察署报告你的离开并交出食物配给卡。16 岁以下的儿童(主要是第一类混血儿)需归亲戚照看。"

类似的命令几乎同时下达到了帝国各地。2 月 13 日下午（"绝好的阳春天气"），克伦佩勒写道："今天 8 点钟(早上)我在诺伊马克家。弗劳·亚赫里格从他的房间哭着走出来。他告诉我：那些有工作能力的人被转移，美其名曰外地劳动义务；由于我本人(克伦佩勒)被免于此项义务，留在了这里。因此，相比于那些离开的人，末日很可能落在我头上。他说：事实并非如此；相反，留在这里是一种特权……张贴出的通告上写道：所有的人必须于周五上午一早到军械库大街 3 号报到，着工服，携带手提行李。由于必须拎着行李走相当一段路程，还要备好 2~3 天行程的口粮……整件事清楚地表明，并非外出劳动义务，而是实实在在的死亡行军。"

几个小时后，对德累斯顿的轰炸开始了。起初，维克托与埃娃在混乱中彼此失去了联系……出于偶然，他们又在易北河岸边相遇。他们摘掉了缝在维克托衣服上的犹太标志，这样就不是犹太人了，在向西行之前，他们与其他难民一起藏到已经是一片火海城市之外的一所熟人家里。

在帝国境内收集到的 1945 年年初盖世太保的最终意见报告表明，在行将垮台的德国，犹太问题仍然受到普遍关注。这表明了民众和精英中存在的不同程度对犹太人的憎恨。犹太人应对战争负责的思想已经根深蒂固。按照历史学家罗伯特·格拉特里所说，在战争的最后两年，不断有寄往宣传部的信件(其中有些来自学术界)提议，应把德国剩余的犹太人集中到可能的轰炸目标处。每次轰炸过后公布遇害的犹太人数目。其中一封信建议道，即使这一举措不能阻止盟军的轰炸，但是至少会灭绝一些犹太人；胁迫美军和英军的另一提议是，在轰炸中每死亡一名德国公民，便杀死十名犹太人。这位德国人忘记了，这时帝国境内基本上已没有犹太人了。

在 1944 年的最后几周，斯图加特地区的人们批评公众对苏军暴行过度关注，他们争论说，德国人对待犹太人有过之而无不及；其他人则认为，降临到德国的任何事情都是犹太人报复的结果。总之，纳粹灌输的思想似乎仍占上风。1945年 4 月 12 日，英国军事情报部部长汇报："德国人……警告我们不要任命犹太市长，这会是一个心理错误，并将妨碍德国民众的合作。"

德国投降后不久，西占区所进行的各种民意测验证明了如此根深蒂固反犹主义的持续性。这反过来又表明，某一临界点过后，希特勒声誉的下降未必带来反犹仇恨的衰退。争论表明，希特勒在 1945 年年初仍受到广泛的支持。依据戈培尔日记中无所不知却依旧乐观的记录来看，这在 1945 年 1 月和 2 月间可能是事实，但到 3 月和 4 月则可能已经有所变化。

"不幸的是，"戈培尔于 1945 年 3 月 24 日写道，"在一些批评性看法中也经常提到元首……对我来说，这似乎是一种灾难，人们现在一直都在批评元首，或批评国家社会主义者观念及其运动。"4 月 1 日，戈培尔又写道(主要提及德国西部地区的情况)："士兵和民众的士气大为削弱。人们不再担心哪怕是尖锐地批评元首。"

和大部分民众不同的是，至少戈培尔保持着信仰，但他却又像许多人一样心怀愤怒："犹太人又讲话了，"他在 3 月 14 日写道，"他们的发言人是众所周知又声名狼藉的利奥波德·施瓦茨柴尔德，他正请求美国报界反对任何对德国的从轻发落。只要有可能那样做的话，这些犹太人应像老鼠那样被杀掉。在德国，谢天谢地，我们已经非常严肃地处置了此问题。我希望全世界将以此为榜样。"随着历时 12 年的第三帝国的迅速垮台，这种责难声变得越来越激烈。

十二

1945 年 2 月初，当总理府已被美军大规模轰炸部分摧毁之后，希特勒撤退到大型地下掩蔽所，其中有寝室、办公室、会议室及公共设施，延伸至总理府及其花园下两层楼深。几周过后，随着红军逼近柏林，希特勒决定留在这里。几乎到最后时刻，这位纳粹领导人都一直相信他的命相，还认为会出现能彻底扭转已经无望战局的最后奇迹。正是在他的地下室，他听到了一则异常振奋的好消息:4 月 12 日罗斯福逝世。

在他看来，敌人的同盟将会垮台，如同在另一场看似无望的战争中，反对腓特烈大帝的同盟因女沙皇伊丽莎白的去世而以失败告终。希特勒又燃起了极大的希望，并在 4 月 16 日的讲话中与东线部队分享这一希望："犹太——布尔什维克不共戴天的敌人最后一次发起了进攻。……此刻，全德国的人民正在注视着你，我东线的战士们，只有在你们的坚定、你们的激情、你们的武器和你们的引领之下，我们才有希望，布尔什维克的进攻将会在血泊之中溃退。此时此刻，当命运之神带走战争元凶 (罗斯福) 之时，就已经决定了这场战争的转机。"

4 月 20 日，正当庆祝希特勒 56 岁生日的酒会在希特勒的地下堡垒中低调地进行之时，瑙恩加默集中营的高级医师阿尔弗雷德·切比恩斯基接到命令，要他处理掉 20 名犹太儿童，这些犹太儿童曾是党卫军医生库尔特·海斯梅耶的肺结核试验中的试验品。

约一年以前，作为党卫军霍恩里亨疗养院的副主任，海斯梅耶获得希姆莱的许可，用瑙恩加默集中营中的成年人和儿童进行试验。这 20 名犹太儿童，男女各占一半，年龄在 5~12 岁不等，是与他们的家人一起从法国、荷兰、波兰和南斯拉夫来到比克瑙的。家人死在毒气室后，这 20 名儿童于 1944 年秋被送到瑙恩加默。

在接下来的几个月里，被注射了海斯梅耶制剂的儿童病得很厉害。4 月 20 日，英军逼近该营地时，处理这些儿童的命令传达下来。杀戮并不在瑙恩加默进行，而是在位于汉堡附近的瑙恩加默卫星营罗滕堡索特的布伦豪瑟·达姆学校进行。

在战后的审判中，切比恩斯基描述了这些事件的过程。党卫军人员及 6 名俄国犯人、2 名法国医生、2 名荷兰囚犯还有这些孩子抵达布伦豪瑟·达姆。孩子被安排在单独一间屋子里。那是一间防空洞："他们身旁有他们所有的物品—— 一些食物，一些他们自制的玩具，等等。他们坐在凳子上，很高兴他们出来了。他们丝毫没有怀疑。"

切比恩斯基给这些孩子喂下了安眠药，而在锅炉房里，所有成年囚犯都已被杀死。"我必须说，"切比恩斯基继续道，"孩子们的身体状况总体上很好，只有一名 12 岁的男孩感觉不好；因此他很快便睡着了……弗拉姆 (一名勤务兵) 抱起这个 12 岁的男孩，对其他孩子说，他把这个男孩抱到床上去。他把男孩带到 6 码或 8 码远的一个房间里，在那里我看见一个钩子上已经绑好了一根绳索。勤务兵把昏睡的男孩放到绳套里，然后用尽所有的力气往下拽男孩的身体，这样绳套就收紧了。"紧接着便是其他孩子,一个接一个。

　　历史上罪大恶极的政治领导人之一将要结束自己的生命。再研究"阿道夫·希特勒的思想"或他那杀人强迫症般的变态情感的来源都已毫无意义。人们已经尝试了多次,成效不大。不过,在本书的最后,我们不得不重新论述并再次思考这一意义重大并且不可回避的历史问题,即我们已经在绪论中简要提及并在整部书中反复论述的问题。困扰我们的主要问题不是什么样的个人特征使第一次世界大战中的"无名小卒"成为无所不能的领导人阿道夫·希特勒,而是为什么上千万的德国人直到最后都盲目地追随他,为什么有许多人直到最后都仍然信任他,而且即便是在战后信任他也还为数不少。借用马丁·布罗萨特的话说,这是"元首—捆绑"特征所占,这种"与元首的连接"仍然具有历史意义。

　　纵观20世纪的领导人,作为地球上最为先进强大民族的领导人,只有希特勒被众多狂热献身的国民簇拥着。罗斯福引起了不和,许多美国民众反对他,在他四届任期时常遭到人们的憎恨。在丘吉尔担任首相之前和期间,许多英国人厌恶他;恐惧一直跟随着斯大林这位最经常被拿来与希特勒做比较的政治家。在苏联,精英们始终受到恐吓,民众则生活在对马克思和列宁的崇高原则恐惧和敬仰的复杂环境之中;而希特勒则被如此多的德国人在如此长的时间里歇斯底里地崇拜和盲目信仰着,特别是在斯大林格勒会战后,如我们所见,仍有无数德国人相信他对胜利的诺言。墨索里尼当然从未享受如此待遇,不管这位领袖与他的人民之间在政权崛起之初曾存在何种关联,这些从20世纪30年代中期开始迅速灰飞烟灭了。

　　先前我们已经指出了对"犹太人"威胁的鼓吹是如何增强了希特勒那富于克里斯玛的号召力。先于历史而出现的敌人要求先于历史而出现的英雄在决定性的战斗到来之时领导反对邪恶势力的战斗。然而,在当今社会里,理性法规和官僚程序的运作起支配作用,我们已经很难评判领袖魅力的重要性。唯一可行的办法是:现代社会确实仍然在为体制内正在出现但完全由不同机制控制的宗教或伪宗教动机敞开大门。在历史学家杰弗里·赫尔夫提出的"反动的现代主义"之上和之外,纳粹主义使我们遭遇了某种"宗教式的现代主义"。宣传及对民众一切的掌控成为情感—心理动力的重要组成部分,这最终抓住了德国民众的心。但是,假使没有希特勒的非凡能力,单凭宣传技巧将不足以抓住并放大那些对秩序、权威、高尚及拯救大量渴望的基本冲动。以此看来,一方面,如果没有阿道夫·希特勒,国家社会主义就不可能崛起并掌权,另一方面,它也离不开德国民众对希特勒的响应。

当然,如果希特勒仅仅是大声叫嚷而没有付诸任何实际行动的话,幻想的破灭会使他的吸引力迅速减弱。然而,几年的时间之内,尽管这位"大骗子"调动了各种各样的敌人,但是他确实实现了零失业率和经济增长、屈辱镣铐的挣脱和新的民族自豪感、大批人员的社会流动以及生活水平与大众工作环境的改善,还给了商业和工业领导人可观的报酬——包括更为丰厚的许诺。除了其他事情外,希特勒向广大的德国人灌输了一种集体意识和目的感。后来,杰出的军事胜利盖过了外交上的巨大成功,军事上的胜利使德国民众的兴奋真真切切地达到了集体疯狂的边缘。

自始至终,希特勒不愿以牺牲生活水平为代价来满足总体上不断增长的需求,正如前文所做的充分说明,对被征服的民族(主要是犹太人)的欺骗和剥削部分地维持了民族共同体的福利,或者至少是缓解战争带来的物质负担。由此看来,格茨·阿里在《希特勒的民族国家》中所表达的观点并非无稽之谈。但是为何在德国人面对技术工人急缺以及其他经济缘由的同时,犹太人却遭到灭绝,莫非还有完全不同的理由驱使着希特勒和他的大批随从及拥护者?该问题不可避免地引领我们再次重温"犹太人"在希特勒统治下的德国以及在周围的世界所起的幽灵般的角色。

随着战争进入关键时期,在战争的最高潮阶段,对希特勒失去信心只能意味着一种结果:用戈培尔的话说,遭受"犹太清算分子"的可怕报复。抢劫犹太人有助于维持德意志民族;在帝国行将崩溃之时杀死犹太人并煽动起对报复的恐惧,成为希特勒与其民众之间唯一的纽带。

对于许多德国人来说,这一"纽带"直到最后关头才断裂。但是,对于那些自豪于帝国的成就并相信其正义性的其他人而言,这不过是不足挂齿的污点。他们默不作声、默默无闻地活了数十年,对民族共同体的怀旧也持续了数十年。

1945年4月21日的晚上,当苏军的炮弹开始落在先前总理府附近的建筑物上时,希特勒感谢墨索里尼对他的生日祝贺:"我的谢意,领袖,感谢你对我生日的祝福。我们所进行的完全是为了自己生存的战斗已经达到了高潮。由于战争物资的源源不断，布尔什维主义和犹太人部队调动了德国的一切力量加入他们的破坏部队，由此把我们的大陆推向灾难的深渊。"英美军队显然是首次被冠以"犹太人部队"的名称。

希特勒通知他的随从人员，他将待在地下室里并自杀；只要愿意，所有其他人都可以离开。希特勒将与埃娃·布劳恩在他们自杀前一天结婚，埃娃决定与他死在一起。忠诚的戈培尔夫妇及他们的6个孩子也留在地下室里：他们要与他们的元首共命运。4月29日，这一时刻来临了：希特勒口授了他的"私人遗嘱"，然后向未来几代人传达了他的指示，亦即他的"政治遗嘱"。

在遗嘱的前半部，希特勒向德国人民、向世界、向历史发表了演说。"这不是真的，"他声称，"他或其他任何一位德国人都不曾想发动1939年的战争。"紧接着，在正文的开头，他转向了他既定的主要观点："它（这场战争）完全是受犹太人后裔或为犹太人利益服务的国际政治家意志的驱使而发动的。"希特勒在再次否认自己挑起战争的责任后，根据自己的意愿预言了报复行为："从我们城市废墟和历史遗迹中将会再次升起对那些需要最终为战争负责的人的仇恨。我们要为所有这一切感谢的人是：国际犹太人及其帮凶！"

如我们将要看到的，在发表了英国应为1939年9月波兰危机结果负责的简短、重要的评论后，希特勒不忘回到犹太战争贩子的话题以结束这一小段内容。接下来便是彻头彻尾的胡言乱语："我毫不怀疑，如果欧洲各国人民再次被当作是属于金钱和金融国际阴谋集团的股票捆，那么，这场血腥斗争中的罪犯将不得不为此付出代价：犹太群体！此外，我要让所有人意识到这一事实，这次，不只是数百万男人将要被杀害，也不只是上万名妇女和儿童被烧死和炸死在城市里，而是那些真正应当负责的人将不得不为自己的罪行付出代价，尽管手段会较为人道些。"这样灭绝500万名至600万名犹太人的责任完全落到了受害者的身上。接着演说又转向希特勒决定与柏林居民共命运上，但是，话题又戏剧性地转为："此外，我不想落入敌人之手，他们需要犹太人为其亢奋的民众上演一出新的剧目。"

第三帝国的人民和士兵分享了对他们的赞扬：种子已经播下，希特勒声称，它将会带来国家社会主义的重生。然后他清算了戈林和希姆莱，这两人因为派格兰德·阿德姆与西方大国进行交易而被降职或驱逐出党。卡尔·邓尼茨成为新的国家首脑（当然是"总统"，而不是"元首"）和武装力量的总司令，戈培尔出任政府总理并获权指派新部长。希特勒做了最后的训示："最重要的是,我要求国家领导人及其追随者务必最严格地恪守种族法并与全体人民的公敌,国际犹太人,进行无情的斗争。"

这一文件是在极为严峻的形势下口授而成的,其措辞不可能像希特勒处于权力顶峰时那样经过精心准备。然而这篇最后遗言真正的历史重要性(在希特勒看来)在于,它体现了希特勒信仰的本质与最基本的信条,这难道不是这样吗?

不到两周前还仍在被援用的"上帝"或"命运"这样的词汇在希特勒的雄辩言辞中已经消失得无影无踪,这无须多言。"帝国"和"党"也没有被提及("柏林,帝国的首都"除外),这也不足为奇。帝国一片废墟,党内则充斥着叛徒。不但有与敌人谈判的戈林和希姆莱,还有在西线一个接一个投降的大区领导人,以及谎报军情的党卫军将领。其成员本应是准备为帝国及其领导人献身的纳粹党已经不复存在。

这一切都符合希特勒对那些胆敢不听指挥的人所做出的一贯反应,他习惯于发号施令。但除了这些有预见性的反应之外,遗言有一点却是完全出人意料的:在希特勒的最终遗言里丝毫没有找到布尔什维主义的踪影。

希特勒很可能是铁了心将自己的全部精力用在对德国灾难性结局与杀害犹太人责任问题的辩解上,他没有任何责任。责任完全在 1939 年 9 月发动战争的那些人身上。他一心想与西方财阀和好战的犹太人寻求妥协。至于他当时的盟友斯大林,遗嘱中则丝毫未被提及,因为入侵数日内对波兰的瓜分表明第三帝国与苏联已经在一项条约中决定了对波兰的分赃。该条约极大地帮助了德国的进攻,也证实了希特勒发动战争的企图。

4 月 30 日下午 3 点后不久,希特勒与埃娃·布劳恩双双自杀。依邓尼茨的指示,5 月 1 日晚上 10 点 26 分,德国电台做出如下广播:"元首府宣告,今天下午,我们的元首,阿道夫·希特勒,与布尔什维主义战斗到了最后一刻,倒在了总理府的指挥岗位上。"7 天后,德国投降。

5 月 1 日或 2 日,在得知希特勒的死讯后,红衣主教贝尔特拉姆——此时已离开布雷斯劳去寻求更安全的环境——亲手写了一封致其主教区内所有教区神甫的信,要求他们"举行一场大型肃穆悼念元首的安魂弥撒"。

在继续向西的长途跋涉之前，前面提到的克伦佩勒一家在德累斯顿附近的一所熟人的房子里短暂停留。3 月 21 日晚，空袭警报拉响后所有居民都聚集在走廊里。克伦佩勒一家开始与一位叫东普尔的小姐攀谈起来。"她开始谨慎地打开了话匣，"维克托后来写道，"她慢慢地说出她对国家社会主义强烈怀疑……她把话题转向了犹太问题。我侧耳倾听……我听到许多被扭曲的事实。女孩最后的话十分有趣……她赞同民族的权利，在对德国的厌恶中她看到了傲慢与兽性——'我恨的只是犹太人。我觉得自己在这一点上受到了一点点影响。'我本想问她认识多少个犹太人，话到嘴边又咽了回去，我只是笑了笑。我自己道，国家社会主义将反犹主义摆在中心位置是多么蛊惑人心的合乎情理。"

两周后，克伦佩勒一家，现在作为普通的德国难民，抵达了上巴伐利亚。他们的身份没有被人发现：他们获救了。获救的还有其他一些日记作者。他们是：来自布加勒斯特的米哈伊尔·塞巴斯蒂安（俄国人接管布加勒斯特后不久，他死于一场交通事故）；来自科夫诺的亚伯拉罕·托里；来自华沙的赫尔施·瓦塞尔。得救的还有那些被留在集中营迟钝的幸存者，死亡行军中活下来的人，藏身于基督教机构、"雅利安人"家庭、山间或森林的人，参加游击队或抵抗运动中的人，依靠假身份证在外生活的人，及时逃离德国统治区的人，获得新身份的人，以及那些为生存而背叛同胞并通敌的有名字或没名字的人。

在被杀害的 500 万~600 万名犹太人中，有 150 万名是 14 岁以下的儿童。[①]他们构成了数量庞大的沉默受害者，也构成了大部分的日记作者和书信作者。在本书中我们已经听到了他们的声音。他们是：来自阿姆斯特丹的艾蒂·海勒申、安妮·弗兰克、本·韦塞尔斯以及菲利普·梅哈尼卡斯；[②]来自巴黎的雷蒙—拉乌尔·兰贝特、雅克·比林基及路易丝·雅各布森；来自海牙和布鲁塞尔的莫舍·弗林克；来自柏林的克莱珀·约翰与赫莎·费纳；来自科隆的莉莉·雅恩；来自埃森的恩斯特·克罗姆巴赫；来自布拉格的贡达·雷德利希与奥斯卡·罗森菲尔德；来自罗兹的达维德·谢拉考维克、约瑟夫·泽尔克维兹、其他"日记作者"以及至少 3 位年轻的匿名日记作者；来自斯坦尼斯拉瓦的叶利舍瓦·宾德尔及其不知名的"特邀

---

① 尽管有各种各样的计算，但是对纳粹屠犹中受害者精确数目做出估计是不可能的。有的做出 510 万名受害者的偏低估计，有的达到 529 万人的估计，最高估计刚好是 600 万人。

② 所注明的地点都是大部分日记书写的地方；有时，我以日记记录者所在的地方为准。

日记作者";来自华沙的亚当·切尔尼霍夫、埃马努埃尔·林格尔布鲁姆、西蒙·胡伯班德、恰伊姆·卡普兰、亚伯拉罕·莱温及雅努什·科尔恰克;来自奥托沃克的卡莱尔·佩雷科德尼克;来自基尔采的达维德·鲁比诺维奇;来自科韦拉的阿里耶与马尔维娜·克洛尼奇;来自维尔纳的赫尔曼·克鲁克、伊霍克·鲁道什维斯克以及泽利格·卡尔马诺维奇;还有奥斯维辛特别突击队的日记作者扎尔曼·格拉多夫斯基。当然,大批其他日记作者遭到杀害,另外一些为数不多的作者则还活着。

在欧洲被占区停留并幸存下来的成千上万名犹太人中,有几百人在新的环境中落脚生根,或是出于必须或是出于选择;他们建立了自己的生活,决意隐藏自己的伤疤,在每日生活中,共同分享着快乐与悲痛。数十年以来,可以说,许多人都是关起门来回忆自己的过去;有些人偶尔出庭做证,还有的人则选择沉默。然而,不论他们选择何种方式,对他们所有人而言,那些岁月仍是他们人生中最重要的一段日子。他们身陷其中,周而复始地被带回到巨大的恐惧之中,尽管时间不断向前推移,但自始至终,那段对死亡的记忆都不会被抹去。